인간의 심리학적 이해

Introduction to Psychology

인간의 심리학적 이해

Introduction to Psychology

오윤선 저

예영 B&P

머리말

    사회 문명이 복잡해지고 그 발전 속도가 가속화될수록 인간행동 및 정신과정에 대한 관심이 높아지므로 인간이해를 위한 심리학적 지식은 현대인들의 생활 속에서 더욱 필요하게 되었다.

    인간 행동에 대한 심리학적 탐구는 인류역사와 함께 시작되었지만 과학적이고 체계적인 학문으로써의 심리학은 1879년 분트 이후부터 시작되었기에 다른 학문분야에 비하면 그 역사가 비교적 짧다고 하겠다. 그러나 심리학적 지식의 필요성과 가치가 일반사회 학문분야의 학자들에게 널리 인식됨에 따라, 심리학은 양적 및 질적으로 급속한 성장을 하여 이제는 이공계통에서 물리학과 화학이 기초가 되는 것과 마찬가지로 인문사회계통의 학문에 기초가 된다는 인식이 보편화되었다.

    21세기에 이르러 학문의 성역이 개방되고 움직이는 지식시대가 도래되면서 지난 세기 동안 축적된 심리학적 지식과 전략들이 연구실과 실험실의 울타리를 벗어나 대중에게 아낌없이 제공되어 다양한 모습으로 일상생활에 뿌리를 내리고 있다. 하지만 대중들은 넘쳐나는 정보들 가운데서 어떤 정보를 취해야 하며, 어떤 지식이 필요한지에 대해서 제대로 판단하지 못하기에 정보가 많아질수록 방황을 거듭하게 된다. 따라서 아직도 상당수의 사람들은 심리학에 대한 오해와 편견으로 심리학을 정신분석학으로만 이해하거나 심리학을 공부하면 최면술, 독심술, 심령술 같은 분야도 배울 수 있다고 생각하여 이른바 텔레파시, 투시와 같은 초감각적 현상들의 원리를 알 수 있을 것이라고 생각하기도 한다. 하지만 심리학은 전지전능한 학문이 아닐 뿐만 아니라 형이상학적 학문도 아닌 객관적이고 경험적인 보편성을 강조하는 과학이다.

    저자는 지난 20여 년 간 대학과 대학원 그리고 병원과 상담실에서 강의와 연구를 하고 임상실습을 지도해오면서 신경세포 활동을 다루는 미시적 수준에서부터 정신건강과 이상심리까지 다루어야 하는 거시적이고 종합적인 인간의 심리학적 이해를 좀 더 쉽고 포괄적으로 정리한 자료의 필요성을 느끼고 있었다.

특별히 학부에서 심리학을 전공하지 않은 학생들이 대학원에서 상담심리학을 공부하려는 경우와 상담기관에서 강의를 듣는 많은 수강생들 가운데 심리학적 기초 지식이 없이 심화과정을 듣는 경우에 적지 않은 어려움을 느끼는 것을 볼 수 있었다. 그래서 이 책은 학부의 교양과정에서 심리학을 포괄적으로 이해하려는 학생들과, 심화 과정에서 심리 및 상담학에 대해서 세부적으로 공부하기 전에 심리학의 전반에 대해서 좀 더 포괄적으로 이해하려는 학생들을 돕기 위한 목적으로 저술되었다. 그러므로 본서는 기존의 심리학 개론에서 다루고 있는 내용과 순서 그리고 배열과는 다소 차이가 있다. 어떤 분야는 통합적으로 다루었고, 어떤 분야는 내용을 좀 더 구체적으로 다루어서 독자들의 이해를 돕고자 했다.

본 저서는 총 10장으로 구성되었으며 1장 심리학의 본질과 이해에서는 심리학의 학파와 목적, 영역을 살펴보았고, 철학적 심리학과 과학적 심리학 그리고 한국의 심리학을 역사적 흐름에 따라 정리했다. 또한 기초심리학과 응용심리학으로 구분하여 개념들을 설명하였으며, 심리학의 연구방법으로 실험연구, 비실험연구, 질적 연구에 대해서 개념을 정리하였다.

2장 생리심리학의 기초이해에서는 크게 신경계와 내분비계 그리고 감각기관으로 구분하여 신경계에서는 중추신경과 뇌와 말초신경 중심으로, 내분비계에서는 뇌하수체, 갑상선, 췌장, 성선, 부신 등을 살펴보고, 의식에서는 의식과 본질의 작용, 수면과 각성주기 그리고 감각기관에서는 감각과 지각을 중심으로 각각 설명하였다.

3장 발달심리학의 이해에서는 발달이론과 단계별 발달특성, 종합적인 발달의 원리를 정리하였는데, 발달이론에서는 정신분석 이론과 심리사회적 발달이론을 비롯한 다양한 이론을 소개하고, 단계별 발달특성에서는 태아기부터 노년기까지의 각 분야별 발달특성을 설명하였다.

4장 학습심리학의 이해에서는 학습의 요인, 다양한 학습이론 그리고 학습과 기억, 학습과 동기, 학습과 전이 등에 대한 관계성들을 살펴봄으로 인간의 태도, 습관, 신념, 언어, 목적, 성격, 적용, 부적응, 지각 등 학습에 관한 심리학적 학습의 의미를 이해하고자 하였다.

5장 성격심리학의 이해에서는 성격의 형성요인과 다양한 이론들 그리고 성격진단 방법, 건강한 성격과 이상성격에 대해서 분류하여 각 종류별로 설명하였다.

6장 이상심리학의 이해에서는 이상행동에 대한 기준을 설정한 다음 이상심리학의 역사와 이론 모형을 역사적인 발전 순서에 따라 구분하여 정리하였다. 그리고 DSM-Ⅳ의 다섯 개 축과, 17개의 주요 범주에 따라서 다양한 이상행동장애에 대한 원인과 증세, 유병률에 대해서 제시하였고, 이상행동 심리치료에 대해서는 통합적 관점에서 설명하였다.

7장 적응심리학의 이해에서는 적응의 기본적 요소와 갈등이론을 다루었으며, 다양한 적응 기제와 부적응 행동지도 방법에 대해서 정리하였다. 그리고 현대인들의 부적응에 가장 큰 변수로 작용되는 스트레스와 적응에 대한 원인, 반응경과, 대처방법을 설명하였다.

8장 심리검사에서는 심리검사의 개념, 역사, 도구의 요구조건에 대해서 설명하였다. 그리고 Wechsler지능검사, MMPI, MBTI, BGT, HTP, Rorschach, SCT, TAT검사의 이론적 배경과 방법에 대해서 살펴보았다.

9장 상담과 심리치료에 대한 이해에서는 상담과 생활지도, 상담과 심리치료와의 개념적 비교를 통합하여 정리하였고, 상담 및 심리치료의 유형에 있어서 상담 방식에 따른 분류유형과 상담형태에 따른 분류유형으로 나누어 설명하였다. 그리고 상담심리치료의 주요 이론 중에서 정신분석적 상담, 인간중심 상담, 행동치료, 형태치료, 합리·정서적 상담, 의미치료, 현실치료에 대한 이론적 배경과 주요기법을 각각 정리하였다.

10장 사회심리학의 이해에서는 사회적 관계에 대해서 인간관계의 유형, 건강한 인간관계, 타인에 대한 지각, 만남의 관계와 스침의 관계, 인간관계와 정신위생을 다루었다. 그리고 사랑의 의미, 요소, 유형을 다루었고, 가족심리에서는 가족관계의 이해, 부모자녀 관계, 형제자매 관계를 정립하였다. 또한 한국인의 사회심리에서는 한국인의 고유적 교류현상, 한국인의 집단주의, 한국사회의 가치관 변화에 대해서 설명하였다.

본 저서가 세상에 빛을 보기까지에는 우선적으로 많은 스승님들의 헌신적인 가르침이 있었음을 고백하지 않을 수 없다. 저자에게 심리학을 학문적으로 그리고 임상적으로 가르쳐 주신 은사님은 일일이 다 열거 할 수 없을 정도로 많지만, 특별히 이 책을 쓰는데 학문적으로 크게 도움을 주신 은사님은 미국 리젠트 대학교 상담심리 대학원 원장이신 Rosemarie S. Hughes 박사님이다. 그녀는 친 어머니 이상으로 나를 배려해주시고 학문적으로 정진할 수 있도록 지금도 계속적으로 가르침을 주시는 멘토이다. 그리고 계속적으로 임상훈련에 도움을 주신 은사님 가운데는 미국 버지니아 린치버그에 있는 리버티 대학교 Fernando Garzon 박사님과 로뎀신경정신의원 원장이신 이만홍 박사님이 계시다. 이외에도 늘 용기와 격려를 아끼지 않으시는 건국대학교 명예교수이신 김충기 박사님과 상담심리학회에서 함께 활동하는 동료교수들이 있었기에 이 책을 쓸 수 있었다고 본다. 그리고 무엇보다 연구에 전념 할 수 있도록 모든 여건을 허락해주신 한국성서대학교 총장이신 강우정 박사님과 교직원들의 도움이 있었기에 본서가 나올 수 있었다.

특별히 세계적인 경제 한파 속에서 출판계 또한 예외가 아님에도 불구하고 책이 나올 수 있도록 출판을 허락하신 예영 B&P 조석행 사장님과 직원들께 깊이 감사드린다.

또한 겨울방학 내내 원고 정리와 수정작업을 위해서 헌신적으로 수고를 아끼지 않은 강난실 조교와 조영희 강사에게 감사드리며, 표지 그림을 그려주신 신옥련 선생님에게 고마움을 전하고 싶다.

강의, 연구, 학회활동, 방송활동, 상담사역 등 많은 일을 병행하면서 원고 작업을 했기 때문에 거의 매일 공휴일도 없이 자정을 넘어 새벽에 이르러서 연구실 문을 나서지만 한 마디 불평도 없이 사랑과 격려를 아끼지 않은 아내 이귀임에게 늘 감사한다. 그리고 나에게 언제나 청량제가 되어주고 있는 별, 빛나리, 태양 세 자녀에게 아빠로서 함께하지 못한 시간들에 대해서 미안함과 고마움을 함께 전하고 싶다.

2009. 3.

일립관 연구실에서 오 윤 선

차 례

제 9 장 상담심리와 심리치료에 대한 이해   373

Introduction to Psychology

심리학의 본질과 이해

심리학의 본질과 이해

CHAPTER 1

1. 심리학의 정의

보편적으로 사람들은 타인의 심리나 자신의 심리에 대해서 알고 싶어 하는 욕구를 가지고 있다. 그러나 상당수의 사람들은 심리학에 대한 오해와 편견으로 심리학을 정신분석학으로만 이해하거나 심리학을 공부하면 최면술, 독심술, 심령술 같은 분야도 배울 수 있다고 생각하여 이른바 텔레파시(telepathy), 투시(透視) 및 염력(念力)과 같은 초감각적 현상(extra-sensory phenomena)들의 원리를 이해할 수 있을 것이라고 생각하기도 한다. 심지어는 수상학, 관상학, 골상학에 대한 기법을 기대하는 사람도 있다. 하지만 심리학은 전지전능한 학문이 아닐 뿐만 아니라 형이상학적 학문도 아닌 객관적이고 경험적인 보편성을 강조하는 과학이다.

심리학(心理學)을 영어로 'Psychology', 독일어로는 'Psychologie'라고 번역하는데, 이 용어는 희랍어로 '마음' 혹은 '정신'이라는 단어 'psyche'와 이법(理法) 또는 학문이라는 뜻을 가진 'logos'의 합성어로써 그 지칭되는 연구대상 자체가 '정신' 혹은 '마음'을 연구하는 학문이다. 그러나 심리학에 대한 이해는 심리학자들의 광범위한 관심 분야에 따른 각자의 입장과 시대의 변천에 따라 그 견해가 다르기 때문에 실제로 심리학을 정의하기가 그렇게 용이하지는 않다.

초기 심리학자인 분트(Wundt, 1832~1920)와 제임스(W. James, 1842~1910)는 심리학을 정신생활에 관한 과학으로써 내적인 경험(감각, 감정, 사고, 의욕 등)을 포함하는 의식을 연구하는 학문이라고 정의하였고, 정신치료의 선구자였던 프로이드(S. Freud,

1856~1939)는 무의식 속에 억압되어 있는 욕구를 파악하는데 심리학의 강조점을 두었다. 그리고 행동주의 심리학을 주창한 왓슨(J. B. Watson, 1878~1958)은 심리학의 본질은 외부로 표현되는 인간의 행동을 연구하는 것이라고 하였다. 또한 인지심리학과 현상학적 심리학자들은 인간의 행동을 이해하기 위해서 정신과정과 기억구조를 과학적으로 분석하는 학문이라고 하였으며(Mayer, 2002), 1980년 이후부터 많은 학자들은 심리학을 과학적인 연구결과를 응용하여 개인이나 집단의 문제를 해결하는데 도움을 줄 수 있는 응용과학이라는 점을 강조하였다(Morgan et al., 1981; Wortmann et al., 1981).

저자는 심리학의 상호보완적 접근주의자로서 "심리학이란 사회적 존재인 인간을 이해하기 위하여 행동과 정신과정을 과학적으로 연구하는 학문이다."라고 정의를 내리고자 한다. 이러한 정의는 심리학이 관계적 존재인 인간을 이해하기 위하여 직접 관찰 가능한 객관적인 행동, 직접 관찰할 수는 없으나 신경생리학적 자료로 추론이 가능하거나 언어적으로 보고될 수 있는 정신과정을 과학적인 방법으로 연구하는 학문이라는 것을 의미한다.

2. 심리학의 목적

심리학을 연구하는 목적에는 크게 학문적 목적과 궁극적 목적이 있다. 여기서 학문적 목적은 현상적(appearance) 인간 심리와 행동을 규명하고자 하는 것이고, 궁극적인 목적은 인간의 본질(essence)을 규명하는데 있다(오세진, 최창호, 1995). 학문적 목적과 궁극적 목적을 구체적으로 설명하면 다음과 같다.

첫째, 학문적 목적은 인간의 심리와 행동을 설명(explanation)하고 예측(prediction)하며 통제(control)하는 것이다.

- **설명(explanation)** : 심리학의 학문적 목적 가운데 가장 우선되는 것은 인간의 심리와 행동현상을 정확하게 설명하는데 있다. 정확하게 설명하기 위해서는 신뢰도(reliability)와 타당도(validity)의 높은 측정이 필요하다고 하겠다.
- **예측(prediction)** : 정확한 설명을 바탕으로 인간의 심리와 행동을 예측하려는 것이 심리학의 또다른 학문적 목적 가운데 하나인데, 이러한 예측을 위해서는 객관적인 각종 심리검사들의 결과들이 중요하다고 하겠다.
- **통제(control)** : 심리학은 인간의 심리와 행동을 설명하고 예측하려는 학문적 목적

이외에도 어떤 현상을 설명하고 예측함으로써 얻어진 정보를 인간과 사회의 복지, 진리, 선을 위해 통제라는 적극적인 심리학의 목적이 이루어져야만 한다. 예를 들어 정신장애로 진단되어 문제 소지가 예측된다면 그 사람을 스트레스로부터 보호해주고, 심리치료와 약물치료 등을 통해 정신질환으로 발전하지 않도록 하며, 위험에 노출되지 않도록 통제가 이루어져야 할 것이다.

둘째, 심리학은 인간의 심리와 행동을 설명하고 예측, 통제함으로써 궁극적으로는 인간과 사회의 복지를 증진시키고, 인간과 사회의 진리(truth)와 선(goodness)을 달성하려는 목적이 있다.

3. 심리학의 역사적 고찰

연합주의 심리학자인 에빙하우스(Ebbinghaus, 1850~1909)가 "심리학은 오랜 과거(past)를 가지고 있지만 그 역사(history)는 짧다"라는 매우 의미 있고 함축적인 말을 했는데, 그 이유는 심리학의 근원이 기원전 5, 6세기경 그리스 철학에서부터 시작되었지만 과학적 연구방법을 통한 독자적인 학문으로서의 심리학은 1879년 분트에 의해서 비로소 시작되었기 때문이다. 따라서 철학적 심리학과 독자적인 학문으로서의 과학적 심리학으로 구분해서 심리학의 역사를 정리하면 다음과 같다.

1) 철학적 심리학

(1) 히포크라테스(Hippocrates, 460~377 B. C.)

고대 희랍의 여러 철학자들은 그들의 철학을 논의하면서 심리적 영역도 함께 논의하였다. 그들은 인간 활동의 내재적 힘을 정신 혹은 영혼으로 보고 이 현상을 물활론(animism)적으로 해석하였다.

히포크라테스는 정신과정에서 뇌(腦)를 강조하며 이성의 자리로 보았으며, 정신병에 대한 미신을 강력히 반대하여 그 원인을 자연적인 것에서 찾았다.

히포크라테스

그리고 이미 공포증(phobia), 간질(epilepsy), 조울증(manic), 우울증(melancholy), 편집증(paranoia) 등의 병명도 사용하고 있었다. 그의 인체의 생리나 병리에 관한 사고 방식은 체액론(theory of humors)에 근거한 것으로 인체는 불, 물, 공기, 흙이라는 4원소로 되어 있고, 인간의 생활은 그에 상응하는 혈액, 점액, 황담즙, 흑담즙의 네 가지 체액에 의하여 이루어진다고 생각하였다. 이들 네 가지 체액의 조화가 보전되어 있을 때를 그는 '에우크라지에(eukrasie)' 라고 불렀고, 반대로 그 조화가 깨졌을 경우를 '디스크라지에(dyskrasie)' 라 하여 이때 병이 생긴다고 하였다.

히포크라테스의 체액론을 통한 기질설은 학설로 인정되지는 못하였으나 중세기까지도 정설로 여겨졌고, 20세기 초까지 심리학분야 중 성격연구 등에서 관심의 대상이었다.

(2) 플라톤(Platon, 427~347 B. C.)

플라톤

플라톤은 물질세계에 있는 모든 대상은 질료(matter)와 형상(form)으로 구분된다는 세계관에 입각하여 정신과 신체 이원론(Psychophysical dualism)을 주장하였다. 그 정신은 불멸의 비물질적 존재로써 신체 내에 이미 생득적으로 가지고 태어난다고 주장한 생득론자(nativist)였으며, 플라톤은 진정한 지식은 내성(introspection) 즉, 자기분석에서 나오는 것으로 생각했기에 경험은 기껏해야 우리를 속일뿐이며 우리가 이미 영혼으로부터 부여받은 것을 생각나게 해줄 뿐이라고 믿었다.

플라톤은 그 의식이 똑똑한 상태에 있을 때에는 참되고 영감에 찬 직관을 얻을 수 없으며, 오히려 잠들거나 병 또는 정신이 착란되었을 때와 같이 지성의 힘이 무력화되었을 때 참된 직관을 얻을 수 있다고 하였다. 이와 같이 플라톤이 정신자체에 관심을 가지고 정신의 구조를 이해하려 한 것은 현대심리학의 의식구조 연구에 이어졌다고 볼 수 있다.

(3) 아리스토텔레스(Aristoteles, 384~322 B. C.)

아리스토텔레스는 사물의 본질이 사물에 내재한다는 실제론을 주장하며 정신은 신체의 한 기능이라고 생각하였다. 아리스토텔레스가 후세 과학자들에게 남긴 가장 큰 선물은 우주론과 운동론 그리고 물질관이다. 그는 모든 물질은 물, 불, 흙, 공기의 네 가지 원소로 이루어졌으며, 이들의 비율에 따라 물질의 성질이 달라진다고 생각했다. 운동은 이들

원소가 제자리를 찾아가려는 성질에서 비롯된 것이며, 우주도 이 들 네 원소와 에테르라는 제5의 원소로 이루어졌다고 생각하였다. 지구가 우주의 중심이라는 천동설도 그로부터 비롯되었는데, 이러 한 그의 생각은 16~17세기에 '과학혁명'이 일어날 때까지 약 2000년 동안 서양의 세계관을 지배했다.

아리스토텔레스에게 있어서 경험적 정보는 모든 지식의 기본이 었다. 이러한 그의 사상은 물리학, 천문학, 해부학, 생리학, 형이 상학, 논리학, 윤리학, 정치학, 수사학, 예술론, 박물학 등의 저술에 남아 있지만, 특히 과학적 심리학의 사상에 큰 영향을 주었다.

아리스토텔레스는 감각적 경험에 의해 획득된 이데아 즉, 관념이 다른 관념을 자극함으 로써 세상에 대한 지식을 얻게 된다는 연합의 법칙(law of association)을 주장하였다. 연합의 법칙은 유사한 자극 간의 연합(유사성의 법칙), 반대되는 자극 간의 연합(대비의 법칙), 시·공간적으로 인접한 자극 간의 연합(인접의 법칙), 자극들이 함께 경험되는 수 가 증가할수록 늘어나는 연합(빈도의 법칙)으로 구분된다. 이러한 네 가지 연합의 법칙에 따라 인간이 세상을 알게 된다는 인식론은 과학적 심리학의 기본 원리가 되었다. 또한 실 험적인 방법론을 강조한 아리스토텔레스의 경험론적 사상과 심리학 최고(最古)의 저술인 『정신론(De Anima)』은 그를 과학적 심리학의 아버지라 부르기에 충분하게 하였다.

(4) 중세시대

아리스토텔레스 이후 1500년이라는 기나긴 중세 학문적 암흑시대에는 마음에 대한 생 각이 아리스토텔레스의 생각을 벗어나지 못했다. 왜냐하면 중세 교부시대에는 종교적·윤리적 가치에 관한 문제가 관심의 중심이었기에 인간이해와 과학의 발전에 진전을 이룰 수 없게 되었기 때문이다.

중세시대에 인간에 대한 관심을 나타낸 대표적인 학자 가운데는 아우구스티누스 (Augustine, 354~430)와 토마스 아퀴나스(Thomas Aquinas, 1225~1274)가 있다.

아우구스티누스는 정신의 기본요소로써 표상(表象, representation), 지성 (intellectus), 의지(volition)를 들었는데 이 중에서 의지를 중요하게 보았다. 단순한 신 체적 반응도 그것을 받아들이려는 의지가 중요하기에 받아들이려는 의지 없이는 지각되 지 않는다는 것이다. 그는 감각을 오감(五感)과 일반감각(common sense)으로 분류하고 신체적 반응이 나타난 후에 감정이 일어난다고 하였다. 그리고 이때에 중요한 것은 감정이며 신체반응은 그 조건에 불과하다고 하였다. 또한 인간은 감각이나 지성에 의하여 사고하며 그 차이는 내성(內省, introspection)으로 알 수 있다고 하여 내적 경험과 내성을 중시하였다.

아우구스티누스에 이어 토마스 아퀴나스도 과학적 진리는 관찰과 실험에 의해야 한다고 하여 내적 경험과 내성을 중시하였다. 그러나 아우구스티누스가 영혼만이 사람의 본질이라고 본 것과는 달리 토마스 아퀴나스는 사람은 영혼과 육체의 유기적 결합체라고 하였다.

(5) 데카르트(Rene Descartes, 1596~1650)

데카르트

심리학은 그리스시대 이후 16~17세기까지 독립된 과학으로 발전하지 못하고 철학에 예속되어 있다가 데카르트에 이르러서 분리되기 시작하였다. 데카르트는 플라톤의 전통을 이어 받은 철학자로서 질료와 형상(관념)을 구분하며 이원론(dualism)을 주장함으로 심리학에 영향을 주었다. 데카르트는 몸(body)과 마음(mind)이 뇌의 골윗샘이라 불리는 송과선(松果腺, pineal grand)에서 접촉한다고 보았는데, 뇌 안에 있는 콩알만한 크기의 작은 호르몬 분비샘인 송과선은 마음의 통제를 받으며 또 신체를 통제한다는 것이다.

데카르트는 인간 행동이 생득적 관념(innate idea)에 의해서 움직인다는 점에서는 플라톤의 전통을 따르고 있지만, 인간 행동이 감각적 경험에 의해 유발된 관념(derived idea)에 의해서도 움직인다는 점(경험론)에서는 아리스토텔레스의 전통을 따르고 있다. 감각적 경험에서 유발된 관념에 의해 인간의 행동이 움직인다는 주장은 후에 자극-반응 심리학(행동주의)에 커다란 영향을 주었다.

한편, 데카르트의 기계론적 인간관은 동물을 통해 인간의 신체 구조를 이해하는 진화론의 계기가 되었고, 신체를 보다 잘 이해하기 위해서는 심리학자들이 해부 방법을 사용해야 한다고 주장함으로써 생리심리학과 동물과 인간을 비교 연구하는 비교심리학의 사상적 기초를 마련하였다.

그리고 데카르트가 송과선의 활동에 의존한다는 해결책이 현재로써는 역사적인 관심거리 밖에는 되지 않으나 이 문제 또한 아직도 중요한 논쟁거리가 되는 문제이다.

(6) 스피노자(Baruch Spinoza, 1632~1677)

데카르트가 심신관계를 형상(form)과 질료(matter)에서 서로
다른 종류로 본 데 비해, 스피노자는 동일한 실체의 두 가지 다른
측면으로 생각하여 사유자(思惟者) 자신은 이 실체를 관념(idea)
혹은 의식(consciousness)으로 이해하고, 외부관찰자는 신체로
본다는 이원론적입장(dual aspect theory)을 지지하였다 .

스피노자는 개체는 정신면에서나 물질면에서 자기보존의 본능
을 가지고 있어 이러한 경향이 욕망으로 의식되고, 욕망과 고통을
스피노자

근본으로 하여 인간의 정서를 설명하는데 희(joy), 비(sadness), 욕망(desire) 세 가지 기
본정서를 제시하였다.

이러한 심신관계에 관한 논의는 사람의 정신현상에 대한 연구와 아울러 이에 관련되는
신체적인 작용도 연구하게 되어 현대심리학의 발전에 기여한 바가 크다.

(7) 영국의 연합주의 심리학자(Associationism)

데카르트, 스피노자 등의 이성주의(rationalism)에 반대하여 영국에서는 자연과학 발
달의 영향을 받아 경험론적인 입장에 있는 연합주의 심리학이 발달하게 되었다. 대표적
인 인물로는 홉스(Thomas Hobbes, 1588~1679), 로크(John Loke, 1632~1704), 버클
리(George Berkeley, 1685~1753), 밀(John Stuart Mill, 1806~1873) 등이 있다.

홉스(Hobbes)는 감각들이 운동에서 생기며 연합의 법칙에 따라 관념들을 낳는다고 하
였다. 신경계통은 감각적 운동을 근육적 운동으로 전환시키고, 정신은 뇌에 집중되어 있
는 물리적 과정이라고 하였다.

이에 반하여 로크는 인간의 마음은 원래 백지(tabula rasa)이며, 감각과 반성을 통한
경험에서 수동적으로 관념이 형성된다는 경험론을 주장하였다. 로크(Loke)는 정신현상
을 이루는 이러한 관념들 중에서 기본적, 단위적 관념을 단순관념이라고 하고 이러한 단
순관념들을 서로 결합하고 비교하여 공통된 것을 추출해 냄으로써 복합관념을 형성한다
고 하였다. 그리고 단순관념이 복합관념을 형성하는 법칙을 연상법칙이라 하고 이 작용
을 연상작용이라 하였다.

또 다른 경험론자인 버클리(Berkeley)는 공간지각(spatial perception)이 경험적으로
구성된다는 것을 증명하였으며, 감각과 깊이 지각에 대해 언급하였다. 상대적 거리는 감

각을 갖는 대상들과 그 대상들을 향하거나 대상들로부터 멀어지는 운동들에 대한 경험에서 생긴다고 하였다. 즉, 눈의 감각과 우리의 경험 간에 하나의 연합이 형성되어서 깊이 지각을 일으킨다는 것이다.

후기 경험주의로 불리는 밀(Mill)은 모든 경험은 하나의 대응되는 관념을 가지며, 접근과 유사성은 연합을 일으키고 연합의 강도는 제시의 빈도에 의해서 결정된다고 하였다.

(8) 칸트(Immanuel Kant, 1724~1804)

칸트

칸트는 데카르트에서 시작된 합리론과 프랜시스 베이컨에서 시작된 경험론을 종합함으로, 철학적 사유의 새로운 한 시대를 열었던 가장 위대한 철학자 중 한 사람이다.

칸트는 합리론 철학을 체계화시킨 크리스티안 볼프를 연구하면서 처음에는 합리적 심리학과 경험적 심리학의 구분을 수용하였다. 하지만 시간이 흐르면서 칸트는 합리적 심리학도 실제로는 경험에서 기초를 구하고 있기 때문에 오직 경험적 심리학만을 인정하고 경험적 심리학과 인식론적인 합리적 심리학을 엄밀히 구분해야 한다고 생각했다.

칸트는 인간이 의식적으로 경험하는 것은 경험과 생득적인 두 가지 모두에 의해 영향을 받지만, 마음의 기능은 감각적 경험을 수정하는 것이라고 주장했다. 결국 칸트는 지식을 감각적 경험에 환원시키지 않고 설명하는 이성주의를 부활시켰던 것이다.

그리고 칸트는 경험적 심리학조차 순수 과학이 될 수 없다고 주장하였는데, 그 이유는 첫째, 심리 현상에는 수학의 적용이 불가능하고 순수한 내부 직관은 시간이라는 일차원만을 가지고 있기 때문이라는 것이다. 둘째, 심리학은 심리현상을 이해하는데 있어서 과학적 방법론이 한계가 있고 관념이 경험에 따라 임의로 변할 수 없고, 내부 관념을 관찰할 수 없는 한계 때문에 실험적인 순수 과학이 될 수 없다고 주장했던 것이다. 다시 말해서, 그는 정신은 직접 관찰하거나 측정하거나 조작할 수 있는 실체적인 것이 아니며, 더욱이 그 내용은 일정한 흐름에 있기 때문에 정신의 연구는 과학에서는 필수 불가결한 객관성을 결코 지닐 수 없다는 것이다.

칸트의 이러한 주장은 헤르바르트(Herbart)가 심리학에 수학을 도입하고, 페흐너(G. Th. Fechner, 1801~1889)가 심리학에 수학을 접목시켰으며, 바이쯔(Waitz)가 심리학을 내부적 혹은 외부적 경험의 기초를 통해서 이루어진 정신생활의 법칙을 알아냄으로 그릇된 주장임이 증명되었다.

2) 과학적 심리학

(1) 과학적 심리학의 출현 배경

현대 심리학은 1879년 12월 어느 날 독일 라이프치히(Leipzig) 대학교 낡은 건물 3층에 있는 작은 방에서 분트(Wilhelm Wundt)에 의하여 시작되었다. 라이프치히 대학교의 교수인 분트는 두 젊은이와 함께 실험장치를 만들어 공이 플랫폼을 때리는 소리를 전신용 건반을 누를 때까지의 시간 지체로 측정하였다(Hunt, 1993). 그리고 나중에 연구자들은 이 시간 지체보다 복잡한 과제에서 요구되는 시간과 비교하였다. 흥미롭게도 사람들은 소리가

분트

들리자마자 건반을 누르도록 요구할 때 1/10초 정도에 반응하였으며 소리를 지각하였고, 의식적으로 자각하자마자 건반을 누르도록 요구하였을 때는 2/10초 정도에 반응하였다. 분트는 이러한 과정을 통해서 '마음의 원자(가장 빠르고 가장 단순한 심적 과정)'를 측정하고자 시도하였다.

그는 많은 연구업적과 제자들을 통해 심리학이 철학으로부터 독립해 독자적인 학문으로 자리매김하는데 중요한 이정표 역할을 담당했다. 그리하여 그의 연구실은 각국으로부터 연구자들이 몰려들어 심리학 실험실의 발상지가 되었고 과학적 심리학의 분기점을 이루었다.

분트의 과학심리학이 탄생하는데 영향력을 준 지적 사조는 아리스토텔레스(Aristoteles, 384~322 B. C.)의 전통을 부활시킨 영국의 경험론, 데카르트(Descartes, 1596~1650)의 기계론적 인간관 그리고 다윈(Darwin, 1809~1882)의 진화론 및 연합주의 철학과 과학적 방법의 결합이라고 볼 수 있다.

분트가 피력한 심리학 이론의 핵심개념은 자발주의, 통각 그리고 창조적 통합이다. 자발주의는 정신활동은 개인의 욕구나 목표에 의해서 통제된다는 개념을 의미하며, 통각은 정신사건이 의식의 가장 분명한 부분인 초점에 들어가는 과정을 말한다. 그리고 창조적 통합은 정신과정의 상호작용에 의해 만들어진 정신구성은 항상 새로운 결과를 만든다고 가정한다는 것이다. 분트는 이 새로운 사건을 서술하기 위해 심리적 관계, 심리적 대비, 목

적의 다양성, 정신성장, 반대를 향한 발달의 법칙 등 몇 가지의 법칙들을 이론화하였다.

분트가 심리학에 기여한 중요한 공헌은 첫째, 심리학을 독일과학으로 만드는데 핵심적 역할을 한 것이며 둘째, 심리현상을 연구하기 위한 방법을 발전시켰으며 이론적 주장을 제안한 점이다. 그의 이러한 아이디어는 후대 심리학이 발전하는데 기준이 되었다.

(2) 심리학파 시대

과학적 심리학이 시작된 이후 사상과 견해를 같이하는 심리학자들이 각자의 학파 (Schools)를 형성하기 시작하였다. 개인중심으로 실시되던 심리학 연구가 20세기에 들어서면서부터 학파중심 시대가 되었는데, 이로 인해서 서로 견해를 달리하는 학파나 학자들을 배척하고 대립적 관계가 형성되었다. 하지만 학파시대가 시작되면서 심리학의 연구 영역은 현저하게 확대되고 전문화되기 시작하였다.

현대 심리학사에서의 학파 구분은 절대적인 기준을 가지고 있는 것은 아니고 심리학의 흐름과 경향을 편의적으로 구분한 것에 불과하다. 각 심리학파의 구체적인 특성을 살펴보면 다음과 같다.

① 구성주의 심리학

티취너

최초의 심리학파인 구성주의(Structuralism)는 분트와 그의 제자들에 의해서 시작되었다. 구성주의란 말은 티취너(Edward Bradford Tichener, 1867~1927)가 1898년 「구성주의 심리학의 전제(The Postulates of Structural Psychology)」라는 논문을 통해 구성주의라는 명칭을 공식적으로 사용함으로써 시작되었는데, 티취너는 1867년 영국의 치체스터(chichester)에서 태어나 멜번(Malvern) 대학을 졸업하고, 1885년에 다시 옥스퍼드 대학에 입학해 1890년에 졸업하였다. 그리고 졸업 직후 분트가 있는 라이프찌히(Leipzig) 대학에서 2년간 분트의 가르침을 받은 제자이다.

티취너는 분트의 연구목적과 연구방법을 수용하는 한편, 분트에 비해 더욱 철저하게 의식의 구조와 내용을 분석하려는 자세로 구성주의 학파를 형성해 이끌어 나갔다.

티취너는 연합주의와 실증주의의 철학적 개념의 영향을 받았기에 분트와는 달리 심리학을 완전히 자연과학이라고 믿었다. 그는 심리학자의 경험과 물리학자의 경험을 구분하여 심리학자는 관찰자에 의존하는 의식경험을 다루고 물리학자는 관찰자와 독립된 경험을 다룬다고 보았다. 그리고 티취너는 내성자가 올바로 훈련 받으면 분트가 가능하다고 생각했던 것보다 훨씬 넓은 범위의 상황에서 의식을 분명히 관찰할 수 있다고 주장하였다. 그는 또 의식은 기본적인 정신요소의 합이라고 가정하였다. 그 시대의 실증주의자와 함께 티취너는 심리사건에 대한 설명은 그 현상이 먼저 기술되어야만 이루어진다고 주장하였다.

티취너가 이룩한 두 가지 중요한 공헌은 미국과 캐나다에서 심리학의 발전에 핵심적인 역할을 했다는 것과 구성주의를 정립했다는 것이다. 그러나 구성주의는 미국 심리학자들에게 사랑을 받지 못했는데 그 이유는 심리학의 주제는 의식이고, 내성법만이 심리학에서 사용될 수 있는 방법이며 심리학의 주요 목표는 기본적 정신과정으로 보았기 때문이다.

② 기능주의 심리학

기능주의(Functionalism)는 의식경험의 기본요소보다는 마음의 작용 또는 기능을 강조하는 학파이다. 구성주의가 독일식 사고방식의 소산이라면, 기능주의는 미국적 사고방식의 산물이라고 할 수 있다. 기능주의 학파의 거장인 미국 하버드 대학의 제임스(W. James, 1842~1910)는 의식을 요소와 구조가 아닌 전체적·기능적으로 보았고, 심리학의 특징으로서 '의식의 흐름(stream of consciousness)' 이라는 말을 사용하면서 의식의 구성보다는

제임스

과정을 중요시했다. 곧, 심리학의 의식을 감각과 감정의 복합으로 환원하여 그 내용을 분석하기보다는 어떤 의식이 진행되고 있는지, 또 의식이 어떻게 기능하고 있는지와 같은 의식의 흐름을 연구해야 한다는 입장이다. 이러한 사상은 구성주의와는 정면으로 대립되는 주장이다.

제임스 외에 기능주의 심리학파를 형성하는데 견해를 같이 했던 학자 가운데는 시카고 대학에 있던 존 듀이(Dewey, 1859~1952)와 에인젤(Angell, J. R, 1869~1949) 등이 있다.

기능주의가 미국에서 출현하게 된 사상적 배경은 첫째, 미국인의 실용주의(pragmatism) 사상 때문이다. 실용주의는 학문의 목적도 인간의 행복을 위해서는 실질적이어야 하고 실용적이어야 한다는 입장이다. 그렇기 때문에 의식이 무엇인지는 중요하지 않으며 의식이 왜, 무엇 때문에, 어떻게 기능하는지를 아는 것이 중요하다는 입장을 취한다. 이러한 실

용주의 사상은 기능주의 출현의 중요한 사상적 배경이 된다.

둘째, 진화론과 자본주의가 어우러진 적자생존(適者生存)의 원리이다. 생물학적 진화론에 바탕을 둔 이러한 사상은 자본주의 시대에 사회 환경에 잘 적응해 살아남기 위해서는 의식의 내용이 무엇인지 보다는 의식이 왜, 무엇 때문에 기능하는지를 알아야 한다는 주장을 함으로써 기능주의 심리학을 촉발하는 사상적 배경이 되었다.

기능주의는 의식경험의 구조를 분석하는 과제를 떠나 의식의 적응적 기능에 관한 정신행위를 연구하는 잠정적인 연구방향을 택하게 하였다. 그리고 기능주의적 접근은 정신적 조작, 즉 기억, 사고 또는 유기체의 행동에서 드러나는 의식의 적응적 세부 특징과 정신사건과 생리적 과정 사이의 관계에 주의를 기울였다. 이러한 연구방향은 순수와 응용사이의 장벽을 허물면서 심리학의 경험적 영역을 확장시켰다.

기능주의는 심리학이 현실적으로 적절한 응용심리학이 되게 하는데 많은 기여를 했지만, 심리학의 연구주제가 의식이라는 심리적 차원을 벗어나지 못하고 연구 초점을 시대의 요구에 영합시킨 점이 한계점이라고 볼 수 있다.

③ 행동주의 심리학

왓슨

행동주의 심리학(Behaviorism Psychology)은 왓슨(John B. Watson, 1878~1958)에 의해서 구성주의 및 기능주의를 비판하면서 시작되었다. 행동주의의 탄생 배경을 보면 유물론자와 실증주의자 그리고 가깝게는 미국의 실용주의와 기능주의자들의 영향을 비롯해서 독일의 객관주의적 동물학자들 파블로프의 조건반사 실험, 손다이크의 동물 실험 등의 연구결과들이 행동주의의 근간이 되었다.

특히 행동주의는 진화론과 경험론의 영향을 많이 받게 되었는데, 진화론은 인간의 행동을 이해하기 위해 동물의 행동을 연구할 수 있는 사상적 바탕이 되었으며, 인간 신체의 구조와 신경계를 연구할 수 있는 사상적 배경이 되었다. 또한 경험론은 인간의 행동이 형성되는 과정을 설명하고 인간의 행동을 이해할 수 있는 기본적인 사상이 되어 주었다.

인간은 태어날 때부터 백지상태(tabura rasa)라는 경험주의 철학자 로크의 사상이 왓슨에 의해 전적으로 수용되었다. 왓슨은 초기에는 어느 정도 인간의 본성을 인정했으나 후기에는 전적으로 부인하면서 극단적인 환경결정론을 취했다.

행동주의 심리학은 순수하게 객관적이고 실험적인 자연과학의 일부분이고, 심리학의 목적은 행동의 예언(prediction)과 통제(control)라는 것이다. 비록 인간의 행동은 고등하고 복잡할지라도 동물의 행동으로부터 이해될 수 있으며 또한 심리학은 의식을 파기하고 심적 상태, 마음, 내용, 심상과 같은 용어들을 사용해서는 안 되며, 그러한 것들을 관찰의 대상으로 삼아서도 안 된다고 주장했다. 그렇기 때문에 왓슨은 구성주의와 기능주의 모두를 전적으로 거부했다.

왓슨에 의해서 주창된 행동주의는 심리학의 진로에 큰 영향을 미쳤으나 왓슨의 연구와 이론적 공헌에 대해서는 행동주의자들 사이에서조차 논란이 되었다. 아마도 그가 가장 크게 성공한 일은 행동질환의 분석과 치료에 조건형성 원리를 적용한 것이라고 볼 수 있다. 연구설계가 지닌 수많은 한계에도 불구하고 그는 행동수정기법으로 질환반응을 치료할 수 있다는 사실을 예견했는데, 그 기법은 현재도 심리학자, 정신의학자 그리고 건강과학 분야의 개업의들에 의해서 사용되는 치료의 한 형태이다. 하지만 왓슨이 주창한 행동주의 심리학은 극단적 행동주의, 요소론적 행동주의, 말초주의, 수동적 인간관, 기계론적 인간관으로 특징지을 수 있기에 목적과 수단이 전도되었다는 비판을 받게 되었다.

④ 신행동주의 심리학

신행동주의(Neo-Behaviorism)는 왓슨의 고전적 행동주의와 방법론적으로는 일치하지만 이론적으로는 일치하지 않는 후기 행동주의이다. 1930년대 신행동주의를 대표하는 학자로는 톨만(Tolman, 1886~1959), 헐(Hull, 1884~1952), 스키너(Skinner, 1904~1990) 등이 있다.

톨만은 1922년 "행동주의에 관한 새로운 공식"에서 종래의 의식 심리학은 불충분하고 왓슨식의 협의의 행동주의는 결국 생리학으로 전락할 것이라고 주장했다. 그러면서 비생리적인 행동주의가 가능하다고 보고 협의의 행동주의와 더불어 의식이라는 것도 행동 잠재성(potentiality)이기 때문에 연구 대상에 포함시켜야 한다고 주장했다.

톨만은 인지행동주의자로서 분자단위와 몰 단위의 행동사이를 구분했는데, 분자 단위는 선분비와 근육수축을 나타내는 것이고, 몰 단위는 행동의 결과에 의해 정의되는 것이다. 톨만은 근육-경련 분자단위 유형의 이론을 부정했는데, 행동이론의 종속변인은 행위가 되어야 한다고 믿었기 때문이다. 그러므로 톨만이 이해의 기준으로 채택한 것은 연역적 해석이었다.

톨만의 심리학은 행동주의와 형태주의의 결합이라고 할 수 있으며 그의 이론을 기호 형태론(Sign-Gestalt theory)이라고 부른다. 그리고 톨만의 신행동주의는 비생리적 행동주의, 목적론적 행동주의, 기호 형태론으로 특징지어진다.

그리고 헐은 기존 심리학의 주장과는 달리 과학연구의 방법으로 가장 우수하고 진정한 방법은 가설연역법(hypothetical-deductive method)이라고 주장했다. 헐의 연구와 이론을 요약하면 첫째, 심리현상을 표현하는데 자극-반응 언어를 사용한다. 둘째, 조건형성을 이론적 원리의 근원으로 사용한다. 셋째, 유기체를 기계로 개념화하여 주관적인 해석을 하게 될 가능성을 피해야 한다. 넷째, 이론 시초부터 엄격한 연역논리로 세워야 한다. 다섯째, 매개변인을 상정하는 톨만의 이론구성 방법을 사용한다.

헐의 심리학은 한마디로 논리적 행동주의라고 할 수 있는데, 그는 행동을 이해하는데 있어서 연역적 행동주의, 잠정적인 전체적 행동주의, 수학적 접근방법을 취함으로써 심리학의 논리성을 강화시키는데 한층 기여했다.

신행동주의는 톨만과 헐로 끝나는 것이 아니고 조작적 행동주의를 표방하는 스키너에 의해 그 절정기를 맞는다. 스키너에게 있어서 심리학의 목표는 톨만이나 헐처럼 추상적인 매개변인 이론을 구성하는데 있는 것이 아니라 개인행동에 대한 신뢰할 수 있는 지식의 본체를 모으는데 있다. 그는 그러한 지식이 개인의 적응을 향상시키고 보다 나은 사회를 계획하는데 생산적으로 적용될 수 있다고 보았다.

스키너

스키너의 신행동주의는 논리적 실증주의자인 피이글(Feigle)의 영향을 받아 조작주의를 심리학에 도입함으로써 조작적 행동주의의 결실을 맺은 것이다. 구체적으로 스키너의 조작적 행동주의는 파블로프(Ivan Petrovich Pavlov, 1849~1936)의 조건반사 실험에 손다이크(Thorndike)의 문제 상자 연구법, 시행착오에 의한 학습, 효과의 법칙에 의한 결과의 법칙을 첨가하고 조작주의를 가미해서 이루어졌다고 볼 수 있다.

스키너의 이론에 대한 견해가 어떠하든지 간에 그의 조작적 조건형성의 방법이 행동과학에 끼친 영향은 지대하며 그의 이론은 교육, 임상적 행동수정, 자기통제, 자녀교육, 사회계획, 동물훈련 등을 위한 기술을 제공하였다. 그리고 스키너는 추상적인 개념에 근거한 행동이론이 아닌 실용적인 가치를 가지는 단순한 기술적인 모델을 제시하였으며, 심리학에 대한 스키너의 견해는 심리학적 방법론과 사회철학에 많이 적용되었다.

하지만 스키너에 대한 비판은 그의 주장이 종종 과장되고 기본 관점이 애매하며, 그의 행동모델은 불완전하고 이상형의 사회에 대한 계획은 혼란스럽고 부담스럽다는 것이다.

⑤ 형태주의 심리학

베르트하이머

형태주의 심리학(Gestalt Psychology)은 1910년 독일에서 베르트하이머(Max Wertheimer, 1880~1943)가 쾰러(Wolfgang Köhler, 1887~1967), 코프카(Koffka, 1886~1941)와 협력하여 일련의 정지된 상(像)을 보면 운동을 지각하는 파이(Φ)현상 또는 가현운동(apparent movement)에 대한 설명에 대한 실험을 한 것에서부터 시작되었다. 형태주의 심리학의 학문적 배경은 독일 문화에 널리 보급되어 있던 전체주의(전체는 부분들의 합 이상이다)와 현상학(경험의 순수관찰), 생득론(심리적인 능력은 부분적으로는 유기체의 생득적 능력의 기능이다)이 세 가지 지적인 전통에서 영향을 많이 받았다.

형태주의 심리학은 베르트하이머에 의해서 주창되었고, 코프카에 의해서 영향력 있는 많은 작품들이 완성되었으며, 쾰러에 의해서 형태주의 심리학이 자연과학 분야로 승격되어 문제 해결연구에 적용시키면서 대중화 되었다(Henle, 1987).

베르트하이머는 인간에게 직접 부여된 전체적 구조와 성질을 형태라고 명명하여 게슈탈트(Gestalt)라는 말을 사용했는데, 이는 영어에서의 form, shape, configuration을 조합한 정도의 의미라고 할 수 있다. 레빈(Lewin, 1890~1947)은 1939년에 형태주의에 대해서 "전체는 부분의 합이 아니다"라는 말로 잘 집약하였다.

형태주의는 독일에서 출발되었지만 나찌의 박해를 피해서 1924년에 코프카와 1934년에 베르트하이머와 쾰러가 미국으로 망명하게 됨으로 형태주의 심리학이 미국에서 성행하게 되는 계기가 되었다. 형태주의 심리학자 3인에는 속하지 않지만 독일의 심리학자 레빈(Lewin, 1890~1947)도 미국으로 이민을 오게 되었는데, 그는 형태주의 심리학이 사회심리학 분야에 영향을 주게 했으며, 형태주의의 개념을 리더십 형태, 소그룹 행동의 원칙 그리고 사회 충돌을 해결하는 최선의 수단으로 활용하는 연구를 활성화시켰다.

형태주의 심리학은 전체주의적 연구방향이 모호하며, 원자적이고 전체적인 접근을 구태여 둘로 나눔으로 잘못된 구분을 만들어냈다는 비평을 받아왔지만, 구성주의를 비롯한 요소론적 심리학의 문제점을 보완하고, 인간이 세상을 어떻게 지각하는지에 대한 많은 지각적 연구를 바탕으로 인간의 심리와 행동을 전체적으로 볼 수 있는 계기를 제공하는데 기여했다. 그리고 형태주의 심리학은 인간 심리와 행동의 의미 있는 단위를 연구대상으로 할 것을 주장함으로써 과학적 연구를 위해 인간의 심리와 행동을 무의미한 단위로나누던 심리학의 풍토에 자극을 주었으며 인간의 지각, 사고, 사회적 행동을 설명하기위해 논리적 방법과 과학적 방법을 사용하였다. 뿐만 아니라 형태주의 심리학은 인간의심리와 행동이 상대적인 것이며 자극이나 요소도 상대적일 수 있음을 일깨워 주었고, 형태주의 사상과 연구업적은 이후 심리학의 흐름과 발전에 많은 기여를 했다. 특히 사회심리학, 집단역학, 지각심리학, 인지심리학 등에 많은 영향을 주었다.

형태주의 심리학이 이렇게 많은 공헌을 하였음에도 불구하고 구성주의가 쇠퇴하기 시작하자 대립할 학파가 사라지면서 형태주의 심리학은 학파로써의 의미를 상실한 채 그당시 미국의 주된 심리학인 기능주의 사상과 통합하게 되었다.

⑥ 정신분석학

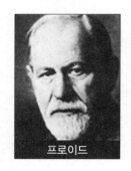

프로이드

정신분석학(Psychoanalysis)은 오스트리아 출신 신경과 의사인 프로이드(Sigmund Freud, 1856~1939)에 의해서 창시되었다. 프로이드 정신분석학의 역사적 뿌리는 19세기 후반기 비엔나에 나타난 최면술 연구, 히스테리 치료, 무의식이란 개념 그리고니체(Nietszche)의 철학과 성(性)에 관한 심리학적 중요성이 강조된 시대정신(Zeitgeist)에서 찾을 수 있다. 프로이드는 1881년에비인 대학을 졸업한 후 브로이어(Breuer, 1842~1925)의 병원에서 신경과 치료에 참여하면서 브로이어로부터 정화법(Catharsis)을 배우게 되었다. 그후 그는 1885년에 히스테리를 연구하기 위해 파리로 가서 샤르코(Charcot)의 지도를 받으면서 히스테리가 생식기와 관계있을 것이라는 생각을 하게 되었다. 그리고 프랑스 낭시(Nancy)에서 리에보오, 레르네엠의 최면술을 견학하게 되었는데, 이러한 다양한 경험들이 정신분석의 커다란 근간인 범성욕설(Pansexualism)을 주창하는 계기가 되었다.

다른 심리학파들이 인간의 의식을 주로 연구하고 있을 때, 프로이드는 인간행동의 근원은 성적인 힘(energy)인 리비도(libido)에 의하여 지배된다고 하였다. 그래서 그는 무의식을 연구하여 리비도와 무의식 등의 관계를 정신분석학적 입장에서 연구하는 것을 심리학의 주된 과제로 삼았다. 프로이드는 히스테리 환자들을 다루면서 인간의 무의식적 동기나 소망, 갈등 등 인간 심층 속에 억압되어 있는 심리가 있다는 것을 알고 그 심층을 다루었다. 그렇기 때문에 정신분석을 심층심리학(Depth Psychology)이라고도 한다. 프로이드는 마음 깊숙이 무의식 속에 억압되어 있는 어떤 강렬한 욕망과 이것을 억압할 수밖에 없었던 자아의 힘과의 사이에서 일어나는 갈등이 정신생활에 미치는 영향을 중요시하여, 그 의식 위에 떠오르지 아니하고 잠재의식 속에 묻혀 있는 무의식의 갈등을 분석함으로써 히스테리의 원인을 찾아내려고 하였다.

프로이드의 정신분석 연구방법은 초기 심리학이 추구해왔던 자연과학적 연구방법을 지양하고 주로 사례분석, 면접, 임상경험, 자기보고 등을 통해 이루어진다. 특히 생각나는 모든 것을 말로 표현하도록 함으로써 그 말을 분석하는 자유연상법(free association)은 정신분석의 대표적인 연구방법이다.

정신분석은 1910년부터 학파를 형성하면서 환자들과의 임상경험, 사례 연구 등을 통해 인간의 정신생활에 관한 종합적인 연구결과를 축적하였고, 1920년부터는 심리학에 포함되어지기 시작했다. 정신분석은 인간은 무의식적 동기와 소망에 의해 지배되며 생득적인 본능(성욕, 공격성)을 가지고 태어난다고 보았다.

프로이드는 인간의 정신세계를 무의식(unconsciousness), 전의식(preconsciousness), 의식(consciousness)의 삼층 구조로 분석했다. 무의식이 물속에 잠겨 있는 빙산의 커다란 부분을 이룬다고 보았고, 무의식이 바로 인간을 움직이는 힘과 원인이 된다고 하였다.

프로이드는 초기 성격구조 이론의 중심 개념은 무의식으로 보았으나 1920년대에 이와 같은 정신생활의 개념 모형을 수정하여 세 체계의 기본적 성격구조 이론을 제시하였다. 본능적인 이드(Id)와 현실이 접촉한 곳에서 구성된 자아(Ego), 사회적 규범이 관습에 의해 내면화된 양심인 초자아(Super Ego)로 구성된다고 주장했다.

프로이드의 견해는 꿈, 창조, 동기, 발달, 성격 그리고 심리치료 등과 같이 다양한 주제들의 심리학적 연구에 영향을 주었다. 뿐만 아니라 정신분석학적 개념은 서서히 광범위한 문화권에서 수용되었으며, 의학, 예술, 문학, 상담학 등에 큰 영향을 주었고, 코페르니쿠스나 다윈에 버금 갈 정도로 인간 중심의 사고방식을 전환시켰으며, 인간이란 실체에 한 발 더 접근할 수 있는 계기를 마련하였다.

하지만 프로이드 이론은 초기 경험이 인간의 행동을 결정한다는 것과 무의식과 무의식적인 성욕을 강조했기 때문에 범성욕설(pansexualism)이라고도 하여 많은 비판을 받았다. 그리고 이러한 이유로 프로이드의 제자들을 중심으로 신 프로이드 학파가 형성되었다.

⑦ 신 정신분석학

융

프로이드는 신경증과 행동의 원인을 지나치게 성욕으로 보았기 때문에 종교인, 심리학자, 정신과 의사들로부터 비판을 받았다. 특히 그를 비판한 심리학자들은 그를 추종하는 제자들인데 아들러(Alfred Adler, 1870~1937)와 융(Carl Gustav Jung, 1875~1961)이 대표적이라고 할 수 있다.

아들러는 프로이드를 추종한 제자였으나 프로이드의 심리 성욕적 에너지인 리비도에 반대하고 인간의 성격은 성적인 것보다는 열등감과 열등감의 보상 과정에 의해 결정된다고 주장하면서 프로이드 사상을 반대하였다. 그리고 그는 1913년에 프로이드와 결별하여 독자적으로 개인심리학(Individual Psychology)을 창설했다. 아들러는 개인심리학을 통해서 인간을 전체적인 존재로 보고 자아 일치된 통합된 실체로 보았다. 이런 측면에서 보면 아들러는 1960년대에 등장하는 인본주의 심리학의 흐름에 있어서 선구자가 된 셈이다.

아들러는 인간 행동의 근원을 우월의 추구(striving for superiority)라고 하였고, 이것을 충족하지 못하는데서 발생하는 것을 열등 콤플렉스(inferiority complex)라고 하였다. 아들러는 인간의 성격과 행동을 결정하는 근본적인 심리현상을 열등 콤플렉스로 보았으며, 인간은 열등 콤플렉스를 보상(compensation)함으로써 열등감을 극복하려고 하는데 그런 와중에 간혹 과잉보상을 할 때가 있다는 것이다. 그러한 것들이 결국에는 사회적으로 문제 있는 성격과 행동을 이루는 근간이 된다고 하였다.

아들러의 뒤를 이어 프로이드에게 6년 간 가르침을 받고 제자가 되었던 융도 1913년도에 정신분석학 국제대회에서 인간의 성격은 성적인 것뿐만 아니라 사회적·문화적·역사적 측면에 의해서도 결정된다고 주장하고 프로이드와 결별했다. 융은 인간을 지나치게 성의 노예로 보는 프로이드와 견해를 달리 하면서 분석심리학(Analytical Psychology)이라는 새로운 정신분석학을 개척하게 되었다. 프로이드가 비정상인의 심리에 관심을 갖은 반면에 융은 심리학, 심리치료, 종교, 신화, 사회문제, 예술, 문학, 점성술과 비행접시에 이르기까지 다양한 분야에 관심을 가졌으며, 특히 상징주의에 관심을 가짐으로써 무의식의 영역을 집단무의식으로까지 확장시켰다.

결국 정신분석은 프로이드의 정신분석학파와 아들러, 융을 중심으로 한 신 프로이드(Neo-Freudian)학파로 갈라져서 존재하게 되었고, 신 프로이드 학파는 호나이(Horney,

1985~1952), 설리반(Sullivan, 1892~1949), 프롬(Fromm, 1900~1980) 등을 통해서 더욱 번창하게 되었다.

⑧ 인지심리학

인지심리학은 특정 대표자나 집단이 아닌 심리학의 역사와 관련 학문 분야에서 다양한 생각들이 들어와 점차적으로 합류되면서 생겨난 이론이다. 1950년대에 심리학의 내부, 외부에서의 다양한 방향성을 가진 학문들이 새로운 세력을 만들어 냈는데, 이 세력은 1966년 나이저(Ulric Neisser)가 『인지심리학(Cognitive Psychology)』을 출판함으로써 그 정체성이 분명해졌다.

인간의 마음이 어떻게 작용하는가 하는 방식을 이해하고자 하는 인지심리학은 현대에 큰 영향력을 미치게 되었는데, 첫째는 인간의 수행(human performance)에 관한 연구로써 제2차 세계대전 중 군인들에게 복잡한 장비를 다루는 훈련을 시키고 주의력을 키우는 문제의 해결에 상당히 기여했다. 둘째는 전쟁 후 심리학자들이 대학교의 실험실로 되돌아오면서 상담 및 심리치료 영역에서 인지의 중요성을 강조하게 되었다. 그리고 엘리스(Albert Ellis), 백(Aaron Beck) 등은 비합리적인 신념, 자동적 사고, 왜곡된 인지 등이 개인의 부적응에 중요한 역할을 한다는 것을 밝혀냈다. 즉, 그들은 이러한 부적절한 인지로부터 비롯된 내담자의 부적절한 정서 및 행동을 인지의 수정을 통해 변화시킬 수 있다고 본 것이다. 뿐만 아니라 영국 케임브리지 응용심리학연구소의 심리학자 도널드 브로드벤트(Donald Broadbent)의 연구는 인간의 수행에 관한 생각과 정보론(information theory)이라는 영역에서 발전되었던 생각을 통합하는데 가장 큰 공헌을 하였다. 정보론은 정보처리 과정을 추상적으로 분석하는 방법인데, 당시 그의 연구는 주로 지각과 주의에 한정되었지만 현재 그의 분석 방법은 인지심리학 전반에 확산되었다. 인지심리학에서는 다른 유형의 분석도 있지만 정보처리가 지배적인 견해이다.

정보처리접근의 발달과 밀접하게 관련된 분야는 컴퓨터 과학, 특히 인공지능(Artificial Intelligence: AI)의 발달로써 인공지능은 컴퓨터를 지적으로 행동하게 했다.

세 번째로 인지심리학이 영향을 끼친 분야는 언어학이다. 1950년대에, MIT의 언어학자인 노엄 촘스키(Noam Chomsky)는 언어 구조를 분석하는 방법을 발전시키기 시작하였다. 그의 작업이 보여 준 바, 언어는 이전에 생각했던 것보다 훨씬 더 복잡하기 때문에 이미 확산되어 있는 스키너가 내세운 행동주의 이론들로는 그 복잡성을 설명할 수 없다고 강

노엄촘스키

하게 비판하였다. 촘스키의 언어 분석은 인지심리학자들로 하여금 행동주의 개념들을 철회하는데 결정적으로 기여하였다. 조지 밀러(George Miller)는 1950년대와 1960년대에 하버드대학교에 있으면서 이 언어 분석으로 심리학자들의 주의를 환기시키고 새로운 언어 연구 방법을 밝히는데 교량적 역할을 하였다.

현재 인지심리학은 심리학의 지배적인 이론으로 광범위하게 많은 심리학자들로부터 지지를 받고 있으나 비인적 과정(예: 동기)이 무시되어 왔다는 점에 대해서는 비판을 받고 있다.

⑨ 인본주의

인본주의 심리학은 행동주의와 정신분석학이 인간의 존재를 참된 인간으로 해석하지 않는다고 생각하여 이들에 반대한 제3의 세력이라고 일컫는 심리학자들에 의해서 시작되었다. 인본주의 심리학의 역사적 뿌리는 인본주의라는 철학적 입장에 근거하고 있으며, 이 철학적 인본주의에서는 고전이나 문학 그리고 예술에서 드러나는 인간의 영혼과 자유, 삶의 의미와 같은 개념의 중요성을 강조하였다. 인본주의 심리 학자들은 광범위한 현상들을 연구하지만 대부분은 성격, 임상심리학 그리고 사회심리학을 연구하였다. 인본주의 심리학이 채택하는 진리의 기준은 다른 사람의 의식적 경험에 대한 감정이입적 해석이 얼마나 직관적으로 강렬하며 주관적으로 확실한가 하는 것이다.

인본주의 심리학은 1960년경부터 매슬로우(Maslow, 1908~1970)에 의해 주창되었고, 칼 로저스(Carl Rogers, 1902~1987)에 의해서 확장되었다. 하지만 인본주의는 많은 사조나 학파를 집합시키거나 그 내용들을 수렴해서 하나의 사상운동으로 전개시켜 나갔기에 학파라기보다는 하나의 지적 사조라고 할 수 있다.

매슬로우

매슬로우는 손다이크, 정신분석학자인 프롬, 아들러, 형태주의자인 베르트하이머의 영향을 통해서 인본주의적 견해의 근간을 형성하였다.

그는 인간은 근본적으로 선하고 자율적이며 스스로 자신의 행위에 대한 책임을 지는 존재이고, 환경조건이 적당하다면 잠재능력을 실현해 나갈 수 있다고 보았다. 그리고 매슬로우는 인간이 삶을 유지하기 위한 저차원적 동기를 1차적 동기라 하였고, 자기를 실현하고, 자기를 완성하며 삶을 창조하려는 고차원적 동기를 2차적 성장동기라고 하였다. 또한 고차원적인 동기를 메타동기(meta motive)라고 하였으며, 메타동기에는 자기실현 즉, 자기완성의 욕구 이외에 알고 이해하고자 하는 이차적 욕구(need to know and to understand)도 포함된다고 하였다. 그리고 매슬로우는 하위의 욕구가 동기에 얽매이는 삶을 살게 되면 결핍동기화(D-motivation)된 삶이 되고, 상위의 욕구와 동기를 추구하는 삶을 살면 메타동기화(meta-motivation)된 삶이 된다고 주장했다.

매슬로우와 더불어 60년대 인본주의 심리학을 이끌었던 또 다른 대표적인 학자 가운데는 칼 로저스(Carl Rogers, 1902~1987)가 있다. 칼 로저스는 70년대 미국에서 스키너와 더불어 가장 영향력이 있는 심리학자로 1940년에 "상담과 심리요법"이란 저술을 통해 정신분석 요법에 대해서 중요한 대안을 제시하였다.

로저스

그는 앎에는 주관적인 앎(자기 자신의 의식에 대해 아는 것), 객관적인 앎(자연 과학적 틀로 외부적 현상을 이해하는 것), 인간사이의 앎(다른 사람의 내적 경험에 대한 앎)의 세 종류가 있는데, 심리학적 현상에 대해 충분히 이해하려면 세 종류의 앎이 모두 요구된다고 하였다.

로저스는 인간의 본성을 존중하는 심오한 사상으로 인간 유기체가 분화, 자기책임감, 협동과 성숙의 방향으로 나아가려는 선천적 경향성을 가지고 있다고 보았다. 그리고 그는 사람이 어떻게 행동하는가는 그가 세계를 어떻게 지각하느냐에 달려 있다고 생각했다. 이러한 접근에서 특히 자기(self)가 강조된다. 그래서 로저스의 이론을 흔히 자기이론(self theory)이라고 하였다.

로저스는 인간 본질에 대한 기본적인 사상을 프로이드와 같이 정서적으로 장애가 있는 사람들을 대상으로 얻긴 했지만, 프로이드와는 달리 인간관을 긍정적으로 보았다. 그는 인간 본질의 가장 깊숙한 핵심은 근본적으로 합목적적, 전진적, 건설적, 현실적이고 아주 신뢰할만하다고 보았다. 그리고 로저스는 인간을 어떤 창조주의 피조물로 보기보다는 미래의 목적과 자기 지시적 목적으로 향하는 에너지를 가진 활동적 존재로 간주했다.

매슬로우와 로저스가 지향하는 인본주의 심리학은 심리학에서 상실되었던 인간성을 회복하는데 중요한 계기가 되었다. 또한 과학적 방법론에 얽매여 있던 심리학의 연구 방법을 개선하고 인간을 자유로운 행위자로 봄으로써 인간관을 새롭게 하였다. 그리고 지금-여기서의 삶을 강조함으로써 과거에 집착하던 심리학을 현상적 수준으로 끌어올리는 공헌을 하였다. 그러나 인본주의 심리학은 지나치게 관념적인 연구방법, 과학적 심리학의 연구결과를 무시하는 경향, 지금의 행동만을 중시하고 지금의 행동에 영향을 미치는 과거를 무시하는 경향, 인간을 예언하고 통제하는 것보다는 이해하는데만 관심을 보이는 점에 대해서는 문제점으로 지적되고 있다.

(3) 한국의 심리학

심리학이라는 학문이 우리나라에 처음 소개된 것은 일제시대인 1920년경이었다. 한국의 심리학이 초기에는 미국의 심리학자들의 이론을 소개 받았으나 일본을 통해 독일을 중심으로 한 유럽 심리학이 전파되면서 유럽과 미국의 심리학이 모두 한국 심리학에 영향을 미쳤다.

한국의 심리학은 어느 한 학파의 영향에 의해 이루어진 심리학이라기보다는 학파의 대립 없이 미국과 유럽의 제 학파를 절충적으로 수용해서 발달한 점이 특징이라고 할 수 있다.

특히 초기의 심리학은 미국인들이 선교사업 목적으로 소개하였다. 그 일환으로 1922년 처음으로 『아동심리학』이 발간되어 심리학이라는 명칭을 최초로 사용하게 되었다. 초기 심리학은 주로 미국 심리학의 흐름을 소개하는 정도였는데, 교과서로는 한치진의 『신심리학개론』(1933)이 있다. 그러나 한국에서 본격적으로 심리학을 연구하기 시작한 것은 1945년 해방이후부터이며, 1960년대부터는 이론과 실험중심의 심리학을 강조하는 흐름이 지배적이었다.

한국에서의 심리학은 인문, 사회과학분야에서 실험과 방법론에 강점을 나타냈으며, 해방 직후에는 심리학의 현실적 필요성과 응용적인 수용 때문에 응용심리학 중심으로 소개되었고 특히 미국의 행동주의와 유럽의 정신분석이 유용하게 활용되었다.

이렇게 응용심리학 중심으로 이루어지던 한국 심리학의 흐름은 1960년대 이후 외국에서 공부하고 돌아 온 학자들이 증가함에 따라 이론중심과 실험위주의 기초심리학 중심으로 바뀌었고, 현재는 이론과 실험 중심의 흐름을 유지하는 한편, 응용 분야를 강조하는 흐름이 좀 더 강조되는 분위기다. 이러한 흐름과 더불어 특이할만한 점은 한국 심리학이 서양철학적 기반과 서양사상을 기초로 형성된 학문이기 때문에 한국의 사상이나 더 나아가 동양의 사상과 맞지 않는 측면이 많았다. 이러한 문제점에 따라 현재는 한국 전통 사상과 동양사상을 접목시켜 한국인의 사상과 정서, 심리와 행동을 설명하고 이해하려는 노력이 시도되고 있다.

현재 한국의 심리학은 산업심리학, 임상심리학, 상담심리학, 심리검사, 응용사회심리 등의 응용분야와 발달심리, 생리심리, 지각심리, 인지심리, 사회심리 등의 기초분야에서 활발한 연구가 진행 중이다.

4. 심리학의 연구분야

심리학자들 중에는 성격형성 및 행동발달의 특징에 관심을 갖는 학자도 있고, 지각이 어떻게 인지되며 학습되는가에 관심을 갖는 학자도 있다. 또는 심리적 고민을 갖고 있는 사람을 상담하고 치료하는 방법에 관심이 있는 학자도 있고, 우리가 직장생활을 포함한 사회생활을 어떻게 하면 좀 더 생산적이고 보람되게 할 수 있는가에 관심을 갖는 학자도 있다.

심리학자들이 관심을 갖고 연구하는 많은 전문분야도 모든 과학에서와 마찬가지로 연구 자체를 위한 이론 연구에만 관심을 갖는 심리학자가 있는가하면, 어떤 학자는 연구결과를 응용하여 일상적 실천에 관심을 갖기도 한다. 그러나 이론적 연구를 하다 보면 실제 생활에 응용할만한 결과를 발견하기도 하고 실제 생활에 응용해 보는 가운데 당초의 이론이나 법칙을 수정하거나 새로운 가설을 검증해야 할 필요성도 생긴다. 실제적인 검증과 활동이 없는 이론은 가치가 떨어지거나 쓸모없는 경우가 많다. 이론을 위한 이론은 과학이 아니고 과학주의일 뿐이며, 반대로 지지해 주는 이론이 없는 응용실천도 단순한 기술에 불과한 것이다. 이렇게 볼 때 이론심리학과 응용심리학은 상호보완적이며 상통적이어서 확연히 구별되지 않는 경우도 있다. 그러나 편의상 연구 경향에 따라 심리학의 연구분야를 이론심리학과 응용심리학으로 나누어 살펴보면 다음과 같다.

1) 이론심리학 분야

이론심리학 연구 분야는 인간의 마음과 행동에 대한 기본적인 사실이나 법칙, 조건 등을 과학적으로 설명하는데 일차적인 목표를 둔다.

(1) 생물 및 생리심리학(Bio and Physiological Psychology)

생물 및 생리심리학은 행동의 생물학적 기초 연구 분야로써 주로 뇌의 기능과 그 외 신경계통 및 내분비계 등 유기체의 생물학적인 과정과 행동 간의 관계, 약물과 행동 간의 관계 등에 대한 연구를 한다. 인간이 생물학적인 존재이며 특히 신경과정이 심리현상과 밀접히 관련된다는 점에서 이 분야가 존재한다.

(2) 비교심리학(Comparative Psychology)

비교심리학은 인간과 인간의 비교보다는 인간과 동물 간의 비교로써 인간과 동물의 종 간 혹은 동물과 인간의 심리 과정(학습, 지각, 사회 등)들을 비교 연구한다. 대부분의 동물 심리학자는 인간의 내면적인 심리 과정보다는 외현적인 행동이나 그 과정의 진화를 이해하는 데 주안점을 두고 있다.

(3) 학습심리학(Psychology on Learning)

학습심리학은 기억과 학습의 원리를 다루는 분야로 최근에는 학습한 재료나 행동의 습득, 파지나 망각과 같은 기억 과정 그리고 행동 유발인으로써 동기 등에 관해서 많은 연구가 이루어지고 있다. 학습에는 단순한 연합학습과 복잡한 인지학습이 있는데 과거에는 주로 동물실험을 통하여 학습의 원리를 연구하였으나 근래에는 인간의 기억과정에 더 많은 관심을 갖는다.

(4) 발달심리학(Developmental Psychology)

발달심리학은 출생부터 죽음에 이르기까지 인간의 발달 과정에 영향을 미치는 유전 및 환경적 요인 그리고 적응 요인 등을 체계적으로 설명하고 기술하는데 있다. 발달심리학자들은 언어, 인지 등과 같은 특정 발달 과제 및 유아기, 아동기, 청·장년기, 노년기에 이르는 특정 발달 시기에 관한 연구를 하기도 하며, 최근에는 노년층 인구의 증가에 따라 노년기 적응 문제에 관한 많은 관심과 연구가 이루어지고 있다. 그리고 교육, 상담, 임상 장면에 중요한 정보를 제공하기도 한다.

(5) 사회심리학(Social Psychology)

사회심리학은 개인과의 상호작용에 미치는 태도와 행동 양식 그리고 이들이 속한 집단의 속성과 행동 특성에 관해 연구한다. 즉, 사회심리학은 인간의 사회화 과정을 통해 나타나는 편견, 동조, 갈등, 공격성, 일탈행동, 인성형성 등에 기여하는 제반 요인을 규명하려고 한다. 이를 위해서 실험법 뿐만 아니라 여론조사나 시장조사와 같은 조사법을 쓰기도 한다.

(6) 성격심리학(Psychology of Personality)

성격심리학은 사람들 간의 개인차를 다루는 분야를 총칭하는 것으로써, 이상 성격을 다루는 임상심리학과는 달리 정상 성격을 다룬다. 성격의 측정을 위해서 관찰 및 검사를 이용하며 이를 통해서 얻어진 자료는 임상심리학, 상담심리학, 학교심리학, 산업심리학 등 심리학의 제반 분야에 기초적인 자료로 활용되기도 한다.

(7) 인지심리학(Cognitive Psychology)

인지심리학은 넓은 의미로는 "인간의 마음이 어떻게 작용하는가를 연구하는 학문"이고, 좁은 의미로는 "인간의 마음이 어떻게 환경과 자신에 대한 앎, 지식을 갖게 되는가를 연구하는 학문"이다. 그리고 그러한 지식을 어떻게 활용하여 생활에서 각종의 과제들을 수행해내는가 하는 문제를 다루는 심리학의 한 분야이다. 인지심리학은 인간이 자극을 지각하고 처리하며 그에 대한 저장 및 반응을 보이는 과정을 컴퓨터의 정보처리 과정에 입각하여 연구한다. 현재 많은 심리학의 분야에 관계되어 있다.

(8) 실험심리학(Experimental Psychology)

실험심리학이라는 독자적인 학문 분야가 존재한다기보다는 실험중심의 심리학 분야를 총칭하는 용어이다. 넓은 의미에서의 실험심리학은 성격 · 사회심리학 등의 실험을 사용하는 다른 모든 이론심리학의 분야를 포함하고 좁은 의미에서의 실험심리학은 지각, 생리, 학습의 세 가지 분야를 포함한다.

2) 응용심리학 분야

심리학이 응용될 수 있는 길은 무궁무진하며 임상 · 상담심리학이나 산업 조직처럼 어떤 분야는 확고히 자리를 잡고 있으며 또한 많은 분야들이 등장하고 있다.

(1) 임상심리학(Clinical Psychology)

임상심리학은 이상 성격, 정서 및 부적응적 행동 문제(정신병, 성격장애, 부적응 및 반사회적 행동, 발달 장애, 사회생활 부적응 등)에 심리학적 원리를 적용한다. 그러므로 임상심리학자는 대학, 연구소, 병원 및 다른 전문 기관에서 이상 행동 및 부적응 행동에 관한 진단과 치료뿐만 아니라 연구도 수행하게 된다. 최근에는 지역 사회 정신건강센터를 중심으로 지역 주민의 건강 및 부적응 행동의 예방과 적응을 촉진하는 역할을 하고 있다. 이를 위해서 임상심리학자는 대학 및 대학원 과정을 이수한 후 임상 전문가의 감독 하에 소정의 수련 훈련 및 전문가 과정에 참여하기도 한다.

(2) 상담심리학(Counseling Psychology)

상담심리학은 결혼 및 자녀 문제, 직업 선택과 같은 개인의 일시적이지만 아주 심각하지는 않은 행동 문제와 부적응 문제를 주로 다룬다. 그러므로 심각한 정서 및 행동 문제를 다루는 임상 심리학자와 비교할 때, 많은 상담심리학자는 학교, 군대, 종교 단체 그리고 전문 상담소 등과 같은 병원 밖에서 일하고 있다.

(3) 산업 및 조직심리학(Industrial and Organizational Psychology)

초기의 산업 및 조직심리학자는 공장이나 산업체 등에서 인사 선발, 작업환경의 개선, 자동화와 인간의 적응 및 생산성 간의 관계를 지능 검사, 현장 조사, 적성 검사를 통해서 연구하였다. 하지만 최근에는 인사관리 및 조직의 진단과 개선, 산업체 요원으로 상담, 조직 구성원의 갈등해소, 사회교육, 시장조사, 홍보 및 광고에 이르기까지 다양한 분야에서 활동하고 있다.

(4) 교육심리학(Educational Psychology)

교육심리학은 교육과 관련한 여러 가지 장면에서 인간의 학습과정에 관한 연구를 하는 분야이다. 그러므로 교육심리학자는 정신지체에서부터 영재교육에 이르기까지 주제별 교육방법과 학습동기의 개발에 심리학적 원리를 적용하며, 각각의 발달과정에 적합한 교육 프로그램을 개발하고 이를 실제 교육장면에 적용한다.

(5) 학교심리학(School Psychology)

대부분의 정서 문제와 부적응적 행동문제가 아동기 및 사춘기에서 비롯된다. 그러므로 학교심리학은 주로 학령기 아동이나 청소년들의 학습문제, 정서문제 그리고 행동문제를 다룬다. 이를 위해 학교심리학자는 아동발달, 교육 및 상담심리학 그리고 임상심리학적 훈련에 기초하여 각각의 학생들을 대상으로 여러 가지 검사를 실시하고 평가한다. 또한 학령기 아동과 청소년들의 학습문제 및 진로 고민을 상담하고, 가정, 학교, 사회의 적응을 돕는 역할을 한다.

(6) 환경심리학(Environmental Psychology)

인간은 환경을 파괴 혹은 창조하기도 하지만 그 결과로 인해 심각한 영향을 받기도 한다. 환경심리학은 여러 연구 영역이 결합된 것으로써, 인간과 환경과의 상호작용을 주로 연구한다. 그러므로 환경심리학자는 인간이 최적의 환경에서 최고의 안녕을 누릴 수 있도록, 물리적인 환경뿐만 아니라 심리적 환경에 이르는 인간의 행동에 영향을 미치는 제반 요인을 확인하고 이를 재구성하는 목표를 갖고 연구하게 된다.

(7) 역동심리학(Dynamic Psychology)

역동심리학의 근원은 이상심리학까지 거슬러 올라갈 수 있으나 그 발달은 금세기에 이루어진 심리학 분야이다. 역동심리학은 이상심리학과 대등한 심리학으로 정상적인 동기에 따른 인간의 심리적 상태와 그 작용을 주로 연구하는 것으로써 환경의 변화에 따라 어떻게 작용하느냐 하는 등의 역동적인 경우에 따른 심리를 연구하는 심리학 분야이다.

(8) 범죄심리학(Criminal Psychology)

범죄심리학은 이탈리아의 롬브로소(C. Lombroso, 1836~1910)가 처음 연구한 심리학 분야로써 범죄의 동기와 범죄 발생의 시기, 빈도, 종류, 지역의 특성, 범죄율 등을 연구하고 크고 작은 사건들의 수사과정에서 심문, 증언, 판결에 심리학적인 요인을 연구하고 적용하는 것을 말한다. 범죄자의 심리나 성격특성의 색다른 점, 지능, 환경 등을 연구하고, 그들을 재교육하고 예방을 위해 연구하는 분야이다.

(9) 기타 심리학

이상의 논의한 심리학 분야 이외에도 교통심리학, 군사심리학, 법심리학 등 여러 분야에 심리학을 응용하고 적용시킬 수 있다. 앞으로도 수없이 많은 분야에서 심리학이 개발되고 응용되면서 발전할 것이다.

5. 심리학 연구방법

심리학은 경험과학인 동시에 기술과학이다. 심리학은 과학의 한 분야이기 때문에 연구방법은 사실을 추출해 내어 그 사실을 객관적으로 조작할 수 있는 과학적인 방법이 기초가 되어야 한다. 심리학에 대한 과학적인 접근은 19세기 말부터 20세기 초에 걸쳐서 활발하게 진행되었고 그때부터 지속적으로 활성화되기 시작했다.

심리학의 연구패턴은 과학적 연구이기 때문에 정확해야하고 또한 객관적이어야 하는 동시에 세련된 연구자에 의해서 이루어져야 하며, 실험자의 편견이나 주관에 편중되지 않는 공평성에 입각한 연구가 되어야 한다. 이러한 심리학의 연구방법은 사실상 그 연구문제의 성질, 연구자의 능력과 태도 그리고 연구에 이용되는 피험자 등 여러 가지 요인들에 의해서 여러 연구패턴으로 나타난다.

심리학의 연구는 양적연구와 질적연구로 구분할 수 있다. 양적연구는 실험연구와 비실험연구로 구분되며, 질적연구는 면밀한 관찰을 토대로 해서 그 관찰결과를 사전에 정립된 이론에 비추어 해석하는 방법으로 연구가 이루어진다. 그리고 연구내용 중심으로는 현상연구와 심리적 연구로 구분할 수 있으며, 조사목적에 따른 분류로는 탐색연구, 기술연구, 가설검증이 있다. 또한 조사의 시점에 따라서는 횡단적 연구와 종단적 연구로 분류할 수 있는데, 횡단적 연구는 일시점에서 한번의 광범위한 조사를 실시하는 연구방법이고, 종단적 연구는 시간 간격을 두고 조사를 반복하여 실시하는 연구방법이다.

1) 실험 연구

실험연구는 관심의 대상이 되는 변인을 연구자가 의도적으로 조작하여 그 결과를 비교 분석하는 연구로써 과학자들이 새로운 지식이나 이론을 찾는 방법으로 널리 사용하고 있다. 실험연구는 처치 변수를 조작하여 종속변수와의 인과 관계를 밝히는 연구이다. 심리학에서 실험연구는 처치에 따른 인간행동 변화를 체계적으로 관찰하는 것으로 실험연구의 기본적인 특색은 반복, 통제 그리고 변인(變因)이다. 반복은 관찰의 정확성을 기하기 위해 동일한 조건을 추출하고 다른 가변적 인자(variable factor)를 통제 또는 제거하는 것을 의미하며, 통제는 변수에 미칠 영향력을 차단하는 것이며, 변인은 가변적 조건(variable condition) 또는 변화에 작용하고 있는 조건을 말한다.

실험연구법(experimental method)은 초기에는 아동의 개인차(個人差), 환경과 같은 것은 고려치 않고 실험실에서 순수한 어떤 기능(function)의 일반적인 형태를 연구하는데 그쳤으나 오늘날에 와서는 이 방법이 비실험적 상태 하에서도 매우 광범위하게 적용되고 있다. 예를 들어 지도자의 태도와 집단 구성원의 행동에 관한 레빈(K. Lewin)의 실험적 연구에서 보면 실험실의 목적은 어떠한 독립변인(Independent Variable)을 도입해서 그 결과로 어떠한 행동변화(종속변인:dependent variable)가 발생하는 것을 보는 것인데, 그의 실험적 접근에서는 민주적 학급운영과 전제적(專制的) 학급운영이 독립변인이고 지도성(指導性)은 종속변인이다(K. Lewin & R. K. White, 1939).

2) 비실험 연구

(1) 관찰법

브렛필드(J. M. Bradfild)는 "관찰이란 도구를 사용하지 않는 측정이며 만일 도구를 사용하더라도 그것은 측정하는 사람에게만 영향을 미치고 측정 받는 사람에게는 영향을 주지 않는 측정방법이다."라고 말하고 있다. 다시 말해서, 관찰법이란 사람의 행동을 그대로 두고 관찰하는 방법으로 관찰의 목적은 사람의 마음과 행동을 이해하는데 있으며, 어떤 판단을 내리는데 필요한 자료를 수집하는데 있다. 특히 관찰법은 인간이해의 기본적인 방법으로 피험자의 연령에 제한을 받지 않는다는 점에서 영아, 유아, 아동, 청년, 성년에 이르기까지 어떠한 피험자에게도 적용될 수 있는 방법이다(민영순, 1983). 관찰계획을 성공적으로 이끌어 갈 수 있는 필수조건으로는 다음과 같은 것이 있다.

첫째, 관찰대상을 결정하고 이 대상에게 필요한 어떤 특별한 조건을 선택하고 배치하는 것.

둘째, 관찰기간 또는 관찰과 관찰 사이의 간격과 회수를 결정 하는 것.

셋째, 관찰자의 위치와 피험자에게 미칠 영향을 고려 하는 것.

넷째, 관찰하려는 활동이나 행동단위를 정의하고 관찰의 범위(개인, 집단)를 결정하는 것.

다섯째, 관찰의 기록형식과 관찰의 해석을 정확하게 하는 것 등이다.

그러나 관찰이란 개념이 일반적 의미의 관찰이 아니라 자료수집 방법으로써의 한정된 의미의 내용을 가지고 있는 관찰을 말하기 때문에 관찰법은 조건들을 종합해 보아야 알 수 있듯이 그 특색이 직접성과 현재성에 있는 것이다. 현재 생각하고 있는 사상의 상태나 사람들의 행동, 언어가 타인의 개입 없이 관찰자에게 직접적으로 수집되어진다고 하는 점에서 질문지법과 면접법 그리고 실험법과는 다르다(김재은, 1981).

관찰법은 일반적으로 비조직적 관찰법과 조직적 관찰법의 두 가지로 분류할 수 있는데 양자 간의 본질적인 차이점은 관찰하는 그 행위에 있어서 조건통제의 유무에 따라 구분 된다.

① 비조직적(자연적) 관찰법

자연적 관찰법은 특별한 조작이나 계획 또는 관찰 장치 없이 어떤 사상이나 행동이 자연적으로 일어나는 모습 그대로의 상태를 관찰하는 방법이다. 인위적인 조작이나 통제를 가하지 않고서 자연 상태에 있는 행동을 일정한 형식에 구애받지 않는 우연한 기회에 포착하기 때문에 우연적 관찰법이라고도 부른다. 비조직적 관찰법의 종류에는 일화법, 전기법, 참가관찰법 등이 있다.

② 조직적(실험적) 관찰법

조직적 관찰법은 과학적인 방법으로 여러 분야에서 사용되고 있는데, 관찰자가 피험자에 대하여 사전 계획이나 특수한 실험기구 또는 장치를 통해서 관찰하는 방법이다. 이 방법은 분트(W. Wundt)가 실험심리학 연구에서 채택한 방법으로써 실험자가 통제하는 독립변수의 특정조건과 그에 따라 변화하는 특정한 사실과의 관계를 알아볼 때 흔히 사용하는 방법이다. 예를 들면, 출생일, 성별, 연령, 지능, 연령차이, 학업성적, 경제적 지위, 환경적 조건 등으로 통제한 등가집단(homogenous group)을 구성하여 그 중 한 집단에는 특정조건(special condition)을 투입하고 다른 한 집단에는 특정조건을 투입하지 않는 상태에서 두 집단의 행동결과를 비교 연구한다. 이때 특정 조건을 투입한 집단을 실험집단(experimental group), 특정 조건을 투입하지 않은 집단을 통제집단(control group) 혹은 비교집단(comparative group)이라 하며 이러한 관찰방법을 통제집단법 또는 등가집단법이라 한다.

이 관찰법은 자연적 행동의 상태를 잘 나타내도록 여러 가지 인위적 조건이나 통제가 수반되어야 하며, 이 관찰법의 적용에 있어서는 미국의 아동심리학자 게젤(A. L. Gesell)에 의해서 고안된 투시경이나 투시스크린 장치를 관찰실 영사카메라에 부착시킨 실험장치가 매우 유명하다. 이 관찰법은 직접적인 장면에서 행동이 발생하는 과정을 포착할 수 있으며(directiveness), 피험자의 성(性)이나 연령의 제한을 받지 않는다. 또한 어떤 우연적인 요인에 의해서 변용된 행동이 아닌 직접적인 장면에서의 자연적 행동을 파악할 수 있다는 장점을 가지고 있다. 그러나 한편으로는 일반적으로 같은 사항을 다시 관찰하려면 장시간을 기다려야 하며, 어떤 사항이 동일한 조건으로 다시 발생되는 일은 매우 드물기 때문에 일반화·표준화가 곤란할 뿐만 아니라 주관적 편견, 선입관을 갖기 쉽다는 단점도 있다(R. Pitner, 1959).

(2) 면접법

면접법은 관찰법과 마찬가지로 특수한 연구방법이 아니다. 사람은 수시로 어디서나 면접을 하거나 받는 기회를 갖는다. 면접자와 대상자가 서로 대립하지 않고 의사소통을 꾀하면서 거기서 무엇인가 진실을 발견하려는 것이 면접의 일반적 성격이다. 면접법이란 일상생활에서 아동과 부모가 교사와 서로 대화할 때 그 대화의 내용이나 태도에서 필요한 자료를 얻거나 또는 지도 조언할 수 있는 방법을 말한다. 그래서 면접법은 학생 개개인에 대하여 자세히 그리고 깊이 문제를 추구하는 기술로써 독자적인 의의를 가지고 있는 것이다(S. Ruth, 1975). 그러므로 면접시에 면접자는 선입견이나 편견을 배제하고 내담자와 면접자 사이에 서로 신뢰할 수 있는 개방적 분위기를 소유할 수 있도록 라포(rapport)를 형성하여 질문에 응해 줄 수 있도록 계획을 잘 세워 요령있는 화술과 기술을 발휘해야 한다. 여기서 라포(rapport)란 상담심리학에서 상담자(counselor)와 내담자(client) 사이의 따뜻하고 가까운 신뢰 관계를 의미하며 심리검사(psychotherapy)에 있어서는 검사자와 피험자 사이의 안락하고 따뜻한 분위기를 말하는데 이것은 상담의 "촉진적 관계"의 예비적 단계라고 볼 수 있다.

면접법에는 직접면접방법(directive interview methods)과 간접면접방법(indirective interview methods)이 있는데 직접면접방법은 피험자와 직접 대면하여 상담을 통하여 심리적인 면을 파악하는 것이고, 간접면접방법은 피험자와의 대화가 아니라 간접적으로 관찰자나 친구를 개입시켜서 이야기를 해보게 하는 것이다. 면접법은 특히 피험자의 성향(性向)에 따라서 직접면접과 간접면접을 구별하여 사용해야 한다. 성향에는 내향성(introversion)과 외향성(extroversion) 두 종류가 있는데, 내러모어(C. M. Narramore)의 정의에 따르면 내향성은 관심을 내부로 돌리고 자신에게 몰두하며, 외부적인 것을 경시하고 주관적으로 내향성을 나타내는 것을 의미한다. 내향적인 사람은 쉽게 동요하고 부끄럼을 타며, 엄격하고 염세적(pessimistic)이며 내성적이다. 반면에 외향적인 사람은 개인의 관심을 외부로 돌리고 자기 자신보다 주위 환경이나 다른 사람에게 더 큰 관심을 기울이며 외적·사회적 활동에 관심을 보인다. 또한 사교적이고 태평스러우며, 낙관적이고 안정성과 실천성이 있다. 사람은 보편적으로 이 두 가지가 조화되어 있다고 볼 수 있다.

(3) 자서전법 혹은 전기법

자서전법이란 피험자 자신이 과거의 생활이나 행동 과정을 회상에 의하여 일기나 에세이 형식으로 자유스럽게 표현하는 방법이고, 전기법은 관찰자가 피험자의 생활을 관찰, 서술하는 것이다. 다시 말하면, 자서전법은 개인의 어린 시절, 청소년 시절을 회상 기술케 하여 거기에서 개인의 신체적, 정서적, 사회적 각종 성장 발달의 경향과 과정을 파악하려는 방법이다. 그러나 문제는 피험자의 기억의 착오, 표현의 부자연성, 수정 등으로 인해 기술의 진실성이 제한을 받게 된다. 이러한 결함을 보완하기 위해서는 연구자와 피험자 간에 긴밀한 인간관계가 이뤄져야 한다. 피험자가 기술한 자료는 반드시 학술적 연구에만 사용되어야 한다는 전제가 면접의 기본적 지침임은 재론의 여지가 없다.

(4) 질문지법

20세기에 들어서서 아동과 청소년 문제의 연구에서 실험적 방법으로는 해결할 수 없는 문제가 많음을 알게 된 심리학자들 중에 홀(G. Stanley Hall)과 그의 제자들이 질문지법을 널리 사용하여 연구에 큰 성과를 올렸다. 질문지를 통한 조사란 연구하려고 하는 문제에 대해 일정한 양식의 질문지를 작성하여, 이를 선정된 특정인에게 배부해서 해답을 얻은 그 결과를 연구자료로 사용하는 방법을 말한다(김재은, 1981).

질문지법의 장점으로는 많은 자료의 조직적 수집이 가능하고, 일시에 많은 대상자에게 실시할 수 있기 때문에 시간이 절약되고 연구대상자에게 미치는 영향이 적은 점이다.

단점으로는 학력이 낮은 학생들에게는 저급한 질문 이외에는 할 수가 없고, 위장의견이나 기억착오가 개입되었는지를 알 수가 없다는 점이다. 또한 질문지의 회답율이 낮을 수 있다는 점이다.

질문지법의 주요패턴으로는 자유반응법(free response questionnaire method), 선다형식, 가부형식, 평정척도형식, 순위형식, 조합비교형식 등이 있다.

(5) 투사법

투사법은 임상심리학에서 성격검사를 위한 하나의 테스트 방법으로 사용되는 것으로써 불확실한 사물을 보여주어 그 투사된 형태를 해석하고, 그 해석 가운데서 성격과 정신 내부의 상태를 명확히 파악하는 방법이다. 이 방법은 자신이 의식하지 못하거나 표현하기를 꺼려하는 것을 언어, 동작, 작품 등에 나타난 것을 통하여 이해하려는 것이다.

투사법은 투영법이라고도 하며 성격진단의 한 방법으로써 원래 프로이드 학파의 정신분석학의 이론에서 발전된 검사법으로 인간의 잠재적 심층심리를 통찰하려는 방법이다.

투사란 인간의 무의식적 충동, 감정, 사고 및 태도 등을 다른 대상(그림 등)에 투영시킴으로써 자신의 긴장을 해소하려는 일종의 방어기제인데, 이 때 애매모호한 그림이나 구조화되지 않은 자극에 투영된 것을 면밀히 분석 검토하여 피험자의 성격, 욕구, 감정 등의 심리 상태를 파악하려는 일종의 인성진단 검사법이다.

이 검사법의 특징을 프랭크(L. K. Frank)는 피험자로 하여금 그들의 개인적 세계와 성격의 단면을 여러 가지로 표현시키는 데 있다고 말하였다(L. K. Frank, 1958). 특히 이 방법은 피험자가 의식적으로 표현하기를 꺼려한다던가, 자신이 의식치 못하고 있는 것을 말이나 동작 등으로 표출시키고자 하는 것으로 인간의 내면적, 심리적 상태 즉, 성격, 정신상태, 인간내면의 체제 등을 밝혀 보려는 성격 검사의 일종이다. 이 방법을 활용하기에는 성격심리학에 대한 전문적인 소양과 오랜 임상적 경험 및 훈련이 요구된다.

투사법의 종류에는 여러 가지가 있으나 그 중 널리 알려진 것들로는 로샤검사(Rorschach Ink-Blot Test), 주제통각검사, 아동통각검사, 그림욕구불만검사, 연상검사, 문장완성검사, 죤디검사(Szondi Test), 작품분석법 이외에도 손가락 그림검사, 형태검사, 심리극 등이 있다.

(6) 사회측정법

사회측정법은 모레노(J. L. Moreno)에 의해서 발전된 것으로 집단원 상호 간에 사회적 지위를 양적으로 측정하여 집단 내의 인간관계의 모습을 알아보는데 이용하는 방법(J. L. Moreno, 1953)이다.

이것은 주로 소시오그램(sociogram)이나 소시오메트리(sociometry)로 표시하여 집단의 구조를 잘 알 수 있게 한다. 즉, 학급집단의 구조, 작업을 중심으로 한 사회적 집단과 교제를 중심으로 한 심리적 집단과의 구조적 차이, 우인관계를 성립시키는 요인, 사회성의 발달과 변화, 중심적 인물과 고립자와의 성격차이, 계속적 지도자와 일시적인 인기자와의 차이 등을 연구하는데 도움을 준다. 그래서 사회 측정법은 학급집단의 구조파악, 학급학생들의 인간관계 분석, 학급 내의 결합도, 우인관계의 성립요인, 중심적 인물과 고립자와의 성격 차이, 집단형성 과정과 좌석배치 등 여러 연구에 도움을 주고 있다.

(7) 평정법

평정법이란 관찰자가 피험자의 일정한 특질 또는 행동을 평정하여 이것을 피험자의 순위에 따라 표현하던지 미리 만들어 둔 품등척도를 적당한 장소에 배치해 놓음으로써 표현하던지 양자 중 어느 한 쪽을 선택하는 방법이다. 이 방법은 특히 도덕성, 책임감, 교우관계, 통솔력 등의 정의적 방면이나 예술적 방면의 행동특성과 같이 측정하기 어려운 행동면을 파악하기 위하여 사용하는 방법을 말한다. 아동의 태도, 성격, 그밖의 복잡한 행동면이나 조각, 습자, 수예 등의 기능면, 혹은 음악, 미술, 문학 등의 감상력의 평가에도 이용된다.

평정법에는 두 가지가 있는데 하나는 서열법이고 다른 하나는 품등측정법이다. 서열법은 아동의 행동특성을 그 아동이 속하고 있는 집단 내에서 순위를 정하거나 최우수자나 최적임자를 선발하고자 할 때 쓰이는 방법이며, 품등측정법은 먼저 일정한 척도를 준비해서 평정해야 할 대상이 어느 위치에 속하는가를 판단하여 기준에 맞추어 비교하는 방법이다(김제한, 1983).

(8) 검사법

검사법이란 능력, 지식, 기능 그리고 심리적 특성 등에 관한 정도를 표시할 목적으로 어떤 조건하에 미리 제작된 문제나 작업을 가하여 피험자의 행동과 그 성과를 일정한 관점에 비추어 질적·양적으로 기술하는 조직적 절차의 한 방법이다. 이러한 검사의 기능으로는 3가지가 있는데 예언, 통제 그리고 연구이다(황정규, 1968).

검사법의 종류는 분류하는 기준에 따라 여러 가지로 나눌 수 있는데 그 중 검사의 성격에 따른 분류에는 지능검사, 적성검사, 학력검사, 인성검사 등이 있다.

3) 질적 연구

질적 연구방법은 개인이 살고 있는 환경적 맥락을 중요시하고, 맥락 내에 있는 인간을 연구하려고 할 때 주로 사용하는 방법이다. 양적 연구가 전통적인 과학적 연구방법을 선호하는데 반해서 질적 연구는 어떤 연구 상황에 참여하는 사람들의 지각을 중요시하고 그것의 해석에 더 많은 관심을 가진다. 질적 연구의 절차는 자료수집부터 시작하며 연구자는 관심이 있는 상황에서의 행동을 관찰하는데 비교적 많은 시간을 투입한다. 그 과정에서 연구자는 그 상황의 참여자들에 대해 면접을 하기도 한다. 대부분의 질적 연구들은 관찰과 면접의 두 가지 방법을 모두 사용해서 자료를 수집한다. 그 다음 단계는 모아진 자료에서 어떤 규칙성을 찾아내는 것이다. 연구자는 논리적으로 함께 묶을 수 있는 행동의 패턴을 찾기 위해 자료를 탐색한다. 한 예로, 교사가 때때로 학생들을 둘씩 짝지어서 서로 책을 읽어주게 하거나 어려운 단어가 나오면 서로 물어보도록 권장하거나, 몇 명의 학생들에게 똑같은 책을 읽고 서로 토의를 하도록 하게 한다면, 이런 행동은 하나의 의미 있는 패턴으로 함께 묶을 수 있을 것이다.

관찰과 면접 자료에 대한 이와 같은 집중적인 분석결과 다수의 의미 있는 행동 패턴이 나타나게 될 것이다. 이러한 단계를 거쳐 다음 단계는 행동 패턴들을 지지하는 근거를 찾는 것이다. 연구자는 항상 현재 나타난 행동 패턴과 일치하지 않는 자료를 수용해야 하고, 또한 그것을 의도적으로 찾도록 노력해야 한다. 이러한 일들은 자료에 대한 몇 차례의 재검토를 통해 이루어진다. 경우에 따라서는 자료수집의 초기 단계에서 자료분석이 이루어지고, 그 분석결과를 입증 또는 부정하는 자료수집 활동이 뒤따를 수도 있다.

다음단계는 추출된 행동패턴들의 상호관계를 고려해서 인과관계에 대한 가설들을 설정하고 검증하는 것이다. 각 행동패턴에 영향을 미치는 요인들을 추리하고, 각 행동패턴들이 상호 어떻게 영향을 주고받는가에 대한 추리를 통해서 가설들이 형성된다. 그리고 이 가설들은 다시 모든 가능한 자료들을 통해서 평가되며 근거가 불충분한 것은 폐기된다. 가설의 설정과 검증과정에서 가설의 제한조건에 대한 정보를 탐색하는 것도 필수적인 요소이다(나동진, 1999).

일반적으로 질적 연구자들은 양적 연구자들과 동일하게 그들이 사용하는 연구방법의 객관성과 정확성을 중요시한다. 그러나 인간의 행동은 궁극적으로 주관적이라는 것을 강조하는 질적 연구자들은 수량화하는 양적 연구방법의 결과는 허구성이 높다고 주장한다.

양적 연구와 질적 연구를 병행해야 한다는 최근의 연구 분위기에도 불구하고, 심리학에 대한 질적 연구는 아직도 초보적인 수준에 머물러 있는 형편이다. 질적 연구자들이 자주 사용하는 특징적 연구방법에는 사례연구가 있다.

Introduction to Psychology

생리심리학의 기초이해

CHAPTER 2 생리심리학의 기초이해

생리심리학(Physiological psychology)은 심리학의 중요한 연구영역으로써 인간의 신체와 마음의 관계를 생물학적 또는 생리적으로 연구하는 학문이다. 한마디로 생리심리학은 인간의 의식을 뇌를 비롯한 신경계를 통하여 생물학적으로 설명하는 것이라고 할 수 있다.

우리의 일상적인 생활은 뇌를 비롯한 신경계의 작용으로 가능하다. 우리는 배가 고프면 밥을 먹고 목이 마르면 갈증을 느껴 물을 마시고 말을 하며 기억을 하고 학습한다. 생활을 하면서 기쁨을 느끼기도 하고 화를 내기도 하며 고민도 한다. 이 모든 것은 신경계가 호르몬의 도움을 받으면서 작용하기 때문에 가능하다.

우리의 행동 및 정신현상을 이해하기 위해서는 우선 생물학적 기초가 되는 신경계의 구조와 기능을 이해하는 것이 중요하다.

1. 신경계

1) 신경계의 정보전달

인간의 행동은 뇌와 같은 신경계통이나 내분비선의 활동과 관련이 있기 때문에 이 과정을 밝히면 인간의 행동을 이해하는 것이 가능하다. 신경계는 보통 중추신경계와 말초신경계로 나뉜다. 중추신경계는 뇌와 척수를 포함하며, 말초신경계는 전체 신경계에서 중추신경계를 제외한 나머지 부분으로써 뇌와 신체의 감각기관, 근육, 선 등 모든 곳에 연결되어 있다. 주된 구성은 감각뉴런과 운동뉴런으로 되어 있다. 특히 감각뉴런과 운동뉴런에서 뻗어 나와 있는 축색돌기 다발을 주로 말초신경계라고 한다.

신경계의 가장 큰 특징은 정보의 전달이다. 끊임없이 정보를 받아들이고 통합하며 전달한다. 신경계의 막대한 정보처리에 의하여 우리는 세상을 감지하고 환경에 적응해 나간다. 마치 순환계에서 혈액을 온몸에 순환시키듯이 신경계에서는 정보를 온몸으로 전달한다.

(1) 뉴런 : 신경계의 기본단위

신경계의 기본 단위는 뉴런(neuron)이다. 뉴런은 신경계통을 구성하는 기능적 최소단위로써 신경교(neuroglia)와 함께 신경계를 구성한다. 뉴런은 신경계의 정보를 받아들이고 전달하는 활동을 담당하고, 신경교는 신경계 지지세포의 역할을 한다.

뉴런은 세포체(cell body)를 가지며 신진대사와 호흡을 조절하고 유전정보를 갖고 있는 핵(nucleus)과 수상돌기(dendrite), 축색돌기(axon rites), 축색종말(axon terminal)로 이루어져 있다(그림 2-1). 세포체는 세포막에 둘러싸여 있으며, 일반적인 세포의 특성을 지니는 곳으로 유전정보를 지닌 세포핵과 미토콘드리아 등을 함유하고 있다. 뉴런은 세포체로부터 뻗어 나와서 주변의 세포로부터 정보를 전달받고 다른 세포에 정보를 전달할 수 있도록 하는 작은 섬유들을 갖고 있다.

세포체로부터 연결되어 있는 작은 섬유들을 수상돌기(dendrites)라 하는데 이는 주변으로부터 들어오는 정보를 받아들여서 그것을 세포체에 전달한다. 수많은 수상돌기에서 받아들여진 신호는 세포체에서 통합되어 축색을 따라 전달된다. 축색은 세포체에서 단일하게 뻗어나가는 가늘고 긴 섬유로써 축색의 말단부위는 여러 갈래의 축색종말(axon terminal)로 나뉘어져서 다른 뉴런들에게 신호로 전달한다. 한 뉴런과 다른 뉴런의 연결부위를 시냅

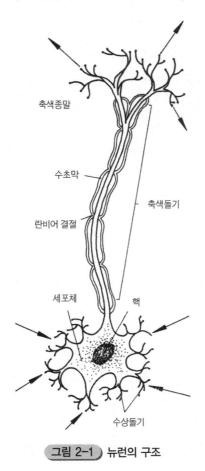

축색종말

수초막

란비어 결절

축색돌기

세포체

핵

수상돌기

그림 2-1 뉴런의 구조

스(synapse)라고 하는데 보통 한 뉴런의 축색종말이 다음 뉴런의 수상돌기에 연결되어 시냅스를 형성한다. 축색을 따라 전달된 신호는 시냅스를 건너 다음 뉴런으로 전달되게 된다.

세포체에 있는 또 하나의 긴 섬유를 축색돌기(axon rites)라 하며 이는 매우 가늘고 길게 되어 있다. 이 축색돌기가 전선이 뭉쳐 있는 것과 같은 모습을 신경(nerve)이라 한다. 축색돌기는 세포로부터 나가는 정보를 전달하여 이웃 뉴런으로 정보를 전달하거나 근육이나 선이 행동(운동)을 하도록 지시한다. 한 뉴런에는 하나의 축색돌기가 있으나 축색돌기 끝부분에서 여러 개의 종말가지들로 분화된다.

하나의 뉴런에는 수백 개의 수상돌기가 있고 축색돌기도 여러 방향으로 뻗어있으므로 하나의 뉴런은 정보를 받아들이는 끝부분인 수상돌기와 정보를 내보내는 종말부분인 축색돌기에서 수백 개의 다른 신경세포와 접촉한다.

(2) 뉴런의 정보전달

① 뉴런 내에서의 정보전달

뉴런의 세포막은 선택적으로 물질을 통과시키는 막으로써 어떤 물질은 통과시키고 어떤 물질은 통과시키지 않는다. 정보가 뉴런에 전달되는 방식은 전기적, 화학적 방식에 의존하는데 세포막은 안과 밖으로 되어 있고 전기적으로 충전된 용액으로 차 있다. 정보가 들어오게 되면 세포막이 흥분하게 되고 막이 열려서 양이온이 들어오도록 허용된다. 이렇게 세포막이 양이온을 받아들이기 시작하면 다음 세포막도 열리게 되어 뉴런을 따라가고 계속해서 전기충격을 만들어 내며 축색돌기 끝까지 연결된다. 한 뉴런의 축색종말, 수상돌기, 세포체로 이루어지는 부분을 시냅스(synapse)라고 하는데 신경흥분이 다음 뉴런으로 전달되려면 시냅스의 틈(synaptic cleft)을 건너야 한다.

세포막 안쪽은 음극, 세포막 바깥쪽은 양극이다. 이러한 세포막의 분극화 현상은 정전하를 지닌 세포막 바깥쪽의 물질들이 음전하를 띠는 세포의 안쪽으로 향하게 하는 전기적 힘을 지니게 된다. 활의 시위를 당겨 발사 준비상태에 있는 것과 마찬가지로 정전하를 지닌 세포막 바깥쪽 물질이 곧 안쪽으로 들어올 수 있게 해주는 이런 전기적 상태를 뉴런의 안정전위(resting potential)라고 한다.

신경계의 신호전달에 결정적인 역할을 담당하는 물질은 나트륨이온(Na^+)인데, 정전하를 띤 나트륨이온은 세포막 바깥쪽에 많이 분포한다. 나트륨양이온은 축색에 분포하는 특수한 통로를 통해서만 세포막을 통과할 수 있다. 평상시 나트륨 통로는 닫혀있지만 세포막 사이의 분극이 어떤 기준치 이하로 이탈되면 나트륨 통로의 문이 갑자기 열리게 되어 나트륨양이온이 세포막 안으로 쏟아져 들어오게 된다. 이때 그 기준치를 역치(threshold)라고 하고 분극의 이탈을 탈분극(depolarization)이라고 한다. 일단 나트륨양이온이 세포 안으로 밀려들어오면 일련의 갑작스러운 전위변화가 발생하게 되는데 이를 활동전위(action potential)라고 한다(Camel, Withers & Greenough, 1986).

② 뉴런 간 정보전달 : 시냅스 전달

개개의 뉴런들은 물리적으로 서로 분리되어 있지만 이들 간의 정보전달은 시냅스(synapse)를 통해 이루어진다. 시냅스란 축색종말과 시냅스 후 요소인 다른 뉴런의 수상돌기 또는 세포체의 일부 막을 합친 것을 말한다. 축색종말과 다른 뉴런 간에는 약 100만분의 1nm 이하의 간격이 있는데 이를 시냅스 간격 혹은 시냅스 틈이라 한다.

활동전위가 축색을 따라 내려와 축색종말에 도달하면 신경전달물질(neurotransmitter)이라는 화학물질이 방출된다. 방출된 전달물질은 시냅스 틈을 건너 시냅스후막에 있는 수용기와 아주 짧은 시간동안 결합하여 그 뉴런을 흥분시키거나 억제시킨다. 이 모든 과정은 1/2000초 동안에 일어난다. 신경전달물질로 사용되는 화학물질과 수용기의 유형에 따라서 그 결과는 뉴런의 흥분이거나 억제일 수 있다. 흥분의 전체량이 억제의 전체량보다 크면 활동전위를 일으키게 된다. 만약 억제작용의 합이 흥분작용의 합보다 크면 그 뉴런은 일시적으로 잠잠하게 된다. 대부분의 뉴런들은 자발적으로 보통 속도로 활동전위를 일으키고 있다. 흥분적인 작용은 활동전위를 더 자주 일으키고, 억제적인 영향은 평상시보다 덜 빈번히 활동전위를 일으키게 된다.

(3) 뇌의 신경전달물질

뉴런에서 방출되는 신경전달물질은 수 십 종류가 있다. 서로 다른 신경전달물질은 행동의 서로 다른 측면을 통제한다. 그렇기 때문에 특정 신경전달물질이 과잉되거나 결핍되면 비정상적인 행동을 야기할 수 있다. 신경전달물질 중에서 특별히 뇌에서 사용되는 것은 아세틸콜린(acetylcholine), 도파민(dopamine), 노르에피네프린(norepinephrine), 세로토닌(serotonine), 엔돌핀(endorphin) 등이 있다.

아세틸콜린은 중추신경계의 시냅스나 신경근육 접합부에서 흥분성 전달물질로 작용하며 각성, 기억, 주의, 동기, 감각과 지각, 운동과 같은 심리적 과정에 중요한 역할을 한다. 우리가 숨쉬고 이야기하고 걷고 하는 모든 움직임은 운동뉴런에서 근육으로 아세틸콜린을 분비하기 때문에 가능한 것이다. 그리고 알츠하이머 질환(Alzheimer's disease)이라는 심각한 기억장애질환의 환자는 기억과 관련된 뇌구조물의 뉴런이 죽어서 야기되는데, 이 뉴런들은 아세틸콜린을 신경전달물질로 사용한다.

도파민은 주의집중, 정서적 흥분과 관련된 물질이며 정신분열증에 영향을 미치는 억제성 신경전달물질 중의 하나인데, 도파민의 양이 과소하거나 과다하면 심각한 장애를 가져오는 것으로 알려져 있다. 도파민이 지나치게 많이 분비되면 정신분열병에 걸리고, 도파민이 지나치게 적게 분비되면 파킨슨씨병에 걸린다.

세로토닌은 정서를 포함한 모든 행동을 억제하며 수면을 시작하고 꿈에 관련된다. 세로토닌은 노르에피네프린과 상호작용하면서 각성과 수면체계에 영향을 미치는데 세로토닌의 분비량이 많아지면 각성수준이 떨어져서 서서히 잠에 빠지게 된다.

노르에피네프린(norepinephrine)은 학습과 기억 활동을 하며 이 물질의 활동저하는 우울증과 관련되고 활동상승은 정서나 동기의 지나친 고양상태와 관련된다. 스트레스를 많이 받으면 노르에피네프린이 많이 분비되는데, 그 결과로 신경체계를 활성화시켜서 위협적인 상황에 대처하게 된다. 엔돌핀은 뇌에서 통증정보를 전달하는 신경세포를 억제하거나 낮추어서 통증을 덜어주는 작용을 하며 모르핀보다 48배의 효과가 있다.

2) 중추신경계

(1) 뇌

인간의 뇌는 전체신경계 중 90% 이상을 차지하는 곳으로 분홍빛이며, 물을 많이 흡수한 두부나 젤리와 같은 것인데 표면에는 주름이 많으며 외견상으로 볼 때 별로 볼품은 없지만 그 자체가 가지고 있는 기능은 매우 정교하며 신비롭다. 뇌의 구조는 왼쪽 뇌와 오른쪽 뇌의 두 부분으로 나누어져 있으며, 이러한 뇌를 보호하기 위해 두개골이 감싸고 있다. 뇌의 주요 구조물들에 대한 해부학적 구분은 (표 2-1)과 같다.

주요부위	하위부위	주요 구조물
전뇌	종뇌	대뇌피질, 기저핵, 변연계
	간뇌	시상, 시상하부
중뇌	중뇌	중뇌개, 중뇌피개
후뇌	후뇌	소뇌, 뇌교
	수뇌	연수

표 2-1 뇌의 해부학적 구분

① 전뇌

전뇌(forebrain)는 뇌간의 윗부분으로써 전뇌의 중앙부분에 시상을 구성하는 것이 있다. 전뇌는 가장 고도로 발달한 뇌의 영역으로 인간의 행동과 정신기능의 복잡성과 정교함이 여기에서 비롯된다. 그 주변부의 여러 구조물로 이루어진 변연계와 기저핵 등이 있다. 그리고 이런 피질하 구조물들이 대뇌피질로 덮여 있다. 대뇌피질로 가는 대부분의 감각정보는 시상을 거쳐서 올라간다. 시상의 각 부위는 입력된 감각정보를 다양한 시냅스를 통해 특정 피질영역으로 연계시켜주며 이들 정보를 통합하고 처리한다. 시상은 온몸의 감각수요기(후각제외)로부터 입력되는 정보를 중계하고 해석한다. 뇌의 한 부분으로부터 다른 부분으로 가는 많은 정보들도 시상을 통과한다. 시상 바로 아래에 위치한 시상하부는 기본적인 생물학적 욕구를 조절하는 중요한 기능을 담당한다. 시상하부의 외측을 손상하면 동물들은 먹는 일에 흥미를 잃으며, 반면에 전기적으로 자극하여 활성화 시키면 아무리 많이 먹은 후라도 계속해서 먹이를 먹는다. 이 부위 뉴런들의 활동을 기록해보면 식사시간 즈음에 자발적인 활동이 높아지는 것을 알 수 있다. 시상의 일부 신경들은 고위 뇌 중추를 통제하는데 중요하다(그림 2-2. 뇌의 구조).

전뇌 중 시상하부는 많은 종류의 욕구에 큰 영향을 미치며 먹기, 마시기, 성행동, 수면, 체온조

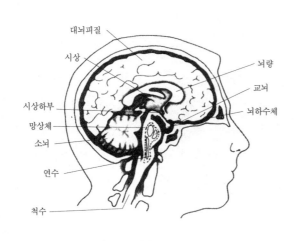

그림 2-2 뇌의 구조

절을 맡고 있다. 시상하부 앞쪽은 성욕을 일으키고 성을 조절하는 성중추이며, 가운데는 식욕을 갖게 하는 식중추, 아래는 체온조절중추이다. 시상은 후각을 제외하고 감각기관에서 들어온 기초적인 감각정보를 수용하는 기관이다. 감각기관을 통해 올라온 정보는 이곳에 전달되며 이곳을 거쳐 대뇌피질로 전파된다. 시상하부는 뇌하수체와 상호작용하면서 호르몬의 분비나 체온 및 혈당수준을 조절한다. 그리고 전뇌에서 대뇌피질은 신경계에서 가장 최근에 발달된 부분이며 동물보다 고도로 발달되어 있다. 대뇌피질 부분은 대뇌의 발달에 따라 안쪽으로 밀려들어간 고피질, 구피질 그리고 가장 발달한 신피질로 되어 있다. 고피질과 구피질은 동물적 또는 본능적인 행동을 하고, 신피질은 인간적·이성적 행동을 통제할 수 있다. 대뇌피질은 고등정신작용을 처리하는 정보처리의 중추이다. 대뇌피질 중에서 완전히 감각적이지도 않고 운동적이지도 않은 부분을 연합영역이라고 하며, 이 연합영역에서 각각 다른 감각들로부터 들어오는 정보가 의미 있는 인상으로 종합되고 운동정보가 통합되어 신체가 운동을 할 수 있게 된다. 이 연합영역은 우리가 보통 뇌의 기능으로 간주하는 학습, 사고, 기억, 언어에 관계된다.

대뇌피질은 앞부분의 전두엽 가운데 뒤쪽의 두정엽, 뒷부분의 후두엽과 좌우 양쪽의 측두엽으로 구성되어 있다(그림 2-3). 전두엽은 대뇌피질의 약 반을 차지하며 자각, 자

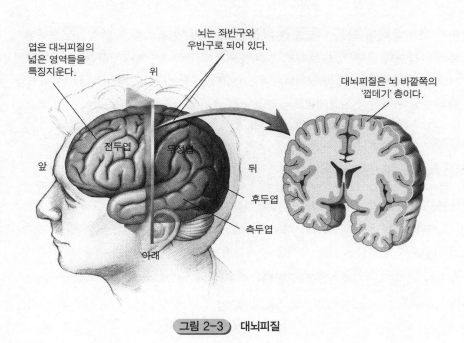

그림 2-3 대뇌피질

발성, 계획 등 인간 고유의 정신영역으로 전두는 이마의 앞부분을 의미하는데 정상적인 정서생활과도 관련된 일을 수행한다. 측두엽은 청각영역으로 고주파와 저주파를 각각 처리한다. 후두엽은 눈에서 오는 자극을 받아들이는 시각령이며, 두정엽은 시각 이외의 감각을 받는데 이 부분을 감각령이라 한다. 냉, 온, 촉, 통, 운동감각이 이곳에서 처리되나 다른 영역과 대부분의 기능을 공유하고 있다. 대뇌피질은 우반구와 좌반구로 나누며, 약 2억 가닥의 연락용 신경으로 된 뇌량을 통해 정보를 교환하게 된다.

② 중뇌

중뇌는 좌우 대뇌반구 사이에 끼어 있는 뇌간(腦幹)의 일부로 위쪽은 간뇌, 아래쪽은 뇌교에 이어진다. 중뇌 앞쪽에는 대뇌각이라는 튀어 나온 부분이 있는데 대뇌각은 아래쪽 뇌교(pons)까지 이어져 있다. 대뇌각이 붙어 있는 부분에는 흑질(substantia nigra)이라는 부위가 있는데 여기는 멜라닌 색소가 많기 때문에 검은색을 띠고 있다. 중뇌 뒤쪽으로는 4개의 언덕처럼 생긴 모양으로 튀어 나온 부위가 있는데 사구체라고 부른다. 사구체는 두 개의 쌍으로 이루어져 있는데 위쪽 두 개를 상구(上丘)라고 하고 아래쪽 두 개를 하구(下丘)라고 한다. 중뇌 내부에는 중뇌수도라는 구멍이 있어서 뇌나 척수를 채우는 액체가 드나드는 통로로 사용된다. 중뇌수도 뒤쪽은 피개라는 부분인데 여기에는 철분이 많아서 붉은색을 띠고 있는 적핵(red cucleus) 등이 있다.

중뇌는 상구와 하구 그리고 다른 부분의 기능이 각각 다르다. 상구는 주로 시각에 관여하는 부분이다. 조류에서는 이 상구 부분이 시각의 주된 처리를 담당하지만 인간과 포유류에서는 단지 시각의 반사 작용에만 관계할 뿐이다. 눈에 빛이 들어왔을 때 동공을 수축하거나 수정체의 두께를 조절하여 초점을 맞추는 작용 등이 여기에 관계한다. 하구는 주로 청각에 관여하여 귀에서 들어온 신호는 여기를 한 번 거쳐 대뇌로 향하게 된다. 대뇌각, 흑질, 적핵 등의 구조는 소뇌와 함께 운동에 관련된 신호를 대뇌에서 척수로 전달하는 역할을 맡고 있다.

③ 후뇌

후뇌(hindbrain)는 뇌의 가장 하부에 있는 연수(medulla), 뇌교(pon), 소뇌(celebellum)로 구성되며, 연수와 뇌교를 합쳐서 뇌관이라 한다. 후뇌의 주요 기능은 생존과 관련된다.

연수는 척수의 연장부분으로써 뇌의 제일 아래 부위에 있다. 연수에는 뇌와 척수를 연결하는 모든 상행성 및 하행성 신경로가 포함되어 있다. 이 신경들은 연수에서 좌우로 교차하기 때문에 두 개의 대뇌반구는 각각 신체의 반대편을 통제하게 되어 있다. 연수에는 호흡, 심장박동, 위장작용, 혈압 등을 조절하는 자율신경의 핵이 있어서 생존과 관련된 가장 중요한 기능을 한다. 폭음을 하면 구토를 하게 되는 것처럼 신체에 유해한 물질에 대한 대응반응도 연수에 의해 이루어진다.

뇌교는 뇌의 다리라는 의미인데 소뇌와 대뇌 및 후뇌의 다른 부분들을 상호 연결한다. 뇌교는 연수 바로 위에 있으며 의식에도 영향을 미쳐서 수면-각성 주기를 조절한다.

소뇌는 계통발생학적으로 오래된 구조물로써 뇌교의 뒤쪽에 있으며, 대뇌처럼 두 개의 분리된 구조를 갖고 있다. 소뇌는 전정계, 청각계, 시각계, 대뇌피질 및 뇌간으로부터 입력 섬유를 받고 시상, 뇌간 등으로 출력섬유를 뻗는다. 소뇌에서 특히 중요한 기능은 운동의 학습 및 협동조절이며, 근육활동이 부드럽고 조화 있게 수행되도록 하는 기능을 한다. 따라서 소뇌에 손상을 입으면 바늘에 실을 꿰는 행동, 피아노 연주, 스케이트 타기, 자전거 타기 등 섬세하면서 신체의 조화를 요하는 행동수행이 곤란해진다.

후뇌에서 시작하여 상부의 중뇌, 전뇌에 이르는 신경의 망형 구조를 망상활성계(Reticular Activating System: RAS)라 한다. 망상활성계의 기능은 흥분, 각성상태 유지, 주의집중에 관련되며 이를 위해 감각정보를 적절히 차단하거나 활성화하는 기능을 한다.

(2) 척수

척수(spinal cord)는 뇌의 연수 아래쪽으로 이어져 있다. 백색의 가늘고 긴 원통상이며, 상단 끝은 점차 굵어지고 거의 제1경추 상단 가두리 근처에서 연수와 연결된다. 도중의 두 군데(경팽부와 요팽대부)에 약간 굵은 부분과 하단은 원뿔상으로 끝난다. 이 척수 원추는 성인에서 거의 제1-2요추의 위치에 있으며, 그 하단에서 실 모양의 가는 종사(終絲)가 내려가 있다. 척수의 길이는 대체로 40~45cm인데 한국인 성인남자는 약 45cm, 여자는 42.43cm이다. 척수의 앞면과 뒷면의 정중선에는 홈이 있으며 앞면의 것은 깊고 전정중렬(前正中裂), 뒷면의 것은 얕고 후정중구(後正中溝)라 한다. 이 양 홈의 양쪽 외측에는 각각 전외측구, 후외측구가 있다. 척수에 출입하는 척수신경은 이들 홈을 통과한다. 전외측구를 통과하는 것을 전근, 후외측구를 통과하는 것을 후근이라 한다. 같은 쪽의 같은 높이의 전근(前根)과 후근은 척수의 바로 외측에서 합류하여 척수신경이 되어 빠져서 척수 밖으로 나온다.

척수신경은 일정한 간격으로 척수에서 나오며 거기에 따라서 척수를 경수(頸髓), 흉수(胸髓), 요수(腰髓), 천수(薦髓)로 나눈다. 경수에서 나온 척수신경을 경신경이라 하고 이하 흉수에서 나온 신경은 흉신경(12쌍), 요수에서 나온 신경은 요신경(5쌍), 천수에서 나온 신경은 천골신경(5쌍), 미골신경(1쌍) 등 31쌍의 척수신경이 있다. 그 중에서도 전근을 통과하는 신경은 운동성이고 후근을 통과하는 신경은 감각성이다. 후근을 형성하는 신경섬유 세포는 전근과 후근이 합류하는 바로 앞의 후근의 부푼 부분(척수신경절)에 존재한다. 척수의 횡단면을 보면 중심부에 가는 구멍 즉, 중심관이 있다. 중심관은 척수의 중심을 관통하며 위쪽은 연수의 제4뇌실에 열리고 아래 끝은 척수원추의 부분으로 맹단(盲端)이며 종실(終室)이라고 한다. 종심관을 둘러싸고 있는 회백질이라고 하는 부분이 굵은 H자형으로 존재하는데 둘레를 백질이라고 한다.

H자형의 회백질 내에는 신경세포가 존재하며 백질 내에는 후근으로부터 진입하여 상행하는 신경섬유, 회백질 내의 신경세포에서 온 신경섬유, 뇌로부터 하행한 신경섬유 등이 충만되어 자극전도로(刺戟傳導路)가 되어 있다. 척수 전체는 뇌로부터 각각 이어진 3장의 수막(髓膜)에 싸여 있는데 내측으로부터 척수연막(脊髓軟膜), 척수지주막(脊髓蜘蛛膜), 척수경막(脊髓硬膜)이라고 한다. 척수의 양측 중앙부에서 척수연막으로부터 끈 모양의 인대(靭帶)가 나와서 척수지주막을 관통하여 척수경막 내면에 부착되어 있다. 그 수는 18~20쌍으로 이것은 척주관 속에서 척수를 고정·지지한다. 척수에는 두 가지 중요한 작용이 있는데, 하나는 몸통이나 사지에 일어나는 반사운동의 조절·통합작용이고, 다른 하나는 뇌로 또는 뇌로부터 신경으로의 충격의 통로이다. 회백질은 신경단위의 세포체의 집합부이며 백질은 다수의 유수신경섬유를 포함하고 그 사이에 신경교세포가 있다.

회백질은 좌우 각각 전주(또는 전각)와 후주(또는 후각)로 나누어진다. 수와 흉수의 일부에서 회백질은 약간 옆쪽으로 돌출되어 있는데 이것을 측주(또는 측각)라고 한다. 전주에는 골격근을 지배하는 운동신경세포가 있으며 그 섬유는 전근을 형성하여 척수에서 나온다. 감각신경세포는 척수 밖에 있어서 섬유를 감각수용기에 보내는 한편, 다른 하나의 섬유가 후근을 형성하여 후주로 들어간다.

측주에는 교감신경세포가 있으며 그 섬유는 전근을 통과하여 나와 있다. 백질 속을 달리는 신경섬유는 신체 각부로부터의 흥분을 척수를 경유하여 뇌에 전하는 감각성 신경로

(상행성), 뇌로부터의 흥분을 척수를 경유하여 골격근에 전하는 운동성 신경로(하행성), 척수의 모든 부분을 연락하는 신경로 등 세 가지 경로가 있다.

또한 운동성 신경로는 외측피질척수로, 전피질척수로, 적핵척수로, 전정척수로, 망양체척수로, 내측종속, 시개척수로 등이 있다. 외측피질척수로와 전피질척수로는 추체로계에 속하여 대뇌피질 운동역의 원추세포로부터 척수측삭 또는 전색을 통하여 전주에 있는 운동신경세포로 내려가는 것으로 수의 운동을 지배한다.

적핵척수로부터 시개척수로는 추체외로계에 속하며 적핵, 연수망양체, 소뇌, 전정 신경핵, 안구운동의 신경핵 등으로부터 척수로 내려가는 경로이다. 이상과 같이 척수는 신체 각부와 뇌 사이를 연락하며 다종다양한 신호를 전하지만, 중추신경계의 일부로써 반사와 그 통합도 영위한다. 즉, 반사중추가 척수에 있는 것을 척수반사라 하며, 신장반사와 굴곡반사가 그 주가 된다. 신장반사는 골격근을 급속하게 신장시키면 그 근이 수축되는 것과 같은 반사이다. 먼저 근섬유 사이에 존재하는 근방추가 늘어나서 흥분된다. 이 흥분은 감각신경을 경유하여 척수후주로 들어가 일부는 박속, 설상속을 통과하여 연수로부터 대뇌피질에 이르러 심부감각이 되는데, 일부는 척수전주로써 운동신경에 반사된다. 이 반사는 어떤 근을 일정한 수축상태로 유지하기 위한 반사라고 생각되며, 근의 긴장과 자세를 유지하는데 중요한 역할을 하고 있다. 굴곡반사는 사지의 피부가 자극을 받으면 굴근이 수축하여 자극이 강한 때에는 사지 전체의 굴근군이 강하게 수축하여 자극으로부터 피하여 몸을 지키려고 하는 반사이다.

그 밖에 동물의 보행운동의 원형이라고 생각되는 전지후지반사(前肢後肢反射)와 등쪽에 자극이 주어졌을 때 후지로 뿌리치려는 반사 등의 반사중추는 척수에 있다. 이들 반사는 뇌에 의하여 다시 고차(高次)의 통합을 받는데, 뇌가 없어져도 척수만으로 어느 정도까지는 합목적적으로 작용할 수가 있게 되어 있다. 체성계 반사중추 외에 척수에는 자율계반사중추도 있다. 즉, 첫째 교감신경계로써 발한중추, 혈관운동중추, 입모(立毛)중추, 모양척수중추(毛樣脊髓中樞: 동공산대), 호흡운동중추, 심장촉진중추, 유즙분비중추 등이 있다. 둘째 부교감신경계로써 항문중추, 방광중추, 발기중추, 사정중추, 출산중추 등이 있다.

3) 말초신경계

말초신경계(peripheral nervous system)란 뇌와 척수의 두 중추에서 나와 몸의 각 부분에 분포하면서 외부의 자극을 중추로 전하고, 중추의 명령을 근육이나 각 기관에 전달하는 신경계이다. 뇌에서 나오는 말초신경을 뇌신경(12쌍), 척수에서 나오는 말초신경을 척수신경(31쌍)이라 한다.

기능적으로 말초신경계는 크게 체성신경계(somatic nervous system)와 자율신경계(sutonomic nervous system)라는 두 부분으로 구분된다.

(1) 체성신경계

체성신경계(somatic nervous system)는 신체 각 부위에 연결된 신경다발로써 피부, 골격근, 관절 및 감각기관에 분포되어 있다. 이것은 외부의 자극에 관한 정보를 중추신경계로 전달하는 구심성(求心性) 신경섬유와 중추신경계의 정보를 신체근육으로 전달하여 운동을 가능하게 해주는 원심성(遠心性) 신경섬유로 이루어져 있다. 말초신경계의 한 갈래로 자율신경계와 함께 말초신경계를 이루며, 운동신경과 감각신경으로 구분된다. 이중 운동신경은 원심성(遠心性)이며 흥분을 중추에서 말단(골격근)으로 전달하여 근육운동을 일으킨다. 감각신경은 구심성(求心性)이며 흥분을 말단(감각기)에서 중추로 전달하여 감각을 일으킨다.

체성신경계는 몸의 각 부분에 있는 감각기관의 중추 그리고 중추와 골격근 사이를 연결하는 신경이며, 말초와 중추 사이가 단일 신경섬유로 연결되어 있다. 예컨대, 발가락 끝에 분포되어 있는 신경섬유는 한 가닥이 척수 속까지 연결되어 있다.

(2) 자율신경계

자율신경계는 의지와 관계없이 신체 내부의 기관이나 조직의 활동을 지배하는 신경계이다. 의지에 따라서 자유로이 운동하는 수의 운동은 뇌척수신경이 지배하고 있지만, 이와 반대로 의식을 떠나서 운동하는 것, 예를 들면 심장이나 위장의 운동은 불수의 운동이라 하며 이 운동을 지배하는 신경계가 자율신경계이다. 뇌척수신경계를 동물신경계라고도 하는데 반해 자율신경계는 식물신경계라고도 한다. 이 방면에 가장 많은 연구를 한 영국의 생리학자 랭글리(J. N. Langley, 1852~1925)는 이 신경계를 뇌척수신경계에 비해 뇌의 지배에서 비교적 독립하여 작용한다는 생각에서 자율신경계라고 명명하였는데, 이 명칭은 오늘날에도 널리 쓰이고 있다.

랭글리(Langley)는 '자율신경이란 신경세포와 신경섬유로 되어 있고 다핵 가로무늬근 이외의 신체조직에 원심성 충동을 전달하는 것'이라고 정의하였다. 이 정의는 오늘날에도 인정되고 있지만, 랭글리 이후의 연구에 의하여 자율신경계가 원심성 충동 즉, 중추에서 말초로 향하는 충동뿐만 아니라 구심성 충동 즉, 말초에서 중추로 향하는 자극의 일부 예를 들면, 내장의 지각도 전달한다고 하는 생각이 가해지게 되었다. 또 다

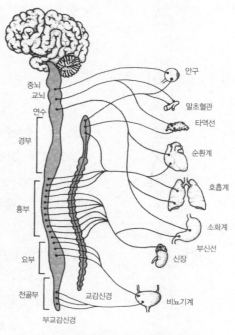

그림 2-4 자율신경계

핵 가로무늬근 즉, 수의근에 대해서도 뇌척수신경계와는 다른 양식으로 자율신경계의 지배가 미치고 있다고 하는 학자도 있다. 자율신경계는 운동과 지각을 맡고 있는 뇌척수신경계와는 달리 의식에서 비교적 독립하여 작용하고 있지만, 감정이나 행동과 밀접한 관련이 있고 장기나 혈관의 운동, 장기나 피부의 선의 분비작용을 지배하며, 내분비나 대사에 큰 영향을 주고 있는 점에서 생체의 중요한 기능을 수행하고 있음이 알려지게 되었다.

자율신경계에는 교감신경과 부교감신경 두 종류가 있고 신체의 여러 장기는 양신경의 지배를 받고 있는데, 이들 양신경이 지배하는 상황은 일반적으로 서로 길항적(拮抗的)이다. 예를 들면, 교감신경 자극에 의하여 동공산대(瞳孔散大), 심박수 증가, 기관지 확장 외에 위, 장관의 운동과 분비의 억제가 되지만, 부교감신경 자극에 의해서는 동공축소, 심박수 감소, 기관지 수축 외에 위, 장관의 운동과 분비의 항진을 가져온다. 그러나 장기에 따라서는 양신경지배가 길항적이 아니라 어느 정도 협조적인 경우도 있다. 예를 들면, 침샘에 있어서는 부교감신경 자극에 의하여 묽은 다량의 타액이 분비되고, 교감신경 자극에 의해서는 점성이 있는 진한 타액이 소량 분비된다. 또 식도에서 위분문부(胃噴門部)로의 음식물 수송이나 방광에서의 배뇨 등에 있어서도 부교감신경과 교감신경의 작용

이 미묘하게 협조하여 기능을 수행한다는 사실이 밝혀지고 있다(그림 2-4).

2. 내분비계

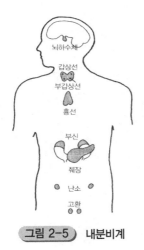

그림 2-5 내분비계

인간의 행동이 신경계의 관계에 따른 뇌 활동에 의해 이루어진다고 하였지만 모든 행동이 그런 식으로 통제받는 것은 아니다. 어떤 행동은 특정한 선에서 분비되어 신경계통이 아닌 혈액을 통해 순환하는 호르몬(hormone)이라는 특수화학물질의 작용에 의해 화학적으로 통제된다. 이와 같이 순환하는 호르몬을 분비하는 선을 내분비(endocrine)선 혹은 무관선이라고 부른다. 또한 소화관으로 이어진 위장선과 피부에 잇는 땀샘과 같은 외분비(exocrine)선이 있는데 이들은 특정한 통로나 관을 통해 그 호르몬을 분비한다(그림 2-5).

1) 뇌하수체

뇌하수체는 뇌의 하부에 매달려 있는 조그마한 장기로 전엽과 후엽으로 되어 있다. 전엽에서는 갑상선자극호르몬(Thyroid Stimulating Hormone: TSH), 성장호르몬(growth hormone), 부신피질자극호르몬(Adrenocorticotrophic Hormone: ACTH), 성선자극호르몬(Gonadotrophin Hormone), 유즙분비호르몬(Prolaction Hormone) 등이 분비되며, 후엽에서는 항이뇨호르몬이 나온다. 후엽은 실제 신경의 말단이며, 후엽의 항이뇨호르몬은(antidiuretic hormone)은 실제 뇌하수체의 상부에 있는 시상하부(hypothalamus)의 특정 신경세포에서 신경을 타고 내려온 신경분비물(neurocrine secretion)이다. 항이뇨호르몬은 체내의 수분의 양이 많고 적음에 따라 분비되는데 예를 들면, 물이 모자랄 때 분비되어 신장에서 물이 소변으로 나가는 것을 억제한다. 이 호르몬이 적게 나오면 신장에서 물이 재흡수되지 못하여 소변량이 많아지고 물을 계속 먹게 되는 뇨붕증(diabetes insipidus)이 된다.

뇌하수체 전엽의 각종 호르몬은 시상하부에 있는 신경세포에서 분비되어 혈액을 타고 내려온 각종 분비촉진 호르몬의 지시에 따라 분비되는데, 분비된 뇌하수체 호르몬들은 혈액을 통하여 전신의 표적장기에 있는 특정한 호르몬 수용체에 도달, 결합함으로써 정보를 전달한다.

성장호르몬이 부족하면 성장이 억제되어 난쟁이가 되고 지나치게 많이 나오면 거인증이나 말단 비대증이 된다. 성장호르몬은 이 외에도 체내의 지방 대사에 관여하며 근육을 증진시킨다.

뇌하수체는 뇌에서 내려오는 지령을 받아 여러 가지 호르몬들을 내보내 전신의 여러 기관들을 광범위하게 관리하고 있어서 우두머리 선(master gland)으로 인식되고 있다.

2) 갑상선

갑상선은 나비 모양으로 목젖의 바로 아래 양 옆에 위치한다. 뇌하수체의 자극 호르몬의 자극을 받아 갑상선 호르몬 중의 하나인 티록신(thyroxin)과 삼옥화타이로닌(triiodothyronine)을 분비한다. 이들 호르몬은 우리 몸의 에너지 대사에 관여하여 신체의 신진대사 속도를 조절하는데 이를 기초대사율의 결정이라고 부른다.

갑상선 호르몬은 옥소함량이 많은 것이 특이하다. 갑상선의 기능이 항진되면 맥박이 빨라지고 많이 먹음에도 불구하고 체중감소가 생기며 더위를 참지 못하고 땀이 많이 나는 등의 증상은 이러한 갑상선 호르몬의 역할이 지나치기 때문이다. 갑상선기능항진증을 일으키는 대표적인 질환은 그레브스병(바세도우씨병)으로 여자가 남자보다 7~8배 더 많다. 모든 연령대에서 발병하지만 20~40대 여성에게 흔하다.

3) 부갑상선

부갑상선(parathyroid)은 갑상선 속에 매몰되어 있는 4개의 조그마한 장기로써 부갑상선호르몬(parathormone)과 칼시토닌(calcitonin) 등 칼슘 대사에 관계하는 호르몬들을 만들어 내고 있다. 파라토르몬은 2중의 방법으로 혈중 칼슘을 상승시키고 있으며, 칼시토닌은 지나치게 높은 혈중 칼슘을 뼈로 밀어 넣는다. 파라토르몬의 효과는 첫째, 신장에서 호르몬 비타민 D(hormone vitamin D, cholecalciferol)를 만들게 하여 이것이 소장에서의 칼슘의 흡수를 증가시키도록 지령하는 것이며, 둘째, 뼈에서 직접 칼슘의 동원을 촉진하는 것이다. 부갑상선기능 항진증이 되면 혈중 칼슘이 높아지고 뼈는 약해진다.

4) 췌장

췌장(pancreas)은 '이자'라고도 불리며 무게 약 80~100g, 길이 약 15cm의 길고 편평한 모양으로 명치 뒤쪽, 배보다는 등 쪽 가까이 위치해 있고, 위장 뒤에 위치하며 십이지장과 연결되어 있고, 비장과 인접해 있다.

췌장은 췌관을 통해 십이지장으로 췌액을 분비하는 외분비와 호르몬을 혈관내로 분비하는 내분비의 두 가지 기능을 가진다. 췌장세포의 약 95%는 외분비와 관련되어 있으며 주로 주췌관을 통해 소화와 관련된 췌액을 분비한다. 주췌관을 통해 분비된 췌액은 섭취한 영양분 중에 단백질, 지방, 탄수화물의 소화를 돕기 위해 간에서 만들어진 담즙을 분비하는 총담관과 만나 소장으로 흘러들어 간다. 따라서 췌장에 병이 생기면 소화효소 배출이 저하되어 섭취한 음식물 속에 포함되어 있는 영양소를 흡수할 수 없게 되므로 영양상태가 악화되고 체중이 감소한다.

췌장암의 90% 이상은 외분비 세포에서 발생하는데 특히 췌관에서 잘 발생하므로 췌관의 암을 보통 췌장암이라 부르는 경우가 많다.

나머지 내분비와 관련된 세포들은 일명 랑게르한스섬이라고도 불리며 혈액을 통해 혈당조절에 중요한 인슐린과 글루카곤(insulin and glucagon)을 분비한다. 인슐린은 혈당을 낮추고 반대로 글루카곤은 혈당을 높이는 역할을 하므로 당뇨병과도 밀접한 관계가 있다. 이 호르몬들은 우리 몸이 음식물을 섭취함으로써 얻게 되는 에너지를 소비하고 저장하는데 도움을 준다.

5) 성선

남자의 고환과 여자의 난소에 있는 성선(Gonads)은 각각 정자와 난자를 만들어 2세의 재생산에 주역을 한다. 성선은 남성에게는 테스토스테론(testosterone), 여성에게는 에스트라디올(estradiol) 등의 호르몬을 만들어내는 내분비기관이기도 하다. 이들 호르몬은 각각 사춘기가 되면서 분비되기 시작하며, 테스토스테론은 고환에서의 정자형성에 결정적인 영향을 미칠 뿐 아니라 남성적인 근육의 발달, 체모의 성장, 목소리의 변화, 외부

성기의 발달 등의 조절을 맡는다. 여성 호르몬인 에스트라디올, 프로게스테론, 에스트리올 및 기타 여러 에스트로겐계의 화합물들은 사춘기 이후의 여러 성생식기와 이차적 외부 성징의 발달을 촉진하고, 뇌하수체의 난포자극호르몬의 영향을 받아 주기적으로 분비되어, 여성의 월경주기를 결정하고, 기타 여러 여성적인 특성을 나타내게 하는 역할을 하고 있다.

6) 부신

부신은 두 개가 있는데 각각 부신피질이라 부르는 외부껍질과 부신수질이라 부르는 핵으로 되어 있다. 부신피질은 탄수화물과 염분대사 조절을 하고, 부신수질은 신체행동을 증진시킨다. 부신피질과 부신수질은 모두 스트레스에 대한 신체의 반응에 있어 중요하다. 스트레스를 받는 상황에서 시상은 두개의 호르몬을 분비하도록 뇌하수체 전엽을 자극하는 호르몬을 분비한다. 두개의 호르몬 중 하나는 베타 엔돌핀(beta endorphin)인데 이는 신체의 자연적인 고통제거 호르몬 중 하나이다. 또 다른 하나는 부신피질자극호르몬(ACTH)으로, 이는 부신피질로 들어가는 전구호르몬이다. 부신피질은 뇌하수체로부터 ACTH에 의해 자극되어 혈당수준을 증가시키고 또한 단백질을 파괴하며 신체가 상해에 대응하는 것을 돕는 호르몬을 분비한다.

3. 의식

1) 의식의 본질과 작용

인간은 일상적인 생활에서 의사결정을 하고 기억하며 집중한다. 그리고 반성하며 수면을 취한다. 이러한 여러 가지 정신과정에 대한 자각을 의식(consciousness)이라 하며 의식은 깨어 있고 정신을 차리고 있을 때 일어나는 생각과 감정을 포함하는 각성의식(waking consciousness)과 그렇지 않을 때 경험하는 것과는 다른 의식의 변화 상태를 포함한다.

의식은 정체되어 있지 않고 계속해서 변화하며 유동적(stream of consciousness)이다. 만약 자신의 생각을 테이프에 녹음할수만 있다면 일정한 주제나 방향도 없이 지그재그로 변화하는 끝없는 의식의 흐름을 발견할 수 있을 것이다. 잠을 잘 때도 마찬가지로 의식의 흐름은 변화무쌍하다. 백일몽 사이를 오가고 있는 자신을 발견할 것이다. 끊임없이 움직이고 변화하는 것이 의식의 본질이다(James, 1902).

환경으로부터 정보를 받아들이는 것은 신체의 감각계통의 주요 기능으로써 주변과 신체 내에서 무엇이 일어나고 있는가를 인식하게 한다. 감각경험은 기억, 환상, 꿈, 희망과 융합되고 이들 모두는 의식 속에 나타난다. 경험을 반성할 때 쾌와 고통, 좋고 싫음을 인식한다. 경험에는 연속성이 있기 때문에 자신을 알고 자신에 가치를 둔다. 계획수립과 같은 것은 간단하고 쉽게 완성되는 것이든 장기간에 걸쳐 이루어지는 것이든 정신활동의 중요부분이다. 지금까지 일어나지 않았던 일들이 가능성으로 의식에 나타나고 상상되며 적절한 활동이 시작된다. 이와 같이 의식은 앞날을 전망하고 이상에 비추어 작품을 검사하고 적극적인 역할을 한다.

그러므로 의식이란 개인적인 인식이므로 먼저 자신의 내적인 감각에 대한 인식, 외적인 감각에 대한 인식, 이런 경험을 하는 자기에 대한 인식, 특정 경험에 대한 인식으로 구성되어 있으며 아주 복잡한 현상들이다.

(1) 의식의 흐름

의식은 내적, 외적 자극에 의해 인식된 것이다. 의식은 신체 안에서 진행되고 있는 것에서 신체 밖에서 일어나는 것으로 또는 기억하거나 상상하고 있는 일로 이동할 수 있다. 보통의 대화에서도 다양한 동시적인 활동이 가능하다. 말하는 사람에게 주의하면서도 자신의 대답을 계획하고 동시에 대화를 진행하는데 필요한 여분의 주의를 충분히 가지고 있다.

대화를 들으며 대답을 계획하고 자기의 말에 대한 효과를 알아보기 위해 상대방의 안면을 바라보면서 원하는 효과가 없다고 생각되면 말의 방향을 바꾸어 보게 된다. 또한 대화가 너무 오래 계속되었고 대화를 끝내야 되겠다고 생각할 수 있다.

(2) 인식수준과 무의식

프로이드는 사람들의 행동과 감정이 의식의 저변에 깔려있는 무의식적인 소망, 욕구, 갈등 등의 영향을 받으며 의식과 무의식은 인식수준이 서로 다르다고 하였다.

프로이드는 의식에 대해서 설명할 때 인식의 연속선상에 위치하고 있으나 이에 대하여 기술하기는 매우 어렵다고 하였다.

프로이드는 행동에 영향을 미치는 많은 것들이 중요한 역할을 하는데 이것은 의식 밖에서 일어나고 있다고 믿었다. 마음 중에서 의식의 부분은 빙산의 일부분에 지나지 않으며 아직 모르고 있는 무의식이 마음의 대부분을 차지하고 행동을 지배한다는 것이다. 정서적이거나 동기적 이유로 경험된 것들은 의식에서 밀려나 기억되지 못하게 된다는 것이다. 즉, 이들 기억은 무의식 속으로 억압되며 억압된 것은 소멸하는 것이 아니고 거기에서 어떤 형태로 계속 활동하면서 기회만 있으면 의식면에 등장하려고 한다. 이것이 행동의 이면에 있는 추진력으로 의식하지 못하는 가운데 행동으로 나타난다. 이를테면, 행동, 느낌, 생각들 중에 우연인 것 같은 일들은 사실 내면의 숨겨진 생각, 소망, 갈등 등에 의해서 일어나는 것이다.

그러므로 무의식은 직접 알 수는 없으나 실언과 비합리적인 행동, 꿈 등을 통해 추리된다. 착오행위는 병적인 것이라기보다 일상생활을 경험하는 가운데 일어날 수 있는 행위를 말하는데 이 행동을 주목함으로써 무의식의 존재를 증명하려는 것이다. 착오행위는 두 가지의 상징적인 의미를 지니는데 하나는 방해하고 방해받고자 하는 무의식이며, 다른 하나는 이를 통해 사실을 왜곡되게 보이려는 것으로 설명한다. 꿈은 무의식적 현상을 설명하는 가장 중요한 것으로 잠재된 꿈의 내용을 통해 깊은 무의식에 접근한다.

융(Jung)은 프로이드의 무의식에 대한 개념을 집단적 또는 종족적 무의식으로 확장시켜, 이것은 유전되며 모두가 함께 갖는 것이라고 설명하였다.

2) 수면과 각성주기

수면은 우리가 아주 익숙하게 알고 있지만 수면에 대해 잘못된 생각을 할 수도 있다. 즉, 수면을 취하는 동안에는 뇌가 정지되어 신체와 정신의 활동이 중단되어 쉬고 있다고 오해할 수 있다. 그러나 수면은 잠에서 깨어나면 꿈을 회상할 수 있기 때문에 무의식은 아니다. 내가 잘 것인가 깨어있을 것인가를 선택할 수 있다는 사실보다 복잡하다. 수면은 전적으로 무활동도 아니며, 어머니가 아기의 울음소리에 깰 수 있는 것 등으로 미루어 볼 때 완전히 무감각한 것도 아니다. 또한 수면은 특정시간에 깨기로 마음먹고 일어날 수 있는 것으로 계획적일 수 있다. 이와 같이 수면은 의식상태의 다양한 변화로써 신체적,

정신적 활동을 경험하고 있다.

(1) 생물학적 리듬

생물학적 리듬이란 생리적 기능의 주기적 변화를 말한다. 철새의 이동과 동물의 겨울 잠은 일 년이란 주기의 영향을 받는다. 인간에게도 밤과 낮의 변화, 계절의 변화 등은 모두 규칙적으로 반복된다. 인간의 행동은 네 가지의 시간주기와 관련이 있다. 일반적으로 1년, 28일, 24시간, 90분의 생물학적 리듬을 가지고 있다(Aschoff, 1981). 1년 주기나 계절주기는 인간의 성활동과 무드장애와 관련이 있다. 여성의 월경주기는 28일이고, 여성의 감정변화와 관련이 있다. 여성과 마찬가지로 남성의 호르몬 분비도 28일의 주기를 따른다(Parlee, 1982).

경계와 백일몽은 90분 주기와 관련이 있다. 이러한 주기는 사람의 정신 상태에 별다른 영향을 주지 않지만 일일리듬에는 상당한 영향을 미친다. 학생이 밤늦게까지 자지 않고 공부하려고 애쓰는 것은 활동과 휴식이라는 주기에 영향을 미치는데, 이처럼 주기가 존재한다는 것은 유기체 내에 시간의 흐름을 감지하는 생물학적 시계(Biological clocks)가 있다는 것을 의미한다.

(2) 일일리듬

일일리듬이란 인간뿐만 아니라 다른 종에서도 관찰할 수 있는 24시간의 생물학적 주기를 말한다. 생물학적 시계를 연구하기 위해 피험자들에게 낮과 밤의 변화를 알지 못하도록 폐쇄된 방에서 수주일을 지내도록 하였을 때, 명암주기에 관한 정보를 박탈하였음에도 일일리듬을 유지하였다. 그러나 흥미로운 것은 이러한 환경에 있었던 피험자들은 자고 일어나는 시간이 조금씩 늦추어져서 25시간 주기로 이동하는 것을 발견하였다. 명암주기를 박탈하였을 때 일일주기는 유지되었지만 생물학적 리듬은 크게 변화하는 것을 알 수 있었다.

인간의 경우 일일리듬은 수면조절과 혈압, 소변, 호르몬 분비 등에 영향을 주며, 여러 가지 신체기능에 많은 변화를 일으킨다. 체온의 일일주기 단위는 규칙적으로 변화하는데 오후에는 가장 높고 밤에는 가장 낮다. 차이슬러(Czeisler, 1981) 등의 연구에 따르면, 일반적으로 체온이 떨어지기 시작할 때 잠이 오고 체온이 상승할 때 잠에서 깨어나는 경향이 있다.

(3) 수면단계

인간의 신체를 구성하고 있는 세포의 연결이 신체나 심리적 활동으로 풀어지기 때문에 수면을 통해 연결해 주어야 하며, 또한 뇌의 혈액이 부족해져 빈혈이나 충혈이 일어나기 때문에 수면을 통해서 보충해야 한다. 대뇌피질에 있는 수면과 각성조절기제가 간뇌와 중뇌 사이의 수면 중추에 영향을 미쳐 수면을 조절하게 되는데, 신생아의 경우에는 수면과 각성을 자주 교대하는 경향이 있다. 신생아의 전체 수면시간은 하루 16시간이지만 6개월 정도에 이르러서는 13시간으로 줄어든다. 성인들은 평균 7시간 30분을 잔다고 하지만 개인차가 있다. 인간은 포유동물과 마찬가지로 자연적이고 생물학적 과정의 리듬을 갖고 있는데, 그 주기 리듬은 24시간이다.

수면은 보통 5단계로 이루어지는데, 1단계는 몇 분 동안만 지속되며 이 단계에서 쉽게 잠을 깰 수 있고 잠을 깨게 되면 잠이 들었던 것을 자각하기 어렵다. 2단계와 3단계는 점차 더 깊은 수면의 연속이 이루어진다. 뇌파는 진폭이 증가하고 더 느려지는 경향이 있으며 길고 느린 뇌파의 변화를 나타낸다. 이 단계에서는 깨어나기 어려우며 소음이나 불빛과 같은 자극에 반응하지 않는다. 심장박동, 혈압 및 체온은 계속해서 떨어진다. 3, 4단계에서는 뇌파의 진폭이 높고 빈도가 낮아지면서 서파수면(slow-wave sleep)이라 부르는 깊은 잠에 빠지게 된다. 이때 심장박동, 호흡률, 혈압 및 체온은 낮다. 성인은 델타수면(delta sleep)이 대개 15분~20분 정도 일어나며 연령과 더불어 줄어든다. 잠을 청하기 시작하고서 약 1시간이 지나면 렘수면(Rapid Eye Movement: REM) 단계에 이르게 된다. 뇌파는 1단계의 진폭이 낮은 톱니모양으로 되돌아가고 깨어 있을 때와 같은 기민성을 보인다. 심장박동, 혈압도 증가하지만 신체의 근육은 다른 주기보다 더 이완되고 깨어나기 매우 어렵다. 이 수면단계는 역설적 수면(paradoxical sleep)이라 부르는데 대뇌활동, 심장박동, 혈압 등이 각성시의 의식과 흡사하고 깊이 잠들어 있는 것 같으며 수의근이 움직일 수 없다.

최초의 REM 기간은 약 10분간 지속되며 이어서 1단계에서 4단계까지의 수면이 따라오는데 시간적으로 약 90분이 걸린다. 이러한 수면단계의 순서는 밤새도록 반복되며 정상적으로는 하룻밤에 4번 내지 5번의 수면 주기(cycle)로 이루어진다.

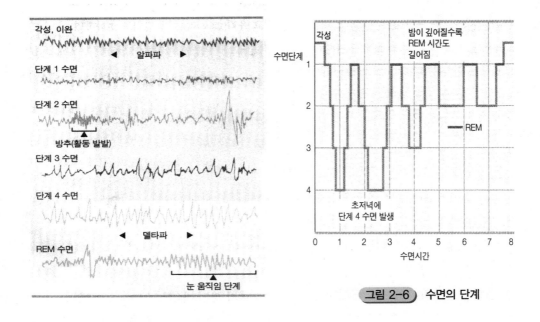

그림 2-6　수면의 단계

3) 꿈

꿈은 "빠른 안구운동"이라는 의미를 가진 REM(Rapid Eeye Movement) 상태에서 일어나는 생생한 시각적이고 청각적인 경험이다. REM 수면은 1953년 이후에 과학적인 여러 실험들을 통해서 이루어졌는데, 성인의 REM 수면기는 20~25%이며 유아기에는 50%를 차지한다.

사람이 깊은 수면 상태에 빠지게 되면 꿈을 꾸지 않고 뇌파(델타파)는 3Hz의 파동 상태이다. 하지만 REM 수면기에 뇌파는 60~70Hz의 파동이 나타나며, 이때 뇌는 깨어있을 때보다 5배나 강한 전기적 신호를 발생한다. 그러므로 혈압, 심박동수, 호흡수 등이 REM 수면기에 극적으로 변할 수 있다.

REM 수면상태는 신경학적으로나 생리학적으로 매우 활동적인 상태이기 때문에 뇌의 활동이 거의 현실 상태일 때처럼 활발하다. 즉, 꿈을 꾸면서 시각적으로 보게 되는 것들에 대해서 뇌는 현실처럼 반응을 한다는 것이다. 이러한 사실은 잠드는 자에게 큰 소리나, 냄새를 맡게 함으로써 뇌파가 어떻게 반응을 하는지 실험함으로써 얻어진 결과이다.

뇌파의 능동적인 활동이 실제 행동으로 연결되지 않는 것은 수면에 빠지면서 인체에서 분비되는 특정한 호르몬에 의하여 뇌와 연결된 척추신경이 서로 단절되게 함으로써 뇌를 제외한 우리의 신체가 꿈에서의 자극에 직접적으로 반응하지 않도록 예방되어져 있기 때문이다. 이 호르몬이 제대로 기능을 하지 못한다면 수면 중 예기치 않은 행동을 하게 될지도 모른다.

그러므로 REM 수면상태는 인간에게 꼭 필요한 수면의 형태라고 보고되어져 있다. REM 수면상태를 방해하면 불면증과 신체피로 그리고 정서불안을 호소하는 경우가 많으며, 낮 생활 때에 수면을 취함으로써 REM 수면의 부족을 해소하려 한다.

그럼 꿈은 왜 꾸는가? 단순한 현실 세계 기억들의 단편인가? 아니면 미래를 암시해 주는 것인가? 꿈과 꿈의 해석을 둘러싼 여러 이야기가 고대 문헌들에 나타난다. 고대에서 꿈은 통치자들에게는 신의 계시이고 미래를 예견하는 것이라 여겨 꿈의 해석에 많은 관심을 보였다. 그러나 과학적으로 꿈을 분석하기 위한 노력은 비교적 최근에 시작된 일이다.

프로이드와 융은 꿈의 해석에 대해서 많은 연구를 했다. 그들은 꿈에 대한 많은 사례를 수집하였으며 또한 자신들의 꿈에 대해서도 많은 분석을 시도하였다.

신경학자이자 의사였던 프로이드는 꿈이 무의식에 이르는 지름길이라고 정의했으며, 정신이 여러 층으로 나누어 내용물을 저장한다고 생각했다. 이러한 인간의 내면, 무의식이 꿈을 통해서 드러난다고 보았으며 꿈의 해석을 통해서 인간의 무의식 상태를 인지할 수 있으며 환자의 질병을 분석 치료하는데 활용될 수 있다고 생각했다.

융은 프로이드의 꿈 해석을 수용하면서도 비판하였는데, 그는 꿈에 자주 등장하는 상징들의 원형을 "집단 무의식"에서 찾을 수 있다고 주장 했다. 집단 무의식이란 오랜 세월 동안 인류 역사가 변화·발전되어 오면서 우리 내면에 쌓여져 우리가 의식하든 의식하지 않든, 저 깊은 우리 내면의 무의식 층에 인류의 신화나, 전설, 전통 등과 같은 오랜 역사, 문화 의식들이 존재했는데 이것을 집단 무의식이라 칭하였다. 현실 세계와 거리가 멀어 보이는 여러 꿈의 상징들과 내가 경험해 보지 않았던 일들을 꿈에서 보게 되는 것들은 우리들의 내면에 내재되어 있는 집단 무의식에서 그 원형을 찾아 볼 수 있다는 학설이다.

꿈에 대한 설명이 어떠한 것이든 간에 꿈은 여러 가지 상이한 요인들과 관련되어 있다. 꿈은 잠이 깰 시간에 더 가까울수록 최근의 사건일 가능성이 크다. 그리고 밤 중간에는 아동기나 과거사건을 포함하는 경향이 있으나 꿈의 내용은 수면 전 사건에 따라서 수정될 수 있다. 어린아이들의 꿈은 깨어 있을 때의 생활과 대단히 비슷하지만 아이들은 흔히 무서운 동물의 꿈을 꾸기도 한다.

4. 감각과 지각

1) 감각

감각(感覺)이란 외부의 물리적 자극에 의해 인간의 의식에 변화가 생기는 것을 의미한다. 감각기관이 외부의 물리적 자극을 전기적 신호의 한 형태인 활동 전위로 바꾸면, 신경을 통해 뇌까지 활동 전위가 전달이 된다. 이렇게 전달된 활동 전위는 뉴런의 말단에서 신경전달물질이 뇌 속으로 분비되도록 하여 뇌 속에 변화가 생기게 된다.

감각은 환경의 물리적 속성이 감각기관을 통하여 정신현상으로 되는 과정으로 기능별로는 시각, 청각, 촉각, 미각, 후각 등이 있다.

감각기관이 감각하기 위해서는 물리적 에너지의 강도가 절대역에 미쳐야하며 자극의 강도가 절대역 밑에 있게 되면 물리적 에너지가 있어도 그것을 감각하지 못한다. 절대역(absolute thresholds)이란 감지할 수 있는 미세한 자극으로 어떤 자극(빛, 소리, 압력, 맛, 냄새 등)을 탐지할 수 있는 자극강도를 말한다. 보통 50%를 탐지할 수 있는 자극의 강도를 절대역으로 정한다.

(1) 시각

시각의 감각기관인 눈은 망막에 상을 맺게 하는 렌즈와 감각세포들로 되어있는 망막과 이들을 보조하는 조직들로 되어 있다(그림 2-7). 시각체계는 빛이라는 가시광선(可視光線, visible rays)에 반응하여 환경이나 대상의 색, 형태, 운동 등의 정보를 제공한다. 가시 광선의 파장 범위는 분류방법에 따라 다소 차이가 있으나 대체로 380~770㎚이다. 가시광선 내에서는 파장에 따른 성질의 변화가 각각의 색깔로 나타나며, 빨강색으로부터 보라색으로 갈수록 파장이 짧아진다. 단색광인 경우 700~610㎚는 빨강, 610~590㎚는 주황, 590~570㎚는 노랑, 570~500㎚는 초록, 500~450㎚는 파랑, 450~400㎚는 보라로 보인다. 빨강보다 파장이 긴 빛을 적외선, 보라보다 파장이 짧은 빛을 자외선이라고 한다. 대기를 통해서 지상에 도달하는 태양복사의 광량은 가시광선 영역이 가장 많다. 사람 눈의 감도(感度)가 이 부분에서 가장 높은 것은 그 때문이라고 한다. 일곱 가지 색으로 나타나는 광을 모두 합치면 흰색으로 보이는데, 이러한 이유 때문에 태양이 희게 보이는 것이다. 태양광선 아래에서 하얀 색깔의 종이가 하얗게 보이는 이유는 일곱 가지

색을 모두 반사하기 때문이고 파란색의 종이가 파란 것은 가시광선 중에서 파란색만을 반사하여 그 색깔만 눈에 감지되기 때문이다.

인간의 시각체계는 크게 네 가지로 되어있다. 첫째, 빛의 자극을 받아들이고 조절하는 렌즈, 홍체와 같은 물리적 장치가 있다. 둘째, 빛의 에너지를 신경에너지로 변환하는 망막수용기가 있다. 셋째, 수용기의 신경흥분을 구조화시켜서 뇌로 전달하는 외측슬상체(lateral geniculate nucleus)와 같은 일련의 세포군이 있다. 넷째, 이 신호를 받아들이고 처리하여 지각경험을 하게 하는 뇌의 과정이 있다.

시각을 일으키는 물리적인 자극 속성인 가시광선이 망막에 이르면 감각세포가 민감하게 전기화학적 반응을 일으킨다. 가시광선은 전자파장의 일부분으로 파장의 크기에 따라 다른 색감을 일으키며 감각은 이 파장이 눈의 망막에 있는 감각세포에 닿음으로써 생긴다.

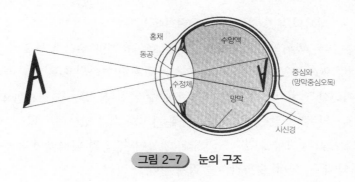

그림 2-7 눈의 구조

(2) 청각

청각기관인 귀는 와이, 중이, 내이로 구성되어 있는데 달팽이관이라고 하는 내이는 감각세포를 포함하고 있으며 외부의 자극에 대하여 전기화학적 반응을 일으키는 역할을 한다. 달팽이관 속에는 기저막이 있는데 이 막은 관 안에 있는 체액의 움직임에 따라 진동을 하게 된다.

내이가 전기화학적 반응을 일으키도록 하는 자극은 진동이며 이 진동이 공기의 압력변화를 일으키고 귀에 전달되면 내이가 전기적 신호로 바꿔어 청감각이 된다. 공기의 압력변화는 공기나 액체 분자가 서로 충돌하여 생기는 압력의 변화로 이 변화에 의해 에너지가 전달되는데 이를 음파(sound wave)라고 한다. 가장 단순한 음파를 순음(pure tone)이라 하고 파의 빈도(주파수)는 초당 사이클의 수로써 측정하며 헤르츠(hertz: HZ)라는

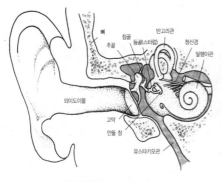

그림 2-8 귀의 구조

단위로 표시한다. 진동수는 음의 고저(음정)를 결정하며 음의 고저란 음파의 높고 낮음을 말한다. 진폭(amplitude)은 소리의 세기를 결정하며 소리의 세기를 데시벨(decibel)로써 측정한다. 음색(timbre)은 소리의 결(texture)로써 소리의 상음에 의해서 생성되는 음조의 질 또는 구조적인 느낌이다.

청각의 감각수용기는 공기매체의 진동에 민감한 반응을 한다. 우리가 듣는 소리는 실은 물체의 움직임에서 만들어지는 공기 진동에서 시작된다. 진동이 몇 개의 기관을 통과하며 여러 과정을 거쳐서 비로소 소리로 인식되지만 우리는 그것을 잘 알지 못한다. 귀는 기계적 에너지 즉, 대기의 분자 사이의 압력 변화에 반응한다.

현실 세계에는 넓은 범위의 공기매체의 진동이 존재하지만 우리가 들을 수 있는 범위의 진동수는 대략 20~20000Hz(1Hertz는 1초당 주기적 변화의 횟수를 나타내는 단위)에 국한된다. 이러한 범위의 진동수를 가청 진동수라 한다. 진동은 전기신호로 바뀌어 대뇌피질의 청각 중추로 전달된다. 소리에는 세 가지 요소가 있는데 강약, 높이, 음색이다. 또한 소리가 들리는 방향의 판단도 청각의 기능이다. 만일 대뇌의 청각 중추에 장애가 생기면 소리의 내용, 의미, 방향감각을 잃게 된다.

(3) 후각

사람의 후각수용기는 후상피라고 하여 콧구멍(비강)의 윗부분에 있는 점막에 위치하고 있는 상피세포이다. 일반적으로 공기는 비강의 아래쪽으로 흘러 후상피에 접촉하지 않으나 후각을 일으키는 물질은 모두 휘발성이며, 어느 정도 물에 녹고 리포이드(복합지방)에 쉽게 녹는다. 따라서 휘발하여 가스상태로 된 물질이 공기 중에 확산되어 점막에 닿으면 점막 표면으로 녹아 들어가 후세포를 자극시킨다.

후각의 세기는 냄새를 발산하는 물질의 농도와 후상피 위를 흐르는 속도에 비례한다. 후각은 자극이 오랫동안 계속되면 쉽게 순응(adaptation)하여 소실되지만, 다른 종류의 냄새에 대해서는 다시 반응할 수 있다.

각 수용체는 특정 냄새를 식별해 낼 수 있으며, 뇌는 각 냄새들을 기억해 두었다가 후에 비슷한 냄새가 나면 기억을 되살려 냄새들을 구분한다. 인간의 후각수용체의 수는 약 1,000여개에 불과하나 실제로 인지하고 기억할 수 있는 냄새는 약 2~4,000가지 정도이며, 적은 후각수용체의 수로 어떻게 많은 냄새들을 식별할 수 있는지에 대한 생리적 기초는 확실히 밝혀져 있지 않다. 냄새가 나는 방향의 식별은 두 콧구멍 속에 후각물질분자가 도달하는 시간의 차이에 의하여 결정된다. 일반적으로 후각은 남자보다 여자가 더 정확하며 나이가 들면 역치가 높아져 약한 냄새는 맡기가 힘들어진다. 개의 경우는 후점막의 넓이가 사람에 비하여 현저하게 넓어 사람보다 냄새를 더 잘 맡을 수 있다.

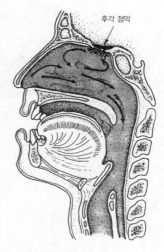

그림 2-9 후각의 구조

(4) 미각

미각의 수용기는 미뢰(taste bud)로써 높이 약 80μm, 너비 약 40μm이고 꽃봉오리 모양을 하고 있다. 미뢰는 혀의 점막의 유두(乳頭) 속에 다수가 존재하며, 연구개나 후두의 상피에도 있어서 이곳에서도 맛을 느낄 수 있다. 미뢰 속에는 각각 20~30개의 미세포(味細胞)가 있고, 미뢰의 위쪽에는 미공(味孔)이라는 구멍이 있어 표면과 통해 있다. 미세포의 털 모양의 돌기는 미공을 통하여 혀 표면에 나와 있으며 이 돌기가 미각을 자극하는 물질에 처음으로 반응한다. 성인의 혀에는 약 1만 개의 미뢰가 존재하며, 미뢰 하단으로부터는 몇 개의 신경섬유가 들어가 있어서 미세포에 도달하고 있다.

미각수용체는 침에 녹은 화학물질에 의해 자극을 받는 화학수용체이다. 따라서 침은 맛을 느끼는데 매우 중요하다. 건조한 혀에 가루 상태의 물질을 올려놓으면 즉시 맛을 느끼지 못하는 것은 이와 같은 이유 때문이다.

인간의 기본 미각은 단맛, 신맛, 짠맛, 쓴맛의 네 가지로 나누어지며, 혀의 각 부분에 있는 미뢰들은 구조적으로 비슷하나 기본 미각에 대한 감수성이 서로 다르다. 혀의

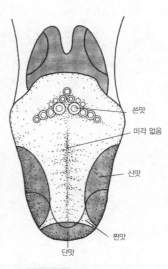

그림 2-10 미각의 구조

끝 부분은 단맛, 앞부분은 짠맛, 옆 부분은 신맛, 뒷부분은 쓴맛에 민감하지만 이러한 구분은 다소 불명확하며 대부분의 미뢰는 한 가지 이상의 기본 미각에 반응한다(그림 2-10).

실제로 맛을 느끼는 데에는 이러한 기본 미각 외에 후각, 촉각, 온도 감각이 복합적으로 작용하고 있다. 매운맛은 미각이 아니라 통각의 일부이다.

2) 지각

(1) 지각의 과정

약 2400년 전에 플라톤은 우리가 마음을 가지고 감각을 통하여 대상을 지각한다는 것을 인식하였다. 사람의 머릿속에 세상을 구성하기 위해서는 환경의 물리적 에너지를 탐지하여 신경정보로 부호화 하여야 한다. 이러한 과정을 전통적으로 감각이라고 한다. 그리고 우리는 감각을 선택하고 조직화하고 해석하여야 하는데 이러한 과정을 지각이라고 한다.

지각(perception)이란 감각을 통하여 전달된 사물, 성질, 운동 관계 등에 대한 정보를 파악하는 정신작용이다. 사물에 대한 지각은 외부에서 입력되는 자극정보에 이전의 경험을 통해 의미를 부여하는 과정이다. 입력자극정보가 기억 속에 있는 정보와 대조되면 지각이 가능하게 되는 것이다.

이와 같이 대뇌의 지각과정은 감각경험을 창조하고 조직화한다. 형태주의는 대뇌가 감각 정보의 단순한 합 이상인 전체적인 지각경험을 창조하며 그것은 규칙적이고 예측 가능한 방법으로 일어난다고 하였다. 지각의 성립특성은 총체적 의미부여, 정확성, 선택적, 무의식적, 추리적, 형태적이며 이러한 특성을 통하여 사물을 지각하게 된다.

지각과정의 중요한 부분은 전경(figure)과 그것의 배경(ground)을 구분하는 것이다(그림 2-11). 전경은 표현되는 부분이며 배경은 전경 뒤로 공간처럼 지각되는 부분이다. 전경과 배경을 구분함으로써 배경을 뒤로하여 앞에 나와있는 것으로 지각은 지각경향에 의해 모호한 물체의 윤곽이 뚜렷해지는 것이다. 이러한 현상은 사물 그 자체가 의미를 가지고 있는 것이 아니라 보는 사람이 의미를 가지고 사물을 보기 때문에 생각한 바와 같이 지각되는 현상이다.

그림 2-11 전경과 배경

(2) 거리와 깊이의 지각

거리와 크기, 깊이를 판단하는 지각과정은 여러 가지 단서들이 사용된다. 단서들 중에는 한쪽의 눈만으로 들어온 정보가 단서로 사용되는 단안단서와 양쪽의 눈에 의한 정보를 하나의 단서로 사용하는 양안단서가 있다.

① 양안단서

인간의 눈이 외부의 자극을 지각함에 있어서 망막에 맺힌 상이 중요한 단서가 된다. 그런데 인간의 망막에 맺힌 상은 평면인데 비해 외부의 사물은 3차원 입체라는 것이다. 즉, 외부세계의 깊이에 대한 지각을 할 수 있는 장치가 필요하게 되는데 그 중 하나가 인간에게 두개의 눈이 있고, 그 두 눈의 사이가 6cm 간격을 두고 떨어져 있다는 것이다. 이렇듯 두 눈이 일정한 간격을 두고 떨어져 있기 때문에 깊이지각을 할 수 있게 되는데 이를 양안단서라 한다.

양안단서는 다시 양안부등(binocular disparity)과 수렴으로 나누어지는데, 양안부등은 두 눈의 망막에 맺힌 상들의 수평 간격이 동일하지 않아 깊이 지각을 할 수 있는 것이다. 다시 말해, 한 물체는 두개의 눈 때문에 망막에서 두개의 상을 맺는데 이 때 위치의 차이(부등)를 지각하는 과정에서 한 물체로 지각할 것인가 떨어져 있는 두개의 물체로 지각할 것인가를 결정하게 되는 것이다. 즉, 차이가 없거나 그 차이가 미세하면 하나의 물체로 지각하고 그 차이가 일정 정도 이상이면 두개의 물체로 지각하는 동시에 그 깊이도 지각하게 되는 것이다. 수렴은 안구의 수축이완의 정도에 따라 깊이를 지각하게 되는 것을 말한다. 즉, 물체에서 반사된 빛이 두 눈의 중심와에 맺히게 되면서 물체를 지각하게 되고, 물체와 두 눈을 삼각형으로 보아 물체 쪽의 각도를 삼각형의 수렴각으로 하여 얼굴로부터 멀리 떨어진 물체는 수렴각이 작고, 얼굴에 가까운 물체는 수렴각이 크다는 것을 깊이 지각에 사용하는 것이다. 다시 말해서, 안구의 수축과 이완을 통해 물체를 꼭지점 삼아 높이가 높은 뾰족 삼각형이면 높이가 낮은 삼각형에 비해 멀리 있는 것으로 지각하는 것이다.

이처럼 양안단서는 깊이와 거리를 지각하는 하나의 방법으로 사용되는데 이때 양안부등은 300m 전방까지 깊이와 거리를 지각한다. 그러나 수렴은 3m 내에서라는 한계를 가지고 있는데 이는 우리의 뇌가 인지하는 수렴각에 한계가 있기 때문이다.

② 단안단서

한 눈으로 깊이에 관한 정보를 얻게 하는 단서를 단안단서라고 한다. 우리는 한 눈을 감고도 깊이를 지각할 수 있다는 것과 선천적으로 한 눈이 먼 사람들이 3차원 세계를 지각할 수 있다는 사실을 통해서 한 눈만으로 받아들인 상에도 깊이 지각의 단서들이 들어 있음을 알 수 있다. 대표적인 단서들을 보면 다음과 같다.

a. 중첩(interposition)

중첩은 하나의 물체가 다른 물체를 가릴 때 나타나는 깊이단서이다. 가려지는 물체에 비해 가리는 물체가 더 가까이 혹은 앞에 있는 것으로 판단되는데 이때, 거리에 대한 지각은 물체와 보는 사람과의 실제 거리를 반영하기 보다는 두 물체 간의 상대적인 거리만을 판단하게 된다.

b. 상대적 크기(relative size)

상대적 크기는 형태의 물체들이 시야에 존재할 때 크기가 상대적으로 작은 것이 멀리 있는 물체로, 상대적으로 큰 것이 가까이 있는 것으로 판단하게 하는 깊이단서이다.

c. 상대적 높이(relative height)

상대적 높이는 같은 형태의 물체 중 시야에서 높은 곳에 있는 물체가 위에 혹은 더 먼 곳에 있는 것으로 판단하게 하는 깊이단서이다.

d. 상대적 밝기(relative brightness)

상대적 밝기는 같은 크기라도 차이가 있다면 상대적으로 밝은 것이 더 가까워 보이고 어두운 것이 멀리 있는 것으로 판단하는 단서이다.

e. 표면의 결(texture gradient)

표면의 결은 구성요소의 밀도나 간격에 따라 거리를 다르게 지각하는 단서이다. 결이 촘촘할수록 멀리 지각되고 듬성듬성할수록 가깝게 지각된다.

f. 크기에 대한 친숙성

크기에 대한 친숙성은 실물에 대한 크기를 익숙히 알고 있음으로써 그 대상에 대한 거리 지각에 영향을 받는 단서를 말한다. 예를 들어 10원, 100원 그리고 500원 짜리 동전은 실제로는 500원 짜리가 가장 크다는 것을 잘 알고 있다. 그런데 만일 세 가지 동전을 똑같은 크기로 그려놓으면 실제로 가장 크기가 작은 10원 짜리가 가장 앞에 혹은 가까이 있는 것처럼 판단된다.

g. 직선조망(linear perspective)

직선조망은 두 줄의 나란한 평행선이 한 방향으로 수렴되어가고 있으면 수렴되는 쪽을 더 멀리 있는 것처럼 지각하게 하는 단서를 말한다. 수렴의 정도가 심할수록 보다 더 멀리 있는 것으로 지각되는데 기찻길이나 곧게 뻗은 고속도로가 좋은 예이다.

h. 대기조망(aerial or atmospheric perspective)

대기조망은 흐리게 보이는 부분을 배경으로 보고 맑은 부분을 가까운 전경으로 지각하는 단서이다. 먼 곳에 있는 물체를 바라볼 때 우리의 눈과 그 물체 사이에 존재하는 대기 중의 공기나 먼지 때문에 흐릿함을 느끼는데 상대적으로 가까운 곳의 물체는 윤곽이 아주 뚜렷하게 보인다.

(3) 운동지각

운동을 지각하는 능력은 실제로 인간이 생존하는 데 있어 필수적인 요소이다. 운동은 주로 시각을 통해 지각되지만 몇 가지 비(非)시각적인 감각에 의해서도 탐지된다.

시각적인 정보의 처리과정은 눈과 뇌에서 이루어지는데, 대부분의 고등동물들에게 있어서 망막의 바깥층은 움직임에 대해 특히 민감하게 작용하여, 움직이는 물체를 가능한 한 시야의 중심부에 두기 위해 안구의 반사적인 방향전환 운동을 자극한다.

시각적 인식 체계가 운동지각을 돕는 방식에는 다양한 메커니즘이 존재한다. 눈은 움직이는 물체를 시각의 중심부에 두기 위해 반사적으로 그 물체를 따라 움직인다. 정지된 장면을 인식하기 위해 안구가 움직일 때, 망막에 맺힌 상은 정지된 장면이 움직이고 안구는 정지하고 있는 것 같은 모습으로 변한다. 그러나 뇌는 망막에 맺힌 영상을 해석하는 과정에서 안구 근육에 주어지는 신호를 고려하기 때문에 정지된 장면은 당연히 정지하고 있는 것으로 인식된다. 안구 근육에 대한 통제기능에 문제가 생길 경우, 안구의 불수의적인 움직임은 대상이 마치 움직이는 것처럼 보이도록 하는 지각적 오류를 발생시킬 수 있다.

운동지각은 또한 움직이는 물체와 그 주변의 정지된 물체 사이의 관계를 이용하기도 한다. 이들 물체들은 움직이는 것과 움직이지 않는 것에 대한 감각을 결정하는 준거 틀로써 기능한다. 이러한 틀이 없다면 정지하고 있는 물체는 마치 공중을 떠다니는 것처럼 보일 것이다. 눈에서 멀어지거나 다가오는 것을 지각하는 것보다 측면에서 측면으로 움직이는 것을 지각하는 것이 더 쉽다. 깊이를 지각하는 것은 두 눈의 시각차(공간지각), 초점의 변화, 망막에 맺힌 영상의 크기 변화, 물체의 밝기 정도의 변화 등을 통해 이루어진다.

운동 현상을 유도하기 위해서 기술적인 수단이 사용될 수도 있다. 두 가지 현상이 운동에 대해 착각을 일으키는데, 그 첫째가 바로 잔상현상이다. 이는 시각적인 자극이 소멸한 후에도 매우 짧은 시간 동안 그 자극이 계속해서 뇌에 기록되는 것을 말한다. 둘째 현상은 이른바 파이 현상인데, 이는 인접한 2개의 광원(光源)이 서로 번갈아가면서 꺼졌다 켜졌다 하면 마치 하나의 불빛이 앞뒤로 움직이는 것처럼 여겨지는 것을 말한다. 이같은 현상이 발생하는 이유는 공간적으로 가까이 있는 시각적 대상물 사이의 틈을 메우고자 하는 경향이 있기 때문이다. 이 두 가지 현상은 활동사진(영화)에 이용된다. 정지된 한 토막의 장면들이 매우 빠른 속도로 계속 이어지면서 극히 짧은 틈새의 빈 공간을 '운동하는' 모습으로 대신 자리잡게 하는 것이다. 몇몇 비(非)시각적 감각들도 운동을 지각하는 데 동원된다(청각). 육지 동물들은 물체가 발생시키는 음향의 크기와 방향의 변화로 그 물체의 움직임을 추론해낸다. 음향은 운동을 암시하는 역할을 하는데 일반적으로 어류와 박쥐에게 가장 긴요하게 이용된다. 인체의 운동에 관한 또 하나의 중요한 정보의 원천으로 운동감각이 있다. 운동감각은 관절부위의 얇은 막에 있는 감각기관에 의해서 생겨나는 것인데 의식적으로 통제된 동작이 진행되는 과정에서 느끼는 움직임을 통해 이루어진다. 인체운동을 지각하는 또 다른 양식 중에는 전정계(前庭系)라는 것이 있다. 이것은 내이(內耳)에 있는 여러 개의 폐쇄된 강(腔)으로 구성되어 있으며 주로 머리의 운동에 반응하는 역할을 한다. 뇌는 인체의 균형을 유지하고, 위에서 설명했던 안구의 보완적인 운동을 통제하기 위해 전정계로부터 전달된 정보를 이용한다.

(4) 착시

착시(visual illusion)는 물리적 계측수단으로 조절된 길이, 크기, 각도, 방향 또는 그것들의 기하학적 관계가 어떤 조건 위에서 그것과 현저하게 다르게 보이는 현상이다.

착시는 시각으로 나타나는 착각의 일종으로써 시각적 착각이라고도 하는데, 기하학적 착시는 물체의 크기(길이, 넓이), 방향, 각도, 모양 등의 평면도형의 성질이 주위의 선과 형의 관계 속에서 실제로는 다르게 보이는 것을 말한다. 대표적인 예를 들면 다음과 같은 것들이 있다(그림 2-12). ① 네커 큐브 도형 : 육면체를 손으로만 나타내었을때 그것이 어떻게 보면 튀어나와 있는 선으로도 보이고 또 어떻게 보면 뒤로 들어가 있는 선으로도 보여서 상·하가 바뀌어 보이는 육면체를 말한다. ② 뮐러 리어 도형 : 똑같은 길이의 직선이 양끝에 붙은 화살표의 영향을 받아 길이가 달라 보이는 현상이다. ③ 포겐도르프 도형 : 사선이 2줄의 평행선으로 중단되면 서로 어긋나 보이는 현상이다. ④ 칠러 도형 : 평행하는 수직선들이 교차하는 사선으로 인하여 각각 비스듬한 선으로 보이는 현상이다. 이것은 방향의 변화에 따른 착시이다.

1. 네커 큐브 도형
정육면체의 방향이 바뀐다.

2. 뮐러-리어 도형
선은 같은 길이이다.

3. 포겐도르프 도형
직사각형에 가려진 선은
직선이다.

4. 칠러 도형
모든 선은 평행이다.

그림 2-12 착시현상

달의 착시는 달 또는 태양이 지평선 가까이 있을 때는 중천에 떠있을 때보다 크게 보이는 현상을 말한다. 이것은 관찰자의 몸에 대한 방향관계에서 생기는 것으로써 신체의 앞방향에 있는 것은 올려다보는 방향에 있는 것보다 크게 보이는 현상 때문이다. 반전의 착시는 다의도형(多義圖形)에 의한 착시라고도 하는데, 같은 도형이면서 보고 있는 동안에 원근 또는 그밖의 조건이 바뀌어 다른 도형으로 보이는 현상이다. 루빈의 '잔' 도형(그림 2-11)에서 여자의 얼굴을 볼 수 있는 현상 등이 그 예이다.

운동의 착시는 물체의 운동에 의해 일어나는 착시로, 어떤 것이 움직이면 정지하고 있는 것이 움직이는 것처럼 보이는 '유도(誘導) 운동착시' 와 자극을 공간내의 다른 위치에 계속적으로 제시하면 그 자극이 처음의 위치에서 움직이는 것처럼 보이는 '가현(假現) 운동착시' 가 있다. 전자의 예는 달밤에 구름이 빠른 속도로 흘러가는 것이 마치 달이 구름 사이를 빠른 속도로 지나가는 것처럼 보이는 현상에서 볼 수 있고, 후자의 예는 영화에서 볼 수 있다.

(5) 초감각지각

초감각지각(Extra Sensory Perception: ESP)은 보통 ESP라고 불리는데 인간이 지닌 오감(시각, 청각, 후각, 미각, 촉각)으로는 지각되지 않는 현상을 말하며 텔레파시, 투시, 예지 등이 초감각지각에 속한다.

ESP라는 용어는 1870년에 처음으로 사용되었으나 1930년대에 조셉 라인에 의해 심령현상을 과학적으로 연구하는 초심리학이 등장하면서부터 대중화 되었다.

ESP의 주장의 대부분은 검증된 것이 아니지만 초심리학자들은 ESP가 존재한다는 것을 확인하려고 애써왔다. 찰스 타트(Charles Tart)는 ESP연구에 성공했다고 주장 하였으나 편향 확증 때문이라는 비판을 받았고, 블랙모어(Susan J. Blackmore)는 ESP의 실험적 증명을 시도하였으나 재현성이 있는 초능력을 증명할 수 없다고 하였다.

그리고 초심리학을 깊이 연구 조사한 심리학자 레이 하이맨(Hyman)은 초심리학에는 사기나 실수, 불완전, 통계적 속임 이외에 아무것도 없다고 결론짓고 있다. 하지만 간츠펠트(Ganzfeld) 실험과 CIA의 원격 투시 실험, 또는 프린스톤 대학 초상현상 공학 연구소(Princeton Engineering Anomalies Research)의 난수 발생기에 영향을 주려고 한 실험이 ESP의 증거라고 주장하는 학자도 있다.

회의론자들은 ESP가 멘탈리스트(mentalists)의 트릭이나 선택적 사고, 확률과 큰수의 법칙에 대한 인식 부족, 속기 쉬운 성격, 콜드리딩(cold reading)에 대한 무지, 주관적인 평가, 또는 사기에 근거한 것이라고 무시하고 있다.

Introduction to Psychology

발달심리학의 이해

CHAPTER 3 발달심리학의 이해

1. 발달의 개념

인간의 생명은 수정으로부터 시작하여 성숙에 이르기까지 생명체의 변화과정이다. 여기서 발달(development)이란 수정란이 태아로 형성되어 출생, 성장, 노쇠과정을 거쳐 죽음에 이르기까지 신체성장, 체중증가, 운동능력의 변화, 지능의 발달 등이 끊임없이 변화하는 과정을 말한다.

발달에 대한 정의는 학자에 따라 다양하게 내려지고 있다. 왜냐하면 발달심리학 분야는 다른 분야보다도 인간 생애 기간 동안 일어나는 행동 및 정서를 연구하기 때문이다. 가장 일반적으로 받아들여지고 있는 것은 형태주의 심리학자인 코프카(K. Koffka, 1945)의 정의로써 그는 역학적, 전체적 입장에서 "발달이란 유기체나 그 기관이 양에 있어서 증대하고 구조에 있어서 정밀화되고 기능에 있어서 유능화 되어가는 과정이다"라고 하였다.

레빈(K. Lewin)은 "발달이란 통일적인 인격구조가 그 통일성을 유지해가면서 점차로 분화되어서 그 의미 내용이 보다 풍부하게 변해가는 일이다"라고 하였다. 그리고 김제한 (1983)은 "발달이란 개념이 그저 단순한 양적 증대가 아니라 질적 변화를 의미하고 있음을 포착하게 된다. 그리고 질적 변화란 신체적으로나 정신적으로 부단한 구조의 변화가 발생하고 있다는 것을 의미한다"라고 하였다.

여러 학자들의 견해를 종합해 볼 때, 성장이란 "성숙(maturation)에 이르는 양적, 부분적인 변화"이며, 발달이란 "환경적인 힘 즉, 학습에 의한 질적, 전체적인 변화"를 의미한다. 다시 말하면, 성장은 신체적인 면과 같이 좁은 의미의 변화를 뜻하는 것이고, 발달은 넓은 의미에서 신체적, 정신적인 양면과 성숙까지도 포함하는 종합적인 의미이다.

1) 발달의 원리

일반적으로 발달의 원리는 개체의 성장과 발달을 체계적으로 살펴봄으로써 알 수 있으나 이 발달의 원리나 법칙에 대해서는 학자들 간에 다소의 견해차가 있다.

발달의 기본적인 경향성이나 그 원리를 살펴보면, 멕코넬(T. R. Mcconnell)은 그의 책 『성장과 발달의 일반적 본질』에서 발달이란 말을 사용하지 않고 성장이란 용어를 사용하고 있다. 그러나 이러한 경향이 어느 일부분의 성장과 발달을 의미하는 것이 아니라 매우 넓은 의미의 발달을 의미하는 것이다. 여러 학자들의 발달의 원리에 대한 견해를 개괄적으로 살펴보면 다음과 같다.

(1) 멕코넬(T. R. Mcconnell, 1956)의 발달원리

① 발달은 개체화와 환경과의 상호작용의 산물(product of the reciprocal action)이다.

② 발달은 분화(differentiation)의 과정이며 아울러 통합(integration)의 과정이다.

③ 발달은 비약적이라기보다 계속적·점진적 과정(continuous and progressive process)이다.

④ 발달은 인생초기에 급속히 진행된다.

⑤ 발달의 측면에서 볼 때 초기의 발달은 교육적 의의(educational significance)가 있다.

⑥ 발달속도는 영아기부터 성숙까지 항존하는 경향이 있다.

⑦ 발달의 형태에 있어서는 개인차가 존재한다.

⑧ 아동은 자발적으로 자기 자신의 여러 가지 능력을 사용하려는 경향이 있다.

⑨ 특수한 훈련의 효과는 개체에 의하여 성숙단계에 따라 변화한다.

⑩ 모든 종에 있어서의 행동양식은 그 발현에 있어서 일정한 질서가 있는 발생학적 순서를 따르는 경향이 있다.

(2) 허록(E. B. Hurlock, 1969)의 발달원리

① 발달은 일정한 양식을 따른다.

② 발달은 일반적 반응에서 특수한 반응으로 진행한다.

③ 발달은 계속적이다.

④ 발달은 속도에 있어서 개인차가 항상 존재한다.

⑤ 발달은 신체 각 부위에 따라 다른 속도로 발생한다.

⑥ 발달은 예측이 가능하다.

⑦ 발달에 있어서 대부분의 특성은 상관되어 있다.

⑧ 발달의 각 측면은 각기 독특한 특성을 지닌다.

⑨ 모든 행동에서 발달의 각 단계는 정상적으로 통과한다.

⑩ 문제행동의 대부분은 발달하는 연령에 있어서 정상적인 행동이다.

(3) 게이츠(A. I. Gates, 1942)의 발달원리

① 발달 순서의 일률성이다.

② 발달의 여러 측면의 상호작용성이다.

③ 발달에 있어서의 자발적 활동성이다.

④ 발달단계에는 무엇보다도 선행활동이다.

⑤ 아동의 행동에 있어서의 반복 발달성이다.

⑥ 열중성과 점진적 이행성이다.

⑦ 낡은 행동의 계속적 잔존성이다.

⑧ 수정성이다.

(4) 저실드(A. T. Jersild)의 발달의 원리

① 자발적 사용의 원리이다.

② 전심-이행의 원리이다.

③ 장벽발생의 원리이다.

④ 습관의 발달적 수정의 원리이다.

⑤ 낡은 행동경향의 고집의 원리이다.

⑥ 예상의 원리이다.

⑦ 상호관계의 원리이다.

⑧ 경험의 대행적 원리이다

⑨ 상호보강의 원리이다.

2) 종합적인 발달의 원리

(1) 연속성의 원리

개체의 일생은 변화의 연속이다. 이 변화는 수정의 순간부터 시작되는 연속적 과정이며, 낮은 단계에서 보다 높은 단계로 발전할 때 비약적인 이행을 하는것이 아니고 연속적이고 점진적인 과정(progressive process)을 밟게 된다.

(2) 순서성의 원리

발달에는 일정한 순서가 있다. 언어발달에 있어서는 명사부터 익히고 다음에 동사나 형용사를 익히게 되며, 정서 발달에 있어서는 공포심이나 분노심이 먼저 분화되고 질투심은 후에 분화발달(differentiation-development)된다(J. J. Rousseau. 1962).

(3) 상관성의 원리

발달은 개체와 환경과의 상호작용의 과정이며 경과이다. 즉, 유전적인 내적 성질과 환경적인 외적 조건에 의해서 원만한 발달이 이루어진다고 볼 수 있다. 즉, 발달이란 개체의 내부적인 힘과 생활환경의 힘 등이 서로 작용해서 새로운 하나의 체계로 달성되는 과정이다. 하위체계로써의 개체와 환경이 이루는 전체체계가 새로이 재체계화(reorganization)되고 구조화(structuring)되는 데서 발달이 성립되는 것이다.

(4) 주기성의 원리

주기성의 원리를 발달의 율동성이라고 칭한다. 비록 발달이 연속적인 것이라고 할지라도 항상 순조롭고 점진적인 것만은 아니다. 신체적 발달과 정신적 기능이 다른 때보다 급격히 증가하는 시기가 있는 것이다. 예를 들어, 발달하는 도중에 약간 비약하여 전진하는 듯한 경향을 보이는 기간이 있는가 하면, 때로는 중지되는 듯한 정지 기간을 볼 수 있다. 어느 시기에는 언어능력이 더욱 발달하고 어느 시기에는 감정이 더 발달한다. 발달의 주기성을 인정하는 예로는 1년 중에서도 신장이 증가하는 시기, 체중이 증가하는 시기가 다르고 1일 중에서도 아침, 낮, 밤에 따라 기억력과 주의력에 차이가 있는 것으로도 알 수 있다.

(5) 분화와 통합성의 원리

처음에는 모든 행동이 미분화되어 전체적인 반응을 하던 것이 특수적, 부분적인 반응으로 분화되고 동시에 몇 개의 반응이 통합(integration)되어 새로운 체제가 형성되어 간다. 하나의 행동이 독자적으로 발달해 가는 것이 아니라 여러 가지 요인(factor)이 통합적으로 이루어지는 것을 의미하고 있다. 다시 말하면, 미성숙한 구조로부터 특정한 구조와 기능을 가진 새로운 기관이 발생하는 과정으로 발생학(embryology)에서는 분화(differentiation)라고 칭한다. 행동의 발달에 있어서 처음은 내부적인 분절의 빈약한 전체운동(mass action)과 난발운동(random movement)으로부터 명백하고 세련된 행동으로 분화되어 간다. 신생아기에는 몸의 어떤 부분에 자극을 가하면 몸 전체에 반응하던 상태가 나이가 들어감에 따라 자극하는 부분만의 반응을 일으키게 된다. 즉, 처음에는 전체적인 반응을 하던 것이 차츰 분화하여 부분적 반응을 하게 된다. 그러나 이러한 분화된 부분은 결코 개체가 따로 분리되어 있는 무관한 부분이 아니고 전체로써의 연관성을 가지면서 중심으로 통합해 가는 것이다. 이와 같은 행동을 체제화 구조화의 과정이라고 한다. 독일의 심리학자 베르너(Werner)도 "정신발달의 본질은 정신현상과 기능이 점차로 분화되고 중심적 통합을 하는 것이며, 이 분화의 중심적 통합은 복합적인 것으로부터 단편적인 것으로, 융합적인 것으로부터 분절적인 것으로, 불명료한 것으로부터 명료한 것으로, 불확정한 것으로부터 확정적인 것으로 진행하는 과정"이라고 했다(강정휘, 주영숙, 1983).

(6) 개별성의 원리

사람은 누구나 출생 당시부터 개인차를 가지고 있으며 개인차로 말미암아 성장과 발달의 모습이나 속도에 차이를 가져오게 된다. 흔히 말하는 조숙이나 만숙이란 말은 주로 정신적인 기능에서의 개인차를 말하고 있지만 종종 신체적인 면에서 사용되기도 한다. 예를 들면, 같은 연령의 아동이지만 다른 아동보다 키가 더 크고 체중이 더 나가며 골격이 큰 경우, 또는 다른 또래 유아보다 걸음마를 일찍 배우거나 뒤집기를 3개월에 하는가 하면 5개월에 하는 유아의 경우이다. 말배우기도 유아들마다 조금씩 차이가 있는 것으로 보아 출생 당시부터 개별성의 원리가 적용된다.

2. 발달이론

1) 프로이드의 심리성적 발달단계론

프로이드(Freud)는 리비도(libido)가 일생 동안 정해진 일정한 순서에 따라 다른 신체 부위(body zone)에 집중된다고 보고, 리비도가 집중적으로 모이는 신체 부위를 성감대라고 하였다. 프로이드는 연령에 따라 성감대가 달라진다고 보고 발달 단계를 기술하였다. 이들 발달 단계를 개관해 보면 다음과 같다.

(1) 구강기(oral stage : 0~1세)

이 단계에서 성 본능은 입을 통해 충족되며 젖을 빠는데서 성적 욕구를 충족한다. 이 시기의 영아는 자기에게 만족과 쾌감을 주는 대상에게 애착을 갖게 된다. 영아는 초기에 입과 입술에 와 닿는 것을 빨음으로써 수동적으로 쾌감을 느끼다가, 이가 나면서부터 깨물고 씹음으로써 적극적으로 쾌감을 느끼며 쾌감을 주는 대상을 추구한다.

각 단계에서 영아는 추구하는 욕구 만족을 충분히 얻을 수 있어야만 다음 단계로의 발달이 이루어진다. 만일 충분한 만족을 얻지 못해서 욕구 불만이 생기거나 또는 그 만족을 얻는 쾌감에 지나치게 몰두하여 다음 단계로 넘어가지 못하게 되면 퇴행이 일어난다. 이 퇴행이 발달단계의 어디까지 되돌아가느냐를 결정하는 요인을 고착(fixation)이라고 한다. 욕구 불만이나 몰두 경향 정도에 따라서 각 단계마다 특징적인 성격 유형이 형성된다. 예컨대, 구강기에 젖이 적어서 충분히 먹지 못하거나 수유 시간을 엄격하게 정했기 때문에 젖을 빨아먹는데 욕구 불만을 느끼게 되면 영아는 이 시기에 고착된다. 구강기 고착 형성은 손가락 빨기, 손가락 깨물기, 과식과 과음, 지나친 흡연 등의 행동 특성을 나타낸다.

구강기적 성격에는 소극적 성격과 적극적 성격이 있는데 치아가 나는 것을 전후로 하여 나눈 것이다. 전자는 복종적이고 수동적이며 애정 요구적인데 비해서, 후자는 애정 추구 방식에 있어서 공격적이다. 전반적으로 이 두 가지 구강기적 성격은 의존적이고 유치한 것이 특징이다. 그러나 구강기적 욕구가 적절히 충족되면 낙천적이고 먹는 것을 즐기는 성격이 된다.

(2) 항문기(anal stage : 2~3세)

이 시기는 유아들의 항문 괄약근이 성숙함에 따라 대소변을 마음대로 조절할 수 있게되고 자율적인 배설 행동이 항문기의 성 본능을 충족시키는 일차적 근원이 된다. 이 시기에 영아는 부모로부터 자신의 쾌감을 연기하는 훈련을 받게 된다. 부모가 대소변 가리기를 엄격하게 훈련하면 이 시기에 고착현상을 보이며 성인이 되어서 항문기적 성격의 소유자가 된다. 이 성격의 특징은 지나치게 깨끗한 것과 완전한 것을 찾는 결벽성 또는 완벽주의(perfectionism)이다.

항문기 배변 훈련에서 대변 배설을 참을 때 즉, 보유하고 있을 때 항문 근육 수축에서 생기는 쾌감과 대변 배설 후에 근육 이완에서 오는 쾌감이 있다. 흔히 대변 보유에서 생기는 쾌감에 고착되면 후에 수전노와 같은 인색한 성격의 소유자가 되고, 배설의 쾌감에 고착되면 무절제한 성격의 소유자가 된다. 그런데 부모가 대소변 통제를 적절하게 훈련시키면 성장해서 생산적이고 창의적인 사람이 된다.

(3) 남근기(phallic stage : 3~5세)

이 시기는 프로이드의 이론 가운데서 가장 많은 논란을 불러일으키고 있는 부분이다. 이 시기는 아동의 성기에 관심이 많아지는 시기로써 아동은 '순진무구하지 않다' 는 프로이드의 가설을 가장 단적으로 나타내는 단계이다.

남근기에는 '가족의 로맨스(family romance)' 가 생기는데 가장 중요한 현상은 '오이디푸스 콤플렉스(Oedipus complex)' 를 갖는 것이다. 오이디푸스 콤플렉스는 아동이 이성 부모에 대하여 성적인 애정을 가지고 접근하려는 욕망을 말한다. 즉, 남아는 자기 어머니에게 성적 애착을 느끼고 아버지를 애정의 경쟁자로 생각하여 적대감을 갖게 된다. 바로 이러한 적대감 때문에 아버지에 대한 갈등이 야기된다. 왜냐하면, 아버지는 자신보다 우세하기 때문에 우세한 경쟁자인 아버지가 자기를 해칠 것이라고 생각하기 때문이다. 이때 아동은 우세한 아버지가 자신의 중요한 부분인 성기를 없앨 것이라고 생각하여 자기 성기가 제거될 것이라는 두려움을 갖게 되는데, 이 두려움을 거세 불안(castration anxiety)이라고 한다. 거세 불안을 감소시키기 위해서 아동은 어머니에 대한 성적 욕망과 아버지에 대한 적대감을 억압하여 어머니의 인정을 얻으며 자기와 성이 같은 아버지의 남성다움을 갖기 위해서 아버지와 동일시하게 된다. 이 결과 남근기 말기에 성역할이 형성된다. 즉, 남아는 아버지의 가치 체계나 행동 등 남성적 역할을 습득하며 양심과 자아 이상을 발달시키게 된다.

한편, 여아는 아버지에 대해 성적 애착을 갖게 되는데 이를 '엘렉트라 콤플렉스(Electra complex)' 라 부른다. 여아는 남근이 없기 때문에 남근을 갖고 싶어 하는 감정 즉, 남근 선망(penis envy)을 갖는 동시에 열등감을 갖게 된다. 이 시기에 고착되면 남근기적 성격의 소유자가 된다. 남근기적 성격의 특징은 과시적이고 공격적이다.

(3) 잠복기(latent stage : 6~11세)

이 시기는 아동이 초등학교에 다니는 시기로 성적인 욕구가 철저히 억압되어 심리적으로 비교적 평온한 시기이다. 그러나 아이들에게 아무런 변화가 없음을 의미하는 것은 아니다. 오히려 이 시기의 아동들은 성적인 부분을 제외하고는 매우 활동적인 모습을 나타낸다. 즉, 문화적으로 가치 있는 기술을 학습하고 사회 속에서 자기의 역할을 배우며 운동능력을 키우고 논리적으로 사고하여 타인의 입장도 고려할 수 있게 된다. 이 시기를 잠복기라고 하는 것은 단지 성적으로 침체된 시기라는 의미인 것이다.

(4) 생식기(genital stage : 11세 이후)

이 시기는 사춘기와 함께 시작된다. 프로이드는 잠복기 이전까지를 유아 성욕기(infantile sexualism), 사춘기 이후를 이성 애착기(heterosexual period)라고 했다. 이성 애착기까지 고착 현상을 보이지 않고 원만한 발달을 거친 사람은 이타적이고 성숙한 성격의 소유자가 된다. 이러한 것은 생식기적 성격(genital character)의 특징이기도 하다. 그러나 남근기를 원만하게 거쳐 오지 못한 사람의 경우는 생식기에서 생기는 성적 에너지를 적절하게 처리할 수 없기 때문에 이성과의 성숙된 사랑을 할 수 없고 원만한 관계를 가질 수 없게 된다. 또한 이성에 대해서 적응하지 못하며, 권위에 반항심이 생긴다.

프로이드는 청년기 이후 성인기에 대해서는 자세하게 언급하지 않고 있다. 다만 청년기 이후의 개인의 발달 과업이 '부모로부터의 해방' 이라는 것을 강조하고 있을 뿐이다. 그리고 성격 발달을 포함해서 발달에 있어서 초기 아동기 경험의 중요성을 강조했다는 점에서 그 후 아동 연구에 많은 자극을 주었다.

근본적으로 프로이드의 발달 이론은 성인 정신병 환자의 치료 과정에서 얻어진 자료에 근거하여 추론된 것이어서 임상 분야에서는 거의 절대적으로 수용되고 있으나, 과학적 심리학 이론가들에게는 객관성이 결여되어 있다는 비난을 받고 있다. 가드너(Gadner,

1974) 등이 시사한 바와 같이 프로이드 이론에 대해서는 더 많은 객관적 자료를 통해서 증명이 되어야 할 여지가 있다.

2) 에릭슨의 심리사회적 발달단계론

에릭슨(Erik H. Erikson, 1902~1994)은 인간의 성격 발달을 타인과의 사회적 관계에 초점을 두어 8단계로 체계화하였다(김형태, 1999). 그 가운데 처음 세 단계는 사실상 프로이드의 발달단계와 거의 아무런 차이가 없다. 각 단계에서는 각기 특수한 심리사회적 특성이 형성된다. 각 단계의 심리사회적 특성은 긍정적으로 발전될 수도 있고 부정적으로 발전될 수도 있다.

에릭슨

각 단계에서 형성된 심리적 특성은 그 이후에는 거의 변화하지 않고 계속적으로 다음 단계의 발달에 영향을 미친다. 이런 의미에서 각 단계는 하나의 전환점 혹은 위기라고 할 수 있다. 각 단계에서의 부정적 특성들이 압도할 때 발달상의 문제가 발생하게 된다는 것이다. 에릭슨은 발달이론을 유아에서 노년에 이르기까지 8단계로 나누고 점성적 원리(Epigenetic principle)로 설명하고 있다. 즉, 각 단계마다 반드시 발달해야 하는 특성이 있고 발달된 특성은 성격의 다른 특성과 상호 관련되어 점진적으로 자아를 형성해 나간다는 가정이다.

(1) 1단계(0~1세) : 신뢰감 대 불신감(trust vs. mistrust)

일반적으로 신뢰감이란 건강한 성격의 초석으로 다른 학자들은 이를 자신감이라고 한다. 에릭슨은 영아가 타인과 외계로부터 신뢰감을 얻을 수 있는 능력의 정도는 그가 엄마로부터 받은 양육에 의존한다고 한다. 프로이드는 이 시기를 구강기라고 하여 함입(invagination)에 의해 성적 쾌감을 충족시켜 나간다고 주장하였지만, 에릭슨은 영아가 "입을 통하여 살아가고 엄마의 유방을 통하여 사랑한다"고 하여 엄마의 양육이 심리사회적으로 만족감과 안정감을 줄 수 있음을 주장하였다(한상철, 이형득, 1995). 다시 말해서, 이 단계에서 영아가 가지는 사회적 관계는 주로 어머니와의 관계이다. 영아는 자신의 모든 것을 타인에게 의존하며, 이때 신뢰감이나 불신감을 경험하게 된다. 타인에게 지속적인 사랑과 관심을 받는 영아들은 신뢰감이 발달하고, 지속적이고 일관된 보살핌을 받지 못한 영아들은 보통 타인과 주변세계에 대해 불신감, 두려움, 의심 등을 갖게 된다(Klaus & Kennell). 특별히 영아들의 불신감은 직장생활이나 재임신 등으로 인하여 엄마의 관심이 아기로부터 멀어질 때 발생할 수 있다. 또한 부모의 비일관된 양육방식과 양육에 대한 자신감 부족, 가치관의 혼란 등도 중요한 원인이 된다. 에릭슨은 이 시기에 신뢰감을 형성하는 것은 후에 맺게 되는 모든 사회적 관계에서의 성공 여부와 관련되어 있기 때문에 이 시기를 가장 중요한 시기로 보고 있다. 에릭슨은 불신감의 효과를 언급했으나 긍정적 성격 발달에는 불신감보다 기본적 신뢰감을 경험하는 것이 필요하다는 것을 강조하고 있다.

(2) 2단계(2~3세) : 자율성 대 수치심과 회의(autonomy vs. shame and doubt)

2단계는 자율성 또는 자기조절(self-control)이 획득되며, 사회적 양식인 소유 혹은 관용에 대한 선택과 관련이 있다. 프로이드의 항문기에 해당되는 이 시기의 유아는 여러 개의 충동 가운데서 어떤 것을 스스로 선택하고자 하고 이를 통해서 자신의 의지를 나타내려는 자율성을 갖는다.

프로이드는 이 시기(항문기)에 괄약근의 수축과 이완에 의해 보유와 방출의 성적 쾌감을 충족시켜 나간다고 하였지만, 에릭슨은 이와 더불어 근육의 성숙은 양면적인 사회적 양식의 발달을 가져온다고 하였다. 여기서 보유란 파괴적인 보유 또는 구속도 되고 보살핌의 형태도 되는 것이다. 그리고 방출 또한 적대적인 해방도 되고 이완된 해방도 된다. 따라서 보유와 방출은 잡고 밀고 간직하고 떨치는 등의 성숙에 의한 사회적 자율성의 기초가 되는 것이다. 이것은 자존심과 자기 통제, 자기 확신, 미래의 의지를 발달시키며, 과잉조절이나 자기 조절 상실은 결국 수치와 의혹감을 증가시킬 것이다(한상철, 이형득, 1995).

자율성은 유아가 급속하게 성숙하여 말을 하게 되고 사회적 차별을 인식하게 되며, 더욱 독립적으로 환경을 탐색하는 가운데 발달한다. 특히 그들은 새로이 발견한 신체 운동적 기능을 자랑으로 여기고 모든 것을 스스로 하려고 한다. 예를 들어, 혼자서 옷을 입고 밥을 먹으려 하는 행동이 여기에 속한다. 이러한 자율성은 부모에 대한 의존에서 벗어나고자 하는 행동으로써 부모와의 일차적 마찰을 가져온다.

수치심과 의혹감은 부모가 아동의 자율성을 억압하고 통제함으로 인해 그의 분노가 내면으로 향해서 얻어진 경험이라 할 수 있다. 이 시기에 어머니들은 유아들에게 사회적으로 적합한 행동을 하도록 훈련을 시킨다. 예컨대, 때와 장소를 가려서 유아에게 대소변을 가릴 수 있도록 하는데, 이러한 과정을 통해서 유아는 사회의 기대와 압력을 알게 된다. 그러나 배변 훈련 과정에서 실수를 하거나 걷는 것과 같은 신체적 통제나 자조 기술이 아직 충분히 발달하지 못해서 사회가 기대하는 만큼 행동을 적절하게 수행하지 못하는 경우에 수치심과 의혹감을 갖게 된다. 수치심을 느끼는 전형적인 경우는 대소변 통제를 하지 못했을 때이다. 그리고 이러한 과정에서 의혹감도 나타나게 된다. 즉, 자기는 강하지 못하고 못난 것같이 느끼게 되며 자신이 다른 사람들로부터 통제받는다는 것을 알고 무능하게 느껴서 의혹감을 갖게 된다.

(3) 3단계(4~5세) : 주도성 대 죄책감(initiative vs. guilt)

이 시기는 프로이드의 남근기에 해당된다. 언어가 급속히 발달하고 행동반경이 넓어지며 새로운 과업과 기술을 익히게 되고, 자신의 행동이 생산적임을 인정받기 위해 노력하는 때이다. 이와 더불어 아동이 자신과 자기 세계를 구성하는 것에 대해 부가적인 책임의식을 갖기 시작하며 다른 사람의 일이나 새로운 것을 시도해 보려는 호기심과 함께 자기 주변의 사회에 대해서도 어떤 책임을 지고자 한다. 그리고 언어나 운동기술의 증가된 능력은 자신의 가정환경을 초월하여 동료나 보다 큰 아이들 그리고 사회 환경과의 사교를 가능하게 하여 여러 가지 사회놀이에 참여하게 된다. 그러므로 자신이 한 인간으로 간주되고 생의 목적이 있음을 느끼기 시작하며 '나는 내 뜻대로 할 수 있다' 라는 정체감 즉, 주도성을 갖게 된다.

주도성은 자율성 단계에 일을 추구하고 계획하며 공격하는 자질을 부가한 것으로써, 자율성이 진보한 것에 불과하다. 그리고 주도성 이전에는 자기 의지(self-will)가 흔히 반항적 행동을 고무하고 독립을 주장한다. 이 단계의 성공적 발달로 인해 아동의 행동은 목표 지향성을 갖게 된다. 그러나 이 시기에 아동이 자신의 계획이나 목표가 이루어지지 못하고 실패하게 되는 것을 경험하면, 아동은 자신의 목표나 계획이 사회가 금지하는 것이라는 것을 알게 되어 죄책감을 느낀다.

(4) 4단계(6~11세) : 근면성 대 열등감(industry vs. inferiority)

이 단계는 아동이 처음으로 형식적 교육을 통하여 사회생활에 필요한 기초 기능과 문화적 요소를 습득하게 되는 때이다. 동료와의 놀이 또한 사전에 정해진 규칙에 따라 행하게 되고, 학습에 있어서도 기본적인 연역적 추리와 자기 수양을 위한 능력이 향상된다.

그리고 이성의 부모에 대한 사랑과 동성의 부모에 대한 경쟁의식은 독특하게 승화되고, 배우려는 의욕과 생산적인 의욕이 강하게 나타난다.

특별히 이 단계의 아동은 초등학교 과정에 속하기 때문에 읽기, 쓰기, 셈하기 등 인지적 기술과 사회적 기술을 습득하게 되며 또 이것을 열심히 배워서 숙달시키려는 근면성이 형성된다. 이 근면성의 형성은 자아 성장에 결정적인 역할을 한다. 만일 이 시기에 이러한 근면성을 발달시키지 못하고 실수나 실패를 거듭하면 부적당감(inadequacy)을 갖게 된다. 그러므로 교사는 이 단계에서 학생이 잘 하지 못하는 것을 강조하기보다는 잘 하는 것을 강조하는 것이 중요하다. 이는 아동으로 하여금 열등감이 형성되는 것을 막거나 그것을 극복할 수 있도록 하는데 도움이 되기 때문이다.

이 단계에서의 교육 환경은 지나치게 억누르거나 지나친 의무감을 지우는 것도 좋지 않고, 반대로 지나치게 자율적으로 맡겨두는 것도 좋지 않다.

(5) 5단계(12~18세) : 정체감 대 정체감혼미(identity vs. dentity confusion)

이 단계에서는 지금까지의 모든 특성들이 종합적으로 작용하게 된다. 급격한 신체적 변화와 함께 지금까지와는 다른 사회적 압력과 요구가 나타나는 시기이다. 따라서 이 단계의 청소년들은 이러한 새로운 상황에 어떻게 대처해야 할 것인지를 결정하게 되며, 자기 존재에 대해서 새로운 의문과 탐색이 시작된다.

에릭슨은 청소년기의 중심 과제를 자아 정체감(ego identity)의 확립이라고 주장한다. 자아 정체감이란 자기 동일성(sameness of self)에 대한 자각이며 자기의 위치, 능력, 역할 및 책임에 대한 인식이다. 이 시기의 청소년은 자기 존재에 대한 의문을 해결하기 위해 애쓰며, 그 해답이 쉽지 않기 때문에 고민하고 방황하게 된다. 이러한 고민과 방황이 길어지면 정체감의 혼미가 온다.

따라서 이 시기는 기본적인 신뢰감이 형성되는 제1단계만큼 중요한 시기라고 에릭슨은 주장한다. 왜냐하면, 이 단계에서 긍정적인 자아 정체감이 확립되면 이후의 단계에서 부딪히게 될 심리적 위기를 적절하게 넘길 수 있지만, 그렇지 못하고 다음 단계까지 방황이 계속되면 부정적인 정체감을 형성하기 때문이다.

(6) 6단계(청년기, 19~24세) : 친밀성 대 고립감(intimacy vs. isolation)

이 단계는 공식적인 성인생활이 시작되는 시기이다. 이 시기 또한 청소년기와 마찬가지로 연령에 따라서 그 구분을 명확하게 할 수는 없지만, 사회에 참여하게 되고 자유와 책임을 가지고 스스로의 삶을 영위하기 시작하는 시기이다. 특히 이 시기는 직업과 배우자를 선택해야 하는 시기로써 배우자나 상대방과의 공유적 정체감(shared identity)을 가지게 된다. 그러므로 이 단계에서는 타인과의 관계에서 친밀성을 이룩하는 것이 중요한 과업이다. 청소년기에 긍정적인 자아 정체감을 획득한 사람만이 이 시기에 진정한 친밀성을 이룰 수 있으며, 정체감을 확립하지 못한 사람은 자신에 대해서 자신감이 없으므로 타인과의 관계에서도 친밀성을 형성하지 못하게 되고 자신에게만 몰두하여 고립된다.

(7) 7단계(성인기, 25~54세) : 생산성 대 침체성(generativity vs. stagnation)

생산성이란 다음 세대를 이룩하고 인도하는 일에 대한 관심을 지칭한다. 이 단계에서는 가정적으로 자녀를 낳아 키우고 교육하며, 사회적으로는 다음 세대를 양성하는데 관심과 노력을 기울이는 시기이다. 이러한 생산성은 직업적 성취와 학문적, 예술적인 업적을 통해서도 나타날 수 있다. 자신의 자녀가 없는 경우엔 다음 세대들을 위한 사회적 봉사를 통해서도 생산성을 나타낼 수 있다. 그러나 생산성을 제대로 나타내지 못하거나 나타내지 않으면 침체하게 된다. 침체성이 형성되면 타인에 대한 관대함이 결여되고 타인에 대한 관심보다는 자신에게 더욱 더 몰두하는 경향을 보인다.

(8) 8단계(노년기, 54세 이상) : 통합성 대 절망감(integrity vs. despair)

이 단계는 노년기로써 신체적 노쇠 및 직업으로부터 은퇴, 친구나 배우자의 사망 등으로 인생에 대한 무상함과 무력감을 느끼게 된다. 이 시기는 신체적, 사회적 퇴화를 어떻게 받아들일 것인지가 중요한데, 이것은 지금까지 살아온 과정의 결과에 달려 있다. 노년기에 들어서 자신이 살아온 생애를 돌아보고 음미하게 되는데, 이때 자신의 삶이 무의미한 것이었다고 느끼면 절망에 빠진다. 그러나 자신의 삶에 후회가 없이 열심히 살았고 가치가 있었다고 생각하는 사람은 자신이 살아온 인생에 책임감을 느끼며, 지금까지 살아온 인생을 보다 높은 차원의 인생철학으로 발전시켜 죽음까지도 겸허하게 받아들이는 통합(integration)을 이룰 수 있게 된다.

에릭슨의 이론은 인간 발달의 단계를 확대시켰고, 사회적 요인이 발달에 중요한 영향을 미친다는 것을 강조한 점에 크게 공헌했다. 그러나 단계 설정 근거가 전혀 없고 추론적이기 때문에 비판을 받고 있다.

3) 피아제의 인지발달단계론

피아제

스위스의 발달심리학자인 피아제(Jean Piaget, 1896~1980)는 미국의 스키너(B. F. Skinner)와 동일한 시대의 학자였다. 그는 1930년대와 1940년대에 걸쳐 매우 중요한 연구를 수행하였지만, 1960년대까지는 미국의 발달심리학계에 그다지 알려지지 않았다. 이는 아동의 학습과 발달에 대한 그의 기본 가정과 연구방법이 1920년대까지 미국의 심리학을 지배했던 행동주의 심리학의 전통과 반대되기 때문이다. 그러나 피아제는 20세기의 가장 영향력 있는 발달심리학자들 중의 한 사람으로 인정받았으며(Beilin, 1992; Berk, 1993), 그가 제안한 인지발달 이론은 학습자와 학습을 이해하는데 지대한 영향을 미치고 있다.

피아제의 이론을 살펴보면, 그는 외부 세계에 관한 인식론적 가정들이 어릴 때의 발달과정에서 형성되는 것을 규명하려 했다. 특히 이러한 분야는 발생학적 인식론(genetic epistemology)의 입장에서 출발했으며, 자기 자신을 가리켜 발생학적 인식론자라는 말을 더 좋아했다.

피아제는 인간의 사고 발달에 관심을 가지고 이를 설명하기 위해서 그가 도입한 개념들은 전공으로 했던 생물학, 철학 등에서 그 용어를 빌렸으며 사고 발달을 지능 발달과 동일시했다.

피아제는 아동이 각 발달단계를 통과하는 속도는 개인차가 있으며, 이러한 발달단계는 불변적 순서로 되어 있어서 전 단계를 거치지 않고 다음 단계로 이전하지는 않는다고 한다. 그리고 발달 변화의 본질은 유전자에 의해서 결정된 내적 시간표를 따르는 것이 아니라, 아동이 성장하고 성숙함에 따라서 사고방식이 포괄적으로 된다는 것이다. 다시 말해서, 아동들은 환경을 계속적으로 탐색하고 조정하여 그 환경을 이해하고자 노력한다. 이러한 과정에서 환경을 다루기 위해서 아동들은 새롭고 보다 정교한 구조들을 능동적으로 구성한다는 것이다(Kohlberg, 1965). 이러한 관점에서 본다면 피아제는 유전론자라고 볼 수 없으며, 그렇다고 학습론자라고도 볼 수 없다.

피아제는 인지구조를 쉐마(schema)라고 했는데 쉐마는 외부세계에 대한 정신적 표상 또는 외부세계와 상호 작용하기 위한 도식을 한다고 했다. 인간발달은 바로 쉐마가 확장되고 정밀해져 가는 과정을 의미한다. 피아제는 아동이 성장하면서 초기의 반사적, 감각적인 쉐마가 분화되면서 경험된 내용을 동화(assimilation), 조절(accommodation)의 상호보완적 작용을 통해 평형화를 이루며 고차원적인 쉐마를 만들어 간다는 것으로 기술하고 있다.

아동이 기존의 도식에 맞추어서 새로운 경험을 일반화하려고 하는 것이 '동화'이며, 그 경험을 수용하기 위해서 자신의 도식을 변화시키는 것을 '조절'이라고 한다. 예를 들어, '아버지는 바지를 입고 있으며 머리가 짧고 낮은 목소리를 내는 사람'이라는 도식을 가진 아동이 있다고 가정하자, 어느 날 바지를 입고 짧은 머리의 낮은 목소리를 가진 이웃집 아저씨가 집에 왔다. 아동은 기존의 도식을 근거로 이웃집 아저씨를 '아버지'라고 부른다. 이웃집 아저씨는 아동에게 새로운 정보 혹은 새로운 경험이 되는데, 이웃집 아저씨의 외모가 아동에게 형성되어 있던 기존의 구조에 잘 맞기 때문에 아동은 자연스럽게 동화를 적용하는 것이다. 그러나 아동은 곧 그 사람이 아버지가 아니라 이웃집 아저씨라고 수정받는다. 이 과정을 조절이라고 한다. 조절은 지적갈등 상황에 의해 촉발된다. 지적갈등이란 유기체가 동일한 문제 상황에 대해서 서로 모순되는 둘 이상의 개념이나 법칙 또는 해결방법을 가지고 있을 때 일어난다.

피아제는 인지 발달의 기능적인 측면뿐만 아니라 구조적인 측면을 언급하고 있는데, 이 구조적인 측면의 기초가 되고 있는 개념이 도식(scheme)이다. 도식은 생리적인 것이 아니라 유기체가 환경과의 접촉에 되풀이되는 행동과 경험을 통해서 형성되며, 간단하게 행동의 구조(structure of behavior)라고 정의된다. 이러한 도식들은 행동이 되풀이되면서 서서히 분화되고 통합되어서 더 많은 도식과 복잡한 고차원적 도식으로 되어간다. '도식'이나 '구조'는 나이가 들어감에 따라 질적인 변화를 나타낸다. 피아제는 아동이 보이는 인지 구조의 질적 차이에 입각하여 발달단계를 나누고 있다. 각 발달단계를 구체적으로 설명하면 다음과 같다.

(1) 감각 운동기(출생~2세)

감각 운동기의 유아는 거의 외부 자극과 그에 대응하는 아주 단순한 행동체제만을 갖는다. 이 시기에서는 유아들이 언어나 어떤 상징(像徵)을 제대로 사용하지 못하고 있기 때문에 이 단계의 행동을 언어 이전단계(preverbal stage)의 행동으로 보고 있다. 피아제는 이 감각 운동기는 다시 6단계로 나누어진다고 한다.

- **1단계 : 반사기(reflex period, 출생~1개월경)**

  이 단계는 생의 가장 초기로써 타고난 반사들로 구성되어 있다. 이 가운데 가장 우세한 반사는 빨기 반사이다. 즉, 입에 닿는 모든 대상을 자동적으로 빠는 경향이 있다. 이것은 유아가 모든 대상을 빨기 도식(sucking scheme)에 동화시키는 활동이다. 이 단계의 유아에게는 아직 자신의 행동과 욕구를 분별할 수 있는 의도성이 없다.

- **2단계 : 1차 순환 반응(primary circular reactions, 1~4개월경)**

  이 단계에서 유아는 새로운 경험을 하게 되고 이를 다시 반복하여 나타내는 시기이다. 즉, 새로운 경험을 흥미 있어 하고, 새로운 사태에서도 반복시켜 행동하는 능력을 나타내는 시기이다. 예컨대, 우연히 손가락이 입에 닿으면 이를 입에 넣고 빠는 행동이 계속되는 것이다. 이 단계에서는 초보적인 형태이지만 학습하는 능력이 생긴다. 손가락 빨기와 같은 순환 반응은 손의 움직임과 이를 쳐다보기, 입에 넣기와 같이 신체 도식과 동작을 조작하여 통합하는, 곧 협응(coordination)이 가능하다.

- **3단계 : 2차 순환 반응(secondary circular reactions, 4~10개월경)**

  이 단계는 1차적 순환 반응기에서 획득된 행동을 다른 대상이나 자극에 적극적으로 적용시킬 수 있기 때문에 2차적 순환 반응이라고 한다. 예를 들어, 유모차에 누워 있던 아기가 눈 위에 있는 딸랑이를 손으로 건드려서 나는 소리를 듣고, 재미있어하며 반복해서 건드려 보다가 옆에 있던 다른 장난감으로 딸랑이를 건드려 소리를 내보는 '적용 행동'이 생긴다. 이와 같이 유아는 어떤 욕구가 생기면 그 욕구를 충족시키기 위해서 새로운 반응을 의도적으로 할 수 있게 된다. 즉, 유아는 스스로 어떤 반응을 새롭게 만들어 내는 능력을 갖게 되는 것이 이 시기의 특징이다.

- **4단계 : 2차 도식의 협응(coordination of secondary schemata, 10~12개월경)**

이 단계에서는 2차 순환 반응들이 보다 더 순응적이고 더욱 의도적으로 통제되고 조정된다. 즉, 목적을 달성하기 위한 수단으로 자기가 할 수 있는 반응들을 사용한다. 예를 들어, 목표물인 딸랑이를 잡으려고 할 때, 그 위에 수건 등을 씌워서 감추어 놓아도 방해물인 수건을 젖히고 딸랑이를 잡는 행동을 할 수 있다. 이 시기에 유아의 모방력은 급속하게 발달되어 신체적인 움직임뿐 아니라 얼굴 표정도 모방할 수 있게 된다.

- **5단계 : 3차 순환 반응(tertiary circular reactions, 12~18개월경)**

이 시기에는 이전에 경험했거나 경험하지 못했던 행동을 시도하는 시기로써 적극적인 시행착오 행동이 나타난다. 예를 들어, 피아제의 아들 '로랑'이 탁자에 관심을 가지고 놀면서 자기 행동에 따라 소리가 다르게 난다는 것을 알게 되었는데, 손바닥으로 약하게 두드려 보고 강하게도 두드려 보면서 그에 따라 소리가 달리 나는 것을 즐거워했다. 여기에서 유의해야 할 것은 아동이 아무런 관찰을 하지 않고 어른의 가르침도 없이 스스로 학습해 보면서 외부 세계에 대한 호기심을 일으켜서 여러 가지 도식을 발달시켜 나간다는 것이다. 그러나 외부 세계를 표상화하거나 상상하는 능력이 없으므로 이 시기의 문제 해결은 순수하게 감각 운동적 적응이다.

- **6단계 : 정신적 결합기(mental integration, 18~24개월경)**

이 시기에는 외부 세계에서 나타나는 여러 가지 현상을 내적으로 표상화시켜 사고할 수 있으며 이에 근거하여 행동 할 수 있다. 따라서 시행착오적 행동을 덜 하면서 문제 해결이 가능할 뿐 아니라 과거에 본 모델 행동을 표상화한 기억을 좇아서 모방할 수 있게 된다.

(2) 전조작기(preoperational period : 2~7세)

이 단계에서 '전조작'이라는 용어를 사용하는 것은 그것이 발달의 불완전한 단계라는 것을 암시한다. 아동들은 이 단계를 거치면서 언어발달이 급속히 이루어지고 상징적 사고의 발달과 개념 획득 능력에 있어서 빠른 성장을 보인다. 또한 이 단계에서 아동은 다양한 개념을 형성한다. 피아제는 전조작기를 다시 2세부터 4세까지의 전개념적 단계

(preconceptual period)와 4세부터 7세까지의 직관적 단계(intuitive period)로 나누어서 설명한다.

전개념적 단계(2~4세)는 아직 논리적 개념에 이르지 못한 것이며, 조절의 형태면에서 볼 때 감각운동적 행동체제 개념의 중간단계에 위치하고 있고, 상징적 기능이 발달되며 동시에 언어적 발달이 이루어져 상징적인 놀이(play)를 하게 된다. 이 시기의 언어는 전개념과 집단독백의 성격을 지닌다. 전 개념은 개념이 아직 부정확함을 나타낸다. 예를 들어, 모든 남자를 다 아빠라고 부른다. 집단독백이란 남의 관점이나 역할을 의식하지 못하고 남도 자기가 생각하는 것과 똑같이 생각한다고 여김으로써 듣는 사람이 알아들을 수 없게 혼자 중얼거리는 현상을 말한다. 이것은 자기중심적이기 때문이다. 그리고 자기가 갖는 심상에 따라 모든 것이 생명이 있다고 생각하는 사고 수준은 물활론(Animism)적이다. 여기서 물활론적이란 전조작기의 아동들은 생물과 무생물 사이의 구별을 성인과 같이 하지 않고, 생명이 없는 대상에게 생명과 감정을 부여하여 4~6세 사이의 아동은 활동하는 모든 것은 살아있는 것으로 여긴다. 예를 들면, 태양이 살아 있느냐 물으면 '빛을 발하기' 때문에 '그렇다' 라고 대답한다. 그러나 산은 '아무 것도 하지 않으므로' 죽었다고 말한다. 좀 더 후에 보면 6~8세 사이의 아동들은 움직일 수 있는 것들에 한해서는 생명을 부여한다. 따라서 탁자나 꽃같은 것은 움직일 수 있으므로 살아있는 것이라고 생각한다. 8세가 지나서야 비로소 스스로 움직이는 것에 한해서 생명을 부여한다.

직관적 단계(4~7세)는 어린이들이 개념을 구체화하여 보다 복잡한 직관적 사고를 하게 되고 복잡한 심상(心像)이나 정교한 개념을 갖게 된다. 또한 사물을 종류별로 분류하고 관계성을 인식하는 행동체제가 발달한다. 그러나 아직 일반화된 명제(these)를 만들 수는 없고 현재의 자극에 한해서 그 특성을 인지하게 된다.

(3) 구체적 조작기(concrete operational period : 7~11세)

이 시기에는 주변의 세계를 인식하는 아동의 능력이 상당히 진전된다. 아동은 구체적 조작기를 통해 전조작기의 결핍 요소들을 습득하게 된다. 왼쪽-오른쪽 개념이 생기고 크기, 무게 등의 양적 차원에 따라 나타나는 서열화(seriation) 개념도 생긴다. 또한 전조작기에 비해서 내적 표상을 여러 가지 방식으로 조정할 수 있게 되어 자기중심성에서 탈피하고 관계성을 이해할 수 있게 된다. 자아 중심성에서 탈피하게 되는 것은 특히 다른 사람과의 의사소통에서 잘 나타난다. 예컨대, 이 시기 아동은 자신을 상대방에게 이해시키기 위해서 상대방의 특성을 고려하여, 타협이나 협동 등을 나타낸다. 재미있는 예는 4세 된 아동이 2세 된 동생에게 어떤 얘기를 설명해 줄 때, 말의 속도까지 늦추어 가면서 천천히 얘기하는 것이다.

이 시기에는 전조작기의 직관적 사고 단계를 벗어나 보존의 능력이 형성된다. 보존(conservation)이란 일정한 무게, 양, 부피 등을 가진 물체는 그 형태나 배열이 어떻게 변화하더라도 거기에서 더하거나 빼지 않으면 원래의 무게나 양, 부피는 변화하지 않는다는 것을 이해하는 것이다. 보존의 개념 획득과 관련해서 한 가지 유의해야 할 점은 보존개념은 동시에 형성되지 않고 수의 보존(6세), 양의 보존(7세), 무게의 보존(9세) 순으로 1~2년 간격으로 차례로 형성된다는 점이다. 피아제는 보존성이란 개념은 결코 경험에서 떠난 선천적인 것이 아니고 학습하거나 조립되는 것이라고 생각하고 있다. 피아제는 아동이 세 가지 원리에 의해서 보존 개념을 획득한다고 하였다. 첫째, 동일성(identity)의 원리로써 아동은 모양이 다른 두 개의 컵(A컵은 넓고 낮으며, B컵은 좁고 긴 것) 중 한 컵에 일정한 양의 물을 붓고 이것을 다시 다른 한 컵에 부었을 때, 더 이상 붓거나 덜지 않았으므로 물의 양이 같다고 대답할 수 있어야 한다. 둘째, 컵의 형태를 언급해서 A컵은 더 넓고 B컵은 더 길기 때문에 물의 양이 같다고 판단하는 경우이다. 이것은 넓은 것과 긴 것이 서로 상쇄(相殺)된다는 보상성(compensation)의 논리인 것이다. 셋째, 전에 있던 컵에 다시 그대로 부을 수 있기 때문에 현재 두 컵의 물의 양은 같다고 말할 수 있는 역조작(inversion) 또는 가역성(reversibility)의 원리이다. 여기서 가역성의 원리라는 것은 사물을 이동시켜서 또 다시 제자리로 돌려놓듯이 그 출발점으로 갈 수 있는 행위를 말한다.

피아제는 조작의 단계(stage operation)에 이른 청년들의 사고의 특징은 바로 이 가역성에 있다고 생각했다. 가역성의 형식에는 첫째, 역조작(inversion)내지 부정적 조작이 있는데 역조작의 특징은 거기에 대응하는 정조작과 합성해서 영(0)이 되는 즉, '+A-A=0'가 되는 점이다. 둘째, 상보성(相補性) 내지 대칭성(對稱性)인데 그 특징은 처음 조작과 그 상보적 조작을 합성하면 등가성(等價性)에 귀착한다는 점이다. 예를 들면, 첫째 조작은 A와 B사이에 A<B의 모양으로 차이를 영(0)으로 하거나 반대방향으로 그 차이를 도입하는 것이라고 한다면 등가성 A=A를 얻게 된다. 그리고 보존성(Conservation)이란 어떤 측면의 물리적 변화가 일어나고 있는 동안에 불변식(invariant)으로써의 구조가 유지되는 것을 말한다. 어떤 객관적인 속성의 안정성이란 단순히 생득적(native)이 아니라 살아있는 조직체, 즉 생체에 의해서 구성되어지는 것이다. 그래서 보존성은 외부적 변화에 대하여 내

부적으로 보상할 수 있도록 하는 조정작용의 내적체계를 의미하는 것이다.

(4) 형식적 조작기(formal operational period : 12세 이후)

이 시기에는 구체적 경험을 매개로 하지 않고 추상적·논리적으로 사고할 수 있게 되며, 상징적 조작과 가설적 논리를 전개할 수 있게 되고 문제를 해결하는데 포괄적이고 추상적인 개념을 사용하여 고차원적인 조작을 할 수 있게 된다. 구체적으로 문제 해결에 있어서 조합적 사고(combinational thinking), 연역적 사고(deductive thinking)를 할 수 있으며 삼단논법을 구사한다.

여기서 조합적 사고라 함은 하나의 문제에 직면했을 때 모든 가능한 해결책을 논리적으로 궁리해 봄으로써 결국 문제해결에 이르게 되는 사고를 말한다. 그리고 연역적 사고는 구체적 조작기의 아동이 구체적인 현실에서 출발하여 여러 가지 경험에 의해 일반적 사실에 도달하는 반면, 형식적 조작기에 이르면 일반적인 사실에서 출발하여 특정한 사실에 도달할 수 있게 된다. 즉, '만일 ~이면 ~이다' 라는 연역적 사고가 가능해진다는 것이다. 이 외에도 형식적 조작기에 이르면 복잡한 언어문제, 가설적용, 비율, 3자간 비교, 운동의 보존 등을 이해할 수 있게 된다. 간단하게 말해서, 형식적 조작기의 사고는 합리적이고 체계적인 것이 특징이다.

4) 비고츠키의 인지발달단계론

비고츠키

스위스의 피아제와 미국의 스키너가 동시대에 활발한 활동을 할 무렵 러시아에서는 비고츠키(L. S. Vygotsky, 1895~1934)가 심리학계에 최초의 지식인으로 등장하였다. 비고츠키는 피아제와 같은 해인 1896년에 태어나 37세의 짧은 생을 살고, 1934년에 결핵으로 사망하였다.

아동은 스스로의 세계를 구조화하고 이해하는 존재라고 생각하는 피아제와는 달리 비고츠키(1978, 1986)는 아동이 타인과의 관계에서 영향을 받으며 성장하는 사회적 존재임을 강조함으로써 인간에 대한 이해에 있어서 사회적·문화적·역사적인 측면에서 제시한다. 그에 따르면, 인간의 정신은 독립적 활동이 아니라 사회학습의 결과이며 일상에서의 과제해결은 성인이나 혹은 뛰어난 동료와의 대화로부터 영향을 받는다. 이처럼 사회의 보다 성숙한 구성원들과 상호작용하는 동안 자신의 문화에 적합한 인지과정이 아동에게 전이된다. 따라서 비고츠키는 상호작용에 필수적 요소인 언어의 습득을 아동발달에 중요한 변인으로 생각한다(Blanck, 1990).

비고츠키의 저서 『사회와 정신: 고차적 심리적 과정의 발달』을 중심으로 그의 사회 문화적 발달이론을 살펴보면 다음과 같다.

(1) 정신 기능의 사회적 성격

비고츠키 이론의 핵심적 가정은 인간의 고차적 정신 기능(기억, 사고, 의지 등)이 사회적 상호작용에서 시작되며, 이러한 사회적 상호작용은 언어를 포함한 여러 가지 기호 체계에 의해 매개된다는 것이다. 따라서 개인의 발달은 그가 속한 사회적 환경을 떠나서는 이해될 수 없다. 이 주장은 사회적 환경이 인지발달에 영향을 미치는 하나의 요인이라는 단순한 주장의 범위를 훨씬 넘어서는 것이다. 비고츠키의 이러한 입장은 피아제나 다른 이론들과는 근본적으로 차이가 있다. 그것은 다른 이론가들의 주요 관심이 개인과 개인 간의 사회적 상호작용보다는 개인 내부의 사고 기능의 발달에 있어 왔기 때문이다. 비고츠키의 사회적 · 문화적 인지발달에 관한 일반원리는 심리적 기능이 사회생활에 참여함으로써 형성된다는 주장 이상의 것을 담고 있다(Wertsch, 1994). 그것은 심리적 기능이라는 개념 자체를 다시 규정하는 것이다. 서구 현대 심리학에서 사용되는 기억, 인지, 주의집중 등의 개념들은 자동적으로 개인적 차원에 귀속된다. 현대심리학은 개인과 타인 그리고 개인과 사회적 과정 간의 구분을 명백히 하고 있지만 비고츠키는 이러한 접근방법을 택하지 않는다. 비고츠키에 의하면, 인지나 기억은 근본적으로 '사회적으로 공유된다'는 것이며 '집단적'인 것이다. 모든 고차적 정신 기능은 개인과 개인 간의 정신 평면과 개인 내부의 정신 평면에서 동시에 일어난다. 이 두 평면의 구조와 과정은 인간의 전 발달과정을 통하여 계속해서 근본적으로 밀접하게 연결되어 작용한다.

(2) 정신 기능의 매개수단

비고츠키 이론의 또 하나의 핵심적 가정은 인간의 정신 기능이 언어, 수학적 체계, 다이어그램 등을 포함한 여러 가지 기호 또는 심리적 도구들에 의해 매개된다는 것이다. 이러한 심리적 도구들은 행동의 과정에 포함되며 그것들은 근본적으로 정신 기능의 전반적 구조와 흐름을 변화시킨다. 기계적 도구가 노동의 형태를 결정함으로써 자연적 적응의 과정을 변화시키는 것과 똑같이 그것은 새로운 도구적 행동의 구조를 결정함으로써 변화를 일으킨다(Vygotsky, 1981).

언어는 가장 중요한 매개수단 가운데 하나이다. 따라서 비고츠키는 언어와 사고의 관계 발달과정에 대한 분석을 통해서 고차적 정신 기능을 이해하고자 한다. 그에 의하면 언어와 사고의 관계는 4단계를 거쳐 발달한다.

- **1단계 : 비언어적 비개념적 단계**

  처음 2년 동안의 사고는 비언어적이며 비개념적이다. 즉, 이 단계에서 사고는 언어와 아무런 관계가 없고 주로 감각적 · 동작적으로 수행된다.

- **2단계 : 사고와 언어 융합 단계**

  2세 이후 언어가 발달하면서 사고는 언어와 하나로 융합된다. 물체의 '이름'을 들어서 그 물체를 지칭할 수 있으며 언어를 통한 의사소통이 발달한다. 그러나 자기 스스로에게 말하는 자기 언어를 통한 사고의 통제 현상은 아직 나타나지 않는다. 다만 다른 사람이 아동에게 말하는 것으로 아동의 행동을 지시할 수 있다는 것이 자주 발견된다(Luria, 1982). "이리 와"라고 다른 사람이 말할 때 많은 경우 아이들은 실제로 그렇게 한다.

- **3단계 : 자기중심 언어 단계**

  자기중심적 언어 단계로써 자기 언어가 사고와 행동에 영향을 미치기 시작한다. 예를 들어, "나는 ~할 거야"라고 하든지, "나는 ~와 놀 거야"라고 반복해서 말한다.

- **4단계 : 내부 언어 단계**

  외현적이었던 자기중심적 언어는 점점 내면화되고 형식이 간략하게 된다. 이와 같이 내면화된 자기 언어를 내부 언어(inner speech)라고 부른다. 내부 언어는 주로 문장의 서술 부분만을 반영하는 형식을 취하여 단순화된다. 서술부에 의해 상세화된 행동들은 자기중심적 언어에서보다 내부 언어에서 훨씬 명백하게 드러난다. 이 단계에서 언어와 사고는 밀접하게 관련되어 있다.

(3) 담화자료의 이원적 기능

비고츠키 이론의 연상선에서 보면 모든 말이나 글 또는 그림 등의 담화자료(text)는 단일 의사소통 기능과 대화적 기능의 두 가지 기능을 갖고 있다(Lotman, 1988). 어떤 사회적·문화적 상황에서나 담화자료는 이 두 기능을 갖고 있지만, 상황에 따라서 어느 한 기능이 강조되기도 한다. 예컨대, 단일 의사소통 정보 전달 기능은 비문명 사회, 하나의 신화적 의식에 의해 지배되는 사회에서 특히 강조된다. 토마(Toma, 1994)는 학교 교실에서 일어나는 담화자료의 형태를 분석하고 두 가지 기능이 어떻게 나타나는가를 보여주고 있다. 그들에 의하면, 교실에서 일어나는 담화자료의 단일 정보 전달 기능은 사실적 정보에 대한 질의응답의 상황에서 두드러지게 나타난다. 예를 들어, "한국의 수도는 어디지요?"라는 교사의 질문에 대해 학생들이 "서울"이라고 대답하고, 교사가 거기에 "맞았어요"라는 평가를 하는 담화 형태가 전형적인 사례에 해당한다. 한편, 교실에서 일어나는 담화자료의 대화적 기능은 자신의 주장이나 의견에 대해 설명하고 증거를 제시하도록 하는 경우에 두드러지게 나타난다. 예를 들어, "왜 그렇게 생각하지요?" 혹은 "그 생각이 다른 사람들의 생각과 다른 점은 무엇이지요?"라는 교사의 질문에 대해 학생이 설명하는 상황이 전형적인 사례에 해당한다.

5) 콜버그의 도덕성 발달단계론

콜버그(Kohlberg. Lawrence, 1927~1987)는 듀이와 피아제의 영향을 받았다. 그는 자신의 박사학위논문인 「The development of modes of thinking and choice in the 10 to 16 years old」(1958)에서 인간이 사회적 상황에서 도덕적 판단을 할 때 자연스런 단계를 거치고 있음을 주장하였다. 또한 콜버그는 영국, 말레이시아, 멕시코, 대만, 터어키에서의 조사연구를 통해 서로 다른 문화 간에도 유사한 발달단계의 원칙이 지켜진다(Nisan & Kohlberg, 1982)는 것을 확인했다. 콜버그는 피아제가 도덕성 발달에 관한 연구를 주로 아동을 대상으로 하던 것을 발전시켜 성인에게까지 확대하여 도덕성 발달단계를 체계화시켰다. 그는 사람들을 '정직한 사람', '거짓말 잘하는 사람' 등으로 단순히 구분해서 비교할 수 있는 것이 아니며, 이렇게 하는 것은 도덕성이 발달한다는 사실을 지나치게 단순화한 것이라고 주장했다.

(1) 콜버그의 도덕성 발달단계

콜버그는 도덕성의 발달을 도덕적 행위보다는 도덕적 판단능력의 발달로 보았다. 이것은 도덕적 판단능력에 의해 도덕적 행위가 결정된다는 가정을 포함하고 있으며, 이 가정은 여러 가지 실험을 통해 검증되기도 하였다. 그는 도덕적 판단능력이 성장과정에 따라 질적으로 다른 몇 개의 단계로 구분되어 진행되며, 각 단계는 이전 단계와는 질적으로 다른 것이라고 가정하고 있다. 다시 말해서, 새로운 단계는 '이전 단계에 나타난 기능적 내용이 분화되고 통합된 것'이라고 말하고 있다. 콜버그의 이러한 주장은 10개의 가정적인 도덕적 갈등 사태(moral dilemma situation)에 관하여 7세부터 17세에 이르는 100명의 청소년들과의 면접에서 얻어진 자료에 근거한 것이다.

콜버그는 각 개인의 도덕성 발달단계의 개인의 반응을 분석하여 도덕성 발달 수준을 세 수준, 6단계로 구분하였다가 그 이후 성인을 대상으로 한 연구에서 한 단계가 더 있다고 주장하면서 7단계로 설정하였다.

[수준 I] 전인습적 도덕성(preconventional morality)

이 수준의 어린이는 도덕적 규칙이나 선악의 개념은 알고 있으나, 도덕적 준거는 도덕적 규칙을 강요하는 권위자의 힘이나 권력 또는 자신의 개인적 욕구를 충족시키는 것과 관련해서 해석한다. 이 수준은 다음 두 단계로 나누어진다.

- 1단계 : 처벌과 복종단계(punishment and obedience stage)

  이 단계에서 복종과 도덕적 결정이 단순한 신체적·물리적 힘에 기초를 두고 있다. 자기보다 강한 사람에 의한 신체적 처벌을 피하기 위해서 복종하고 행동한다. 이 단계의 도덕 판단은 명성이나 권위에 대한 자기중심적 복종, 말썽을 피하는 것에 의한 것이다.

- 2단계 : 개인적 욕구충족(individual desire sufficiency stage)

  이 단계는 옳은 행동은 자기 욕구나 간혹 타인의 욕구를 만족시킨다. 그리고 소박한 평등주의에 의한 판단을 한다. 이 1~2단계는 도덕 가치가 인간 또는 표준에 의한 것보다는 외적, 물리적 사태 또는 나쁜 행동과 물리적 욕구에서 나타난다.

[수준 II] 인습적 도덕성(conventional morality]

수준 I단계에서는 자기중심적 이기주의적 사고에서 벗어나 수준 II 단계에서는 다른 사람과의 상호작용을 고려한 사회지향적(social drientation)인 도덕성으로 발전하게 된다. 이 수준에서는 가정이나 집단 혹은 국가의 기대에 따르는 것이 도덕적으로 옳다고 생각한다.

- 3단계 : 사회적 순응과 역할수행 단계(social adaptation and role accomplishment stage)

  이 단계는 타인을 시인하고 바르게 하고 도와주는 행동 지향적 단계, 대인관계에서의 조화를 지향하는 단계이다. 착한 행동은 다른 사람들을 기쁘게 하기 때문에 착한 소년, 착한 소녀를 지향한다. 자연역할 행동 또는 대다수의 상동적 심상(stereotypical image)에 동조하여 의도에 따라 판단하는 단계이다.

- 4단계 : 법과 질서, 존중의 단계(law and order, respect stage)

  이 단계는 의무를 행사하는 권위에 대한 존경심을 나타내며 사회 질서자체를 유지하고 타인의 기대를 중시하는 단계이다. 3~4단계의 도덕 가치는 선하고 옳은 역할을 이행하며 관습과 질서와 타인의 기대를 유지, 중시하는 단계이다.

[수준 III] 후인습적 도덕성(post-conventional morality)

가장 진보된 수준으로 행동의 판단은 사회의 법 자체보다 인간으로서의 기본적 원리에 따른다. 이 수준에서는 5단계와 6단계가 포함된다.

- 5단계 : 계약 및 법률 존중 단계(contractual or legalistic respect stage)

  이 단계는 계약에 의해 의무를 이행하고 타인의 의지나 권리에 위배되는 행동을 피하고 대다수의 의지나 복지에 따라 행동하는 단계이다.

- 6단계 : 보편적 도덕 원리 지향 단계(universal morality principle oriented stage)

  이 단계는 사회적 규칙에 의해서가 아니라 논리적 보편성과 일관성에 따라 선택하고 행동하며 상호 존중과 신뢰로써 양심 지향적 단계이다. 5~6단계는 도덕 가치로써 자아 판단에 따라 권리와 의무를 행하는 단계이다.

- 7단계 : 관조적 객체경험의 도덕성 단계(contemplative object experience moral stage)

이 단계는 통제된 연구에 기초를 둔 것이 아니라 역사를 통한 철학적 지적 정보에 기초를 둔 것이다. 이 단계에서는 도덕성 자체가 아니라 우주적 질서와의 통합을 이루는 문제이다.

콜버그의 도덕성 발달은 높은 단계로 갈수록 더 포괄적이고 복잡하고 추상적인 사고에 의해 이루어진다.

(2) 콜버그와 피아제의 몇 가지 다른 점

① 첫 번째 근본적 차이는 도덕 판단 단계의 수와 발달의 최종 단계를 보는 관점이다. 피아제의 도덕 단계를 보면 다음과 같다.

- 1단계 : 도덕적 사실주의(2~7세)

이 단계에서 규칙은 어른의 권위에서 오는 것이며 있는 그대로 받아들여지고 지켜져야 하는 절대적인 것이다. 아이들은 자신의 잘못에 대해서 그것이 의도적이든 아니든 객관적인 책임을 져야 한다고 믿는다. 그리고 잘못의 정도는 그 동기와는 관계 없이 겉으로 드러나는 결과와 비례한다고 믿는다.

- 2단계 : 도덕적 동등성(7~11세)

이 단계의 아이들은 어떤 일을 한다든지 혹은 벌을 받는 일까지도 무엇이든지 똑같이 하는 것이 공정하다고 생각한다.

- 3단계 : 도덕적 자율성(11~15세)

이 단계에서 규칙은 상호 간의 동의에 의해서 설정되는 것으로 이해된다. 서로 동의하면 규칙은 변경될 수도 있다. 이 단계의 아이들은 어른이 정해주는 혹은 동료들이 정해주는 동등성의 개념에서 벗어난다. 피아제의 자아 수용적 도덕 원리의 단계가 3단계인데 비하여 콜버그는 6단계로 분류하고 있다.

② 두 번째 차이점은, 피아제는 도덕적 성숙은 개인의 자발적 판단(약 12세가량)이 가능할 때 이루어진다고 한 반면, 콜버그는 도덕적 성숙은 원리에 따라 판단을 하는

것(단계 6에 해당)으로 소수의 사람만이 도달할 수 있다고 한 점이다. 그리고 콜버그(1974)는 미국 시민의 도덕수준은 5단계에 머무르고 있다고 지적한 바 있다.

③ 세 번째 차이로 지적될 수 있는 것은 도덕 판단의 측정 방법에 있다. 피아제는 양자택일적 판단을 요하는 폐쇄성의 질문을 면접으로 사용한데 비해서, 콜버그는 도덕적 딜레마 사태를 제시하여 판단하게 하는 개방성(open-ended)의 문항으로 면접을 한 점이다.

많은 연구들은 도덕 발달 과정이 문화에 따라 변하는 것은 아니라고 한 피아제와 콜버그의 주장을 지지해주고 있다. 카리브(Carib) 원주민의 아동을 대상으로 했던 골사취와 반스(Gorsuch & Barnes, 1973)의 연구결과 이 같은 주장이 증명되고 있다. 그리고 7세부터 13세까지의 한국 남·여 아동을 대상으로 콜버그의 딜레마 사태를 가지고 연구했던 김경희(1976)의 결과에서도 콜버그의 주장이 지지되었다. 즉, 연령별로 도덕 판단이 단계적으로 발달하는 것이다.

콜버그의 도덕성 발달에 대한 이론이 많은 연구적 가치성을 주었지만, 콜버그의 이론은 몇 가지 비판을 받고 있음을 주지해 보아야 할 것이다. 콜버그의 도덕성 발달이론이 모든 문화에 보편적으로 적용된다고 하였으나 이는 자유주의적, 개인주의적 서구문화를 바탕으로 한 것이다. 어떤 문화에서는 가족중심주의 혹은 집단지향성이 개인적 양심보다 더 높은 도덕적 가치를 가질 수 있다. 또한 도덕 판단력과 도덕적 행위는 일치하는가에 대한 문제가 있다. 그러므로 도덕적 판단이 도덕적 행위에 미치는 영향에 대해서는 더 많은 논의와 계속적인 연구가 되어야 할 것이다. 또한 콜버그와 그의 동료들이(1983, 1985) '6단계'가 비현실적이라는 것을 인정하고 이를 철회하고 단계 구분의 근거를 달리하고 있음을 주지해 볼 때 도덕성 발달에 대한 보완적 연구는 계속되어야 할 것이다.

6) 골드만의 종교적 사고 발달단계론

골드만(Ronald Goldman, 1965)은 사람이 기본적으로 '하나님을 향한 인간(persons toward God)'으로 성장하지 않으면 안 되게 되어 있다고 말한다(Altilia, 1976). 따라서 사람이 하나님을 향한 인간으로 성장하는데 필요한 종교적 사고는 사고 발달과 어떤 관계가 있을 것이라고 가정하였다. 이것은 종교적 사고와 일상적 사고는 사고의 구조라는 면에서 서로 다를 바 없고 다만 그 사고의 대상이 서로 다르다는 것이다.

골드만은 종교적 사고가 어떻게 발달하는가를 알아보기 위하여 피아제의 지적 발달이론을 기초로 하여 종교적 사고 발달의 과정을 연구하였다. 골드만이 이 연구를 하게 된 또다른 이유는 교회나 학교에서 성경 교육을 받은 어린이들이 성경적 개념이나 다른 종교적 개념들을 잘못 이해하고 있는 것을 보고 실제로 어린이들의 종교적 사고의 구조를 밝히려는데 있었다.

골드만은 종교적 사고 발달을 연구하기 위한 연구대상으로 I.Q, 종교적 · 사회적 배경이 유사한 어린이를 각 연령층(6세, 9세, 14세, 17세)별로 선정하였고, 연구방법으로는 면접을 통한 질문과 투사법을 사용하였다. 그의 종교적 사고 발달 과정은 다음과 같다.

- **1단계 : 직관적 종교기(intuitive or preoperational religious thinking)**

  이 단계는 문제의 비본질적인 것에만 치중하고 사고의 전환이 부족한 단계로써, 지적으로 종교적 견해에 대해 현실적 통찰을 할 수 없고, 종교 경험이나 언어 및 사고는 일상 경험 속에 포함되어 특별한 의미를 갖지 못한다. 이해 방식은 논리적이기보다는 환상적이고 감상적이다.

- **2단계 : 직관적 · 구체적 사고의 중간기(intermediate between intuitive and concrete religious thinking)**

  이 단계는 어린이가 직관적 사고의 제한성으로부터 벗어나려고 애쓰는 시기로써 조작적 · 추리적 사고를 시도하지만 실패하는 시기이다. 또 귀납적 · 연역적 논리도 시도되지만 이것도 실패한다. 이 시기의 어린이의 판단은 조작적 사고의 발달이 시작되었다 해도 불확실하며 미완성적이기 때문이다.

- **3단계 : 구체적 · 종교적 사고기(concrete religious thinking)**

  이 단계는 어린이가 어떤 구체적 상황에서는 조작이 제한을 받지만 어떤 상황에서는 조작적 사고가 가능한 시기이다. 귀납적 · 연역적 논리가 성공적으로 적용되기는 하지만 눈에 보이는 경험과 감각적 데이터에 한정되어 있다. 분류 조작이 가능해지므로 2개 또는 그 이상의 사실이 관련되어지는 조작적 사고가 생긴다. 특히 언어 사용이 용어 자체를 내용으로 보는 경향이 있다.

- **4단계 : 구체적 · 추상적 · 종교적 사고의 중간기(intermediate concrete abstract religious thinking)**

이 시기는 구체적 사고 형태에서 좀 더 추상적인 단계로 나아가 보다 진보된 귀납적 논리와 연역적 논리를 사용하나 불변하는 상황의 구체적 요소들로 인해 사고의 혼란 현상이 생긴다. 또 명제를 사용하려 하고 언어적 진술로 가설을 시도해 보지만 구체적 사고의 습관을 완전히 벗어버리지 못한다.

- **5단계 : 추상적 사고기(abstract religious thinking)**

이 단계는 구체적 요소에 의해 방해받지 않고 가설적 또는 추론적으로 생각할 수 있는 단계이다. 사고의 형식은 상황에서 벗어나 언어적 명제로 변화되고 상징적 · 추상적 용어 사용이 가능해진다. 일관성 있는 사고를 하며 가설을 시험해 볼 수도 있다. 또한 연역적 · 상징적 사고가 가능하며 상황에서 자유롭게 움직일 수 있으므로 진리의 의미 탐구가 가능하며 추상적 가설도 가능한 단계이다. 그러므로 종교적 개념은 이 단계에 이르러서야 이해할 수 있다.

이상과 같은 종교적 사고의 발달 과정은 연속성을 가지고 각 단계를 지나며 변화하는 속도에 따라 서로 밀접하게 상응하는 어떤 방식이나 차례가 있다는 것을 보여주고 있다. 그리고 피아제의 인지발달 단계 중 제1단계(감각운동기)는 특별하여 종교적 언어로 이해할 수 있는 자료가 없기 때문에 제외되었다.

여기에서 종교와 관련되는 구체적 · 조작적 사고가 시작되는 것은 9세 이후로, 어린이가 그림을 보거나 이야기를 들을 때 물질적인 혹은 애니미즘적인 설명을 하게 되지는 않는다. 골드만은 어린이가 종교적 주제와 관련된 추상적 · 조작적 사고를 시작하는 것은 13~14세가 되어야 가능하다고 보았다. 이것은 피아제가 제시한 단계의 연령보다 1~2세 늦은 연령의 차이를 보인다. 이 같은 종교적 사고의 뒤늦은 발달 요인은 첫째로 종교적 사고가 풍부한 일반적 경험을 기초로 하기 때문인 것과 둘째는 빈약한 종교 교육으로 인해 어린이가 종교 개념의 이해에 혼돈을 일으키고 있기 때문이라고 한다.

골드만의 구체적이고 실증적인 주장은 어린이를 위한 종교 교육에 큰 영향을 미치게 되었다. 그러나 골드만의 이론은 연구조사 대상이 200명에 불과했던 점에서 일반화의 한계성이 있고, 연구 대상자들의 정서적인 면은 제외(임상적 환경에서 신앙적 분위기가 결여됨)되고, 종교적 개념 발달만 취급한 약점이 있다. 더욱 근본적인 문제로는 골드만의 성경관과 성경 이해에 대한 신학적 전제가 문제가 된다. 골드만의 교육 이론 제시에는 어린이들의 종교적 사고 발달에 관심을 기울인 결과 성경관과 성경 이해에 있어서 기독교인들이 신앙의 기초로써 포기할 수 없는 기정사실들을 염두에 두고 있지 않은 결과라고 볼 수 있다.

3. 발달단계의 특성

1) 태아기

한 생명체의 출발은 하나의 난자(ovum)가 정자(sperm)와 결합하여 수정이 되는 것으로 정자가 자궁 강을 상승하여 난소에서 수정되며 3~7일 걸려서 자궁으로 간다. 이와 같이 수정된 수정란을 생명의 시작으로 볼 수 있다. 게셀(A. gessel, 1945)도 수정란을 생명체의 시작으로 보고 자궁 내에서 일정한 기간의 생활을 주요 연구대상으로 삼고 있다. 이 수정란 세포는 단일세포로 구성되어 있고 얇은 막으로 싸여져 있는데, 세포질(cytoplasm)이란 유동물질로 싸여진 그 중심에는 세포핵(nucleus)을 가지고 있다. 그리고 이 핵 속에 23개씩의 염색체(chromosome)가 결합한 46개의 유전적 인자가 포함되어 있는 것이다. 다시 말하면, 수정의 순간에 유전인자 내용이 결정되고 따라서 '성(性)'이 결정된다. 일란성 쌍생아 등의 결정여부도 이 수정시의 사건에 의존한다(이충원, 1980).

이와 같이 생명체가 출산하기까지의 280여 일 간의 태내발달은 수정란이 수란관(oviduct)에서 자궁으로 이동하는 극히 짧은 시간을 제외하고는 자궁 속에서 이루어진다. 그리고 태반이라는 조직이 모체와 태아를 연결시킨다. 따라서 태반은 계속적으로 발달하여 태아를 보호하고 수분이나 산소나 그 밖의 영양분을 모체로부터 가져오게 하는 역할을 한다(민영순, 1983). 하나의 생명체가 자궁 내에서 이루어지는 기간 동안에 어떠한 모양으로 변하는가의 발달과정을 심리학적으로 추적 조사 연구하기는 매우 어렵다. 다만 생리학이나 그 밖의 의학적인 연구를 통해서 어떤 모양의 행동이 나타나는가? 또한 이 행동은 어떠한 형태적, 기능적인 운동이 바탕이 되고 있는가? 하는 정도만 알 수 있을 따름이다.

(1) 태내발달

① 배란기(the period of the ovum)

이 시기는 수정이 된 후 자리를 잡기 시작하는 시기로써 약 2주일 간을 말한다. 이 시기는 아직은 유동적인 상태에 있는 때이다. 생리적으로 내부적인 구조가 변화를 일으키기 시작하고 세포가 심하게 분열을 일으키며 분열의 속도도 급격하다.

세포분열이 이루어지면서 수정란은 자궁으로 이동하여 자궁벽에 부착하고 여기서 태반이 발달한다. 세포분열은 크게 두 가지의 방향으로 이뤄진다. 하나는 문자 그대로 태아가 되어 여러 가지 생리적인 내적 기관이 되는 바탕을 형성하는 것이고, 다른 하나는 영양과 보호를 위한 외적조직의 역할을 하게 되는 것이다. 따라서 이 시기는 난자가 모체의 핏줄을 통하여 영양분을 수용할 수 있는 바탕을 마련하는 시기이다(A. T. Jersild, 1960).

② 배아기(the period of the embryo)

이 시기에는 모든 부분(部分)의 변화가 급격히 이루어진다. 이 시기는 세포분열이 서서히 정립되어 가며 아주 적은 세포군에서 6주라는 짧은 기간 동안에 배아는 형성될 것의 크기 및 기능발달의 기초가 마련되는 것이다. 중요기관의 결정적 발달을 이루게 되며 사람으로서의 기초가 형성되고 행동의 기초가 마련되는 것이다. 배란기에서 생긴 내부 세포단은 3층으로 분화되며 외배엽, 중배엽, 내배엽 등과 같은 기관이 발달되어 간다. 또한 대부분 중요한 기관이 결정적으로 나타나기 시작하며 따라서 모체가 받은 병, 낙상, 심리적 타격 등의 영향을 받기가 매우 쉽다(P. H. Mussen, 1963).

③ 태아기(the period of fetus)

이 시기는 태아가 여러 가지 기능을 각각 계속 발휘하여 세상에 나올 준비를 진행하는 때이다. 태아는 3개월이 되면 크기가 약 7.5cm가량 되고 무게는 21g 정도 된다. 머리가 너무 크기는 하지만 거의 사람의 형태를 취하게 된다. 이때는 남녀 성기관의 차이가 나타나기 시작한다. 그리고 소화기관의 활동이 시작된다. 4개월 반이 되면 골격과 근육이 계속 발달하여 팔, 어깨, 다리를 자율적으로 움직일 수 있게 된다. 중추신경조직의 기능은 출생 시까지 제한되어 있지만 거의 모든 신경조직이 실제적으로 제자리에 위치하게 된다(E. B. Hurlock, 1956). 5개월이 되면 피부가 성인의 형태와 비슷해지고 머리카락과 손톱이 보이며 땀선이 발달하며, 6개월이 되면 눈의 형태가 완전해진다. 이때 태아는 호흡을 할 수 있으며 작게 우는 소리도 낼 수 있다. 이때부터 출산까지의 변화는 주로 형성된 기관의 발달이다. 7개월이 되어 태아가 조산되면 5%는 살 수가 있다. 그래서 이 시기를 생존가능 연령이라고 한다. 눈은 출생 전이지만 광선에 대해서 반응을 일으킬 수 있게 되고 심장은 율동적으로 뛰게 된다. 감각기관도 그 기능을 발휘할 수 있는 기초와 더불어 작용하게 된다. 보편적으로 8개월이 지난 아이는 조산하더라도 대부분 생존이 가능하다(민영순, 1983).

2) 신생아기

(1) 신체발달

신생아기는 보통 출생 후 약 2시간부터 흔히 아기의 탯줄이 떨어질 때까지의 기간을 말한다. 신생아의 신장, 체중 등은 성과 인종에 따라 다소 차이가 있지만 대체로 보아 평균 신장은 약 50cm, 평균체중은 약 3.2Kg 정도이다. 신생아의 신체비율은 성인 신장의 1/3내지 1/4이며, 머리는 어른의 반(1/2) 정도인데 머리의 크기가 전체적인 신장의 1/4 정도이다. 그림 3-1은 연령별 신체의 상태와 비율의 변화를 나타낸 것이다.

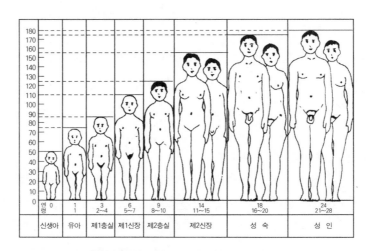

그림 3-1 태아에서 성인까지의 신체적 변화

신체의 각 부분은 동일한 비율로 발달하는 것이 아니고 각 부분의 발달에 따라 불균형한 차이가 있다. 신생아들의 골격은 성인의 골격에 비교하면 작은 것은 물론이고 그 비율, 형태, 구성에 있어서도 다르다.

골격의 발달은 신체발달의 일반적인 발달경향을 그대로 따르고 있으며 유아기에 가장 빠른 발달을 나타내고 있다. 신생아의 골격은 연골이므로 압력을 가하면 신체에 여러 가지 기형을 이루기 쉽기 때문에 조심해야 한다. 두개골도 경골화가 안 된 부분이 6개 정도 있다. 이를 숨구멍이라 부르며 2년 전·후가 되면 두개골이 경골화 되어 숨구멍이 막히게 된다. 골격의 발달은 개인에 따라 또한 영양 섭취에 따라 어느 정도의 차이가 있으며, 성차도 있어 여아가 남아보다 빠른 편이며 아울러 유전요인도 발달속도나 시기를 좌우한다. 골격의 수는 출생 시에 약 270개 정도이며, 14세경에는 350개로 증가하고 그 이후에는 점차 감소하여 성인이 되어서는 약 260개 정도가 된다(H. Thompson, 1954).

또한 신생아의 생리적 기능은 아동과 성인에 비해 큰 차이가 있다. 출생 시 신생아의 기본 맥박의 비율은 130내지 150의 범위에서 뛰며 며칠 후면 118 정도로 뛴다. 성인은 보통 분당 맥박수가 약 70 정도이다. 호흡의 비율도 출생 시는 40~45 정도인데 성인은 약 18~19 정도이다. 그러나 울 때는 100까지 빨라지며 잠잘 때는 30 정도로 줄어든다. 호흡은 복식호흡이며 나이가 많아짐에 따라 흉곽식 호흡이 된다. 그리고 신생아의 수면시간은 성인이 8시간 정도인데 비하여 17시간 내지 20시간의 수면을 취한다(G. G. Thompson, 1952).

(2) 운동발달기

신생아는 출생 시에 다양한 운동반응을 보인다(I. P. Pavlov). 이것은 신경계통이 발달하고 복잡해지며, 생리학적 발달과 변화가 발생하는 결과로써 나타나는 것이다. 이러한 운동적 반응들은 신생아의 건강을 유지하게 하며 해로운 자극으로부터 어느 정도 보호하여 새로운 외부 환경에 적응하도록 돕는다. 신생아의 운동은 전신적인 전체운동과 국부적인 특수운동으로 대별할 수 있다(E. B. Hurlock).

신생아의 특수운동에는 다음과 같은 4가지 반사가 있다.

① 바빈스키 반사(Babinski reflex) : 신생아의 발바닥을 긁으면 순간적으로 폈다가 오므리는 현상을 말하는데 이러한 현상은 중추신경계통의 미분화에서 오는 것이라고 보고 있다.

② 모로 반사(Moro reflex) : 놀랐을 때 팔, 다리를 안으로 구부려 무엇을 끌어안으려는 현상을 말한다.

③ 다아윈 반사(Darwin reflex) : 파악 반사라고도 하며, 무엇이고 손에 접촉되면 곧

오므리게 되는 현상을 말한다. 이 반사는 울 때 매우 강하게 나타나고, 잠 잘 때에는 매우 약하다. 이와 같은 운동은 무의식적으로 또한 반사적으로 세게 나타나는 것이 특징이지만 발달함에 따라 의식적인 운동으로 변한다.

④ 흡인반사(Sucking reflex) : 입 가장자리에 접촉되는 물건을 무조건 흡인하려는 현상을 말한다.

3) 영아기

영아기는 보통 출생 후 2주부터 1세까지를 말한다. 이 시기는 신체발달이 가장 빠른 시기인데 그 발달비율을 살펴보면 처음 6개월이 가장 빠르고, 그 다음 6개월 그리고 1년이 지나 2년이 다가오면서 점차적으로 늦어진다. 그러나 다른 시기에 비해서는 가장 빠른 편이다. 신체발달의 속도는 보편적으로 어릴수록 빠르고 연령이 많아질수록 완만해지는 것이다.

이 시기에는 걷지 못하고 말하는 것이 본질적 특성이며, 전반기에는 주로 감각기관이 현저하게 발달하고 후반기에는 지능의 발달이 현저하게 나타난다. 이 시기의 신체발달의 속도는 개체의 일생 중에서 1년 반 동안에 걸쳐 감각기관은 기초적인 발달을 끝내게 되며, 운동 역시 마음대로 신체를 조종할 수 있는 단계에까지 도달하는 것이다. 이러한 것으로 인해 아이들은 자신의 신체를 조종할 수 있는 능력이 생기면서 어른들의 도움으로부터 한 가지씩 독립하여 갈 수 있는 능력이 생기는 것이다. 감정도 싹트기 시작하며 지능 역시 영아기 후반에는 발달하기 시작하게 되는 것이다. 이러한 마음과 몸의 현저한 발달과 더불어 보행 및 언어를 배우는 등 매우 폭넓은 영아기로의 제일보(第一步)를 내딛게 되는 것이다.

프로이드는 인간의 성장발달에 있어서 갓난아기의 시절-구체적으로 생후 5년 간의 기간, 이러한 입장은 프로이드뿐 아니라 성장이론 심리학자들 중 게셀. 피아제 그리고 콜버그 등이 지지하고 있다.-이 매우 중요한 위치를 차지하고 있다는 사실을 제시했다. 이것은 영유아 시절이 성격 형성에 있어서 거의 결정적인 영향을 준다는 것이다. 이 시기에는 수유, 이유, 수면, 대소변 가리기 같은 여러 가지 생리적 습관이 형성되는 시기인데, 이러한 습관형성에 좋은 기초는 사실상 이 시기에 길러질 가능성이 많은 것이다. 인간이 자기가 가지고 있는 잠재적인 능력을 충분히 발휘하지 못하는 이유는 그가 어려서 주위로부터 받는 욕구불만 때문이며, 그것은 결국 적의나 고통이 증오를 수반하게 되는 것이라고 했다.

프로이드는 이러한 욕구불만은 다음과 같은 정신기제(mental mechanism)를 사용하도록 유도하고 있다. 정신기제란 억압된 욕망을 보상하려는 간접적인, 특히 잠재의식 층의 의식작용으로써 갈등을 취급하는 여러 가지 방법들을 말하는데 이것들은 개인의 자아의식(ego-consciousness)을 보호하고 높이려는 수단이 된다. 이러한 기제는 누구나 다 가지고 있으나 정도가 다를 뿐이며, 사람에 따라서 한 두 가지 특정한 기제만을 너무 많이 사용하면 정신건강에 손상을 가져온다.

(1) 운동 발달

영아기의 발달 가운데 가장 중요한 발달영역은 근육조종의 발달이다. 영아기의 근육조종의 발달은 학습과는 무관한 생물학적 성숙과정으로 볼 수 있으며, 중추신경이나 골격 그리고 근육의 발달에 의존한다. 이러한 개념의 발달 역시 발달의 원리와 그 방향성에 입각한다. 근육조종의 발달은 머리에서부터 다리로 발달하는 방향을 따른다. 또한 중심에서 말초의 방향을 따르며 전체에서 부분적인 방향으로의 방향을 따르는 것이다. 이와 같이 대부분의 영아들은 상술한 운동발달의 보편적인 경향성을 따르나 발달형태나 발달비율에는 다소의 차이가 있다. 운동발달은 이동운동, 조작기능, 감각운동기능의 3가지 발달로 대별할 수 있다. 또한 왓슨(J. B. Watson)은 영아들의 이 같은 이동운동(locomation)의 발달을 5단계로 함축하여 서술하였다. 그 단계는 다음과 같다(J. B. Watson, 1928).

- 1단계 : 수동적인 자세의 조종 단계
- 2단계 : 능동적인 자세의 조종 단계
- 3단계 : 능동적으로 몸을 이동시키는 단계
- 4단계 : 기어 다니고 붙들어 주면 걷는 단계
- 5단계 : 혼자서 걷는 단계(생후 64주)

조작기능의 발달은 사실상 5개월 이후부터 나타난다(J. Bowlby, 1969). 구체화 시켜서 서술해 보면 5개월 이내에는 물체를 잡으려고 눈을 돌릴 수 있으나 손은 돌릴 수 없다. 5개월 이후에는 물체가 있는 곳으로 손을 뻗어 잡으려 한다. 그러나 정확히 물체를 잡을 수 있는 시기는 7개월~10개월 사이에 이루어지며 15개월에 가서야 정확히 잡을 수 있다는 것이다.

(2) 지적발달

피아제의 인지발달이론에 의하면 영아기는 감각운동기에 해당하는데 이를 다시 세분하면 아래와 같다.

- **1단계(출생~1개월) : 반사사용단계**

  주로 가장 현저한 반사인 빨기 반사가 두드러지게 나타나는 시기이다(William C. Crain, 1980).

- **2단계(1개월~4개월) : 1차 순환반응기**

  이 시기는 의도성이나 목적성이 없는 아주 단순한 행동을 재미로써 반복하는 것이 특징이다. 그래서 이 시기에 반사작용과 반응의 협응이 이루어진다. 피아제는 이 시기의 순환반응들을 지적 발달에 있어서 구성과정이라고 말한다. 유아는 능동적으로 서로 다른 동작들과 도식들을 '통합' 한다. 여기서 중요시해야 할 양상은 '노력' 이며 여러 번의 실패 후에 유아는 분리된 행동들을 겨우 하게 된다.

- **3단계(4개월~10개월) : 2차 순환반응기**

  2차 순환반응은 그 자신이 아닌 외부에서 흥미로운 사건들을 발견하고 이를 다시 반복하려 할 때 발생한다. 그래서 피아제는 제2차 순환반응을 "재미있는 광경을 지속시키려는 것"이라고 했다.

- **4단계(10개월~12개월) : 2차 도식의 협응(결과를 얻기 위해 둘로 분리된 도식을 협응이라고함)단계**

  이 단계에서는 유아의 행위가 좀 더 분화된다. 이러한 행동은 유아가 장애물에 부딪쳤을 때 가장 명백히 나타난다.

- **5단계(12개월~18개월) : 3차 순환반응기**

  4단계에서는 하나의 결과를 얻기 위한 두 가지의 분리된 행동을 한다. 그러나 5단계에서는 다른 결과를 관찰하기 위해 다른 행동을 시도해 본다.

- 6단계(18개월~2세) : 정신적 종합기

    아이가 행동하기 전에 상황에 대해 내적으로 사고하는 단계이다. 이 시기는 상상력과 관념적 작용을 통해 목표를 달성할 수 있도록 새로운 수단을 강구하는 시기로써 개념사고의 출발기인 것이다.

(3) 사회성 발달

영아들은 성장·발달해가는 과정에 있어서 날로 새롭고 구체적인 각종 행동을 하면서 사회적 욕구를 충족시키게 된다. 영아들은 2개월이 되면 사람의 음성을 듣고, 3개월이 되면 사람과 사물을 구별하게 되며 4개월이면 사람의 얼굴을 주시하고, 말을 거는 사람에게 웃음 등으로써 반응한다. 8~9개월이 되면 다른 사람의 음성과 몸짓 등을 조금씩 모방하게 되고, 10~15개월이 되면 자기행동에 억제를 받는다든가 욕을 하면 울음으로써 반응을 나타낸다. 그리고 16~24개월이 되면 어른이 시키는 일이나 욕구좌절이 생기면 반항심을 나타내기도 하는데 이때 반항심은 시무룩한 침묵, 긴장의 형태로 나타나며 협동, 복종, 동정, 경쟁 등 사회적 행동의 기반이 싹트기 시작한다(R. Baldwin, 1970).

4) 유아기

유아기는 보편적으로 1세부터 6세 이전까지를 말한다. 이 시기에는 특히 신경계통인 뇌의 발달이 가장 급격하며, 치아는 2세 이후에는 완전히 다 나와 성인들이 먹는 음식을 먹을 수 있게 되고, 6세가 되면 영구치가 한두 개 생긴다.

이 시기에는 호흡이 더욱 깊게 느려지고 심장은 늦게 뛰며 혈압은 계속 증가한다. 그리고 3세 전후에는 편식경향이 나타나고 야뇨증이 생기기도 한다.

(1) 운동발달

유아 초기의 운동발달은 좌우양측에 동일하게 작용하나 연령의 증가와 개체문화의 상호작용에 따라 운동기능에 있어서 속도, 역량 등의 좌우양측성이 점차적으로 일방성의 방향으로 변화해 간다.

(2) 지적발달

이 시기는 피아제의 인지발달 이론에 의하면 전조작기에 해당한다. 2살부터는 상징적 활동이 시작되어 사물의 물질적 성질보다는 그 의미성을 생각하여 반응하게 되며, 4살부터는 더욱 복잡한 직관적 사고를 갖게 된다. 그러나 이러한 개념이 가시적인 지각내용에 입각해 있기 때문에 보존성의 개념이 형성되지 못하여 가역적 사고가 작용치 못하고 자기중심적 사고가 지배하기 쉽다. 그러나 5살 이후부터 7살이 될 때 양의 보존개념 즉, 물체의 보존개념을 획득하여 가역적 사고가 지배하기 시작한다. 이 시기가 바로 구체적 조작기로써 이동시기인 것이다.

(3) 사회성 발달 및 성격발달

유아의 자아개념은 주변 환경과 주변 사람들의 태도에 혼합된 반응으로 나타나며 감각, 지각기관들의 적응 능력의 성숙에 의해 이루어진다. 에릭슨은 "심리사회적 발달단계론"에서 사회성 발달의 첫 단계는 어머니와 주위 사람들에 대한 신임 대 신임의 관계에서 나타난다고 했다. 대인접촉이 우호적이고 사랑의 감정으로 연결되어 있으면 주위 사람들을 믿고 안정감을 느끼지만 적의, 갈등 그리고 불신의 관계를 가지고 있으면 그들을 미워하고 원만한 사회관계를 이루는데 지장을 초래한다(E. H. 에릭슨)고 했다. 갤러거(Gallagher)도 유아기의 사회적 정서발달의 단계를 다음과 같이 4단계로 나누고 있다.
- 1단계 : 기본적 욕구에 대한 만족을 찾는다.
- 2단계 : 성인과 관계를 맺는다.
- 3단계 : 동년배의 친구를 모방하고 동일시 한다.
- 4단계 : 자아를 탐구한다(김정휘, 주영숙, 1983).

보편적으로 3살이 되기까지는 대체로 가정에서 어머니를 상대로 의존적인 생활을 한다. 바로 이 시기에 애정적인 인간관계가 잘 이루어지면 아동기에 이르러 다른 어린이들과의 사회적인 관계에서 열등감이 없고 애정적이고 지도력 있는 적극적인 사회참여자가 된다.

5) 아동기

이 시기는 비교적 조직적인 학습활동이 시작되는 초등학교 1학년 때부터 초등학교를 졸업하는 시기까지의 기간으로, 연령적으로는 6세부터 12세까지를 말하며 학동기라고도 한다(B. M. Newman, 1975). 이 시기에는 임파선의 발달이 빠르게 형성되며 생식기관은 별로 발달하지 않는다. 그래서 이 시기를 성적 중성기라고도 부른다. 뇌의 중량은 12세에는 성인의 약 95%로써 거의 성인의 수준에 가까우며 기능도 조직적으로 분화·발달한다. 치아는 6세경부터 유치가 발생한 순서대로 자연히 빠지기 시작하여 아동기에 와서 영구치로 바뀐다. 근육조직이 발달되어 건장해지고 골화 속도가 빠르게 진행되기 때문에 이 시기에는 아동의 자세에 세심한 신경을 써야 한다.

(1) 운동발달

이 시기의 운동기능의 발달은 신체적·지적·정서적·사회적 발달과 밀접한 관계를 갖고 있으며 가정과 학교에서 중요한 역할을 담당한다. 운동기능의 발달은 성숙과 학습의 상호작용에 의존하게 되는데 영·유아기에는 성숙요인에 의하여 좌우되며, 아동기에는 학습요인이 발달에 더 큰 영향을 준다고 볼 수 있다. 다시 말하자면, 이 시기는 유아기에 배운 운동기능을 완성시키면서 새로운 기능을 습득해 가는 실행기인 것이다. 이때부터 보행의 능력이 현저하게 발달하는데 유아체형에서 아동체형으로 이행함에 따라 큰 변화가 온다. 또한 팔, 어깨, 손목의 근육통제는 6세경부터 12세 사이에 현저하게 발달하여 12세에 이르면 거의 성인의 수준에 도달한다. 손가락의 소근육통제는 대근육통제보다 좀 더 느린 속도로 발달한다. 게젤(A. Gesell)은 "손과 눈의 협응 동작은 5살부터 발달하기 시작하여 8살이 되면 이 협응 동작은 속도와 기교면에서 현저히 발달한다"고 했다(A. Gesell, 1949). 이 시기의 운동능력의 발달은 운동의 역량과 속도의 요인이 기초가 되고 있다. 대체적으로 반응속도의 발달경향은 연령에 따라 규칙적인 증가를 보인다.

(2) 정서발달

정서의 표현 방법에 있어서 유아기에는 미분화적·전체적·직접적인 표현을 하나 아동기에 들어와서는 스스로 정서의 억제에 애를 쓰며 분화된 간접적인 표현을 하게 된다. 일종의 세련된 감정경향이 나타나기 시작한다. 허록(E. B. Hurlock)은 아동기의 정서적 특징을 다음과 같이 서술하고 있다.

첫째, 아동의 정서는 경과시간이 짧다(4~5분 정도).

둘째, 아동의 정서는 강렬하다. 그들의 정서는 강하게 폭발하는 특징을 지니고 있다. 조그만 자극이나 심각한 자극에 대해서나 거의 동일하게 반응함으로써 어른을 놀라게 한다.

셋째, 아동의 정서는 가변적이다.

넷째, 아동의 정서는 빈번하게 표출된다.

다섯째, 아동기는 사회적 행동이 현저히 발달하여 집단생활이 가능하며 협동, 경쟁, 이해, 동정, 복종 등의 역학관계를 배우게 된다.

(3) 지적발달

지적발달의 원리는 지적 행동이 처음에는 미분화의 전체 체제이며 그 속에서 개개의 과정이 연령과 더불어 점진적으로 확대·분화해 가는 것이다. 피아제는 지적행동이 환경에 대한 적응이라고 보며 이 적응은 동화와 조절 두 가지의 보충적 과정을 통해서 달성된다고 한다(P. H. Mussen, 1963).

아동기는 이러한 지적 활동이 가장 활발한 시기이다. 유아기를 '노는 어린이' 시기라고 본다면 아동기는 '학습하는 어린이' 시기라고 볼 수 있다. 주의력의 배분이 가능하고 주의력의 지속시간이 장기화되며 지각의 정확성이 빠르게 발달하기 때문에 객관적인 인지력의 발달이 가능해진다. 특히 시간의식, 역사의식이 발달하고 인과관계의 파악이 이뤄진다. 특히 유아기에는 지각이 상모적(H. Werner, 1933)이고 물활론적이며 자기중심성(J. Piaget, 1927)인데 비해, 아동기에는 공간지각, 시간지각, 운동지각 등으로 분화·발달하며, 기계적 기억이 현저히 발달한다. 또한 소위 공감각(R. H. Wheeler & F. T. Perkins, 1938)의 현상도 유아기의 미분화성에 기인하는 것인데 피아제에 의하면, 아동기에 들어오면서부터 정신적으로 문제를 사고하는 구체적 조작기에 도달하여 지적인 면에서 학습에 대한 의욕이 가장 강해지는 시기로 변화한다고 한다.

이 시기의 아동들은 말하기 좋아하고 발표하기 좋아하며, 맞거나 틀리거나 교사의 질문에 답변하려고 애쓴다. 이에 따라 이루어지는 생활경험은 외부적 환경을 지배하는 질서에 의해서 통합된다. 아동의 추상적 사고는 보통 11세가 넘어야만 뚜렷하게 작용하며 이때부터 비판력과 문제 해결적인 사고가 발달하면서 창조적 사고가 풍부하게 된다(J. Piaget, 1968).

(4) 사회성 발달

아동이 학교에 입학하게 되면 교사와 같은 또래의 친구라는 두개의 사회화의 기능에 의해서 사회생활의 영역이 확대되고 사회적 행동의 발달에 큰 변화가 일어난다(E. Babbie, 1977). 피아제는 사회화를 자아발달의 과정으로 볼 때 어린이들이 성숙단계마다 그에 알맞은 성숙요인들을 갖추어감으로써 비로소 자기중심적인 관점을 탈피하고 타인의 입장을 이해할 줄 아는 사회적 자아를 아동기에 형성하게 된다고 한다(G. H. Mead). 3~4학년 정도가 되면 '우리'라고 하는 집단의식이 급속히 발달하면서 친구로부터 인정을 받고자하는 욕구가 강해지기 때문에 친구들과 접촉을 통해서 대인관계를 배우고 여러 가지 욕망과 감정을 처리하는 방식 또는 타인을 통솔하고 타협하는 방식을 경험하거나 배우게 된다. 좀 더 고학년이 될수록 집단소속감이 발달되면서 집단행동(gang age)에 접어들게 된다.

6) 청소년기

청소년기는 아동기와 성인기 사이에 설정되는 과도기이다. 또한 청소년기는 생리적·사회적·심리적인 과도기로써의 성격을 갖고 있다. 그렇기 때문에 아동기나 성인기 어디에도 속하지 않는 독특한 시기이면서 동시에 아동기나 성인기 양 시기에 다 속할 수도 있다. 이러한 이중성이 문제가 된다. 청소년들은 분명히 아동집단에 속하는 것을 거부하고 성인집단에 들어가기를 원한다. 그러나 성인집단에도 들어가지 못하고 때때로 아동으로, 때로는 성인으로 대우받기도 하며 때로는 어느 편에도 속하지 못하는 시기이기도 하다. 이러한 측면에서 청소년이란 말을 주변인 또는 중간인이라고 부르기도 한다. 주변인, 중간인으로서의 청소년은 정신적·신체적 불안정과 불균형의 심한 긴장이 발생하여 그야말로 여러 가지 다양한 감정이 표출된다. 그래서 홀(Hall)은 청소년기를 "노도 광풍의 시대"라고 했다.

이러한 청소년기의 전체적 특징을 간략하게 살펴보면 다음과 같다.

첫째, 급격한 성장으로 인하여 신체적으로는 성인의 수준에 달한다.

둘째, 생활과 행동패턴은 성적성숙이 기초가 되어 점차적으로 불안정은 사라지고 세련되어 간다.

셋째, 성격구조에 있어서도 이드(Id), 자아(Ego)가 강하게 표면화된다.

넷째, 자아의식이 발달하여 모든 생활과 행동의 기저(基底)를 이룬다.

다섯째, 자아감정이 높아지며 자존심, 자기주장, 독립심이 강해진다.

여섯째, 각 단계의 심리적 발달의 모든 면을 쌓아 올려서 개성이 선명해진다.

일곱째, 자아의식의 발달과 개성의 강함은 부적응의 원인이 되기도 한다.

(1) 신체 및 운동발달

심리학적인 측면에서 청소년기는 12세부터 시작하여 22세 또는 23세에 최고의 성장기를 이루며 경우에 따라서는 30세 이상에까지 확대되는 경우가 있다. 또한 생물학적 측면에서 청소년의 육체적 발달은 남자의 경우 14~15세에서부터 시작하여 20~22세까지의 연령층을 말하며, 여자의 경우에는 12~13세에서 18세~20세에 해당하는 사람들을 통칭하고 있다. 한편 사회학적 측면에서는 어린이의 연령은 벗어났지만 아직 성인의 연령에 도달하지 않은 즉, 14세에서 25세까지의 연령층을 말하고 있다.

뉴만과 뉴만(B. M. Newman & P. R. Newman)은 그의 저서 『삶을 통한 발달(Development through Life)』에서 청소년기를 청소년 전기와 청소년 후기로 나누며, 또한 청소년 전기(중학교), 청소년 중기(고등학교), 청소년 후기(대학교)로 구분하여 다루고 있다. 물론 이 구분은 통계적·평균적인 구분일 뿐이고 현실적으로는 개인차도 있으며 또한 여자가 남자에 비해 1~2년 빠르게 청소년기에 들어가며 성숙한다(F. C. Goodenough, 1945). 청소년 전기에 있어서의 신체적 발달 속도는 아동기의 경우보다도 빠르다. 신체의 외형적 발달과 아울러 내면적 발달에 있어서도 운동기능, 생식기관이 급격한 변화를 보인다. 이때가 바로 제2의 신장기로써 급작스럽게 신장이 자라며, 그 모습도 성인다운 면모를 보여주고 있으나 신체 각 부분의 발육비동성(發育非同性) 때문에 그 구조에 있어서 일시적 불균형의 상태를 나타내기도 한다(R. S. Woodworth, 1908).

청소년기의 급격한 신체발달과 아울러 운동능력의 발달도 현저하게 발달하는데 운동능력의 발달은 개인의 만족과 사회적 적응의 중요한 원동력이 된다. 특히 집단 내에 있어서 개인의 사회적 평가를 높이며 자신을 키워주는데 커다란 역할을 한다. 운동능력의 발달이 늦은 사람은 자연적으로 사회적 부적응 상태에 빠지기 쉬우며 다른 발달에도 영향을 받는다. 이것은 전체적인 발달지체의 악순환을 동반하게 된다.

(2) 지적발달

이 시기의 지적 기능은 객관적 지각의 발달, 논리적 기억의 발달, 추상적 사고의 발달 등으로 나타나게 된다. 피아제는 청소년기에 있어서 지적발달을 구체적 조작기를 지나 형식적 조작기에 도달한 시기로 보고 이 시기에는 일반법칙을 생각하고 실제적인 상황에서 사고를 하는 것과 가상적인 것에 관해서도 사고가 가능해진다. 청소년기의 언어는 압축되고 내면화되어 있다. 이러한 언어의 광범위한 사용은 청소년기의 지적 기능에 중대한 역할을 담당한다. 이 시기에는 연역적 추리가 가능하며 문제의 해결을 위한 가설을 세우고 여러 가지 변인들을 동시에 고려할 수 있다. 청소년들은 이젠 구체적인 내용이 없더라도 논리적 형식을 따르게 된다. 이때부터는 그야말로 과학적, 철학적 사고가 발달하는 것이다.

(3) 사회성 발달

사회성 발달은 분명히 사회관계의 성숙을 의미하는 것이라고 한다(E. B. Hurlock, 1955). 청소년기에 들어서면 아동 후반기의 특징인 집단행동이 점차적으로 소실되고 비판적 태도를 나타낸다. 그래서 이 시기를 '제2의 반항기'라고 하며 이 반항현상은 많은 청소년 범죄를 유발시키는 가장 중대한 요소 중 하나이다. 그들의 관심은 차츰 가정을 벗어나 동질그룹의 친구들에게 지향된다. 이때에는 동료집단이 유일한 행동원칙의 원천이 된다. 레빈(K. Lewin)에 의하면, 아동에서 청소년으로 변모해간다는 것은 먼저 자기의 소속집단이 변화해 가는 것이라고 했다. 다시 말하면, 소속집단의 변화는 사회적 이동이며 청소년의 위치의 변화로 그 행동은 그때의 위치에 의존한다고 볼 수 있다. 이것은 청소년기의 집단소속의 감정이 강하고, '우리'라는 의식이 매우 강렬하다는 사실을 반증해준다(K. Lewin, 1963). 이때에는 자기가 공감하는 일이나 학자의 학설, 이데올로기 등에 심취하여 동일시 기제를 갖고 적극적으로 수용한다. 또한 행동패턴이 어떠한 충분한 이해로부터 출발하는 것이 아니라 단지 이론적 관념으로부터 출발한다.

(4) 정서발달

정서는 자아의 체험으로써 특히, 각종 생활감정(life feeling)이 발달하는 청소년기에 있어서 그 중요성은 더욱 크다고 할 수 있다. 청소년기는 다른 어떤 시기보다 그들의 감정적 기복이 강하고, 불안정한 정서적 변화를 경험하는 때이다. 즉, 청소년기의 정서는 불안정하고 기분적이며 수줍어하고 민감하며 열중하는 특징이 있다. 이는 청소년들의 생리적·신체적 변화와 심리적 혼동 그리고 사회적 역할의 변화와 가치체제의 변화 등이 그들의 정서에 큰 영향을 미치기 때문이라고 할 수 있다. 청소년기에 있어서 정서가 급변하는 것은 내분비선이나 신체적 구조의 변화 그리고 사회적 요인의 변화 등에 기인한다고 할 수 있다.

청소년 초기 또는 사춘기의 정서적 특징은 지적인 바탕 위에 성적 충동을 강하게 경험하게 되므로 정서가 성적인 색채를 띠게 되는 것이다. 급격한 신체적·성적 성숙과 더불어 성에 대한 의식과 이성에 대한 관심이 높아지지만, 수치심을 강하게 보이고 이성에 반발하며 주위 사람들에게 허세적인 반항을 하는 등 이중적 정서를 표출한다. 그리고 그들의 정서는 일관성이 없고 불안정하며, 정서의 기복이 아동기에 비해 비교적 넓고 격렬하다.

청소년 중기(중학교 후반부터 고등학교까지)의 정서는 초기보다 더욱 강렬해지지만, 직접적인 표출을 억제하는 경향이 높다. 즉, 성적인 것이나 기타의 정서에 있어서 의식적인 억압 작용이 활발하게 나타난다. 그러나 이러한 억압으로 인하여 자기혐오와 열등감을 가지게 되는데 이것은 내면적인 침울이나 정서의 불안정성을 고조시키는 요인이 되기도 한다.

한편 자아의식이 더욱 높아지면서 독선적이고, 우월을 과시하며, 현실을 부정하고 혐오하는 경향이 짙게 나타난다. 이들은 기성세대와 기존의 사회구조를 부정적·회의적으로 인식함과 동시에 자신의 인생을 낭만적이고 화려하게 계획함으로써 이상과 현실의 부조화를 보여준다.

청소년 후기에 접어들면서 그들의 정서는 사회적으로 안정을 나타낸다. 이상을 추구하지만 현실에 대한 적응을 위해 노력하며, 자신을 합리적으로 통제한다. 다시 말하면, 이 시기의 청소년들은 주관과 객관과의 결합, 자기와 사회와의 타협, 현실과 이상과의 조화를 발전시키면서 완성된 자아의식을 갖게 된다.

청소년기 정서의 제 형태를 구체적으로 살펴보면 다음과 같다.

① 공포

공포에 수반되는 반응은 보통 방어적, 도피적인 행동으로 나타난다. 아동기에 있어서는 도망쳐버리거나 숨어버리는 도피가 주된 것이지만, 청소년기 이후가 되면 자기가 무서워하는 것을 타인에게 알리고 싶어하지 않거나 부끄러워하는 등의 사회적 고려가 작용하기 때문에 직접적인 도피행동은 적어지며 어느 정도 자기 방어의 행동을 취하게 된다. 청소년들에게 많이 나타나는 합리화 기제는 이와 같은 방어기제의 한 종류이다. 그러나 지적으로 통제된 공포는 위험이나 위해로부터 자신을 보호해 주는 요인이 된다는 점에서 가치가 있다.

② 불안과 고민

사춘기 후반에 공황장애가 많이 생기는데, 이것은 고립에 대한 불안과 대상 상실이 직접적인 원인인 것으로 밝혀지고 있다(이현수, 1988). 이들 정서장애자들은 발작이 발생하는 상황을 회피하기 위하여 음주나 약물복용 등과 같은 극단적 방법을 자주 사용한다.

청소년기의 불안은 대체로 다음과 같은 요인들로 인하여 발생한다(장병림, 1980).

- 시험에서 실패하거나 경기시합이나 작품심사에서 낙선되는 것과 관련하여 자신의 능력이 부족하다고 생각될 때
- 몸맵시나 태도에 결함이 있을 때
- 타인과 자신이 대립되어 있을 때
- 자기의 요구가 환경적 조건에 의하여 만족되지 않을 때
- 자신에 대하여 매력이 없다고 느낄 때
- 성적 동요가 있을 때
- 어떤 일에 대해 경험은 없지만 이를 해보고 싶은 충동이 생길 때
- 장래에 관한 일신상의 문제를 생각할 때
- 자기의 정신적 동요가 있을 때
- 성취경험이 불만족스러울 때

③ 분노

청소년기가 되면 욕구실현의 실패 원인이 자기 자신에게 있다고 반성하고, 자신에 대하여 분노를 느끼는 경향이 많아진다. 이는 귀인이론(attribution theory)에서 실패의 원인을 자기 내적으로 귀속시키려는 특성과도 관계가 있다. 이러한 상태에서 자기 고독에 휩싸이고 이를 즐길 뿐만 아니라 스스로 울고 자신을 비웃고, 자신에게 화풀이하는 등의 자기 파괴적·퇴행적 행동을 많이 보이게 된다. 그리고 청소년기의 분노는 불쾌한 기분으로 발전되어 비교적 오랫동안 지속되는 특징이 있다. 게이츠(Gates)에 의하면, 유아기의 분노 지속시간은 대체로 5분 이내이지만, 대학생에게는 5분에서 24시간 동안 다양하게 지속되며 평균 지속시간이 10~20분 정도라고 하였다.

④ 기쁨과 애정

청소년들은 대체로 개인의 능력에 알맞은 환경에 놓일 때, 긴장 상태에서 갑자기 해방

되었을 때, 자신의 우월감에 잠겨 있을 때 기쁨을 얻는다. 그리고 청소년기 이후에는 신체적·지적 발달에 따라 애정의 대상이 광범위할 뿐만 아니라 선택적이 되며, 강렬해지는 경향이 있다. 특히 청소년기에는 성적 발달과 함께 이성에 대한 애정이 크게 증가하며, 이는 그들의 생애에 커다란 영향을 미친다. 이성과의 신체적 접촉은 사회적인 거부로 말미암아 한정되는 일이 많으므로 상대방을 모방하고, 말로써 애정을 표현하는 경향이 많다. 그리고 이들은 사랑하는 이성에게서 자신의 정서적 안정을 발견하려고 끊임없이 노력하는 가운데 고민과 기쁨을 얻기도 한다.

⑤ 질투

청소년에게 있어서 질투는 특히 남녀관계에서 많이 발생한다. 자기가 관심을 갖고 있는 이성이 자신의 존재를 무시하는 듯한 행동을 한다든가 다른 사람에게 주의를 집중한다고 느꼈을 때, 혹은 자기가 사랑하고 있는 이성이 다른 사람과 다정하게 말을 주고받는 것을 볼 때에 자존심이 손상되어 질투가 유발되는 것이다. 질투에 수반되는 행동은 청소년의 정서적 성숙 정도에 따라 달라진다.

⑥ 호기심

청소년기의 탐색적인 호기심은 그들이 이미 많은 사물을 경험했으며 학습하고 있기 때문에 어느 정도 통제된 형태를 취할 수 있으며, 사물의 감각적인 신기성보다도 지적인 인과율에 대한 탐색이 주가 된다. 그리고 청소년기에는 이성의 신체적·생리적 성숙과 변화에 대하여 깊은 호기심을 가진다. 이성의 신체 및 생리에 대한 호기심은 자신의 성적 흥분과 쉽게 결합되면서 이성에 대한 탐색보다는 이성을 자신의 성적 욕망의 대상으로 인식하고, 성적 만족을 통해 이성에 대한 호기심을 충족시킬 수 있다는 그릇된 관념을 확산시키기에 이른다. 이것은 청소년들에게 성에 대한 죄악감을 심어주기도 하고, 성범죄를 유발시키기도 하며, 성적으로 좋지 못한 습관을 고착시키기도 한다.

(5) 도덕성 발달

정신분석학적 관점에서 볼 때, 청소년기는 아동기에서 시작된 초자아의 발달이 계속되며 도덕적으로 더욱 성숙하게 된다. 도덕적 자아이상을 지향하는 부모에 대한 동일시는 계속되며, 양심도 점차 강화되어 사회가 설정하고 있는 행위 규범을 어겼을 때 죄책감을 더욱 크게 느끼게 된다. 이러한 과정에서 두드러진 한 가지 특징은 죄책감을 처리하는 전략이 발달한다는 것이다.

사회학습론적 관점에서 볼 때, 청소년기는 도덕적 모델을 단순히 모방하는 것에서 발전하여 모델의 도덕적인 행동과 비도덕적인 행동이 초래하는 결과 차이를 명백히 인식할 수 있다. 같은 방식으로 자신의 도덕적 행동에 대한 타인의 반응을 예상하고 고려할 수 있게 된다. 아동기 도덕적 모델은 주로 부모나 교사에 한정되는데 반해, 청소년기는 사회적 모델의 범위가 확장된다.

인지발달적 관점에서 청소년기는 형식적 조작사고의 발달과 더불어 획득되는 가설 설정능력으로 인해 자신을 둘러싸고 있는 사람, 사람과의 관계, 나아가 사회 전반의 도덕적 특성에 대해 관념적이며 이상주의적 경향을 나타낸다. 이것은 강력한 이타적 성향과 정의에 대한 인식 및 주장으로 표출된다.

콜버그의 이론이 청소년들의 정의를 대표하는 것이라면, 길리간(Gilligan)의 이론은 청소년기의 이타성을 대표하는 것이다.

(6) 성 발달

청소년기 성 활동의 중요성이 부각되는 것은 단지 사춘기만이 그 원인은 아니고 청소년들의 인지발달도 변화된 성 활동에 중요한 역할을 한다.

인생주기에서 이 시기는 성적 행동에 대해 새로운 사회적 의미가 부여되는 때이다. 이러한 새로운 의미는 대부분의 젊은이들이 성인기로 사회적 전환을 하는 것과 관계가 있다. 어린이와 심지어 유아조차도 성적 행위를 할 수는 있지만, 그러한 행위가 사회적 의미를 갖기 시작하는 것은 청소년기가 되어서야 가능하고 이것은 성인기로 이어지는 것이다.

설리반(Sullivan)은 아동들의 성적 행위를 올바른 시선으로 보아야 한다고 했다. 즉, 청소년기 이전의 성적 행위는 그것이 진정한 의미의 성행위가 아니라 단순한 호기심과 관련이 있다는 것이다. 그러므로 청소년기는 자신과 다른 사람에 의해서 인식된 성적 행동의 시작이기 때문에 성의 발달에 있어서 아주 중요한 시기라고 할 수 있다.

(7) 자아정체감 발달

에릭슨은 그의 생애 발달이론에서 청소년기를 가장 중요하게 다루고 있을 뿐만 아니라, 청소년기의 발달과업인 자아정체감을 인생 전체의 발달과업으로 간주하고 있다.

정체감의 위기(identity crisis)는 전 생애 가운데 어떤 단계에서도 나타날 수 있지만, 특히 청소년기에 가장 많이 그리고 심각한 수준으로 나타난다. 청소년기에 정체감의 위기를 맞는 것은 다음과 같은 요인 때문이다.

첫째, 청소년기에 들어서면서 내적 충동의 질적, 양적 변화가 일어나기 때문이다.

둘째, 청소년들이 경험하는 상층적인 사회적 요구 때문이다.

셋째, 청소년기가 되면서 선택을 강요받게 되기 때문이다.

넷째, 청소년기에 증대되는 인지능력이 그 원인이 될 수 있다.

다섯째, 동일시 대상의 변화를 들 수 있다.

청소년기 정체감의 구체적 양태를 보면, 나는 누구인가라는 '이름으로 나타나는 정체감'과 성장, 발달 단계에 따른 자부심이나 사명으로 인한 '발달적 정체감' 그리고 사회규범과 전혀 다른 모순투성이의 자아상을 갖는 '부정적 정체감', 제2차 성징의 발현으로 인한 '성역할 정체감', '개별적 정체감' 뿐만 아니라 '집단정체감' 등이 있다. 무엇보다 정체감 확립의 결정적 시기가 청소년기인 만큼 청소년 교육에 있어서 긍정적 가치관, 자부심, 자신의 가능성에 대한 자각, 존재의미 등을 확립하도록 조력하는 일이 우선되어야 할 것으로 생각된다.

(8) 인성발달

인성을 발달적인 관점에서 고찰하면 청소년기에는 개성화, 내성화, 사회화라는 세 가지 현저한 특징이 나타난다(강주태, 1975). 이러한 청소년기의 인성적 특성은 성숙으로써의 기반을 굳히는데 중요한 역할을 하기도 하지만, 상당한 고난이 뒤따르기 때문에 청소년기의 불안이나 고민의 원인이 되기도 한다.

첫째, 청소년기에는 발달이 고도화되면서 기능이 세분화되어 각기 독자적인 활동을 갖게 되고 유기적으로 조직화됨에 따라 청소년들은 개성화가 되어 각기 독특한 개인으로서의 특징이 드러나게 된다. 아동기까지는 비교적 균일성이 강하였던 것이 청소년기가 되면서 얼굴모양에서 몸집, 사고, 태도, 행동에 이르기까지 독자성이 나타난다. 이에 따라 청소년들은 독자적인 개인으로서의 자기를 자각하여 자기주장과 입장을 강조하게 된다.

둘째, 청소년기가 되면 의식이 자기의 내면쪽으로 향하게 되면서 자기 자신을 의식대상으로 하여 예민한 평가와 비판을 하게 된다. 청소년들은 열등감과 정서적 불안으로 고민하고 자기를 대인관계에서 폐쇄화하여 고립화한다. 이러한 자기에의 의식은 자기에게 대립하는 타인에게로 돌려지고 그때까지 당연하게 여긴 외적 권위와 전통에 대하여 비판하고 반항하게 된다.

셋째, 청소년기에는 인간관계가 보다 심화되고 확립됨에 따라 자신이 소속해 있는 사회집단의 가치관, 규범, 행동양식 등을 학습하여 내면화하고 자신의 자아를 형성해 나간다. 특히, 사람들과 교제하는 범위가 넓어지고 사회의식이 높아지면서 사회나 집단의 구성원으로서 수행해야 할 사회적 책임과 의무 그리고 역할을 습득하게 된다.

7) 장년기

장년기는 신체적·심리적으로 성숙된 시기이고, 일생 과정에서 가장 활동적인 시기이다. 장년기는 23~24세부터 40세에 이르기까지이며, 이 단계의 발달 과업으로는 배우자를 선택하여 가정을 이루고 자녀를 양육하고 가정생활을 관리하며, 배우자와 원만한 인간관계를 갖고 부모로서의 역할을 할 시기이다. 또한, 직장을 갖고 직장에서 자기 일을 만족스럽게 수행하며, 동료들과 원만한 인간관계를 맺고 규칙적인 운동이 필요할 때이다(김경희, 1999).

(1) 신체발달

장년기는 신체발달의 완성 시기이다. 장년기는 신체적으로 가장 건강한 시기로써, 아동기나 중년기에 비해 만성적 질병이 가장 적게 보고되고 있다(Turk, 1984). 그러나 장년기 동안의 생활방식이 중년기나 노년기의 건강상태를 결정하기 때문에 장년기에 좋은 생활습관을 형성하는 것은 중년기와 이후의 건강유지에 필수적이라고 볼 수 있다. 20세에서 70세 사이 7,000명의 성인을 대상으로 한 연구에서 장년기의 생활방식은 노년기 건강을 결정하는 가장 중요한 요인으로 나타났다(Belloc & Breslow, 1972). 따라서 이 시기에 신체 기능을 최적 상태로 유지하기 위해서는 균형 잡힌 영양과 규칙적 운동이 추천된다. 신체 기능을 약화시켜서 정신적 기능에도 영향을 주는 흡연, 음주, 약물 복용 등은 절제해야 할 것이다.

(2) 인지발달

장년기의 인지 능력은 신체와 감각 기능과 마찬가지로 성숙된 단계에 도달한다. 장년기 사고발달을 연구하는 대표적인 학자 중 한사람인 키팅(Keating, 1980)에 의하면, 청소년기에는 형식적 조작사고의 발달과 더불어 가설을 설정하고 관련변인을 탐색하는 능력이 발달하기 시작하지만 대단히 미숙한 수준에 머물러 있다가 장년기에 접어들면서 다양하고 적합한 가설을 설정하고 관련변인을 보다 체계적으로 찾아내고 분석하며 비교 통합할 수 있게 된다고 한다. 그러나 라보우비에(Labouvie, 1986)는 장년기는 자신이 몸담고 있는 직장이나 사회, 크게는 생태적 맥락 내에서 발생하는 여러 가지 복잡한 문제들을 해결하고 적응해나가야 하는 시기로 보고 있다. 따라서 장년기 사고는 실용적인 필요성과 압박감이 강하다는 점에서 자유스럽고 이상주의적인 청소년기 사고와 구별된다고 한다. 이렇게 볼 때 장년기의 인지발달은 청소년기의 논리적이며 가설중심적인 사고로부터 현실에 대한 실용적인 적응방향을 탐색하는 실제적인 문제해결 사고의 변화과정을 의미하는 것으로 볼 수 있다고 했다. 장년기 인지발달 이론가들의 의견을 종합하면 장년기에는 실용적 단계, 다면적 사고, 성취단계로 인지가 발달한다고 볼 수 있다.

(3) 성격 및 사회성 발달

에릭슨(1968)은 장년기 성격특성을 친근성 대 고립감(intimacy vs isolation)의 위기로 표현하고 있다. 장년기란 결혼대상으로서 애정을 나눌 수 있는 사람 또는 사회생활에서 우정을 나눌 수 있는 사람들과의 친근한 관계를 포함한다. 이 시기에 친근성을 획득하지 못하는 사람들은 지나치게 자기 의식적이며 자신의 사회적 행동과 적응에 대해 걱정하고 불안해하기 때문에 오히려 원만한 사회적 상호작용을 이루지 못함으로써 고립감에 빠져들게 된다. 레빈슨(Levinson)에 의하면, 장년기는 꿈을 갖고 평생의 과업을 찾으며, 일생동안 지속할 애정관계를 이루고 스승을 구하는 시기이다. 꿈, 스승, 생애과업, 결혼의 네 가지 발달과업이 이루어지는 양상은 곧, 장년기의 성격발달이 이루어지는 과정을 보여주는 것이다.

8) 중년기

중년기(Middle Age)의 구분과 정의는 학자마다 견해를 달리함으로 정의를 내리기가 쉽지 않으나 중년기에 대한 다양한 정의를 종합한 볼랜드(Borland)의 견해에 의하면, 중년기는 연령, 가족 주기, 결혼생활주기, 개인의 심리적 생물학적 과정, 사회적 역사적 배경에 의하여 종합적으로 영향 받는 시기라고 볼 수 있다. 다시 말해서, 가족 생활주기의 관점에서 볼 때 중년기는 자녀양육 역할이 어느 정도 감소하고 노부모와 성장한 자녀의 중간에 위치한 세대라고 볼 수 있고, 개인적 발달 관점에서 볼 때는 신체적 생물학적 노화가 시작되는 시기로 인생의 유한성에 직면하여 본질적 자아에 대한 성찰에 관심을 가지는 시기이다. 그리고 사회적 관점에서는 사회생활에서의 모든 난관을 극복하고 대인관계 및 사회 경제적 지위 등에 있어 절정에 달하였으나 더 이상의 성취보다는 하강과 은퇴를 감지하기 시작하며 새로운 일을 시작하기에는 너무 늦었음을 인식하는 시기이다. 중년기는 쇠퇴의 징후가 나타나고 개인적인 삶은 위축되며 다음 세대로의 전수를 생각해야 하는 시기이다.

(1) 신체 및 생리적 변화

중년기에 가장 뚜렷한 감퇴가 느껴지는 두 가지 기능이 시각과 청각이다. 시각의 감퇴는 대체로 40~49세 사이에 나타나며, 노안이 대표적 징후이다. 실제로 중년기에 가까운 것을 보는 데에도 어려움이 생긴다. 청각은 감퇴가 가장 빨리 나타나는 감각기능으로써 40세경에 시작된다. 중년기가 되면 신체구조 및 기능의 변화로 인해 건강이 약화될 수 있다. 신장은 30~50세 사이에 약 0.3cm 줄지만, 60세에는 약 2cm가까이 줄어들게 된다(Santrock, 1995). 그리고 중년기의 신체적 변화의 특징으로는 피부의 탄력이 줄어들고 주름이 생기며, 흰머리가 생기고 체중이 늘며, 배가 나오는 것이 보편적이다. 중년기에 나타난 성적 변화 중 여성의 폐경(menopause)은 가장 대표적인 변화이다. 폐경을 전후하여 여러 가지 갱년기 증상이 나타난다. 얼굴의 홍조, 식은땀, 만성적 피로, 메스꺼움, 심장박동의 증가는 대표적인 신체적 증상이다. 중년기 남성은 남성호르몬 분비의 감소로 인해 성욕감퇴와 더불어 심리적인 의욕감퇴, 불안, 초조 등의 갱년기 장애를 경험하는 것으로 알려져 있다. 그러나 50대 이후 중년기 동안의 남성호르몬 감소 정도는 실제로 1년에 1%에 불과한 미미한 것이다(Santrock, 1995). 따라서 흔히 남성갱년기 장애로 불리는 증상들은 생리적인 것이라기보다는 쇠퇴를 자각하는 심리적 반응에 기인된 것으로 보인다.

(2) 인지변화

일반적으로 50세까지는 지능의 쇠퇴가 없으나 50세 이후부터는 체계적인 쇠퇴가 뚜렷하게 나타난다. 실제로 50세 이후에 저장되어 있는 기억정보를 활성화시키는 데 필요한 시간은 20~50세 사이에 필요한 시간보다 60% 가까이 증가한다(Santrock, 1982). 이러한 사실은 정보처리 속도에 비추어볼 때 중년기에 기억의 감퇴가 일어나고 있음을 보여주는 것이다. 그러나 개인이 획득한 지식, 경험, 학습과는 관계없는 정신능력, 곧 유동적 지능은 연령과 더불어 감소하지만 경험, 교육 및 훈련을 통해서 획득된 지식과 능력 즉, 결정화된 지능(crystallized intelligence)은 연령 증가에 따라 증가한다(Hore & Cattell, 1966).

그러므로 중년기에 정보 속도 이외에 기억능력의 감퇴가 나타난다면, 기억과제의 연습량의 감소가 주된 원인일 수 있다. 대체로 중년기 전까지는 교육적 경험이 지속되지만 중년기에는 형식적 교육을 받을 기회가 극히 적으므로 기억과제의 연습량은 줄어들 수밖에 없다. 중년기에 대학생으로 공부하고 있는 집단이 대학생이 아닌 집단 보다 기억력이 높다는 연구결과는 중년기 기억의 감퇴가 연령보다 연습량의 감소에 있다는 가정을 뒷받침해주는 것이다(Zivian & Darjes, 1983).

(3) 성격발달

일반적으로 성격 특질들은 안정되어 있어서 연령 증가에 따라 변화하지 않는 것이 보통이다. 그러나 중년기의 성격 변화는 일반화된 현상은 아니지만 신체적·정신적 질병에 기인해서 성격의 변화를 초래할 수는 있다. 정상 성인의 경우에도 중년기에 성격 특징이 변화한다고 시사한 사람은 정신 의학자인 융(Jung, 1951)이다. 융은 40세를 전후하여 이전에 가치를 두었던 삶의 목표와 과정의 의문을 제기하면서 중년기에 성격 특성이 변하고 위기가 시작된다고 주장한다. 사회적으로 성취한 모든 것들이 어떤 면에서는 개인의 내재적 욕구의 억압을 바탕으로 한 것이므로 사회적으로 성공한 사람들도 중년기 위기는 불가피한 것이다. 이러한 위기를 극복하기 위해 중년기 전까지 외부 세계로 집중되던 정신에너지를 내면으로 돌려, 억압하고 방치되어 있던 자신의 내면의 진정한 자아를 찾기 위한 탐색이 시작된다. 융은 이러한 자아탐색을 통한 내적 성장과정을 개체화라 부른다.

카스텐바움(Kastenbaum, 1984)은 중년기 성격변화의 한 특징으로써 일상의 반복적인 자극에 대해 주의가 감소하는 현상인 습관화가 나타날 수 있다고 지적했다. 습관화는 중년기와 노년기에 일상의 습관적인 일들에 과도하게 적응함으로써, 변화하는 세계에 대한 유연성과 적응력이 감소되는데 기인한다. 중년기에 습관화 경향이 과도하게 나타날 때 과잉습관화에 빠져든다. 과잉습관화는 모든 변화를 두려워하고, 미래에 직면하기를 피하며, 동일한 방식으로 생활하려는 극단적인 연속성에서의 집착을 의미한다(Datan 1987). 중년기에 과잉습관화 현상을 갖는 비율은 많지 않으나 중년기 적응을 어렵게 하고 세대 간 단절의 벽을 크게 하는 현상이므로 관심을 가져야 할 문제이다.

9) 노년기

일반적으로 60~65세 이후부터를 노년기라고 한다. 근래에 와서는 60~85세까지를 '젊은 노인(young old)'이라 부르는 것에서 볼 수 있듯이 많은 노인들은 여전히 건강하고 활기가 있으며 활동적이다. 그러나 노년기 후반에 들어서면서 극히 일부를 제외하고 대부분의 노인들은 신체 및 정신적 기능의 쇠퇴를 필연적으로 경험하게 된다.

이러한 현상으로 노년기에 자기중심적이고(egocentric) 외양에 무관심하며, 사회적으로 은둔적이며 적응을 잘 못하는 특징을 나타낸다. 이러한 특징때문에 허록(E. B. Hurlock, 1959)은 노년기를 가리켜 '제2의 아동기(second childhood)'라 명명하였다. 그러므로 노년기에는 신체적 노쇠와 심리적 변화에 적응해야 하는 발달 과업을 갖는다고 볼 수 있다.

(1) 신체 및 생리적 변화

노년기에는 여러 가지 신체적 노화현상들이 나타난다. 신체적 노화현상 중에는 바깥으로 드러나는 현상도 있고, 신체 내부에서 눈에 띄지 않게 진행되는 노화도 있다. 특히 60세 이후가 되면 외모가 많이 변해서 그 변화를 누구나 알아볼 수 있게 되는 '노인의 모습'이 나타난다. 척추 디스크 감퇴로 인해 키는 약 2.5cm 줄어들며, 등뼈가 굽기도 한다. 팔, 다리, 얼굴상부의 지방은 감소하고 턱과 몸통의 살은 늘어나 체형이 바뀌게 된다. 그리고 20세를 전후해서 정점에 도달한 뇌의 무게는 노년기까지 10%가 감소한다. 노년기에는 수면에도 변화가 오기에 밤시간의 약 20%는 깨어있는 것으로 보고되고 있다(Hayachi & Ende, 1982). 그래서 노인의 약 1/3이 불면증을 호소한다. 노년기에는 감각기능 손상도 현저한데, 특히 눈의 렌즈 기능이 약화되어 물체에 대한 시각적 예민성이 급격히 감소되고 색깔 변별 능력도 낮아진다. 뿐만 아니라 청력의 감퇴와 촉각과 통각의 기능도 저하된다.

(2) 인지의 변화

노년기 인지발달 연구가 본격적으로 시작된 것은 1950년대부터이다. 1980년부터 최근까지 노년기 인지발달 연구의 특징은 노년기 특유의 긍정적인 인지적 능력을 식별해내려는데 목적을 두고 있다. 노년기 지능변화를 가장 잘 보여주는 대표적인 연구는 워너 샤이에(Warner Schaie, 1989)의 시애틀 종단연구(Seattle Study)로 들 수 있다.

샤이에의 연구결과에 의하면, 노년기의 언어능력은 대체로 70세까지 지속되거나 증가하고 독해능력은 큰 개인차가 있으나 50~60세경부터 감퇴하며 수리능력은 50세 이후부터 감소한 것으로 보고하고 있다. 노년기에 이르면 기억력의 변화가 일어나는데 특히 단기기억(short-term memory)의 감퇴가 일어난다. 노년기에 단기기억능력이 감퇴되는 것은 새로 접하는 정보를 처리하는 정보처리역량(information processing capacity)이 감퇴되기 때문으로 추정되고 있다. 그러나 노년기에 장기기억(long-term memory)은 단기기억보다 감퇴되는 정도가 적다. 예를 들어, 30대 성인과 70대 노인의 장기기억 과제에서의 수행을 비교해보면 70대 노인이 사물의 이름을 기억하는 장기기억능력의 감소 비율은 10% 이내에 불과하였다(Albert, 1988).

(3) 성격변화

뉴가튼(Neugarten, 1983)은 50~80세 사이 성인 수백 명을 6년간 종단적으로 추적하여 연구한 결과 노년기의 성격유형은 통합된 성격, 재구성형, 단절형, 방어적 성격, 지속형, 원조추구형 등으로 나타났다. 일반적으로 노년기에 이르면 우울증 경향이 증가된다. 신체적 질병, 배우자의 죽음, 경제 사정의 악화, 사회와 가족으로부터의 고립, 일상생활에서 자기 통제의 불능, 지나온 세월에 대한 회한과 상념 등이 우울증을 증가시킨다(Jarvik, 1976). 그리고 노화가 진행됨에 따라 노인은 사회적 활동이 감소하게 되고 사물의 판단과 활동 방향을 내부로 돌리는 행동 양식을 갖게 된다. 뿐만 아니라 노년기는 새로운 지식을 받아들이려고 하지 않고 옛것을 과감히 버리거나 바꾸지 않는 경직성(rigidity)이 증가하고, 노인이 될수록 행동의 조심성이 많아진다. 여기에 세 가지 가설이 제시되는데 결과가설, 확신 수준가설, 동기가설을 들 수 있다.

이 외에도 노년기에는 친근한 물건에 대한 애착심이 증가하여 자기가 오랫동안 사용해온 물건과 대상에 대한 애착심이 증가하고, 전과는 달리 자기 자신에게 억제되고 내재되었던 남성성-여성성이 전환된다(Lowenthal, 1977).

Introduction to Psychology

학습심리학의 이해

학습심리학의 이해

1. 학습의 의미

인간의 모든 행동은 학습과 관련되어 있다. 그렇기 때문에 인간의 행동을 이해하기 위해서는 인간의 태도, 습관, 신념, 언어, 목적, 성격, 적용, 부적응, 지각 등 학습에 관한 심리학적 학습의 의미를 먼저 이해하여야 한다. 첫째, 학습은 꼭 학교 교실에서만 이루어지는 것이 아니라 일상생활에서 시간과 장소를 가리지 않고 끊임없이 이루어지고 있다. 둘째, 학습에 대한 자극에 대하여 정확한 반응을 하여야만 인정받는 것은 아니다. 셋째, 학습은 반드시 깊은 사고나 의식적 노력의 결과로 이루어지는 것이 아니다. 운동을 할 때 틀린 방법을 모른 채로 계속할 수 있겠으나 코치가 틀린 것을 지적해 주면 그때서야 비로소 알게 된다. 끝으로 학습은 태도, 정서 등 모든 행동에 영향을 준다.

현대 심리학의 경향에 있어 최근에 와서 크게 각광을 받고 있는 연구 분야는 '학습(learning)에 관한 연구'일 것이다. 특히 교육심리학이나 학습심리학 같은 종류의 심리학이 말해 주듯이 학습의 문제가 가장 중심적인 과제가 된 것이다. 그런데 학습에 관한 이론의 대부분이 동물을 대상으로 실험연구를 시도했다는 점에서 실험을 중시하는 미국의 심리학자들은 인간행동의 이해에 있어서 '학습'은 기본과정이 된다고 전제하고 실험에서 동물을 많이 사용하고 있다. 그 이유는 행동을 통제하는 일이 비교적 용이하기 때문이다. 동물의 학습실험에서 가장 많이 사용되고 있는 것은 '쥐'인데, 이것은 전체 동물의 90%를 차지한다. 물론 동물의 종족 간의 차이 또한 동물과 인간과의 사이에 존재하는 차이는 결코 간과할 수 없는 것이나 대체적으로 심리학자들은 쥐에게서 발견할 수 있는 학습의 동태가 그대로 사람에게도 적용될 수 있다는 가능성에 대하여 거의 동일한 의견을 보이고 있다. 실제적인 교실에서의 학습활동과는 직접적인 연관성이 없는 것처럼 생각하기 쉬우나, 일반적으로 학습이론이라 하는 것은 학습의 본질을 통일적으로 규명하는 데 있으며 또한 어떠한 조건 하에서 학습이 가장 잘 이루어지는가를 규명해 내는 것이다. 이와 같이 학습이란 인간이 그때그때의 환경에 적응하여 가는 발달과정의 한 측면이라고 볼 수 있다. 어떤 환경에 직면했을 때 지금까지 사용해 왔던 행동패턴으로 적응이 불가능하면 새로운 적응방식을 찾아 행동하게 된다. 이 새로운 적응방식이 그와 유사한 환경에 직면했을 때, 보다 원만하게 적응할 수 있도록 도움을 주었다면 여기에서 학습이 성립되는 것이다. 이러한 행동이 반복되면서 신속히 그리고 효과적으로 행동하게 되어 그 상황에 보다 훌륭하게 적응해 가는 것이다. 그러므로 학습은 일정한 지식과 기술, 태도를 습득한 종전의 경험을 기초로 하여 다음 행동을 새로운 상황에 적용시켜 가는 진보적 과정인 것이다.

학습에 대한 정의는 학자들의 접근에 따라 표현을 달리하고 있으나 보편적으로 세 가지로 분류가 가능하다. 첫째, 학습은 행동의 변용이라는 설이다. 둘째, 학습은 자극과 반응의 결합이라고 보는 설이다. 셋째, 학습은 장의 재체제화 또는 인지과정과 인지 구조의 재체제화라고 보는 견해이다.

게이츠(Gates)는 위에 상술한 세 가지 이론들을 광의로 종합하여 "학습이란 경험이나 훈련에 의해서 이루어지는 행동의 변용이라 보며 그것은 비교적 영속적이고 진보적이고 바람직한 행동의 변용"이라고 정의했다.

광의의 학습은 경험의 결과로 행동에 어떤 변화가 발생한 것을 말하고 있는 것이다. 즉, 일련의 경험에 의한 행동의 변화야말로 학습의 본질이라고 할 수 있으며 변화라는 용어 이외에도 변용, 개선, 획득 그리고 취득이라는 말도 학습의 개념에 포함시킬 수 있다. 따라서 학습이란 학습자의 선천적 경험이나 훈련에 의한 행동의 변화, 변용, 개선, 획득 혹은 취득이라 할 수 있다. 또한 사실과 사실 사이의 관계를 규명해내어 인지의 구조가 변한다든지 장애를 제거하여 문제해결의 능력이나 이해를 얻는 것도 학습에 의존하는 것이다(E. R. Guthrie, 1952).

현대 심리학에서 학습의 개념이 중요한 위치를 접하게 된 시기는 심리학의 연구 대상이 의식에서 행동이라는 개념으로 전환된 이후부터였다. 인간의 행동에는 신체적인 것, 생물학적인 것, 생리학적인 것이 있다. 학습이 관여하는 대상은 바로 행동인 것이다. 이 속에는 표출되는 외현적 행동도 있지만 지식, 사고력, 가치관, 자아개념 등과 같이 내재적 행동도 있다.

이러한 관점에서 보면 현실의 학습 및 학습평가의 대상이 비교적 관찰하기 쉬운 외현적 행동에 집중되어 있고, 관찰하기 어려운 내재적 행동의 학습에는 등한시 하거나 또한 과학적 접근을 기피하기가 쉬운데 이것은 특별히 주의해야 할 요소이다.

1) 학습의 요인

학습이라는 행동은 몇 가지 조건에 의한 요인들에 의해서 좌우되는데 그것은 곧 학습의 주체자 즉, 학습자의 주체적 조건과 객관적, 환경적 조건의 두 요인이다. 레빈(Lewin)은 인간의 행동을 B=f(P · E)라고 표현한 바 있다. 즉, 인간의 행동 값은 매개변수 F의 욕구 P와 환경 E에서의 함수 값이라는 것으로 설명한 것이다. 학습 역시 행동이기 때문에 레빈의 함수 B=f(P · E) 즉, 학습의 조건은 학습자와 학습 환경과의 역동적인 상호작용에 의해서 효과적인 학습이 달성된다는 표현이 가능하다.

여러 가지의 학습조건 가운데서 학습자의 조건으로써 생리적 요인과 심리적 요인 그리고 학습 환경의 조건으로써 물리적 요인과 사회적 요인 등 네 가지 요인에 대하여 고찰해 보고자 한다.

(1) 생리적 요인(physiological factor)

생리적 요인은 인간의 건강을 유지하고 성장을 조장하는 데에 필수적인 조건이다. 또한 학습활동을 원활하게 성취시키는데도 중요한 요인이 된다. 홀(Hull)은 "궁극적으로 행동과학은 생리학에서 연구되지 않으면 안 된다"고 했으며, "현재 알려져 있는 바와 같은 신경계통의 미세한 해부학적, 생리학적 설명과 전체적 행동이 합리적으로 적절한 학설을 구성하는데 있어서 불가결한 것과의 사이에 있는 갭(gap)을 초월할 수 없다"고 했다. 형태심리학파의 제창자 중 한 사람인 쿨러(Köhler)도 "모든 심리적 현상의 설명은 궁극적으로는 신경생리학적 과정으로 환원함으로써 이루어지지 않으면 안 된다"고 독자적인 입장을 고수하고 있다.

여기서 알 수 있는 사실은 학습 성과의 성공여부는 학습 주체인 학습자 자신의 신체 · 생리적 요인에 달려 있다는 것이다. 신체 · 생리적 기능의 장애 즉, 선천적 허약 체질, 각종 질병, 신체적 결함, 근시, 원시, 난시, 편안 등 청각장애 및 심한 난청 그리고 내분비선 기능의 하나인 갑상선 호르몬의 기능 저하도 지적발육과 대사기능을 저하시켜 학습활동의 저해요인이 되고 있다.

상술한 바와 같이 신체의 제반 생리적 기능으로 감각기능, 신경계통, 호흡기능, 내분비기능, 소화 및 배설기능 등의 정상적 유지와 발육상태는 정상적 학습 작용을 발휘하는데 필수불가결의 조건이 되는 것이다. 이러한 일련의 사실로 추론해 볼 때 학습기제와 신경기제는 매우 중요한 관계라는 것을 부정할 수 없다(E. R. Hilgrad, 1910).

(2) 심리적 요인(psychological factor)

심리적 요인이라 함은 학습자의 지적 요인과 정서적 요인을 포함해서 말한다. 학습이 정상적으로 이루어지게 되는 요인은 학습자의 모든 지적 활동과 정의적 상태인데 학습자의 지능을 −지능이란 잠재된 선천적 능력이든 후천적으로 습득된 능력이든 간에 심리적 요인에서 뿐 아니라 모든 학습의 조건 가운데서 가장 근저가 되고 핵심이 되는 것이다− 비롯하여 기습의 학습정도 및 경험의 유무, 학습동기, 학습습관, 흥미, 태도, 가치관, 성격, 적성, 감정 및 정서 상태, 의지 및 노력 등 심리적 준비성을 가리킨다. 특히 정의적 요인 가운데에서 학습효과를 규정하는 가장 중요한 것은 학습태도와 학습동기이다.

알포트(Allport)는 학습태도를 "경험에 의해서 조직된 심리 및 신경적 준비상태에 대한 개인의 반응에 방향 결정 또는 역학적 영향을 주는 준비상태"라고 보았다. 학습태도는 학습활동의 경향적 자기 특유의 행동을 하려는 준비상태이며, 정신적 자세 −학습자의 준비성 문제에 있어서 학습자의 반응양식과 행동능력을 결정해 주는 요소 중의 하나가 바로 성숙수준이다. 이때 성숙이란 인간의 성장과정에서 환경적, 경험적 그리고 연습의 효과를 거치지 않아도 발달단계에 따라 규칙적으로 획득되거나 변화되는 현상을 의미하는데, 이러한 의미에서 성숙은 생득적 반응을 의미하거나 발달단계에서의 생득적 반응의 총화 또는 수준을 말하는 것이다. 이때의 성숙이란 유기체의 발달 중 학습과 대립되는 개념으로 학습에 대한 가장 큰 저항개념인 동시에 촉진개념이기도 한 것이다−이기 때문에 태도에는 방향성과 선택성이 있다. 이런 의미에서 학습동기로써의 역할도 하게 되는 것이다.

(3) 물리적 요인(physical factor)

물리적 요인이란 학습 환경의 한 요인이며 학습자와 학습과정에 영향을 주는 조건으로서 학습효과를 충분히 발휘할 수도 있고 억제할 수도 있다. 또한 학습 의욕을 증진시킬 수도 있고 저해할 수도 있는 것이다. 물리적 요인들을 좀 더 구체적으로 살펴보면 교실의 크기 및 구조·채광·명도, 교실 내의 채색, 온도, 습도, 소음, 책상의 높이와 구조, 각종의 교구 학습보조자료, 시설 및 설비, 교실 공간의 배치, 배열 등이다. 이 물리적 조건은 학습의 시기와 장소, 학습 내용과 능력, 교사의 지도 방법에 따라서 적절하게 활용함이 매우 중요한 것이다.

이 물리적 요인 중에서 몇 가지 조건을 제시하고 학습효과와의 연관성 여부를 살펴보면 다음과 같다.

  a. **명도** : 명도는 직접적으로는 시각기능을 돕고 간접적으로는 정신신경계와 정서적 반응과도 관계가 깊다. 조명의 문제는 학교에서뿐 아니라 가정에서, 나아가서는 기업방면에서까지 사무 및 작업환경 조건으로써 작업능률 향상, 생산 제품의 질적 향상, 각종 사고의 예방 등에 크게 영향을 미친다는 사실을 여러 가지 실험이 이를 증명하고 있다. 작업이나 학습에 가장 적합한 명도는 광선의 반사면과 분산도에 관해서도 고려할 필요가 있는 것이다.

  b. **온도 및 습도** : 모든 학습 능률이나 작업 향상에는 가장 알맞은 온도와 습도 조건이 따라야 한다. 즉, 실내 온도가 너무 높거나 너무 낮으면 효율적인 학습효과는 기대할 수 없다. 학습작업에 적합한 쾌적 온도는 학습자의 건강상태, 연령, 계절, 지역 및 국민성 등에 따라서 일정치 않다. 또한 습도에 있어서 불쾌지수가 75에 달하면 학습자의 50% 이상이 불쾌함을 느끼며, 79~80이 되면 누구나 불쾌함을 느끼고, 85 이상이 되면 견디기 힘들다고 한다.

  c. **채색** : 학습 환경에 대하여 적절한 채색조건은 학습자의 심리·정서적 안정감을 주어서 학습 능률의 증진을 동반하는데 불가결의 조건이 된다.

(4) 사회적 요인(social factor)

사회적 학습 환경을 구성하여 학습활동에 영향을 주는 요인에는 교사와 학급동료들과의 관계로 인한 학급활동에 직접 도움이 되는 직접적 요인과 부모를 위시한 가족성원과 지역사회의 문화적 · 경제적 조건, 인적자원 등인 간접적 요인이 있다.

교사는 학생들의 학습활동을 계획하고 준비하며 지도하는 지도자로서 풍부한 학식과 효과적인 지도방법, 사도로서의 인품 및 자질, 정열적인 교육애, 투철한 교사관, 건전한 정신건강 등은 모두 학생의 학습의욕과 능률을 올리는데 절대적인 조건이 되는 것이다. 여기에 학급 집단의 온화하고 부드러운 정서적 분위기는 학생들의 건전한 인격 형성의 한 요인이기도 하다. 그리고 이러한 학급환경 못지않게 학습효과에 영향력을 주는 것은 가정 및 지역사회 환경을 들 수 있다.

가족 환경의 조건으로써는 부모의 공존 여부, 조부모의 동거 여부, 형제 및 자매 수, 출생 순위, 독자 등의 가족 구성과 부모의 직업, 교육수준, 가정환경의 문화 · 경제적 조건, 가풍, 도덕적 행동규범, 따뜻한 가정의 분위기, 형제자매 간의 우애, 부모의 교육적 관심도, 자녀의 양육 및 훈련방법 등으로 학습 활동 뿐만 아니라 인격형성에도 결정적인 요소가 된다. 또한 학생들은 지역사회의 문화적 영향을 크게 받는다.

캘브레이스(Calbraith) 교수가 그의 책 "불확실성의 시대"에서 피력한 바와 같이 현대는 너무나 모든 것이 급변하기 때문에 확실한 것은 존재하기 어렵다. 이렇게 급변하는 사회적 체제에 대한 적응문제, 지역 사회의 역사, 전통, 풍토, 풍속, 관습, 가치관, 문화적 배경, 이웃과의 친밀 관계, 각종 매스컴의 영향 등은 학생들의 학습태도, 사고방식, 가치관, 인성 형성에 지대한 영향을 미친다는 것을 인식해야 한다.

2. 학습이론

1) 조건반사설(conditioned reflex theory)

소화기관에 관한 초기의 생리학 연구로써 노벨상을 수상한 구소련의 파블로프(Pavlov, 1849~1936)는 소화 연구를 하는 동안 개가 침을 흘리는 원인과 다른 것들을 결합시킬 수 있는가에 대해 대뇌기능과 타액분비반응을 생리학적 입장에서 실험했다. 이 실험의 결과가 심리학계에 영향을 주어 특히, 미국의 행동주의 심리학에 -파블로프실험 결과 나온 이론이 미국에 건너가 왓슨(Watson)의 행동주의와 결합하여 조건 형성설

(theory of conditioning)이라고 불리게 되었다. 이 이론은 새로운 행동의 성립을 조건과 반응에 의하여 설명하고 있다. 즉, 반응의 대상이 전혀 다른 것일지라도 어떠한 일정한 훈련을 받으면 동일한 반응이나 새로운 행동의 변화를 동반할 수 있다는 이론이다-지대한 영향과 공헌을 했다. 그래서 파블로프의 실험 결과는 바로 행동주의 심리학의 기본적 이론의 기제가 되었다.

파블로프는 개를 대상으로 타액분비 상황을 체크했는데 그는 이 실험을 통하여 다음과 같은 '조건반사의 개념'을 유출해 냈다. 조건형성하는 동안 개는 실험실의 실험대에 서고 안전장치로 움직이지 못하게 하고 개가 실험실 상황에 익숙해진 다음 이완된 것 같으면 고기가루가 들어있는 음식물에 대한 타액분비 반응과 중성자극(종소리)에 대한 타액분비 반응을 측정한다.

개에게 음식물이 주어지면 침방울이 개의 뺨에 있는 도관을 통해 집합되며 그 전체량은 회전 먹이통에 침이 움직이는 장치로 기록된다. 개는 방음된 방에 있고 실험자는 조건자극과 무조건자극의 배열을 조종하고 개의 반응을 자동 전자장치로 기록하는 것이다.

파블로프는 개의 소화작용을 연구하였는데 개가 음식을 입에 넣기도 전에 음식 접시만 보아도 침을 흘리고, 심지어는 사람이 음식 접시를 가지고 오는 소리만 듣고도 타액을 분비한다는 데에서 착안하여 연구를 시작했으며, (그림 4-1)과 같은 장치를 하고 벨(bell) 소리를 약 30초 동안 들려준 후 음식물을 주었는데, 이러한 과정을 5분~10분 간격으로 6~10회씩 매일 또는 격일로 여러 번 계속하였다. 이러한 과정을 경유한 후에는 음식은 주지 않고 벨소리만 들려주어도 타액을 분비시키게 되었다. 처음에는 벨소리를 듣고도 침을 흘리지 않았으나 실험이 중복됨에 따라 벨소리란 자극이 타액을 분비하는 반응

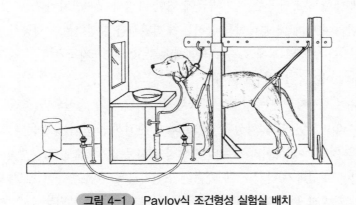

그림 4-1 Pavlov식 조건형성 실험실 배치

(response)을 수반하여 새로운 자극-반응(S-R)의 결합이 형성된 것이다. 이러한 현상을 조건형성(conditioning)이라고 한다.

C. S. = Conditioned Stimulus	조건자극(C.S) →	무반응 또는 무관반응 (학습화 3)
C. R. = Conditioned Response		
	조건자극(C.S)(조건형성후) →	조건반응(C.R) (학습에 의하지 않음)
U. S. = Unconditioned Stimulus		‖
U. R. = Unconditioned Response	무조건자극(U.S) →	무조건반응(C.R)

표 4-1　고전적 조건형성과정(classical conditioning process)

무조건자극과 조건자극을 짝지어 제시하며 CS➡CR을 유발한다(표 4-1). CR은 UR과 유사하거나 동일하다. 이러한 경우 조건형성(조건화라고도 함)에 의하여 형성된 반사를 조건반사라고 하며-한편 조건화(조건형성)가 이루어지기 전에 음식물은 타액을 분비케 하는 기능을 이미 지니고 있기 때문에 이때의 음식물을 무조건자극이라고 칭하며, 이에 대한 타액분비를 무조건반사라고 한다. 조건자극에 무조건자극을 수반케 하는 조작을 강화라고 한다-조건반사를 새로이 발생시키는 기능을 획득한 자극을 조건자극이라고 한다.

그런데 왓슨은 이 원리를 생후 11개월이 되는 영아에게 적용하여 금속소리와 토끼를 동시에 제공함으로써 토끼에 대한 공포반응을 실험하는데 성공한 바 있다.

고전적 조건형성의 또 다른 패턴은 베흐테레프(Bekhterev)라는 생리학자의 실험에 있다. 이것을 굴신조건반사라고 하는데, 이 실험에서는 무조건자극으로 전기충격을 사용하였는데 이에 대한 무조건반사는 그 자극에 대한 다리의 굴신반사이다. 이것은 벨과 전기 충격을 결합하여 벨에 대해 다리를 굽히는 조건반사를 형성하는데 성공한 것이다.

조건반응이 일단 형성된 후에 조건자극만 계속 주고 무조건자극은 주지 않으면 조건반응이 소실되는데 이것을 소거라고 한다.

그러나 이것은 조건자극에 수반되는 무조건자극의 강화가 소실되면 조건반응의 효력이 소실된다는 의미지만 일단 형성된 학습효과가 완전히 소실되는 것을 의미하는 것은 아니다. 이것을 자발적 회복이라 하는데 자발적 회복은 소실, 소멸이 발생한 후 얼마 동안의 휴식기간을 주었다가 다시 전에 학습한 조건자극을 주면 반응이 재생되는 것이다. 그러나 이러한 자발적 회복에 의해 이전의 상태처럼 완전히 회복되는 일은 거의 없으며 소멸이 계속되면 조건반응은 차차 약화되어 완전소멸이 되기도 한다. 그리고 일단 성립이 된 조건반응도 실험장면에서 조건자극과 무조건자극 등과는 전혀 관계없는 새로운 자극이 개입되면 조건화과정이 간섭을 받아 약화되고 중지되는 경우가 있다. 제지 또는 금지 조건반사의 성립과정은 일반화로부터 분화의 과정으로 진행된다.

강화과정에서 짝지어진 조건자극과 다소 다른 자극이 제공되어도 조건반사가 발생한다. 벨 소리의 박자 수에 변화를 주거나 부자소리로 대체시킨다 해도 약하지만 타액이 분비된다. 여기서 어떤 특정한 자극에 조건화가 형성된 후 이 조건자극과 유사한 다른 자극에 대해서도 같은 반응을 나타내는 것을 일반화(generalization) 또는 자극일반화(stimulus generalization)라고도 부른다.

호블랜드(Hovland)의 실험보고에 의하면, 자극 간의 유사성이 크면 클수록 자극 사이의 일반화는 매우 크다고 한다. 이와 같은 일반화의 상태에서 강화를 계속하면 나중에 양 자극을 분별해서 최초의 조건자극 이외의 다른 유사자극에는 반응이 일어나지 않는다. 이와 같은 현상을 분화 또는 변별, 또는 차별이라고도 하는데 완전히 학습된 자극에 대해서는 동일한 자극과 다른 자극을 차별하여 반응하게 되는 것이다.

. 다음에 기술하는 원리들은 조건반응의 성립을 뒷받침해 주는 기본 원리들이다.

(1) 강도의 원리(the intensity principle)

강도의 원리는 조건반사적인 행동이 형성되려면 첫 번째 반응보다 그 다음 번 반응이 더 강해야만 바람직한 결과를 얻게 된다는 이론이다. 이것은 자극의 강도가 일정하거나 또는 먼저 제시한 자극보다 더 강한 것일수록 효과가 크다는 의미와 동일하다.

(2) 일관성의 원리(the consistency principle)

일관성의 원리는 조건반응형성이 이루어지려면 조건자극이 일관성 있게 주어져야 효과가 일어난다는 이론이다. 만약 자극의 형태가 바뀔 경우 결과를 가져오기 어렵다고 볼 수 있다.

개의 실험에서 조건반응의 형성을 위해 조건자극을 가할 때, 만일 이 조건자극을 한 번은 벨소리로, 한 번은 나팔소리로, 한 번은 부자소리 등으로 자주 바꾼다면 혼돈만 발생하며 조건반응은 이루어지지 않아 바라던 효과를 거둘 수 없게 된다. 파블로프의 실험에서는 오직 벨소리만을 사용했기 때문에 효과를 거둘 수 있었다.

(3) 시간의 원리(principle of the time)

시간의 원리는 무조건자극과 조건자극이 있어야 하고 시간적으로 앞서거나 그렇지 않으면 이 양자를 일정한 양식으로 반복해 줌으로써 자극, 반응, 강화의 세 요소가 결합되어 조건형성이 일어난다. 조건자극을 무조건자극보다 먼저 부여하면 조건형성이 전혀 발생치 않든지, 혹 발생한다 하더라도 매우 지연되고 또한 불안정하게 형성된다. 조건자극과 무조건자극을 동시에 부여하면 보편적으로 조건 형성이 이루어지는데 다만 여러 번 반복해야 할 것이 요구된다. 조건자극은 무조건자극보다 조건형성이 잘 이루어진다. 조건자극과 무조건자극을 제시하는 가장 적당한 시간 간격은 약 0.5초 가량이고 5초 이상 지연되면 조건반응은 형성되기 어렵다.

(4) 계속성의 원리(principle of the continuity)

계속성의 원리는 자극과 반응(S-R)과의 관계가 반복되는 횟수가 많으면 많을수록 효과가 있다는 원리이다. 반복연습이 필요하다는 뜻으로 시행착오설에 있어서 연습의 법칙이나 빈도의 법칙과 같은 것이다. 파블로프의 실험에서도 약 50회의 벨소리를 계속해서 개에게 들려준 후 효과를 거두었던 것이다.

2) 시행착오설(theory of trail and error method)

학습에 관한 자극-반응 이론은 손다이크(Thorndike, 1874~1949)에서 출발하고 있으며, 그는 시행착오설의 주창자로서 유명하다. 시행착오란 일정한 자극상태에 놓여 있을 때 문제를 해결하기 위해서 여러 가지 다양한 반응을 시도해 보는 가운데 우연히 성공하게 되는 것으로 이러한 과정을 되풀이하는 동안에 자극상태(S)와 반응(R)간에 결합이 이루어져 문제를 해결하는데 소요되는 시간이 감소되고 그 방법이 개선되어 나가는 것을 말한다.

손다이크는 하버드 대학의 윌리엄 제임스(William James) 문하에서 심리학을 공부한 후 컬럼비아 대학에서 심리학을 연구하였다. 손다이크의 박사학위 논문이었던 「동물의 지능: 동물에 있어서의 연합과정의 실험적 연구」는 심리학에 있어서 최초의 동물실험이었다.

손다이크는 학습의 기본 형식을 시행착오에 의한 연합적 학습으로 설명하고 있는데,

실패하는 무효동작이 점차 배제되고 성공하는 유효동작이 완성되는 것은 이 사이에 기계적인 연합이 성립되기 때문이라고 생각했던 것이다. 손다이크는 굶주린 고양이를 문이 닫혀있는 문제상자에다 가두어 놓고 문제상자 밖으로 고양이가 볼 수 있는 곳에 생선을 놓아 두면서 그 생선을 먹기 위해 밖으로 나가려고 애쓰는 과정이 어떠한가를 연구하였다(그림 4-2). 처음에는 고양이가 음식 있는 쪽을 향해 튀어나오려 하기도 하고, 창살 사이로 발, 입, 목 등을 내어 보기도 하고, 이리저리 충돌해 보기도 하면서, 여러 가지 시행을 해 보다가 우연히 빗장을 밟아 문이 열리게 되어 생선을 먹게 되었다. 이러한 과정을 여러 번 반복한 결과 불필요한 무효동작이 점차적으로 감소되고 곧장 문을 열고 나오는 시간이 단축되었다.

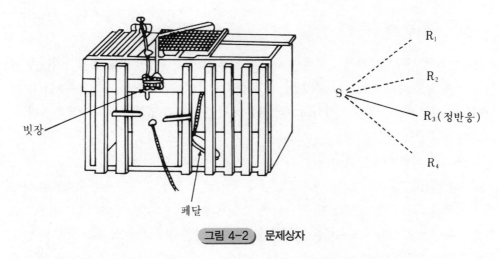

그림 4-2　문제상자

손다이크는 또한 미로를 만들어 출발점에 굶주린 쥐를 놓고 먹이가 있는 출구까지 어떻게 찾아 나가는가를 관찰하여 성공할 때까지의 쥐의 행동과 소요되는 시간에 대한 실험을 하였다(그림 4-3).

손다이크는 상술한 바와 같이 문제상자와 미로실험을—미로실험(maze experiment)에서 처음에는 막힌 골목을 수차례 헤매거나 혹은 되돌아오다가 결국 옳은 길을 찾아 그 길로 나가 먹이를 찾게 되었다. 이러한 과정을 수회에 걸쳐 반복한 결과 막힌 골목에 들어가는 빈도가 적어지고 올바른 목표를 찾아가는 시간이 단축되어 결국 한 번의 실수 없이 곧장 출구로 나가는 길을 알게 된다는 것이다—통한 동물실험을 가지고 학습이란 시행착오의 과정을 거치는 가운데 선택되고 결합되는 것이라고 보았다. 다시 말해, 동물이

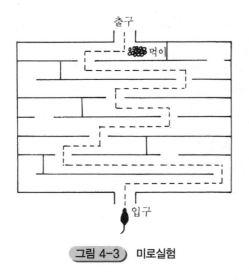

그림 4-3 미로실험

처음에는 어떠한 자극상태(S) 즉, 문제 장면에 처했을 경우에 실패하는 무효동작을 빈번히 행했으나 그러한 행동이 반복됨에 따라서 어떠한 시기부터는 실패하는 무효의 동작은 급격히 감소하고 성공하는 유효동작만을 신속하고 정확하게 나타낸다는 것이다. 시행과 착오를 반복하는 가운데 우연적인 성공에 도달한다는 것이다. 그래서 시행과 착오에 의하여 성공하는 유효동작을 발견한다는 의미에서 이러한 일련의 과정을 시행과 성공이라고 부르기도 한다.

손다이크의 시행착오설의 입장에서 보면 시행과 착오의 결합이 어떻게 강화되는가 하는 것이 학습을 보다 유효하고 효과적으로 유도할 수 있는 열쇠가 될 수 있는 것이다. 손다이크는 자극·반응 결합의 강화로부터 다음과 같은 학습의 법칙들을 제시하고 있다.

(1) 효과의 법칙(law of effect)

효과의 법칙은 결과의 법칙이라고도 불린다. 학습의 과정과 그 결과가 만족스러운 상태에 도달하게 되면 결합이 한층 더 강화되어 학습이 견고하게 되며, 상대적으로 불만족스러운 경우에는 결합이 약화된다는 것이다. 조건이 동일한 경우 만족의 결과를 주는 반응은 고정되고 그렇지 못한 반응은 폐기된다는 것이다. 즉, 어떠한 반응이든지 하나의 결과를 수반하기 마련이지만 그것이 얼마나 만족스러운 것이냐, 또는 불만족스러운 것이냐에 따라 학습이 결정된다는 것이다. 따라서 만족스러운 상태나 불만족스러운 상태가 크면 클수록 그 결합은 강화되는 방향으로 혹은 약화되는 방향으로 증대한다고 말하였다.

손다이크는 전자를 만족의 법칙, 후자를 불만족의 법칙이라고 명명했으나 후에 불만족의 법칙은 철회하였다.

(2) 연습의 법칙(law of exercise)

연습의 법칙은 빈도의 법칙이라고도 하는데 자극과 반응의 결합이 빈번히 반복되는 경우 그 결합이 강화된다는 것이다. 사용의 법칙은 연습하면 결합이 강화되는 것이고, 불사용의 법칙은 연습하지 않으면 결합이 약화된다는 것이다. 즉, 학습은 연습에 의하여 강화되고 연습에 의하여 효과가 높아진다. 그러므로 학습이 잘되게 하기 위해서는 반복연습이 필요한 것이다. 군대의 훈련이 바로 이러한 반복연습을 통한 강화를 유발시키고 효과를 보려는 단순한 패턴을 취하고 있다.

에빙하우스(Ebinghaus, 1966)의 기억과 망각에 관한 곡선은 상술한 바와 같이 연습의 법칙에 관한 설명이다. 즉, 학업성적에 있어서의 학습곡선은 사용의 법칙을 양적으로 표시한 것이고 망각곡선은 불사용의 법칙을 표시한 것이다(그림 4-4).

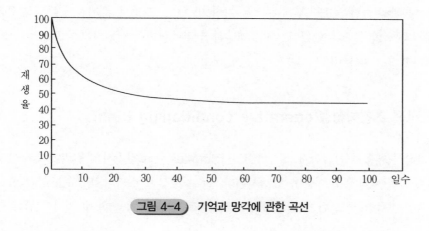

그림 4-4 기억과 망각에 관한 곡선

(3) 준비성의 법칙(law of readiness)

새로운 사실과 지식을 습득하기 위해서는 준비를 충분히 하고 있을수록 결합이 용이하게 된다. 즉, 어떠한 행동단위는 행동할 준비가 갖추어져 있을 때 비로소 만족하게 행동할 수 있으며, 반대로 어떠한 행동단위가 행동할 준비를 갖추고 있지 못할 때는 실패를 수반하게 된다는 것이다. 이 준비성의 법칙은 손다이크에 의해 발견된 것인데 여기에서 의미하는 준비성의 개념은 학습을 수행할 준비를 위한 준비도를 의미하는 것이지 성숙도를 의미하는 것은 아니다. 오늘날에 와서는 준비성 속에 성숙문제가 강조되어 성숙의 정도가 학습에 있어서 중대한 문제로 대두되었다.

손다이크의 이론은 형태심리학(Gestall Psychology)에서 비난하고 있는 바와 같이 처음에 여러 가지의 시행적 반응이 발생하여 그 중에 한 가지 반응이 우연히 성공하게 되면 이에 대한 반응이 고정되고 다른 반응들은 폐기되므로 새로운 행동이 성립된다고 하는 기계론적 이론이 기초가 되고 있다. 다시 말해서, S-R이론에서의 학습은 관찰될 수 있는 행동의 변화이지만, 형태심리학에서 학습은 눈에 보일 수도 있고 보이지 않을 수도 있는 지각 또는 인식의 발달이고 재구성이라는 것이다. 이러한 차이는 두 이론이 다른 인간관을 가지고 있기 때문이다.

게이츠(Gates, 1942)에 의하면, 자극-반응(S-R)적인 심리학자들은 실제적이건 편의적이건 인간을 충동적이며 기계적인 동물로 간주하지만 형태적인 심리학자들은 인간을 주로 지혜로운 호모사피엔스(Homo-Sapiens)로 보기 때문이라는 것이다.

그러나 학습자의 태도, 의지 등의 내적 조건, 즉 주체적 조건도 결코 무시할 수 없는 것이다. 이에 대해 손다이크도 후에 수정을 가한 바 있다. 그러나 문제점이 분명히 존재한다고 해서 배척할 필요는 없다고 본다. 왜냐하면 결합설이나 시행착오설 모두 일면의 진리를 지니고 있기 때문이다.

3) 조작적 조건형성설(operative conditioning theory)

미국의 S-R계통의 심리학자 스키너(B. F. Skinner)는 조건반사의 원리에 입각한 학습 연구를 창안하여 새로운 이론을 발전시켰다. 그는 자신이 스키너 박스(Skinner box)를 제작하여 이것을 가지고 쥐, 비둘기를 실험대상으로 학습 실험을 한 바 있다(그림 4-5).

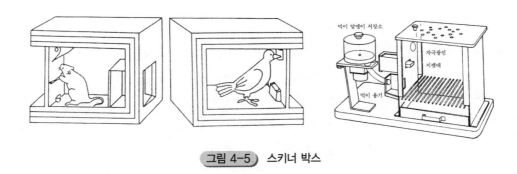

그림 4-5 스키너 박스

스키너 박스 속에는 위에 작은 전구가 달려 있고 지렛대와 먹이통이 있다. 여기에 굶주린 쥐를 집어넣으면 여러 가지 행동을 하게 되는데 실험상자 속의 한쪽 벽에 있는 지렛대를 누르게 되면 먹이접시 위의 음식물이 떨어지게 되어 있다. 이것은 쥐가 강화를 얻도록 조작할 수 있는 장치이다. 쥐는 이리저리 왔다갔다 하다가 지렛대를 발견하고 그 위에 발을 얹고 우연히 음식물을 얻게 되는데, 그 후부터는 쥐가 계속적으로 지렛대를 눌러 음식물을 얻는 행동이 형성되는 것이다. 이것을 조작적 조건형성이라고 한다. 이 실험에서 지렛대는 조건자극이고 지렛대를 누르는 행동은 조건반응이 된다.

스키너는 파블로프의 고전적 조건형성을 S형 조건화라고 하고, 자신의 조작적 조건화를 R형 조건화라고 하였다. 여기서 S형 조건화라고 하는 것은 조건자극과 무조건자극이 근접되어 있어서 직접 자극의 결합이 이루어지기 때문이며, R형 조건화는 강화의 원리가 보다 지배적이기 때문이다. 즉, 먼저 주어진 자극과는 관계없이 의도적으로 작용하여 강화를 가져온다는 것을 의미하고 있다. 다시 말해서, 조작적 조건형성은 스키너의 실험에서와 같이 지렛대를 누르면 음식물이 나오게 만들어져 있는 실험상자 속에서, 쥐가 능동적 행동을 취해 얻어진 조작행동 즉, 식욕을 만족시키는 수단이 되는 지렛대를 누르는 반응을 하게 되어 곧 지렛대를 누르는 능동적 행동에 익숙해지고 능동적 행동은 강화됨으로 조건화가 성립되는 것으로 R(Reinforcement, 즉 '강화'에서 나온 것이다)형 조건화라고 한다.

고전적 조건형성설과 조작적 조건형성설과의 근본적인 차이는 고전적 조건형성설에 있어서는 조건자극(conditioning stimulus)이 무조건 자극(Unconditioning stimulus)이 되어 조건자극에 대해 수동적으로 반응하는데 비해서 조작적 조건형성설에 있어서는 조건자극은 학습상태에 있어서 하나의 형식적인 의미만을 지니고 있을 뿐이며, 이에 대한 반응이 능동적으로 선택된 후에야 강화가 수반된다는 것이다.

상술한 바와 같이 자극-반응 이론은 동물의 실험에서 시작되었으나 결과적으로 행동의 진보적 변화를 동반한다는 점에서 인간 행동에 적용되고 있는 것이다. 즉, 아동의 행동습관의 획득과 언어습관의 획득 등에 응용이 가능하기 때문에 학습실험으로써의 중요한 의의를 지니는 것이다.

4) 통찰이론(insight theory)

인간은 어떤 문제에 부딪혔을 때 그 문제를 해결하면 '아하 경험(aha experience)'을 한다. '아하'는 문제에 대한 해답이 갑자기 떠오를 때 저절로 소리내는 기분 좋은 느낌이다. 통찰학습(insight learning)은 여러 가지 문제 해결을 경험하면서 유사한 문제를 쉽게 해결할 수 있다.

독일의 심리학자 쾰러(W. Köhler)는 학습이 형태적 파악으로써 통찰에 의해 이루어진다고 하였다. 그는 코프카(Koffka)와 같이 베르트하이머(Wertheimer)의 제자로서 형태심리학의 입장에서 학습을 인지적 구조(cognitive structure)의 변화 즉, 재조직화로 파악하는 것을 중시하고, 인지의 원리가 내재되고 있는 새로운 이론을 전개시켰다. 쾰러는 사고나 문제 해결 등이 어떻게 이루어지는가를 분석한 결과 다음과 같은 두 가지 이론을 도출해 냈다. 첫째, 문제의 해결에 있어서 성공은 전체과정을 체제화하는 법칙(law of organization)이다. 둘째, 문제해결을 위한 통찰인데 문제해결은 시행착오나 조건화로는 설명될 수 없는 전체와의 구조 속에서, 문제 요점의 주된 법칙으로써 간단하면서도 의미에 충만하게 통찰하는 것으로 가능하다는 간결 및 의미의 법칙이다.

그래서 통찰이론은 광의로는 형태심리학의 학습이론을 말하고 협의로는 쾰러의 유인원실험을– 쾰러는 26세 때(1913) 아프리카에 있는 유인원(apes) 연구 소장으로 있으면서 유인원, 닭 등의 동물들을 사용하여 연구하였는데, 그는 침팬지를 이용해 문제해결과정을 실험하여 여기에서 학습이론으로써의 통찰이론(insight theory)을 도출해 내었던 것이다 –통한 학습이론을 말한다. 그의 이론의 요지는 "문제 해결의 행동은 학습사태를 통찰함으로써 이루어진다는 것이다."

통찰이론에 있어서의 통찰은 학습의 장(field of learning)에 대한 학습자의 통찰과 그의 주관적인 "장의 구성(structure of the field)"에 의존하고 있다. 문제의 난이(難易)는 거의 지각의 문제에서부터 기인된다. 이것은 사실상 후에 레빈이 이론화시킨 장이론(field theory)의 선구적인 역할을 했다.

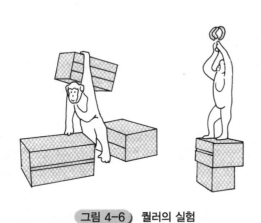

그림 4-6 쾰러의 실험

(그림 4-6)에서 보는 바와 같이 천정에 달려 있는 바나나를 따먹기 위해서 그곳에 있는 모든 도구들 사이의 연관성을 전체적인 관점에서 인식하고, 이 모든 도구를 총동원하여 바나나를 따먹기 위한 도구로써 사용했다. 이것은 침팬지가 천정에 달려있는 바나나와 문제해결을 위한 사태를 전체적인 관점에서 이해하고 분석하여 인지하고 자신의 목표달성을 위한 행동과 결부시켜서 재구성 내지 재체제화(reorganization)하는 과정을 거치게 되는데 침팬지의 행동과정 속에는 목적과 수단, 전체와 부분의 관계 즉, 인지장(cognitive field)의 재체제화가 진행

되고 있다는 사실과 동시에 인간과 마찬가지로 도구를 사용할 줄 아는 심리적 이해력이 나타남을 알 수 있다. 그래서 쾰러는 이러한 문제해결의 현상이 시 · 공간적으로 직접 연결되어 하나로 통합된 독자적 과정인 통찰에 의해서 이루어진다고 결론을 내렸다.

코프카도 역시 쾰러와 함께 손다이크의 시행착오설에 반대하여 통찰설(insight theory)을 강조하고 학습을 행동이 변용된 현상으로 보았다.

5) 장이론(field theory)

장이론은 독일 베를린 대학의 형태심리학파(Gestalt Psychologic Schule)의 일원인 레빈(Lewin)에 의해 주장된 것이다.

레빈은 특히 인간의 정서심리학(Emotional Psychology)의 연구에 일대 획기적인 전환점을 마련한 사람이다. 그는 1936년 나찌(Nazi)의 유태계의 배척으로 인해 미국에 망명하여 코넬 대학, 아이오와 그리고 매사추세츠 공대(M.I.T)에서 소위 위상심리학(Topological Psychology)을 강의하였다. 그의 대표적 저작은 『인성에 대한 동태적 이론』(1935), 『위상론의 원리들』(1936), 『사회과학의 장이론』(1951) 등이 있다. 또한 그는 계속해서 집단역학에 지대한 관심을 두고 사회심리학 분야에까지 자신의 연구 분야를 넓혀 나갔다(K. Lewin, 1946).

레빈은 형태심리학의 창설에 기여한 사람으로 초기의 형태심리학적 원리에 입각한 기억과 동기의 역동적 연구를 시도했다. 그 후 그는 위상심리학을 발전시키고 인지적 구조(cognitive structure)라는 개념을 도입하여 장의 이론을 주장한 바 있다. 인지구조에 변화를 가져오는 힘은 인지된 장, 그 자체에서 오는 것 뿐만 아니라 개인의 요구나 동기 등의 유의성의 관계에서 오는 것이 있다고 했는데 이것은 다음과 같이 설명될 수 있다. 즉, 개인의 행동은 단지 기술적이나 현상적으로만 이해할 수 없으며 행동을 지배하는 그 순간의 시 · 공간적인 조건을 고려해야 한다고 하여 심리학적 생활공간의 기술을 생각하고, 생활공간의 올바른 심리학적 기술과 분석이야말로 개인행동의 본질적인 이해에 도달시키는 것이라고 하였다. 그래서 개인적 행동의 변화과정은 장에 대한 각자의 심리적 인지구조에 의해 발생한다고 했다.

예를 들면, 승마장에 설치된 무수한 장애물들은 승마자들에게 하나의 위험한 심리적 장(Psychological Field)을 형성시킴으로 긴장하고 주의 깊은 행동의 장이 되지만, 관람자들에게는 역으로 재미있고 스릴 있는 심리적 장이 되어 유쾌히 즐기는 행동의 장으로 느껴지는 것이다. 이것은 개인이 심리학적 환경에 둘러싸인 생활공간 속에 있고, 그 속에 있는 개인은 지각적 운동영역과 내적 개인적 영역으로 분화된다고 설명한다.

레빈의 행동이론을 기초로 해서 볼 때 학습이란 자극과 반응의 관계라기보다는 인지대상인 지각의 장과 내적, 개인적 영역의 관계 즉, 인지구조의 성립 또는 인지구조의 변화라고 보는 것이다. 이러한 레빈의 이론은 개인을 둘러싸고 개인의 행동에 역동적 힘을 가하는 객관적 및 외적인 힘으로써의 환경 혹은 생활공간만을 의미하는 것이 아니고 개인 자신도 장의 일분자가 되는 것이다. 이러한 의미의 장은 각각의 요인이 모인 단순한 결합체가 아니라 그것들이 또 그때에 '독자적인 의미를 갖는 결합체'라고 할 수 있다. 여기에서 집단역학(group-dynamics)의 문제를 발견할 수 있다.

레빈은 학습이론을 완벽하게 체계화시키지는 않았으나 행동이 일어나는 변화의 종류에 대해서 심리학적 기술(psychological description)을 하고 그것을 동기, 인지적 구조, 분화, 체제화, 통합 등과 같은 구성개념에 귀착시킨다(C. S. Hall & G. Lindzey, 1940). 이러한 일련의 사실을 토대로 레빈은 '학습이란 인지구조의 성립, 인지구조의 변화'라는 결론을 내렸으며, 이러한 학습은 생활공간 영역의 분화와 많은 하부구조로써의 분절이 있고, 이 분절상호의 기능적 연관이 생겨서 어떠한 방법으로 목표에 용이하게 도달하는가를 이해하는 '인지구조의 변화'가 학습이라고 본 것이다. 이러한 과정을 민영순 교수(1983)는 미분화적 생활공간들이 경험에 의하여 지식이 얻어지고 점차로 체제화 되어 막연했던 영역들이 선명히 분화되어 '장의 인지구조'나 현실수준 등이 정립됨으로써 객관성 있는 인지구조의 성립과 효과적인 문제해결에 타당한 인지구조의 변화가 이루어진다고 보았다.

미분화적인 생활공간이 경험에 의해 체제화 되어 인지구조의 성립과 변화가 달성되는 예를 들어보면 다음과 같다. 처음 도시에 주소만 가지고 올라온 시골사람은 정거장에 도착해 자신이 가야 할 목표 즉, 집을 잘 모른다. 그때의 상황은 미구조화의 영역가운데 있는 것이다. 어느 쪽으로 가야 하는지, 갈 곳이 얼마나 먼 곳인지 아무것도 모르고 있다. 그러나 행인들에게 길을 물어 전철이 자기가 찾아갈 집까지 간다는 사실을 인지하게 됨으로써 지금까지 전혀 몰랐던 목표가 막연하나마 머릿속에 그려지면서 추측을 함으로 새로운 심리학적 구조(psychological structure)가 발생하게 된다. 여기서 약간의 구조화가 형성된 것이다. 그 후에 자신의 목표에 찾아간 이 사람은 그 다음 날에 자신의 근무처에 찾아가려고 집주인에게 물어봄으로 인해서 그의 머릿속에 정거장과 집과 직장과의 사이에 기능적인 연관을 인지하게 되었다. 그리하여 그는 자신의 직장에 찾아갈 수 있게 된다. 비로소 완벽한 구조화가 형성된 것이다. 이와 같은 패턴에 의한 레빈의 장이론은 쾰러의 통찰이론과 공통적인 면을 소유하여 양자 간에 상호관계가 깊음을 포착할 수 있는 것이다.

통찰이론과 장이론은 학습의 장에 대한 '역학적 인지적 구조'를 설명하는 인지이론을 대표한다. 상술한 바와 같이 레빈은 인지의 구조변화인 학습을 중시하고, 재차 요구수준을 인위적으로 상승시킴으로써 학습상태를 활발케 한다는 점을 시사하였으며, 특히 레빈은 자신의 학습 이론을 종래의 여러 다른 학설과 같이 동물학습 실험을 기초로 하여 증명한 것이 아니라 독자적인 정의행동(emotional behavior)에 대한 실험에 의하여 논술하였다는 점이 특이한 사실이다.

6) 기호-형태이론(sign-gestalt theory)

톨만(Tolman, 1886~1569)은 행동주의 심리학의 입장에서 모든 행동은 그 개체의 목적에 의하여 결정짓게 된다고 그의 저서 "동물과 사람에 있어서의 목적적 행동"에서 체계화했다. 그래서 연구 초기에는 자신의 이론을 목적적 행동주의라고 불렀는데, 후에 이것을 기호-형태설 또는 기호-학습설이라고 하였다. 스스로 자신의 이론을 기호-형태이론(sign-gestalt theory), 기호-의미체이론(sign-signification theory) 또는 기대이론(expectancy theory)이라고 불렀는데, 힐가르트(Hilgard)는 '기호-형태', '기호-의미체'의 두 용어를 축약해 '기호-학습이론(sign-learning theory)'이라고 지칭했다(E. R. Hilgard, 1966).

톨만의 이론은 신행동주의에 속하면서도 학습의 이론에 있어서는 특히 인지적 측면을 강조했으므로 인지이론의 부류에 속한다. 톨만은 그의 학습이론에 있어서 위에서 기술한 바와 같이 '기호-형태-기대(sign-gestalt-expectation)' 혹은 '기호-의미체 관계(sign-signification relation)'를 주장하였는데 이것은 다음과 같이 정의되어진다.

어떠한 구체적인 자극(sign)은 유기체의 측면에서 볼 때 일정한 형의 행동결과로써의 일정한 자극대상-의미체를 도출한다. 이러한 의미체로써의 자극대상이란 "어떠한 수단이 어떠한 결과를 수반한 것이다"라는 '수단과 결과의 관계'의 성립을 의미하며 이것은 행동이 아닌 사전인지이며 인지도가 신경조직 속에 형성되는 것을 의미한다. 이 과정에서 수단-결과-기대가 성립되는 것이다. 이러한 이론은 쥐를 통한 미로학습 실험에서 볼 수 있다. 쥐를 통한 미로학습 실험에는 잠재학습과 장소학습이 있지만 본서에서는 톨만, 리치(Ritchie) 그리고 칼리쉬(Kalish) 등이 시도한 실험을 다루어 보고자 한다(그림 4-7).

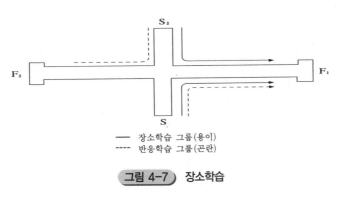

— 장소학습 그룹(용이)
---- 반응학습 그룹(곤란)

그림 4-7 장소학습

쥐를 미로학습(maze learning)시킬 때 장소학습 그룹은 S1, S2로, 어느 곳에 위치하더라도 그곳에서 F1 장소로 가서 동일한 장소에서 먹이를 먹는다. 다시 말하면, 먹이 있는 장소는 고정적이지만 출발점(S1, S2)에 따라서 구부러지는 방향이 반대가 된다. 이것과는 좀 달리 반응학습 그룹은 S1을 출발점으로 할 때는 우측으로 구부러져서 F1장소에 먹이가 있고, S2를 출발점으로 할 때도 우측으로 구부러져서 F2 장소에 먹이가 있도록 한다. 말하자면 우측으로 구부러지는 것은 동일하며 쥐의 반응 행동도 동일하다.

그런데 장소학습 그룹 쪽이 보다 빨리 먹이의 소재를 학습한다. 장소학습 그룹의 쥐는 8회의 시행(trail)에서 모두 먹이를 실수 없이 발견했지만, 반응학습 그룹의 쥐의 과반수는 72회의 시행에서도 틀리게 했음이 증명되었다. 여기서 포착할 수 있는 사실은 쥐가 미로 그 자체를 학습하여 장소의 소재를 획득한 것이지 그저 단순한 반응획득이라고 말할 수는 없다. 상술한 바와 같이 학습이란 단순히 자극-반응(S-R)의 조건화가 아니며 신경중추 속에 환경에 대한 인지지도가 형성되는 것이라고 톨만은 생각한 것이다.

3. 학습과 기억

1) 기억과 망각의 의미

일단 획득된 행동이나 학습의 내용은 시간의 경과에 따라 변화하여 어떤 것은 잊어버리게 되고 또 어떤 것은 언제까지나 잊어버리지 않기도 한다. 즉, 과거의 학습경험이 어떠한 형태로든지 현재와 미래의 행동에 영향을 주는 작용을 한다. 이와 같이 학습된 행동이 지속되는 것을 파지(retention)라 하며 이 행동이 지속되지 않고 소실되는 것을 망각이라 한다. 학습은 기억의 효과를 전제로 한 것이다. 학습과정, 특히 파지과정에서 기억과 망각의 관계는 대단히 중요하다.

기억은 경험에 의하여 얻은 내용들을 저장·보존하는 현상을 말한다. 즉, 기억은 과거의 경험이 대뇌에 흔적(trace)을 남기고 있다가 어떠한 형태로든지 현재와 미래의 새로운 행동에 영향을 주는 작용을 말한다. 기억과정에는 사물의 인상을 마음속에 간직하는 기명(signature), 그 인상이 보존되는 파지(retention), 그것이 다시 의식으로 떠오르는 재생(reproduction) 그리고 현재 경험하고 있는 장면이나 사물이 과거에 경험한 것과 같은 것을 알아내는 재연(recognition) 등이 있다. 이와 같은 것이 기억에 연결된 일련의 과정으로 체제화 되어 역동적인 힘의 장을 형성한다. 그러나 기억하고 있는 것이 전부 재생되지는 않는다.

기억하고 있는 것 중에서 재생되는 것을 파지라고 하고 재생되지 않는 것을 망각이라 한다. 초기의 기억과정에 대한 이론가들은 망각이란 완전히 경험내용의 저장과 보존이 없어진 현상이라고 생각한다. 그러나 망각은 경험내용의 소실이 아니라 단순히 재생되지 않은 기억이라고 주장하는 견해가 점차 우세한 경향을 보이고 있다. 다시 말하면, 기억 흔적이 현재의 생활경험과 결부되지 않아 재생, 재인이 일어나지 않는 상태로 반드시 흔적의 소실이나 붕괴에 이유가 있는 것은 아니다. 소위 건망증의 경우와 같이 그 당시에는 재생해 낼 수 없었지만 후에 다시 재생해 내는 경우도 있는 것이다. 또 완전히 잊어버렸다고 생각되는 경우에 있어서도 재차 그것을 경험할 때에는 이전에 경험할 때보다 훨씬 적은 횟수로 쉽게 기억할 수 있는 것이다.

기억이 이루어지는 과정에 의해 단기기억(short term-memory: STM)과 장기기억(long term memory: LTM)으로 나눈다. 단기기억은 도형이나 언어 자료를 처음 지각하고 아주 짧은 시간(3~18초) 후에 이루어지는 기억과정이다. 이 단기기억 과정을 지나 수시간, 수일 또는 그 이상의 시간에 걸쳐 장기간 파지(retention)되는 기억을 장기기억이라고 한다. 단기기억은 망각의 양이 예상외로 많은 것으로 보고되어지고 있으며, 붕괴되기 쉬운 취약(disruptiveness)한 기억이란 것이 실험적으로 증명되었다.

브라운(Brown)은 단기기억은 기억되는 정보의 양이 적을수록 붕괴되지 않는다고 하였다. 예를 들면 간단한 전화번호와 같은 것은 잘 붕괴되지 않는다. 그러나 감각정보의 양이 많을 때에는 쉽게 붕괴된다는 것을 실험적으로 증명했다. 피터슨(Peterson) 등의 실험에서도 되풀이 연습을 하지 않으면 곧 붕괴하는 결과에 도달하였다. 단기기억이 붕괴되기 쉬운 이유에 대해서는 두 가지가 있는데, 첫째로 단기기억이란 한 번만 제시되고 연습이 없으면 자연적으로 사라지는 성질의 것이며, 둘째로 새로운 감각정보가 들어오면 그의 간섭에 의해서 붕괴된다.

기억에는 재생, 재인(再認)되는 재료가 어떤 지각을 선택하느냐에 따라 시각형(visual type), 청각형(auditory type), 운동형(motor type) 등으로 구분되는 것이다. 시각형은 눈으로 본 것이 가장 습득하기 쉽고 또한 파지 · 재생이 쉬운 경우이고, 청각형은 귀로 들은 것이 습득하기 쉽고 또한 파지 · 재생이 쉬운 경우이다. 그리고 운동형은 보고 듣는 것보다는 필기를 한다든지 발음을 한다든지 하는 동작이 있어야만 습득하기 쉽고 역시 파지 · 재생이 쉬운 경우이다.

기억에는 기계적 기억(route memory)과 논리적 기억(logical memory)이 있는데, 기계적 기억은 기억자료의 의미나 구조의 파지 · 합리성을 토대로 하지 않고 다만 맹목적으로 반복 · 연습하는 것을 말한다. 기계적 기억은 8~10세경부터 13~14세경까지 급격하게 발달하다가 그 후는 점차로 완만하게 된다. 논리적 기억은 기억재료의 의미와 구조의 파악과 합리성을 토대로 연습하는 것을 말한다. 논리적 기억은 대체로 11세경부터 나타나 14~15세경에 기계적 기억과 교체하며 17세경에는 본격적으로 발달한다.

이에 비추어 볼 때 유아와 저학년의 아동기억은 주로 기계적 기억에 의존하고 있으며, 논리적 기억도 어느 정도 작용하고 있음을 알 수 있다. 즉, 저학년에는 기계적 기억이 지배적이고 고학년이 됨에 따라 논리적 기억이 중요한 기억형식이 된다. 이러한 논리적 기억은 아동의 학습이나 지적 발달에 있어서 주도적인 역할을 하게 된다. 따라서 기계적 기억은 기억의 방법으로는 단순하지만 논리적 기억의 기초가 되며 이것은 상호의존적인 연관성을 갖는다.

교과학습의 기억에 있어서 기계적 기억을 요하는 식물이나 동물학의 기억이 특히 대학생들에게 현저한 망각곡선을 나타내는 것은 그들이 논리적 기억형에 속하기 때문이다.

기억흔적으로 파지된 것은 시간이 경과함에 따라서 기억흔적 자체에 자발적인 변화를 일으키며 재생된 것은 기명된 것과 동일하지 않은 경우가 허다하다는 것이 밝혀지고 있다.

울프(Wulf)는 기억흔적의 변용은 형태의 법칙으로 설명될 수 있는 것으로 평준화, 강조화, 동화가 이루어지는 간결의 법칙에 의해 지배된다고 보았다. 위의 법칙의 개념은 아래의 설명하는 바와 같다.

① 평준화(leveling) : 도형이 불규칙적이며 불안정할 경우 지각된 도형의 기억흔적은 그 자체의 내적 긴장에 따라서 그 긴장을 해소하는 방향, 즉 안정화의 방향으로 변용한다. 따라서 재생도형은 대칭적(symmetrical)인 도형이 된다.

② 강조화(sharpening) : 만일 도형이 있는 부분이 다른 부분에 비해서 강조되고 강한 인상이 주어지면 재생도형에서는 그 부분이 더욱 강조될 경향이 있다. 이러한 일은 동시에 강조되지 않는 부분의 특이성을 약화하며 평준화함을 의미한다.

③ 동화(assimilation) : 기억의 흔적의 변용은 사물에의 동화, 도형 동화, 언어분석 등의 모습으로 변질된다고 주장하고 있다(Gibson, 1929). 즉, 사물동화란 무의미한 기하학적 도형이 재생될 때는 기억하고 있는 사물 중에서 그와 닮은 사물로 재생되는 것을 말하고, 도형동화란 자극도형의 부분이 분리되어 다른 도형의 부분으로 결합되어 재생하는 것을 말하며, 언어분석이란 자극도형을 언어화해서 기억하면 재생이 언어적 표현에 따라 변질된다는 것이다.

2) 기억과 망각의 이론

기억이란 머릿속에 잔재하는 어떤 흔적이 하나의 힘의 역할을 해나가는 것으로써 학습이 경험내용의 획득과정인데 반하여 기억이란 이것을 지정, 보존하고 필요한 사태에 이를 재생, 활용하는 과정이라고 할 수 있다. 문제는 학습한 것에 대한 재생능력(reproduction ability)의 감퇴인데 이러한 문제점에서부터 학습결과를 장기간 파지하고 또한 생활에 적응시키는 능력의 배양문제가 대두되는 것이다. 장기간 파지하고 기억하기 위해서는 되도록 망각을 저지하는 학습을 해야 하는 것이다.

망각의 원인으로는 연습을 계속하지 않거나 사용하지 않는데 있다. 따라서 망각은 시간의 경과와 병행한다고 주장하는 견해도 있다. 이것이 불사용의 법칙이다. 그러나 사용하지 않는다고 반드시 망각이 일어나는 것이 아니고 오히려 기억이 잘되는 상기의 현상이 보인다는 점과 사용하지 않는 기간이 오래 계속해도 망각이 일어나지 않는 경우도 있다는 점 최초의 학습에서 재생까지의 사이에 이루어지는 새로운 학습활동의 양이나 질이 망각에 영향을 끼친다는 사실로 미루어 단순히 불사용의 이유만으로는 그 설명이 부족하다고 지적하고 있다.

그래서 호블랜드(Hovland) 등이 연구 발표한 결과에 의하면, 파지감소의 경향이 항상 에빙하우스(Ebbinghaus)의 망각의 법칙과 동일하지 않고 오히려 어떤 조건하에서는 연습이 끝난 일정한 시간이 경과한 후임에도 불구하고 오히려 재생률이 높다는 상기현상(reminiscence phenomenon)이 발견되었다.

상기는 처음에 잘 학습한 것이 망각이 적고 망각의 진행도 완만하기 때문에 최초의 학습을 되도록 완만하게 해야 한다는 것이다. 그리고 상기가 발생하는 이유로는 여러 가지가 있으나 그 중 휴식하는 동안에 피로를 풀 수 있다든가, 복습할 수 있다든가 또는 방해하는 반응이 소실하기 때문이라든가 하는 등등의 이유를 둘 수 있다.

또한 정신분석학자들의 주장에 의하면 망각이란 억압의 결과로써 발생한다고 하였다. 다시 말해서 재생하는 것이 불쾌하면 그것을 회피하려는 경향이 있어서 무의식적으로 그것을 억압하고 망각한다는 것이다.

파지와 망각은 동일과정에 의한 것으로써 파지는 학습된 행동의지 속에 연관된 용어이고 망각은 지속과정의 소실에 연관된 용어인 것이다. 기억과 망각의 이론에는 소멸설(decay theory), 간섭설(interference theory), 기억 저장설(memory-store theory) 등이 있는데 이러한 설들을 간략히 소개하면 다음과 같다.

(1) 소멸설(decay theory)

기억은 비영구적이기 때문에 망각이 일어날 수 있다고 본다. 시간이 경과함에 따라 기억흔적이 쇠퇴하기 때문에 망각이 일어난다는 것이다. 또한 이 이론은 생리적 기제를 통해서 소멸이 일어난다는 잠정적인 가정이다. 특히 장기기억과정에 있어서의 망각현상은 시간의 경과에 따라 대뇌피질부의 기억중추에 남아있는 기억흔적이 점차로 소멸되어 가기 때문이라고 주장하는 이론이다(C. A. Miller, 1956).

소멸이론이 맞다고 한다면 망각원인이 시간의 경과일 것이다. 그러나 장기기억에 관한 연구에 따르면, 시간경과가 그렇게 영향력 있는 망각의 원인이 아니었다. 젱킨스(Jenkins)와 달렌바하(Dallenbach, 1924)는 망각은 단순히 시간의 산물이 아니라 정보의 양, 복잡성 및 유형에 달려있다고 보며, 정보의 경합이 파지에 미치는 부정적 효과를 간섭

(interference)하기 때문이라 한다.

(2) 간섭설(interference theory)

대뇌피질부에 장기기억된 것이 그 후의 새로운 학습 또는 기억에 의해 방해받고 밀려나 새로운 학습이나 기억이 그 자리를 대신 점거함으로써 유발되는 것이라는 이론으로써, 역행간섭과 순행간섭에 의한 설명을 방증(傍證)하려는 이론을 말한다(Underwood, 1957). 역행간섭(retroactive interference)은 새로운 정보가 이전 학습한 정보의 파지를 방해하는 현상을 말하며, 순행간섭(Proactive interference)은 이전의 학습한 정보가 새로운 정보의 파지를 방해하는 현상을 말한다. 그 예로 언어에 있어서 유사한 것을 연속하여 배우면 역시 간섭으로 인하여 먼저 배운 것을 잊어버리게 되며 유사성이 심할수록 망각률이 높다고 한다. 따라서 경험을 한 후 즉시 잠잘 때와 깨어 있을 때를 비교하면 기억하는 율이 수면시가 높다는 것이다. 대체로 이것은 사람에 따라 차이가 있으나 각성시의 망각률이 수면시보다 높은 것은 사실이다. 그것은 각성시의 다른 활동이 기억을 간섭하고 파괴하는 작용을 수반하기 때문이라고 한다.

젱킨스(Jenkins)와 달렌바하(Dallenbach) 등은 두 사람의 학생에 대하여 10개의 무의미철자를 학습시켰다. 완전히 기억시킨 후 각각 1, 2, 4, 8시간 후에 재생시켜서 정답수를 조사하였다. 이와 같은 방법으로 두 학생의 활동시와 수면시를 시험했는데 결과를 분석해 보면 수면시는 활동시보다 망각률이 낮으며 또한 그 시간 이후의 수면시에는 거의 망각이 진행되지 않고 있음을 발견할 수 있었다.

(3) 기억 저장설(memory-store theory)

학습기제(Learning mechanism)는 단기저장고(Short term store)와 장기저장고(long-term store)의 두 가지로 구성된 기억체계를 들 수 있는데(K. W. Spence, J. T. Spekce), 한두 번 반복 연습하면 단기저장고에 들어가게 되고, 다시 반복 연습을 계속해서 기억했다는 확신이 서면 기억자료는 단기저장고에서 장기저장고로 옮겨 간다고 주장하는 이론이다. 이 이론에는 반복연습이 가장 중요시 되며 그것에 따라 어느 저장고에 이전되어지느냐가 결정된다고 한다.

기억과 망각의 연구는 오래 전부터 연구되어 왔다. 그리고 학교교육에서는 언어와 문자에 의한 학습이 중요하므로 기억과 망각의 연구도 언어자료로써 행해진 것이 많다. 독일의 에빙하우스는 무의미철자를 사용하였다. 무의미철자도 외우기 쉬운 것과 어려운 것이 있기 때문에 각 철자의 연상가를 측정하여 같은 정동 연상가를 갖는 것이 사용되었다. 그는 무의미철자를 도구로 하여 이것을 틀리지 않고 재생할 때까지 반복·학습하고 그의 소요시간이나 연습 횟수를 측정했다. 그리고 일정한 시간이 지난 후 다시 같은 도구를 완전히 학습하는데 필요한 시간이나 횟수를 측정하여 두 번째 이후 학습의 소요시간이나 횟수가 어느 정도 파지되는가 하는 과정을 연구한 바 있다.

연구결과를 보면 학습 후 24시간이 지나면 60% 이상 망각하고, 48시간이 지나면 70% 이상, 그 이후 망각률은 차차 줄어들어 31일에는 망각률이 80% 정도임을 알 수가 있었다. 이 결과로 볼 때 대체로 기억 직후에 잊어버리는 비율이 가장 높은 것을 알 수 있었다.

흔히 실험에서는 무의미철자를 사용하지만 무의미철자의 파지는 학습 직후 급속히 감소되고 그 후에 완만한 감소를 보이는 경향이 있다. 오늘날은 무의미철자 외에 유의미철자(숫자, 시, 산문)가 실험의 도구로 사용되고 있다. 그런데 유의미철자로의 파지는 무의미철자의 파지곡선과 비슷하지만 파지의 정도는 훨씬 높다는 사실이 규명되었다.

이러한 망각의 문제는 여러 학자들에 의해 실험적, 이론적으로 연구되어 왔는데, 그 결과를 기초로 하여 망각을 방지하고 파지를 유지하기 위한 사항들을 개괄하면 아래와 같다.

첫째, 적절한 지도계획에 대한 연습이 필요하다.

연습의 원리는 손다이크의 연습의 법칙이나 조건형성설에 있어서의 분대의 원리와 관계되는 것으로 기명과 파지에도 이들 원리들은 적용된다. 불충분한 기명은 재생시에 일반화가 이루어진다. 따라서 자주 만난바가 없는 사람을 만났을 때는 그 사람이 아는 사람이기는 하나 그가 A인지 B인지 분별이 잘 되지 않아 확실한 재인식이 되지 않는 경우가 있는 것이다. 불충분한 기명(기억 과정에서, 새로운 경험을 머릿속에 새기는 일)을 하고 난 다음에 시험문제의 선택지를 보면 기억하려고 애썼음에도 정답과 오답 간의 혼란이 일어난다. 이와 같은 예들은 곧 재생에 있어서의 연습의 원리와 관계되는 것이다.

둘째, 일반적으로 연습은 학습한 직후에 시키는 것이 효과가 있다. 예를 들면 그날 학교에서 배운 내용은 며칠 후에 복습하는 것보다 그날 중으로 복습해 두는 것이 기명·파지를 돕는다. 또한 어떤 시간에 들은 강의내용을 그 시간에 인접된 휴식시간에 자기체계에 맞도록 머릿속에 재생해 보는 것이 며칠이나 몇 달 후에 몇 시간 연습하는 것보다 파지를 도울 때가 많다.

셋째, 학습의 정도는 한 학습을 끝낸 다음 학습에 임하여야 되며 간격을 두고 때때로 연습시키는 것이 효과적이다. 예를 들면, 시험 직전에 하루 혹은 이틀 동안 집중학습하기 보다는 일정한 시간 계획에 따라 한 학기 규칙적인 간격을 두고 공부하는 것이 효과가 있다. 맥도날드(Mcdonald)는 최초의 연습 직후 자주 학습하고 요구되는 파지기간 동안에 다시 시간 간격을 넓혀 가며 재학습하는 것이 가장 효과적인 방법이라는 것을 그의 실험에서 밝히고 있다.

넷째, 학습 자료는 학습자에게 의미를 알게 하는 것이 중요하다.

학습 자료는 학습지의 경험에 결부시키고 나아가 장차 사용할 부분에 연결시켜 학습자 자신의 지식체계 속에 질서 있게 학습시키는 것이다. 의미자료가 무의미자료보다 망각률이 낮다는 점에 대해서는 이미 앞에서 언급한 바 있다. 학습 자료에 대한 충분한 이해도 없이 기계적으로 기억한다는 것은 마치 무의미철자를 기억한다는 것과 같이 망각을 촉진시키는 작용을 한다. 어떤 자료를 의미있게 학습한다는 것은 지식을 원리로 축소시킬 수 있도록 선택해서 기억하는 것으로 학습의 장에 있어서 이미 완전학습의 상태 즉, 완전기명에 가까운 상태를 말한다. 이렇게 하여 강력하게 기명되었을 때 자연히 파지력도 높아진다. 특히 의미 있게 자료를 기명하면 그 의미와 유사하거나 반대되는 개념이 있을 때 쉽게 연상되므로 재생은 물론 재인식에도 효과적이다.

3) 파지와 학습방법

학습이란 인간 발달에 있어서의 재체제화의 과정이라고 하였는데, 이 재체제화의 과정은 학습결과의 응용단계까지 미치는 것이다. 즉, 생활에 도움을 줄 수 있는 생활화의 단계까지 발전해야 완전한 학습이라고 할 수 있는 것이다. 아무리 많이 배워도 아는 것만으로 그치면 학습한 가치는 크지 못한 것이다. 일단 성취된 학습효과는 그 단계에서 멈출 것이 아니라 앞으로 실생활에 활용하고 응용할 수 있는 단계로까지 발전시키기 위한 완전 학습과정을 거쳐야 한다. 존 듀이가 학교에서 교수법을 세 가지로 분류한 것에서 상술한 바와 같이 의미를 발견할 수 있다.

① 가장 바람직하지 못한 방법으로 각 과목을 독립되고 완성된 것으로 취급하는 교수법과 학습자로 하여금 다른 학과나 또는 다른 과업과의 연결을 하도록 지도하지 않는 교수법이다.

② 학습자로 하여금 이미 배운 것을 조직적으로 이용하여 현재의 과업을 이행하는데 도움이 되게 하고, 현재의 과업을 이용해서 이미 습득한 지식을 더 한층 명료하게 이해할 수 있도록 이끄는 교수법이다.

③ 가장 바람직한 교수는 학교의 교재와 일상생활의 실제 사실을 상호 결합시켜 학습자로 하여금 교과와 실생활의 접촉 및 상호관계를 찾아내는 습관적 형태를 지니도록 이끄는 교수법이다.

②의 결과는 물론 ①의 경우보다는 우수하지만 아직도 교재를 독립시켜 취급하는 방법이다. 학교 외의 경험은 비교적 몰반성적 상태 그대로 또는 조잡한 그대로 방치해 두어 학교의 직접적인 교재로 취급되지 않는 것이다. 이와 같은 학교의 교재는 일상생활의 사실과 결합되어 생생한 진실성을 갖지 못한다.

그리고 학습이란 결국 내용적으로는 얻고자 하는 것을 획득하고 그것을 파지해 나가는 데에 발달을 가져오는 것이라고 할 수 있다. 즉, 학습한 것을 오랫동안 정확하게 기억·파지하고 필요할 때에는 언제나 효과적으로 정확하게 재생하여 활용할 수 있는 준비태세를 갖추어야 한다. 따라서 정확하고 효과적인 파지 즉, 기억은 정확한 기명, 효과적인 파지, 용이한 재생, 정확한 재인식 등을 필수 조건으로 하는 것이다. 그러기 위해서는 연습이 상당히 중요한 역할을 한다. 교사의 지도는 학습 문제해결에 대한 과정을 거치는 것만으로는 불충분하며 효과적인 학습방법으로 지도해야 한다. 그리고 이루어진 학습을 더욱 숙달시켜 공고하게 파지시켜야 한다.

학습활동을 지도함에는 위에서 말한 학습의 기본원리를 기초로 하면서 다음의 몇 가지를 중심으로 학습이 이루어지는 것임을 염두에 두고 그 요령을 얻어야 한다.

전습법은 일정한 학습 자료를 한꺼번에 처음부터 끝까지 학습시키고 그것을 몇 번이고 반복하여 기명을 완성시키는 방법이다.

분습법이란 일정한 학습자료 전체를 몇 개로 나누어 조금씩 순차적으로 연습시키고 마지막에 가서 전체로 묶어 기명을 완성시키는 방법이다. 이 중 어느 것이 효과적인가에 대해서는 단정해서 말하기 어렵지만 종래의 실험결과를 보면 대체로 전습법이 보다 효과적이다.

전습법과 분습법의 효과적인 사용에 대해 열거하면 다음과 같다.

① 전습법에서는 전체로써의 구조를 파악하고 학습할 수 있기 때문에 대체적으로 분습

법보다 파지가 잘 된다는 것이다.

② 전습법이 유리한 것은 학습 자료가 유의미하게 전체적으로 연관성을 갖는 경우이다.

③ 무의미철자 학습이나 치환작업과 같은 것은 분습법이 유리하다.

④ 유의미한 자료에서도 너무 긴 것이면 분습법이 유리하다.

⑤ 지능이 우수한 학습자에게는 전습법이 좋으며 지능이 낮은 학습자에게는 분습법이 유효하다. 그리고 학습자의 연령이 많을수록 전습법이 유효하다.

⑥ 학기 초기에는 분습법이 유리하고(T. R. Mcconnell, 1948), 연습이 진전함에 따라 전습법이 유리하다. 그러나 실제학습에 있어서는 학습 자료나 학습시간의 길이 또는 학습자의 능력에 따라서 두 가지 방법을 절충하여서 사용하는 것이 좋다.

전습법과 분습법은 학습 분량을 기준으로 분류한 학습방법이지만, 이 두 방법은 일정한 분량의 학습 자료가 있을 때 이것을 한꺼번에 계속해서 집중적으로 연습시키는 것이 효과적인 것인가, 적당한 휴식시간을 두어 분산적으로 연습시키는 것이 효과적인 것인가하는 학습시간의 길이에 관한 문제이다. 전자를 집중적 학습법, 후자를 분산적 학습법이라고 한다. 이것은 학교에서 일과표를 작성하는 경우에 또는 배당된 시간에 따라서 학습을 전개해 가는 경우에 흔히 문제된다. 그러나 대체로 분산법이 집중법보다 효과적이라고 한다(J. A. Mcgeoch & A. L .Iron, 1952).

4. 학습과 동기

1) 동기의 의미와 기능

사람들이 행동을 할 때는 어떤 목적과 이유가 있다. 각각의 사람들마다 그 이유를 의식하는 사람도 있고 의식하지 못하는 경우도 있다. 대부분의 사람들은 왜 그러느냐 하고 질문을 받는다면 대부분의 경우 원인을 외부의 자극으로 돌리는 수가 많다. 그 식당에는 분위기가 좋다든지, 요리가 맛있다든지, 스타일이 멋있어서 옷을 샀다든지 등의 설명을 한다. 물론 그 이유도 틀리지는 않지만 일반적으로 사람뿐만이 아니라 동물들도 어떤 행동을 하게끔 하는 내적인 조건이 있다는 것이다. 그 내적인 조건을 이해하는 것이 중요하다.

행동의 근원인 동기(motive)가 무엇인지를 알아야 한다. 동기란 그 사람이 어떤 방향으로 움직이게 하는 욕구, 바람(hope), 흥미 및 갈망이기 때문이다.

(1) 동기의 의미

동기(motive)는 개체의 행동을 어떤 목표로 유도해 가는 내적 충동상태를 말한다. 부여된 환경 하에서 행동의 성질을 결정하는 지배적인 준비태세인 것이다. 그래서 동기는 개체가 어떠한 일정한 형식의 행동을 하려는 행동방향의 결정경향 혹은 태세라고 규정지을 수 있기도 한 것이다(J. G. Maltier, 1953). 모간과 킹(C. T. Morgan & R. A. King)은 그들의 심리학 서설(Introduction to Psychology)에서 동기란 개체 내에서 어떠한 목표를 향해 행동을 방향 짓는 것이라 하고 여기에는 다음과 같이 세 가지 문제가 야기된다고 했다.

첫째, 개체 내의 동기적 상태가 전제되고 둘째, 이러한 상태에서 행동의 방향이 결정되어지며 셋째, 그 행동은 목표로 향하는 것이다.

동기에는 이와 같은 세 가지의 면이 있으며 그 목표에 도달하게 되면 행동은 중지된다고 보았다. 동기를 일반적으로 서술해 보면 충동과 욕구라는 두 가지 요소를 다 포괄하고 있으며 욕구는 크게 생리적 욕구와 사회적 욕구로 분류 할 수 있다.

① 생리적 욕구

인간의 욕구를 생각할 때 기본적인 생리적 욕구를 무시할 수 없다. 기본적인 생리적 욕구가 충족되지 않은 상황에서 다른 행동을 할 수 없기 때문이다. 생리적 욕구는 인간이 자신의 신체적 요구에 대하여 일정한 균형 상태를 유지하려는 경향성을 가지고 있기 때문이다. 예를 들면 배고픔, 갈증, 성적인 욕구 등이다(J. G. Maltier, 1953).

a. 배고픔의 욕구

우리가 배고픔을 느낄 때 그 신호가 위장에서 오는 것이라고 생각할 수 있다. 그러나 위장에서 대뇌로 전달되는 신경통로를 막아도 배고픔을 느끼며, 심지어는 위장이 없는 사람도 배고픔을 느낀다. 우리의 몸속의 혈액 속에 혈당량이 낮거나 체온이 낮아져도 배고픔을 느낀다. 우리가 배고픔을 느끼는 여러 가지 단서가 있는데 그 중에 이러한 단서들의 정보를 통하여 알 수 있는 것은 대뇌의 시상하부(hypothalamus)에서 처리되어진다는 것을 알 수 있다.

시상하부에서는 우리의 섭식행동을 통제하는 두 중추가 있다. 하나는 시상하부 외측부위(Lateral Hypothalamus: LH)로써 음식물의 섭취를 지시하는 중추이고 다른 하나는 시상하부 복내측부위(Ventromedial Hypothalamus: VMH)이다. 동물연구에서 보면 시상하부에 미세전극을 넣어 LH부위를 자극하게 되면 동물은 배가 부른 상태인데도 계속 음식을 먹게 되고, LH부위를 손상시킨 동물은 배가 고픈데도 음식물의 섭취를 중단하게 되어 굶어 죽는 경우도 있다. 반면에 VMH부위를 자극하면 동물은 배가 고픈데도 불구하고 음식을 먹지 않게 되고, VMH부위를 손상시킨 동물은 음식물 섭취의 억제중추가 작용하지 않기 때문에 계속 먹게 되는 것을 볼 수 있다.

시상하부의 조절중추들을 통해 음식물의 섭취행위에 영향을 미치며 자신의 체중을 항상 감지하면서 유지하는 작용도 한다. 시상하부의 두 부위는 일정한 체중의 기준점(set point)을 설정하는데 영향을 미친다.

우리의 신체는 음식 섭취량과 에너지 소비량 간의 균형을 유지하려고 노력을 한다. 배고픔과 관련된 생리적 기제는 시상하부와 혈액 내의 영양분을 탐지하는 감시기이다. 시상하부의 음식섭취를 자극하는 역할도 하고 억제하는 역할도 한다. 갈증의 경우도 내적인 기제로 동질정체를 유지하려고 한다. 반면에 두뇌와 간에 있는 감지기는 혈액 내의 포도당 또는 혈당, 지방 그리고 다양한 아미노산, 단백질의 수준을 신경계에 피드백을 제공해 주는 역할을 한다(pinel, 1993).

b. 갈증의 욕구

갈증은 공기와도 같이 우리가 살아가는데 없어서는 안 될 중요한 부분이다. 갈증은 우리 신체 내부에 수분의 결핍으로 일어난다. 수분의 결핍은 두 가지로 일어나는데 하나는 세포 내에서의 수분결핍과 다른 하나는 세포외부에서의 수분결핍이다. 세포 내에서의 결핍은 세포가 가지고 있는 수분을 말하며 우리 신체 안에서는 수분의 2/3를 담당하고 있다. 세포외부에서의 수분은 세포와 세포사이의 공간에 위치한 혈액 속에 있는 수분을 말한다. 우리가 갈증을 느끼는 것은 이 두 부분에서 수분결핍에 따른다는 이중결핍가설이다.

갈증을 해소한다는 것은 동질정체의 과정이 우리 체내에서 어떻게 작용하는지를 설명해주고 있다. 우리의 몸은 땀을 흘리거나 피를 흘리거나 너무 많은 양의 소금기를 소모하게 되면 갈증을 느낀다. 두 가지 모두 신체 내에서 소듐(sodium)과 같은 물과 미네랄의 정상적인 균형이 깨어져서 갈증이 일어난다.

수분이 결핍하게 되면 시상하부로 알려진 뇌의 부위에 있는 신경세포가 항이뇨제를 방출하여 신장에서 빠져나가는 수분의 양을 감소시켜 심장과 신장의 수신기관들을 자극하여 혈압의 변화를 가져온다. 또한 신장은 레닌호르몬을 분비하여 시상하부에 있는 신경세포를 자극하여 갈증을 느끼게하므로 물을 마시라는 지시를 내려 신체의 수분 양을 정상수준으로 돌아오게 한다.

우리가 많이 먹는 감자칩이나 양념 땅콩은 세포 안팎의 수분에서 물과 소듐의 불균형을 초래한다. 소금은 소듐을 함유하고 있기 때문에 짭짤한 땅콩이 세포 밖의 수분에서 소듐의 양이 불균형을 이루도록 만드는 것이다. 이러한 소듐의 증가는 균형을 회복하기 위해서 세포 내의 수분을 방출하게 된다. 그렇게 되면 세포는 탈수되고 수분을 공급받아 균형을 유지해야 한다.

c. 성욕구

성욕구는 다른 생리적 욕구와는 여러 가지로 다르다는 것을 알 수 있다. 배고픔이나 갈증과는 다르게 개인의 생존에 필수적인 것은 아니다. 그러나 사람들은 성욕구가 충족되지 않더라도 생명에 위협을 느끼지는 않지만, 종의 생존에는 필수적인 것이다. 사람들이나 동물들이 강한 생리적 욕구를 느끼며 이를 해소하려 하지만 성에 대한 욕구는 그 욕구의 유발을 추구한다는 점에서 다른 생리적 욕구와는 차별된다는 점이다.

에스트로겐은 여성의 성호르몬이고 안드로겐은 남성의 주된 성호르몬이다. 남성과 여성이 이 두 호르몬이 분비되지만 상대적으로 분비량은 남녀에게 차이가 있다. 이러한 호르몬 분비를 조절하는 부위는 시상하부와 뇌하수체이다. 호르몬이 성적 욕구에 미치는 영향을 알아보기 위해 동물에게 실험을 해보면 그 영향을 알 수 있다. 수컷 쥐의 고환을 제거하면 안드로겐이 분비되지 않아 성적인 관심이 없어진다. 이때 테스토스테론을 주사하면 거세된 동물의 성적인 욕구가 다시 되살아나는 것을 알 수 있다. 남성이든 여성이든 테스토스테론 수준이 높으면 성행동의 빈도가 높다고 한다.

생리적인 측면에서 성호르몬은 신체에 두 가지 중요한 역할을 한다. 첫째, 호르몬은 사춘기 때 남성성, 여성성의 특성을 발달시킨다. 즉, 남성은 얼굴과 몸에 털이 나고 근육이 발달하며 여성은 가슴이 발달하고 월경을 하며 둔부가 넓어진다. 남성과 여성의 성숙한 신체발달은 성호르몬의 영향이다.

사람들의 상상은 성적 추동에 영향을 미친다. 이는 사람들의 뇌가 가장 중요한 성기관이라는 것을 의미한다. 이러한 측면에서 볼 때 인간의 성욕구는 추동모델보다는 유인모델로 설명하는 것이 더 바람직하다고 할 수 있다. 따라서 성욕구를 설명하기 위해서는 파트너의 존재와 그 파트너에 대한 매력을 먼저 고려해 봐야 할 것이다. 예를 들면, 성적인 관심이 감소할 때 새로운 파트너가 나타나면 성적인 관심이 되살아나는 경향이 있다. 이 현상을 쿨리지 효과(coolidge effect)라고 한다. 이 용어는 쿨리지(Coolidge) 대통령과 그의 아내가 농장을 견학할 때 나눈 대화에서 유래되었다. 대통령 부인은 농장 주인에게 수탉은 하루에 20번 이상 교접한다는 것을 대통령에게 말해주라고 했다. 이를 듣고 난 대통령이 농장 주인에게 되묻기를 "항상 같은 암컷이냐"하고 물었다. 그러자 농장주인은 "아니오"라고 대답했다. 대통령은 이를 다시 부인에게 말해주라고 응수했다는 일화에서 유래된 말이다.

이 이야기가 사실이든 아니든 쿨리지효과는 쥐, 원숭이의 수컷에서 자주 관찰할 수 있다. 많은 동료들 중에 선택적으로 성 파트너를 고른다. 인간도 마찬가지로 파트너의 선택은 주로 과거학습의 영향을 받는다. 즉, 사람들마다 매력적이라고 생각하는 파트너는 나와 다른 학습경험이기 때문이다. 그러나 인간에게 영향을 주는 성 파트너는 상대방의 목소리, 분위기, 외모, 성격, 유능성, 사회적 지위 등 신체적 매력만이 영향을 주는 것이 아니라 다양하게 영향을 미친다.

② 사회적 욕구

사회적 욕구는 인간이 사회적 상황 속에서 학습에 의해 획득되어지는 욕구이다. 욕구의 특성 중에는 특정 목표를 향해 나아가는 행동의 방향성을 제시해 주는 것이 있다. 그러한 행동방향성은 개인이 추구하고자 하는 목표가 도구적 가치를 갖고 있는가에 달려있다. 사람들이 그 대상을 얻고자 하는 욕구와 그 대상에 대하여 가치를 부여할 때 사회적 동기를 갖게 된다.

a. 친밀욕구

사람들은 다른 사람과 친밀한 관계를 맺고 싶어 하고 그 사회적 관계를 유지하고 싶은 욕구가 있다. 이 친밀 욕구는 친구와의 교제, 우정, 사랑 및 사회집단에 대한 소속감이 포함된다고 말할 수 있다. 매슬로우(Maslow, 1970)는 친밀욕구를 욕구위계 중 세 번째 수준이라고 보았다. 친밀욕구가 만족되지 않은 사람들은 강한 스트레스를 경험하여 고독감, 우울감에 빠지는 것으로 보아 친밀욕구의 중요성을 알 수 있다.

샤흐터(Schachter, 1959)의 실험에서는 사람들에게 친밀욕구를 유발하는 요인으로 두려움을 들었다. 사람들은 두려움을 느끼거나 불안할 때 타인과 같이 있으려는 욕구가 강하게 나타난다는 것이다. 타인과 함께 있을 때 두려움이 감소되기 때문에 그 두려움을 감소하기 위해서 타인과 같이 있으려는 친밀 경향성이 높게 나타난다는 것이다. 페스팅거(Festinger, 1954)는 인간의 친밀욕구는 자신을 타인과 비교해보는 것으로 그 비교욕구가 친밀행동을 하게 한다는 것이다.

b. 성취욕구

사람들은 보람된 일이나 도전적인 과제를 긍정적으로 학습하고 그것을 달성하려는 욕구를 가지고 있다. 성취욕구란 어려운 도전을 극복하고 다른 사람들보다 우월하려는 욕구이다. 또는 다른 사람과 경쟁해서 이기려는 욕구이다. 매슬로우의 욕구위계설에서 성취욕구는 네 번째 욕구 수준으로 자존감을 유지하려는 욕구에 속한다. 성취욕구는 호르몬의 변화로 생물학적인 요인과 관련이 있다고 하지만 일반적으로 사회적인 훈련을 통한 산물이라는 견해가 지배적이다.

성취욕구라는 개념을 처음 사용한 사람은 맥클레렌드(Mcclelland, 1953)이다. 그는 동료들과 40년 동안에 걸쳐 사회전체의 평균 성취욕구를 측정하고자 투사법 TAT검사를 통해 개인의 성취욕구와 사회전체의 성취욕구를 측정하고자 했다. 그 연구 결과 사회전체의 성취욕구 수준은 그 사회의 사회발전과 생산성과 관계가 있음을 알 수 있었다. 또한 개인의 성취욕구는 사람들의 성격특성과 성취욕구가 높은 사람일수록 성취욕구가 낮은 사람들보다 일을 더 열심히 하고 더 끈기 있게 하며, 자신의 장기적인 목표를 추구하기 위해서는 자신의 욕구를 지연시키며 잘 적응해 나가는 것을 알 수 있었다(Mischel, 1961).

성취욕구의 내적 역동성에 관심을 가진 액킨슨(Atkinson, 1957)은 인간에게는 성공을 성취하려는 경향성 뿐만 아니라 실패를 회피하려는 경향성도 있다고 하였다. 성공을 성취하려는 경향성은 크게 세 가지로 첫째는 개인의 성취동기이고, 둘째는 개인의 성공에 대한 기대이며, 셋째는 과제에 대해서 성공이 지니는 유인가이다. 실패를 회피하려는 경향성 요인들은 성공을 성취하려는 경향성과 대응하는 것으로 실패를 회피하려는 동기, 실패에 대한 확률지각, 실패가 지니는 유인가 등이다. 이러한 요인들이 성취동기의 유발이나 강도를 결정해 준다고 본다.

c. 권력욕구

권력욕구란 타인에게 인정을 받고자 하는 욕구로써 타인이나 집단을 통제하거나 그들에게 영향력을 행사하려는 욕구를 말한다. 권력욕구는 행동으로 표현되는 것은 개인마다 일정한 단계를 거쳐 발달하게 되는데 그 표현되는 방식이 다르게 나타나는 것은 개인의 권력욕구가 그 발달단계 중 어느 단계에 속하느냐에 달려 있다. 권력욕구의 발달단계를 살펴보면 다음과 같다.

- 1단계 : 타인으로부터 힘을 유도해 내려는 단계이다. 이 단계에서는 개인이 권력을 가진 사람에게 가까이 접근함으로 그 사람과의 관계를 통해 권력감을 얻게 된다.

- 2단계 : 힘의 출처가 타인에게서 자신에게로 옮겨 오는 단계이다. 즉, 자신을 통해서 힘을 얻게됨으로써 권력감을 획득한다. 이 단계에서는 욕구의 만족이지 타인에게 영향력은 미치지 않는 단계이다.

- 3단계 : 이 단계는 다른 사람들을 지배하고 경쟁적이며 다른 사람들을 능가하려는 단계로 다른 사람에게 강력한 영향력을 미치려고 한다. 봉건주의자나 제국주의 황제와 같은 유형이 이 단계이다.

- 4단계 : 자신은 배경으로 물러나고 타인과 협력해서 공공의 목표를 얻기 위해 타인에게 영향력을 미침으로써 권력감을 얻는 단계이다.

권력욕구의 수준은 개인 간에도 여러 가지 수준의 차이가 나타난다. 권력욕구가 강한 사람들은 직업을 선택할 때도 경쟁적이고 모험적인 활동을 더 많이 선호하는 것으로 나타났다.

(2) 동기의 기능(function)

동기는 개체로 하여금 주어진 일을 하게하며 적당한 활동을 통하여 그것을 끝마치게 하는 개체의 어떠한 조건이다(J. A. Mcgeoch, 1942). 동기는 학습자의 행동에 어떠한 기능을 하게 하는가를 살펴보면 다음과 같다.

① 시발적 기능(initiative function)

시발적 혹은 주도적 기능이란 동기가 행동을 촉발시키는 힘을 제공하여 행동을 하게끔 하는 것을 시발적 기능이라고 말한다. 그런데 거의 대부분의 동기유발 조건은 개체의 마음속에서 자발적으로 발생한다. 예를 들면, 근육이나 선의 반응을 유발시키는 기갈과 같은 생리적 조건이 그것이며 이러한 내부의 생리적 조건과 외부의 환경으로부터 발생하는 자극이 서로 협동하여 적응행동을 발생케 하는 것이다. 다시 말해서 시발적, 주도적 기능은 동기가 행동을 유발한다는 측면에서 발생적 기능이라고도 한다.

② 지향적 기능(directive function)

전술한 바와 같이 동기(motive)란 어떠한 일정한 목표를 향한 행동을 유발시키게 하는 내적인 힘을 말한다. 동기는 이러한 측면에서 지향적 기능을 가지고 있다. 즉, 이것은 행동의 방향을 수정(modification)하는 기능으로써 학습목표를 향하여 학습태도를 소지케 하는 것이다. 어떠한 목표설정은 강력한 동기유발(motivation)의 조건이며 이것은 학습자인 아동의 필요 및 욕구와도 불가분의 연관성을 맺고 있는 것이다. 학습활동에 있어서 학습의욕이 생겼다고 하는 것은 곧 학습 목표가 무엇인가를 인식했다는 말이다. 그렇기 때문에 학습자가 학습동기를 유발시킨다는 것은 우선 지향하고 도달할 수 있는 분명한 학습목표가 무엇인가를 먼저 알아야 한다.

③ 강화적 기능(reinforcement function)

동기로 인하여 특정한 목표를 지향하는 행동이 발생하며, 이러한 행동의 결과가 개체의 욕구를 충족시켜 주는 경우와 이후에 동일한 상황에 직면하였을 때에는 이전과 같은 행동을 일으키게 된다. 그러나 이와는 달리 개체의 욕구를 충족시켜 주지 못하는 경우에는 소멸되어 가는 경향이 있다. 이러한 선택적 행동을 일컬어 강화적 기능이라고 하는 것이다. 강화적 기능은 지향적 기능과도 매우 밀접한 관계를 형성하고 있다. 동기유발로 인하여 어떤 목표로 지향하는 행동이 일어나고 그 결과로 목표를 달성하는 바람직한 효과가 발생했다고 하면 재차 동일한 상태에 놓이게 될 때에 학습자는 동일하게 전과 같은 행동을 일으키게 된다. 상대적으로 목표달성으로 유도치 못한 행동은 오히려 배제되고 소거되는 것이다. 반복한다는 것은 단지 기계적 가산에 그치지 않고 반복하는 중에 옳은 반응을 서서히 선택하고 강화하여 습관으로 되는 것은 동기에 상술한 바와 같은 강화적 기능이 존재하기 때문인 것이다.

교사들은 상술한 바와 같은 동기의 기능, 즉 발생적 기능, 지향적 기능, 강화적 기능을 어떻게 학습지도에 능률적으로 적용시켜 활용할 수 있는가 하는 문제를 신중히 검토해야 할 것이다.

2) 동기유발의 의미

동기유발(motivation)이란 어떤 행동의 근원이 되는 힘인 동기를 학습자에게 환기시키는 것을 말한다. 즉, 여기서 말하는 동기유발은 학습에 있어서 학습자가 하고자 하는 경향이 생기게 하고, 유목적이고 정력적으로 학습을 수행해 나가도록 이끄는 것을 말하는 것이다. 그러나 학생들은 실제로 계획된 학습의 장에서는 동기가 강하게 유발되지 않을 때가 많다.

학습의 장에서 교사들이 흔히 범하는 잘못은 교사가 학생의 동기 그 자체를 일률적으로 만들어 낼 수 있다는 생각이다. 교사는 단지 학생이 접하는 사회 환경의 일부분의 역할을 할 뿐이다. 그러나 교사는 어떠한 사회 환경보다도 동기를 유발시키는 데 가장 유력한 위치에 있는 것이다. 학습에 작용하는 동기란 학습동기(learning motive) 또는 성취동기(achievement motive)라고도 한다. 학습동기 · 성취동기는 학습자가 그 학습에 대한 의욕을 가지고 학습활동을 전개하는 힘을 말하는 것이다. 학습동기 · 성취동기가 강하면 강할수록 자본주의 사회에서는 보다 높은 가치의 인간상이 기대된다. 일시적인 고통이 있더라도 물리치고, 근검절약하는 행동이 학습동기 · 성취동기가 강한 사람의 행동강령인 것이다. 실험에 의하면 학습동기 · 성취동기가 강한 사람은 너무 쉽거나 너무 어려운 일은 하지 않는다. 그들이 노력하면 성공할 수 있는 그런 일을 택하여 노력함으로써 먼 미래에 만족을 얻을 수 있도록 한다.

성취동기는 성취가치를 어떻게 학습하느냐에 따라 개인차가 생긴다. 연구 결과 어릴 때부터 아이들이 자기통제를 하는 기술을 습득하게 하여 만족 · 지연을 경험하고, 또 성공이란 성취를 했을 때 그들을 안아주고 어루만져 주어 보강해 줌으로써 성취동기가 강해진다고 한다. 학습동기 · 성취동기를 처음 연구한 맥클레렌드(McClelland)란 심리학자는 한 사회나 국가가 발전하는 것은 그 국민들의 학습동기·성취동기의 강약에 달려 있다는 연구결과를 발표했다. 아무리 자연 자원이 많더라도 학습동기·성취동기가 약한 국민을 가진 국가는 발전을 기대할 수 없다는 것이다.

학습동기를 유발시키는 데는 크게 두 가지로 나누어 생각할 수 있다. 하나는 학습자 스스로가 자발적으로 학습하려는 의욕을 갖게 하는 내적 동기유발이고, 다른 하나는 외부에서 학습활동을 일으키도록 하는 유인이다. 흔히 사용되는 유인이란 말은 엄격하게 따지면 동기가 아니고 동기를 만족시키기 위해서 어떤 행동을 유발하는 외적 자극인 것이다 (A. I. Gates, 1950). 즉, 동기는 크게 학습자의 내부에서 이루어진 내적 동기(intrinsic motivation)와 학습자의 외부로부터 이루어진 외적 동기(extrinsic motivation)로 분류한다. 내적 동기는 자연적 동기라고도 하며 외적 동기는 인위적 동기라고도 한다. 내적 동기란 긴장의 해결이 학습과정 그 자체를 해결함으로써 가능해질 때 일어나는 활동경험으로써, 활동 그 자체가 보수를 제공해 주는 것이다. 즉, 어떤 과제를 해결함으로 어느 정도의 만족과 쾌감을 누릴 수 있는 것을 말한다.

외적 동기는 그와 반대로 자신의 학습과제를 성취해야 할 이유가 외부에 있을 때의 동기로, 예를 들면, 좋은 성적을 얻어야 할 이유가 부모를 즐겁게 하는데 있다면 그것은 곧 외적 동기에 의한 학습의 수행인 것이다(M. L. Bigger, 1964). 따라서 내적 동기와 외적 동기는 상호 관련이 있는 것이다.

내적 동기가 효과를 거두기 위해서는 그 학습자를 둘러싸고 있는 환경적인 조건이 조성되어 있어야 하며, 외적 동기 또한 학습자의 내적인 마음에서의 의욕이 작용해야만 비로소 효과를 거두게 되는 것이다. 즉, 외적 동기에 의해서 학습이 시작되었다 해도 그 작용에만 그치는 것이 아니라 그것을 내적 동기로 변용시켜야 하는 것이다. 그것은 동시에 학습자의 자발적인 욕구나 의욕에 의한 활동이 되기 때문이다. 예를 들면 외적 학습동기에 의한 성취과업은 그것이 성취되면 망각이 빨리 온다. 학습자 자신이 자발적으로 갖는 앎의 욕구를 충족시키기보다 좋은 성적을 얻기 위한 시험공부라면 시험이 끝난 뒤 쉽게 망각되거나 학습된 요점이 흐려진다. 또 80점 이상의 성적을 받으면 상을 받도록 약속될 때와 같이 외적 동기는 그릇된 행동을 요구하여 부정한 학습행동은 비정상적인 방법으로 이끌게 되는 수가 많다.

학습활동을 실제로 지도하는데 있어서는 이러한 점을 충분히 유의하여 학습자의 행동 원인 즉, 동기가 어디에 있으며 또 그 동기에 자극을 주어 만족할 수 있는 방향을 찾게 하는 유인이 무엇인가를 알아내는 것이 대단히 중요하다. 또한 교사는 학습자의 동기인 욕구상태와 유인으로서의 환경상태를 연관시켜 학습자의 자발·자주활동에 의한 자기 지도에까지 이끌어 가야 한다. 동기유발에 의하여 자기의 활동에 대한 자기지도가 일어 나는 경우 그 학습효과는 더 한층 활발하게 향상되는 것이다.

3) 학습동기 유발의 방법

(1) 학습목표의 확인(confirmation of the learning goals)

목표를 뚜렷하게 인식시켜 주는 것은 학습동기를 유발시키는데 크게 도움이 된다. 앞 에서 밝힌 바와 같이 학습 동기는 학습목표와 결부된 동기라고 할 수 있다. 그러므로 학 습목표를 학생들에게 실감 있게 인식시키는 것이 무엇보다도 앞서야 한다. 특히 실제적 인 학습 동기는 학습의 목표를 개인적 욕구와 구체적이고 실제적인 것으로 결부시켜 주 는 방법이기도 하다.

그 목표가 학생들이 당면한 문제해결과 결부되거나 또는 생활에 필요한 지식을 얻으려 는 욕구 등과 결부되면 가장 생생하고 효과적인 학습동기가 되는 것이고, 그 목표가 명확 해짐에 따라 학습의욕도 높아지는 것이다. 이와 같이 유발된 학습동기에 의한 학습은 일 반적으로 외적인 칭찬을 필요로 하지 않는다. 따라서 학습자는 자기 자신에 의한 자기학 습의 목표설정을 해야 하며, 이 자기학습의 목표설정에 대하여 교사는 학생의 성숙수준을 파악하여 적절한 지도를 하고 실패감을 갖지 않도록 도와주어야 한다(N. K. Thompson, 1945).

(2) 학습 흥미의 환기(ventilation of the learning interests)

흥미란 첫째, 주의와 관심이 어느 일정한 대상에 향하고 둘째, 그 대상에 대하여 쾌· 불쾌의 정서적 반응이 일어나며 셋째, 쾌의 반응이 일어나는 대상에 대해서는 그에 접근 하여 집착해 버리는 행동경향이라고 할 수 있다(M. J. Klausmeier, 1961). 즉, 흥미란 어떤 특정 대상이나 활동에 적극적으로 접근하여 선택하고 추구하는 형태인 것이다.

학습자가 학습활동에 대해 흥미를 갖고 있는 경우 학습이 능률적이고 효과적으로 된다 는 것은 두말할 여지도 없는 것이다. 즉, 학습자의 흥미에 부합된 학습과제일수록 학습 동기유발에 도움이 되는 것이다. 교사에게는 학습자의 흥미가 어디에 있는가를 발견하는 일이 학습지도나 성격발달에 첩경이 되는 것이다. 왜냐하면 흥미는 동기와 관계를 맺고 있기 때문이다. 흥미는 그 속에 동기를 핵심적인 요소로 잉태하고 있는 유인물이다. 그러므로 흥미는 학습의 동기를 촉매시키는 것에 가장 큰 비중을 갖는 것이다. 오늘날에 있어서는 교육과정을 선택 조직하는 경우, 학습자의 흥미는 빠뜨릴 수 없는 요소로 고려되고 있다(John. M. Gregory, 1954).

흥미발생의 주요한 조건은 첫째, 학습자가 생활하는 환경에 따라 현저하게 다르다. 예를 들면 농촌과 도시, 부모의 생활정도, 교사의 지도방법 혹은 계절 등에 따라 달라진다. 이와 같은 외적인 조건 이외에 학습자 자신에게 내재하는 조건의 영향도 크다. 지능과 정서의 폭에 따라 달라지기도 한다. 흥미는 학습자 자신의 심신발달에 따라 변화하는 것이므로 학습자의 흥미를 유도하고 계발하여 주는 것이 학습효과를 더 한층 높여 주는 결과를 가져온다. 따라서 학습자의 흥미를 충분히 파악함과 동시에 환경을 변화시켜 학습동기를 유발시킬 수 있다. 만족을 느낀 경험과 새로운 경험을 연결시켜 새로운 경험에 대한 흥미를 일으키게 하는 방법이다. 이런 경우 흥미의 연쇄반응을 일으킴으로써 차츰 그 학습에 흥미를 갖게 되어 좋은 학습효과를 맺는 것이다.

둘째, 흥미는 학습효과를 올리는 점에서 중요할 뿐만 아니라 학습동기 유발로써도 중요하다. 실제로 학습흥미와 교과 성적과의 상관이 있다는 것은 확실한 것이다. 학습자로 하여금 한 활동영역에 대해 흥미를 갖게 하려면 그 학습활동에서 얻은 경험이 만족스럽고 즐거운 것이어야 한다. 만족감이 없는데 흥미가 길러질 수는 없는 것이다. 주의 또한 흥미와 깊은 관계가 있다. 그러나 주의가 인식과정에 있어서의 현상이라면 흥미는 탐구의 요구와 성취의 요구의 활동을 가지고 목표와 문제해결로 향하게 하는 힘인 것이다(D. Fryer, 1931).

셋째, 흥미는 지식 및 능력과 연관이 있으며 특별히 경험의 소지인 준비도(readiness)는 흥미를 제약한다. 지식이나 능력이 월등한 학습자와 그렇지 못한 학습자의 흥미는 그 모양과 성질을 달리하며, 자기능력의 한계, 자기지식의 범위를 벗어난 문제에는 별다른 흥미를 갖지 않는다.

동기유발을 위해서는 학습자의 능력·학습 작업의 곤란도와의 관계를 적절하게 결합시킴과 동시에 학습자의 흥미를 끌 수 있어야 한다. 즉, 학습자로 하여금 문제해결에서 오는 만족감을 체험시키는 것이 중요하다. 그렇게하여 학습자가 현재 가지고 있는 흥미를 새로운 학습에 연결시켜 새로운 문제에 대해서도 흥미를 갖도록 지도하는 것이 필요한 것이다.

(3) 학습결과의 확인(confirmation of the learning results)

교사가 학습의 결과를 학습자에게 알려주고 학습자는 그 결과를 스스로 평가하고 검토해 보는 일은 학습의욕을 높여주는 좋은 방법의 하나이다. 학습결과가 좋은 경우에는 어느 정도의 성취감을 맛볼 수 있기 때문에 더욱 그 학습을 강화하여 다음 학습에 대한 의욕을 일으키는데 도움이 된다. 그러나 학습결과가 좋지 않은 경우에는 열등감을 갖게 되어 자신을 잃게 되는 경우도 있다. 이러한 경우에는 적당한 방법으로 격려하여 다음 학습을 위해 의욕을 재환기시켜 주어야 하는 것이다.

학습자가 자신의 학습결과를 알게 함으로써 학습의욕을 보다 더 증진시키는데 도움이 된다는 것은 북과 노벨(Book & Novell)의 실험결과에서도 볼 수 있다. 그들은 대학생 124명을 대상으로 간단한 학습을 시키는데, 통제반과 실험반으로 나누어 통제반에 대하여는 학습결과를 알려주지 않고, 실험반은 학습결과를 그때그때 알려주면서 학습을 계속시켰다. 이와 같이 50회를 계속 실험한 결과 처음 25회까지는 큰 차이가 없었으나 점차 실험반의 성적이 좋아져서 50회 계속했을 때는 득점의 차이가 컸다. 여기에서 51회째부터는 조건을 바꾸어서 알려주지 않았던 반에는 성적을 알려주고, 알려주던 반에는 안 알려주었더니 반대로 득점의 차가 벌어졌다(W. F. Book & L. Novell, 1929). 이 실험결과로 보아 학습은 그때그때의 결과를 알려줌으로써 학습자들의 학습의욕을 환기시켜 주는 것이 효과적인 지도방법이라는 사실을 포착할 수 있다.

(4) 상과 벌(rewards and punishment)

상과 벌의 효과에 대해서는 교육이라는 작용이 시작된 이후 줄곧 여러 가지 시비점이 되어 왔다. 종래부터 학습의 외적 동기유발의 수단으로 사용된 상벌은 학습자에게 학습의욕을 높여주기 위하여 학교나 가정에서 여러 가지 방법으로 사용되어 왔다. 요즘 벌의 사용은 환영받지 못하고 있으나 상의 효과에 대해서는 인정을 하고 있는 경향이다. 이 사실을 입증하는 것으로는 유명한 허록(Hurlock)의 연구가 있다.

허록은 초등학교 4학년과 6학년 106명을 대상으로 교사의 상과 벌이 어떠한 영향을 미치는가를 연구하였다. 이 결과에 의하면, 상이 벌보다 학습의 동기유발로써 월등하게 효과가 있음을 알 수 있다. 허록의 연구 이외의 다른 연구에서도 보면 지능이 높은 학습자에게는 벌도 유효하지만 지능이 낮은 학습자는 상의 효과가 훨씬 크다(H. Sorenson, 1948). 또 벌은 남자에게는 효과가 있으나 여자에게는 효과가 인정되지 못한다(R. A.

Davis, 1935). 이와 같이 지능·성별의 차에 따르는 문제도 있지만 더 나아가서는 각자의 성격에도 차이가 있는 것이다. 즉, 허록의 연구결과와 같이 벌보다 상이 학습효과를 올리는데 도움이 되는 경우 상은 좋은 학습동기의 유발이 되는 것이다.

톰슨(Thompson)은 초등학교 5학년 학생을 대상으로 성격검사를 실시하여 내향성(introvert)과 외향성(extrovert)을 나눠 놓고 일정한 작업을 시켜서 상벌의 영향을 조사한 바 있었다. 그 결과 내향성의 어린이는 벌보다는 상을 주는 편이 더 효과가 있었고, 외향성의 어린이는 상보다는 벌을 주는 편이 동기유발에 있어서 보다 효과적임을 알 수 있었다. 따라서 손다이크의 효과의 법칙이나 스키너의 강화의 원리 등은 학습동기유발과 상벌과의 관계를 구체적으로 시사해 주는 것이라 하겠다. 그러나 상 때문에 너무나 경쟁의식이 높아지면 그 때문에 일어나는 성격의 왜곡이 큰 문제가 된다. 상과 벌은 어디까지나 목적이 아니고 수단인 것이다. 즉, 칭찬하고 상을 주는 일이 좋은 동기유발의 방법이긴 하지만 그것은 알맞게 조절되어야 하고 가능하면 과학적 방법에 의한 것이어야 한다. 상은 결코 단순히 상장이나 상품을 주는 것만을 의미하는 것은 아니다. 또한 벌도 분발의 계기로써 좋은 동기 유발인이 되기도 하며 때로는 그와 같은 경우가 필요하고 효과도 크지만 되도록이면 성격발달 면에서는 삼가하는 것이 좋다. 벌은 원래 공포심을 가지게 하는 것이기 때문에 소극적이고 비민주적인 성격을 형성시키는 결과를 가져오기도 한다.

(5) 경쟁심과 협동심

경쟁심은 우월의 요구가 외적으로 표현된 것으로 그 내부에는 열등감의 극복이라는 것이 숨겨져 있다. 경쟁심의 적절한 활용은 학습동기유발에 도움을 주기도 하는데, 경쟁심에는 사회적인 조건이 크게 관계되어 있다. 무기명보다는 기명으로 하는 조사에 성의를 보이는 것을 예로 들 수 있다. 이와 같이 경쟁은 다른 사람, 다른 집단에 이겨야 하겠다는 요구에 기인된 행동이기 때문에 우월감의 요구가 충족되고 성공감이 강화되면 학습의 목적의식과 결과 파악이 명확하게 된다는 이점도 있다.

류바(Leuba)의 연구에서 초등학교 5학년생의 아동을 대상으로 두 자리 수의 곱셈을 학습시켰는데, 경쟁시킨 경우와 시키지 않은 경우를 비교해 본 결과 경쟁시킨 편은 경쟁을 시키지 않은 편에 비해서 47%나 더 많은 진보를 나타냈고 그것을 상을 준 경우와 합쳐 볼 때 65%의 차이를 나타내었다(C. Leuba, 1932).

말러(J. B. Maller)는 경쟁을 동기유발의 수단으로 사용하여 연속적으로 아동에게 작업시키는 경우, 연습에 따라 진보가 어떻게 변하는가를 조사했다. 그 결과를 보면 개인의 이익에 관계되는 경우가 단체의 이익에 관계되는 경우보다 훨씬 효과가 있으며, 또한 자기를 위한 연습은 집단을 위한 연습 때보다 훨씬 진보하고 집단을 위한 연습은 중간에 성적이 떨어진다고 보고되었다(J. B. Maller, 1929).

말러의 또 다른 실험에 의하면, 그는 초등학교 상급반 학생들에게 자기개인의 성적을 올리기 위해서 경쟁시키는 반과 자기학급의 성적을 올리기 위해서 경쟁시키는 반으로 나누어 간단한 덧셈작업을 시켰다. 7회를 연습시켰더니 자기의 성적을 올리기 위한 작업의 능률은 증가했으나 학급을 위한 작업의 능률은 감소하였다. 71회의 연습을 한 결과 개인을 위한 작업이 집단을 위한 작업보다 약 3배의 능률을 올리고 있다.

그러나 경쟁심은 승리나 목적을 위해서는 수단과 방법을 가리지 않는 이기주의나 영웅주의를 조장하게 되고 실패의 결과는 더욱 심한 경쟁의식이나 혹은 초조감에 빠져 학습 본래의 목적을 상실할 우려가 있다.

경쟁심과 대조적인 것으로 협동심이 있다. 협동심은 개인을 초월하여 많은 사람이 공동의 목표를 향해서 노력하는 사회적 욕구인 소속감이나 사회적 승인 혹은 애정의 욕구가 작용한 결과이다. 경쟁심과 협동심에 의한 동기유발의 효과에 대하여 일반적으로 경쟁심이 협동심보다도 유효하다는 생각이 지배적이다. 그러나 협동에 의한 동기유발의 효과로써는 협동집단이 경쟁 집단보다 응집력이 강하고 우호적 분위기이기 때문에 학습자는 상호 원조하여 집단의 생산성을 높이고 문제를 해결함으로써 만족감, 성취감, 책임감을 가지게 되는 점에서 민주적 방법인 것이다. 문제는 민주적 협동의 정신이 미숙한 경우, 책임회피와 학습의 능률저하를 초래한다는 것이다.

이와 같이 경쟁심과 협동심을 동기유발에 이용하는 경우 그 장단점을 중심으로 여러 가지 문제가 있는 것이다. 자신의 학습방법과 노력을 비교·경쟁하여 외적 동기유발로 학습의욕을 높인 후에 다른 사람의 성적을 객관적으로 인정하여 협동하는 태도를 기르는 것이 중요하다.

5. 학습의 전이(transfer of learning)

1) 전이의 의의 및 조건

학습의 전이(transfer of Learning)란 어떠한 한 가지 내용을 학습한 결과 그 효과가 다른 내용의 학습에 직접적 또는 간접적으로 영향을 주는 것을 의미한다. 하나의 학습 효과가 또 다른 제2의 학습을 촉진시키는 것을 적극적 전이(positive transfer)라 하고, 또 다른 학습이 제2의 학습을 방해 또는 금지하는 경우를 소극적 전이(negative transfer)라고 하는데, 보편적으로 학습전이라 함은 적극적 전이를 말한다. 전이의 문제는 17세기 영국의 철학자인 로크(John lock)의 형식도야설(theory of formal discipline)에서 시작되었는데 이것은 능력심리학의-능력심리학이란 정신현상을 여러 가지의 정신능력 등의 발현으로 보고 그 능력을 분석 기술하는 울프(A. Wolff)로부터 전개된 스코틀랜드학파의 심리학을 말한다-이론적 근거에 의한 것이다.

이 이론의 전제는 다음과 같다. 즉, 인간의 정신현상에는 수많은 정신능력이 존재하고 있으나 이 모든 능력을 전부 훈련시킬 수 없기 때문에 어떤 특정한 한두 가지의 능력만-능력심리학의 이론적 근거를 예를 들어 서술해 보면, 라틴어, 헬라어, 논리학, 과학, 철학 등을 학습하여 추리력이나 사고력, 판단력 등을 미리 학습해 두면 그것이 장차 자신의 생활에 도움을 주게 된다는 것이다- 철저하게 훈련하고 연습하게 되면 그 외의 다른 모든 능력은 저절로 훈련이 된다는 것이다. 그래서 이것을 일컬어 훈련주의라고 칭하는데, 이러한 주장은 19세기부터 발생한 실질도야설(theory of substantial discipline)이 17세기 후반 자연과학이 발달하면서부터 점차적으로 중시되기 시작했는데, 허버트(J. F Herbert)에 의해 확고해진 것으로써 지식이나 기술의 습득에 의해 정신내용을 풍부하게 할 것을 그 목표로 삼는 것이다. 그러면 학습 효과의 전이는 어떠한 경우에서 잘 일어나는가? 전이를 잘 일으키게 하는 적극적 전이의 조건은 무엇인가? 그 조건들을 기술하면 아래와 같다.

첫째, 학습자의 학습방법과 요령의 습득이다. 즉, 교사가 "학생을 어떻게 가르칠 것인가"보다는 "학생 스스로가 어떻게 배우는 것이 효과적인가?"하는 학습방법 및 요령을 미리 숙지시키는 것이 중요한 것이다.

둘째, 미리 학습의 원리나 원칙을 체득케 할 것이다(교시의 방법).

셋째, 전이가 관계될 때의 학습자의 능력, 태도 특히 주의력의 집중 여부에 달려 있다.

넷째, 학습자의 경험이 완전히 자신 있는 것이 되었느냐 안 되었느냐의 여부에 따라 전이가 잘 일어난다.

다섯째, 전학습의 재료와 신학습의 재료와의 관계 정도의 여부 또는 양학습 사이에 유사한 것이 많을수록 전이가 잘 일어난다. 학습지도에 있어서 교사는 하나의 학습이 다른 학습으로 전이가 되도록 학습 상호 간의 조건에 대해서 연구 지도할 뿐만 아니라, 나아가서는 학교에서의 학습이 실제의 일상생활에까지 전이가 일어나도록 지도하는 것이 바람직하다.

2) 전이의 이론

전이현상(transfer phenomenon) 발생에 대한 대표적인 심리학적 이론을 살펴보면 다음과 같다.

(1) 동일요소설(theory of identical elements)

동일요소설은 손다이크가 주장한 이론인데, 전이는 제1의 학습과 제2의 학습 사이에 있는 동일한 요소가 상호 의존하여 일어난다는 것이다(E. L. Thorndike, 1906). 다시 말하면 연습을 거듭해서 얻은 내용이나 그 방법 속에는 새로이 학습한 경험의 내용이나 방법 속에는, 새로이 학습할 때에 이 요소(要因)들이 서로 결합을 하게 되어 전이가 일어난다는 것이다(연합적 전이의 법칙). 이 동일요소설은 그 후 여러 가지 비판과 논의가 되었으며, 특히 게슈탈트(Gestalt)학파로부터 원자론적이라는 비난을 받았지만 다른 많은 학자들에게는 지지를 받게 되었다. 그 중에서 게이츠(A. I. Gates, 1950)와 우드워스(R. S. Woodworth, 1930)는 손다이크가 말하는 요소는 사실상 두 학습 간의 공통된 구성분자에 지나지 않는다고 하여 이것을 동일구성분자론(theory of identical component)이라고 수정하였다.

(2) 일반화설(generalization theory)

일반화설은 저드(C. H. Judd)의 실험에 의해 규명된 이론이다. 그는 5, 6학년 아동을 대상으로 하여 통정군법을 이용하여 실험을 하였다. 그 내용은 깊이 30cm의 물속에 막대기 같은 것을 집어넣고, 아동을 실험군과 통제군의 두 집단으로 구성하여 실험했다. 첫 번째에는 양군 모두가 수중에서 광선의 굴절의 원리에 대해서는 다 같이 모르는 상태로 실험되었다. 그래서 그들에게 같은 다른 막대기 같은 것으로 A점을 맞추게 하였더니 대부분이 실제로 보이는 B점을 지적하여 맞추는데에 실패하였다.

두 번째에는 실험군에 대해서만 광선이 물속에서 일어나는 굴절의 원리를 가르쳐 주고, 통제군에 대해서는 가르쳐 주지 않고 표적을 수중 10cm로 바꾸어서 실험한 결과, 실험군은 굴절의 원리를 적용하여 표적을 맞추는데 좋은 성적을 나타냈다. 이에 반하여 통제군은 첫 번째 경우에서와 마찬가지로 시행착오를 되풀이 하여 실험군에 비하여 표적 맞추는데 훨씬 뒤떨어졌다. 그리고 저드(C. H. Judd)의 실험 이후 헨릭슨(G. Henrickson)과 슈뢰더(W. H. Schroeder)는 동일한 실험에서 막대기 대신 공기총으로 쏘는 실험을 했는데, 저드의 결과와 비슷한 결과를 나타냈다(C. H. Judd, 1939). 상술한 바와 같이 전이는 한 장면에서 나타난 일반적 원리의 이해가 지식을 배우는데 용이하다는 사실이 반증되고 있다.

(3) 형태이조설(gestalt transfer theory)

형태이조설 이론은 형태심리학파에서 입증한 학설이다. 이것은 먼저 경험할 때의 형태(구조)가 새로운 경험에 있어서의 형태(구조)와 비슷할 때에 먼저 경험한 형태가 일종의 위상적인 이동을 가져온다는 것이다. 레빈(Lewin)의 장설(field theory)의 입장에서 설명한다면 경험에 있어 심리학적으로 인지된 장이 새로운 경험에서의 심리학적으로 인지된 장으로 위생적인 이동반응을 일으킨다는 것이다. 실제로 학습 과정에 있어서 심리학적인 장의 이동 또는 위상의 변화과정에 대해서 학습자를 관찰하거나 질문을 통해서 곧 그러한 사실을 찾아 볼 수가 있다.

이상 세 가지의 전이의 현상에 관한 이론은 어느 것이 옳고 어느 것이 그르다는 말을 하기는 어렵다. 각 이론마다 실험이나 깊은 이론적 근거에 입각해서 주장하는 것인 만큼 모두 합리성 있는 학설이라고 할 수 있다. 그러나 학습이나 연습의 전이현상이 자동적이고 저절로 일어나는 것이 아니라, 학습자가 학습을 전개하는데 스스로의 노력이 따라야만 이루어진다. 즉, 학습자에게는 현재의 학습이 다음의 학습에 적용될 수 있고, 도움이 된다는 자각이 있어야 하고, 또한 이것이 전이효과를 촉진하게 된다는 사실을 시사해 주어야 한다. 이러한 측면에서 볼 때 교사는 학생에게 그러한 방향으로 적극적으로 지도해 주어야만 보다 바람직한 전이 효과를 기대할 수 있다.

실제 교육활동이라고 하면 학습자의 발달적 변화에 있어서 자연적 발달보다는 오히려 학습에 의한 발달이 어느 의미에서는 더 비중이 크다.

현대 학교교육에 많은 공헌을 한 학습문제는 여러 학자들의 각종 실험적 연구에 의한 학습 원리나 법칙을 밝히고 학습의 동기유발, 기억과 망각, 연습방법, 학습의 전이문제, 피로에 의한 학습의 생리적 조건 등 학습 문제에서 일어나는 여러 심리학적 문제를 다룬다. 이러한 학습문제를 이해함으로써 효율적인 교육효과를 기대하게 된다.

Introduction to Psychology

CHAPTER 5

성격심리학의 이해

CHAPTER 5 성격심리학의 이해

1. 성격의 정의

성격의 개념에 대해서는 많은 정의가 제시되었다. 정의가 많다고 하는 것은 성격의 개념에 대해 심리학자들 사이에 불일치가 있음을 시사한다. 따라서 이 책에서는 성격이론에 대한 주요 부분만 간단히 다루고자 한다.

먼저 여러 학자들의 성격에 대한 몇 가지 정의를 살펴보면 다음과 같다. "성격은 개인의 독특한 행동과 사고를 결정하는 심리신체적 체계인 개인 내의 역동적 조직이다"(Allport, 1961). "성격은 보통 개인이 접하는 생활 상황에 대해 적응의 특성을 기술하는 사고와 감정을 포함하는 구별된 행동패턴을 의미 한다"(Mischel, 1976), "성격은 사람들의 심리적 행동(사고, 감정, 행위)에 있어 공통성과 차이를 결정하는 일련의 안정된 경향성과 특성이다. 이러한 심리적 행동은 시간에 따른 연속성을 가지며 어떤 순간의 사회적 및 생물학적 압력의 단일한 결과로써 쉽게 이해될 수 없다"(Maddi, 1996).

'성격(性格)'이란 말은 한자의 '성품 성(性)'자와 '격식 격(格)'자로 이루어져 있다. 그러므로 내적인 성품이 외적으로 격식을 차리고 있음을 뜻한다. 이는 성격이 내적인 요소와 외적인 요소로 구성되어 있음을 보여주는 것이다.

영어의 'Personality'란 말은 그리스어 'persona'에서 유래되었다. 페르조나는 원래 고대 그리스 연극에서 배우들이 쓰던 가면을 일컫는 말로써, 어떤 사람의 참 모습이라기보다는 배우가 가면을 쓰고 무대에서 연극하듯 사람들이 사회 장면 속에서 피상적으로 나타내는 사회적 이미지를 뜻한다. 즉, 'Personality'란 말은 사회라는 커다란 무대에서 사람들이 나타내는 외현적인 행동 양상인 것이다. 이러한 사실은 영어의 'Personality' 와 우리말의 '성격'이란 말의 의미가 다소 다르다는 것을 보여준다.

심리학에서 사용되는 '성격'이란 용어는 성격의 어원처럼 피상적인 행동양상만을 뜻하지는 않는다. '성격'을 보다 정확하게 정의하기 위해서는 성격의 구성요소를 알아볼 필요가 있는데, 이는 크게 내적 요소와 외적 요소로 구성된다. 성격의 내적 요소란, 선천적으로 타고난 비교적 안정된 심리요소를 말하는데, 특히 '공격적이다', '선하다' 등과 같은 심리적 특성(character), 체질(constitution)과 같이 생물학적으로 결정되는 선천적인 개인의 감정 반응인 기질(temperament)이다. 성격의 외적요소란 성격의 어원에서 살펴보았던 영어의 'Personality'를 말한다. 즉, 사회, 문화적 환경 속에서 사람들이 가시적으로 나타내는 외형적인 행동패턴을 말하는 것이다. 흔히 사람들이 자기 자신에 대해 표현을 하거나 다른 사람의 행동에 대해 말할 때에 "저 사람은 항상 그래"라고 하거나 "오늘은 쟤가 왜 저러지?"라는 표현을 쓴다. 이 말속에 담긴 의미는 사람에게는 특정한 행동이 일관성 있게 나타난다는 것이다.

이러한 성격의 정의에 대한 내용과 더불어 성격이 무엇인가에 관한 이해를 돕기 위하여 포커스와 슐만(Forgus & Shulman, 1979)이 제안한 여러 가지 가정을 살펴보면 다음과 같다.

첫째, 모든 행동은 적응적이다.

둘째, 성격은 학습된 행동패턴이다.

셋째, 문화는 성격패턴에 영향을 준다.

넷째, 각각의 성격은 그것 자체의 고유하고 독특한 조직을 가진다.

다섯째, 성격은 반응을 결정한다.

여섯째, 패턴의 이해는 행동을 예언하도록 한다.

일곱째, 기본적인 성격패턴의 이해는 어떤 행동의 구체적 기능을 이해하게 해준다.

2. 성격의 형성요인

성격은 인간의 사고, 의지, 지적 능력, 정서, 태도, 신념, 도덕관, 행동과정 등을 통합하여 한 개인을 전체적으로 대표하는 것이다. 대부분의 성격이론가들은, 성격은 선천적으로 타고난 생물학적 바탕과 성장 과정에서의 경험이 복합적으로 작용하여 형성되는 것이라는 데에 의견이 일치하고 있다. 환경과의 접촉이 거의 없었다고 할 수 있는 신생아를 대상으로 한 연구에서 어린 아기들도 각자 독특한 행동적 특징을 보인다는 것이 밝혀지고 있다. 즉, 신생아의 활동수준, 전반적인 기분, 규칙성, 참을성 등의 여러 차원에서 뚜렷한 개인차를 나타내고 있으며, 이러한 기질에서의 개인차가 성장과정에서 비교적 안정되게 유지되는 경향이 있다. 그러므로 성격은 부모에게서 물려받은 유전적 요인들이 주위 환경과 상호작용하는 가운데 형성되고 여러 가지 상황에 적응하는 가운데 형성되어 차이가 생기게 되는 것이다.

1) 선천적 요인

(1) 유전적인 면

아래의 (표 5-1)은 139명의 동성의 쌍생아(평균 55개월)의 세 가지 성격특징을 어머니가 평가하였다. 이러한 결과는 성격을 결정하는 유전적 요인이 중요한 요인으로 작용함을 시사하고 있다. 유전적으로 동일한 일란성 쌍생아는 이란성 쌍생아나 형제들보다 기질적 특성에서 더욱 더 비슷한 양상을 보이고 있어서 기질에서의 개인차는 유전적인 요인에 의해 영향을 받고 있음을 시사해 주고 있다. 이와 같이 성격 형성의 바탕이 된다고 볼 수 있는 다양한 기질적 특성이 유전의 영향을 받는다는 것은 성격 자체가 적어도 부분적으로 유전의 영향을 받아 형성된다는 것을 의미한다(Busser, Plomin, 1975).

성격특성 \ 성격	남자아이의 상관		여자아이의 상관	
	일란성	이란성	일란성	이란성
정 서	.68	.00	.60	.05
활 동	.73	.18	.50	.00
사회성	.65	.20	.58	.06

표 5-1 일란성 쌍생아와 이란성 쌍생아의 기질 평정의 상관관계

그 외 더그데일(Dugdale)의 막스주크라는 부랑자 자손 7대에 540명을 조사한 결과, 20여명이 자기 능력으로 생활할 수 있었고 나머지는 열등인물임을 밝혀냈다. 그리고 고더드(Goddard)의 칼리카크 가계연구에서는 쥬크라는 부랑자의 자손 5대에 걸쳐 출생된

2,240명 중에 정상적인 사회생활을 하는 자는 겨우 20여 명에 불과한 것으로 밝혀졌다. 또 스카(Scarr & Weinber)는 정신분열증 엄마에게서 태어난 자녀연구 트리온(Tron, R. C)의 우수한 특질 인공교배 실험에서도 유전이 성격형성에 영향을 준다는 것을 보여주고 있다.

(2) 내분비선

갑상선, 부갑상선, 뇌하수체, 부신선 등의 생화학 호르몬이 행동에 관련된다는 증거는 대단히 많다. 그러나 성격 기능에서 호르몬이 하는 역할을 알아볼 때 생리반응은 자기가 놓인 실행조건에 따라 즐거움이나 분노를 묘사하였다. 이러한 연구는 단순히 기계 같은 반응을 하지 않는다는 것을 시사한다. 정서적 반응이란 생화학적인 상황들과 심리학적인 상황의 특질 간의 복잡한 상호작용인 것이다. 성격과 행동에 호르몬들이 관여되지 않는다고 주장할 수는 없으나 그 관계의 정확한 본질은 상황, 학습, 생물학적의 복잡한 상호작용들에 파묻혀 있다. 성격개념을 뼈, 근육, 신경 섬유, 화학물질 등을 틀 안에서 고찰하기는 어렵지만 생물학적 영향력들이 존재하지 않는다고 주장하는 것은 합당치 않다.

2) 후천적 요인

성격 형성에 영향을 주는 후천적 요인은 수없이 많겠지만, 다른 사람들과 함께 경험하는 공통경험과, 자신만이 경험하는 개인적 독특한 경험으로 나누어 살펴볼 수 있다.

(1) 공통경험

공통경험은 문화가 성격에 미치는 영향을 다루는 것으로 같은 문화권에 살고 있는 사람들은 다른 문화권에 살고 있는 사람들에 비해 그래도 유사한 신념, 관습, 가치, 규범 등을 공유한다는 것이다. 문화가 가정교육, 학교교육, 사회교육을 통해 그 문화권의 사람들에게 문화의 규범을 따를 것을 요구하며 이를 따랐을 때에는 문화적 인정을 해주고 그렇지 않을 때는 이탈자로 규정해버리기 때문이다. 또한 사람 개개인에게는 인정받고 사랑 받으려는 친화욕구와 사회비교욕구(남과 비교해서 자신을 평가하려는 욕구) 등이 작용하기 때문에 결국에는 같은 문화권의 사람들이 다른 문화권의 사람들에 비해 유사성을 더 갖게 된다는 것이다.

이런 요구나 기대의 한 실례가 국민성이나 지방색이다. 한국인과 미국인이 다른 것은 그 문화의 공통경험이 다르기 때문이며, 충청도 사람과 경상도 사람이 조금은 달라 보이는 것 역시 그 문화의 경험이 다르기 때문인 것으로 볼 수 있다. 또 다른 예로는 남성과 여성의 성격차이에 관한 것이다. 남성과 여성의 성격차이는 생물학적 이유에서 생겼다기보다는 문화가 설정해 놓은 성역할 때문이라는 것이다. 즉, 문화가 남성에게 맞는 역할을, 여성에게 맞는 역할을 수행할 때마다 '남자답다', '여자답다'라는 식으로 인정은 해주었고, 이를 따르지 않을 때는 남자답지 못하다느니 또는 여자답지 못하다느니 하는 식으로 문화적 처벌을 주었기 때문이다. 따라서 남성이 현재의 지배적이고 공격적인 남성적 성격을 갖게 된 것은 문화가 정해 놓은 지배적이고 공격적인 역할을 수행했기 때문이며, 여성이 수동적이고 미온적인 성격을 갖게 된 이유는 문화가 정한 수동적이고 미온적인 역할을 수행해 왔기 때문에 형성되었다는 것이다.

(2) 개인적 독특한 경험

공통경험은 개인의 성격형성을 설명하는데 중요한 의미를 가진다. 하지만 공통경험을 통해 설명할 수 없는 부분들도 있다. 이를테면, 위에서 예를 든 것처럼 동일한 경험을 하면 동일한 성격이 형성되어야 하는데 분명 그렇지가 않다. 한국인이 미국인과 다른 것은 공통경험이 다른데서 원인을 찾을 수도 있을 것이다. 하지만 같은 경험을 하는 미국인 하나하나를 보면 동일한 사람은 한 명도 없다. 또한 동일한 충청도 사람, 동일한 남자, 동일한 여자 역시 한 명도 없다. 부모, 형제와의 관계에서도 동일한 가족문화 속에서도 개인이 경험하는 것은 한 형제사이라 해도 성격에 영향을 미치는 것은 다를 수 있다. 따라서 성격형성에 있어서 보다 중요한 것은 본인만이 경험하는 자신의 독특한 경험이라 하겠다. 동일한 문화적 압력을 남들과 함께 받는다 하더라도 본인이 그것을 어떻게 받아들이느냐에 달려있다. 즉, 문화라는 물리적 환경을 자신만의 심리적 환경으로 어떻게 내면화시키느냐에 의해서 남과 구분되는 자신만의 성격을 갖게 된다.

흔히, 자식이 잘못 했을 때 그 부모를 들먹거리는 것처럼 부모나 가정이 개인의 성격형성에 미치는 영향은 심리적 환경보다 중요한 작용을 한다. 신체적인 힘의 차이, 감수성, 인내심, 모방행동, 종교, 학교교육, 습관 등 개인의 독특한 경험이 성격에 미치는 영향은 모두 다르게 나타날 수 있다.

3. 성격이론

성격이론이란 성격이 무엇이고 어떻게 발달하며 왜 그런 행동을 보이는지에 대해 기술적이고 설명적인 답을 제공해 주는 것이다. 이러한 성격이론은 크게 두 종류로 나누어 볼 수 있다. 첫째는, 어떤 종류의 성격 유형이 있는지와 같은 상태에 관심이 많은 특성이론(character theory)이다. 특성이론에는 사람의 유형에 따라 성격을 다루는 유형론과 사람의 특질에 따라 성격을 다루는 특질론이 있다.

둘째는, 성격이 어떻게 형성되고 발달하며 그러한 성격이 생활하는데 어떤 기능을 하는지를 알고 이해하고자 하는 과정이론(processing theory)이다. 과정이론에는 무의식과 어린 시절의 경험을 강조하는 정신역동이론, 개인과 환경의 상호작용을 강조하는 행동주의적 관점의 사회인지적이론, 개인의 주관적 경험과 자기실현을 강조하는 인본주의이론 등이 있다. 특성이론과 과정이론에 관하여 각각 살펴보면 다음과 같다.

1) 특성이론

사람들은 대체적으로 뚱뚱하면 여유롭고 마르면 지적이고 옹니에 곱슬머리면 고집이 세다는 등과 같이 나름대로의 상식을 동원하여 성격을 분류하고 있다. 이처럼 사람들마다 독특하게 가지고 있는 성격 판단의 기준을 내현성격이론(implicit personality theory)이라고 한다. 성격의 특징은 사람마다 다르다는 독특성에 있지만, 좀 더 생각해 보면 사람들의 성격 간에는 공통점이 존재하고 있음을 알 수 있다. 특성이론은 바로 이러한 특성을 찾아내어 성격을 분류하는 이론이다.

(1) 유형론

① 체액 유형론

체액유형론은 고대 희랍의 히포크라테스(Hippocrates B. C. 460~337경)가 인간의 체액에 따른 기질과 그 특성을 제시한 것을 말한다. 히포크라테스는 체액병리설을 토대로 인간의 신체의 체액을 혈액(blood), 점액(phlegm), 흑담즙(black bile), 황담즙(yellow bile)으로 구분하였다. 이러한 4가지 체액이 신체 내에서 적당한 비율로 혼합되어 있으면 완전한 기질을 만들지만, 이 체액이 너무 많다든가, 적은 비율로 혼합되어 있으면 불완전한 기질이 된다고 한다. 이 체액의 비례적 결합에 따라 다혈질(sanguine), 점액질(phlegmatic), 우울질(melancholic), 담즙질(choleric) 등 4가지의 기질유형과 그에 따른 특성이 나타난다고 하였다.

- 다혈질 : 다혈질이 우세한 사람은 다정하고 부드러우며, 정서적 흥분이 빠르고 명랑하다. 체액은 혈액이다.
- 점액질 : 점액질이 우세한 사람은 냉정하며 정서적 반응이 느리고 조용하며 인내심이 강하다. 체액은 점액이다.
- 우울질 : 우울질은 쉽게 우울하고 슬퍼한다. 정서반응이 느리고 깊고 조용하며 보수적이다. 체액은 흑담즙이다.
- 담즙질 : 담즙질의 특성은 쉽게 분노하며 정서적 흥분이 빠르고 강하다. 동작이 민첩하며 용감하다. 체액은 황담즙이다.

히포크라테스의 기질설은 생리학과 해부학의 발달로 고전적 가치만 인정되나 내분비선의 발견, 호르몬과 신경계가 성격형성에 미치는 영향에 관한 연구, 이상행동의 분류에 큰 공헌을 한 것으로 평가되고 있다.

② 체격 유형론

독일의 정신의학자였던 크래츠머(E. Kretchmer, 1888~1964)는 인간의 신체유형에 따른 관찰을 바탕으로 성격 및 정신장애를 분류하였다. 그가 분류한 네 가지 신체유형은 세장형, 비만형, 근육형 및 내분비 이상으로 인한 발육이상형으로 분류하여 정신병과의 관계를 발견하려고 노력하였다.

- 세장형: 세장형은 내향적이며 몸집이 마르고, 귀가 큰 체격으로 신경질적이다. 또한 깔끔하고 꼼꼼하며 고독을 즐긴다.
- 비만형: 비만형은 몸이 뚱뚱하고 둥글며 땅딸하다. 사교적이며, 기분의 변동이 심하다.
- 근육형: 근육형은 근육이 발달하고 정열적이며, 활동적이다.또한 18~25세에 신체가 성숙함에 따라 그 특징이 명료히 나타난다.

크래츠머는 비만형은 조울성 기질이 많다고 하였으며 실제로 조울증이 많다. 또한 세장형과 근육형은 정신분열증이 많아 분열성 기질이라고도 한다. 이와 같이 크래츠머는 체격으로부터 성격, 기질, 정신병을 예측하고자 하였으므로 그의 이론을 체격유형론이라 한다.

③ 체형론

미국의 심리학자인 셸돈(W. H. Sheldon, 1899~1977)은 신체유형에 따른 체형론을 제시하였다. 그는 체형론을 발생학적 요인으로 설명한다. 그는 인간의 행동은 생물학적 요인과 관련이 있다고 보았다. 임신 시기에 수정을 하면 수정란은 세포 분열을 통해서 세 개의 층을 이룬다고 한다. 이 때 가장 안쪽을 내배엽, 중간층을 중배엽, 맨 가장자리를 외배엽이라고 부른다. 내배엽은 후에 내장기관, 중배엽은 근육, 외배엽은 피부, 신경, 감각기관이 된다. 이 세 세포 중 어느 것이 우세하게 발달하느냐에 따라 성격이 달라진다고 주장하였다.

첫째, 내배엽형(endomorphic type)의 특징은 소화계가 발달하였고, 체격은 사지가 짧고 복부가 가슴보다 더 발달하였으며 뼈마디가 굵고, 피부는 부드럽고 뚱뚱하다. 이러한 사람은 먹기를 좋아하고 편한 것을 즐기며 사교적이고 너그러우며 온화하다. 또한 잠을 잘 자고 차분한 기질인 내장긴장형이다.

둘째, 중배엽형(mesomorphic type)은 근육이 발달하였고 골격이나 근육이 단단하며, 가슴이 넓고 직선적이며 중량감이 있다. 또한 힘이 넘치며, 경쟁적이고, 공격적이며 피부는 거칠고 두텁다. 이러한 사람은 정력적이며 담백하고, 운동을 좋아한다 또한 지배적이며 용감하고 모험을 즐기는 대범한 기질인 신체긴장형이다.

셋째, 외배엽형(ectomorphic type)의 신체 특성은 피부 · 신경계 · 감각기관이 발달하였고, 키가 크고 빈약한 체격이며, 어깨가 좁고, 얼굴이 작고 건조하다. 또한 지적이고 내향적이며 초조해하고 주름살이 많다. 이러한 사람은 두뇌가 발달하였고 고독을 즐기며, 걱정을 많이 하고, 금욕적인 생활을 즐기는 자의식적 기질인 대뇌긴장형이다.

실제로 셸돈은 정상적인 학생 4,000명을 대상으로 일정한 조건하에 찍은 세 방향의 사진에서 기본적인 3가지 체형을 추출하였다.

크래츠머의 이론이 정신질환자를 기점으로 연역적인 것에 비해 셸돈은 일반인에 대해 조사를 행하여 귀납적으로 이론을 구성한 것이 특징이다. 그런데도 불구하고 이들 양자가 추출한 결론이 놀랄 정도로 유사한 점은 주목할 만하다.

④ 심리 유형론

심리 유형론은 융에 의해서 시작되었는데, 융(Carl Gustav Jung, 1875~1961)은 분석심리학파 학자로서 리비도(libido)를 광범위한 삶의 에너지를 포함한 정신적 에너지로 보았다. 프로이드가 인간의 성격이 주로 과거의 사건이나 과정들에 의해 결정된다고 본 반면, 융은 인간의 과거 사건들뿐만 아니라, 미래에 무엇을 하기를 열망하는가에 의해 인간의 성격이 결정된다고 보았다. 그는 리비도(libido)가 외계의 객관적 세계로 지향하면 외향성, 유기체 내부로 지향하면 내향성이 된다고 주장하였다. 외향적인 사람은 사교적이며 발랄하고 행동 지향적이며, 집단규범 및 외부의 가치관에 강한 관심을 갖고 있다. 또한 감정이 자유스러우나 자기 내부의 감정에는 민감하지 못하여 타인에게 자신의 이야기나 고민을 말할 줄 모르며, 책임감이 약한 경향이 크며 사치와 허영심이 크다.

내향성의 사람은 외향성의 사람과 반대로 정신에너지가 자신의 내부로 향하고 있어 자신의 의견에 따라 행동하며 주관적으로 사고하고 융통성과 적응력이 약하며, 자폐증 및 편집증적인 성격을 나타낸다. 또한 감정의 억제가 심하며 자기 자신에 대하여 반성적인 경향을 보인다고 한다.

융이 제안한 정신적 기능의 구성요소는 사고, 감정, 감각, 직관 등이다. 그가 제안한 반대의 원리에 따라 합리적 차원(사고-감정)과 비합리적인 차원(감각-직관)으로 구분한다. 이러한 기능 중에 우선적으로 사용하는 것에 따라 그 사람의 성격이 달라진다고 보았다.

융은 인류의 정신문화의 발달에 초점을 두고 집단무의식이란 직접적으로 의식화되지는 않지만 인류역사의 산물인 신화, 민속, 예술 등을 말하며, 간접적으로 관찰 가능한 것이라고 하였다. 집단무의식의 요소를 융은 원형(archetypes)이라고 불렀는데, 원형에는 영웅, 부모, 죽음, 탄생과 부활, 일관성, 아이들, 신, 악마 등을 포함한다. 잘 알려진 대표적인 원형으로는 페르조나(persona), 아니마(anima), 아니무스(animus), 그림자(shadow), 자기(self) 등이 있다. 페르조나는 환경의 요구에 조화를 이루려고 하는 적응의 원형이다. 즉, 페르조나는 개인이 사회에 대한 이해를 바탕으로 사회에서 자신의 역할을 의미한다. 아니마(anima, 남성의 내부에 있는 여성성)와 아니무스(animus, 여성 내부에 있는 남성성) 혹은 양성적 성격은 인간이 태어날 때, 본질적으로 양성을 가지고 태어난다는 양성론적 입장이다. 그리고 그림자(shadow)는 인간의 어둡거나 부정적인 면을 말한다. 이는 인류 역사를 통해 의식에서 억압되어 어두운 무의식에 있는 자료 및 인간의 원초적인 동물적 욕망에 기여하는 원형을 말한다. 또한 자기(self)는 인간의 의식과 무의식의 주인인데, 여기서 자기는 전체로써 인간 성격의 조화와 통합과 자기실현을 이루고자 노력하는 원형이다.

(2) 특질론

특질이론(trait theory)에서는 성격이 비교적 지속적이고 일정한 방식으로 개인차를 보이는 이유가 특질 때문이라고 보았다.

특질이란 한 사람이 나타내는 대체로 영구적이고, 일관성이 있는 타고난 행동유형을 말한다. 따라서 특질이론에서는 개인들이 보이는 특징적이고도 지속적인 행동, 감정, 사고에서 일관되는 양식이라고 말할 수 있으며, 한 개인의 미래 행동에 대하여 예언할 수 있도록 가정한다. 이렇게 개인의 특질이나 생물학적 특성을 바탕으로 성격을 설명해준다.

유형론에서는 인간의 성격을 질적으로 분류하는데 비해 특질론에서는 양적으로 개인의 성격특질을 분류한다.

성격 특질론을 내세우는 학자들을 살펴보면 다음과 같다.

① 올포트

올포트(Allport, 1897~1967)는 성격을 "특징적인 행동과 사고를 결정하는 심리적, 신체적 체계 내의 역동적 조직"이라고 정의하였다(Allport, 1961).

그는 성격을 구성하는 요소를 특성이라고 보았으며, 이러한 성격특성은 습관보다 더 일반화 되어 있고, 다양한 상황에서도 매우 일관성 있게 행동을 결정하며, 개인의 신경계의 구조에 포함되어 있다고 하였다.

올포트는 개인의 성격특성을 연구하기 위하여 우선 행동의 특성을 나타내는 단어를 사전에서 17,953개 찾아냈다. 이 단어들은 형용사이다. 30년 후 그는 일시적인 상태를 나타내거나 사람의 가치판단을 하는 단어를 제거하고 4,000개의 특성단어집을 만들었다(Warren Norman, 1963).

올포트는 특질을 어떤 사람과 다른 사람을 비교할 수 있는 특징과 다른 사람과 비교할 수 없는 독특한 특징을 모두 가지고 있는 것으로 보았다. 그는 모든 사람에게 공통된 특질이 있기 때문에 사람을 비교 할 수 있다고 보았으며, 이를 공통특질(common trait)이라고 하였다. 이에 비해 개인마다 독특하게 가지고 있으며 타인과 비교할 수 없는 특질을 개별특질이라고 하였다. 개별특질도 개인의 사고와 행동에 영향을 주는데, 그 영향의 정도에 따라 이를 다시 주특질과 중심특질, 이차특질로 나누었다. 주특질(cardinal traits)은 개인의 존재를 완전히 지배하는 것으로 타인에게 명백하게 드러나는 보편적 영향력을 가진 특질이며(예: 마키아벨리즘, 여성동성애자), 소수의 사람들만이 가졌다고 하였다. 중심특질(central traits)은 개인을 특징 지워주는 비교적 적은 수의 특질을 말한다. 어떤 사람이 다른 사람을 추천할 때 사용하는 그 사람의 특징을 중심특질이라고 볼 수 있으며, 이들이 합쳐져서 대부분의 행동에 영향을 미친다. 이차특질(secondary traits)은 제한된 상황에서만 영향을 미치는 개인의 특성으로 특정한 종류의 음식을 좋아하는 성향이나 태도, 상황적으로 결정된 특성 등이 해당된다.

올포트는 인간을 이해하기 위해 개인의 독특성을 중요하게 여겼으며, 성격연구를 위한 방법으로 법칙정립 접근보다는 개체기술을 사용하였다.

② 카텔

카텔(Cattell, 1905~1998)은 성격을 한 개인의 특수한 상황에서 무엇을 할지 예측할 수 있게 해주는 원리라고 보았다. 그러나 그는 성격을 기술하는 특질이 너무 많고 행동도 복잡하기 때문에 이를 과학적인 방법으로 연구하고자 하였고, 성격의 연구에 요인분석모델을 도입하였다. 유명한 심리학자이며 통계학자인 스피어드만(Spearman, 1904)이 처음으로 개발하였지만, 카텔이 박사과정을 공부하는 동안 스피어드만의 연구 조교를 하면서 이 방법을 배워 자신의 연구에 응용하였다.

카텔은 올포트와 같이 특성론자이나 특성을 연구하는 방법에서는 올포트와 차이가 있다. 올포트는 인본주의적 및 개별기술 연구 방법을 사용하는 반면, 카텔은 통계적 및 수학적 방법을 사용하였다.

카텔은 크게 세 가지 방식에 의해 특질을 구분하였다. 첫째 분류는 공통특질(comman trait)과 독특한 특질(unique trait)이며, 둘째 분류는 능력특질(ability trait), 기질특질(temperament trait), 역동적 특질(dynamic trait)의 세 가지이다. 셋째는 특질의 안정성과 영속성에 따라 표면특질(surface trait)과 원천특질(source trait)로 분류한 것이다. 표면특질은 표면적으로 함께 나타나는 행동이다. 그러나 실제로는 같이 움직이지 않으며 공통된 원인을 가지고 있지 않다고 본다. 원천특질은 외현적 행동을 결정하는 기저의 변인이라고 보았다. 표면특질은 원천특질의 상호작용의 결과로 나타나는데 어떤 사람을 기술하는데 사용되며, 안정적이거나 지속적이지 못하고 성격요인을 구성하지는 못한다. 반면, 원천특질은 설명적이고 인과관계를 밝혀주는 것으로 보다 안정적이며 영속적인 단일 성격요인이다.

카텔은 질문지나 객관적 검사를 통해 이러한 특질을 발견하려고 노력하였다. 그는 수천 개의 질문문항을 만들어 대규모의 정상인을 대상으로 조사를 하였으며, 그 결과를 요인 분석하여 16가지의 원천특질을 추출하였다. 그는 이 요인에 대해 잘못 해석하지 않도록 특정한 명칭을 붙이지 않고 기술적인 용어를 사용하였다. 예를 들면, 이완-긴장 요인, 복종-지배 요인, 구체적 사고-추상적 사고 요인, 실제적-상상적 요인 등으로 명명하였다. 그는 이러한 요인항목으로 16성격요인질문지(sixteen personality factor inventory: 16PF)를 개발하였다. 보다 정확히 말하면, 16PF검사는 요인분석으로 발견한 주요한 16가지 원천특질로 구성된 성격검사이다. 16PF검사 결과는 낮은 점수와 높은 점수의 연속선상에서 16가지 요인에 대한 점수에 따라 프로파일로 나타난다.

2) 과정이론

앞에서 살펴본 특성이론은 사람의 성격을 묘사하고 분류하는데는 유용하지만, 성격이 어떻게 형성되고 형성된 성격이 어떤 의미를 갖는지는 제대로 설명하지 못한다. 이러한 측면에 초점을 맞춰 이루어지는 연구들이 성격의 과정이론이다. 과정이론에는 크게 정신역동이론, 행동주의이론, 사회인지적이론, 인본주의이론이 있다.

(1) 정신역동 성격이론

프로이드(Sigmund Freud, 1856~1939)는 성격의 구조 모델을 주장하였는데, 이 모델은 마음의 세 영역인 의식, 전의식, 무의식에 영향을 주는 힘들로 원초아(Id), 자아(Ego), 초자아(Super Ego)라는 개념으로 설정되어 있다.

프로이드는 적응적인 성격이란 이러한 세 가지 성격요소가 균형을 유지하고 있는 상태라고 가정하였다. 어느 한 요소의 충동이 너무 강하게 되면 자아가 그 충동에 대해 위협을 느끼게 되며 불안을 경험한다고 보았다. 어느 요소의 힘에 의해 불안이 야기되었는지에 따라 불안의 종류를 현실적 불안, 신경증적 불안, 도덕적 불안으로 분류했는데, 가장 기본이 되는 현실적 불안(reality anxiety)이란 현실적인 위협이 외부에 실제로 존재할 때 자아가 위협의 신호로서 경험하는 고통스런 정서이다. 신경증적 불안(neurotic anxiety)이란 원초아가 원인인 불안으로서 개인이 자신의 충동을 통제하지 못하고 압도되어 처벌을 받는 행동을 하게 될 것이라는 위협 때문에 경험하는 정서이다. 도덕적 불안(moral anxiety)은 초자아의 욕구가 강하여 죄책감이나 자기 비난을 경험하는 정서로서 자기도덕, 즉 양심의 소리를 두려워하는 불안이다. 근본적으로 불안이란 원초적 본능의 압력과 초자아에 의한 처벌의 위협 사이에서 생겨난 갈등에서 나온다.

프로이드는 인간에게도 에너지의 모양과 형태는 변하지만 그 총량은 변하지 않는 에너지 보존의 법칙이 적용된다고 주장하면서 인간에게 있는 그러한 에너지를 심리-성욕적 에너지(psychosexual energy) 즉, 리비도(libido)라고 불렀다. 이 리비도가 인간의 성장에 따라 신체의 어느 부위에 집중되느냐에 따라 인간의 성격 발달이 결정되고, 그 에너지가 얼마나 원만하게 해결되느냐에 따라 성격특성이 결정된다.

심리-성욕의 발달은 리비도가 어린 시절 입에 집중되는 구강기(oral stage, 0~2세), 배설물의 보유와 배설에 집중되는 항문기(anal stage, 2~3세), 성기와 이성의 부모에 집중되는 남근기(phallic stage, 3~6세) 또는 오이디푸스기(oedipus stage), 리비도가 잠복하는 잠복기(latent stage, 7~12세), 이성과의 사랑과 성관계로 향하는 성기기(genital stage 13세 이후)로 구분된다.

사람들은 욕구를 충족시켜야 하지만 욕구가 과도하게 충족되거나 욕구가 지나치게 적게 충족될 경우 나이가 들어도 발달이 이루어지지 않고 그 단계에 머무르려는 경향이 나타나는데 이를 고착(fixation)이라고 한다. 이에 비해 발달이 진행된 경우라도 심리적 어려움이나 좌절을 겪게 될 때, 욕구충족이 쉬웠던 이전의 발달 단계로 되돌아가려는 경향이 발생하는데 이를 앞 단계로의 퇴행(regression)이라고 한다.

(2) 행동주의 성격이론

앞에서 살펴본 특성이론이나 정신분석이론은 인간의 행동이나 사고에 영향을 주는 요인이 개인의 생물학적·선천적 요인에 있다고 본다. 이에 비해 행동주의는 성격을 결정하는 요인이 내적 요소가 아니라 외부 환경자극이라고 본다. 사람은 경험을 통해 학습한 방식대로 자극에 반응하는데 이러한 반응의 차이가 개인의 특성을 결정한다는 입장이다. 행동주의자들은 성격이라는 개념을 잘 인정하지 않고 흔히 성격차이라고 말하는 것도 개인이 경험한 환경조건의 차이에서 비롯된 행동이나 사고의 차이라고 주장한다. 파블로프의 고전적 조건화 이론이 성격형성에 어떻게 적용될 수 있는지를 실험적으로 보여준 사람은 왓슨(Watson)이다. 그는 관찰할 수 있는 행동을 자세히 철저하게 분석해야 한다는 입장을 강조하였다. 그리고 스키너는 인간의 성격형성은 개인이 지금까지 살아오면서 겪은 강화의 역사의 총체라고 본다. 비슷한 상황에서도 강화의 경험이 개인마다 다르므로 한 개인의 성격을 이해하기 위해서는 자극상황과 강화에 대한 체계적 분석이 필요하다고 주장한다. 예를 들면, 스키너는 적응적 행동과 부적응적 행동, 학교공포증, 동물공포증, 우울증, 불안증 등과 같은 개인의 성격특성이 이드, 자아, 초자아 사이의 갈등에서 비롯된 것이 아니고 개인의 성장과정에서 강화를 통하여 조성된 것으로 보고 있다. 그는 인간의 행동방식은 개인의 주관적인 사고, 감정, 인지, 지각, 기능 등에서 비롯되는 것이 아니라 주위환경의 산물이라고 한다.

(3) 사회인지적 성격이론

파블로프(Pavlov)와 스키너(Skinner)의 행동주의 이론에서 성격은 직접 경험에 의해 결정된다고 주장하는 것과는 달리 반두라(Bandura)의 사회인지적(social-cognitive) 이론은 간접경험 즉, 관찰로도 성격이 형성될 수 있음을 보여준다.

반두라의 사회인지적 이론은 성격이 인지과정이나 동기에 의해 더 많은 영향을 받는다고 가정한다. 왜냐하면 성격이 형성되는 과정이 관찰학습(observational learning)이나 모델링(modeling)에 의해 이루어진다고 보기 때문이다. 관찰학습이란 어떤 사람의 행동이 다른 사람의 행동을 관찰함에 따라 자신의 행동에 변화를 일으키는 과정을 말한다. 모델링은 어떤 행동을 시범적으로 보여주고 관찰자가 그것을 그대로 모방하는 과정을 말한다. 이러한 관찰학습과 모방을 통하여 보상을 받는 행동과 처벌을 받는 행동을 경험하게 되며 사회적 장면에서 나타나는 다양하고 복잡한 행동을 습득한다.

이 이론에서는 인간의 행동결정을 인지적, 행동적 및 환경적 결정요인의 계속적인 상호작용결과라고 본다. 이것은 행동주의 학습이론과 인지적 학습이론 및 여러 심리학적 이론을 절충한 것이 아니라 과학적인 인간이해를 위한 체계적인 이론을 제시하는 것이다. 즉, 인간의 행동은 환경에 의해서 영향을 받는다. 그러나 인간은 환경적 힘에 의해 통제되는 무기력한 존재는 아니고, 인간의 그 환경이 자극에 의미를 부여하는 인지과정을 동반할 때 행동이 결정되는 것이다. 또한 인간은 자신들의 행동을 통하여 환경조건을 조형시킨다.

(4) 인본주의 성격이론

인본주의 성격이론은 개인이 자기 자신과 세계를 어떻게 지각하고 해석하는가에 따라 성격이 다르게 형성된다는 입장이다. 이러한 입장은 한 개인 내에 존재하는 무의식적 욕구나 동기를 강조한 정신역동적 입장이나 외부 환경의 영향을 강조한 행동주의와는 다르다.

인본주의자 가운데 로저스(Carl R. Rogers, 1902~1987)는 인간은 현상적인 장 속에서 자신을 유지하고 발전시키기 위해 행동하는 실현경향성(actualizing tendency)에 의해 지배받는다고 가정하였다. 실현경향성은 개인이 긍정적으로 건강한 행동을 하도록 동기화하는데, 예를 들면, 독립심이나 자기통정감(self-regulation)을 갖도록 이끌며, 경험을 평가하는 준거를 제공해주고, 자기를 유지하고 향상시키는 방향으로 개인을 움직이는 자아실현 경향성을 제공한다.

로저스의 성격이론에서 중요한 개념은 자기(self)인데, 자기라는 개념은 개인이 지각한 현상적 장을 포함하는 조직화된 지각유형을 의미한다. 그래서 로저스는 개인이 어떻게 지각하고 어떤 의미를 부여하느냐에 따라 개인의 현상적 장이 달라진다고 보았다.

그리고 로저스는 자기와 경험 간의 일치와 자기일관성(self-consistency)을 강조하였다. 그에 따르면, 유기체는 자기지각 간의 일관성을 유지하고 자기지각과 경험 간의 일치를 유지하기 위해 기능한다는 것이다. 즉, 유기체가 채택하는 행동방식은 자기개념과 일치한다고 설명하였다. 그는 지각된 자기와 실제의 경험 간에 괴리가 생기게 되면 불일치(incongruent)상태를 경험한다고 보았다. 만일 자신은 미움을 갖지 않은 사람이라고 생각하는데 화를 내고 있는 자신을 본다면 불일치 상태에 있는 것이다. 또한 유기체는 자기개념을 유지하기 위하여 경험의 자각을 부인하는 방어반응을 보인다는 것이다. 결국 경험의 의미를 왜곡하고 경험의 존재를 부인하는 과정이 나타난다. 개인은 부인을 통해서 위협으로부터 자기구조를 보존하고 왜곡을 통해서 경험이 자기와 일치하도록 한다. 이러한 자기일치가 일어나기 위해서는 경험을 부인하거나 왜곡하지 않을 수 있어야 하는데 로저스는 타인이 그 개인을 무조건적이고 긍정적으로 존중해주거나 공감을 해주면 경험을 부인하거나 왜곡할 필요를 갖지 않는다고 생각하였다.

인본주의자 가운데 매슬로우(Abraham Maslow, 1908~1970)는 사람들이 동기화되는 요인과 개인을 완전하게 기능하는 삶으로 이끌어가는 동기에 관심을 가졌다. 그는 완전하게 기능하는 사람만이 완전하게 자기실현을 하는 것으로 보았다. 매슬로우는 자아실현 동기가 그 사람의 삶을 지배하기까지 생리적 욕구(physiological need), 안전 욕구(safety need), 소속과 사랑 욕구(belongingness and love needs), 존중 욕구(esteem needs), 자아실현 욕구(self-actualization needs)의 다섯 가지 타고난 욕구단계를 거친다고 가정하였다. 이러한 단계는 욕구위계설(hierarchy of need)이라고 알려져 있으며 각 단계의 욕구에 의해 인간이 동기화되는 것으로 보았다.

매슬로우의 욕구위계 단계의 맨 마지막 단계로 자신의 잠재력을 발현시키고 자신의 강점과 제한점을 수용하며 독립적이고 자발적이 되고자 하는 자아실현욕구로 앞에서 말한 네 가지의 욕구가 충족되었다 하더라도 자기 자신의 잠재되어있는 능력을 마음껏 발휘하지 못하면 불만족스럽고 불안과 좌절을 맛볼 수 있으며 진정한 자아실현욕구를 이루지 못할 수 있다.

매슬로우는 이러한 욕구가 모든 사람에게 공통적으로 있는 본능과는 달리 개인의 생물학적 특성과 환경적 경험에 따라 다르게 결정된다고 보았으며, 변화가 가능한 역동적 과정으로 생각하였다. 또한 한 위계에 있는 욕구가 충족되면 상위의 위계에 있는 욕구를 만족시키고자 동기화 된다고 가정하였는데 이러한 가정은 현상적인 입장과 일치하는 것이다. 그는 이러한 동기가 결손 되면 개인의 행동은 긴장을 감소시키거나 특정 욕구의 일시적인 결핍을 충족시키는 방향으로 나아간다고 가정하였다. 생리적 욕구, 안전욕구 수준에서 이러한 결손동기화가 더 강하게 일어나고, 소속과 사랑에 대한 욕구나 존중에 대한 욕구에서는 동기화가 보다 약하게 일어나는 것으로 보았으며, 성격의 충분한 발달이 방해를 받는다는 것이다.

4. 성격진단의 방법

1) 성격검사

성격검사는 적응검사로도 불리어지며 원래는 정서장애자와 불안장애자를 찾아내기 위한 것이었다. 하지만, 사람마다 서로 다른 성격과 행동특성을 이해하기 위해서는 일반인에게도 성격검사가 필요했다. 성격검사는 정신병 진단, 진로지도, 개인의 특정행동과 감정 그리고 태도의 분석, 심리치료 및 인간심리의 연구에 필요하다.

심리학자들은 자신의 이론적 입장에 따라 성격측정을 하고 있다. 행동주의의 입장을 따르는 심리학자들은 성격이 변하기 쉽고, 환경요인에 의해 영향을 받는다고 본다. 면접, 직접적 관찰, 문제행동과 문제행동이 일어난 상황을 기록한 자기 관찰보고를 통하여 성격평가를 할 것이다. 이와는 대조적으로 정신 분석적 심리학자들은 유아기의 갈등이나 심리, 성적 요인과 같은 개인의 심리내적인 변인들을 강조한다. 그들은 성격검사를 할 때 자신의 이론적 입장에서 개인의 무의식적 갈등이 표출될 수 있도록 자유연상법이나 로르샤하 검사와 같은 투사적 방법을 사용할 것이다. 성격을 안정된 특질군이라고 보는 학자들은 성격검사에 성격 항목표를 사용할 것이다.

(1) 성격검사의 유형

각 개인들의 정신능력과 성격특성 그리고 적응능력 등 다양한 행동특성이 다르게 나타난다. 자신과 타인의 행동특성에 대한 객관적이고 신뢰로운 정보들을 다양하게 접하게 되고 다양한 상황에 따라 타인과 복잡한 상호작용을 하게 되는데, 자신의 행동을 이해하고 예측하며, 동시에 상대방의 행동을 이해하고 예측하는데 성격검사는 아주 중요한 역할을 하게 된다. 그리고 자신의 성격에 맞는 직업을 선택하는데도 다양한 성격특성에 관한 정보를 유용하게 사용할 수가 있다. 성격검사는 측정되는 내용과 검사제작 방법에 따라 투사형 검사와 자기보고형 검사로 구별 될 수 있다.

① 자기 보고형 검사(지필검사)

심리학자들이 고안한 성격평가 방법 가운데 가장 널리 쓰이는 것은 성격질문지 혹은 자기 보고 목록이다. 이 방법은 검사자의 의견이나 편견이 검사에 별로 영향을 미치지 않는 것으로써, 객관적 검사로 표준화된 절차에 따라 실시한다. 따라서 누가 실시하든 채점 및 결과는 동일하다.

자기 보고형 검사의 장점은 검사 실시의 간편성과 검사 신뢰도와 타당도가 높고, 투사적 검사에 비해 검사자 변인이나 검사 상황변인에 따라 영향을 적게 받고, 개인 간 비교가 객관적으로 제시될 수 있기 때문에 객관성이 보장될 수 있다. 하지만 이 검사의 단점으로는 객관적 검사에서 바람직한 문항에 긍정적으로 반응하는 경향(사회선호도)이 쉽게 일어날 수 있다. 그리고 긍정적으로 일관되게 응답하거나 아니면 부정적으로 일관되게 응답하는 경향이 있다. 이러한 경향은 피검자의 순수한 반응에 오염변인으로 작용한다. 뿐만 아니라 특정한 상황에서의 상호작용 입장과 성격기술이 어렵고 사태변인을 고려하는데 실패함으로써 검사결과가 지나치게 단순화되는 경향이 있다. 자기 보고형 검사의 종류에는 다면적 인성검사(MMPI), 캘리포니아 성격검사(CPI), 성격유형검사(MBTI), 이외에도 16요인 성격검사, 아이젠크 성격검사 등이 있다.

② 투사형 성격검사

투사법은 질문지법이 갖는 제한점을 탈피하여 자신이 원하는 대로 자신의 상상을 동원하여 반응하게 하는 방법이다. 이 방법은 주로 프로이드의 무의식의 개념과 방어기제인 투사에서 영향을 받은 것이다. 투사법은 애매한 자극을 주고, 그 자극에 대한 자신의 성격을 투사시켜 성격의 심층적 측면을 꿰뚫어 보는 것이다. 투사형 검사의 장점으로는 면담, 행동관찰, 객관적 검사반응과 다르고 매우 독특한 반응을 제시해 준다. 그리고 개인의 반응이 다양하게 표현되며 이러한 반응의 다양성이 개인의 독특한 심리적 특성을 반영해 준다. 또한 평소에는 의식화되지 않던 사고나 감정이 자극됨으로써 전의식적이거나 무의식적인 심리적 특성이 반응될 수 있다. 투사형 검사의 단점은 검사의 신뢰도와 타당도가 부족하다는 연구결과들이 보고되고 있다. 그리고 반응에 대한 상황적 요인의 영향력 즉, 검사의 인종, 성, 검사자의 태도, 검사자에 대한 피검사자의 선입견 등이 강한 영향을 미친다.

많이 사용되고 있는 투사형 성격검사로는 로르샤하 검사, 주제 통각 검사, 문장완성검사, 인물화검사, 가족화검사 등이 있다.

5. 건강한 성격

1) 건강한 성격의 구분

어떤 성격이 건강하고 어떤 성격이 건강하지 않은가를 구분하기는 쉽지 않다. 왜냐하면 사회적으로는 바람직하지 않고 건강하지 않은 성격이라고 하더라도 개인에게는 바람직한 성격이 될 수 있고, 그 반대의 경우도 가능하기 때문이다. 개인에 따라 바람직한 성격은 다를 수 있지만 일반적으로 바람직한 성격이란 자신의 삶을 창조적으로 개척하고 신체적, 정신적 건강을 해하지 않으며, 자아가 충분히 성숙되었을 때를 말한다. 그러한 성격이야말로 자신의 삶을 창조적으로 영위해 나갈 수 있을 뿐만 아니라 다른 사람과 사회의 발전에도 기여하는 삶을 살 수 있을 것이다.

2) 건강한 성격에 대한 학자들의 견해

(1) 설리반(H. S. Sullivan)

설리반은 인간성격의 지배적인 주체를 대인관계로 보면서 개인생활의 의미를 타인에 대한 지각과 태도로 보았다. 그래서 성격적으로 성숙되고 건전한 사람은 통합적 사고를 하는데 이는 논리적으로도 현재에 적합한 행동을 한다는 것이다. 따라서 궁극적인 만족과 안정은 정확한 지각과 자기 자신 및 타인에 대한 신념을 가질 때에만 이루어지는 것으로 보고 있다.

(2) 로저스(Carl R. Rogers)

로저스는 건전한 성격을 가진 사람들은 자기를 수용할 줄 알고, 자기지도가 가능한 사람이라고 한다. 건전한 성격을 가진 사람들은 현실적 자아에 의하여 행동하기 때문에 위장이나 허위적인 행동을 하지 않으며 항상 있는 그대로를 경험한다는 것이다. 다시 말해서, 건전한 성격을 가진 사람들은 타인의 기대를 기다리지도 않을 뿐만 아니라, 항상 자기지도를 위하여 노력하면서 발전해 나아가는 사람들을 말한다.

(3) 케롤(H. A. Carroll)

케롤은 성격적으로 건강한 사람들은 자신도 존중할 뿐만 아니라 남도 존중할 줄 아는 사람이어서 자타에 대하여 혐오감이나 적대적 감정을 갖지 않는다고 주장한다. 그래서 그들은 어떤 집단의 성원이 되든지 그 구성원을 좋아하며 긍정적으로 대하고 항상 인간에 대한 존경심을 갖는다고 하였다. 또한 특정행동에 대한 원인까지도 알려고 노력하며 이해하려고 한다. 원인이 없는 행동은 하지도 않으며 모든 행동에 책임을 질 수 있게 된다.

(4) 매슬로우(A. H. Maslow)

매슬로우는 건강한 성격을 가진 사람은 주변세계에 있는 물체와 사람을 객관적으로 지적한다고 보았다. 그리고 건강한 성격의 사람들은 자기의 본성에 대하여 대단히 수용적이므로 자신을 왜곡시키거나 변조할 필요가 없다는 것이다. 뿐만 아니라 건강한 성격을 가진 사람은 삶의 모든 측면에서 솔깃하고 직접적인 방식으로 행동하며 정서를 숨기지 않고 정직하게 나타낸다는 것이다.

(5) 올포트(Gorden Allport)

올포트는 건강한 성격의 소유자를 성숙한 인간이라 보고 건강한 성격의 지표로써 일곱 가지 기준을 제시하고 있다.
    ① 자아의식의 확대 : 의미 있는 여러 가지 활동에 관여하고 참여한다.
    ② 깊고 온화함 : 자기를 타인과 관계 지을 수 있는 능력이 있어야 한다.
    ③ 현실적인 지각 : 세상을 객관적으로 보며 실재를 있는 그대로 받아들인다.
    ④ 기술과 과업 : 해야 할 중요한 일과 그 일을 행할 기술과 헌신과 열정을 갖는다.
    ⑤ 자기 객관화 : 자신을 객관적으로 보고 자신의 약점을 웃어넘길 수 있는 능력과 여유를 갖는다.
    ⑥ 정서적 안정 : 자신의 약점과 좌절을 참아내는 자기승인이나 자기감정을 통제할 수 있다.
    ⑦ 통정된 생활철학 : 자신의 중요한 활동에 알맞은 의미와 통합된 철학과 책임을 부여하는 준거를 가지고 있다.

(6) 프롬(Erich Fromm)

프롬은 생산적인 인간을 건강한 성격의 소유자로 보고 다음의 다섯 가지 특성을 갖는다고 하였다.
    ① 자신을 사랑할 수 있는 능력을 갖는다.
    ② 다른 사람과의 진정한 인간관계를 확립한다.
    ③ 이성에 의한 세상의 파악과 이해를 갖는다.
    ④ 생산적인 일에 참여한다.
    ⑤ 보람 있고 가치 있는 일에 종사한다.

(7) 융(Carl Gustav Jung)

융은 인간이 자기실존의 목적과 의미를 발견하고, 책임 있고 독자적인 인간이 될 때 즉, 개별화된 인간이 될 때 비로소 건강한 성격의 소유자가 되는 것으로 보고 다음의 일곱 가지 특성을 열거하고 있다

① 자기 자신에 대한 지각을 한다.

② 자기 수용적이다.

③ 자기통합을 이룬다.

④ 자기표현에 적극적이다.

⑤ 인간관용을 이룬다.

⑥ 미지와 신비를 수용한다.

⑦ 보편적인 성격이다.

건강한 성격이 갖는 특징에 대해서 학자들의 견해를 종합하면, 건강한 성격은 첫째, 자기 행동과정을 자유롭게 선택한다. 둘째, 자기가 살아가며 행하는 행위와 미래를 보는 태도에 개인적 책임의식이 있다. 셋째, 자기 외부의 힘에 의해 제한 받지 않는다. 넷째, 자기에게 적합한 삶의 의미를 갖고 있다. 다섯째, 자기생활에 의식적 통제력이 있다. 여섯째, 창조적, 경험적, 태도적 가치를 표현 할 수 있다. 일곱째, 자신으로 향하는 관심을 초월한다. 여덟째, 미래의 목표와 임무를 추구하는 미래성향이 있다.

건강한 사람에게는 목표가 필요하다. 왜냐하면 미래를 보아야 살 수 있는 것이 인간의 특성이기 때문이다.

6. 성격장애(personality disorder)

성격장애는 자신의 증상이 사회에 미치는 영향을 인식하지 못할 뿐 아니라 자신에 맞추어 환경을 바꾸고자 하는 환경수식적(alloplastic) 특성을 가지며, 증상을 자신이 용납하는 자아동조적(ego-syntonic)인 특징이 있어 스스로 정신과적 치료를 받으려 하지 않는다.

성격장애에서는 신경증적인 다양한 증상이 전면에 나타날 수도 있다. 그러나 주관적인 호소는 구체적인 사건과 상황의 결과로 나타나는 비교적 일시적이고 상황적인 것으로 볼 수 있다. 또한 정신증의 증상이 전면에 나타날 수도 있는데, 이는 비교적 일시적이고 영역이 국한되어 있는 것이 특징이며 부적응의 결과로 나타나는 경우가 많다.

성격장애가 신경증이나 정신증의 증상과 공존하는 경우도 흔히 있으므로 이 둘을 구분하여 이해, 평가하는 것이 중요하다. 잠정적으로는 성격장애가 DSM-Ⅳ(정신장애의 진단 및 동계편람 제4판) 축Ⅰ 장애의 원인이 되는 경우가 흔히 있지만 이 둘의 공존의 역학과 본질에 대해서는 아직 충분히 연구되지 않은 상태이다. 개념적인 수준에서 DSM-Ⅳ (정신장애의 진단 및 동계편람 제4판) 축Ⅰ 장애와 성격장애는 뚜렷이 구분되지만 실제 임상장면에서 둘의 구분은 쉽지 않으며 이론적으로도 아직 정리가 안 된 상태이다.

성격장애는 세 개의 군집(cluster)으로 구분할 수 있는데, 기이하고 괴팍한 특성의 군집 A에는 정신분열성, 정신분열형, 편집성 인격장애가 속하고, 충동적이고 감정조절을 하지 못하는 특성의 군집 B에는 반사회적, 경계선적, 히스테리성, 자기애성 인격장애가 속하며, 불안과 우울 등의 특성을 주로 하는 군집 C에는 회피성, 의존성, 강박성 성격장애가 해당된다.

1) 편집성 성격장애

편집성 성격장애(paranoid personality disorder)는 일반적으로 타인의 행동을 계획된 요구나 위협으로 보고 지속적인 의심과 불신을 갖는 경우이다. 이 경우에 속하는 사람들은 주로 고루한 고집쟁이, 부정행위 수집가, 배우자에 대한 병적 질투심을 갖는 자, 소송을 좋아하는 괴짜 등이다.

편집성 성격장애의 원인을 살펴보면, 어린 시절 부모의 불합리한 분노에 짓눌려 성장하면서 자신과 그들의 부모를 동일시함으로써 그 분노를 다른 사람에게 투사하게 된 결과로 나타난다.

편집성 성격장애의 임상양상으로는 타인의 행동에 대해, 의도적으로 자기를 기죽이려는 행동이나 위협하는 행동으로 해석하며, 늘 남들이 자신을 괴롭히고 착취하고 해치려한다고 예상한다. 그리고 정당한 이유없이 의심하며 질투도 심하다. 제한된 정서반응을 보이는 바, 늘 긴장되어 있고 냉담하며 무정한 면이 있다. 또한 자만심을 보이며 유머감각이 결여되어 있다.

2) 분열성 성격장애

분열성 성격장애(schizoid personality disorder)의 기본양상은 일생 동안 사회로부터 철수되어 있다. 다른 사람들과의 관계형성 능력과 적절히 반응하는 능력에 심각한 장애가 있고, 지나치게 내향적이며 온순하고 빈약한 정서가 특징이다. 이들은 다른 사람들이 볼 때 괴벽스럽고 외톨이처럼 보인다. 혼자 지내고 정서적으로 냉담하고 무관심하며 타인에 대해 따뜻함이나 부드러움이 없다. 그리고 이성교제에 대한 욕구도 거의 없고 타인의 느낌, 칭찬, 또는 비평에 무관심하다. 가족을 포함해서 친밀한 관계에 있는 사람은 단지 한두 사람뿐이다. 그러나 분열형 성격장애에서 보이는 언어, 행동 또는 사고의 괴이한 면은 없다.

분열성 성격장애의 원인은 어릴 때의 대상관계 양상, 가족 상호작용 방식 및 문화가 중요한 요인이다. 어린 시절을 보면 쓸쓸하고 냉담하며 감정 교류가 없었다는 것을 알 수 있다. 따라서 양육과정이 중요하다는 추측을 할 수 있다. 그러나 유전적 원인에 대해서는 불분명하다.

분열성 성격장애의 임상양상을 살펴보면, 냉담하고 무관심하며 타인의 일에 관여하지 않으려 하고 혼자서 비경쟁적인 직업을 갖는다. 그리고 수학, 천문학 등 비인간적인 일에 열심인 경우가 많으며, 성생활은 공상에 주로 의존하고 이성과 친밀해지기 어렵다.

3) 분열형 성격장애

분열형 성격장애(schizotypal personality disorder) 환자의 행동은 일반 사람들의 눈에도 괴이하거나 이상하게 보인다. 사회적 고립, 텔레파시 같은 마술적 사고, 관계망상, 피해의식, 착각, 이인증 등이 특징이다. 이는 정신분열증과 다소 공통적이나 정신병적이 아닌 경우에 해당된다.

분열형 성격장애의 원인을 보면, 만성 정신분열증 환자들의 생물학적 친척들 중에서 대조군보다 더욱 많았다고 한다. 그러나 아직은 이를 뒷받침할만한 유전학적 자료들이 불충분하다.

분열형 성격장애의 임상양상은 사고와 대화의 장애가 주인데, 언어표현이 괴이하고 지엽적이고 막연하며 지나치게 정교하거나 우회적이다. 그리고 가까운 친구가 없고 사회적으로 고립되어 있다. 그러나 노골적인 정신병적 에피소드를 나타낸 적은 결코 없다. 임상적 양상은 분열성 성격장애와 정신분열증 사이의 경계영역에 해당되며, 과거에 경계성, 단순형, 또는 잠복형 정신분열증으로 분류되던 증상들이 여기에 해당된다. 이들은 흔히 미신이나 유사종교에 사로잡혀 있는 경우가 있고, 혹은 자신이 특수한 사고나 통찰력을 가진 초능력자라고 믿는 경우도 있다. 문화권에 따라서는 이들이 점성가 또는 사교집단의 광신자로서의 역할을 하기도 한다.

4) 히스테리성 성격장애

히스테리성 성격장애(histrionic personality disorder)자들은 흥분을 잘하고 감정적인 사람들로서, 다양하고 극적이며 외향적이다. 그리고 자기 주장적이고 자기 과시적이며 허영심이 많다. 다른 사람들의 관심과 주의를 끌기 위해 과장된 표현을 하지만, 실제로는 의존적이고 무능하며 지속적으로 깊은 인간관계를 갖지 못한다.

히스테리성 성격장애는 많은 요인이 작용하리라고 생각되지만 확실한 원인은 규명되지 않고 있다. 정신분석에서는 소아시절의 오이디푸스 콤플렉스와 관련을 시키고 있다. 이에 대한 연구로 억압과 해리의 방어기제를 주로 사용한다. 또 다른 연구는 히스테리성 성격장애와 반사회적 성격장애를 같은 현상으로 보고 성에 따라 다르게 나타난 것이라고 한다.

히스테리성 성격장애의 임상양상을 보면, 주의를 끌기 위한 행동이 심하다. 사고와 느낌을 과장하지만 감정표현은 바라던 목표를 성취하기 위한 도구로 사용할 뿐만 아니라 원치 않는 현실적 책임이나 불쾌한 내적 정서를 피하려는 수단으로 이용하기 때문에 감정 자체가 피상적이다. 그래서 매력적이고 사귀기 쉽지만 대인관계에서 깊고 가까운 관계를 오래 지속하지는 못한다.

이들은 가벼운 자극에도 지나치게 반응하고 변덕스럽다. 불만스러운 일이 있으면 울음, 비난, 자살소동으로 상대방에 죄책감을 일으켜 조종하려 하기도 한다. 대인관계에서도 자기 요구만을 들어 주기 원하는 이기적인 사람이다.

성인으로서 성적으로 매력이 있어 보이고 애교가 있는 옷차림이나 겉모양으로는 유혹적이고 자극적이며 성적 분위기를 다분히 풍기지만 실제로는 회피적이며 불감증인 경우가 많다. 이성관계에서도 낭만적인 환상에 잠시 빠져 들었다가도 곧 싫증을 내고 중단해 버리는 경우가 많다.

5) 자기애성 성격장애

자기애성 성격장애(narcissistic personality disorder)가 있는 사람들은 자신의 재능, 성취도, 중요성 또는 특출성에 대한 과대적 느낌이 있다. 타인의 비판에 매우 예민하나 감정이입은 결핍되어 있다. 이 장애의 진단기준은 매우 포괄적이고 다른 성격장애에서도 볼 수 있는 것들이기 때문에 그 원인들도 다른 성격장애와 비슷하다고 생각된다.

자기애성 성격장애의 임상양상을 보면, 환자는 자기가 중요하다고 믿기에 특별대우를 기대한다. 자존심이 불안정하며 남들이 자기를 얼마나 좋게 보고 있는지에 항상 집착되어 있고 타인으로부터 계속적인 관심과 칭찬을 요구한다. 사소한 일에도 쉽게 분노와 패배감, 열등감, 모욕감을 느끼고 우울한 기분에 빠져든다. 이들은 주로 연극, 예술, 운동, 혹은 학문적 탁월성에 집착되어 있는 전문 직업인에서 흔히 볼 수 있다. 재능에 집착하는 것만큼 스스로 열등감, 천박감 또는 무가치감으로 고통을 받고 있다.

자기능력에 대해 비현실적으로 평가하여 지나친 재물, 권력, 아름다움 또는 이상적 사랑을 원하기도 한다. 때로는 이러한 목표가 달성되기도 하지만 더욱 커다란 목표가 달성되지 않았다고 실망하기도 한다. 이들은 존경과 관심의 대상이 되고자 끊임없이 애를 쓰며 내부의 충실보다는 표면에 나타나는 모습을 더 중요시한다. 친구를 가까이 사귀는데는 인색하지만 멋진 사람들 틈에 어울리기 좋아한다. 보답할 책임감도 없이 특별대우를 기대하며 타인의 입장을 이해하는 감정이입의 기능이 결핍되어 있다.

6) 반사회적 성격장애

반사회적 성격장애(antisocial personality disorder)란 사회적응의 여러 면에 걸쳐서 지속적이고 만성적으로 비이성적, 비도덕적, 충동적, 반사회적 또는 범죄적 행동, 죄의식 없는 행동 또는 남을 해치는 행동을 나타내는 이상성격이다.

환경적 요인을 보면, 이 장애가 혼란된 가정환경 안에서 빈번하게 발생된다는 것을 잘 알 수 있다. 유아기 시절 심한 박탈 경험을 한 경우, 특히 출생 후 1년 동안의 부모 상실은 중요한 요인으로 생각되고 있다. 한편 부모의 상실보다도 변덕스럽고 충동적인 부모가 더욱 문제된다는 견해도 있다. 유전적 영향을 더욱 중요시한 연구에 의하면, 사회질병이나 알코올 중독인 아버지를 가진 경우에서는 이 아이가 실제로 아버지 밑에서 성장했건 안했건 상관없이 반사회적 성격장애가 되기 쉽다고 하였다. 그 밖에도 기질적 근거가 명확히 밝혀지지는 않았지만 아동기에서 볼 수 있는 과잉행동이나 가벼운 신경학적 이상이 성장 후에 반사회적 성격장애와 통계적으로 연관성이 있음이 밝혀지고 있다. 또한 대뇌피질의 각성수준의 저하나 억제기능을 하는 불안수준의 저하 등도 충동적 감각추구 행동의 원인이라는 가설도 있다.

임상양상을 보면, 이들은 겉보기엔 똑똑해 보이고 말도 합리적이지만 신의가 없고 성실성이 결여되어 있다. 반복적인 반사회적 행동의 동기 또한 모호한 것이 특징이다. 또한 자기중심적이고 자기애적이다. 깊은 대인관계를 형성하지 못하며 가끔 남을 위하는 체하지만 깊은 정서관계를 갖지는 않는다. 이들은 어릴 때부터 청소년 비행, 무단결석, 규칙위반, 거짓말 등 반사회적 행동을 이미 보여 왔으며 현재도 그러한 행동을 반복하고 있다. 즉, 직업에서의 실패, 범법행위, 가정생활에서의 무책임, 폭력행위, 성적 문란, 채무 불이행, 거짓말, 무모한 행동, 파괴행위 등을 보인다.

환자들은 불안해하거나 우울해야 할 상황에 처했음에도 전혀 불안이나 우울을 나타내지 않는다. 때로는 자살위협을 하기도 하지만 자살시도는 드물다. 타인을 교묘하게 조종하여 자기 뜻대로 움직이게 하며 약물남용이라든지 무책임한 성행위를 보일 수 있다.

7) 경계성 성격장애

경계성 성격장애는 정서, 행동 및 대인관계의 불안정성과 주체성의 혼란으로 모든 면에서 변동이 심한 이상 성격을 말한다. 이 장애는 신경증적 장애와 정신병 상태의 경계선상에 있다고 보여진다.

컨버그(Kernberg)의 가설에 의하면, 발달과정의 초기에 어머니와 가졌던 병적인 양가감정의 대상관계가 내재화됨으로써 원시적 방어기전을 계속 사용하게 되어 자신의 주체성은 모호해지고 대인관계에서도 모든 사람들을 선과 악의 극과 극으로 분리시킴으로써 왜곡된 인간관계를 갖게 된 것이 원인이라고 한다.

말러(Mahler)의 가설은 분리-개별화에 초점을 두었다. 심리적 발달과정 중 유아기 시절에 의존관계에서 분리되는 과정이 잘못 처리됨으로써 성장 후에도 이별경험에 당면할 때마다 인격의 취약성이 나타나게 된다는 것이다.

임상양상을 보면, 항상 위기상태에 있는 것처럼 보인다. 이들은 어떤 위기상태에 놓일 때 참을 수 없는 분노감을 나타내고 논쟁적이고, 요구적이며, 자신의 문제를 다른 사람에게 책임 전가시키려 한다. 평상시에도 기분의 변동이 심하며 만성적인 공허감과 권태를 호소한다.

대인관계가 불안정하고 강렬하며, 의존과 증오심을 동시에 갖고 있다. 불안정하고 강렬한, 자제가 곤란한 분노반응을 보인다. 실제적 또는 상상된 버림을 받을까 하는 느낌을 피하기 위해 미친 듯한 행동을 한다. 그래서 혼자 있는 것을 참지 못한다. 행동 면에서는 매우 돌발적이고 통제력이 상실되어 있어서 예측할 수 없으며 낭비, 성적 문란, 도박, 약물남용, 좀도둑질, 과식 등의 행동을 보인다. 때로는 자해행위, 자살위협을 하기도 하는데 남들로부터 동정을 받기 위해서라든지, 분노를 표시하기 위해 또는 자신의 불안정한 정서를 가라앉히기 위해서이다.

8) 회피성 성격장애

회피성 성격장애(avoidant personality disorder)는 배척에 대한 극도의 예민성이 특징이며, 사회적으로 위축되어 있어서 내심 친밀함을 원하고 있으나 부끄러워한다. 그들은 열등 콤플렉스를 가지고 있으며 사람들이 자신을 받아들이기를 원한다.

회피성 성격장애의 주요원인은 사회화 과정과 기질, 특히 어렸을 때의 소심한 기질이 관련되어 있다. 회피성 성격장애 환자들은 사회적으로 은둔적인 생활을 하지만 실제로는 사람들과 안정된 친분관계를 갖기를 열망하고 있다. 그러나 상대방으로부터의 거절에 대해 지나치게 민감하고 두려워하기 때문에 조건 없이 확고한 보장을 받을 수 있는 대인관계만을 갖고자 하는 것이 특징이다. 자존심이 낮으며 거절에 대한 지나친 경계심 때문에 심한 마음의 상처를 받으면 다른 사람들로부터 떨어져 나와 은둔적인 생활을 해 버린다. 직업적인 영역에서는 수동적인 분야에서 일한다.

9) 의존성 성격장애

의존성 성격장애(dependent personality disorder)가 있는 사람은 자신의 욕구를 타인의 욕구에 종속시키고 자신의 삶의 중요부분에 대한 책임을 타인에게 지우며, 자신감이 결여되고 혼자 있게 되었을 때 심하게 괴로움을 느낀다. 전에는 수동의존적 인격이라고 불렀다.

프로이드가 구강기적 성격이라고 묘사한 의존성, 비관적, 성에 대한 공포, 자기의심, 수동성, 피암시성, 인내심 결여 등의 특징을 다 보이고 있다.

의존성 성격장애의 주요 원인은 어릴 때 아이들이 어떤 일을 독자적으로 하려고 시도할 때 부모가 미묘한 방법으로 처벌하는 경우, 또는 아이들의 어떤 자율적 행동이 부모와의 밀착관계에 손상을 가져올 수 있다는 것을 부모가 아이들에게 주입시킬 경우 등이 자율적 행동을 습득하지 못하게 한다. 그 밖에 쌍둥이 연구에 의하면 일란성에서는 이란성에서보다 복종성과 지배성에 대한 척도에서 합치율이 더욱 높아 유전적 원인도 시사되고 있다. 어린시절 만성 신체질환을 앓은 사람에게서 이 장애가 발생하는 경향이 높다.

의존성 성격장애의 임상적 양상은 의존과 복종이 특징적이다. 환자들은 자기 확신이 결여되어 있어 타인의 도움과 보살핌을 항상 필요로 하며 자신의 삶에 있어서의 책임을 타인에게 맡긴다. 염세적이고 수동적이며 성적 또는 공격적 느낌을 표현하는데 두려움을 갖고 있는 것이 특징이다. 이들은 자신이 책임져야 할 입장을 회피할 뿐만 아니라 어쩔 수 없이 책임져야 할 때에는 불안해한다. 또한 사소한 일도 자신이 결정하지 못하고 상대방의 주장에 따르기만 하고, 자기의 욕구를 억제한다. 이는 자신을 도와주는 사람과의 밀착관계가 깨어질까 두려워하기 때문이다.

10) 강박성 성격장애

강박성 성격장애는 감정적 억제, 규칙성, 고집, 완고함, 우유부단, 완벽주의, 융통성 없음 등이 특징이다.

강박성 성격장애의 원인에 대해서 프로이드는 항문기에 해당하는 생후 2~4세경에 대소변 가리기 훈련과정에서 어린아이의 욕구와 어린아이를 사회화시키려는 부모의 요구 사이에 갈등이 나타나는데 이러한 갈등이 제대로 해결되지 않을 때 강박성 인격이 싹트게 된다고 한다. 주로 사용하는 방어기제는 고립, 이지화, 반동형성, 취소 및 전치 등이다.

유전적 요인이 있어 가족 중에 강박성 성격장애의 빈도가 일반 인구보다 높다. 그러나 대체로 강박장애와는 일직선상에 놓여 있지는 않다고 보고 있다.

강박성 성격장애의 임상적 양상을 살펴보면, 강박성 성격장애의 기본적 특징은 정돈성, 인내심, 완고함, 우유부단 그리고 감정표현의 인색함이다. 그리고 대인관계에서는 따뜻함이나 부드러움을 표현하는 능력이 제한되어 있다. 모든 일에 합리적이고 형식적이어서 다른 사람들에게 거리감을 준다. 이들은 서로 주고받는 일이란 거의 없다. 모든 일이 또는 자신의 사생활이 올바르게 일정한 틀에 맞게 유지되고 있는지에 대해 지나치게 신경을 쓴다. 다른 사람들에게는 냉담하며 지나치게 통제된 생활을 함으로써 옹졸한 사람으로 보여진다. 대인관계에 있어서 주로 수직관계를 유지하기 때문에 자신도 윗사람에게 철저히 복종하지만 다른 사람들도 자기에게 복종하기를 원한다. 주위 사람들이 완벽하지 못할 때는 경멸하고 분노를 느끼지만 겉으로 표현하지는 않는다. 이들은 혹시나 실수를 하지나 않을까하는 두려움 때문에 모든 일에 우유부단한 자세를 취한다. 사회생활에서는 이들의 정돈성과 완벽성 때문에 융통성이 요구되는 직업에서는 실패하지만 정확성이 요구되는 직업에서는 성공적일 수 있다.

Introduction to Psychology

이상심리학의 이해

CHAPTER 6 이상심리학의 이해

1. 이상심리학의 개념이해

1) 이상심리학의 의의

이상심리학은 인간의 이상행동과 심리장애를 과학적으로 연구하는 심리학의 한 영역으로써 인간의 심리적 고통과 불행에 대한 깊은 관심에 그 초점을 두고 있다. 궁극적으로 이상심리학은 심리학적 관점에서 "인간은 왜 불행해지며 어떻게 불행에서 벗어날 수 있는가?"라는 물음에 대한 대답을 추구하는 학문으로써 인간에게 나타나는 다양한 부적응 행동과 심리장애를 현상적으로 기술하고 분류하며, 그 원인을 규명하여 설명하고, 치료방법 및 예방 방안을 강구하는 학문이다.

흔히 우리는 이 시대를 불안의 시대, 우울증의 시대, 심지어는 소외의 시대라고 한다. 따라서 이 시대를 심리적 장애가 보편화된 시대라고 할 수 있다. 일반적인 사람들을 대상으로 정신건강 상태를 조사한 연구들에 의하면 일생동안 적어도 한번 이상 정신건강 전문가의 도움을 받아야 할 만큼 심한 심리적 장애를 보이는 사람이 전체 인구의 20~25%라고 한다.

본장에서 다루고자 하는 이상행동에 대한 범위는 상식으로는 이해하기가 힘들 정도로 부적절한 행동을 하여 '비정상적이거나 병적인 상태'에 있는 자들을 말한다.

2) 이상행동을 규정하는 기준

이상행동과 심리적 장애를 정의하는 기준은 학자마다 다르다. 그러나 많은 학자들이 공유하는 학문적인 기준으로써 카즈딘(Kazdin, 1980)이 제시하는 기준을 중심으로 살펴보고자 한다. 카즈딘이 제시하는 이상행동을 규정하는 기준은 통계적인 기준, 사회규범적인 기준, 주관적 고통의 기준 그리고 부적응성의 기준, 절대적인 기준 등으로 구분해 볼 수 있다.

(1) 통계적인 기준

통계적인 기준이 가능하려면 적어도 두 가지 전제가 요구된다. 즉, 인간의 심리적 특성은 대체로 측정이 가능하다고 본다는 것이다. 그리고 인간의 특성은 어떤 것이든 우선적으로 선별한 집단을 대상으로 측정한다면 이런 측정자들의 분포는 정규분포곡선을 형성할 것이라고 보는 것이다. 예를 들어, 하루에 두세 번 손을 씻는 것이 정상이라고 한다면, 수십 번 수백 번 손을 씻는 것은 이상행동이라고 할 수 있다. 이렇게 통계적 기준은 한 사람의 행동이 다른 많은 사람들의 평균적인 행동과 비교하여 매우 일탈되어 있을 때 이상행동이라고 규정한다. 다시 말해서, 통계적인 평균으로부터 2배의 표준편차를 벗어나면 이상행동이라고 규정하는 통계적인 기준을 적용한다.

(2) 사회적 규범의 기준

우리는 사회생활 속에서 인생을 영위해 간다. 한사람이 태어나서 성장하는 과정은 곧 그가 속한 사회에 적응하는 과정이라고 할 수 있다. 이렇게 성장 발달하면서 사회의 규범을 받아들이고 적응하게 될 것인데, 만일 어떤 사람이 그가 속한 사회의 규범을 어기고 삐뚤어진 생활을 한다면 그는 적응을 못하는 사람이 될 것이다. 이렇게 한 사회규범에 적응하지 못하고 일탈된 행동을 하는 경우를 이상행동으로 규정하는 것이다. 예를 들어, 낯선 사람이 아무런 이유도 없이 지나가는 사람에서 욕을 하고 폭력을 가했다고 가정한다면 이러한 행동이 사회의 규범으로는 용납할 수 없는 비정상적인 행동이라고 볼 수 있는 것이다.

(3) 주관적 불편감의 기준

우리 자신의 상태가 스스로 불편하고 괴로울 때 이를 이상행동으로 보자는 것이 주관적 불편감의 기준이다. 심리적인 장애를 경험하는 대부분의 사람들은 불안감, 공포, 절망감, 우울감 등 심한 심리적 고통을 느끼며 살아가고 있다. 대부분의 사람들은 이러한 심리적 통증에 대한 자각증상을 보이는 것이 사실이기는 하지만, 주관적 불편감의 기준으로 이상심리를 정의하기 때문에 여러 가지 문제가 있다. 때로는 가까운 사람한테조차 고통을 털어놓지 못해 심리적인 고통으로 인해 귀중한 생명을 잃는 경우를 종종 목격하기도 한다.

(4) 부적응성의 기준

부적응성의 기준은 개인의 행동이 자신과 사회에 해로운 결과를 가져오기 때문에 자신은 아무 것도 할 수 없는 존재라고 인식하여 사회생활과 학업생활 그리고 직업생활의 부적응을 초래하는 경우이다. 우울증, 두려움, 불안증이 있으면 학업이나 직업 또는 원만한 사회생활에 큰 지장이 된다. 또한 양심에 가책도 없이 자신과 타인의 재산과 생명에 큰 피해를 주는 것도 이상행동으로 간주할 수 있다.

(5) 절대적인 기준

앞에서 이상행동을 규정하는 기준이 모두 상대적이고 한계가 있다는 점을 알아보았다. 이런 상대적인 기준이 아니고 절대적이고 이상적인 기준은 없을까? 즉, 어떤 행동 특성을 나타내면 언제나 이상행동이라고 정의하는 반면, 어떤 행동은 어떤 경우에도 정상이라고 할 수 있는 그런 기준이 없을까 하는 것이다.

(6) 기타의 기준

기괴함이란 인간이 사회생활을 하면서 때때로 일반적으로 받아들여지지 않는 일탈된 행동을 관찰하게 되는데 이런 행동을 이상행동이라 한다. 예컨대, 망상이나 심한 불안을 드러내거나 공중 앞에서 옷을 벗는다든가 하는 행동을 들 수 있다. 이러한 기괴성을 평가하려면 때와 장소 등 행동이 발생한 맥락을 중요하게 고려하지 않으면 안 된다. 또한 사회 문화적인 요인도 고려해야 한다. 또한 우리나라에서는 술을 마시고 완전히 의식을 잃은 사람에 대해서 너그럽지만 중국에서는 이상행동으로 구분한다. 나체촌에서는 옷을 입는 것을 이상히 여긴다. 대부분의 학자들은 이상행동을 구성하는 기본요소로 심리적 고통, 부적응, 비합리성, 불가해성, 통제력의 상실, 제3자의 불편감, 도덕적 규범의 위배 등으로 본다.

2. 이상심리학의 역사

오늘날 이상심리라고 하면 정신병처럼 심한 심리적 장애에서부터 신경증, 성격장애 그리고 일시적인 적응장애를 포함하는 넓은 분야의 인간의 정서, 인지, 행동의 장애를 가리킨다. 그러나 이상심리의 역사를 이야기할 때에는 일반적으로 정신병을 위주로 한 역사를 말하게 된다. 즉, 역사적으로 정신병을 어떻게 개념화했고 어떻게 처리했는지를 기술하는 것이다. 정신병을 중심으로 이상심리학의 역사를 살펴보면 다음과 같다.

1) 고대사회 : 초자연적인 이해

고대 원시사회에서는 동서양의 구분 없이 정신병을 초자연적 현상으로 이해하였다. 즉, 신의 특별한 계시를 받았다거나 저주를 받았다고 여기거나 귀신이 들렸다고 여겼다. 또는 별자리나 월식의 영향 때문에 정신장애가 생긴다고 보기도 했고, 동양의 무속적 입장에서는 죽은 사람의 영혼에 사로잡혀서 정신이상이 된다고 보기도 했다. 이러한 이해에 따라서 정신이상이나 이상행동을 고치는 방법도 초자연적 방법을 적용하여 귀신을 달래는 굿을 한다거나 귀신을 쫓는 의례를 시행했다.

2) 그리스 로마시대

그리스 로마시대는 이전의 원시시대에서 이상심리를 초자연적 힘으로 본 것과는 달리 의학적 입장에서 설명하였다. 이 시기는 정신장애를 종교나 미신과 분리시켜 의학적 문제로 보기 시작했다.

기원전 4세기경 그리스의 히포크라테스(Hipocrates, B. C. 460~377)는 심리적 장애를 포함해서 모든 질병은 그 원인이 신체에 있다고 보았다. 다시 말하면, 그는 환경적 자극이 심리적 혼란을 가져올 수 있다고 인정했지만 근본적으로는 신체적 요소가 심리적 장애를 일으킨다고 하였다. 그는 정신장애를 조증, 우울증, 광증으로 분류하고 그 원인은 신체적 요인의 불균형에 있다고 보았으며, 우리의 몸은 네 가지 체액인 점액, 혈액, 황담즙, 흑담즙으로 구성되어 있는데 이러한 체액들의 균형이 깨지면 정신장애가 나타난다고 하였다. 따라서 그는 정신장애의 치료를 위해서 주술적인 방법을 지양하고 식이요법, 심리적 안정, 성행위의 자제 등과 같은 방법을 제시하면서 정신장애는 종교인보다는 의료인이 다루어야 하는 영역이라고 주장하였다.

이러한 히포크라테스의 인간적 치료법은 당대의 유명한 철학자인 플라톤(Platon)에 의해 지지를 받게 되었다. 그리하여 플라톤은 심리적 장애자의 치료의 책임은 가족에게 있으며 장애자들의 병적 행동에 대해서 책임을 지우거나 벌을 주어서는 안 된다고 주장했다.

3) 중세의 귀신론

중세에는 그리스 로마시대에 발전한 정신장애에 대한 의학적 이해가 억압되고 고대의 미신적인 견해나 귀신론적 입장이 성행하였다. 종교적 입장에 근거하여 인간의 삶을 사탄과 악령에 대항하는 영적인 전쟁으로 보았으며, 정신병자는 사탄과 악령에 사로잡힌 사람으로 규정되었다. 이 당시에는 귀신이나 악령이 사람의 삶에 직접 영향을 주는 것으로 보았기 때문에 정신병자를 과학적 입장에서 접근하는 것을 방해하였다. 거의 천년 동안 초자연적 입장이 지배하게 되어 점성학 같은 초자연적 방식이 치료의 방식으로 받아들여졌으며, 귀신들린 정도에 따라서 심리적 장애를 구분하는 방식도 발표되었다.

중세 말기에는 정신병자를 마녀와 동일시하였으며, 정신병자는 온몸이 묶인 채 물속에 오랫동안 담가지는 고문을 당하거나 불에 태워 죽이는 화형에 희생되기도 했다. 이 시기는 인류 역사상 정신병자가 심하게 핍박받고 가혹하게 취급되는 암울한 시대였다.

이 시기의 치료는 초자연적 방식과 기독교에서 말하는 사탄과 연관해서 정신병자를 귀신들린 것으로 보고 이들에게 가혹한 벌을 줌으로써 귀신을 몰아낼 수 있다고 생각했다. 예컨대, 오늘날 정신분열증으로 진단되는 환자들은 귀신들린 것으로 보고 귀신을 태워버려야 한다는 생각에서 화형에 처해졌다.

4) 중세 이후의 발전

중세의 귀신론에 근거한 비인간적인 처우를 받던 정신병자에게 인도주의적인 치료를 해 주어야 한다는 주장이 17세기에 이르러서야 비로소 제기되기 시작했다. 1500년대를 넘어서면서 정신병자의 수용기관이 감옥소와 같은 곳에서 서서히 정신병원이나 요양소로 바뀌게 된다. 그러나 말이 정신병원이나 요양소지 실제로는 감옥과 다를 바 없었다.

정신병자에게 인간적 처우를 해야 한다고 주장한 사람은 프랑스의 유명한 정신과 의사 피넬(Pinel, 1745~1826)이었다. 그는 정신병자의 쇠사슬을 제거하고 환자를 죄수가 아니라 병자로 보고 친절과 관심을 가지고 치료하자고 주장하였다. 그리고 그는 실제로 정부의 허가를 받아 1973년 프랑스 파리에 있는 한 정신병자 수용소의 소장으로 부임을 하여 정신병자에게 채워졌던 쇠사슬을 제거하였다. 그리고 어두운 감방 대신 햇살이 들어오는 방에 기거하게 했으며, 수용소의 뜰에서 운동을 할 수 있도록 허용하였고, 직원이 정신병자를 구타하지 못하도록 하였다. 환자에게 그가 주장한 방식대로 실험적인 치료를 시행하였는데, 그의 실험적 치료는 크게 성공하여 전 병원에 확대되었다. 영국에서는 튜크(William Tuke, 1732~1822)가 요크 요양소를 만들고 정신병 환자를 수용하여 인도적으로 치료하였다. 그리고 미국에서는 딕스(Dorothea Dix, 1802~1887)가 정신병 환자들을 인도적으로 대우해야 한다고 호소하여 많은 호응을 얻게 되었으며, 오늘날의 정신병원 형태를 갖춘 병원이 여러 주에 세워지게 되었다.

5) 근대 과학적 접근의 시작

16세기에 비롯된 인간의 해부학이나 생리학의 괄목할만한 발전에 힘입어 이상행동에 대한 경험적이면서 자연주의적인 학설이 형성되기 시작하였다. 이 시기에는 모든 이상행동이나 정신병리의 원인을 뇌의 기질적인 병변에서 찾고자 하였다.

6) 심리학설의 출현

현대 정신사에 큰 영향을 미친 프로이드의 정신분석학설이 이상행동에 관한 심리학적인 학설로 제창된 것은 19세기 말의 일이지만 이런 심리학적인 학설이 대두되기까지는 1세기 이상의 임상가들의 노력이 밑거름이 되었다. 동물자기설(animal magnetism)이라 불리는 학설에서는 유기체의 자기 흐름에 불균형이 초래될 때 병이 유발될 수 있다고 하였으며, 히스테리나 간질을 이러한 학설로 설명하였다. 또한 19세기 후반의 최면술은 프로이드의 무의식 발견에 결정적인 영향을 미쳤다.

프로이드는 처음으로 신경증의 원인과 치료에 있어서 심리적 요인의 중요성을 강조한 사람으로서, 정신분석학에서 제시되고 있는 많은 임상적 추론과 이론적 개념은 이상심리학의 이론과 실제에 막대한 영향을 끼쳤다. 이 중에서 가장 중요한 개념은 대부분의 인간행동은 무의식적 동기에 의해 결정된다는 무의식의 개념이다. 프로이드는 많은 환자들은 자신이 알지 못하는 동기가 있다는 사실을 관찰하고 깊은 감명을 받았다. 즉, 환자와 환자의 문제를 이해하기 위해서는 환자가 의식하고 있는 범위를 넘어선 무의식적 동기를 밝혀야 한다는 것이다.

7) 이상행동의 측정과 관찰 : 기술정신의학의 발달과 심리검사의 시작

19세기 후반 무렵, 기술정신의학의 아버지로 알려질 만큼 정신과적 장애의 진단분류체계에 큰 영향을 미친 크레펠린(Kraepelin)은 정신질환자의 증상을 관찰하고 정신질환의 유형을 분류했다. 특히 그는 정신의학이 의학의 특수한 분야라는 것을 강조했고, 정신병을 조울병(manic-depressive illness)과 조발성 치매(dementia praecox)로 분류했는데, 이러한 분류는 오늘날 진단분류체계에서도 상당한 설득력을 갖는다. 또한 19세기 후반, 인간의 심리적 특성을 측정하려는 과학적인 연구가 시도되어 다양한 지능검사, 성격검사가 개발되기에 이르렀다.

8) 최근동향

2차 대전을 전후해서 이상심리학 분야는 실험과학과 경험적인 연구에 의존해서 신체적 접근과 심리적 접근의 통합적 접근 경향이 뚜렷해지고 있다. 정신역동적 정신병리이론이 임상실제와 연구분야에서 도전 받으면서 개인심리학적 접근에서도 행동주의적 접근과 현상학적 인간주의적 접근이 발전하게 되었으며 가족체계를 비롯해서 사회환경의 영향에 관한 이론이 발전하고 있다.

특히 1950년대 항정신 약물이 개발되고 대형 정신병원에 장기간 수용되었던 정신병환자들이 외래치료 방향으로 전환하면서 지역사회적 접근이 두드러지게 강조되었다. 이런 추세에 따라서 사회환경과 개인의 상호작용을 강조하는 이론 모형이 형성되고 있다.

3. 이상심리학의 이론모형

1) 의학적 모형(기질적 모형)

심리적 역기능에 대한 의학적 모형은 질환모형 혹은 기질적 모형이라고도 한다. 의학적 모형에 따르면 이상행동이라는 정신 병리적 증상은 생물학적 및 생화학적 장애의 결과라는 것이다.

이상행동에 대한 질환모형이 적용되기 전에는 사회적으로 수용할 수 없는 이상행동의 설명에 귀신론과 같은 원시적 개념을 적용하고 있었다. 그러나 의학적 모형이 등장하면서 심리적 역기능에 대한 귀신론적 설명은 점점 사라지고 뇌의 기능과 인간행동 간의 관계를 더 강조하게 되었다. 특히 대뇌피질에 매독균이 침투해서 생기는 전신마비는 광범위한 심리적 장애의 원인이 된다는 것이 밝혀짐에 따라 심리적 역기능에 대한 귀신론적 설명을 탈피하고 의학적 모형을 채택하게 되었다.

매독은 원래 귀신에 홀려서 생기는 질병으로 보았으나 의사들은 매독에 의한 전신마비는 스피로헥타균 때문일 것으로 가정하였다. 혈액속에 있는 스피로헥타균을 검사할 수 있는 임상병리학적 기법의 발달과 더불어 연구자들은 이 균이 전신마비의 원인이라는 것을 밝혔다. 그리고 매독은 페니실린을 투여하여 성공적으로 치료할 수 있게 되었는데, 이것이 심리적 역기능에 대한 질환적 접근의 결정적인 계기가 되었다.

의학적 모형을 지지하는 연구자들도 아직까지 생리학적 경로와 이상행동 간의 직접적인 관계를 발견하지 못했지만 앞으로 그러한 관계가 발견될 수 있을 것으로 기대하고 있다. 특히 우울증이나 만성 정신분열증과 같은 심리적 역기능이 뇌의 기능과 관계가 있다는 증거들은 의학적 모형을 지지하는 것이라고 할 수 있겠다. 생물정신의학은 많은 심리적 역기능에 대한 의학적 접근을 시도하고 있고 이러한 연구들은 앞으로 심리적 역기능에 관한 많은 생물학적 기제들을 밝혀줄 것으로 기대된다. 그러나 심리적 및 대인관계적 요인이 심리적 역기능뿐만 아니라 신체적 역기능에도 중요한 영향을 미친다는 사실은 대부분의 질환이 순수한 의학적 모형만으로 설명하기는 어렵다는 것을 지적하고 있다.

2) 정신분석적 모형

심리적 역기능에 대한 정신분석적 모형은 프로이드와 많은 정신분석가들의 연구에 크게 의존하고 있다. 심리역동적 모형은 인간의 심리적 역기능에 관한 여러 기본가정을 제시하고 있다. 첫째, 인간의 행동을 결정하는데 있어서 핵심적인 역할을 하는 것은 의식적 과정이 아니고 무의식적 과정이다. 둘째, 인간의 성격구조는 이드, 자아 및 초자아로 구성되고 있고 심리적 갈등을 해결할 때에는 항상 이러한 성격구조가 상호작용한다. 셋째, 다양한 심리성적 발달단계에 있어서 필연적으로 직면하게 되는 갈등을 어느 정도로 효율적으로 해결했느냐에 의해 성인기의 기능이 결정된다. 넷째, 심리적 갈등은 불안을 유발하고 불안이 일어나면 자아는 무의식적 방어기제를 동원하여 불안을 감소시키려고 시도한다.

무의식적 과정이 행동을 결정한다는 가정은 근본적으로 인간의 경험을 세 유형으로 분류한데서 비롯되었다고 하겠다. 의식적 경험은 자기 자신이 자각하고 있는 경험이다. 전의식적 경험은 자신이 현재 의식하고 있지는 않지만 쉽게 의식화할 수 있는 사고, 아이디어 및 기억이다. 그리고 무의식적 경험이란 개인이 의식하기 어려운 기억, 두려움, 충동 및 소망과 같은 경험이다. 이러한 무의식적인 경험은 개인에게 고통스러운 것으로 생각되기 때문에 쉽게 의식화되기 어렵다. 또한 무의식적인 자아는 비록 감추어져 있는 것이지만 심리적 갈등에 처하게 될 때 고통과 이상행동을 야기하는 원인이 될 수 있다.

프로이드의 정신분석적 관점은 이드, 자아 및 초자아라는 성격구조를 특히 강조하고 있는데, 이러한 심리적 구조는 때때로 서로 갈등적일 수 있다. 이렇게 되면 심리적 갈등을 효율적으로 해결하기 어렵게 되고, 해결되지 못한 갈등은 심리적 역기능의 핵심적 원인이 된다. 예컨대, 강한 이드 충동을 스스로 통제할 수 없는 사람은 사회적 규칙에 순응하기 어렵거나 혹은 이드 충동을 추구할 때 야기될 수 있는 위험에 대한 초자아의 두려움 때문에 지나치게 경직된 생활을 할 수도 있다. 심리 역동적 모형은 각 성격구조에 의해 경험되는 사고와 감정이 항상 상호작용하고 있다는데 초점을 두고 있기 때문에 역동적이라고 말한다.

의학적 모형과는 대조적으로 심리 역동적 모형은 심리적 역기능에 대한 생리적 원인을 덜 강조하고 유아기와 아동기의 경험 및 성격구조 간의 상호작용을 크게 강조하고 있다. 자아의 능력이 성공적으로 대응하기 어려운 외상경험은 무의식 속으로 억압되고, 억압된 자료는 외상경험에 성공적으로 대처할 수 있을 정도로 자아가 성장한 후에도 유사한 상황에 직면하면 불안반응을 유발한다. 이때, 보다 성장한 자아가 불안을 효율적으로 처리하는 방법을 모색하는 대신에 처음 외상경험에 처했을 때 효율적이었던 방어기제를 다시 동원하기 쉽다. 그래서 아동기나 유아기에 있어서 외상경험에 의한 심리적 상처는 합리적인 문제해결을 어렵게 하고 이상행동을 유발하는 핵심적 원인이 될 수 있다.

3) 행동주의(학습) 모형

행동주의 모형에서는 심리적 역기능을 잘못된 사회학습의 결과로 본다. 그리고 심리적 역기능에 대한 생리적 요인을 결코 부정하지는 않지만 이차적인 것으로 간주하고 있다. 학습모형은 대부분의 인간행동은 학습과정을 통해서 습득되는 것이므로 이상행동 역시 정상적인 행동과 마찬가지로 학습과정을 통해 습득되는 것으로 본다. 그래서 이들은 고전적 조건형성, 조작적 조건형성 및 사회학습 등과 같은 학습이론을 강조하고 있는데, 소위 행동치료는 이러한 학습이론에 크게 의존하고 있다. 다른 모형과는 달리 학습모형은 내적인 갈등이나 행동에 영향을 미치는 생리적 요인보다 행동 자체에 초점을 두고 있다. 말하자면 이상행동에 대한 학습 이론적 설명과 행동자체의 변화에 초점을 둔다고 하겠는데, 실제적 행동에 초점을 두기 때문에 과학적 접근이 가능하다. 그리고 다른 접근모형보다 이상행동을 설명하기 위한 가정도 비교적 적다. 또한 부적응 행동을 습득하게 되는 학습 원리는 그 부적응 행동을 변화시키는데 유용하고, 특히 학습 모형은 이상행동에 대한 과학적 접근과 치료를 크게 강조하고 있다.

4) 체계모형

체계모형은 생물학적, 정보처리적, 사회과학적 개념을 적용하여 인간의 적응적 행동과 역기능적 행동을 개념화하고 있다. 가족이나 동료집단과 같은 사회체계는 그 체계를 유지시킬 수 있는 균형을 유지시키기 위해 정적이고 반복적인 상호작용을 하고 있는 것으로 본다. 체계내적이든 체계외적이든 간에 어떠한 체계의 변화는 항상 균형에 위협이 된다. 그래서 모든 체계는 기존의 상호작용을 이탈하려는 기능을 탐색하는 기제를 지니고 있는데, 이 탐색기제는 마치 온도의 변화에 따르는 온도계의 전기적 신호와 같은 피드백을 제공한다. 이러한 탐색기제에 따라서 체계에 참여하고 있는 사람은 항상 체계로부터 오는 변화의 압력을 중화시켜야 하고 체계 내에 있어서의 균형을 재조성 하여야 한다.

체계모형에 의하면, 심리적 역기능의 원인은 두 가지로 볼 수 있다. 첫째, 심리적 역기능은 개인이 사회체계에 적응하기 위하여 자신에게 해롭고 고통스러운 방식으로 사고하거나, 느끼거나 혹은 행동해야 하는 경우이다. 둘째, 체계 내의 저항에 충분히 대처할만한 힘과 기교가 없는 사람이 자신의 역할과 상호작용의 유형을 변화시키려고 시도할 때 심리적 역기능이 생긴다. 예컨대, 정신분열증의 이탈된 사고와 행동은 가족체계 내의 이중의미체계(감정이나 몸짓, 이면의 의미와 겉으로 드러나는 표현과는 다른 의사소통이 빈번히 지속되는 경우로써 예를 들면, 아동이 자기주장을 할 경우 말로는 잘한다고 하면서 그 어투가 비아냥거리는 것이거나 표정은 비웃는 것 같은 행동)에 대한 반응이라는 것이다.

체계이론은 심리적 역기능에 대한 생리적 요인, 개인내적인 심리적 요인, 혹은 학습적 요인의 역할보다 복잡한 대인관계적 유형의 역할을 더 강조하고 있다. 그리고 개인이 처해있는 전체적인 사회적 맥락에서 심리적 역기능을 설명하고 있다.

4. 이상심리와 정신장애의 분류

이상심리학은 인간이 나타내는 매우 다양하고 독특한 이상행동과 정신장애를 정확하게 관찰하고 유사한 특성에 따라 분류하는 작업을 한다. 이상행동을 평가하고 진단하여 정신장애를 분류하는 방식은 이론적 입장에 따라 다양하다. 특히 정신의학적 진단체계가 있는가하면, 행동주의적 입장, 정신역동적 진단방법, 현재의 정신건강 정도에 따라 정신의학적 진단 등 폭넓게 접근한다.

이상행동을 신경증장애나 성격장애 등으로 분류하는 것이 과학적인 체계를 통하여 장애행동의 지식을 축적하고, 전문가들의 의사소통을 효율적으로 하며, 임상현장에서 장애행동을 진단하고 치료하는데 도움을 주는 진단분류체계가 되려면, 진단기준이 구체적이고 명확해야 한다. 그리고 누구나 이 기준에 따라서 진단을 하면 객관적으로 같은 진단분류가 나와 신뢰롭고 타당해야 한다.

1) 신경증과 정신증의 구분

흔히 말하는 '노이로제'라는 용어는 이상심리학에서 학술적인 용어는 아니지만, 과거에 정신장애를 분류하던 전통적인 방법이었다. 과거에는 인간의 이상행동을 신경증과 정신증으로 구분하였다. 신경증은 영어로 뉴로시스(neurosis)라고 하며 흔히 노이로제라는 독일식 용어를 사용한다. 신경증은 현실 판단에는 어려움이 없지만, 생활에 적응하는데 여러 가지 주관적인 불편함을 나타내는 심리적 장애이다. 예를 들면, 불안 긴장 초조와 같은 불안장애는 지속적인 고통을 주지만 환각이나 망상과 같은 현저한 현실왜곡은 나타나지 않는다.

반면에 정신증(psychosis)은 부적응의 정도가 매우 심각한 심리적 장애를 의미하는데, 환각이나 망상과 같은 현실왜곡 증상이 두드러지게 나타난다. 정신증을 지닌 사람들은 자신이 비정상적이라는 점을 자각하지 못하기 때문에 스스로 치료기관을 찾지 않아 그대로 방치되면 만성이 될 가능성이 높다. 그러므로 일정기간동안 병원에 입원하여 집중적인 치료를 받는 것이 도움이 된다. 대표적인 정신증의 하나가 정신분열증이다.

2) 정신장애의 분류체계

서양에서 의학의 아버지로 알려진 히포크라테스는 인간의 정신적 기질을 네 가지 체액으로 구분하여 그 체액의 영향으로 정신적 질병이 유발한다고 하였다. 그 후 정신병리학이 발전하면서 심리장애를 이해하고 치료하기 위해 장애를 분류하는데 많은 진단도구를 연구하였다.

현재 정신장애 진단체계는 정신의학 분야에서 뿐만 아니라 이상심리학, 상담심리학 등 이상행동에 관심이 있는 모든 분야에서 받아들여지고 있다. 대표적 진단체계로는 세계보건기구인 국제질병분류체계에 포함된 정신장애 진단분류방식(International Classification of Disease-10th ed.: ICD-10, 1992)이고, 또 다른 하나는 미국정신의학회에서 독자적으로 제작한 정신장애 진단 및 통계편람(Diagnostic And Statistical Manual of Mental Disorders-4th ed.: DSM-Ⅳ, 1994)이다. DSM-Ⅳ는 다섯 개의 축으로 이루어진 다축적 진단체계로 구성된 정신장애와 관련된 다섯 개 차원의 정보를 수집하여 진단하도록 되어 있다.

축 I 은 임상적 증후군(clinical syndrome)에 관한 정보로 구성되어 있으며, 개인이 현재 나타내고 있는 임상적 증상의 내용에 근거해서 진단하도록 되어있다. DSM-IV의 임상적 증후군 진단 범주는 불안장애, 기분장애, 섭식장애, 수면장애, 신체형장애, 해리장애, 정신분열증 및 기타 정신병 등이 있다. 이러한 진단 범주는 좀 더 세분화된 하위 진단범주로 구성되어 있어서 임상적 증상에 따라 매우 구체적인 진단이 가능하도록 되어있다.

축 II 는 성격장애(personality disorders)를 진단하는 축이다. 성격장애는 오랫동안 지속되어온 성격적인 특성으로 인해 어려움을 겪고 있는 경우이다. 연극성 성격장애, 자기애성 성격장애, 반사회성 성격장애, 강박성 성격장애, 의존성 성격장애, 회피성 성격장애 등이 있다.

축 III 은 일반적인 의학적 상태(general medical conditions)에 관한 것, 비정상적인 신체적 장애나 신체증상을 진단한다. 정신장애는 신체적인 장애로도 나타난다.

축 IV 는 심리사회적 및 환경적 문제에 관한 정보로 구성되어 있어서 정신장애를 일으키는 심리사회적 스트레스 요인을 기술하는 것이다.

축 V 는 현재의 적응적 기능수준을 평가한다. 현재 환자가 사회적, 직업적, 그 밖의 삶의 영역에서 어느 정도 적응상태를 나타내고 있는지를 0~100점으로 평가한다. 또 다른 하나는 정신장애를 나타내기 전의 적응수준을 평가한다.

이상의 DSM-IV의 다섯개 축은 17개의 주요한 범주로 나누고, 그 하위범주로 300여 개 이상의 정신장애를 포함하고 있다. 주요 정신장애의 범주에는 ① 유아기, 아동기, 청소년기에 흔히 처음으로 진단되는 장애 ② 정신분열증과 기타 정신증적 장애 ③ 기분장애 ④ 불안장애 ⑤ 신체형장애 ⑥ 해리장애 ⑦ 성 장애 및 성정체감 장애 ⑧ 섭식장애 ⑨ 수면장애 ⑩ 물질관련장애 ⑪ 충동통제장애 ⑫ 성격장애 ⑬ 적응장애 ⑭ 섬망, 치매 기억상실장애 및 기타 인지장애 ⑮ 허위성 장애 ⑯ 다른 곳에 분류되지 않는 일반적 상태로 인한 정신장애 ⑰ 임상적 관심의 초점이 될 수 있는 기타 상태가 있다.

* 5장 성격심리학의 이해에서 성격장애에 대해 다루었음으로 본장에서는 중복을 피하기 위해 성격장애를 다루지 않았음(5장 성격심리학의 이해에서 6. 성격장애를 참조하기 바람).

5. 다양한 정신장애의 종류

1) 소아 청소년의 정신장애

DSM-Ⅳ에서는 18세 이전에 흔히 나타나는 정신장애를 별도로 분류하고 있다. 아동·청소년기에 나타나는 심리적 장애들은 그 특성과 의미가 다르기 때문에 성인기에 나타나는 심리적 장애와 따로 분류되고 있는데, 이 분류의 명칭은 '유아기' '아동기' '청소년기'에 흔히 진단되는 장애(disorders usually diagnosed in infancy, childhood, and adolescence)이다. 여기에는 정신지체, 학습장애, 운동기술장애, 의사소통장애, 전반적 발달장애, 주의력 결핍-과잉행동장애, 유아기와 초기아동기의 급식 및 식이장애, 틱장애, 배설장애, 기타장애 등이 있다.

(1) 정신지체

정신지체(mental retardation)는 지능이 비정상적으로 낮아서 학습 및 사회적 적응에 어려움을 나타내는 경우를 말한다. 표준화된 지능검사로 측정하여 지능지수(IQ)가 70점 이하로 현저하게 낮은 지능을 보이는 경우이다. 정신지체는 여러 가지 원인이 있겠으나 일반적으로 어린시절부터 나타나므로 소아·청소년장애에 포함시키고 있다. 정신지체자는 의사소통, 자기관리, 학업적응, 직업적 기술습득 등 일상적인 생활에 적응하는데 어려움을 겪는다.

(2) 학습장애

학습장애는 정상적인 지능에도 불구하고 읽기, 쓰기, 산수 등 기초적인 학습 능력에 심리적인 과정에서 장애가 있기 때문에 학습에 어려움을 겪는 것이다. 특히 특정한 학습 기능에 따라 읽기장애, 산술장애, 쓰기장애가 나타나는 경우이다.

(3) 운동기술장애

운동기술장애는 지능수준에 비해서 움직임과 운동 능력이 현저하게 미숙한 경우를 말한다. 즉, 나이에 비해서 앉기·기어다니기·걷기·뛰기 등의 운동발달이 늦고, 동작이 서툴러서 물건을 자주 떨어뜨려 깨뜨리고, 운동이나 글씨 쓰기를 잘 하지 못한다.

(4) 의사소통장애

의사소통장애는 지능은 정상이지만 의사소통에 사용되는 말이나 언어를 사용하는데 결함이 있는 경우이다. 의사소통장애에는 어휘가 제한되어 있거나 길고 복잡한 문장을 만들지 못하며, 시제에 어긋난 언어표현을 보이는 표현성 언어장애와, 특정한 단어나 복잡한 문장을 이해하는데 어려움을 나타내는 혼재형 수용 표현성 언어장애 그리고 발음에 어려움이 있어 부정확하거나 잘못된 발음을 사용하는 음성학적 장애와, 말의 유창성에 문제가 있는 말더듬이-말을 시작할 때 말을 더듬거나(예: 나~나~나~나 기분이 좋다), 특정 단어를 길게 말하는 경우(난 학교에 간~다), 특정한 발음을 부적절하게 머뭇거리거나 갑자기 큰소리로 발음하는 경우-가 있다.

(5) 전반적인 발달장애

전반적인 발달장애는 의사소통, 행동, 대인관계를 포함하여 모든 면에서 현저하게 결함을 나타내는 경우이다. 이 장애는 소아·청소년 장애 중 가장 심각한 장애이다. 대표적인 발달장애에는 자폐증이 있는데 사회적 상호작용의 심각한 곤란으로 대인관계에 필요한 눈맞춤, 얼굴표정, 몸짓 등이 매우 부적절하게 나타나는 것이다. 그리고 레트 장애는 생후 5개월까지는 정상적으로 발달하다가 만 4세 사이에 머리 크기의 성장이 저하되고 기이한 손 움직임이 나타난다.

(6) 행동장애

주의력 결핍-파괴적 행동장애는 소아·청소년들이 나타내는 주의집중력의 문제, 과잉행동의 문제, 파괴적이고 공격적인 비행의 문제 등을 포함한다. 이 장애에는 크게 세 가지의 하위 유형이 있는데, 첫째, 주의력 결핍 및 과잉행동 장애는 주의 집중이 어려워 매우 산만하고 부주의한 행동을 나타낸다. 둘째, 품행장애는 난폭한 행동, 방화, 도둑질, 거짓말, 가출 등 타인의 권리를 침해하거나 다른 사람에게 불안감을 주는 사회적으로 용납할 수 없는 행위를 습관적으로 범하는 경우를 말한다. 셋째, 반항성 장애는 거부적이고, 적대적이고 도전적인 행동을 말한다. 어른들에게 말을 거칠게 하고, 행동을 지나치게 하며, 어른들을 무시한다. 또한 논쟁하기를 즐기며 타인의 기분을 고의로 상하게 하며, 학교나 가정에서 많은 문제행동을 일으킨다.

(7) 급식 및 식이장애

급식 및 식이장애는 유아나 어린 아동들이 나타내는 먹는 행동의 문제에 대한 것이다. 먹는 행동과 관련된 장애로는 먹지 못하는 종이, 천, 벌레, 흙, 머리카락 등을 습관적으로 먹는 이식증과 음식물을 반복적으로 되씹어서 토해내는 반추장애, 지속적으로 먹지 않아 체중저하를 나타내는 급식장애가 있다.

(8) 틱장애

틱장애는 얼굴 근육이나 신체 일부를 갑자기 불규칙하게 반복적으로 움직이는 행동으로 눈 깜박거림, 얼굴근육 찡그림, 어깨 움츠림, 목경련을 일으키듯 갑자기 움직임, 헛기침, 컥컥거림, 외설스러운 단어를 반복적으로 함, 음성틱 등이 있다.

(9) 배설장애

배설장애는 대소변을 가릴 충분한 연령이 되었음에도 불구하고 이를 가리지 못하고 옷이나 적절하지 못한 장소에서 배설하는 경우이다. 이 배설장애에는 유뇨증과 유분증이 있는데, 유뇨증은 배변훈련이 끝나는 5세 이상의 아동이 신체적인 이상이 없음에도 옷이나 침구에 반복적으로 소변을 보는 것이다. 3개월 이상 매주 2회 이상 부적절하게 소변을 볼 경우 유뇨증으로 진단한다.

유분증은 4세 이상의 아동이 대변을 가리지 못하고 적절하지 않은 장소나 옷에다 배설하는 경우이다. 이러한 행동이 3개월 이상, 주 1회 이상 나타날 경우 유분증으로 진단한다.

(10) 기타장애

이 밖의 소아나 청소년이 나타낼 수 있는 심리적 문제들이 기타장애에 포함된다. 분리불안장애(separation anxiety disorder)는 어머니와 같은 애착 대상과 떨어지는데에 심한 불안을 나타내는 정서적 장애이다. 반응성 애착장애는 5세 이전에 나타나는 부적절한 대인관계 패턴을 말하는데, 사회성발달에 어려움을 보인다. 타인과의 접촉을 두려워하고 회피하는 양상을 보이거나 낯선 사람을 포함해서 누구에게나 친밀함을 나타내는 경우이다. 선택적 무언증은 언어발달이 정상적임에도 특정한 상황에서 말을 하지 않는 경우이다. 정형적 동작장애는 아무런 목적 없이 반복적으로 보이는 행동인데, 정형적 행동은 다분히 의도성이 있고 율동적이며 자해적인 면(머리 벽에 부딪히기, 손가락 깨물기)이 있다.

2) 정신분열증

정신분열증(schizophrenia)은 정신과 질환 중 가장 만성적이고 황폐화를 초래하는 질환으로, 복잡하고 극히 혼란스러운 상태를 말한다. 정신분열증은 하나의 질병일 수도 있고 여러 원인을 가진 질병군일 수도 있다. 질병의 복잡성 때문에 정신분열증 진단을 받은 모든 이를 일반화시켜 말하기는 어렵다. 갑작스러운 정신병적 상태를 보이는 경우, 우리는 그 사람이 급성 정신분열을 경험하고 있다고 일컫는다.

여기서 말하는 '정신병적 상태'란 현실과 비현실을 구분하지 못하는 상태를 말한다. 어떤 이들은 단 한번 이런 상태를 경험하기도 하고 또 다른 이들은 일생동안 여러 번 경험하기도 하지만 정신병적 상태 사이에는 비교적 정상적인 생활을 영위한다. 지속적인 증상을 보이거나 재발을 하는 만성 정신분열증 환자들은 종종 정상적인 기능으로 완전히 회복되지 않고 증상을 조절하기 위해 약물치료를 포함한 장기간의 치료를 필요로 하는 경우가 많다. 어떤 환자들은 다른 사람들의 도움 없이는 전혀 기능을 할 수 없기도 하다. 일생동안 정신분열증에 걸릴 확률은 전체 인구의 약 1%이고 남녀가 같은 빈도로 발생한다. 이 병은 남자의 경우 대개 10대나 20대, 여자의 경우는 20대나 30대 초반에 발병한다. 사회적 고립, 평소와 다른 언어사용, 생각이나 행동 등 비교적 명백하지 않은 내과적 질환으로 인해 정신병의 증세를 보이는 경우도 있으므로 이런 질환들을 감별하기 위해 입원 기간 동안 의학적 문진이나 신체적 검사 및 임상적인 검사들을 받아야만 한다. 정신분열증의 주된 증상은 망상, 환각, 혼란된 언어, 혼란되고 경직된 행동, 무감동, 무의욕, 사고빈곤, 음성 증상(negative symptom)을 들 수 있다.

(1) 정신분열증의 원인

유전적 요인이 정신분열증에 대한 취약성으로 나타나고 환경적 요인이 개인에 따라 다른 정도로 기여하여 발병하게 된다. 개인의 성격이 문화적, 심리적, 생물학적 및 유전적 요인들의 상호작용에 의한 것이듯 정신분열증에서 보이는 성격의 혼란은 여러 요인들의 상호작용에 의한다. 정신분열증을 유발하는 유전인자, 생화학적 결함, 혹은 특정한 스트레스를 주는 사건 등은 추정단계로 연구 중이며 최근 많은 성과가 있었다.

① 유전인자

일반적으로 가족 중에 정신분열증 환자가 있는 경우 정신분열증의 발생 빈도가 높아진다. 정신분열증의 유전은 다유전자 모델이나 다요인 모델로 설명하는데, 다유전자 모델은 유전자 여러 개가 복합적으로 관여해서 질환이 유발된다고 보는 것이고, 다요인 모델은 여러 유전자뿐만 아니라 환경적 요소도 관련된다고 보는 것이다. 유전적으로 취약한 사람이 환경마저도 안 좋으면 발병이 된다는 이론이다.

전체 인구에서 정신분열증의 평생발병률은 1% 내외인데, 환자의 부모는 6%, 형제끼리는 10~15%이며, 부모 중 한 사람이 정신분열증일 경우 자녀가 정신분열증에 걸릴 가능성(이환위험률)은 8~18%, 부모가 모두 환자일 경우엔 35~45%에 달한다고 한다. 연구자에 따라 수치에는 차이가 있지만, 가족 중에 정신분열증 환자가 있을 경우에 정신분열증 발생 빈도가 높아진다는 것은 동일하게 나타나고 있다.

② 생화학적 결함

아직도 정신분열증의 생화학적 원인이 확고히 정립된 것은 아니지만 뇌의 화학 구조와 정신분열증과의 관계에 대한 지식은 급증하고 있다. 신경 세포 간의 연락을 가능케 하는 신경전달체가 정신분열증의 발병에 연관되어 있으리라고 오래 전부터 믿어져 왔다. 뇌의 복잡하고 상호 유기적인 화학적 구조의 불균형이 정신분열증과 연관되어 있을 가능성은 높다. 정확한 답은 없으나 이 분야의 연구는 매우 활동적이며 고무적이다.

③ 뇌의 구조적 결함

이 분야의 연구에 대한 관심은 생존해 있는 뇌의 구조를 볼 수 있는 기술인 컴퓨터 단층촬영의 도입에 의하여 자극되었다. 이 기술을 사용한 연구들이 뇌의 실질 내의 공간의 확장 등 같은 연령의 정상인과는 다른 이상이 있음을 제시하고 있으나 이러한 이상들의 일부는 매우 미묘하여 모든 환자들의 특징은 아닌 것으로 보고 있다. 최근 양자방사단층촬영(PET)으로 뇌의 심층구조 등을 포함한 뇌의 특정 구역의 대사활동을 측정할 수 있는데, 뇌의 영상을 산출하는 컴퓨터 단층촬영과는 대조적으로 양자방사단층촬영은 뇌의 심층구조 등을 포함한 뇌의 특정 구역의 대사활성도를 측정한다. 양자방사단층촬영을 이용한 정신분열증의 연구는 아직 초기 단계이지만 다른 종류의 촬영 방법들과 함께 사용될 경우 뇌의 구조와 기능에 대한 중요한 정보를 제공하리라 믿어진다. 그 외 정신분열증에 대한 이해를 높일 수 있는 영상 연구 방법들로서는 MRI, r-CBF 및 전산화 뇌파검사 등이 있다. MRI는 뇌에 들어있는 여러 가지 다른 물질들에 대한 자장의 영향을 측정하여 뇌의 구조를 정확히 측정하는 자기공명촬영 방법의 약자이며 이는 때로는 핵자기공명영상(NMR)이라 불리기도 한다. r-CBF는 뇌 구역의 혈액의 흐름을 측정하는 것으로 방사성 기체를 흡입한 후 뇌의 다른 구역에서 그 물질이 사라지는 속도를 측정함으로써 여러 정신활동하는 동안에 뇌의 각 구역들의 상대적인 활성도를 측정하는 방법이다. 전산화 뇌파검사는 다른 자극들에 대한 뇌의 전기적 뇌파를 기록하는 것이다. 상기 모든 검사방법들은 연구에 사용되고 있으며 이들이 새로운 치료방법은 아니다.

(2) 정신분열병 장애유형

정신분열병은 그 특징적 증상에 따라 망상장애, 분열정동형 장애, 단기 정신병적 장애, 정신분열형 장애 유형으로 구분한다.

① 망상장애

망상장애(Delusional disorder) 혹은 편집장애(paranoid disorder)의 기본적인 양상은 단순하지만 괴이하지 않은 망상이 있으며, 인격기능은 유지된 채, 망상내용에 적절한 감정을 동반한다.

망상은 정교하게 체계화된 지속적인 망상으로서, 피해적, 질투적, 과대적, 색정적, 신체적 망상 등이다. 망상증상은 남녀 모든 연령층에서 발생할 수 있으며, 일시적이거나 간헐적일 수도 있고 일생동안 지속될 수도 있다.

DSM-Ⅳ에서는 망상체계의 주된 양상에 따라 색정형(erotomanic type type), 과대형(grandiose type), 질투형(jealous type), 피해형(persecutory type), 신체형(somatic type), 복합형(mixed type) 및 불특정형(unspecified type)으로 분류하고 있다.

a. 색정형

색정형(erotomanic type) 망상은 자신이 누군가에 의해 사랑받고 있다는 것이다. 상대방은 대개 높은 신분으로 유명한 사람 또는 직장의 상사일 때가 흔하나 전혀 모르는 사람일 수도 있다. 환자는 그 상대방과 접촉하기 위해 노력하는데, 대부분 전화, 편지, 선물, 방문, 조사, 미행을 하기도 한다.

b. 과대형

과대형(grandiose type) 망상은 대개 자신이 어떤 위대한 그러나 남들이 모르는 재능이나 통찰력을 가졌거나 중요한 발견을 했거나 그래서 정부의 중요직책을 맡았다거나 하는 망상이다.

c. 질투형

질투형(jealous type)은 오델로 증후군, 결혼 편집증으로도 불린다. 우리말로는 소위 의처증, 의부증에 해당된다. 질투망상은 정당한 이유 없이 배우자나 애인을 믿을 수 없다는 망상이다. 사소한 증거를 가지고 망상을 정당화하며 상대방을 핍박한다. 배우자를 외출 못하게 하거나 추적하고 조사하기도 한다.

d. 피해형

피해형(persecutory type)은 가장 흔한 형태이다. 어떤 사람 또는 다수의 관련된 사람들이 의도적으로 교묘하게 여러 가지 방법으로 자기에게 피해를 주거나 악의적으로 대하고 있다는 망상이다. 그래서 이에 대해 계속 소송을 걸기 때문에 고소광이라고 하기도 한다.

e. 신체형

신체형(somatic type) 망상은 자신의 몸, 피부, 입, 항문, 성기 등에서 나쁜 냄새가 난다는 확신이다. 또는 피부에 벌레가 기어 다닌다는 망상, 몸속에 기생충이 있다는 망상, 신체의 일정부위가 잘못됐거나 추하다는 망상 등이 있다.

f. 복합형

복합형(mixed type) 망상은 위의 유형 가운데 한 가지 이상의 특징을 보이지만 어느한 가지 특정한 망상도 두드러지지 않는 경우이다.

g. 불특정형

주된 망상이 위에 기술된 어떤 유형에도 정확히 속하지 않는 경우이다. 예를 들면, 뚜렷한 피해망상이나 과대망상의 요소가 없는 경우인데도 관계 망상이 있는 것이다.

② 분열정동형 장애

분열정동형 장애(schizoaffective disorder)는 정신분열증과 기분장애의 양쪽 증상이 함께 있는 상태이다. 이 진단은 DSM-Ⅳ에서는 정신분열증과 다른 별개의 병명으로 설정되고 있지만 전에는 정신분열증의 한 아형으로 간주되었다. 이 병명의 환자 친척 중에는 정신분열증의 발병보다 기분장애의 발병이 더 빈번하다는 가계 연구에서 알 수 있듯이 정신분열증과는 생물학적인 면에서 조금 다른 점을 보이고 있다.

분열정동형 장애의 임상적 양상은 정신분열증, 조증, 우울증의 증상들이 모두 나타난다. 정신분열증적 증상과 기분장애의 증상들이 동시에 나타나기도 하고 교대로 나타나기도 한다. 정신병적 증상은 기분에 일치하기도 하고 일치하지 않기도 한다.

③ 단기 정신병적 장애

단기 정신병적 장애(brief psychotic disorder)는 망상이나 환각, 와해된 언어나 와해된 행동 또는 긴장된 행동이 최소한 하루 이상, 한 달 이내의 단기간 동안 지속되는 것을 말한다. 증상은 정신분열증의 기준에 맞을 수도 있고 안 맞을 수도 있다. 이 장애와 비슷한 장애를 가진 환자들은 이전에 반응성, 히스테리성, 스트레스 심인성 정신병으로 분류하였다.

단기 정신병적 장애는 이미 존재하였던 인격장애, 특히 히스테리성, 자기애성, 편집성, 분열형 및 경계형 인격장애가 있을 때 잘 발생한다. 가족 중에 정신분열증이 많다고도 한다. 역동적으로 부적절한 대응기제와 이차적 이득이 원인적 요인이 된다. 즉, 발병은 스트레스에 대한 방어 또는 회피 그리고 욕구 충족 때문이라는 것이다.

④ 정신분열형 장애

정신분열형 장애(schizophreniform disorder)는 정신분열증과 임상적 증상이 유사하나 6개월 내에 증상이 소실된다는 점에서 다르다. 그러므로 정신분열형 장애 증상이 6개월 이상이 되면 정신분열증으로 진단을 바꾸어야 한다. 정신분열형 장애를 진단 할 때는 정신 분열병과는 달리 사회적, 직업적 기능의 장해가 요구되지 않는다. 하지만 정신분열형 장애를 가진 경우 일상생활에서 다양한 기능부전을 경험하게 되는데, 학업이나 업무, 대인관계, 자기관리에서 문제 요인이 나타나는 것을 볼 수 있다. 정신분열형 장애의 유병률은 지역사회 중심 연구에서는 0.2%정도이고, 연간 유병률른 0.1% 정도로 보고되고 있다. 정신분열형 장애의 원인에 대해서 아직까지 확정된 정보는 없으나 어떤 중추신경계 요인으로 단기적인 정신분열형 장애를 만들기도 하고 장기적인 정신분열증을 만들기도 하는 것으로 추측하고 있다.

정신분열형 장애의 임상양상은 대체로 정신분열증과 유사하지만, 기분증상이 동반될 때 예후가 좋고 둔마된 감정이 있으면 예후가 나쁘다고 보고 있다.

(3) 정신분열증 치료

정신분열증이 단일질환이 아닐 수 있으며 그 원인이 아직 알려져 있지 않기 때문에 현재의 치료방법들은 임상적 연구와 경험에 기초를 두고 있다. 이러한 접근 방법들은 정신분열증의 증상을 감소시키고 그 증상들의 재발 가능성을 감소시키게 선택된 것이다. 다수의 치료방법과 그 배합들이 치료적이라 밝혀졌으며 더 많은 방법들이 개발되고 있다.

현재까지의 치료방법으로 판단한다면 항정신병 약물이나 재활치료를 제외하고는 다른 뚜렷한 치료는 없다고 보는 것이 타당할 것이다. 여기에 소개된 것들은 하나의 가설처럼 내려오는 것들이다.

① 인슐린 수면 요법

인슐린 수면 요법은 과거 항정신병 약물이 개발되기 이전에는 효과적으로 이용되었으나, 현대 개념의 항정신병 약물이 점차 개발되고 부작용이 적은 약제들이 출현함에 따라 지금은 사실상 사용되지 않고 있다.

② 정신외과술

뇌전두엽 절제술은 과거에 심한 만성정신분열증 환자에게 간혹 사용된 것으로 지금은 아주 드문 경우에만 시행되고 있다. 그 이유는 수술로 인해 심각하고 돌이킬 수 없는 인격변화를 초래하기 때문이며 다소 덜 위험한 다른 방법들이 더 좋은 효과를 얻을 수 있기 때문이다.

③ 비타민제 등 영양제 요법

골고루 영양이 포함된 식단과 적절한 운동을 하는 것이 정신분열증 환자의 재활을 위해 필수적이다. 따라서 영양 섭취가 정상적으로 이루어질 경우, 별도의 비타민 등은 필요없다. 최근 연구결과에 의하면, 기본적인 정신과 치료에 과량의 비타민제를 병합 복용할 경우 정신분열증 치료 효과가 증진된다는 것은 발견되지 못하였다. 또한 비타민이 무해하다고 알려져 왔지만 많은 양을 사용할 경우에는 부작용의 가능성이 있다. 특히 정신분열증 치료제처럼 독한 약을 먹을 때는 영양제를 먹어야 한다는 일부 주장은 연구 결과상 근거가 없는 말이다.

④ 한약, 보약 등 약초요법

우리나라처럼 한약과 양약이 각기 다른 업종에 의해 취급되고 있어 각 전문가가 자신의 치료법을 홍보하고 다른 치료법을 매도하는 상황에서 환자와 가족은 몇 배의 혼란을 느낄 수밖에 없다. 현재 한약 및 약초요법 단독으로 정신분열증에 도움이 된다는 연구 보고나 정신과 약물치료와 병행 시 치료효과가 증진된다는 보고는 없다. 또 외국에서(중국도 포함) 한약으로 정신분열증을 치료하는 나라는 없다. 우리나라의 경우 일부 계층에서 자신의 이익을 위해 체질을 바꾼다거나 기를 보호한다는 명목으로 비교적 많은 돈을 받고 가족을 현혹하는 경우가 있다. 한약으로는 정신분열증이 완치되었다는 보고가 없다.

(4) 약물의 부작용

항정신병 약물은 다른 모든 약과 마찬가지로 원하지 않는 증상이 생길 수 있다. 치료 초기에는 어지러움증, 안절부절, 근육강직, 진전, 시력저하 등의 증상이 생길 수 있다. 대부분의 이런 증상들은 용량을 줄인다거나 다른 약을 첨가함으로써 없어질 수 있다. 개개인에 따라 치료효과가 다르고 부작용도 다르게 나타난다. 약을 장기간 사용하였을 때의 부작용은 훨씬 심각한 것일 수 있다. 지발성 이상운동증은 입술, 혀 그리고 몸통과 사지 등의 이상 운동증을 야기한다. 이 증상은 약물을 수년간 장기 복용하는 환자 중 약 20~25%에서 나타나지만 짧은 기간 사용한 경우에서 지발성 이상운동증이 경미하여 모르고 지나갈 수도 있다. 정신분열증의 약물치료에 대한 이익·손실을 따져보는 것은 아주 중요하다고 할 수 있겠다. 지발성 이상운동증에 대한 위험성과 약을 사용하지 않을 경우 환자가 다시 재발하여 학교, 회사, 가정 그리고 사회에서 그가 원하는 생활을 못할 경우를 대비해 신중히 비교·검토되어져야 한다. 지발성 이상운동증이 발생한 환자에서의 약물치료는 반드시 재평가가 필요하다. 지발성 이상운동증은 비가역적이라고 알려져 있지만 최근에는 항정신병 약물치료를 계속하는 경우에도 호전될 수 있다는 보고도 있다.

3) 기분장애

기분장애는 우울, 희열과 같은 기분 즉, 한 인간의 지속적인 내적 감정상태의 장애가 결정적인 병리인 장애이다. 이와 관련하여 정신운동, 인지기능, 정신생리기능 그리고 대인관계에서도 장애가 나타난다. 행동장애의 변화가 현저하기는 하지만 정신분열증에서처럼 괴이한 경우는 드물다.

현재 미국의 DSM-IV 분류에 따르면 기분장애는 크게 우울장애(depressive disorder)와 양극성 장애(bipolar disorder)로 나뉜다. 우울장애는 다시 주요우울장애(major depressive disorder)와 감정부전장애(dysthymic disorder)로 구분된다. 양극성 장애는 I형 양극성장애(bipolar I disorder)와 II형 양극성장애(bipolar II disorder), 순환성장애(cyclothymic disorder)로 나뉜다. 이러한 분류방식 이외에도 일차성 우울(내인성 우울: 외부원인 없이 생물학적인 원인으로 생긴 것)과 이차성 우울(신체질환이나 약물, 생활사건 또는 다른 정신질환에 관련되어 나타나는 것으로 이중 심리적 원인에 의한 것을 반응성 우울이라고 함)로 분류하기도 한다.

기분장애의 발병 원인으로는 유전적 원인, 생화학적 원인, 사회심리학적 원인이 있는데 유전적 원인을 살펴보면, 가족 중 기분장애 환자가 있을 경우 발병확률이 없을 경우보다 양극성 장애의 경우에는 8~18배 더 많고, 주요 우울장애는 2~10배 더 많다. 생화학적 원인 중에는 노어에피네프린과 도파민, 세로토닌이라는 물질의 감소가 우울증상과 관련된다는 것이다. 그리고 최근에는 우울증은 신경전달물질에서의 변화라기보다는 수용체 감수성의 변화라는 수용체가설이 제안되고 있다. 사회심리학적 요인에는 환경으로부터의 스트레스가 우울증과 관련된다는 것이다.

(1) 경한 우울증

경한 우울증은 정서적으로 우울하며 슬픈 느낌을 가진 상태이다. 환자는 자신감이 없으며, 생의 의욕이 없고, 피곤해 한다. 그리고 일하기를 싫어하며 혼자만 있으려 하고 평소 해오던 일을 수행하는데 어려움을 느낀다. 생활의 재미나 즐거움을 느낄 수가 없고 매사가 짐이 되는 듯 여기며, 평소 해오던 직업을 포기하려고 한다. 사고는 몇몇 주제에 국한되며 질문에 대한 답변이 매우 느려진다. 많은 경우 미래의 실패에 대한 불안, 거절, 보복에 대한 불안 때문에 무슨 일이든 결정을 못하고 우유부단해진다. 신체증상이 현저하게 나타나기도 한다. 체중감소, 식욕부진, 소화장애, 변비, 가슴답답함, 두통, 수면장애, 쇠약상태 등을 호소한다. 건강염려증이 생기고 자신은 신체장애 때문에 우울하다고 믿는다.

(2) 심한 우울증(주요 우울장애)

심한 우울증은 경한 상태에서와 비슷하지만 정서적 고통이 훨씬 심각해진다. 고개를 숙이고 몸을 구부리고 얼굴에 표정이 없거나 고통스럽고 이마에 주름이 패여 있으며 아래만 내려다보고 있다. 눈썹 사이와 코와 구순 사이에 주름이 잡혀 있다. 체중이 빠지고 땀이나 다른 분비물은 감소된다. 근육의 힘이 감퇴되고 변비가 생기며, 성적 욕구도 감소되며 남자 환자의 경우 흔히 성불능이 된다.

심한 우울증은 수면장애를 일으키는 특징을 가지고 있다. 잠이 쉽게 들지 않고 훨씬 빨리 잠이 깨게 된다. 흔히 우울증은 아침에 일어났을 때 가장 심하고 오후가 되어 해가 저물어 가면서 덜해지는 특징이 있다.

사고 진행에 억제가 나타나 말은 느리고 대답은 간단하고 대개 단음절이며 낮은 목소리이다. 행동은 점차 지체되고 억제되어 시작할 때나 수행할 때에 매우 느리다. 심할 때는 혼수상태로 빠진다. 때로 환자들은 자신이 아무런 느낌도 없다고 말하기도 하는데 이를 지체성 우울(retarded depression)이라 한다.

반면, 초조성 우울(agitated depression)은 지속적인 불안, 걱정, 긴장, 장래의 위험에 대한 느낌과 어쩔줄 몰라하는 불안과 초조감, 좌불안석 등이 동반된 우울증을 말한다.

우울상태 중 가장 심한 혼수성 우울이 되면 자발적인 운동행위는 없어지고 외부자극에 대해 최소한의 반응밖에 없다. 환자는 말이 없고 함묵상태이며 의식이 혼미하다. 죽음에 대한 생각에 강하게 집착하고 꿈같은 환각에 사로잡혀 있다.

주요 우울장애는 심한 우울증 상태가 지속되는 것, 감정부전장애는 경한 우울증이 2년간 지속되는 것, I형 양극성 장애는 조증상태가 심한 것으로 우울삽화가 있을 수도 있고 없을 수도 있는 것, II형 양극성 장애는 우울증이 심한 데 약한 조증이 반복적으로 나타나는 것을 말한다.

(3) 경조증

경조증(hypomania)은 가벼운 형태의 조증상태가 어느 정도 지속되는 상태이다. 감정은 유쾌해지며, 주장이 많고 자기도취, 자기확신, 자기만족, 자신감, 힘, 허세 등이 넘친다.

돈을 허황되게 낭비한다. 그리고 여러 가지 야심찬 계획에 가득 차 있고 금방 실패하거나 포기할 일들을 벌여 놓는다. 때로는 지나치게 술에 빠지게 되는데, 다른 어느 문제보다도 이 과음 때문에 입원치료가 필요한 경우가 있다.

언어에서 흔히 목소리가 커지고 말이 빠르고 많으며 '절대로' '결코' '최고로' 등의 과장된 표현이 많다. 참을성 없고 무슨 일이고 지속적인 관심이 없고 너무 분주하며 주의가 산만하여 사고과정이 급하고 쉽게 삼천포로 빠진다. 장난이 심하고 떠들썩하게 유머와 농담이 많다.

타인과의 관계가 대개 피상적이고 타인의 요구나 느낌에 대해 둔감하다. 더구나 요구가 많은데 그 요구가 거절되거나 비판을 받으면 금방 분노, 욕, 노골적인 적개심으로 반응한다. 감정의 기복도 갑작스럽게 나타난다. 들떠있는 기분에서 갑자기 화를 내거나 눈물을 흘리기도 한다. 간섭이 많아 주위의 동료한테 방해가 되며 불편을 끼친다.

본인은 휴식이 필요 없다고 하며 실제로 피로를 느끼지 못한다. 성에 과도하게 몰두하여 평소 정숙했던 사람이 난잡해지기도 한다.

(4) 조증상태

조증상태(manic state)는 의기양양, 기고만장, 흥분상태가 되고 매사에 속도가 빨라진다. 부와 권력에 대한 과대망상이나 종교적 과대망상 그리고 그와 관련된 피해망상이 나타나기도 한다. 흔히 몇 천 만원을 하루에 써버린다거나 낯선 사람과 즉각적인 성행위를 해서 법적인 문제를 일으키는 경우가 많다. 환각이 나타날 수 있으나 흔하지 않고 착각인 경우가 많다. 사고과정은 비약이 많고 연상이 빠르다는 것이 특징이다. 말이 힘차고 높낮이가 자주 변하며 강조하는 악센트가 두드러진다.

사고비약, 실어증, 지리멸렬한 특징을 보이며 주의깊게 관찰하면 조증환자의 연상작용은 와해되어 있다. 병원 안에서는 병실활동에 끼어들고 간섭하고 다른 환자들에게 방해를 하게 된다. 기괴한 몸치장과 과장된 몸짓을 보이기도 한다.

거의 잠을 자지 않고 피로해 하지도 않는다. 그러나 지나친 활동 때문에 탈진상태에 빠져 응급실을 통해 입원하게 되는 경우가 많다. 많은 양의 식사를 하는 경우가 많지만 너무나 바빠서 식사도 안하려고 한다.

(5) 기분장애의 경과 및 예후

기분장애의 경과는 대체로 예후가 정신분열증보다는 양호하나 장기간 장애로 재발 경향이 크다는 것이 문제이다. 첫 발병 때는 사회심리적 스트레스가 원인적으로 관계되는 경우가 많으나 이후 재발은 뇌의 장기적 변화 때문으로 보는 수가 많다.

주요우울장애는 양극성 장애에 비해 비교적 예후가 좋다. 주요우울장애의 기간은 약 6~13개월이지만 치료하면 3개월 정도 짧아진다. 주요우울장애의 재발 빈도는 대개 20년에 5~6회이다. 나이가 많아짐에 따라 우울증의 기간은 길어지는 경향이 있다.

양극성 장애의 경우 대개 우울증으로 장애가 시작된다. 치료하지 않은 상태에서 조증의 기간은 약 3개월이며 삽화간 간격은 병이 진행될수록 짧아져서 대개 6~9개월이다. 조증은 빠르게 발병하여 수일 내지 수개월 지속된다. 조증이 계속되면 사회생활이 파괴되거나 약물중독이 되기 쉽고 과잉활동으로 신체탈진, 심장장애가 오기도 한다.

주요우울장애는 발병시기가 어릴수록 예후는 더 좋지 않다. 그러나 가족의 지지가 있을 때, 사춘기 시절 친구가 있을 때, 인격장애가 없을 때, 입원기간이 짧을 때는 예후가 좋다.

양극성 장애의 경우는 병전 직업적 기능이 나쁠 때, 알코올 의존이 있을 때, 정신병적 양상이 있을 때, 우울증이 혼합될 때, 남자일 때 예후가 더 나쁘다. 조증삽화가 짧을 때, 나이가 많을 때의 발병, 자살의도가 적을 때, 다른 정신과적 문제가 없을 때 예후가 좋다.

4) 불안장애

불안이란 광범위하게 매우 불쾌한 그리고 막연히 불안한 느낌으로 관련된 신체증상(가슴두근거림, 진땀 등)과 행동증상(과민성, 서성댐)을 동반한다. 불안이란 생체가 친숙하지 않은 환경에 적응하고자 할 때 나타나는 가장 기본적인 반응양상이다. 정상인도 위험이나 고통이 예견될 때, 또는 예기치 않은 상황에 직면했을 때 불안현상을 경험하게 된다. 병적 불안은 신경증적 장애(강박증, 공포증), 각종 정신병적 장애, 인격장애 또는 기질적 신체질환이 있을 때 나타나기도 한다.

정상적 불안은 모든 사람이 언제인가 한 번씩 경험하는 것으로써, 이로 인해 사람들은 좀 더 각성하거나 예민해져서 직면한 문제를 효율적으로 잘 해결해 나간다. 따라서 이는 적응적 반응이다. 반면 병적 불안(pathological anxiety)은 정상적 불안 정도가 심하여 문제해결에 오히려 장애를 줄 때이며, 비적응적 반응을 나타낼 때이다.

병적 불안에 대한 분류로 DSM-Ⅳ에서는 불안장애를 공황장애, 공포증(광장공포증, 사회공포증, 단순공포증), 강박장애, 외상후 스트레스장애, 일반화된 불안장애로 구분한다.

(1) 공황장애

공황장애(panic disorder)는 이유 없이 삽화적으로 갑자기 불안이 극도로 심해지며 숨이 막히거나 심장이 두근대고 죽을 것만 같은 극단적 공포 증세를 보이는 상태이다. 주증상은 강한 공포, 곧 죽지 않을까 하는 불안으로 그와 동반하여 호흡곤란, 심계항진, 흉부통증, 불쾌감, 질식감 혹은 현기증, 현훈증, 비현실감, 몸의 떨림, 발한, 공포 등이 엄습한다. 이런 불안 상태가 대개 1시간 정도 지속되며, 대개 주 2회 정도 나타난다. 발작이 없는 중간시기에는 그런 일이 또 생기지 않을까 하는 예기불안(anticipatory anxiety)이 심해 일상생활에서 적절한 기능유지가 어렵고 회피행동을 보이게 된다.

또한 외출을 피하고 혼자 있기 두려워하기 때문에 대체로 광장공포증(agoraphobia)을 동반한다. 광장공포증이 공황발작과 같이 나타나는 현상은 프로이드 때부터 관찰되었다시피 두 질환의 관계는 밀접하다. DSM-Ⅳ에서는 광장공포증을 동반한 공황장애, 광장공포증을 동반하지 않는 공황장애 그리고 공황장애의 과거력이 없는 광장공포증 등으로 분류한다.

공황장애의 생물학적 원인으로는 노어에피네프린, 세로토닌, GABA 등 신경전달 물질과 청반핵, 봉선핵, 변연계(예기불안과 관련), 전두엽(회피, 공포 행동과 관련) 등이 관련되고 있는 것으로 나타났다. 그리고 심리적 원인으로 정신분석이론에는 공황발작이 불안을 야기하는 충동에 대한 방어기제가 성공하지 못했기 때문에 생긴다고 본다. 그리고 이별할 때 어린이가 보이는 불안증상을 공황발작시의 증상과 같은 것으로 해석하기도 한다. 공공장소에 혼자 있는 것은 버림받았다는 소아기 때의 불안이 재현된 것이라는 것이다. 정신분석과는 달리 행동이론에는 공황상태 내지 광장공포증을 학습된 반응, 부모 행동을 닮음 또는 고전적 조건형성이론으로 설명한다. 또한 인지적 모델에서는 공황장애 환자들은 자신이 느끼는 신체감각이나 증상을 지나치게 과장해서 해석하고 소위 파국화 사고가 개입되어 갑자기 불안이 크게 발전된다고 본다. 인지적 모델에서 강조하는 것은 바로 이 잘못된 해석이기 때문에 근본적으로 공황발작의 불안과 일반화된 불안장애의 불안은 양적인 차이가 있을 뿐이라고 한다.

(2) 공포증

공포증(Phobia)은 특정한 대상이나 행동, 상황에 처했을 때 비현실적인 두려움과 불안 증세가 생겨서 이를 극복하지 못하고 그 대상이나 상황을 피해버리는 장애이다. 공포자 극에 노출되면 거의 예외 없이 즉각적인 불안반응을 일으키며 때로 공황발작과 유사한 반응을 보이게 된다.

환자는 공포가 과도하고 비합리적이라는 것을 자신이 알고 있지만, 공포상황을 회피하 거나 심한 불안이나 고통을 느끼면서 인내한다. 이러한 회피, 예기불안, 두려워하는 상 황에서의 고통으로 인해 그 사람의 정상적인 일상, 직업적 기능 또는 사회적 활동에 현저 한 방해를 받거나 혹은 공포증이 있는 것에 대해 현저한 불편감을 느낀다.

공포증에는 광장공포증(공동장소, 특히 급히 빠져나갈 수 없는 상황에 도움 없이 혼자 있게 되는 것에 대한 공포이다. 이 공포증이 있는 사람의 2/3가 공황장애를 나타낸다. 이 들은 고전적 조건형성 기제에 의해 공황발작을 겪었던 당시의 장소에 대해 광장공포증이 발생하여 그 장소를 피하는 회피행동을 보인다), 사회공포증(공공장소, 또는 사회적 상황 에서 다른 사람에게 관찰되는 것 또는 모욕적이 되는 것, 당황하게 되는 것을 두려워해서 회피반응을 보임), 특정공포증(특정대상에 대한 공포증으로서, 그 대상에서는 동물, 주 사, 혈액, 자동차, 지하철 등이 있음), 기타 공포증이 있다.

공포증의 원인에 대해서 프로이드는 오이디푸스 콤플렉스와 그에 유래한 거세공포, 근 친상간에 대한 불안, 기타 성적 흥분에 대한 갈등이 불안을 초래하며 이때 불안은 용납되 지 않는 무의식적 갈등에 대한 경고라고 하였다.

이 불안이 방어기제의 하나인 억압으로 해결되지 않으면 전치에 의해 다른 외부 대상 으로 옮겨져 그에 대해 공포를 가지게 된다는 것이다. 이때 갈등의 내용과 공포 대상간에 직접적인 연상적 내지 상징적 관련이 있다.

(3) 일반화된 불안장애

일반화된 불안장애는 불안한 느낌이 과도하고 광범위하게 그리고 다양한 신체증상을 동반하여 지속되는 상태, 근거를 찾기 어려운 부동성 불안(뚜렷한 이유 없이 막연히 불 안) 및 자율신경과민증상이 특징이다. 환자는 안절부절하며, 긴장과 벼랑에 선듯한 느낌 을 지속적으로 경험하며, 쉽게 피로해지고 집중곤란, 공허감, 쉽게 짜증을 경험하고 근 육긴장과 수면장애를 경험한다. 이러한 불안이 적어도 6개월 간 지속될 경우 진단된다.

일반화된 불안장애의 생물학적 원인으로는 노어에피네프린, 세로토닌 그리고 GABA 가 관련되어 있다. 일반화된 불안장애는 학습이론보다는 정신분석이론에서 더 잘 설명될 수 있다. 정신분석이론에서는 불안이란 해결되지 않은 무의식적 갈등이 표현된 증상이라고 하는데, 바로 일반화된 불안장애 환자들은 신경증적 불안과 도덕불안을 지속적으로 경험한다는 것이다.

5) 스트레스 관련장애

현대 과학적 입장에서 정신적인 스트레스와 신체적 증상을 연관 지으려는 정신신체 의학은 1935년 던바(Dunbar, 1943)가 정신신체 의학의 문헌을 강조한데서 비롯되었다. 그 후 던바는 특정한 신체증상과 성격특성 간의 관계를 기술하고 있다. 즉, 자기통제력이 강하고 완벽주의적인 사람이 권위적인 상급자와 심각한 갈등을 경험할 경우 본태성 고혈압을 일으킨다고 하였다.

이런 신체적인 장애와는 달리, 프로이드가 전환 히스테리 증상을 치료하면서 이 장애가 무의식적인 심리적 갈등으로 인해 발생한다는 것을 관찰한 이후, 심리적 갈등은 전환장애로도 나타나지만 기억상실 등과 같은 해리장애로도 나타난다는 것을 관찰하게 되었다. 최근에는 스트레스의 직접적인 영향을 받는 불안장애 유형으로 외상후 스트레스 장애를 독립된 증상군으로 분류한다.

스트레스 관련장애의 종류로는 외상 후 스트레스 장애(Post Traumatic Stress Disorder), 전환장애(Conversion disorder), 통증장애(Pain disorder), 해리장애(Dissociative disorder) 등으로 나눠볼 수 있다.

(1) 외상 후 스트레스 장애

천재지변이나 교통사고나 폭행 등 분명한 외상적 경험을 한 후 지속적으로 고통스러운 경험을 반복하는 장애로서 예컨대, 월남전에서 부상을 입은 환자가 그 후 지속적으로 가위에 눌리는 등 불안장애 반응을 보이는 것을 들 수 있다.

① 외상 후 스트레스 장애의 진단준거
　　a. 환자가 경험한 외상은 정상적인 사람들이 겪는 경험의 범위를 넘어선 것이어야

하며 그러한 경험은 누구에게라도 고통스러운 것이어야 한다.

b. 다음 열거한 여러 방식 중에서 한 가지 이상으로 계속 외상적 사건을 재경험하게 되는 경우
- 반복적이고 침투적으로 그러한 사건이 회상되고 고통을 받는 경우
- 그러한 사건이 계속 꿈으로 나타나는 경우
- 마치 그러한 일들이 다시 발생하는 것처럼 행동하고 느끼는 경우
- 그러한 사건을 상징적으로 표현하거나 그와 유사한 사건에 강한 심리적 고통을 받는 경우 등

c. 다음 중 세 가지 이상으로 외상적 사건과 연합된 자극을 회피하거나 일반적인 반응을 못할 경우
- 외상과 연합된 사고와 감정을 회피하기 위한 노력
- 외상을 회상시키는 활동이나 상황을 회피하고자 하는 노력
- 외상의 중요한 부분들을 기억할 수 없음(심인성 기억상실)
- 중요한 활동에 대한 뚜렷한 흥미상실
- 정서경험의 결함이 생김(예컨대, 사랑의 감정을 다시는 느낄 수 없음)
- 미래에 대한 기대를 못한다(예컨대, 직업을 갖거나 결혼을 하거나 아이를 갖는 것 등을 기대하지 않음

d. 다음 증상 중 적어도 2개 이상의 증상이 지속 된다.
- 잠을 들지 못함
- 짜증이나 화를 냄
- 주의집중의 곤란
- 지나친 경계심
- 과장된 반사반응
- 외상적 사건을 상징하거나 그와 유사한 사건에 대한 생리적 반응

e. 이와 같은 행동이나 증상이 한 달 이상 지속될 경우 외상 후 스트레스 장애로 진단한다.

(2) 전환장애

전환장애란 심리적인 갈등이나 압박이 신체증상 또는 신체장애를 일으키는 것을 말한다. 그리고 신체적 장애를 호소하는데 머무르지 않고 실제로 감각의 상실이나 마비 등 뚜렷한 신체증상이 있어야 하며, 이런 증상이 심리적 갈등과 관련이 있어야 한다. DSM-Ⅳ에서의 전환장애 기준은 심리적 요인이 증상의 시작이나 악화와 연관성이 있어야 한다는 것을 요구하고 있다. 결국 전환장애는 철저한 의학적 조사를 통해 원인이 될 만한 신경학적 상태나 일반적인 의학적 상태를 배제한 다음에 개인이 임상적으로 심각한 고통이나 장해를 경험하는 경우에 한해서만 진단 내려질 수 있다.

전환장애의 증상은 무의식적 과정으로 일어난다. 이때 방어기제는 억압과 전환이다. 그 원인적 갈등은 대개 성적, 공격적 내지 본능적 충동과 그 표현을 억압하고자 하는데 있다. 증상은 그 억압된 욕구가 일부 상징적으로 전환하여 표현된 것으로 환자는 그 의미를 모르고 있다. 그러나 이러한 증상을 통해 환자는 주위환경과 대화하고 또한 통제하려고 하고 있다. 이러한 증상을 나타내는 이유는 두 가지로 설명된다.

첫째, 내적 갈등을 지속하면서도 이를 깨달을 필요가 없게 함으로써 1차 이득을 얻기 위한 것이다. 예컨대, 말다툼 후 분노에 관련된 내적 갈등은 실어증 또는 팔의 마비를 가져옴으로써 심리적 갈등의 깨달음 없이 부분적으로 해소하며 항상성을 계속 유지할 수 있다.

둘째, 환자에게 원치 않는 특별한 행위를 하지 않을 수 있도록 할 뿐 아니라 주위환경으로부터 관심과 보호를 받을 수 있고 나아가 사회적으로 곤란한 상황에서 피할 수 있게 된다. 이것을 2차적 이득이라고 한다. 이 때문에 환자는 실제 고통스러운 증상이 있는데도 환자는 그것에 대해 걱정하지 않고, 무관심한 태도가 나타난다.

전환장애가 생기면 수의적 근육운동 및 감각기관의 갑작스러운 기능변화로 인한 장애가 온다. 가장 많은 것은 마비, 시력상실 그리고 함구증, 일정부위의 운동장애, 실어증, 진전(tremor), 간질과 유사한 발작, 졸도 등이다. 이때 경련이 일어나는 경우 간질발작과는 달리 혀깨물기나 요실금, 외상은 거의 없으며 동공반사나 구역반사 등은 정상이며 회복한 후에 전환장애 특유의 기분좋은 무관심을 볼 수 있다.

(3) 통증장애

심리적 원인으로 인해 신체 한 군데 이상의 부위에 발생된 심한 통증이 지속될 때를 말한다. 이때 원인이 되는 신체질환이 실재하지 않음은 물론이고 신체질환이 있더라도 해부생리적으로 현재의 호소하는 증상에 대한 설명이 불가능하다. 이러한 통증은 다양한 심리적·정신역동적 의미가 있다. 대체로 내적·심리적 갈등이 상징적으로 신체의 통증으로 표현된 것이다. 즉, 애정의 추구, 잘못에 대한 처벌, 죄를 용서받는 하나의 방법 등으로 통증이 나타난다. 방어기제는 억압, 대치, 전체이다. 대인관계에서의 이득이나 우위를 원할 때 이들 증상을 무기로 하여 상황을 조작하려 하기도 한다.

증상으로는 여러 가지 종류의 통증을 호소하는데 그중에 가장 흔한 것은 요통, 두통, 비특이적 안면통, 흉부통, 하복부통, 과절통 및 사지통 등이다. 이러한 통증은 심리적 자극에 따라 그 강도가 좌우된다. 대체로 통증장애를 나타내는 환자는 우울증을 함께 호소하는 경우가 많다. 때문에 어떤 연구에서는 통증을 우울증의 한 표현이라고도 주장한다.

(4) 해리장애

해리장애는 의식, 주체성 및 행동의 정상적인 통합에 갑작스럽고 일시적인 이상이 생긴 상태로서 그들 기능의 일부가 상실되거나 변화된 것이다. 해리장애에는 해리성 기억상실, 해리성 둔주, 해리성 혼미, 해리성 경련, 기타 해리 증상(갠서증후군, 다중인격) 등이 포함된다.

① 해리성 기억상실

해리성 기억상실(dissociative amnesia)은 과거 심인성 기억상실이라고 불리던 장애로서, 이미 기억에 저장되어 있는 개인에게 중요한 정보가 갑자기 기억되지 않는 장애를 의미한다. 단순한 건망증으로 설명할 수 없는 상태이며 뇌기능장애 때문이 아니다.

어떤 특정한 사건과 관련되어 심적 자극을 준 부분을 선택적으로 혹은 사건 전체를 기억 못하는 경우도 있고, 때로는 지속적인 과거생활을 포함한 전생애나 그중 일정기간에 대한 기억상실을 보이기도 한다. 그러나 새로운 정보를 학습하는 능력은 남아있다.

해리성 기억상실증의 원인에 대한 설명으로는 첫째, 상태-의존적 학습이론식 설명이다. 이 이론에서는 고통스런 사건 당시의 감정상태는 너무 일상을 벗어난 것이어서 그 상태에 학습된 정보는 기억하기 어렵다는 것이다. 둘째, 정신분석적 입장에서는 기억상실을 일차적으로 방어기제로 설명한다. 즉, 정서적 갈등과 외적 스트레스를 다루는 방법으로써 의식을 변경시킨다는 것이다. 해리성 기억상실의 이차적 방어는 억압과 부정이다.

② 해리성 둔주

해리성 둔주(dissociative fugue)는 자신의 과거나 자기 신분이나 주체성에 대한 기억을 상실하여 가정 및 직장을 떠나 방황하거나 예정 없는 여행을 하게 되는 장애이다. 환자는 다른 곳에서 새로운 신분이나 직업을 갖기도 한다. 그 원인은 고통스러운 감정적 경험으로부터 떠나고 싶은 강력한 동기 때문이다.

③ 해리성 정체성 장애

다중인격장애라고도 하는 해리성 정체성 장애(dissociative identity disorder)는 한 사람이 둘 이상의 인격을 가지고 있으며, 한 번에 한 인격이 그 사람의 행동을 지배한다. 변화된 인격에서 원래 인격으로 돌아갔을 때 그동안 생긴 일을 망각하는 것이 보통이다. 원래의 인격과 하나의 변화된 인격이 교대되는 경우를 이중인격이라 하고, 두 종류의 변화된 인격과 원래의 인격이 교대될 때 삼중인격, 더 나아가서는 다중인격도 있다.

변화된 인격은 주로 고유의 인격과는 상반되거나 어린아이 같은 경향을 띠는 것이 보통이다. 그 대표적인 예는 문학작품 중에 '지킬박사와 하이드씨' 이다.

원인으로는 성적학대, 정신적 외상이나 신체적 폭행을 당했을 경우 흔히 나타나며, 간질과 관련이 있기도 하다.

6) 성 장애 및 성정체감 장애

성 장애 및 성정체감 장애는 성과 관련된 이상행동을 하는 것이다. 이 장애에는 크게 성도착증, 성기능 장애, 성정체감 장애 등이 있다.

(1) 성도착증(paraphilia)

성도착증은 반복해서 나타나는 강한 성충동이나 성적으로 흥분되는 환상을 가지고 있다. 그 대상은 인간이 아닌 대상이나 물건, 어린이나 성교에 동의하지 않는 사람이거나, 자기 자신이나 상대방을 괴롭히거나 모욕을 주는 것으로써 성적인 흥분을 맛보는 것이다.

성도착증 환자들은 대개 성적 흥분을 구하기 위해서 원하는 자극을 쉽게 얻을 수 있는 직장을 얻거나 취미를 가지거나 자원봉사 따위를 자원하는 경우도 있을 수 있다. 예를 들면, 여성물건 도착증(fetishism) 환자는 구두나 란제리 판매원을, 소아 애호증(pedophilia) 환자는 어린이를 돌보는 일을 하려고 하는 경우가 있다는 것이다.

성도착증 환자들이 정상적인 성교를 할 때에는 발기불능이나 사정장애를 일으키는 수가 많으며, 알코올중독, 약물남용, 성격장애, 대인관계문제 등 정서적 미성숙으로 인한 문제들이 같이 있는 경우가 종종 있다.

심각한 정도를 구별해 보면, 성도착증적인 충동이 자주 올라와 괴로워 하기는 하지만 아직 한 번도 행동으로 옮기지는 않은 경우(경증)에서부터, 자주 성도착적인 생각을 행동으로 옮기는 경우(중증)까지 다양하다. 그 종류에는 여성물건 도착증, 여성복장 도착증(transvestism), 성적 피학증(masochism), 성적 가학증(sadism), 관음증(觀淫症), 노출증(exhibitionism), 소아 애호증(pedophilia), 전화 외설증(telephone scatologia), 동물 애호증(zoophilia), 시체 애호증(necrophilia), 분변 애호증(copophilia), 절시증(voyeurism), 소변 애호증(urophilia), 신체절단 애호증(apotemnophilia), 접촉 도착증(frotteurism) 등이 있는데, 성도착증의 유형에 따른 특징과 사례를 살펴보면 다음과 같다.

① 여성물건 도착증

여성물건 도착증은 성적 흥분이 성적인 것과는 큰 관련이 없고 여성의 물건이나 여성 신체의 일부에 의해 일어나는 것이다. 이러한 물건은 거의 수음(masturbation)을 할 때에 쓰이고, 여성과 성교시에도 흥분을 고조시키기 위한 목적으로 쓰인다. 여성물건 도착증 환자들은 이러한 물건들을 합법적으로 사서 모으는 경우도 있으나 훔치는 수도 있다. 수많은 물건이 그 대상이 될 수 있으나 가장 흔한 것으로는 여성의 팬티, 브레지어, 슬립, 스타킹, 네글리제, 머리핀, 신발, 부츠, 장갑 등이다. 그 다음으로 흔한 것으로는 가죽, 고무, 실크, 밍크 또는 여성의 신체의 일부로써 머리카락, 눈썹, 손발톱, 발, 다리, 엉덩이 등이다. 소수의 여성물건 도착증 환자는 그림이나 사진을 보고 성적으로 흥분하나, 대부분은 이미 사용 중인 물건을 가지는 것을 더 좋아한다. 이 환자들은 그 물건의 주인이었던 여성에 대한 상징으로써 좋아하는 것이 아니다. 오히려 이들은 실제 그 여성보다도 그 물건을 좋아한다. 왜냐하면 실제 인물보다 물건이 훨씬 안전하고 말도 없으며 하고 싶은 대로 할 수 있고, 파괴할 수도 있기 때문이다. 대부분의 여성물건 도착증 환자는 타인에게 해를 끼치지 않고 은밀하게 자신의 물건을 손에 넣고 즐기는 것으로 나타났다.

　이 환자들 중 일부는 대상 물건들 없이는 성적으로 흥분하는 것이 불가능하며, 어떤 경우에는 대상물건이 없으면 잘 흥분이 안 되기는 하나 아주 불가능하지는 않다고 한다. 또 어떤 경우에는 이런 물건에 대한 상상을 하는 것으로 성적 흥분을 얻기도 한다. 소수의 여성 물건 도착증 환자는 이러한 물건을 가지고 상대 여성이 자신의 성기를 자극하는 것, 예를 들면, 실크로 성기를 문지르는 것, 상대 여성이 하이힐을 신고 맨 스타킹을 신는 모습을 보는 것으로 성적인 흥분을 얻는다. 그러나 예를 들어 어떤 남성이 검은 레이스가 있는 란제리를 입은 여성에 대해 특별히 성적으로 흥분한다고 하여 반드시 여성물건 도착증 환자라고 할 수는 없다. 그 남성이 여성자체에 대해서보다 물건에 집착한다면 환자로 분류가 되지만 그렇지 않은 경우에는 환자로 진단하지 않는다.

　이러한 환자들은 여성에 대한 불안, 또는 성적 충동에 대한 불안이 있다. 그래서 성 충동을 인격체인 여성 그 자체가 아닌 생명이 없는 대상으로 향하게 하여 자신의 충동을 안전하게 해소시키고 불안을 피해가고자 하는 것이다. 미국의 경우, 여성의 하이힐 구두에 대한 도착증 환자인 남성은 자신의 배우자도 알지 못하는 사이에 약 1,000켤레의 구두를 벽장에 몰래 모아놓고 일목요연하게 분류까지 해놓은 사례가 있었다.

② 여성복장 도착증

　대부분의 여성복장 도착증 환자는 동성애자가 아닌 이성애자 남성이다. 대부분의 환자는 기혼이며, 일상생활에서는 상당히 남성적이다. 화장이나 가발, 복장, 태도 등을 아주 공들여 모방하기 때문에 얼핏 보면 남성인줄 모를 정도이다. 이들은 결코 여성으로의 성전환을 원하거나 동성을 사랑하지 않는다. 물론 서커스 등의 공연을 위해 이성복장을 하는 것은 이에 해당된다고 할 수 없다. 동성애자 남성이 여성복장을 하는 것도 이에 해당되지 않는다. 왜냐하면, 이들은 여성복장을 하는 것이 성적 흥분을 일으키지는 않기 때문이다. 이런 증세는 대개 어린 시절이나 사춘기 때 시작되며, 이때에는 이런 복장을 하였다가 어른들에게 혼난 경험들을 대개 가지고 있다. 예를 들면, 6살 먹은 소년이 여성복장 도착증 환자인 아버지로부터 배워서 내내 소녀의 차림을 하고 다니는 경우이다. 대개 이러한 아이들은 성인이 되면 은밀하게 자신의 집안이나 남들이 눈치 채지 못하는 곳에서 여성복장을 한다. 그리고 어떤 이들은 자신의 바지 속에다 여자 팬티를 입고 다니기도 한다.

　어떤 경우에는 이들의 아내들은 남편의 이러한 증세를 알고 있는 경우도 많으며, 심지어는 화장하는 것 등을 도와주기까지도 한다. 반대로 이를 알고 나서는 경악하여 치료를 받아야한다고 억지로 정신과를 찾는 경우도 있고 이혼의 계기가 되는 수도 있다. 남편의 이러한 증세를 알게 된 아내들의 50% 이상은 두 사람 간의 가장 큰 문제로 생각하며 나머지의 경우에도 참는 정도이고 결코 칭찬해 주지는 않는 것이다.

③ 가학증과 피학증

가학증과 피학증은 고통과 모욕감을 일으킴으로써 성적인 흥분을 얻는다는 것이 공통적이다. 다만 가학증은 남에게 그 고통과 모욕을 가하는 것이고, 피학증은 반대로 자신이 그 대상이 되는 것이다.

가학증을 사디즘(sadism)이라고 하는데, 이는 18세기 프랑스 작가 사드(Sade)백작이 가학증을 주제로 한 저술을 남겼기 때문에 유래가 되었다.

마조히즘(masochism)이라고 하는 피학증은 '모피코트를 입은 비너스(1888년)'라는 소설을 쓴 오스트리아의 소설가 마조흐(Masoch)의 이름에서 유래된 것이다. 그러나 한 환자가 가학적이기만 한 것은 아니며, 두 가지 측면이 같이 있는 경우도 있다. 내면적으로는 두 가지 심리가 공존하고 있어서 상대에 따라 가학적인 또는 피학적인 행동이 나올 수 있다. 그래서 이 두 가지 종류의 성도착증을 구별하여 설명하는 것은 적절치 않고 가학—피학증(sadomasochism)이라는 병명으로 합쳐서 부르기도 한다.

가학증은 환자 자신이 타인에게 실제로 혹은 상상으로 신체적으로나 감정적으로 굴복하게 만들거나, 모욕을 주거나, 학대하거나, 고문을 하여서 성적인 흥분이나 극치를 얻는다. 그래서 어떤 학자들은 시체 애호증이야말로 가학증의 가장 극단적인 형태라고 한다. 왜냐하면, 죽은 시체는 아무런 저항도 할 수 없는 상태여서 완벽하게 정복하여 학대할 수 있기 때문이다. 피학증은 앞에서도 설명했듯이 가학증과는 반대로 자신이 학대의 대상이 되는 것이다.

피학증이 여성에게 더 많고 가학증은 남성에게 더 많지만, 여성 가학증, 남성 피학증 환자도 있다. 미국인들의 경우, 약 5~10%의 성인 남녀가 때로 가학적, 피학적 행동이 성적으로 쾌감을 불러일으킨다고 보고되고 있다.

쾌감을 불러일으키는 구체적인 방법이나 행동으로는, 손이나 채찍으로 때리기, 주인과 노예 관계로 행동하기, 손을 묶거나 신체 결박, 욕설하기, 관장시키기, 고문하기, 모욕주기, 보는 앞에서 똥·오줌 누이기 등이다. 마치 연기하듯이 행하는 것에서부터 실제로 고문을 행하거나 강간을 하거나 살인까지 하는 경우도 있다.

피학증 환자의 경우에도 가학증과 비슷하게 연기를 하는 경우부터 심한 피학 행위, 예를 들면, 채찍으로 맞기, 목 졸리우기, 결박당하여 학대당하기, 발로 짓밟히기, 자해하기 등인데, 이런 심한 행위는 이에 동조해주는 파트너를 만나기가 쉽지 않다. 이런 이유 때문에 어떤 피학증 환자는 자기 스스로 화상을 입히거나, 목을 매달거나, 협조해주는 매춘부를 찾아다니는 경우까지 있다.

대부분의 가학-피학증 환자들의 경우, 가학-피학 행위를 하면서도 위험 수준은 결코 넘지 않는 정도로 행동을 한다. 즉, 보통 사람들과는 다른 색다른 방법으로 성행위를 행하는 자체에서 성적인 쾌감을 즐기고 싶은 것이다. 그런데 이에 반해, 일부의 가학-피학증 환자들이 통증이나 고통 그 자체가 성적 쾌감의 원천이 되는 경우에는 이야기가 달라진다. 그런 경우에는 점차 그 행위에 중독 되어가듯이 정도가 심해지며, 그 행위를 추구하는 동안에는 현실감마저 둔해져서 자신이나 타인에게 위해를 입히기까지 하는 것이다.

많은 피학증 남성들이 사장, 은행장, 정치가, 판사 등 높은 권위와 권력을 가지고 있는 사람이라는 사실을 고려하면, 피학증 환자들의 굴욕, 복종 행동은 그들의 엄격한 공적 행동에서 탈출하고 싶은 숨은 욕망을 반영하는 것이라는 의견도 있다. 반대로 가학증 환자들은 그들이 타인에 비해 얼마나 우월하고 강한가를 보여줌으로써 자신의 뿌리 깊은 자신 없음을 만회하여 자신의 자존심을 충족시키며, 다른 방법으로는 방출하지 못하는 적개심이나 분노를 해소하는 것이다.

④ 관음증

관음증(觀淫症)은 이성의 벗은 몸 또는 드러난 속살을 훔쳐보는 것으로, 동서양의 남녀를 불문하고(물론 대개 남자가 더 심하지만) 많은 사람들이 즐기는 행위 중 하나이다.

쇼 무대나 영상매체를 통해서, 갖가지 고급·저급 예술작품, 광고 등에서 여성들의 노출을 공공연하게 보여주고 있다. 미국의 미식축구 경기장에서 선수들의 경기하는 모습을 보기보다는 달라스 카우보이 팀의 치어리더들의 벗은 몸을 들여다보기 위한 망원경 부대들이 관중석의 앞줄에 도열해 있다는 사실이 하나의 예일 것이다. 그렇다면 이 사람들이 모두 성도착증 환자일까? 결코 그렇지는 않다. 병적 관음증은 다른 사람의 성행위를 훔쳐보거나 벗은 몸을 훔쳐보는 행위를 통하여 성적인 만족을 추구하는 것이 자주 반복되거나, 또는 다른 성적 만족에 앞서 훔쳐보는 것에만 집착하게 되는 경우에 진단할 수 있다. 물론 치료를 요하는 것과 그렇지 않은 것의 경계가 모호한 경우도 있다.

여성의 경우에도 다른 사람의 벗은 몸, 혹은 성교행위를 봄으로써 성적인 흥분을 한다는 점에서 관음증적인 경우가 있을 수는 있으나, 전적으로 관음행위에 의해 성적 흥분이 좌우되는 경우는 남성에 비해 드물다. 주로 젊은 남성에게서 발견되며, 중년이 되면서 이러한 증상이 점차 없어지기도 한다. 이들은 대개 이성 관계를 맺는 것에 많은 어려움을 느낀다. 이성 친구들도 적을 뿐 아니라 이성과의 접촉도 많지 않고 소극적인 것이 보통이다. 이들의 제한된 성행위는 훔쳐보거나 전에 훔쳐본 장면들을 생각하면서 마스터베이션을 하는 것 정도인 경우가 많다. 대개는 낯선 여성들을 더 선호한다고 하며, 훔쳐보기 힘든 대상을 발견했을 때 성적으로 더 흥분하는 경향이 있다. 그러므로 이들은 나체촌이나 나체 해수욕장 따위는 즐기지 않는 것이다.

병적 관음증 환자들은 남들에게 피해를 주지 않는다고 생각할 수도 있으나 간혹, 이들이 강간, 절도, 방화 등의 범죄를 저지르는 경우도 있다.

심리적으로 관음증 환자의 경우에는, 여성의 성기를 확인함으로써 여성과 동일시하나, 자신의 성기의 발기와 마스터베이션을 통해 자신의 성기가 온전하다는 사실을 확인하고 여성보다 우월하다고 느끼려는 무의식적 동기가 숨어있다. 결혼할 경우, 무의식적으로 아내에게서 모성(母性)을 찾는 경향이 높으며, 진정한 성적 흥분은 관음증적 행동에 있기 때문에 아내와의 성행위는 미적지근한 것이 보통이고, 아내들은 이를 불평하게 되는 수가 많다.

⑤ 노출증

환자라고 진단할 수 없는 정상적인 인간의 노출적 성향은 관음증적 경향의 경우와 마찬가지로 인류 문화의 여러 곳에서 발견되고 있다. 현대 문화에서 찾을 수 있는 예로는 미니스커트, 반투명 블라우스, 배꼽 티, 몸에 달라붙는 팬츠 등이 있다.

노출증이란 알아차리지 못하는 낯선 사람에게 자신의 성기를 노출시킴으로써 성적 흥분을 얻는 것을 말한다. 거의 모두가 남성들이지만 아주 드물게는 여성 노출증 환자도 보고된 바 있다.

많은 노출증 환자들은 다른 방법을 통한 행위에서는 성적으로 무력하며, 자신의 힘으로는 잘 조절되지 않는 충동에 의해 이 행위를 반복하게 된다.

대개 18세 이전에 시작되며 20대에 가장 많고, 드물게 40세 이상인 경우도 있다. 어떤 조사에 따르면 전형적인 노출증 환자는 기혼이고, 보통 이상의 교육을 받았으며 안정된 직업을 가졌다. 그리고 다른 큰 정서적 장애가 없는 경우가 많다고 한다. 대개의 노출증 환자는 수동적이고 수줍은 성격이며 성적으로 억압되어 있다. 많은 경우에 이들의 행동은 가족원들 간의 마찰이나 윗사람과의 마찰에 의해 유발된다.

자신의 성기를 노출시키는 동안 성적으로 흥분하는 것이 보통이나, 그렇다고 반드시 발기가 되거나 사정을 하게 되지는 않는다. 이것은 노출 도중 마스터베이션을 하더라도 마찬가지이다. 어떤 환자의 경우, 이 행위 자체에서보다는 보게 되는 사람(피해자)들의 놀라는 반응이나 두려움, 혐오감 등을 더 즐기는 것 같다. 이들은 심리적으로 자신의 성기를 상대에게 보여주고 그 반응을 봄으로써 놀라는 여성보다 자신이 우월하다고 느끼며, 자신의 소위 '남성性'을 스스로 확인하고 입증하려는 내면적 목적이 있는 것이다.

노출증 환자들은 다른 어떤 성도착증 환자들보다도 경찰관에 의해 체포되는 경우가 많다. 왜냐하면, 안전하게 노출시키는 경우보다는 잡힐 가능성이 많게, 위험하게 노출시키는 것이 성적으로 더 큰 흥분을 주기 때문이다. 그러므로 체포될 위험을 무릅쓰고 행위를 감행하다가 잡히는 것이다. 이들은 거리의 같은 장소에서, 또는 주차된 차에서 이런 행위를 하는 경우가 많은데, 그 이유는 눈에 더 잘 띄게 자신의 성기를 더 잘 구경할 수 있도록 하기 위해서이다.

이들은 대개 상대에게 덤벼들거나 강간은 하지 않는 것으로 되어있다. 그러나 물론 예외는 있다. 미국에서 조사된 한 사례에서는, 우연히 보게 된 여성의 놀라는 반응이 신통치 않자 달려가 뺨을 때렸다고 한다. 또 다른 사례에서는 신통치 않은 반응에 화가 나서 그 여성을 잡아 뒷골목으로 끌고가 펠라치오(fellatio)를 강제로 시킨 경우도 있었다. 그러나 이런 경우는 극히 드물다.

관음증 환자의 경우와 마찬가지로 노출증 환자도 결혼하는 경우, 무의식적으로 아내에게서 모성(母性)을 찾는 경향이 높으며, 진정한 성적 흥분은 노출증적 행동에 있기 때문에 아내와의 성행위는 미적지근한 것이 보통이고, 아내들은 이를 불평하게 되는 수가 많다.

⑥ 소아 애호증

사춘기 이전의 어린이들과의 성적 접촉을 더 선호하거나 이에 대한 상상을 통해서만 성적으로 흥분하는 경우, 이들을 소아 애호증(소아 기호증, pedophilia) 환자로 진단한다.

대부분의 경우, 환자는 남성이지만 아주 드물게 여자 환자도 보고된 바 있다. 희생자의

2/3는 8세에서 11세까지의 소녀이다. 미국에서 조사한 바에 의하면, 피해 어린이가 전에 한 번도 본 적 없는 사람인 경우는 10.3%에 불과하다는 통계가 나왔다. 즉, 아이들이 놀고 있는 놀이터 근처나 학교 주변을 배회하며 사탕이나 과자로 어린이를 유혹하는 낯선 사람이 환자인 경우는 생각보다 많지 않다는 결론이다. 보고된 사례의 약 15%의 환자는 피해 아동의 친인척이었다. 즉, 근친상간에 해당한다. 그러나 실제로는 이것보다 훨씬 높을 것이다. 왜냐하면 집안에서 이런 일이 일어날 경우, 발각되더라도 쉬쉬하며 숨기는 경우가 많기 때문이다. 대부분의 소아 애호증 환자는 여아를 대상으로 하며, 많은 경우 결혼한 남자이고, 결혼생활 또는 성생활에 문제가 있는 경우이거나 알코올로 문제가 생기는 경우도 많다. 그러나 취하지 않은 상태에서는 자기는 그럴 사람이 아니라는 것을 입증하기 위한 방법으로, 술을 마셨었다고 거짓말을 하는 경우가 많다는 것이 밝혀졌다. 즉, 처벌을 받거나 정신과 치료명령을 받는 대신, 단순히 술을 조심하라는 처분만을 받기 위해 거짓말을 하는 것이다. 50세 이상, 30세 이상에서 40세 미만, 사춘기의 세 연령층에 환자가 많다.

몇 가지 타입으로 분류할 수 있는데, 가장 흔한 타입으로 분류하면 다음과 같다. 첫째, 인격적으로 미성숙한 타입의 환자이다. 이들은 대인관계를 맺을 용기와 기술이 없다. 그래서 자신이 마음대로 하기 쉬운 대상으로 어린이를 선택하는 것이다. 충동적으로 낯선 어린이를 대상으로 하는 경우가 아니고, 서서히 접근하여 이야기, 과자, 게임 등을 이용하여 사귄 다음 일을 저지른다. 둘째, 정상적일 때가 있었던 타입이다. 이들은 과거에 이성과의 관계도 있었다. 그러나 지금은 성적인 어려움이 있고 일상생활에서 많은 스트레스가 있으며, 대개 알코올 남용의 문제가 있는 경우가 많다. 셋째, 가장 드문 경우로써 폭력적인 타입이다. 이들은 반사회적 행동을 한 과거가 있으며, 여성에 대해 적개심이 많다. 그는 대상 어린이를 공격하여 심한 손상을 입히기도 한다. 어떤 연구에 의하면, 이런 환자의 약 80%가 어린 시절에 성추행을 당한 경험이 있다고 한다. 즉, 자신의 아픈 경험으로 인한 정신적 외상으로, 인격발달에 입은 해로운 영향 때문이라는 것이다. 실제 행동 방식은 어린이의 성기를 만지거나 어린이로 하여금 자신의 성기를 만지게 하는 것이 가장 흔하다. 그러나 많은 경우, 폭력을 사용하며 실제 성교를 행하거나 펠라치오를 시키거나 하기도 한다.

많은 나라에서 미성년자와의 성교시 엄벌에 처하는 법안을 추진중이나, 한편으로는 상업주의와 결탁한 미성년 매춘, 미성년자를 대상으로 찍은 포르노그라피가 성행하는 등

상반된 모습을 보이고 있는 것이 오늘날의 현실이다.

⑦ 전화 외설증

전화 외설증(음란전화) 환자들의 심리 기전은 노출증이나 관음증 환자들의 심리기전과 유사하다고 할 수 있다. 이들은 대개 남자이고 대인관계에서 문제가 있는 경우가 많다. 자신의 신분을 감춘 상태에서 일방적인 대화가 가능하기 때문에 비교적 자신의 신변이 안전하다 할 수 있다. 반면, 상대방의 이름과 전화번호는 알고 있기 때문에 얼굴을 맞대지 않고도 마스터베이션을 할 수 있게 되는 것이다. 이것은 세 가지 유형으로 분류된다. 첫째, 가장 흔한 타입이라 할 수 있는 것으로써, 자신에 대해 떠벌리면서 자신이 하고 있는 마스터베이션 행위에 대해 세밀한 것까지 상대에게 설명한다. 둘째, 환자는 피해자에게 위협적인 말 예를 들면, "지금 나는 너를 지켜보고 있다", "곧 너를 찾아낼 것이다" 등의 말을 하며 겁을 준다. 셋째, 피해자의 신변에 대해 세세한 것까지 물어서 알려고 한다. 이 유형은 대개 여성의 속옷, 월경, 피임방법 등에 대해 전화설문을 한다고 속이는 방법으로 전화를 건다.

전화 외설증 환자는 같은 여성에게 반복하여 전화를 하기도 하지만, 대개의 경우는 상대 여성이 전화를 계속 받으면서 응해주지 않으면 또 다른 상대에게로 옮겨간다. 그런데 유감스럽게도 예상 밖으로 많은 여성들이 게임을 즐기듯 이런 전화에 응한다는 보고도 있다. 이런 환자와 장난전화를 하는 아이들과는 구별해서 생각해야 한다. 반복될 경우, 전화국에 협조를 얻어 발신자를 추적하거나 아예 전화번호부에 등록을 안 시키는 방법으로 피하기도 한다.

(2) 성기능 장애

성기능 장애(sexual dysfunction)는 성행위를 할 때 여러 가지 기능장애를 말한다. 성기능 장애로는 성욕구 장애나 성욕감퇴장애, 성흥분 장애, 절정감 장애, 성 통증장애 등 여러 기능적인 불감증이 있다. 첫째로 성욕구 장애는 성적인 욕구를 느끼지 못하거나 성적인 욕구가 현저하게 저하되거나 없어지는 경우가 있고, 극단적으로 성적인 접촉에서 혐오감을 지니고 있어서 회피하는 반응을 보이는 성혐오 장애를 포함하고 있다.

둘째, 성흥분 장애는 성행위를 할 때, 신체적으로 느끼는 감정 흥분 상태에 도달하지 못하는 것으로 성적 흥분을 느끼지 못하는 절정감 장애(orgasmic disorder)가 있고, 성기가 팽창되지 않고 성행위를 하기에 불편하고 고통을 수반하는 경우 여성 질 건조증(질액이 나오지 않아서)이 있을 수 있다. 그리고 남성은 발기장애(male erectile disorder)가 있다. 남성 발기장애에는 남성이 절정감을 느끼지 못하거나 사정이 지연되는 절정감 장애와 남성이 의도와는 달리 사소한 성적인 흥분에도 쉽게 사정하게 되는 조루증(premature ejaculation)이 있다.

마지막으로 성통증 장애는 신체적으로는 아무런 결함이 없음에도 성행위과정에서 통증을 느끼는 장애로서 남성이나 여성이 성교시 반복적이고 지속적으로 통증을 느끼는 성교통증과 여성의 성기 근육이 의도와는 달리 반복적으로 수축이 되지 않는 질경련증(vaginismus)이 있다.

(3) 성정체감 장애(gender identity disorder)

성정체감 장애는 자신의 생물학적 성과 성역할에 대해서 지속적으로 불편감을 느끼는 경우를 뜻하며, 이로 인해 반대의 성에 대해서 강한 동일시를 나타내거나 반대의 성이 되기를 소망하는 경우이다. 예를 들어, 신체적으로 남성임에도 불구하고 남자라는 것과 남자의 역할을 싫어하여 여성의 옷을 입고 여성적인 놀이나 오락을 좋아하는 등, 여자가 되기를 바라며 대부분 성전환수술을 원하게 된다. 여자의 경우는 여성적인 차림새를 싫어하는 대신 남자의 옷이나 짧은 머리를 좋아한다. 놀이 친구로는 남자아이를 선호하고 신체적 접촉을 필요로 하는 운동이나 거친 놀이 등 전통적으로 남자들의 놀이에 관심이 많으며 남성에 대한 동일시를 나타낸다. 이러한 장애는 소아에서부터 성인에 이르기까지 다양한 연령대에서 나타날 수 있다. 성정체감 장애를 지닌 사람은 가족, 동성의 또래, 사회적 기대나 역할과의 갈등 때문에 대인관계나 직장생활을 비롯한 생활전반에서 현저한 어려움을 경험하게 된다.

7) 물질관련 장애

물질 관련 장애(Substance-related disorders)는 중독성을 지닌 다양한 물질과 관련된 심리적 장애를 말하며 크게 물질 사용 장애와 물질 유도성 장애로 구분된다. 물질 사용 장애는 물질의존과 물질남용으로 나누어진다. 물질의존은 반복적인 물질섭취로 인해서 그 물질을 점점 더 많이 원하는 '내성'과 물질을 섭취하지 않으면 고통을 느끼는 '금단증상'으로 인해서 개인을 심각한 부적응 상태로 몰아가는 경우를 뜻하며, 물질남용은 과다한 또는 반복적인 물질사용으로 인해 현저하게 해로운 결과가 나타나는 경우를 의미한다.

물질 유도성 장애는 특정한 물질의 섭취나 복용으로 인해 파생되는 여러 가지 부정적인 심리적 증상을 뜻하며 여기에는 물질중독, 물질금단, 물질유도성 섬망, 치매, 정신병, 기분장애, 불안장애, 성기능장애, 수면장애 등이 포함된다.

DSM-Ⅳ에서는 물질관련 장애를 11가지의 중독성 물질 즉, 알코올, 니코틴, 카페인, 흡입제, 아편류, 코카인, 환각제, 대마계 제제, 암페타민, 펜사이클리딘, 진정제, 최면제 또는 항불안제로 나눠 구분하는데, 구체적으로 살펴보면 다음과 같다.

(1) 알코올 관련장애

알코올 관련장애는 알코올의 사용으로 인해 발생되는 다양한 심리적 장애를 말하며 크게 알코올 사용장애와 알코올 유도성 장애로 분류된다. 알코올 사용장애는 알코올 의존과 알코올 남용으로 나누어지는데, 알코올 의존 및 남용은 유병율이 매우 높은 장애이며 흔히 사고, 폭력, 자살, 신체적 질병을 유발한다. 특히 알코올은 간, 내장, 심장질환, 중추 신경계 등을 포함 신체의 모든 장기에 악영향을 미친다. 특이할 것은 지속적인 알코올 섭취는 중추 신경계를 손상시켜 주의력, 기억력, 판단력 등의 인지적 기능을 손상시킨다. 그리고 심한 경우에는 새로운 경험을 기억하지 못하는 심한 지속성 기억상실증인 코르사코프 증후군을 유발하기도 하고, 어머니가 임신 중에 알코올을 과다 섭취하게 되면 태아체중미달, 발육부진, 신체적기형, 정신지체를 초래하는 태아알코올 증후군이 나타나기도 한다.

오늘날 알코올관련 장애는 개인의 신체, 심리, 사회적 기능에 악영향을 미치는 개인적 질병의 차원을 넘어서 가정을 병들게 하는 가족질병이고 더 크게는 범죄율을 증가시킴으로 사회를 불안하게 하고 노동력 감소로 인한 경제적 손실을 야기시키는 사회문제 중 하나라는 견해가 서구에서는 이미 일반적이 되었다.

알코올 의존의 요인으로는 유전적 요인, 사회문화적 요인, 심리성적 발달과정에서의 독특한 성격특성, 알코올의 강화효과, 의존자들이 지니고 있는 알코올에 대한 긍정적 기대와 신념 등이 있다.

알코올 관련장애의 치료법으로는 입원치료, 약물치료(알코올이 몸과 마음에 미치는 부정적 영향 교육, 가정과 직장 및 사회적 활동에서 받게 되는 스트레스에 대한 대처훈련, 자기주장훈련, 이완훈련, 명상 등을 함께 시행되는 것이 일반적임) 그리고 행동치료적 기법, AA(Alcoholics Anonymous) 자조집단(self-helf group) 등이 있다. 알코올 의존자의 치료에는 의존자 자신의 극복 동기가 중요할 뿐만 아니라 회복노력을 지원하는 가족, 친구, 직장동료, 자조집단의 사회적 지지가 매우 중요하다.

(2) 니코틴 관련장애

니코틴 의존은 장기간의 니코틴 섭취로 인해 니코틴에 대한 내성과 금단현상을 비롯한 여러 가지 문제가 발행하여 일상생활에 부적응을 나타내는 경우를 말한다.

특히, 니코틴 금단은 적어도 몇 주 이상 니코틴을 매일 사용하다가 니코틴 사용을 급격하게 중단하거나 또는 그 사용량을 줄였을 때 24시간 이내에 여러 가지 부적응적인 징후가 나타나는 경우를 말한다. 니코틴 금단증상은 ① 불쾌한 기분 또는 우울한 기분 ② 불면 ③ 자극 과민성, 좌절감, 분노 ④ 불안 ⑤ 집중력장해 ⑥ 안절부절 못함 ⑦ 심장 박동수의 감소 ⑧ 식욕증가 또는 체중증가이며, 이들 중 4개 이상의 징후가 나타나서 사회적 직업적 또는 다른 중요한 기증에서 곤란이 초래 될 때 니코틴 금단으로 진단된다.

니코틴 관련장애의 원인으로는 니코틴이 신경계통 내의 보상 중추를 자극하기 때문에 강화효과를 지닌다. 이러한 강화효과가 지속적인 흡연 욕구가 생겨나게 한다고 보는 니코틴 일정효과이론, 인체 내의 적당량의 니코틴 수준을 유지시키기 위해 니코틴이 적정량에 이르지 못하면 흡연욕구를 상승시켜 니코틴 섭취유도 한다는 니코틴 조절이론 그리고 정서적 상태와 니코틴의 조건 형성에 의해 흡연행동을 설명하려는 다중조절 모형을 통한 생물학적 입장이 있는가 하면 다양한 심리적 원인에서 비롯된다고 보고있다.

니코틴 관련장애를 치료하기 위해는 대체치료법으로 니코틴 껌, 패치 등을 사용하는 방법과 혐오치료(급속흡연법), 다중양식적 치료(금연의 동기강화, 금연계획, 인지행동적 기법으로 실행에 옮기도록 함), 최면치료법 등이 있다.

(3) 카페인 관련장애

카페인으로 인한 내성과 금단현상은 물질의존이나 물질남용의 진단기준에 해당 될 만큼 현저한 부적응을 초래하지 않는 것으로 알려져 있다. 그러나 카페인을 다량섭취 할 경우에 나타나는 카페인 중독 현상은 임상적인 주의가 필요할 만큼 심각한 문제가 될 수 있다.

카페인 중독은 250mg이상의 카페인(끓인 커피 2~3컵 이상)을 섭취했을 때 ① 안절부절 못함 ② 신경과민 ③ 흥분 ④ 불면 ⑤ 안면홍조 ⑥ 잦은 소변 ⑦ 소화내장기의 장해 ⑧ 근육경련 ⑨ 두서없는 사고와 언어의 흐름 ⑩ 빠른 심장박동 또는 심부정맥 ⑪ 지칠 줄 모르는 기간 ⑫ 정신운동성 초조 증상 중에서 5개 이상의 증후가 나타날 경우를 말한다. 이러한 증상으로 인하여 사회적, 직업적 또는 다른 중요한 기능영역에서 현저한 고통이나 장애를 유발할 때 카페인 중독으로 진단된다.

카페인을 과용하면 심부정맥, 위장관계의 통증이나 설사와 같은 신체적 증상이 생기거나 악화될 수 있다. 장기 사용 시에는 위궤양을 악화시키고 심장부정맥을 야기할 수 있다. 급속하게 10g 이상의 카페인을 복용할 경우 대발작과 호흡부전으로 사망에 이를 수도 있다.

카페인 중독 증세가 나타날 경우에는 카페인 복용을 중단해야 한다. 또한 카페인을 지속적으로 사용하던 사람이 갑자기 사용을 중단하면 금단증상이 나타날 수 있는데, 이런 경우에는 진통제나 항불안제 등을 복용하며 1~2주에 걸쳐 카페인의 섭취를 줄이는 것이 좋다.

(4) 흡입제 관련장애

흡입제는 환각을 유발할 수 있는 다양한 휘발성 물질을 의미하며 주로 코를 통해 체내로 유입된다. 흡입제의 종류에는 본드, 부탄가스, 가솔린, 페인트, 시너, 분무용 페인트, 니스제거제, 라이터액, 아교, 고무시멘트, 세척제, 구두약 등이 있다.

흡입제 관련장애로는 흡입제 사용장애인 흡입제 의존, 흡입제 남용이 있고, 흡입제 유도성 장애인 흡입제 중독이 있다. 흡입제 의존은 흡입제의 반복사용으로 인해 중요한 사회적, 직업적 활동이 포기되거나 감소되어 현저한 부적응이 나타날 경우를 말하고, 흡입제 남용은 흡입제의 사용으로 인하여 반복적으로 위험한 상황이 초래되거나 적응적 문제가 발생하는 경우를 말한다. 흡입제 중독은 휘발성 흡입제를 의도적으로 사용하거나 단기간에 많은 용량에 노출되어 현저한 부적응적 증상을 나타내는 경우를 말한다. 흡입제 중독은 ① 현기증 ② 안구진탕증 ③ 운동조정 곤란 ④ 불분명한 언어 ⑤ 불안정한 보행 ⑥ 기면 ⑦ 반사의 감소 ⑧ 정신운동성 지연 ⑨ 진전 ⑩ 전반적인 근육약화 ⑪ 시야혼탁이나 복시 ⑫ 혼미나 혼수 ⑬ 다행감 증상 중에서 2개 이상의 증상이 나타나는 것으로 진단된다.

흡입제를 고용량 사용할 경우에는 기면, 정신운동성 지연, 전반적인 근육 약화, 반사의 감소, 혼미, 혼수에 이를 수 있으며 특히 환청, 환시, 환촉을 비롯하여 거시증, 미시증, 착각, 시간 인식의 변화 등의 지각장애를 보인다. 또한 호흡곤란, 두통, 전신쇠약, 복통, 구토의 신체적 문제를 유발할 수 있으며, 중추신경계나 말초신경계에 영구적인 손상을 일으킬 수 있다.

흡입제 관련장애의 치료는 흡입제 사용을 중단하는 것이 최우선이며, 의학적인 합병증 치료 및 약물 치료가 있다. 무엇보다 교육을 통해 예방하는 것이 가장 중요하다.

(5) 아편류 관련장애

아편은 의존과 중독현상을 나타내는 대표적 마약으로 양귀비라는 식물에서 채취되며 진통효과를 지닌다. 아편류는 아편과 유사한 화학적 성분이나 효과를 나타내는 물질들을 말하는데 여기에는 천연 아편류(예: 모르핀), 반합성 아편류(예: 헤로인), 모르핀과 유사한 작용을 하는 합성 아편류(예: 코데인, 하이드로 모르핀, 메사돈, 옥시코돈, 메페리딘, 펜타닐)가 있다.

아편류 관련장애에는 아편류 남용과 의존이 있는데 아편류 의존은 매우 강한 의존성을 초래하기 때문에 아편류 의존이 있는 사람들은 강한 내성을 지니고, 아편물질을 얻고 투약하는 일로 일상생활을 보낸다.

아편류 남용은 아편류 사용으로 인해 법적 문제나 부적응적 사건이 반복적으로 발생하는 경우를 말한다. 그러나 아편류 의존에 비해 아편물질을 적게 사용하고 심각한 내성이나 금단증상이 발생하지 않는 경우에 해당된다.

아편류 중독과 아편류 금단은 대표적인 아편류 유도성 장애로, 아편류 중독은 아편류 사용 도중 또는 직후에 발생되는 심각한 부적응적 행동 변화나 심리적 변화가 나타나는 경우를 말한다. 그리고 아편류 금단은 지속적으로 사용하던 아편류의 중단(또는 감량) 후에 특징적인 금단증후군이 나타나는 경우를 말하는데, ① 불쾌한 기분 ② 오심 또는 구토 ③ 근육통 ④ 눈물을 흘리거나 콧물을 흘림 ⑤ 동공산대, 입모 또는 발한 ⑥ 설사 ⑦ 하품 ⑧ 발열 ⑨ 불면증 증상 중에서 3개 이상의 증상이 나타나면 아편류 금단으로 진단된다.

아편류 의존과 남용에 대한 정확한 유병률은 알려져 있지 않지만 일단 의존이 나타나면 대부분 몇 년 이상 지속되며, 아편 사용을 중단한 이후에도 재발되기 쉽다.

아편류 의존과 남용은 법적인 문제이기 때문에 국가에서 정한 치료감호기관에서 일정기간 치료를 받게 된다. 아편류 관련장애 치료에는 약물치료, 재발예방교육이 매우 중요하며, 스트레스 대처능력, 사회적 기술훈련, 자기주장훈련 등이 있다.

(6) 환각제 관련장애

환각제 관련장애는 환각효과를 나타내는 LSD, mescaline, psilocybin, 암페타민류, 항콜린성 물질 등을 통해 나타나는 장애를 말한다.

환각제 관련장애에는 환각제 사용장애인 환각제 남용과 의존이 있고, 환각제 유도성 장애로 환각제 중독과 환각제 지속성 시각장애가 있다. 환각제 의존은 환각제 사용으로 인한 내성과 금단현상으로 인해 반복적으로 환각제를 사용하는 경우를 말한다. 환각제는 다행감과 환각효과에 대해서 내성이 빨리 발전하는 반면 동공산대, 과잉반사, 혈압상승과 같은 자율신경효과에 대해서는 내성이 생기지 않는다.

환각제 남용은 환각제 사용으로 인해 반복적으로 학교, 직장, 가정에서 부적응적 문제를 나타내는 경우를 말한다. 그리고 환각제 중독은 환각제 사용 중 또는 그 직후에 발생되는 부적응적 행동변화나 심리적 변화(예: 심한 불안이나 우울, 관계망상, 정신을 잃을 것 같은 공포, 편집성 사고, 판단력 장애 등)와 지각적 변화(예: 이인증, 비현실감, 착각, 환각, 공감각 등)를 말한다. 환각제 중독은 환각제 사용 후 다음 징후 즉, ① 동공확대 ② 빈맥 ③ 발한 ④ 가슴 두근거림 ⑤ 시야혼탁 ⑥ 진전 ⑦ 운동조정 곤란 중에서 2개 이상이 나타나면 진단된다. 환각제 중독이 되면 수다스럽고 산만해지며, 기분이 빨리 변하는 동시에 정신이상이나 죽음에 대한 두려움과 공포, 불안이 심해진다.

환각제 지속성 지각장애는 환각제 중독기간 동안 경험했던 지각적 증상(예: 환각, 색채의 섬광, 시야의 움직임에 대한 잘못된 지각, 강렬한 색감, 잔상, 후광, 미시증, 거시증 등)을 재경험하는 경우를 말한다. 이러한 경험은 여러 달이 지나면 약화되지만 때로는 5년 이상 지속되는 경우도 있다.

연구에 의하면, 환각제 사용과 중독은 여자보다 남자에서 3배나 흔하다.

(7) 대마계 제제(카나비스) 관련장애

대마계 제제는 식물 대마로부터 추출된 물질로써 마리화나(marijuana, 대마 잎과 상단부의 줄기를 건조시켜 담배로 만든 것), 하쉬시(hashish, 대마 잎의 하단부와 상단부에서 스며나온 진액을 건조한 것. 마리화나보다 훨씬 강력한 효과를 가지고 있음) 등이 있다.

대마계 제제 의존은 대마계 제제에 대한 내성으로 인해 강박적으로 대마계 제제를 사용하여 현저한 부적응을 나타내는 경우를 말한다. 그리고 대마계 중독은 대마계 제제 사용으로 인하여 심각한 부적응적 행동변화나 심리적 변화(운동조정장애, 앙양된 기분, 불안, 시간이 느리게 지나가는 느낌, 판단력 장애 등)가 나타나는 경우를 말하며 결막 충혈, 식욕 증가, 구갈, 빈맥 등의 증상이 수반된다. 대마계 중독은 전형적으로 '기분고조 상태' 느낌으로 시작되며, 단기기억 장애, 수면발작 등을 경험한다.

대마계 제제는 세계에서 가장 흔하게 사용되는 불법 물질이다. 미국의 모든 계층, 특히 10대 청소년이 가장 널리 사용하고 있는 약물이고, 남성에게 흔하며, 유병률운 18~30세 사이가 가장 흔하다. 미국 인구의 약 30%가 일생동안 한번 이상 마리화나를 사용하였다고 보고되고 있다.

(8) 코카인 관련장애

코카인은 페루, 볼리비아, 콜롬비아의 고원지대에서 재배되는 코카라는 식물에서 자연적으로 생성되는 물질이다.

코카인 관련장애에는 코카인 사용장애로써 코카인 의존과 남용이 있고, 코카인 유도성 장애로는 코카인 중독과 금단이 있다. 코카인 의존은 코카인에 대한 내성과 금단 현상으로 인해 코카인 사용이 반복되는 경우를 말한다. 코카인은 매우 강력한 행복감을 느끼게 하는 효과를 지니고 있기 때문에 이 물질을 사용한 사람들은 매우 짧은 기간 내에 코카인 의존으로 발전 될 수 있다. 코카인 남용은 코카인 사용으로 인한 직업적 부적응, 대인관계 갈등, 경제적 문제, 법적문제가 반복하여 발생하는 경우를 말한다. 그리고 코카인 중독은 코카인의 사용 중 또는 그 직후 심각한 부적응적 행동이나 심리적 변화(예: 경각심, 대인관계 민감성, 긴장, 분노 등)를 나타내는 경우를 말한다.

코카인은 원하는 효과를 얻기 위해 용량을 증가시켜야 하는 점진적인 내성을 일으키며, 지속적으로 코카인을 사용하게 되면 행복감을 느끼는 긍정적 효과가 감소하고, 불쾌감을 느끼는 부정적 효과가 나타난다.

코카인 치료는 코카인을 복용하는 사람들의 심리적 특성을 중심으로 자가 치료요법을 많이 사용하고 있다.

(9) 암페타민 또는 유사약물 관련장애

암페타민은 중추신경계 흥분제로서 각성과 흥분의 효과를 지니고 있다. 초기에는 천식 치료제로 사용되었으나 우울증 치료제로 사용되기도 했고, 오늘날에는 ADHD의 치료 약물로 사용되기도 한다.

암페타민과 그 유사물질들은 의존과 중독 현상을 나타낼 수 있는데, 히로뽕(또는 필로폰), 스피드, 아이스가 여기에 속한다.

암페타민 의존은 코카인 의존과 비슷하지만 코카인에 비해 지속시간이 길다. 코카인과 마찬가지로 일시적으로 강렬한 불안을 보일 뿐 아니라 망상형 정신분열증과 편집증적 증상이 나타나기도 한다. 암페타민 남용은 중독 상태에서의 공격적 행동, 불법적인 약물구입 또는 약물의 불법소지와 사용에 의해 법적인 문제가 반복적으로 생기는 경우를 말한다. 그리고 암페타민 중독은 암페타민 또는 그 유사물질을 사용한 후 심각한 부적응적 행동 및 심리변화(예: 정서적 둔마, 사교성의 변화, 지나친 경각심, 대인관계 민감성 등)를 나타내는 경우를 말한다.

우리나라의 경우, 일반인의 0.3%와 고등학생의 0.6%가 필로폰을 상용한 경험이 있는 것으로 보고되었다(차경수 외, 1993). 필로폰은 신속하게 황홀감을 일으켜 약물남용의 위험이 높고 혈관주사로 투입되기 때문에 간염이나 세균성 질환에 감염될 가능성이 높다. 다량으로 사용할 경우 망상형정신병이 생기며 그 의존성이 강하여 치료하기가 어렵고, 재발되는 경우가 많다(주왕기, 1989). 미국의 전체인구의 7%가 일생동안 한번 이상 암페타민이나 그 유사물질을 비의학적으로 사용한 경험이 있다고 보고되고 있다. 특히 18~30세 사이의 사람들에게 가장 많고, 남자와 여자의 비율은 3:1 또는 4:1 정도이다. 처음 사용은 체중조절의 목적으로 시작하는 경향이 있다.

(10) 펜사이클리딘 관련장애

펜사이클리딘은 1950년대에 마취제로 개발하여 1960년대부터 시판되었으며, 가장 통상적으로 남용되는 물질이다.

펜사이클리딘 의존은 이 물질을 반복적으로 사용하는 경우를 말하지만, 펜사이클리딘 사용자에게 내성이나 금단증상은 확실히 입증되어 있지 않다.

펜사이클리딘 남용은 펜사이클리딘의 사용과 중독으로 인해 학교, 직장, 가정에서 중요한 역할을 수행하지 못하는 경우를 말한다. 남용자는 중장비를 작동하거나 오토바이와 자동차를 운전하는 등의 위험한 상황에서 펜사이클리딘을 사용하는데, 이 또한 불법약물이므로 법적인 문제가 발생하게 된다.

그리고 펜사이클리딘 중독은 펜사이클리딘 사용 후 심각한 부적응적 행동변화(예: 호전성, 충동성, 예측하기 어려운 행동 등)를 나타내는 경우를 말한다.

펜사이클리딘 관련장애 유병률은 남성에서 2배 정도 높으며 특히 20~40세 사이의 사람들에서 높게 나타난다.

(11) 진정제, 수면제 또는 항불안제 관련장애

진정제, 수면제 또는 항불안제는 벤조디아제핀 계열의 약물, 카바메이트 제제, 바비튜레이트와 유사 수면제를 포함한다. 이러한 약물들은 알코올처럼 뇌기능 억제제이고 알코올과 유사한 문제를 일으킬 수 있다.

진정제, 수면제 또는 항불안제 중독은 약물 사용 후에 심각한 부적응적 변화가 나타나며(예: 부적절한 성적, 공격적 행동, 판단력 장애 등) ① 불명료한 발음 ② 운동조정곤란 ③ 불안정한 보행 ④ 안구진탕 ⑤ 주의력 장애와 기억력 장애 ⑥ 혼미나 혼수와 같은 징후 중 1가지 이상을 보일 경우를 말한다.

그리고 진정제, 수면제 또는 항불안제 금단현상은 지속적으로 사용해 오던 진정제, 수면제 또는 항불안제를 중단하거나 감량했을 때 ① 자율신경계 항진 ② 손떨림 증가 ③ 불면 ④ 오심 또는 구토 ⑤ 일시적인 시각적, 촉각적, 청각적 환각이나 착각 ⑥ 정신운동성 초조 ⑦ 불안 ⑧ 대발작 경련 중 2가지 이상의 징후가 나타나는 경우를 말한다.

진정제, 수면제 또는 항불안제는 내성과 금단증상이 현저하여 의존을 나타낼 수 있고, 남용은 그 자체뿐만이 아니라 다른 물질의 사용과 결합되어 나타날 수 있다.

미국성인의 15% 이상이 1년 동안 이런 약물을 처방에 의해 사용한다. 또한 진정제, 수면제, 항불안제를 이용하는 비율이 10대와 20대 젊은이의 경우 늘어나고 있으며, 의존이나 남용의 상태로 발전하는 경우가 흔하다.

8) 충동통제 장애

충동통제 장애(impulse-control disorder)는 여러 가지 종류의 충동이 조절되지 않는 것이 부적응으로 나타나는 경우를 말한다. 공격적인 충동이 조절이 되지 않아 심각한 파괴적인 행동으로 나타나게 되고, 남의 물건을 훔치고 싶은 충동을 참지 못해 반복적으로 도둑질을 하게 되는 도벽증상, 불을 지르고 싶은 충동을 억제하지 못해서 방화증으로 나타나고 노름이나 도박을 하고 싶은 충동을 반복적으로 도박에 빠져서 헤어나오지 못하는 병적인 도박증, 자신의 머리카락을 반복적으로 뽑게 되는 발모증, 등 충동 조절능력이 전혀 없어서 자신을 통제하지 못해 나타나는 장애이다.

9) 섭식장애

섭식장애는 먹는 행동이 심각함을 나타내는 경우로 거식증과 폭식증이 있다. 거식증(anorexia nervosa)은 체중의 증가와 비만에 대한 극심한 두려움을 가지고 있어서 음식을 섭취하지 않아 현저하게 체중이 저하되어 비정상적인 경우를 말한다. 요즈음 여자 청소년들에게 많은 양상을 보이고 있는데, 심한 다이어트로 건강상에 심각한 문제를 일으켜 위험한 상황에 도달할 수도 있다.

폭식증(bulimia nervosa)은 짧은 시간 내에 많은 양의 음식을 폭식하는 행위로 체중이 증가하고 이를 막기 위해 구토 등의 보상행위를 반복적으로 나타내는 경우를 말한다. 이러한 장애를 지닌 사람들은 보통 사람들이 먹는 것보다 훨씬 많은 양의 음식을 단시간(예: 2시간 이내)에 먹어 음식섭취에 대한 조절을 할 수 없게 된다. 이렇게 폭식을 하고 나면 체중 증가에 대한 두려움으로 인해 심한 자책을 하게 되어 스스로 구토를 하거나 이뇨제, 설사제, 관장약 등의 약물을 사용하는 부적절한 보상행동을 하게 된다.

10) 수면장애

수면장애는 여러 가지 수면과 관련하여 구분을 하는데, 크게 수면부전증과 수면이상증으로 나눌 수 있다. 수면부전증은 수면의 양과 질이 적절성 등에 문제를 보이는 경우로, 수면을 지속하는데 어려움이 있거나 과도한 수면을 취하게 되는 등 다양한 형태로 나타난다. 수면부전증에는 잠을 자고자 하는데 1개월 이상 수면부족으로 인한 고통을 겪는 불면증, 충분한 수면을 취했음에도 지나치게 졸음이 오는 과다수면증, 주간에 갑자기 근육이 풀리고 힘이 빠지고 자주 호흡이 곤란이 나타나는 등 수면에 방해를 받게 되는 호흡관련 수면장애 등이 있다.

수면이상증(parasomnia)이란 수면상태에서 일어나는 비정상적인 행동을 말한다. 이런 장애의 유형에는 수면 중에 악몽에 시달리어 숙면을 취할 수 없게 되는 악몽장애, 수면 중에 심장이 빨리 뛰고 호흡이 가빠지며 진땀을 흘리는 등 자율신경계의 흥분과 더불어 강한 공포를 느끼는 수면공포장애, 수면 상태에서 여러 가지 행동을 수반하는 행동으로 수면 다음 날에 전혀 기억하지 못하는 몽유장애(sleepwalking disorder) 등이 있다.

6. 이상행동의 치료

중세에는 정신장애를 마귀의 장난으로 생각하고 교회에서 귀신을 몰아내는 의식을 하였고, 16세기에 영국에서는 처음으로 정신병원이 생겼으나 환자들을 가두어 놓는 수용소 역할에 불과했다. 심리학과 의학의 발달로 현대에는 정신장애의 치료시설과 치료방법도 크게 개선되었고 많이 발달하였다.

현대 이상심리학에서는 이상행동의 원인을 심리적 원인과 신체적 원인으로 나누어 설명하려는 입장이다. 심리적 원인에서는 이상행동을 개인의 환경과의 상호작용에서 경험되는 여러 가지 상처로 인해 감정, 기억, 행동상의 비정상적인 체험으로 인해 나타나는 문제로 보는 반면, 신체적 원인으로 보는 입장에서는 유전, 뇌구조 및 기능의 이상, 내분비계통 등에 이상이 생겨 정신장애의 원인이 된다는 입장을 설명하고 있다. 그러나 이러한 입장에서도 그 원인을 설명하는 방식도 다르지만 치료적 접근에서도 많은 차이가 있음을 나타내고 있다.

이상행동의 치료는 인간의 심리적 이상으로 성격과 행동에 이상이 생겨 일어나거나 부적응이나 부조화로 인하여 정신장애를 가지고 있을 때 그것을 효과적으로 치료하는 것이다. 메닝거(K. A. Menninger)는 정신요법은 정신적인 구조나 기능을 이용하여 병을 치료하는 것이라고 하였다. 그리고 그 대상은 정신이상자, 신경증 환자, 적응상의 이상, 성격적 이상자 등을 치료하며, 정신적 건강을 증진시키기 위해 그 대상을 확대하여 불안, 공포, 수치감, 혐오감, 공상, 망상 등의 억압된 감정들을 현실적이며 합리적인 방법으로 해소함으로써 건전한 정신 상태를 회복시키는 역할을 한다.

이와 같이 심리요법은 그 치료과정을 통하여 정신 내적인 부분과 신체적 안정이나 인격의 에너지의 균형이 강화·촉진되도록 적응을 돕고 정상적으로 생활하도록 도와 보람되고 안정적인 상태에서 자아실현을 하도록 돕는다. 그리고 정신질환의 정도가 심하여 심리요법으로만 치료하기 어려울 때는 정신의학적 접근을 통하여 물리적 또는 의학적 방법으로 치료를 도울 수 있다. 그 첫 번째가 마취요법으로 치료하는 방법인데, 환자가 치료자 앞에서 무엇인가 알듯 모를듯 할 때, 어떤 부분적인 마취를 하여 환자의 무의식적인 행동을 하도록 하므로 병에 원인을 찾아내고 그것을 통하여 적절한 심리요법을 쓸 수 있는 것이다. 이 방법은 억압된 정서를 해소시켜주므로 마음의 안정을 찾도록 한다. 둘째는 충격요법인데, 정신장애가 있는 환자에게 어떤 충격을 주어 잠시 혼수상태에 빠지게 하여 정신요법으로 치료하는 것이다. 즉, 혈액 속에 당분을 감소시켜서 혼수상태에 빠지게 하여 어떤 반응을 나타내는지를 알아내어 치료하는 것이다. 또한, 메트라졸(metrazol)을 주입시켜서 심한 경련을 일으키게 하여 무의식상태로 만들어 충격을 주기도 하고 전기 자극을 주기도 한다. 셋째, 최면요법 또는 최면정화법을 사용 하는데, 이 방법은 최면상태에서 일어났던 당시의 사건으로 근원적 사항을 상기시켜서 이야기하게 하므로 그 증상을 치료하게 하는 기법이다. 네 번째 수면요법은 잠을 계속 자도록 하여 흥분상태를 가라앉히어 갈등과 우울증, 고민, 불안 등을 치료하는 것이다. 치료는 수면을 하루에 10여 시간을 자게한다. 밥을 먹으며 용변을 보고 계속 자도록 하여 일주일 이상을 계속하면 심리적으로 안정을 되찾아 경쾌해진다.

이 외에도 심리극적인 접근방법과 놀이 치료 접근방법인데, 심리극 요법은 어떠한 장면을 설정하여 역할을 하도록 조건을 주어 대사는 주지 아니하고 연출을 시킨다. 무대와 관중을 적절히 통제하여 감독이 연출한 극에 대하여 심리적 의미를 해석하여 관중과 극이 진행되는 동안 무대와 관중이 분리되지 않도록 적절히 조절한다. 연출되어진 가정된 장면에서 어떻게 행동하며, 잠재되었던 욕구불만, 갈등상황 등 억눌려왔던 감정들을 치료하는 것이다. 이 심리극 요법은 모레노(J. L. Moreno)가 창안한 방법으로써 정신적 질환이 있는 사람을 극적인 장면에 놓아 연극을 통하여 치료효과를 얻는 것이다.

놀이치료는 어린이를 대상으로 노는 것을 이용해서 환자들을 치료하는 기법으로 놀이를 통하여 긴장된 정서, 갈등, 욕구불만 등을 표현하는데, 치료하는 놀이 감으로는 진흙, 장난감, 인형, 종이, 등 다양한 재료를 통하여 표현하도록 돕는다. 어린이의 놀이를 통하여 그들의 심리적인 장애를 치료하는 것인데, 어린이가 가정에서 생활하던 장면을 재현하는 놀이치료를 통하여, 인형으로 아버지, 어머니 기타 가족들의 대상을 선택하도록 하여 어린이의 아버지나 어머니에 대한 두려움, 불안, 억압된 감정, 분노, 혐오감, 적개심,

등을 자유롭게 나타내도록 돕는다. 이 때 치료자는 질문을 통해 어린이 속에 내재되어진 감정들을 인형을 통하여 자유롭게 표현하도록 한다. 예를 들어, "가족 중에 누가 제일 무섭니?" "싫으니?" "밉니?" 등의 질문을 하므로 상징적인 인형을 대상으로 마음껏 때려보라고 하면서 억압된 감정을 풀어내도록 한다. 놀이치료는 어린이 뿐만 아니라 성인들도 치료하는데 많은 도움을 얻을 수 있다.

Introduction to Psychology

적응심리학의 이해

CHAPTER 7

적응심리학의 이해

1. 적응의 의미

적응이란 인간이 자기 자신의 욕구와 환경사이에서 조화를 이루어 그 욕구를 충족시키는 과정이요, 항상성 유지를 위해 노력하는 일련의 과정이다. 적응은 환경과 개인이 조화로운 관계를 유지하는 것을 의미하는데 이는 건강한 삶을 위해 중요한 일이다. 그러나 조화로운 관계란 아무런 노력 없이 이루어지는 것이 아니다. 환경이 요구하는 것과 자신의 욕구가 서로 다를 때 개인은 환경에 자신을 맞추거나 자신의 욕구에 맞도록 환경을 바꾸어야 한다.

개인적인 힘으로 환경을 바꾼다는 것은 매우 어렵거나 현실적으로 불가능한 일이기 때문에 일반적으로 적응이라는 말은 환경의 수용이나 동화(accommodation)를 의미한다. 우리가 환경과 투쟁하기보다는 환경을 받아들이는 편이 우리를 편하게 하는 것임이 틀림없다. 그러나 이것이 바람직한 일인지 그리고 건강하고 성숙한 사람이 취하는 행동과 일치하는지에 대하여는 의문의 여지가 많다.

현실에서 우리가 살아가고 있는 사회를 그대로 수용하기 어려운 경우가 많다. 사회가 병들어 있을수록 그 정도는 더 심하며, 적응한다는 것은 그 사회의 불건강한 상태를 받아들이고 그에 동조한다는 것을 의미한다. 이런 경우 나 자신의 편안함을 위해 적응이라는 이름하에 타인의 불공정한 행동이나 만행을 눈감아 주어야 하는가? 더 나아가서 이들로부터 소외당하지 않기 위해 자신도 이에 참여해야 하는가? 이것은 심각하게 고려해 보아야 할 문제이다. 물론 사회적 수준에서 어떤 비리가 일어났을 때 혼자의 힘으로 대적한다는 것은 매우 어려운 일이다. 그러나 때로는 기존의 질서에 반기를 드는 사람들에 의해 이 사회가 발전되어 간다는 점을 생각해볼 필요가 있다.

적응과 정상성은 매우 가까운 개념이다. 적응한다는 것은 조화를 이룬다는 것인데 그러기 위해서는 사회적 규범으로부터 일탈해서는 안 된다. 즉, 정상의 범위 내에 있어야 한다. 그 사회가 요구하는 전형적인 양식으로 행동하는 사람은 다른 사람의 주목을 받거나 비난을 받는 일이 거의 없기 때문에 고통을 받을 필요도 없다. 반면에 그들은 개성을 상실하게 되고, 개인적 흥미나 재능을 묻어두게 되는 경우도 생기게 된다.

일반적으로 "정상이 아니다"라는 말은 부정적 의미로 많이 사용된다. 사회적 일탈이나 정신적 문제를 가진 사람들이 여기에 속하기 때문이다. 그러나 특별한 재능을 가진 사람들이나 천재들도 통계적으로 정상적인 사람들은 아니다. 우리는 오히려 이런 사람들을 정상적인 사람들보다 더 부러워한다. 이 두 가지 범주가 비정상을 대표하는 것은 아니다. 정상의 범위에서 벗어나는 사람들은 단지 다른 사람들일 뿐이다. 이들은 여러 가지 이유에서 사회적으로 요구되는 기준과는 다른 행동 패턴을 보이는 것뿐이지 그들이 "보통사람들"과 다른 사람은 아닌 것이다.

또한 정상성의 문제는 개인이 살고 있는 사회의 문화적 조건에 따라 크게 차이가 난다. 어떤 한 문화권에서는 정상적인 일이 다른 문화권에서는 극히 비정상적인 행동으로 간주되는 일이 흔하다. 예를 들어, 우리나라 사람들이 보신탕을 먹는 것은 정상적인 일에 속하나 외국인의 문화 관습적 시각에서 볼 때 이는 극히 야만적인 일로 여기게 된다. 그밖에도 외국여행이나 이민 간 우리나라 사람들이 초기에 겪게 되는 일 중에서 어떤 일은 우리의 문화 관습적 시각에서는 지극히 정상적인 일이지만 그들에게는 비정상적으로 간주되거나 심지어는 법의 저촉을 받는 일로 간주되어 재판을 받게 되는 일도 허다하다.

따라서 정상과 비정상의 기준은 매우 상대적인 것이라 하겠다. 이러한 점들에 비추어 볼 때, 정상적이라는 것이 바람직한 조건이거나 적응을 나타내는 가장 이상적인 조건이 되는 것은 아님을 알 수 있다.

동서양을 막론하고 정신질환의 개념은 비교적 최근에 등장한 것으로 과거에는 굿이나 종교적인 힘으로 치유하려고 하다가 최근에 이르러서야 정신질환을 다루는 정신건강 전문가가 등장하게 되었다. 이제는 정신건강 전문가들이 적응에 문제를 가지고 있거나 사회에 부적합한 행동을 하는 사람들에게 적절한 치료적 중재를 제공함으로써, 이들뿐 아니라 사회 전체의 안녕에 이바지할 수 있게 되었다. 그러나 한편으로는 사회적으로 일탈된 행동을 모두 건강/질병의 측면에서 생각해야 할 것인가는 의문의 여지가 있다. 즉, 적응을 잘 하는 사람은 건강한 사람이고 적응을 잘 하지 못하는 사람은 병든 사람이라는 생각은 "정상적 범주"에서 벗어난 행동을 하는 사람들을 모두 병자로 취급하도록 만들 수도 있다는 말이다.

정신건강의 문제도 정상성의 문제와 마찬가지로 개인이 속한 지역사회가 그 행동을 어떤 시각으로 보는가에 달려있다. 이는 그 사회가 어떤 기준을 가지고 있는가에 따라 사회적으로 용납되는 행동과 용납되지 않는 행동이 차이를 보인다는 의미이다. 그리고 사회적 기준이 변함에 따라 정신건강에 대한 진단기준도 달라진다. 한 예로, 동성연애는 한때 중요한 정신병리로 간주되었으나 1974년 미국정신의학회가 공식적으로 이를 정신질환의 범주에서 제외시킨 이후로는 하나의 대안적 성행위로 취급되고 있다.

이상에서 살펴본 바와 같이 적응이나 정상성 혹은 정신건강 그리고 질병의 문제는 매우 상대적인 개념이며 개인이 속해 있는 문화권에 따라 그 정의가 달라질 수 있는 개념이다. 따라서 어떤 개인의 적응의 문제를 다룰 때 지나치게 획일적인 기준을 적용한다면 그것 자체가 폭력적 행위가 될 수 있다는 점을 기억하는 것이 중요하다. 그러므로 정신건강이나 적응의 문제를 생각할 때는 이것이다/아니다의 이분법적인 현상이 아니라 정도의 문제임을 고려해야 한다.

2. 기본적 욕구와 욕구불만

1) 기본적 욕구

적응은 개인의 생리, 심리적 욕구가 환경과의 상호작용을 통하여 충족된다. 그러나 욕구는 사회적으로 인정하는 방법과 범위에서 충족되어야 하며, 장애요인을 잘 제거해야 부적응 상태에 이르지 않게 된다. 인간에게는 여러 가지 기본적 욕구가 있어서 그것이 행동의 원동력이 되기에 충족되어야 한다. 인간의 기본 욕구에는 삶을 영위하려는 생존의 욕구와, 음식물의 섭취와 적절히 살아가기 위한 물질적 욕구가 있다. 그리고 사회적 · 인간적 존재로 기능을 하기 위해 사랑을 받고자 하는 사랑과 성적 욕구와, 집단내 사람들로부터 존경 및 인정을 받고자 하는 욕구가 있다. 신체적 · 정신적으로 건강하게 살고자 하는 욕구, 자유를 누리고자 하는 자유욕구도 인간의 성장과 발전을 통한 삶을 가능하게 한다.

이와 같은 기본욕구가 결핍되면 삶의 균형이 깨지고 신체적·정신적인 문제가 발생하게 된다. 생존의 욕구가 위협받으면 불안해지고 신체적 욕구가 결핍되면 통증을 느끼게 되며 애정이나 우정이 결핍되면 외롭거나 우울해지고 인정을 받지 못하면 열등감으로 고통을 받는다. 또한 자유를 구속당하면 강압을 느끼거나 개방적이지 못하고, 삶의 목적을 발견하지 못하거나 도전할 수 없으면 싫증을 느끼게 된다.

욕구를 크게 종류별로 구분하면 생리적 욕구(1차적 욕구)와 사회적 욕구(2차적 욕구)로 나눌 수 있는데, 생리적 욕구는 생명 유지와 종족을 보존하기 위한 본능적 욕구로 배고픔, 휴식, 갈증, 수면욕, 성욕, 배설 등 다양한 본능적 욕구들을 말한다. 그리고 사회적 욕구는 사회생활을 영위하는 가운데 나타나는 욕구로 새로운 경험, 사회적 지위, 타인과의 사귐, 집단소속, 독립, 사회적 인정, 안전, 애정 등 사회생활을 유지하기 위한 다양한 욕구를 말한다.

프레스코트(Prescott)와 매슬로우(Maslow)는 생리적 욕구와 사회적 욕구 외에 인간의 고유한 개성을 실현하려는 자아적 욕구가 있음을 주장하였다. 특히 매슬로우는 인간의 5가지 기본욕구 중 가장 상위적 욕구가 자아실현 욕구라고 하였다.

2) 욕구불만

욕구불만이란 어떤 목표를 달성하고자 행동을 하다가 장애로 인해서 그 목표가 달성되지 못하면 불쾌하고 기분이 나쁜 심적 상태가 되는 것을 말한다. 욕구불만 상태가 지속되면 정서가 불안하여 개인적으로 반항, 자살, 가출 등의 행동이 나타나고 사회적으로 폭력, 절도, 협박 등의 반사회적 행동이 뒤따른다.

(1) 욕구불만의 요인
① 욕구불만을 일으키는 외적요인
시·공간의 제한과 같은 환경의 물리적 조건, 관습, 통제, 금지, 법적제한 등과 같은 사회적 요인, 경제적인 빈곤으로 인한 경제적 요인 등이 있다.

② 욕구불만을 일으키는 내적요인

지적능력의 부족이나 신체적 결함과 개인적 결함, 자기능력에 넘치는 목표설정, 개인의 도덕적 기준 등이다.

③ 외적욕구불만

자연적 조건이나 지리적, 공간적 조건, 물리적 장벽 등의 외적결함, 부모의 애정이나 보호의 상실, 다른 어린이에게 주어진 자유가 자신에게 제한되는 경우이다.

④ 내적욕구불만

개인의 결함으로 행동이 방해 받고 동료에게 이탈되는 내적 결함, 질병이나 부상에 의해서 사회적 활동에 지장이 생기는 상실, 실패의 불안, 도덕적 신념 등의 내적 심리적인 금지에 의해서 욕구를 억압당하는 경우 등이다.

⑤ 욕구불만의 상태

노여움, 불안 등의 정서적 긴장이 높아지고 자율신경에 불균형을 가져오게 한다.

(2) 욕구불만에 대한 반응양식

① 외벌적 반응 : 반응양식이 외부로 향하여 분노나 원한과 같은 것으로 나타난다.
② 내벌적 반응 : 욕구불만을 자기 탓으로 돌려 자책감을 갖거나 죄의식을 갖게 된다.
③ 무벌적 반응 : 욕구불만의 반응을 외부 또는 내부로 돌리지 않고 욕구불만을 부정하거나 반응을 나타내지 않는다.

(3) 욕구를 환기시키는 요인

동기란 행동의 '이유(why)'를 말하는데, 구체적인 욕구가 환기되면서 동기로 전환될 때에는 생체 에너지가 활성화되어 어떠한 행동이든 취하도록 촉구하며, 일반적인 행동방향을 제시한다. 욕구를 환기시키는 요인은 다음과 같이 세 가지가 있다.

① 내부적 자극 –생리적 · 심리적 여건

욕구는 음식이나 물 등을 비롯하여 인간이 생존하는데 필요한 것들에 대한 생물적(생리적) 욕구를 충족시키기 위해 환기될 수 있다. 욕구란 인간이 생리적 및 심리적으로 행복하기 위하여 충족되어야 하는 기본적인 조건을 말하며, 그러한 욕구가 충족되지 않는다면 긴장이라는 불행한 상태를 야기 시킨다. 생리적이든 심리적이든 이러한 긴장이 어느 정도의 크기(점화수준)에 이르면 잠재욕구가 환기되면서 동기로 전환되어 욕구를 충족시키기에 필요한 에너지를 제공하는데, 이러한 에너지의 방출방향은 대체로 동기(aroused needs, activated needs)의 성격에 의해 결정된다.

② 환경적 자극

사람이 당면하는 환경적 자극들도 역시 욕구를 환기시킬 수 있다. 예를 들어, 스포츠 음료의 광고물에 노출된 소비자가 갑자기 자신이 목마르다는 사실을 느낄 수 있다. 여기서 소비자는 목이 약간 말랐으나 욕구를 동기로 전환시킬만큼 충분한 긴장을 느끼지 않고 있다가 광고(환경적 자극)에 노출되는 일이 그러한 여건에 주위를 기울이도록 하고 생체 에너지를 활성화시킨 것이다. 즉, 환경적 자극은 소비자가 현재 처해 있는 여건(실제적 상태)을 이상적 상태와 비교하여 괴리를 느끼도록 하고 관련된 욕구를 환기시켜 동기로 전환시킬 수 있다.

이와 같이 사람의 주의를 끌고 욕구를 환기시킬 수 있는 환경적 자극은 마케팅 전략상 매우 유용한 가치를 갖는데, 마케터들은 그러한 자극을 제품포장이나 촉진활동에 통합시켜 바람직한 소비자 행동을 촉발시킬 수 있다.

③ 인지활동

사람은 사고의 대상이 실제로 존재하지 않을 때조차도 많은 인지활동에 참여하며, 이러한 인지활동은 설사 백일몽 또는 환상으로 여겨질지라도 욕구를 환기시킬 수 있다. 예를 들어, 성인병에 대한 염려는 생체 에너지를 활성화시키고 소비자로 하여금 체중조절을 위한 행동을 취하도록 영향을 미칠 수 있다.

이상의 요인들은 욕구를 환기시키는 것이며, 그 결과는 크게 두 가지로 나타난다. 첫째, 동기의 환기는 외부적 환경으로부터 제공되는 정보를 받아들이기 위하여 메커니즘을 민감하게 만드는데 본질적으로 수동적이다. 둘째, 동기의 환기는 소비자로 하여금 자신의 문제해결에 도움이 되는 자극과 정보를 능동적으로 탐색하도록 만든다. 이러한 두 가지 활동이 의사결정 과정상에서는 정보탐색에 해당하는 것이다.

3. 갈등

갈등(葛藤, conflict)은 2개 이상의 대립하는 경향이 거의 같은 세기로 동시에 존재하여 행동 결정이 곤란한 상태를 의미 한다. 서로 비슷한 유인성(valence)을 띠고 장의 힘(field forces)이 비슷할 때는 쉽게 갈등이 해소되지 못하기에 부적응 행동이 일어나게 된다.

정신분석에서는 상호 대립하는 욕구에 의해서 생기는 긴장의 불쾌한 감정 상태를 신경증 발생의 기본적인 문제라고 생각하고 있는데, 이때의 갈등은 무의식의 욕구가 의식체계에 나타나려는 것을 방해하기 때문에 일어나는 정신·내부의 갈등을 의미한다.

갈등상황은 개체와 목표와의 위치관계 또는 목표의 종류에 따라서 분류할 수 있는데, 레빈(Lewin, K.)은 토폴로지(topology) 및 벡터심리학(vector psychology)의 유의성(誘意性)의 개념을 이용해서 갈등을 세 가지 유형으로 분류하였다.

1) 접근-접근 갈등(approach-approach conflict)

접근과 접근 간의 갈등이란 두 가지 이상의 목표가 모두 긍정적인 결과를 가져다주지만 그러한 목표들이 상호 배타적일 때 선택에 곤란을 느끼는 갈등상황을 말한다. 예를 들어, 어떤 소비자가 테니스 라켓도 사고 싶고 전자계산기도 사고 싶은데 가지고 있는 돈으로는 이들 중 하나밖에 살 수 없다면 어떤 것을 선택할 것인가 심히 갈등을 하게 된다. 이 경우 소비자는 두 가지 중 그에게 더 중요하다고 생각되는 것이 무엇인가를 검토하여 우선적으로 그것을 구매함으로써 갈등을 해소하려 할 것이다.

또 다른 예를 들면, 이전의 대부분 치약들은 충치예방이나 구취제거의 동기에 소구(appeal)하도록 포지셔닝(positioning, 소비자의 마음속에 자사제품이나 기업을 표적시장의 기업 능력과 관련하여 가장 유리한 포지션에 있도록 노력하는 과정) 되어 왔지만 두 가지 효과에 대한 소비자의 동기갈등을 해결하기 위하여 충치예방과 구취제거를 동시에 해결하는 신제품(aqua-fresh)의 기회가 있었음을 알 수 있을 것이다.

이러한 갈등은 대안평가에 유용한 정보를 획득하거나 동기들의 중요성을 재평가함으로써 해결될 수 있는데, 재평가 과정에서 촉진활동과 판매원의 설득이 중요한 역할을 수행한다. 또 다른 해결책은 두 가지 목표를 모두 수정하는 것이다.

2) 회피-회피 갈등(avoidance-avoidance conflict)

회피- 회피 갈등이란, 본질상 부정적이라고 지각되는 두 대안 사이에서 느끼는 갈등이다. 예를 들어, TV가 망가졌다면 TV없이 살든가 새로 구입할 비용을 지출해야하므로 소비자로 하여금 바람직하지 않은 대안들 사이에서 망설이게 한다. 마케터(marketer)는 신용의 제공이나 가격인하를 통하여 이러한 갈등을 해결해 줄 수 있지만 대체로 이러한 상황은 상당한 정보탐색(윈도우 쇼핑, 광고물 구독, 문의)을 야기시키며 간혹 문제해결 활동을 중단시키기도 한다.

3) 접근-회피 갈등(approach-avoidance conflict)

접근-회피 갈등이란 긍정적 및 부정적인 측면을 모두 갖는 하나의 대안에 대하여 소비자가 느끼는 갈등이다. 예를 들어, 승용차와 같이 유용한 제품을 얻기 위해서는 돈을 지불해야 하는데, 마케터들은 그러한 갈등의 회피측면을 감소시켜 주기 위하여 '무이자 장기할부' 프로그램을 제공할 수 있다. 따라서 "Fly now, pay later" 프로그램이나 신용카드의 보급 확대는 많은 자금의 지출을 야기시키는 회피측면을 효과적으로 감소시키는 방안이 될 수 있다.

4. 적응기제

욕구불만과 갈등의 상태는 심리적 긴장으로부터 욕구충족과 자아통합을 위한 여러 가지 행동을 하게 된다. 이러한 행동은 객관적·사회적으로 비합리적이고 인격적으로는 건전한 것이 아니지만 일시적으로는 긴장과 갈등을 해소하고 현재의 인격과 자아의 체계를 유지하려고 하는 작용을 한다. 그러나 인격과 자아의 체계를 적극적으로 개선하고 변화시킬 의도와 노력이 없는 한 안이한 현재의 행동을 무의식적 · 습관적으로 반복하게 되며 정신적 · 신체적으로 고통에 빠지게 된다. 이와 같이 적응하는 동기에서 출발하지만 부적응의 결과를 가져오는 미묘한 행동을 적응기제(adjustment mechanism)라고 한다. 즉, 욕구저지에 의하여 발생한 긴장을 해소하고 개체와 환경과의 불균형을 회복하여 안정된 적응의 상태로 이르려는 적응에의 노력을 말한다. 적응기제는 크게 방어기제, 도피기제, 공격기제로 구분할 수 있다.

1) 방어기제(defence mechanism)

자신의 약점이나 무능력, 열등감을 위장하여 유리하게 보호함으로써 안정감을 찾으려는 기제를 방어기제라 하는데, 대표적인 것들은 보상, 합리화, 투사, 동일시, 승화, 치환, 반동형성 등이 있다.

(1) 보상(compensation)

보상은 실패나 결함을 다른 측면에서 충족시키는 기제이다. 자기 능력, 성격, 환경 등의 조건이 자기 욕망을 실현시킬 수 없을 때 생기는 열등감에서 벗어나려는 행동으로 보상행동의 결과로 사회적으로 칭송 받을 업적을 세우거나 성격 등이 형성되는 일이 허다하다.

신체적 구조, 성격적 특성, 지적 성취 등에 대한 실제적 또는 상징적 결함을 그와 다른 측면을 잘 해냄으로써 극복하려는 심리기제이다. 예를 들면, 성적이 나쁜 학생이 운동을 열심히 하려한다거나 몸이 약한 학생이 호신술을 배우는 것 등이다.

(2) 합리화(rationalization)

합리화는 자신의 부족함을 자기에게 유리한 이유를 들어 책임을 회피하고 책임을 전가시키려는 기제이다. 비합리적이며 수용될 수 없는 행동에 대해 타당하고 그럴 듯한 이유를 제시함으로써 자기의 행동을 정당화하는 것이다. 즉, 자기 자신이나 타인에게 있어서 비합리적인 것이 합리적인 것으로 변하게 된다. 자신의 목적을 성취하지 못한 것에 대한 자기변명의 형식이나 이유로도 사용된다. 그러므로 합리화는 정서적으로는 요망되는 것이지만 지적으로는 정당하다고 할 수 없다. 예를 들면 "나는 진짜 노력하지 않았어"라고 변명함으로써 자신의 실패와 자존심의 상실에서 야기되는 불안에서 자신을 보호하려 한다. 또한 절도죄를 지은 후 잡히면 너무 가난하고 살기 힘들어서 우를 범했다고 합리화시킨다.

(3) 투사(projection)

투사는 실패나 결함을 남의 탓으로 돌리는(도구나 지도자의 이해부족에 미룸) 기제이다. 자신이 수용하지 못하는 특성을 타인에게 돌림으로써 그런 특성을 제거하려는 것이다. 사람들은 본능적이고 무의식적인 이드의 욕구를 가지고 있지만, 현실적으로나 도덕적으로 그 욕구를 다 충족시킬 수 없기 때문에 현실불안, 도덕불안이 발생한다. 사람들은 그런 불안을 해소하기 위해 자신에게서 발생한 문제를 남의 탓이나 환경 탓으로 돌리면서 자신을 방어하려고 한다. 예를 들면, 선생님을 미워하는 학생이 선생님이 자기를 미워한다고 말하는 경우, 나는 그를 싫어한다는 말 대신에 그 사람이 나를 싫어한다고 말하는 것이다.

(4) 동일시(identification)

동일시는 명성이나 권위를 가진 다른 사람을 자기와 동일시하여 욕구 충족하는 기제이다. 다른 사람의 특징을 받아들여 내면화하는 활동이 포함된다. 동일시는 자신보다 더 힘이 센 사람에게서 받는 공포를 제거하는데 이용될 수 있는데, 이런 경우를 "공격자에 대한 동일시"라고 한다. 또 "대상상실 동일시"라는 현상도 있다. 다른 방어기제와 마찬가지로 동일시도 위협과 불안에 직접 대처하지 않기 때문에 그 위협과 불안을 고조시킬 수가 있다.

(5) 승화(sublimation)

승화는 바람직한 형태로 발전시키는 기제이다. 용납할 수 없는 성적, 공격적 충동들을 사회적으로 바람직한 방향으로 표현하는 기제로 각 개인이 충동을 사회적으로 용납된 생각이나 행동으로 표현함으로써 적절하게 전환시키는 자아기능이다. 승화는 자아로 하여금 충동의 표현을 억제하지 않고 충동의 목적이나 대상을 변화시키기 때문에 문제가 있는 충동을 유일하게 건전하고 건설적인 방법으로 다루는 전략이다. 예를 들면 공격적 충동성을 권투나 야구, 축구와 같은 공격적인 스포츠로 적절하게 전환한다.

(6) 치환(displacement)

치환은 행동에너지를 원래 바라던 목표에서 달성한 다른 목표로 전환시킴으로써 불안이나 위기의식을 방출하려는 적응양식이다. 이를 전이된 보상이라고 하는데 자신을 직접 방어할 수 없는 경우에 치환기제를 사용하게 된다. 찬성할 수 없는 경험이나 용납할 수 없는 욕구가 무의식으로 억압될 때, 그것은 신체적인 증상으로 다시 나타날 수 있다. 예를 들면, 자신을 사랑하고 있는 부모들 사이의 만성적 마찰로 인해 생긴 갈등 때문에 고민하는 어린이가 갑자기 눈이 멀어지는 경우이다.

(7) 반동형성(reaction formation)

반동형성이란 행동으로 나타난 거부의 한 형식으로 실제의 감정과 정반대되는 정서가 과장되어 나타나는 심리기제이다. 사회적으로 용인될 수 없는 또는 수치스러운 욕망이나 경향성이 의식 또는 행동으로 나타나는 것을 막기 위해 그것을 남에게 노출되지 않도록 반대되는 행동을 취하는 기제이다. 반동형성은 불안에 대한 불합리한 적응이며 위선적인 목적에 에너지가 소모되고 현실을 왜곡되게 만든다. 예를 들면, 자녀들을 미워하고 있다는 사실을 받아들이기 두려워하는 어머니는 아이들의 건강과 안전을 위한다고 하며 지나치게 과잉보호하게 된다. 그리고 어떤 사람을 두려워하고 있는 사람은 그 사람에 대해 더욱 친근하게 대하는 경우이다.

2) 도피기제(escape mechanism)

도피기제란 심리적으로 느끼는 억압으로부터 벗어나기 위하여 그 장소나 그 밖의 다른 행동으로 피함으로써 마음의 안정을 얻으려는 소극적인 적응기제로써 고립, 퇴행, 억압, 백일몽이 대표적이다.

(1) 고립(isolation)

고립이란 자신에게 부적응 상태를 주는 대상으로부터 자신을 멀찌감치 떨어 뜨려 안정 상태를 얻으려하는 행위를 말한다. 다른 사람과 더불어 사는 것에 적응 못하거나 피함으로 혼자 생활하게 되거나, 다른 사람의 도움을 받지 못하여 외톨이로 지내는 것을 말한다.

(2) 퇴행(regression)

퇴행은 공상세계를 꿈꾸거나 외부 세계와의 접촉을 거부하거나 유치한 행동을 하는 것이다. 욕구충족 과정에서 현실에 대처할 능력이 없다고 생각되거나 자신이 없을 때 유아적인 방식으로 행동하는 것을 말한다. 퇴행은 현재 자기가 있는 상황에서 만족을 얻지 못하는 경우 옛 시절로 되돌아가 그때의 유치한 행동을 함으로써 현재의 결함을 허용 받으려는 행동이다.

(3) 억압(repression)

억압은 불안에 대한 일차적 방어기제이며 가장 흔히 쓰는 방어기제로써 의식에서 용납하기 힘든 생각, 욕망, 충동들을 무의식 속으로 눌러 넣어버리는 것이다. 자아는 억압을 통해서 위협적인 충동, 감정, 소원, 환상, 기억 등이 의식되는 것을 막아준다. 억압이 성공적일 때, 본능적인 욕구나 사회적으로 금지된 욕망의 노골적인 표현을 막는 것이 가능해지므로 사회적 · 도덕적으로 순응하고 잘 적응된 생활을 영위하게 된다. 예를 들면, 히스테리성 질환과 같은 경우 부끄러운 일을 잊으려는 행동, 결혼에 실패한 여성이 남성에 대한 이야기만 나와도 부정적인 반응을 보이는 경우이다.

(4) 백일몽(day-dreaming)

백일몽은 현실적으로는 도저히 만족시킬 수 없는 욕구나 소원을 공상의 세계에서라도 이룸으로써 만족상태를 얻으려는 행위를 말한다. 공상의 세계에서는 자기가 하고 싶은 일들을 마음대로 조작할 수 있기 때문에 현실에서 충족될 수 없는 모든 욕구를 공상 속에서 충족시켜 긴장을 해소하려는 것이다. 도피적 기제 가운데에서도 가장 심각하고 병적인 것이 백일몽의 반응이다. 이것이 심해지면 환상이 되고 마침내는 정신분열증을 일으키게 된다.

승리자 영웅형 또는 정복자형은 운동선수가 경쟁자들을 물리치고 우승컵을 따는 모습을 자기혼자 상상하는 경우가 있다. 또한 비극적 영웅형 또는 순교자형은 자기의 과실이나 실패 및 결함에 대하여 모든 사람이 도리어 동정하고 있다고 생각함으로써 남에 대한 적개심이나 미운 감정을 해소하고 자신의 열등감을 그대로 받아들이지 않고 불우한 운명으로 자신이 고민하고 있다고 생각한다. 예를 들면, 실연당한 남학생이 자기가 입원하였다고 가정하여 그 상대인 여학생이 와서 정성껏 간호해주는 장면을 생각한다.

3) 공격기제(aggressive mechanism)

공격기제란 어떤 일이 생기면 무조건 반항하거나 공격하며 만족을 취하는 적극적이고 능동적인 적응기제이다. 공격기제에는 직접적인 공격기제와 간접적인 공격기제가 있는데 적응기제 중 가장 불합리한 것이라고 할 수 있다.

(1) 직접적 공격기제

직접적 공격기제는 자기를 괴롭히는 대상에 대해 직접 힘을 가하는 행위이다. 이 유형은 대개 힘에 의존해서 폭행이나 싸움, 기물파손 행위 등을 하는 것이 특징이다. 예를 들면, 아이들 중에 싸움을 잘하는 아이, 약한 아이를 학대하거나 괴롭히는 아이, 학교기물을 파손하는 아이, 교실 안에서 수선을 피워 질서를 어지럽히는 아이들이 여기에 속한다.

(2) 간접적 공격기제

간접적 공격기제는 물리적인 힘을 가하진 않지만 간접적으로나마 힘을 가함으로써 스트레스를 풀려는 것을 말한다. 이 유형은 직접적 공격기제처럼 힘에 의존하지는 않지만 대신 타인을 비난하거나 조소, 중상모략, 폭언, 욕설 등의 형식으로 나타나는 것이 상례이다.

5. 부적응 행동의 지도

1) 인간관계의 부적응

우리는 다양한 사람과 여러 가지 상황에서 인간관계를 맺게 되는데, 이러한 인간관계 속에서 즐거운 감정을 느끼지만 때로는 불편하고 불쾌한 감정을 경험하게 된다. 인간관계는 늘 친밀하고 안정된 상태로 유지되는 정적인 관계가 아니라 형성, 유지, 심화, 갈등, 해체를 통해 끊임없이 변화하는 동적인 관계이다. 사람들은 인간관계 속에서 고통을 느끼고 부적응을 경험하게 되는데 그 종류들을 살펴보면 다음과 같다.

(1) 인간관계의 주관적 불편감

인간관계 속에서 느끼는 주관적 불편감은 다양한 부정적인 불쾌감정을 뜻하며 느끼는 불안, 분노, 우울, 고독, 좌절감 등을 포함한다. 이러한 불쾌감정이 참기 어려울 정도로 과도한 상태를 부적응 상태라고 할 수 있다. 불쾌감정이 과도한 상태는 다음 네 가지 경우로 구분될 수 있다.

첫째, 인간관계에서 느끼는 불쾌감정의 강도가 지나치게 강한 경우이다. 예를 들면, 낯선 이성을 만나는 미팅상황이나 여러 사람 앞에서 발표를 해야 되는 상황에서는 누구나 약간의 긴장과 불안을 경험하게 되지만, 그 정도가 심하여 얼굴이 굳고 말을 제대로 하지 못하는 경우가 이에 해당된다.

둘째, 불쾌감정의 지속기간이 지나치게 장기간 지속되는 경우로써 이성과의 실연으로 인한 우울감정이나 배신한 친구에 대한 분노감정이 수 개월 동안 지속되어 고통받는 경우가 그 예라고 할 수 있다.

셋째, 불쾌감정을 느끼지 않을 상황에서 부적절하게 그러한 감정을 느끼는 경우이다. 예를 들면, 사람이 많은 전철 안에서 남들이 자신을 쳐다본다는 생각 때문에 불안해하거나 자신의 눈빛이 너무 강해서 남들을 불쾌하게 만든다고 생각하여 다른 사람의 눈을 쳐다보지 못하고 위축감을 느끼는 경우이다.

넷째, 불쾌감정으로 인해 학업, 직업 그리고 사회생활에 현저한 지장을 받게 되는 경우이다. 예를 들어, 수업시간에 발표하는 것이 두려워서 발표시간에 무단결석을 하는 경우, 수강하고 싶지만 발표를 시키는 과목을 피하는 경우, 낯선 사람과 접촉하는 것이 불편하여 판매직 직장인이 업무를 제대로 수행하지 못하는 경우가 이에 해당한다.

(2) 사회문화적 규범의 일탈로 인한 인간관계 부적응

모든 사회와 집단에는 구성원의 행동규범이 외현적으로 또는 암묵적으로 정해져 있는 것이 일반적이다. 어느 사회든 남녀노소와 상황에 따라서 상대방에게 지켜야 할 여러 가지 행동규범이 있다. 특히 유교적 예의범절이 중요시되는 한국사회에서는 연소자와 연장자, 하급자와 상급자, 남자와 여자는 서로에 대해서 사용하는 호칭, 인사법, 말투와 행동에 대한 행동규범이 정교하게 발달되어 있다. 뿐만 아니라 모든 사회에는 상황에 알맞은 적절한 행동양식이 있다. 인간관계의 대상과 상황에 따라 지켜야 할 행동규범과 행동양식에 대해서 무지하거나 부적절한 행동을 하는 사람은 주변 사람들에게 좋은 인상을 줄 수 없다. 이러한 행동을 하는 사람은 스스로 불편감을 느끼지 못하지만 주변 사람들을 불편하고 불쾌하게 하며 그들로부터 무례하고 이상한 사람이라는 평가를 받게 됨으로써 원만하고 친밀한 인간관계를 맺기 어렵다.

(3) 인간관계의 역기능으로 인한 부적응

인간관계의 역기능이라 함은 개인의 사회적 적응에 결과적으로 부정적인 영향을 미치는 인간관계를 의미한다. 개인이 자신의 능력을 발휘하고 추구하는 목표를 달성하는데 손해와 지장을 초래하는 인간관계는 역기능적이며 부적응적인 인간관계라고 말할 수 있다. 예를 들어 여러 부하직원을 거느리고 일하는 상급자가 지나치게 권위적이고 공격적이어서 부하직원의 사기를 저하시키고 반발을 야기하여 업무를 효율적으로 추진하지 못하는 경우이다. 또는 여러 사람이 함께 협동적인 일을 해야 하는 상황에서 한 사람이 지나치게 지배적이거나 또는 비판적이어서 다른 사람들을 괴롭히고 일의 진행을 더디게 하는 경우이다. 그 사람은 스스로 불편함을 느끼지 않고 그런 행동을 하지만 다른 사람들로부터 따돌림을 당하고 집단 활동의 효율성을 떨어뜨려 결과적으로 자신에게도 손해를 자초하게 된다.

사회 속에서 일어나는 갈등과 불행은 이러한 인간관계의 부적응으로부터 파생되는 경우가 많다. 거대하고 다원화된 사회를 살아가는 현대인에게 있어서 다양한 상황에서 다양한 사람을 만나면서 부딪치는 인간관계에 적절히 적응하는 일은 쉽지 않다. 그래서 많은 현대인들은 인간관계의 어려움을 호소하고 있다. 상담자나 심리치료자에게 전문적 도움을 구하는 내담자들이 호소하는 주된 문제는 이러한 인간관계의 문제이거나 이로부터 파생된 심리적 문제인 경우가 대부분이다.

2) 부적응 행동의 진단

문제행동 및 부적응 행동을 치료하기 위해서는 먼저 그 행동의 학습요인이 되는 변별자극(SD)과 강화자극(SR)을 그 행동이 발생하고 있는 생활환경 안에서 관찰하여야 한다. 즉, 문제의 행동(Behavior)이 발생하는 바로 그 장소에서, 바로 그 시간에, 그 행동을 유발하는 선행자극(Antecedent)은 무엇인지 그리고 발생된 행동을 강화하고 유지시키는 후속자극(Consequence)은 무엇인지를 구체적으로 관찰하여 확인한다. 이러한 A-

B-C 분석 과정을 통하여 문제의 행동을 유발하고 강화하는 요인이 분명히 밝혀지면, 환경자극의 재배열을 통한 치료적 계획과 처방을 수립할 수 있다(그림 7-1).

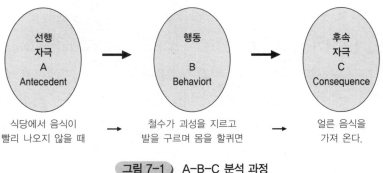

그림 7-1 A-B-C 분석 과정

(1) 행동의 유형과 강도의 관찰

첫째, 문제행동의 유형을 관찰한다. (그림 7-1)에서 보는 바와 같이 철수가 식당에서 음식이 빨리 나오지 않을 때 괴성을 지르며 몸을 할퀴는 등의 행동을 한다면, 이러한 것들은 모두 문제행동의 독특한 유형들이다. 아동의 행동을 조심스럽게 관찰하고 유형별로 분류 기술해 두는 일은 아동의 행동을 이해하는데 큰 도움이 된다.

둘째, 문제의 행동은 얼마나 자주 발생하는지 또 얼마나 오랫동안 지속되는지 그 빈도와 지속시간을 관찰하여 기록한다. 예를 들면, 철수가 괴성을 지르고 발을 구르며, 몸을 할퀴는 등의 행동을 시간과 빈도 그리고 지속 여부를 관찰하는 것이다.

(2) 행동에 영향을 미치는 환경자극의 관찰

행동과 환경자극 간의 기능적 관계를 분석하기 위해서는 행동이 발생하는 상황을 세밀히 관찰할 필요가 있다. 생활환경 안에서 그 행동을 유도하는 선행자극과 그 행동을 강화하는 후속자극이 무엇인지를 알 수 있다면 치료와 교정의 계획은 비교적 쉽게 이루어질 수 있다.

6. 스트레스와 적응

1) 스트레스의 의미

스트레스(stress)의 어원은 'stringer' 라는 라틴어로 '팽팽하다' 혹은 '좁은' 이라는 의미를 가지고 있다. 'stringer' 라는 용어는 후에 string, strest, straisse 등으로 쓰이다가 14세기에 이르러 stress라는 용어로 쓰이기 시작했다(Ivancevich & Matteson, 1980). 스트레스라는 용어가 사용 될 당시의 의미는 고뇌, 억압, 어려움, 곤란이나 역경 또는 고생을 의미했다.

19세기말에 이르러서 이러한 스트레스가 신체의 어떤 구조적, 화학적 구성요소의 독특한 변화로 인해 과학적으로 분석할 수 있고 객관적으로 평가할 수 있다는 것을 인식할 수 있게 되었다(Goldberger & Breznitz, 1982). 오늘날의 스트레스라는 용어는 19세기에 그 근원을 둔 것으로 과학적 의미 즉, 물체나 인간에게 작용하는 힘, 압력, 강한 영향력을 가리키는 뜻으로 사용된다.

1936년 스트레스 학설을 처음으로 제창한 캐나다의 내분비 학자 셀리에(Hans Selye)에 의하면, 스트레스란 신체에 가해진 어떤 요구에 대하여 신체가 수행하는 일반적이고도 비특정적인 반응이라 했다(Evans, 1982). 그리고 그는 스트레스를 생활의 활력소(animator of life)라고 말하는데, 이 말은 인간의 생활경험 속에서 스트레스는 정도의 차이는 있으나 항상 존재하며, 그 효과는 부정적인 측면뿐만 아니라 긍정적인 면도 있다는 것을 의미한다.

존슨(Johnson, 1978)은 스트레스란 인간이 살아가는데 있어서 양념과 같은 것으로 질병, 슬픔, 상실, 위협, 긴장, 기쁨과도 연관되어 해롭기도 하고 때로는 이롭기도 하다고 했다. 즉, 스트레스는 늘 부정적이고 해로운 것만이 아니라 적절한 수준의 스트레스는 인간의 생장과 성장에 필수적인 요인이 되고 있음을 말하고 있다.

김홍규(1989)는 스트레스란 개인의 신체적·심리적 안녕 상태를 위태롭게 하는 환경적 자극 조건인 동시에 개인의 정서체계, 행동체계, 생리체계에 변화를 가져오게 하는 것으로써 개인으로 하여금 특유반응을 야기시키는 원인적 행동의 모든 것이라고 정의하였다.

이상의 여러 견해에서 보듯이 스트레스에 대한 이해는 학자들마다 조금씩 다르며 아직도 논란의 여지가 있지만 일반적으로 다음 세 가지 모델을 기초로 한 연구들을 스트레스라 할 수 있겠다.

첫째, 자극으로써의 스트레스(Stimulus-based Model of Stress)이다. 환경내의 자극 특징을 스트레스로 보는 개념이다. 이 개념을 기초로 한 연구는 스트레스를 독립변인으로 보고 자극이 곧 스트레스 진단이 된다. 질병, 천재지변, 사랑하는 이의 죽음, 일상적인 고민거리들과 같은 것으로 우리가 보통 사용하는 스트레스의 의미가 바로 이 개념이다.

둘째, 반응으로써의 스트레스(Response-based model of stress)이다, 어떤 특정한 반응을 스트레스 개념의 변수로 보는 관점이다. 즉, 유기체가 노출된 자극에 대해 어떠한 반응을 보이는가에 따라 스트레스가 결정되는 것이므로 이때의 스트레스를 종속변인, 즉 자극(stressor)에 대한 반응으로 다루게 된다.

셋째, 역동적 상호작용으로써의 스트레스(Transactional model of stress)이다. 위의 두 개념의 스트레스가 일방적이고 기계적인 성격을 띠고 있는 반면, 역동적 상호작용으로써의 스트레스에서는 스트레스를 환경과 개인의 복잡하고 역동적인 상호작용으로 보고 심리과정을 중시하는 새로운 스트레스 개념 체제이다.

2) 스트레스의 원인

매일 살아가면서 겪게 되는 일상의 작은 일로부터 큰 충격을 주는 삶의 주요 사건까지 인간이 스트레스를 받게 되는 요인은 매우 다양하다. 그러므로 스트레스를 유발하는 다양한 스트레스원(stressor)들이 무엇인가를 이해하는 것이 중요하다. 그 이유는 스트레스에 적절히 대처하기 위해서는 스트레스를 일으키는 환경자극이나 사건들에 대한 올바른 이해가 선행되어야 하기 때문이다.

(1) 주요 생활사건

스위스의 정신과 의사 홈스와 라헤(Holmes & Rahe)는 우리가 겪고 있는 다양한 생활사건이 건강에 어떻게 영향을 미치는지를 파악하기 위하여 삶의 의미를 변화시키는 크고 작은 사건들을 기록하고 분류하여, 스트레스와 질병 취약성과의 관계를 분석하였다. 이들은 생활사건의 영향력을 수량화하고 순위를 매겨 사회적응평정척도(social readjustment rating scale)를 개발하였다. 이 척도에 의하면, 배우자의 사망은 스트레스 점수가 가장 높은 119점으로 주요 생활사건 중 가장 큰 스트레스를 유발하였고 이혼(98점), 가족이나 가까운 친지의 사망(92점), 직장에서의 실직(79점) 등의 순으로 나타났다.

홈스와 라헤의 척도에서 흥미로운 것은 인생의 긍정적인 주요 생활 사건들도 스트레스가 될 수 있다는 것이다. 즉, 결혼, 임신, 승진, 진학, 휴가와 같은 긍정적인 사건들도 스트레스를 유발하는 스트레스원이 될 수 있는데, 그 이유는 긍정적인 사건들도 생활의 변화와 그에 따른 재적응을 요구하기 때문이다(김정인, 1999).

(2) 일상의 골칫거리

주요 생활사건뿐만 아니라 교통체증, 지각, 소지품 분실, 친구나 가족의 다툼 등과 같은 일상의 작은 골치 아픈 일들에서도 사람들은 스트레스를 경험한다. 개인이 느끼는 스트레스를 측정하기 위한 심리척도를 통한 연구에서 밝혀진 바에 따르면, 일상의 작은 골칫거리가 많을수록 부정적인 기분에 빠져들게 되어 스트레스를 강하게 느끼게 되며, 그에 따라 신체적 질병에 걸리게 될 확률이 높아진다고 한다.

(3) 환경적 스트레스

환경적 스트레스는 매우 포괄적이지만 소음, 혼잡스러움, 자연재해, 직업과 관련된 스트레스 등이 우리의 건강에 어떤 영향을 미치는지를 중심으로 살펴보면 다음과 같다.

첫째, 소음이 생활건강에 위협하는 결과를 가져오는 것에 대해서는 여러 연구들이 밝히고 있다. 9개월간 소음에 노출된 원숭이는 혈압이 평소보다 1/3정도 상승되었고 강한 소음에 지속적으로 노출되는 것은 심혈관질환의 위험을 높인다는 보고도 있다.

둘째, 혼잡스러움은 단위면적에 사는 사람의 수를 나타내는 밀도와는 구별되는 개념이다. 혼잡스러움은 공격성의 증가 그리고 대인관계를 하지 않으려는 행동을 증가시킬 뿐 아니라 범죄율의 증가와도 관련이 있다. 수감자를 대상으로 한 연구에서 많은 인원을 수감한 혼잡한 환경의 방에 수감된 경우 사망률이 높았고 혈압의 상승과 스트레스 호르몬 수준의 증가를 보였다.

셋째, 홍수, 폭풍, 지진 등의 자연재해뿐 아니라 최근의 기술사회에서 오염의 문제, 위험한 물질을 다루면서 발생할 수 있는 사고의 위험 등은 스트레스의 근원이 된다.

넷째, 직장에서 경험하는 과다한 업무, 동시에 여러 일을 처리해야 하는 역할부담은 강력한 스트레스원이다.

직업적 일이나 가정과 관련된 심리적 반응을 밝히기 위한 연구에서 높은 직위를 가진 경우는 남녀 모두 자신의 일을 도전적이고 자극적으로 경험한다고 보고하였다. 그러나 남자보다 여자는 가정, 가족과 관련된 의무와 책임에 스트레스를 더 많이 받는다고 보고하였다. 한편, 직업여성이 전업주부보다 역할부담은 크지만 더 건강하다고 보고하고 있다. 이러한 결과를 볼 때, 중요한 것은 여자에게 부과된 역할의 수가 아니라 역할을 어떻게 경험하느냐이다.

그리고 직업과 관련된 스트레스 중에는 과다한 업무와 역할부담의 지속, 잦은 전근, 해고, 늦은 진급 등이 있다.

3) 스트레스 반응의 경과

스트레스가 한 개인의 적응능력을 능가할 정도로 강하면 누구나 스트레스 반응을 일으키게 된다. 신체에 이상이 생기게 되며, 식욕을 잃고, 쉽게 피로해지며 두통, 소화불량 등의 증세가 나타난다. 최근 의학계의 연구들은 스트레스가 여러 질병의 원인이 된다고 밝히고 있다. 우리 몸의 내장기능을 통제하는 자율신경계통은 두 부분으로 이루어지는데 신체의 에너지를 동원시키는 교감신경계와 다시 회복시키는 부교감 신경계가 그것이다. 스트레스를 받게 될 때 발생되는 생리적인 반응은 교감신경계의 작용으로 인해 심장은 빨리 뛰고, 많은 양의 혈액이 근육으로 흘러 들어가게 된다. 또한 호르몬 체계에도 영향을 주어 부신수질이 에피네프린 같은 신체의 각성 수준을 증가시키는 스트레스호르몬을 방출하게 된다.

스트레스는 신체의 질병과도 관련이 높은데 이는 극도의 스트레스 상태에서는 신체의 면역기능이 저하되기 때문이다. 심장병, 암, 각종 위장장애, 두통, 피부질환 등이 스트레스와 관련된 질병으로 밝혀지고 있다.

생체는 스트레스가 가해지면 대뇌의 흥분을 기점으로 해서 자율신경계, 내분비계 및 면역계 등에 의해 내부 환경의 항상성(homeostasis)을 유지하게 된다. 스트레스 초기에는 자율신경-부신수질계가 움직여 급속히 대처하지만 지속적인 스트레스에는 뇌하수체-부신피질계에서 여러 가지 호르몬을 분비하여 스트레스에 대한 적응체제를 갖춘다. 스트레스 반응에 따른 경과 과정을 살펴보면 다음과 같다.

(1) 경고기

신체는 자극이 강해지면 자극의 종류에 따라 저항하거나 적응하는 공통된 반응이 나타나는데 이것을 범적증후군이라 한다.

스트레스가 가해지면 생체는 거기에 저항하거나 적응해서 체온 저하, 혈압 강하, 허탈감 등으로 방어 반응을 유도한다. 혈당치는 처음에는 상승하나 점점 저하되고 조직 단백질의 화학작용이 촉진되어 저항력은 떨어진다. 이 시기를 쇼크기라 하며 자극의 강도에 따라 수분에서 24시간 정도 걸린다.

(2) 저항기

계속되는 스트레스를 견디고 있는 시기로 회복기에 들어가기 전단계이다. 부신호르몬의 작용으로 에너지 공급이 활발하게 일어나고 생체는 방어 기구를 정해 스트레스에 순응한다. 따라서 이 시기는 특히 부신의 비대 외에 근육 단백질이나 혈중 알부민 등 체단백질의 소모, 저장 지방의 감소, 부신피질 호르몬의 전구체인 콜레스테롤, 비타민 C의 감소가 뚜렷하다. 이와 같이 생체에 방어기구가 정해진 상태를 저항기라 한다.

(3) 회복기

스트레스가 제거되면 회복기에 들어간다. 전반적으로 모든 장기의 기능이 회복되고 체력은 스트레스가 가해지기 전보다 더욱 증강되어 다음의 스트레스에 대해 용이하게 대처할 수 있는 체제를 형성한다. 회복기는 다음 두 개의 시기로 나뉜다.

① 근강화기

몸의 모든 기능이 회복되고 단백질의 동화와 함께 질소 출납이 정지된다. 이화되었던 근육 단백질은 회복되고 지방의 이화작용도 감소된다.

② 체지방 회복기

근육의 회복과 동시에 체지방이 축적되고 체중은 원래의 상태에 가까워진다. 회복되면 체력은 이전보다 더욱 강화되고 특히 부신은 자극을 받은 후에는 그 이전에 비해서 훨씬 비대해져 있다.

(4) 피비기

스트레스가 강하게 오랜 시간 계속되면 생체는 적응 능력을 초월해서 피로가 생기고 부신의 비대와 흉선, 림프절, 비장 등 전신의 림프 조직은 고도로 위축된다. 또 심리적 스트레스는 위액분비를 증가시키기 때문에 위, 십이지장에 출혈 또는 궤양이 보이며 생명에 영향을 주게 되는데 이러한 생태를 피비기라고 한다. 일상생활의 스트레스로는 피비기에 들어가는 일이 드물지만, 계속적인 만성자극, 특히 정신적 자극에 의해서 위궤양과 십이지장궤양을 발병하므로 주의해야 한다.

4) 스트레스와 영양

스트레스는 본질적으로 그 원인을 제거하거나 환경의 변화로 해결이 가능하지만, 영양에 의해 유해성을 어느 정도 경감시킬 수 있다. 스트레스에 대한 저항력을 증강시키기 위해서는 저장 단백질 특히 체단백질의 반을 차지하는 근육 단백질을 증가시키고 이를 위해 영양과 함께 체력에 맞는 운동도 중요하다.

문명의 진보로 각종 스트레스의 증가와 함께 냉·난방, 방음장치, 교통기관 등은 스트레스에 대한 내성을 점점 약화시키고 있다. 스트레스가 과도하지 않고 장시간 계속되지 않는다면 생체는 더욱 적응력이 향상되고 스트레스 전보다 강한 저항력을 갖게 되어 심신이 건강하고 활기차게 된다. 물론 충분한 휴식과 수면, 균형 잡힌 영양은 필수적이다.

(1) 에너지원으로써 당질과 지방

기아 시에는 기초대사와 안정 시 대사가 유의적으로 감소된다. 단순 기아 20일 만에 기초대사는 정상치의 약 60% 정도까지 저하된다. 그러나 복합골수나 패혈증에서 안정 시 대사는 정상치의 120~140%까지, 화상에서는 그 범위나 정도에 따라 약 150~200%까지 증가된다. 스트레스가 가해지면 일반적으로 체내대사가 항진하므로 안정시 에너지 소비량의 약 50% 정도 증가한 에너지를 공급한다.

(2) 양질의 단백질

스트레스를 받을 경우 부신피질계가 자극을 받아 음의 질소 출납이 된다. 이것은 부신피질 호르몬에 의해 근육 단백질이 분해되어 혈중 아미노산이 증가되고 그 결과 질소 배설량이 증가하기 때문이다. 일상의 스트레스로 다량의 체단백질의 분해는 일어나지 않지만 스트레스가 강한 시기에는 특히, 체단백질의 분해가 활발하며 저항력 증대를 위해서 에너지와 단백질의 충분한 공급이 필요하다. 단백질 소요량은 양질 단백질의 질소(N) 출납 유지량(0.64g/kg)에 개인차 안전율(30%), 일상 식이 단백질의 질보정(100~85) 그리고 일상생활에서 일어나는 가벼운 외상, 지령, 불안감, 수면부족, 환경온도의 변화, 생활리듬의 불균형 등 스트레스에 대한 안전율(10%)을 고려하여 산정된다.

항상 일정한 자극을 받고 있는 경우, 단백질 섭취량은 소요량을 약간 상회하는 정도가 좋으며 기초식품군 중 제1군 식품을 충분히 사용해서 필수 아미노산이 부족 되지 않도록 해야한다.

(3) 비타민

① 비타민 B군

스트레스 하에서는 체내의 신진대사가 항진과 함께 비타민 B_1, B_2, B_6, B_{12}, 니코틴산(niacin) 등의 소비가 높아지므로 요구량이 증가한다. 특히 비타민 B_1의 결핍증은 뇌의 신경 세포내 당대사의 이상으로 뇌신경 장해를 일으킨다. 비티만 B_2의 뇨중 배설은 급성기아나 외상에 의해서 증가되어 2~3도 화상 환자의 뇨중 배설량은 일상섭취량의 2배까지 증가된다.

비타민 B_6는 신경전달물질의 생성에 관여하므로 부족하면 뇌나 중추신경에 장해를 일으킨다. 니코틴산(niacin)도 뇌기능에 중요한 영향을 미치며 결핍시 현기증, 환각, 착란 등의 신경정신 이상의 증세를 보인다. 따라서 비타민 B군의 충분한 공급이 필요하다.

② 비타민 C

영양 권장량에 의하면 비타민 C의 소요량은 55mg/day이다. 그러나 한랭, 고열환경, 수술이나 외상 등의 스트레스에 의해 체내 대사가 항진하면 비타민 C소모가 심해지기 때문에 식사로부터 충분한 섭취가 필요하다.

비타민 C는 특히 부신과 뇌하수체에 고농도로 함유되어 있으며 스트레스를 받으면 부신에 함유된 비타민 C 농도가 격감한다. 스트레스 시 비타민 C의 역할에 관해서 명백하지는 않지만 부신피질 호르몬의 합성에 보조 인자로 관여하는 것으로 알려져 있다. 또한 비타민 C의 결핍은 콜라겐 합성의 저하로 상처의 치료를 지연시킨다. 그러므로 부신의 기능을 높이고 저항력을 증대시키기 위해서 비타민 C를 함유한 식품(채소 및 과일류)을 충분히 섭취하는 것이 바람직하며 이러한 식품은 비타민 C뿐만 아니라 그 외 여러 가지 비타민이나 무기질, 섬유소 등도 함께 섭취할 수 있어서 좋다.

③ 비타민 A, 베타카로틴(β-carotene), 비타민 E

비타민 A가 부족하면 부신피질 호르몬의 합성이 저하된다는 보고가 많으며, 특히 광 자극에 의해 비타민 A의 소모가 크기 때문에 스트레스에 의해서 발생하는 위, 십이지장 궤양의 보호에 효과적이다. 외상이나 열상 등과 같은 스트레스에 의하면 혈청 비타민 A 농도는 저하되고 그 후에 일어나는 소화관 출혈에 대해 비타민 A 투여가 효과적이었다 는 보고가 있다. 베타카로틴(β-carotene)과 비타민 E 등도 스트레스에 대해 저항력을 가지므로 부족하지 않도록 해야 한다.

5) 스트레스 대처방법

스트레스 대처란 일상적으로 직면하는 생활의 문제들로 인하여 개인의 균형이 깨어질 때, 불균형한 상태를 회복시키고 다시 일상에 적용하는 과정을 뜻한다(Selye, 1982). 라 자루스(Lazarus, 1984)는 스트레스 대처방식과 적응에 대하여 다음과 같이 설명한다. 그는 스트레스를 환경적인 압력이 개인의 적응범위를 넘어서는 상태라고 보며, 스트레스 대처방식을 단기적인 대처방식과 장기적인 대처방식으로 분류하였다. 그에 따르면, 대 처방식은 특정하게 고정된 것이 아니라 시간과 상황에 따라 다르게 표출되는 것이다. 그 러나 끊임없이 변화하는 상황에 대처하기 위하여 상황과 자기 역량을 비교하여 대처방식 을 선정하는 평가 과정이 있어야 하므로 대처방식의 중요 부분은 인지과정으로 이해될 수 있다. 대처방식의 중요 부분이 인지과정이라면 스트레스 대처방식은 의도적인 노력이 라고 보아야 한다.

스트레스 대처방식을 방어적 대처와 문제 중심적 대처로 구분하고, 스트레스의 부정적 영향을 완충시켜 주는 사회적 지지(social support)를 살펴보면 다음과 같다.

(1) 방어적 대처
방어적 대처는 상황자체를 변화시키기보다 스트레스로 인한 정서적 고통을 감소시키려는 노력을 의미한다. 즉, 마음의 괴로움을 덜기 위해 운동, 명상, 음주, 분노의 발산이나 정서적 지지를 구하려는 행동을 하는 것이다. 인간은 희망과 낙관을 유지하고 사건의 실제 의미를 부인하며, 발생한 일의 중요성을 낮게 인식하기 위해 정서 중심적 대처를 한다(김정희, 이장호, 1985).

(2) 문제 중심적 대처

문제 중심적 대처는 스트레스를 일으키는 상황을 평가하고 변화시키기 위한 노력을 의미한다. 즉, 문제를 규정하고 해결책을 모색하며 적절한 대안을 선택하여 행동하는 것이다. 이러한 스트레스 대처방안은 환경의 압력, 장애물, 자원, 절차 등을 바꾸는 환경 지향적인 전략과, 열망 수준의 변화, 대안적인 만족 구하기, 새로운 행동기준의 개발, 대인관계 기술과 같은 새로운 기술의 습득 등 내부 지향적인 전략을 포함한다. 문제 중심적 대처는 비교적 상황 특수적 성향을 띄고 있어서 스트레스 요인과 유형에 따라 대처전략이나 방식이 다르게 표출된다. 스트레스에 효과적으로 대처하기 위하여 다음과 같은 사항을 고려해야 한다.

첫째, 평소에 대처 능력을 향상시키는 예방적인 준비가 필요하다. 즉, 적응력을 개발하고 증진하는 노력이 필요하고, 성장 지향적인 생활방식으로써의 변화, 자존감의 향상이나 능력개발, 원만한 인간관계를 위한 기술 등을 갖추고 있어야 한다.

둘째, 특정한 스트레스 상황에 적절하게 대처하는 방법을 익히는 것이다. 무한하게 전개되는 특정 상황에 따른 대처 방식을 완벽하게 배울 수는 없기 때문이다(원호택, 1991).

셋째, 스트레스와 직접 관련이 되는 도전이나 위협을 다루려고 노력하는 방법을 시도해야 한다. 이를 위해 사회 공학적 대처방법, 심리 공학적 대처방법, 명상법, 근육이완법, 바이오 피드백, 신체활동을 통한 스트레스 해소법 등을 이용할 수 있다.

(3) 학교 스트레스 대처

학생들이 다양한 스트레스에 효과적으로 대처하기 위한 방법은 다음의 두 가지로 생각해 볼 수 있다(원호택, 1991).

첫째, 스트레스에 대한 학생들의 대처능력을 향상시키는 것이다. 이는 예방적인 차원으로써 학생들의 적응능력을 개발 · 증진시켜 성장 지향적인 생활방식으로 변화시키는 방법이다. 그리하여 학교 내에서 발생하는 문제들을 현명하게 처리할 수 있도록 해야 한다.

둘째, 특정한 학교 스트레스에 대처하는 방법을 익히는 것이다. 학교생활 중에 부딪히는 특정한 스트레스는 시험이나 진학문제, 교우관계, 교사와의 관계 등을 말한다. 학교 스트레스에 효과적으로 대처하기 위해 가장 중요한 점은 학생자신이 문제를 해결하고자 하는 마음가짐과 교사와 학생 간의 적절한 상담을 통해서 사회적 지지를 제공 받는 것이다.

Introduction to Psychology

CHAPTER 8

심리검사

CHAPTER 8

심리검사

1. 심리검사의 기초이해

1) 심리검사의 개념

심리검사(psychological testing)는 심리적 현상에서의 개인차를 비교하고 개인의 전체 인격적, 행동적 측면을 이해하기 위해 다양한 도구들을 이용하여 양적, 질적으로 측정하고 평가하는 일련의 과정이라고 할 수 있다. 즉, 심리검사는 개인에 대한 진단과 평가의 도구가 되는 동시에 학문적인 연구의 도구가 된다.

모든 심리검사는 유형에 상관없이 다음과 같은 몇 가지 공통적인 특징을 갖고 있다.

첫째, 심리검사는 개인의 대표적인 행동표본(behavior sample)을 심리학적 방식으로 측정한다. 즉, 개인행동을 모두 측정해보지 않더라도 소수의 표본 행동을 측정하여 그 결과를 바탕으로 개인의 전체 행동을 예견할 수 있게 해준다. 검사 제작과정에서 문항선정이 적절하게 이루어진다면 이러한 조건은 충족될 수 있을 것이다.

둘째, 이러한 심리학적 측정은 표준화(standardization)된 방식을 따른다. 표준화란, 검사를 시행하고 채점하는 과정이 일정한 방식으로 진행된다는 의미이다. 이러한 검사의 표준화는 심리검사 반응이 실시조건이나 채점방식의 차이에 따라 다르게 나타나는 것을 방지해주고 검사 반응이 순수한 개인차를 나타낼 수 있도록 보장해준다.

셋째, 심리검사는 체계적 과정이다. 이는 하나의 심리검사가 여러 개인들에게 실시될 때 동일한 종류의 정보가 수집된다는 의미이다.

이러한 심리검사는 표준화와 체계화 조건으로 인하여 주관적 판단을 방지해주며, 양적 측정을 통하여 개인간 행동을 비교할 수 있고, 횡단적인 시행을 통하여 개인내 비교도 가능하게 해준다는 장점을 지니고 있다.

2) 심리검사의 요건

심리검사는 그 과정이 객관적이고 타당한 방법일 때 의미가 있다. 그러므로 충실한 경험적 자료를 얻기 위해서 조사도구에 대한 신뢰성과 타당성을 측정해야 한다. 신뢰성이란 "동일한 두 개의 척도가 사람에게 사용되었을 때, 정확하게 동일한 결과를 낳지 않아도 두 측정 사이에 일정한 유형(consistent pattern)을 보이는 경향(stanley, 1971)을 의미한다. 물론 경우에 따라서 두 측정의 결과가 정확하게 동일할 수도 있지만 응답자의 개인사정, 시간과 환경의 변화에 의해서 언제나 일치할 수만은 없다. 그래서 일정한 유형은 정도(degree)로 표현되는데 이것을 신뢰도(reliability)라고 부른다. 따라서 신뢰도가 높다는 것은 두 측정 사이에 완벽한 일치는 보이지 않아도 일치의 정도가 높다는 의미이다.

측정결과를 가지고 추상적 개념을 추정하려면 결과가 일정성을 넘는 그 이상이어야 한다. 즉, 측정결과는 일정성이 있어서 신뢰할 수 있어야 하지만, 그 일정성이 추상적 개념을 추정함에 있어서 타당성(validity)을 지녀야 한다. 연구자가 작성한 척도가 어떤 것이든지 원하는 바를 완벽하게 측정한다고 말할 수 없다. 타당성 역시 정도로 나타낼 수 있는데 이것이 바로 타당도(validity)이다. 정리하면, 신뢰도는 경험적 측정결과의 일정성(consistency)에 관심을 갖는 것이고, 타당도는 이론적 개념과 경험적 측정 결과 사이의 관계성(relationship)에 관심을 보이는 것이다(Carmines & Zeller, 1974).

신뢰도가 높다고 해서 타당도가 높은 것은 아니며, 반대로 타당도가 높다고 해서 반드시 신뢰도가 높은 것은 아니다. 즉, 반복되는 측정결과가 높은 일정성을 보인다 해도 이것이 연구자가 의도하는 바를 측정한다고 단언할 수 없으며, 연구자가 원하는 바를 측정한다고 해서 그 측정결과가 일정하지만은 않다는 것이다. 결과적으로, 척도는 신뢰도와 타당도에서 모두 높아야 함은 물론이지만 이 둘은 서로 독립적이다.

(1) 신뢰도 검증

척도의 신뢰도 검증에는 검사-재검사 방법(test-retest method), 동형검사 방법

(alternative form reliability), 반분신뢰도 방법(halves reliability), 내적 일치도 방법(the internal consistency method)이 있다. 이 네 가지 방법들을 살펴보면 다음과 같다.

첫째, 검사-재검사 방법은 신뢰도의 가장 대표적인 것이며 동일한 검사를 일정간격을 두고서 동일한 사람에게 실시하는 것이다. 첫 번째와 두 번째 검사의 차이점은 단지 시간적 간격밖에 없다. 첫 번째와 두 번째에서 얻은 결과가 완전하게 일치된다면, 상관계수 "r=1"이다. 계수가 1인 경우는 첫 번째 검사의 결과와 두 번째 검사의 결과가 정확하게 일치한다는 것을 의미한다. 즉, 측정도구의 결과가 완벽하게 일정성을 보여주는 신뢰로운 것이라는 의미이다. 그러나 대부분의 경우 두 검사에서 완벽한 상관을 기대하기는 어렵다. 왜냐하면, 시차 사이에 여러 가지 이유들이 포함되기 때문이다. 응답자들은 첫 번째와 두 번째 검사에서 동일한 질문을 받지만, 여러 가지 이유 때문에 두 개의 검사에서 다른 답을 주어서 신뢰도를 낮출 수 있다.

둘째, 동형검사 방법은 동일한 사람에게 두 번의 검사를 실시하는 점에서는 검사-재검사 방법과 같지만, 첫 번째 검사와 두 번째 검사에서 응답자에게 주는 질문지가 다르다는 점이다. 그러나 검사 내용 자체가 완전히 다른 것은 아니다. 어떤 주제를 측정하기 위해서 10개의 질문으로 완성될 수 있지만 20개의 질문을 만든다. 혹은 두 개의 질문지가 유사성을 갖도록 하면서 별도로 만든다. 즉, 동형검사 방법이란 내용상으로는 동일하지만 문구가 다른 쌍둥이 질문지를 만드는 것이다(Nunnally, 1978; Carmines & Zeller, 1979).

셋째, 반분신뢰도(split half reliability) 방법은 동형검사의 난제를 해결하려는 노력에서 시도되었는데, 하나의 척도를 반으로 나누어서 나누어진 두 개의 반쪽들을 가지고 신뢰도를 측정하는 방법이다. 그러나 이렇게 얻는 상관계수는 전체에서 두 개로 나누어진 반쪽들의 측정이므로 둘의 상관계수를 구한 다음 전체에 관한 상관계수를 구해야 한다. 이런 통계적 방법을 '스피어만 브라운(Spearman-Brown)공식'이라 부른다(Spearman, 1910; Brown, 1910). 반분신뢰도 방법은 홀수와 짝수 두 부분으로 나누어지기 때문에 홀수와 짝수 방법(odd-even method)이라고도 한다.

넷째, 내적 일치도 방법(a method of internal consistency)은 척도에 포함된 문항들이 상호 일치성을 갖는다면 문항들이 나타내는 결과에서 일정성을 나타낸다는 가정 하에서 신뢰도의 대안으로 사용된다. 이 방법에는 크론바흐 알파(Cronbach's alpha)와 쿠더-리처드슨 20(Kuder-Richardson Formula 20: KR-20) 방법이 있다.

크론바흐 알파 방법은 척도를 만들어 놓고 시간적·경제적 여유가 없을 경우에 사용할 수도 있는데, 크론바흐 알파의 값은 문항의 수와 평균상관계수에 달려 있다. 그래서 평균상관계수의 값이 증가하고 문항의 수가 증가하면 할수록 크론바흐 알파 값도 그만큼 증가한다. 그러나 여기서 두 개의 제한점을 찾아볼 수 있는데, 첫째는 문항수의 증가가 어느 수준에서 신뢰도를 크게 증가시키지 못한다는 것이고, 둘째는 문항수가 많을수록 시간과 경비가 더 소비된다는 것이다. 그리고 어떤 경우에 문항의 추가가 평균상관계수를 낮추며 신뢰도 역시 낮아진다. 이런 이유 때문에 무조건 문항수를 많이 만들 필요가 없다. 신뢰도와 타당도를 측정하는 것은 매우 번거롭고 또한 많은 노력이 요구된다. 그래서 대부분의 사람들은 일단 조사를 한 후에 얻은 자료를 근거로 해서 신뢰도를 구하면 된다는 생각에서 크론바흐 알파를 계산한다. 그러나 이 방법은 "문항들의 일차원성이 있다고 추측하는 것이지 확신하는 것은 아니다"(Hair, Jr. Anderson, Tatham, & Back, 1995). 즉, 문항 간의 내적 일치도를 추정하기 때문에 신뢰도가 있을 것이라고 가정하는 법이다. 그래서 이 방법은 전적으로 권장 될 수 있는 것이 아니라 궁여지책으로 사용되는 것에 불과하다.

쿠더-리처드슨 내적 일치도 방법은 그들이 1937년에 제시한 20번째 공식이기 때문에 쿠더-리처드슨 공식 20 또는 약자로 KR-20이라고 하는데, 이것은 이분척도에서 이용된다. 즉, "예" 혹은 "아니오", "0" 혹은 "1"과 같이 양분된 선택지 중에서 하나를 선택하는 척도를 의미한다. 이 방법은 크론바흐 알파의 특별한 경우이며 해석 또한 동일한 내용을 갖는다.

이상 신뢰도를 측정하기 위한 네 가지 척도 가운데서 검사-재검사 방법은 측정절차가 약간 수월하지만 첫 번째 검사결과의 기억이 두 번째에 영향을 준다는 약점을 갖는다. 이런 단점을 보완하는 방법으로 동형검사와 반분 신뢰도 검사가 이용된다. 이들 두 방법 중에서 동형검사는 유사한 척도를 두 개 만들어서 하나만 사용하고 나머지는 버려야 한다. 그리고 반분신뢰도 검사는 반분되어서 만들어지는 짝이 많지만, 각 짝들의 상관계수의 값이 서로 동일하지 않아서 어느 짝을 사용해야 할지 결정하기 힘들다. 마지막으로 크론바흐 알파는 다른 방법과 달리 하나의 완성된 척도와 한 번의 검사로 자료를 얻은 후에 신뢰도 계수를 얻는다는 장점을 갖지만 신뢰도의 확실한 답을 주는 방법은 아니다.

지금까지 설명한 여러 가지 신뢰도 측정방법 중에서 어느 것이 가장 효과적인 방법인가? 이에 대한 명쾌한 답은 없다. 그러나 어느 것을 사용하든지 상관계수의 값이 .80을 넘어서야 한다는 점에서는 학자들 간에 일치를 보고 있다. 이런 수준이라면 검사 실시 상

에서 무선적 과오(random error)를 범할 확률이 비교적 작기 때문이다

(2) 타당도 검증

타당도 검증을 위한 방법에는 각각의 장점과 약점을 지니고 있는 다양한 방법들이 있다. 여러 방법들 중에 가장 많이 활용되고 있는 내용 타당도(content validity), 준거 타당도(criterion validity) 그리고 공존 타당도(coexistence validity)를 중심으로 살펴보면 다음과 같다.

첫째, 내용 타당도(content validity)는 계산을 위해서 더하기, 곱하기, 나누기 등 복잡한 계산과정을 요구하지 않고 측정하려는 내용이나 개념을 척도가 모두 포함하고 있는지 전문가가 검토하고 평가한 후 결정하는 방법이다. 내용 타당도는 연구자가 자신이 관심을 갖는 주제의 전 영역을 포함해서 척도를 제작했는지를 점검해야 하며, 단순 무선방법에 의해서 선택된 항목들은 검사를 받을 수 있는 리커트(Likert)형, 양분형 등의 척도의 형태를 갖추어야 한다. 물론 내용 타당도 검사자는 질문지를 보고서 적절한 내용이 포함되었는지를 점검한다. 내용 타당도의 제한점은 사회과학의 이론적 개념들이 정확하게 기술될 수 없다는 점과 내용을 표집 한다는 것이 쉽지 않다는 것이다Carmines & Zeller, 1979).

둘째, 준거 타당도(criterion validity)는 연구자가 관심을 갖는 어떤 행동 특성(기준)을 척도가 어느 정도 측정하는지를 검사하는 방법으로써 일명 예언 타당도라고도 하며, 크게 공인 타당도(concurrent validity)와 예측 타당도(predictive validity)로 분리된다.

공인 타당도(concurrent validity)는 검사결과와 준거 행동의 측정 사이에 시간적 차이가 필요 없을 때, 혹은 시간적 차이를 줄이고 싶을 때 이용한다. 예를 들어, 어느 회사 사장이 성공적인 사원을 채용하기 원한다면, 신입사원 채용시험에서 얻은 결과와 이미 회사에 입사해서 성공한 사원의 측정 결과 사이에 상관관계를 구하여서 신입사원의 자질을 파악할 수 있다고 하겠다.

예측 타당도(predictive validity)는 연구자가 개발한 척도의 결과와 관심의 대상이 되는 미래의 어떤 행동 간의 관계정도를 의미한다. 예를 들어, 대입예비고사 성적과 입학 후 학생이 얻는 성적(GPA) 사이에 높은 일치 정도를 갖는다면 대입예비고사의 타당성을 인정받는 것이다.

셋째, 공존 타당도는 어떤 개념의 포괄성과 준거가 확실치 않을 경우, 특히 추상적 개념을 경험적으로 구체화시킬 때 사용하는 방법이다. 예를 들어 "심리적 불안척도"를 개

발하면서 심리적 불안이 음식 섭취량과 정적관계를 갖는다는 것을 가정하고 검사를 실시하였을 때, 두 관계가 정적 상관을 가진다면 이 척도의 공존 타당도가 인정되는 것이다. 공존 타당도는 3단계를 거치면서 진행되어 가는데 1단계는 척도에 포함된 개념들의 이론적 관계가 설명되어야 하며, 2단계는 이론적 관계가 실제 얻은 자료에 의해서 지지 받아야 한다. 그리고 마지막으로 자료 분석에서 얻은 관계가 타당도의 측면에서 어떻게 설명될 수 있는지를 밝혀야 한다(Carmines & Zeler, 1979).

3) 심리검사의 분류

심리검사의 분류는 학자에 따라서 측정 영역, 수행양식, 인원수, 도구, 측정내용, 검사목적, 문항구성 형식 등 분류하는 방법이 다양하다. 강봉규(2001)는 심리검사의 분류를 측정영역, 측정방법, 목적·용도에 따라 구분하였는데, 측정영역에 따른 심리검사에는 지능검사, 학력검사, 적성검사, 성격검사, 흥미검사가 있고, 측정방법에 따른 심리검사에는 기구에 의한 검사, 지필검사가 있다. 그리고 목적·용도에 따른 심리검사 방법에는 교육, 임상의학, 상담, 산업, 범죄, 교정, 선발, 진단, 배치 등이 있다고 하였다.

탁진국(2007)은 수행양식, 인원수, 도구에 따라 심리검사를 분류하였는데, 도구(기구)에 따른 분류에 있어서는 강봉규 같이 동일하게 분류했으나 수행양식과 인원수에 강조점을 두고 있음을 볼 수 있다. 수행양식은 극대수행검사(maximum performance test)와 습관적 수행검사(typical performance test)로 구분된다. 일반적으로 능력검사라고 하는 극대수행검사는 일정하게 주어진 시간 내에 피검자가 자신의 능력을 최대한 발휘해서 반응하도록 만들어진 검사로 지능, 적성 및 성취검사 등이 여기에 속한다. 또한 평소에 습관적으로 어떠한 행동을 보이는지를 측정하기 위한 습관적 수행검사로는 성격검사, 흥미검사 및 각종 태도조사 등이 있다. 습관적 수행검사는 능력검사와는 달리, 일정한 시간제한이 없고 각 문항에 정답 또는 오답이 없다.

인원수에 따라서는 개인검사와 집단검사로 분류할 수 있는데, 개인검사로는 비네(Binet)지능검사와 웩슬러 성인용 지능검사(Wechsler Adult Intelligence Scale: WAIS) 및 웩슬러 아동용 지능검사(Wechsler Intelligence Scale for Children: WISC)가 있고, 집단검사에는 지필식검사(Army-α) 등이 있다.

2. Wechsler(웩슬러)지능검사

1) Wechsler지능검사의 개념

1900년대 초 프랑스 정부에서 의무교육이 처음 실시되면서 정규반에서 수학할 능력이 없는 정신지체아와 정상아의 감별을 위해 심리학자 비네(Alfred Binet, 1857~1911)를 중심으로 특별 위원회를 구성하여 현대 최초의 실용적 지능검사를 개발하였다. 비네 검사는 지능의 구성을 이해력, 논리력, 추리력, 기억력으로 보았고, 기억, 산수, 어휘 등의 소검사로 구성되었다. 그러나 비네의 검사가 아동용 검사에서 시작되었으므로 성인의 지능을 측정하기에 부적합하고 비언어적인 면이 도외시되어 1939년에 웩슬러(David Wechsler)에 의해 성인용 검사가 개발되기 시작하였다. 다시 말해서, 웩슬러 지능검사는 비네검사의 시행상 문제점을 보완하기 위해 웩슬러가 지필식 검사(Army Alpha)와 비언어적 검사(Army Beta), 비네(Binet) 검사를 바탕으로 하여 새롭게 개발한 검사 도구이다.

웩슬러는 성인용 지능검사와 같은 생각으로 1949년에는 아동용 지능검사(Wechsler Intelligence Scale for Children: WISC)를 발표하였으며, 취학 전후의 유아·아동(4~6세)을 위해 웩슬러 유아지능검사(Wechsler Preschool and Primary Scale of Intelligence: WPPSI)를 고안했다. 그리고 1955년에는 1939년의 검사를 철저하게 개정한 웩슬러 성인지능검사(Wechsler Adult Intelligence Scale: WAIS)가 제작되었다. WISC와 WAIS의 대상은 약간의 중복은 있지만 WISC는 5~15세, WAIS는 16세 이상으로 되어 있다.

웩슬러 검사가 비네 검사와 근본적으로 다른 점은 연령척도로 되어 있지 않고 점수 척도로 되어있다는 점과, 동질적인 여러 개의 하위검사를 묶어서 지능지수의 산출과 진단을 할 수 있도록 하였다는 점이다(강봉규, 2001).

2) Wechsler지능검사의 구성과 내용

웩슬러 지능검사는 총11개의 소검사로 구성(언어성 소검사 6개, 동작성 소검사 5개)되어 있다. 웩슬러 지능검사의 구성과 내용에 대해서 구체적으로 살펴보면 다음과 같다.

(1) 언어성 검사

① 기본지식(information)

이 언어성 소검사는 개인이 소유한 기본지식(상식)의 보유수준을 측정하는 것으로 교육적 기회, 문화적 노출 및 환경의 영향을 많이 받는다. 표준화 검사로 안정적인 검사이기 때문에 병전 지능 추정의 근거 자료로 사용된다. 일단 획득된 정보가 활용되지 않는 수준에 도달하려면 상당한 정도의 기능퇴보나 해체가 있어야 한다.

② 숫자 외우기(digit span)

이 소검사는 검사자가 불러주는 숫자열을 첫 단계에서 바로 따라 외우고 다음 단계에서는 거꾸로 따라 외우게 하는 과제로 구성되어 있다. 청각적 단기 기억 및 주의력과 주로 관련이 있으며 문화적 영향을 거의 받지 않는 특성을 가지고 있다. 그러나 언어성 소검사 중 피검자의 상태에 가장 변동이나 손상되기 쉬운 검사로, 특히 불안과 많은 관련이 있다.

③ 어휘(vocabulary)

이 소검사는 검사자가 불러주는 여러 가지 단어들의 뜻을 구체적으로 설명하도록 하는 과제로 구성되어 있다. 전체 IQ와 가장 높은 상관관계를 가지고 있어 일반 지능을 나타내는 중요한 지표가 되며 학습능력과 언어적 지식의 정도, 일반 개념의 범위를 측정할 수 있다. 또한 가장 안정적인 검사여서 부적응이나 정신 장애에 의한 기능의 손상 및 퇴화가 가장 적으므로 이 검사 역시 병전 지능과 현재 지능을 비교하는 기준이 된다. 어휘 문제는 초기 교육 환경의 영향을 가장 많이 받으며 교육 정도 및 생활 경험에 의해서도 많은 영향을 받는다. 또한 성격 특성의 영향을 많이 받기 때문에 반응 내용에서 개인의 독특한 사고방식과 질적인 특성도 나타나게 된다.

④ 산수(arithmetic)

이 소검사는 간단한 계산 문제를 암산으로 푸는 과제로 구성되어 있다(피검자는 종이와 연필을 사용할 수 없다). 주로 수개념의 이해와 주의 집중력을 측정하는데 숫자 외우기 소검사에 비하여 보다 많은 주의집중력을 요구한다.

⑤ 이해(comprehension)

이 소검사는 일상적인 사회적 상황과 관련된 여러 가지 문항들에 대해서 답하는 과제들로 구성되어 있다. 사회적 관습에 대한 이해 수준, 임상 경험의 응용능력, 도덕적, 윤리적 판단 능력 등을 주로 측정하는 소검사로 부적응에 대한 민감한 지표가 될 수 있다.

⑥ 공통성(similarities)

이 소검사는 두 개의 단어를 불러주고 두 단어의 공통점을 말하게 하는 과제로 구성되어 있다. 주로 언어적 개념화, 유사성의 관계 파악 및 논리적 추상적 사고 능력을 측정한다. 피검자의 응답 내용은 그 양상에 따라 구체적 개념 형성에 의한 것일 수도 있고 또는 기능적 개념 형성과 추상적 개념 형성에 의한 것일 수도 있다.

구체적 개념 형성은 사물의 구체적 특징에 따라서 개념화하는 것으로 추상 능력이 낮다고 할 수 있다. 예를 들면, 개와 호랑이의 공통점으로 "털", "네 다리", "꼬리" 등을 이야기하는 경우는 세부적인 구체적 특징에 기준을 둔 사고 방식을 보여준다. 기능적 개념 형성은 사물의 기능과 관련된 대답을 하는 경우로 마차와 자전거의 공통점은 "탈 수 있다"라고 대답하는 경우를 예로 들 수 있다. 이와 같은 기능적 개념 형성 역시 부분적인 개념화이며 완전히 적절한 개념에는 도달하지 못했다고 할 수 있다. 이에 비하여 개와 호랑이의 공통점을 "동물", "포유류"라고 대답하는 경우는 추상적 개념화의 수준에서 일반적인 용어로 정의를 내리는 것으로 볼 수 있다. 공통성 소검사에서는 이런 각 개념화 수준에 따라서 점수를 주도록 되어 있다.

(2) 동작성 검사

① 빠진 곳 찾기(picture completion)

이 소검사는 카드에 그려진 그림에서 '있어야 하는데 빠진 부분'을 찾아내는 과제로 구성되어 있다. 주로 시각적 예민성, 시각적 조직화 능력, 시각적 집중력과 함께 사물의 본질-비본질적인 부분을 파악하는 능력을 측정한다. 또한 피검자가 그림의 어떤 측면에 초점을 맞추는가를 통해서 환경에 대한 현실감각을 유지하고 있는지에 대해서도 정보를 얻을 수 있다.

② 차례 맞추기(picture arrangement)

이 검사는 일련의 그림 카드들을 의미있는 줄거리를 가진 이야기가 되도록 순서를 배열하는 과제이다. 이를 통해 주로 전체적 상황에 대한 이해 능력과 계획 능력, 예견 능력을 측정할 수 있고 특히 사회적인 상황에 대한 이해 및 판단 능력과 밀접한 관련이 있다. 이해 소검사에서 요구되는 판단력과 비교할 때 이해 문제에서는 형식적이고 피상적인 수준에서 판단력의 유지가 가능하지만 차례 맞추기 소검사에서 요구되는 판단력은 부적응 상태에 의해서 보다 쉽게 손상되는 보다 민감한 특성을 가진다.

③ 토막짜기(block design)

이 소검사는 카드에 제시되어 있는 모형을 빨간색과 흰색으로 칠해진 정육면체 토막들을 사용하여 맞추어 보도록 하는 과제로 되어 있다. 지각 구성 능력과 공간적 표상 능력, 시각-운동 협응 능력 등을 주로 측정한다. 또한 제시되는 모형을 분석하여 내적 관계를 알아내야 하고 이를 토대로 전체적인 모양을 구성해야 하므로 분석능력과 통합능력이 모두 필요한 과제이다. 그리고 병전 지능의 좋은 지표가 된다.

④ 모양 맞추기(object assembly)

이 소검사는 자극 조각들을 맞추어서 특정 모양이 되도록 하는 과제이다. 이 검사는 지각능력과 재구성능력, 시각-운동 협응 능력을 주로 측정한다. 토막짜기 소검사와 비슷하게 개별적인 부분간의 내적 관계를 예견해서 전체 모양을 파악하는 능력이 필요하지만 토막짜기 소검사에서는 전체를 부분으로 분석하는 능력이 우선시되는데 비해 모양 맞추기 소검사에서는 부분을 전체로 통합하는 능력이 우선시된다고 할 수 있다.

⑤ 바꿔쓰기(digit symbol)

이 소검사는 1에서 9까지의 숫자를 특정 기호와 짝지어서 제시해 둔 것을 보고 가능한 정확하고 빠르게 자극 숫자에 해당하는 기호를 찾아서 그 아래의 빈 칸에 차례로 적어나가는 과제이다. 시각-운동 협응 능력과 함께 단기 기억 능력과 기민성도 함께 측정한다. 그 외에 빠른 시간 내에 친숙하지 않는 과제를 학습하는 능력도 측정할 수 있다.

3) 검사의 실시와 해석 및 진단별 반응 특징

(1) 검사의 실시

검사자는 각 소검사마다 실시 요강에서 제시하는 표준화된 절차를 철저하게 지키는 것이 매우 중요하다. 잘 숙지하여 요강을 보지 않고 자동적으로 수행할 수 있을 정도까지 표준화된 절차에 익숙해져 있어야 하며 검사 전반에 걸친 실시상의 주의할 점은 다음과 같다.

첫째, 지능검사는 다른 심리검사에 비하여 피검자의 불안과 저항을 유발하기 쉬우므로 시작 전에 다음과 같이 일반적인 사항을 설명해 준다. 피검자에게 지능검사라고 알려주지만 검사의 실시 목적이 지능의 평가에 있지 않고 피검자의 문제 해결에 도움이 될 수 있는 자료를 얻는데 있음을 강조한다. "이제부터 여러 개의 서로 다른 검사를 받게 될 것입니다. 어떤 검사는 내가 질문을 하면 답하는 형식인 것도 있고 어떤 검사는 직접 동작으로 문제를 풀어야하는 경우도 있습니다. 검사는 대부분 쉬운 과제부터 시작해서 조금씩 어려워지고 어떤 과제는 풀 수 없는 것도 있을 것입니다. 이 검사는 일종의 지능검사이지만 여러 가지 목적으로 사용될 수 있습니다."

둘째, 피검자의 능력이 최대한 발휘될 수 있는 분위기에서 시행될 수 있어야 한다. 검사자는 피검자가 검사에 대한 동기와 관심을 가지고 안정되고 자연스러운 상태에서 자신의 최대한의 능력과 일상적인 행동을 보여 줄 수 있도록 해주어야 한다. 적절히 반응을 격려하거나 안심시키면서 진행하도록 한다. 그러나 정답의 여부를 직접 알려주는 것은 적절치 못하다. 만약 피검자가 응답을 못해 당황하거나 방금 수행한 검사에서 잘 못했다고 느낀다면 "이번 과제는 좀 어려운 과제였어요. 다음 것은 더 쉽게 할 수 있을 겁니다"라는 식으로 이야기해주는 것이 좋다.

셋째, 피검자가 한 번에 검사를 마칠 수 없는 경우는 피검자의 상황에 따라야 한다. 피검자의 조건이 검사시행에 적절하지 않거나 검사에 대한 저항이 계속 해결되지 않는다면 검사시행을 중단하고 면담 등을 통해 상황을 극복할 수 있도록 시도해 보아야 한다.

넷째, 시간제한이 없는 검사에서는 피검자가 응답할 수 있을 때까지 충분한 시간여유를 주어야 한다. 시간제한이 있는 경우에는 원칙적으로 시간제한을 지켜서 실시하지만, 과제를 성공적으로 해결할 수 있을지를 검토하기 위해서는 제한시간이 지나더라도 어느 정도 시간을 주고 결과를 지켜보는 것이 필요하다(한계 검증).

다섯째, 피검자의 반응을 기록할 때는 항상 피검자가 한 말을 그대로 기록하도록 한다

(축어록: verbatim).

여섯째, 모호하거나 이상하게 응답되는 문항은 다시 질문하여 확인하여야 한다. 검사자가 채점의 원칙을 미리 잘 알고 있어야 피검자의 반응의 불분명한 점을 알아채고 채점 원칙에 비추어 적절히 질문할 수 있다. 검사 채점은 실시 요강의 채점 안내에 제시된 기준에 따른다.

일곱째, 개인용 지능검사라는 특성을 살려 피검자의 행동특성을 잘 관찰하도록 한다. 이를 통해 많은 유용한 정보를 얻을 수 있다.

(2) 검사의 해석

지능검사의 해석에는 크게 양적인 분석방법과 질적인 분석방법이 있다. 이 두 방식에서 얻어지는 정보를 종합하면 피검자의 인지적인 기능에 대해서 뿐만 아니라 성격이나 심리적인 특성에 대한 풍부한 가설을 세울 수 있으므로 두 가지 방식 모두를 잘 알고 통합적으로 해석에 적용할 수 있도록 해야 한다.

① 양적분석

검사 결과 얻어진 수치들을 기준으로 분석해 나가는 것이다. 피검자의 현재 지능을 파악할 수 있으며 병전 지능의 파악도 가능하다. 또한 언어성 소검사와 동작성 소검사 점수 간의 비교 및 소검사들의 분산을 분석함으로써 피검자의 지능에 대한 세부적인 양상을 파악할 수 있다.

a. 현재 지능파악

언어성기능, 동작성기능 전체 지능지수, 지능수준, 백분율, 표준측정 오차 범위를 밝히는 방식으로 기술되며 이런 방식으로 기술한 예를 보면 다음과 같다. "K-WAIS 시행 결과 피검자는 언어성 지능지수 103, 동작성 지능지수 105, 전체 지능지수 105로 평균 수준에 속한다. 백분위는 63으로 100명 가운데 약 37위에 해당된다. 오차 범위를 고려할 때 전체 지능지수가 속하는 범위는 96~114이다."

b. 병전지능의 파악

원래 지능수준과 현재 지능수준 차이를 알아봄으로 피검자의 지능이 퇴화되었는지 유지되었는지 혹 피검자의 병리가 만성적 경과를 밟아왔는지 급성으로 발병하였는지 추정해 볼 수 있다. 병전지능 추정의 기준이 되는 소검사는 어휘, 기본상식, 토막짜기이며 그 이유는 점수가 안정적이며 각각 대표적인 검사가 되는 것으로 밝혀져 있기 때문이다.

c. 언어성 검사 VS 동작성 검사

각 개인이 속한 연령 집단에서의 유의미한 점수 차이를 근거로 하여 피검자의 언어성 검사지수와 동작성 검사지수 간의 차이가 유의미한지를 판단한다.

d. 소검사 간 점수 분단분석

소검사 평가치들의 분포형태를 말하며, 어휘 분산, 평균치 분산, 변형된 평균치 분산의 세 가지 방식이 있다.

② 질적 분석

피검자가 한 반응의 구체적인 내용 반응한 방식, 언어 표현방식, 검사에서 보인 행동 등을 분석하는 것이다. 이를 통해 양적 분석에서 놓칠 수 있는 성격적 특징, 심리적인 상태에 대한 세부 정보를 얻을 수 있다.

③ 통합적 해석의 가설

양적·질적 분석을 통해 나온 자료를 가지고 피검자에 대한 통합적 해석 가설을 세우는데 바탕이 되며 가설 설정의 단계로는 강·약점 검토, 공유점 검토, 상호 모순점 검토가 있다.

4) 진단별 반응 특징

개별적 정신 병리에 따라서 지능검사에서 나타날 수 있는 진단별 반응 특징을 간단히 살펴보면 정신증, 불안장애, 강박장애, 우울증, 히스테리성 성격 장애, 반사회성 성격 장애, 기질적 뇌손상 등이 있다.

3. MMPI(다면적 인성검사)

1) MMPI의 개념

다면적 인성검사(Minnesota Multiphase Personality Inventory : MMPI)는 1943년 미국 미네소타 대학의 심리학자인 해서웨이(Starke Hsthsway)와 정신과 의사인 매킨리(Jovian Mckinley)에 의해 처음 발표된 이후 세계적으로 가장 널리 쓰이고 가장 많이 연구되어 있는 객관적 성격검사이다. 현재까지 MMPI는 45개 나라에서 115 종류 이상의 번역판이 출판되었고 12,000가지 이상의 연구논문이나 저서가 발표되었다(김중술, 2003).

MMPI의 일차적 목적은 보다 효율적으로 정신질환자들을 평가하고 진단하기 위해서 제작된 검사이다. 하지만 오늘날에는 정신병리에 대한 평가뿐만 아니라 임상집단과 정상인집단 모두 성격 경향성을 평가하는 데도 널리 사용되고 있다. 다시 말해서 MMPI는 개인의 인성특성 혹은 징후를 평가하여 상담 및 정신치료에 기여하고, 비정상적이고 불건전한 증상이 진전될 가능성을 미리 찾아내어 예방 및 지도책을 도모하기 위한 검사이다.

MMPI가 자기보고식 검사로 자리 잡게 된 이유는 검사실시와 채점의 용이성, 시간과 노력의 절약, 객관적 규준에 의한 비교적 간단한 해석방식 등을 들 수 있다. 이런 특징들로 인해 덜 숙련된 임상가들도 투사적 검사에 비해 보다 쉽고 정확하게 결과를 해석할 수 있는 것으로 흔히 알려져 있다. 따라서 임상가는 MMPI에 대한 기본적인 바탕을 충실히 하여 진단과 평가에 있어서 이 검사가 줄 수 있는 이점을 충분히 살릴 수 있도록 하는 것이 필요하다(최정윤, 2002).

2) MMPI의 제작 과정

심리검사의 제작 과정은 크게 이론적인 방법과 경험적인 방법으로 분류된다. 20세기 초반에는 특정한 이론적 틀에 기초하여 제작자가 미리 개개의 문항과 채점 방향을 선정하는 이론적 방법에 의해 만들어졌다. 그러나 이런 방법에 의해 제작된 검사들이 실제 환자들의 반응과 일치하지 않는다는 문제점을 가지고 있었기에 이를 해결하기 위해서 해서웨이와 매킨리는 경험주의의 기치 하에 성격평가의 과학적인 진보를 위한 새로운 일보를 시작하였다. 그들은 종전의 질문지형 성격검사의 단점을 보완하고 여러 측면을 동시에 측정할 수 있는 질문지형 성격검사를 제작하기로 결심하고 MMPI를 제작하였다. 각각 특별한 목적을 가진 낱개의 검사들을 묶어서 사용하기보다 심리학자들에게 중요한 의미가 있는 광범위한 행동자료를 단일 질문지형 검사에 포함시킬 수 없을까 하는 것이 해서웨이와 매킨리의 의도였다. 그들은 우선 여러 가지 척도를 제작할 수 있도록 다양한 성격 기술과 관련되는 문항들의 공동자원을 만들기로 하고 정신과 교과서, 정신과 환자 사례 보고, 다른 질문지형 성격검사 및 임상적 경험 등을 토대로 한 약 1,000개 이상의 문항들을 수집했다. 그 중에서 중복되는 문항이나 그들의 목적에 별로 중요하지 않다고 생각되는 문항들을 제거하고 504개의 문항표집을 완성했다. 그리고 후에 내용이 첨부되어 문항수는 더 늘어나게 되었다. MMPI 가운데서 가장 먼저 제작된 것은 1942년에 척도1 건강염려증(Hypochondriasis)이고 그 이후 척도2 우울증(Depression)과 척도7 강박증(Psychasthenia) 그리고 1944년에 척도3 히스테리(Hysteria), 척도4 반사회성(Psychopathic Deviate)과 척도9 경조증(Hypomania)이 차례로 제작되었다. 1956년 이전에 상례적으로 사용되었으나 이 시기에 정식출판 된 임상척도는 척도5 남성특성-여성특성(Masculinity-Feminity), 척도6 편집증(Paranoia), 척도8 정신분열증(Schizophrenia)이 있다. 마지막 임상척도 사회적 내향성(Social Introversion)은 1946년 드레이커(Draker)가 개발하여 표준 다면 인성검사에 합병시킨 것이다.

한국판 MMPI는 서울대학교 의과대학 정신과학교실의 이정균(1962, 1964, 1965, 1966)과 서울대학교 사범대학 교육심리학연구실의 진위교(1962, 1964, 1965)에 의하여 처음으로 시도되었다. 이정균은 미국 미네소타 대학 정신과에 1년간 교환교수로 재직하면서 해서웨이(Starke Hathaway)로부터 MMPI를 배울 기회가 있었다. 귀국 후 그는 1961년부터 미국판 MMPI를 한국 정신과 환자들에게 시험적으로 실시하였다. 그리고 진위교는 대학원 석사과정 지도교수인 정범모와 함께 MMPI에 관한 표준화연구를 시작하여 1963년 8월에 『MMPI 다면 인성검사』를 출판하였다. 이정균은 주로 정신과 환자의 MMPI 반응을 연속적으로 발표하였고, 진위교는 주로 청소년을 중심으로 정상인 집단의 MMPI반응을 근거로 표준화 작업을 진행했는데, 1965년에는 이정균·진위교와 정범모가 서로 협력하면서 코리안테스팅센터에서 "MMPI 다면적 인성검사 검사법요강"을 출판되게 되었다.

3) MMPI의 구성

MMPI 검사지는 총 566문항으로 되어 있으나 이 가운데서 16문항이 중복되어 있으므로 실제적으로는 550문항이다. 수검자는 각 문항에 대해 '그렇다', '아니다', 또는 '말할 수 없다(결정, 판단할 수 없다)' 등 세 가지 중 어느 하나로 대답하는 질문지형 검사로 구성되었다. MMPI 문항별 구성에 대해서 구체적으로 살펴보면 (표8-1)과 같다.

척도명	기호	약자	문항수
타당도 척도			
모르겠다(Can not say)		?	
L척도(Lie)		L	15문항
F척도(Frequency)		F	64문항
K척도(Defensiveness)		K	30문항
임상척도			
건강염려증(Hypochondriasis)	1	Hs	33문항
우울증(Depression)	2	D	60문항
히스테리(Hysteria)	3	Hy	60문항
반사회성(Psychopathic Deviate)	4	Pd	50문항
남성특성-여성특성(Masculinity-Feminity)	5	Mf	60문항
편집증(Paranoia)	6	Pa	40문항
강박증(Psychasthenia)	7	Pt	48문항
정신분열증(Schizophrenia)	8	Sc	78문항
경조증(Hypomania)	9	Ma	46문항
사회적 내향성(Social Introversion)	0	Si	70문항

표 8-1 MMPI의 척도 구성

4) MMPI의 실시

MMPI를 실시함에 있어서 피검자에 대한 고려사항은 다음과 같다.

① 독해력 : 가장 중요한 요소로 적어도 초등학교 6학년 수준 이상의 독해력이 필요하다.

② 나이 : 연령의 하한선은 16세이고 독해력은 가능하다면 상한선은 없다고 할 수 있다.

③ 지능 : 지적 기능은 다소 낮아도 가능하나 표준화된 지능검사로 측정된 IQ가 적어도 80이상은 되어야 적절한 수행이 가능하다고 본다.

④ 피검자의 정신상태 : 심하게 혼란스럽거나 동요되어 있는 경우는 제외하고 정신적 손상이 수행에 방해가 되는 것은 아니다. 단, 너무 긴 시간(우울증 환자, 강박적 성격의 소유자)이나 너무 짧은 시간(충동적이거나 비협조적인 사람)은 진단적으로 유의미할 수 있다. 일반적인 검사소요 시간은 1~2시간이다.

검사자에게 요구되는 태도는 진지하고 성실한 태도로 검사의 목적과 결과의 비밀보장 등에 관해 설명하여 주고 이 검사에서 얻어지는 정보가 상담과 치료에 매우 중요한 자료가 됨을 강조할 필요가 있다. 답안지 수거 과정에서 특히 신중을 기해야 한다. 즉, 채점 전에 답안지를 전체 검토해서 누락된 문항이 있는지, 내용을 알아볼 수 있는지, 자주 지운 흔적이 있는지 등을 검토한다. 혹시 적절하게 응답하지 않았다면 재응답할 것을 권유해야 한다.

그리고 피검자가 과거와 현재의 상태에서 어떤 경우냐고 묻는 경우가 많은데, 이때는 현재 상태를 기준으로 느낌을 그대로 작성하도록 답해준다. 시작할 때 지시문은 다음과 같다.

"이 질문지는 일상생활에서 당면하는 여러 가지 문제들을 문항들로 만들어 두었습니다. 문항들을 하나하나 읽어가면서 그 문항이 당신을 잘 나타내고 있거나 당신 생각과 같으면 답안지의 '그렇다'에 해당하는 칸에 빗금표시를 하시고 그렇지 않으면 '아니다'에 해당하는 칸에 빗금표시를 하십시오."

5) MMPI의 해석

MMPI는 일반적 해석, 개별 척도 해석, 코드 유형에 따른 해석, 정신역동적 해석 등 다양한 해석방법이 있다. MMPI 해석시 가장 유의해야 할 점은 다른 검사의 경우와 마찬가지로 면담이나 다른 정보 없이 무정보 해석(blind interpretation)을 해서는 안 된다. MMPI는 피검자에 대한 가설을 제공하는 것이지 피검자에 대한 확실하고 완전한 특성 파악이나 구체적인 행동을 예언하는 것이 아니기 때문이다. MMPI의 해석 가운데 가장 기본이 되는 일반적 해석과 개별척도 해석을 살펴보면 다음과 같다.

(1) 일반적 해석
① 피검자의 검사태도를 검토한다(2시간 이상-강박증, 우울증, 정신운동기능장애 / 단시간-충동적, 성의 없음).

② 척도별 점수를 검토한다(척도점수가 상승할수록 해당척도가 대표하는 "문제"의 심각도 커짐).

③ 척도들 간 연관성에 대한 분석을 한다(특정 개별척도의 점수의 의미와 이에 따른 가설을 종합해서 이를 근거로 다른 척도의 상승, 하락 여부에 대한 예측을 할 수 있다).

④ 척도들 간의 응집 혹은 분산을 찾아보고 그에 따른 해석적 가설을 세운다(가장 높이 상승되어 있는 두 개의 임상척도 간의 관계를 대상으로 타당도와 연관성을 고려해 해석한다).

⑤ 낮은 임상 척도에 대해서 검토한다(낮은 점수 나름대로 특별한 의미를 가지고 있는 경우가 종종 있다).

⑥ 형태적 분석을 한다(척도를 집단으로 묶어서 검토하는 것이며 대표적으로 세 쌍을 동시에 고찰하는 방법이 있다).

⑦ 전체 프로파일 형태에 대한 분석을 한다(전체적 형태 분석에서 주로 고려하게 되는 프로파일의 특징은 척도들의 상승도, 기울기 및 곡선이다).

(2) 개별척도 해석

① 타당도 척도

피검자가 자신의 상태에 대한 인식이 부족하여 제대로 대답하지 못하였든가 아니면 고의로 바르게 답하지 않았든 간에 검사자는 피검자가 올바르게 반응하지 않았을 것에 대해 알고 있는 것이 중요하기에 이런 피검자의 검사태도를 측정할 수 있도록 제작된 검사이며 타당도 척도를 통해 잘못된 검사태도를 탐지하게 해준다.

- ?척도: ?척도 점수는 응답하지 않는 문항과 '네', '아니오' 모두 답한 문항들의 총합이다.
- L척도: 자신을 양심적이고 사회적으로 바람직하며 모범적인 사람으로 보이려는 솔직하지 못한 태도를 파악하고자 구성되었다.
- F척도: 검사문항에 대해 개인이 보고하는 내용이 대부분의 사람들과 얼마나 다른가를 반영하는 문항으로 구성되었다.
- K척도: L척도에 비해 포착되기 어렵고 보다 효과적인 방어적 태도에 대해 측정한다.

② 임상척도

각 임상척도별 점수가 의미하는 내용에 대해 아래와 같이 정리할 수 있다.

척도명	약자	내용
척도1 (건강염려증)	Hs	신체기능에 대한 과도한 불안이나 집착 같은 신경증적인 걱정이 있는지 알아보려는 것이다.
척도2 (우울증)	D	우울증상을 측정하기 위한 것으로 슬픔, 사기저하, 미래에 대한 비관적인 생각, 무기력 및 절망감 등을 나타낸다.
척도3 (히스테리)	Hy	심리적 고통을 회피하는 방법으로 부인을 사용하는 정도를 측정한다.
척도4 (반사회성)	Pd	대표적으로 공격성의 정도를 나타내는 검사이다. 가족이나 권위적 대상에 대한 불만, 일탈행동, 성문제, 자신 및 사회와의 괴리, 일상생활에서의 권태 등이 이 척도에서 측정하는 주요 대상이다.
척도5 (남성성–여성성)	Mf	직업과 취미에 대한 흥미, 심미적이고 종교적인 취향, 능동성과 수동성 그리고 대인관계에서의 감수성에 대한 내용을 포함하고 있다. 본래 남성성과 여성성의 이탈 정도를 알아보기 위해 제작된 것이나 점수의 상승이 반드시 동성애적 성향을 반영한다고 볼 수는 없다.
척도6 (편집증)	Pa	대인관계 예민성, 피해의식, 만연한 의심, 경직된 사고, 관계망상 등을 포함하는 편집증의 임상적 특징을 평가하는 것이 주된 목적이다.
척도7 (강박증)	Pt	강박적 행동을 측정하는 것 외에 자기비판, 자신감의 저하, 주의집중 곤란, 우유부단 및 죄책감 등을 측정한다.
척도8 (정신분열증)	Sc	척도의 점수가 높을수록 정신적으로 혼란되어 있음을 반영한다. 한편 정상인의 경우 상상력을 반영하는 것이기도 하다.
척도9 (경조증)	Ma	정신적 에너지를 측정하는 척도로써 이 척도가 높은 사람들은 정력적이고 자신만만하며 자신을 과대평가한다. 예민성이나 부정적인 정서를 부인하는 특징을 보이기도 한다.
척도10 (내향성)	Si	그 사람이 혼자 있는 것을 선호하는가 아니면 다른 사람들과 함께 있는 것을 선호하는가를 측정하는 척도이다. 대인관계 욕구, 대인관계 상황에서의 예민성 또는 수줍음, 사회적 불편감이나 회피, 자기비하 등의 내용으로 구성되어 있다.

표 8-2 임상척도별 점수의 의미

4. MBTI검사(성격유형검사)

1) MBTI검사의 개념

MBTI(Myers-Briggs Type Indicator)는 1900~1975년에 걸쳐 마이어스와 브릭스 (Isabel Briggs Myers & Katharine Cook Briggs)에 의해 계발되었다. 사람들의 차이점과 갈등을 이해하고자하는 그들의 노력은 자서전 연구를 통한 성격분류로 시작되었고 1921년 융(C. G. Jung)의 심리유형(Psychological Type) 이론을 접하면서 인간관찰에 대한 본격적인 연구가 시작되었다. 이후 MBTI Form A, B, C, D, E를 거쳐 1962년 Form F가 미국교육평가원(Educational Testing Service: ETS)에 의해 출판되었고 1975년 Form G를 개발하여 미국 CPP로부터 출판, 현재에 이르러 Form K와 Form M 등이 개발되어 있다. 한국의 MBTI 역사는 1988~1990년 심혜숙, 김정택에 의해 미국 CPP와 MBTI의 한국판 표준화 법적 계약을 맺고 표준화 작업이 완성되었고, 1990년 6월에 한국에 도입되었다. MBTI는 융의 심리유형론을 근거로 하였고 보다 쉽고 일상생활에 유용하게 활용할 수 있도록 고안한 자기보고식 성격유형지표이다. 융의 심리유형론은 인간행동이 그 다양성으로 인해 종잡을 수 없는 것 같이 보여도, 사실은 아주 질서정연하고 일관된 경향이 있다는데서 출발하였으며 인간행동의 다양성은 개인이 인식 (perception)하고 판단(judgement)하는 특징이 다르기 때문이라고 보았다. MBTI는 개인이 쉽게 응답할 수 있는 자기보고(self report) 문항을 통해 인식하고 판단할 때의 각자 선호하는 경향을 찾고, 이러한 선호경향들이 하나하나 또는 여러 개가 합쳐져서 인간의 행동에 어떠한 영향을 미치는가를 파악하여 실생활에 응용할 수 있도록 제작된 심리검사이다.

2) MBTI검사의 실시 및 주의사항

(1) MBTI검사자가 검사 진행시 유의할 사항

① 이 검사는 '성격의 선천적 선호성'을 알려주는 검사로, 성격의 좋고 나쁜 것을 나타내는 것이 아니라는 것을 알려준다.
② MBTI는 능력검사나 지능검사가 아니라는 점을 강조한다.

③ 피검사자가 이해하지 못하는 문항이 있다 하더라도 그 문항에 대해 해석, 설명하는 것은 삼가야 한다.

④ 이 검사는 정상적인 성격유형을 밝혀내는 데에는 적합하지만, 내적인 혼란 상태에 있는 정신장애자에게는 부적합하다.

⑤ 생활의 극심한 변화(이혼, 배우자사망, 이별 등)를 겪은 사람들은 심리적으로 매우 불안정하여 신뢰성 있는 결과를 얻을 수 없으므로 검사를 피하는 것이 좋다.

⑥ 특정한 조건(입사시험 등)에서 검사를 받는 경우에는 MBTI 결과가 왜곡될 수 있다.

⑦ 전화 또는 대독이 필요한 자는 대독하는 자의 억양이나 생각에 따라 결과가 왜곡될 수 있다.

⑧ 성인용은 대체로 중3 이상의 학력을 가진 일반인이 검사할 수 있다(어린이 및 청소년용(MMTIC)은 초등 3학년부터 중2학년까지의 어린이 및 청소년이 검사를 받을 수 있다).

(2) 피검자의 유의할 사항

① 시간제한은 없으나 한 문항에 너무 오래 생각하지 말 것.

② 의식적으로 일관성이 있게 응답할 필요는 없다는 것.

③ '맞고', '틀린' 답이 없으므로 조금이라도 자신에게 가까운 쪽을 선택할 것.

④ 자신이 바라는 이상형으로 응답해서는 안 되며, 현재의 자신이 하는 행동, 현재 선호하는 방향으로 대답하도록 할 것.
  • 지속적이고 일관성 있게 사용하는 경향
  • 자연스럽고 편안한 경향
  • 크게 의식하지 않고 자주 쓰는 경향
  • 상대적으로 더 쉽게 끌리는 경향

⑤ 애매하거나 선택할 수 없는 문항은 넘어가도 된다.

3) MBTI 4가지 선호경향

각 지표는 인식, 판단기능과 연관된 4가지 근본적 선호 중 하나를 대표한다. 이 선호성은 주어진 상황에서 사람들이 '무엇에 주의를 기울이는가?'와 그들이 인식한 것에 대하여 어떻게 결론을 내리는가에 영향을 미친다. 여기서 말하는 심리적 선호경향(Preference)이란 "내가 더 지속적이고 일관성 있게 활용하는 것", "더 자주, 많이 쓰는 것", "선택적으로 더 좋아하는 것", "상대적으로 편하고 쉬운 것", "상대적으로 더 쉽게 끌리는 것"을 의미한다.

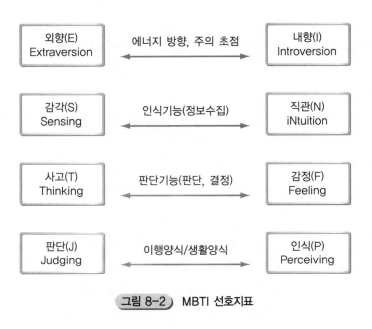

그림 8-2 MBTI 선호지표

선호지표	외향형(Extraversion)	내향형(Introversion)
설 명	폭넓은 대인관계를 유지하며 사교적이며 정열적이고 활동적이다	깊이 있는 대인관계를 유지하며 조용하고 신중하며 이해한 다음에 경험한다.
대표적 표 현	자기외부에 주의집중 외부활동과 적극성 정열적, 활동적 말로 표현 경험한 다음에 이해 쉽게 알려짐	자기내부에 주의집중 내부 활동과 집중력 조용하고 신중 글로 표현 이해한 다음에 경험 서서히 알려짐

선호지표	감각형(Sensing)	직관형(iNtuition)
설 명	오감에 의존하여 실제의 경험을 중시하며 지금, 현재에 초점을 맞추고 정확, 철저히 일처리 한다.	육감 내지 영감에 의존하며 미래지향적이고 가능성과 의미를 추구하며 신속, 비약적으로 일처리 한다.
대표적 표 현	지금, 현재에 초점 실제의 경험 정확, 철저한 일처리 사실적 사건묘사 나무를 보려는 경향 가꾸고 추수함	미래 가능성에 초점 아이디어 신속비약적인 일처리 비유적, 암시적 묘사 숲을 보려는 경향 씨뿌림

선호지표	사고형(Thinking)	감정형(Feeling)
설 명	진실과 사실에 주관심을 갖고 논리적이고 분석적이며 객관적으로 판단한다.	사람과 관계에 주관심을 갖고 상황적이며 정상을 참작한 설명을 한다.
대표적 표 현	진실, 사실에 주관심 원리와 원칙 논거, 분석적 맞다, 틀리다 규범, 기준중시 지적 논평	사람, 관계에 주관심 의미와 영향 상황적, 포괄적 좋다, 나쁘다 나에게 주는 의미 중시 우호적 협조

선호지표	판단형(Judging)	인식형(Perceiving)
설 명	분명한 목적과 방향이 있으며 기한을 엄수하고 철저히 사전계획하고 체계적이다	목적과 방향은 변화가능하고 상황에 따라 일정이 달라지며 자율적이고 융통성이 있다
대표적 표 현	정리 정돈과 계획 의지적 추진 신속한 결론 통제와 조정 분명한 목적의식과 방향감각 뚜렷한 기준과 자기의사	상황에 맞추는 개방성 이해로 수용 유유자적한 과정 융통과 적응 목적과 방향은 변화할 수 있다는 개방성 재량에 따라 처리될 수 있는 포용성

표 8-3 　MBTI 4가지 선호지표의 대표적 표현들

4) MBTI 16가지 성격유형

네 가지 선호지표를 조합하여 만들어진 16가지 성격유형 도표는 MBTI를 효과적으로 이해하고 응용하는 기초가 된다. 마이어스와 브릭스가 고안한 이 도표는 생각이 많은 내향성은 도표의 위쪽 두 줄에, 적극적이고 활동적인 외향성은 도표의 아래쪽 두 줄에, 감각형은 도표의 왼쪽 두 줄에, 직관형은 도표의 오른쪽 2줄에 배치하였고, 분석적이고 논리적인 사고형은 도표의 왼편과 오른편에 배치하고, 관계지향적인 감정형은 도표의 중앙에 배치시켰다. 정리정돈을 잘하는 판단형은 도표의 아래위로 배치하고, 개방적이며 때로는 즉흥적인 인식형은 도표의 가운데로 모아놓았다. 이 유형도표는 사람들간의 상호작용을 쉽게 이해할 수 있도록 해줌으로써 서로가 서로를 더 잘 알 수 있는 세상을 만드는데 도움을 주고 있다.

ISTJ	ISFJ	INFJ	INTJ
ISTP	ISFP	INFP	INTP
ESTP	ESFP	ENFP	ENTP
ESTJ	ESFJ	ENFJ	ENTJ

그림 8-2 MBTI 16가지 성격유형

5) 주기능, 부기능, 3차기능, 열등기능

주기능은 의식적으로 가장 선호하여 활발하게 사용하는 기능으로써 개인성격의 핵심을 말한다. 주기능은 성격유형의 중간 두 글자중 하나에 의존하며 가장 의식적이고 잘 발달된 기능이다.

부기능은 두 번째로 선호되는 기능이며 성격유형의 중간 두 글자중 나머지 하나에 해당하며 인식과 판단, 외향성과 내향성 간의 균형을 유지시켜준다.

3차 기능은 두 가지 선호기능(주기능, 부기능) 중 어느것도 아니며 네 가지 선호지표에 포함되지 않는다. 일반적으로 주기능과 부기능에 비해 훨씬 덜 발달 되어 있으며 덜 의식적이고 부기능의 반대에 해당된다.

열등 기능은 주기능의 반대로 정신활동의 에너지가 가장 적게 가기때문에 가장 덜 발달되어 있다.

5. BGT(벤더-게슈탈트검사)

1) BGT검사의 개념

벤더-게슈탈트검사(Bender-Gestalt Test, 원 명칭은 Bender Visual Motor Gestalt Test, 이하 BGT라 약칭함)는 1938년 벤더(Lauretta Bender)가 미국예방정신의학협회(The America Orthopsychiatric Association)의 연구지 제3호에 「시각-운동 형태 검사 및 그 임상적 활용(Visual Motor Gestalt Test and Its Clinical Use)」이라는 논문을 발표한데서 비롯되고 발전된 것이다. 벤더가 처음 BGT를 착안하게 된 동기는 1931년 미국 뉴욕 시내 여러 공원에서 아동들이 분필을 가지고 포장도로 위에 무의식적으로 그린 그림들을 관찰하면서 시작되었는데, 이 검사의 이론적 근거는 형태심리학(Gestalt psychology)의 개념에 의거하고 있다. 따라서 이 검사의 자료도 형태심리학자인 베르트하이머(Wertheimer, 1923)가 지각의 형태심리학적 법칙(예: 접근성, 유사성, 연속성, 공통성, 완결성 등)을 연구하고 설명하기 위하여 고안한 수많은 도형 중 9개의 도형을 가져온 것이다.

BGT는 9매의 간단한 기하학적(幾何學的)도형으로 구성되었으며, 이 동향들은 피검자에게 한 장씩 차례로 보여 주고(시각적) 그것을 종이 위에 그리도록 한 다음(운동기능), 그 결과에 대하여 형태심리학의 이론을 기초로 하여 개인의 심리적 과정을 분석하고 해석하고자 하는데 목적을 두고 있다(정종진, 2003). 1940년대 중반에 들어서면서 헛(Hutt)에 의해 BGT검사가 비언어적인 투사적 검사가 될 수 있음이 강조되면서 BGT에 대해 정신역동적인 관점이 대두되기 시작했고, 헛은 벤더가 사용한 도형에서 선의질, 각도 및 도형의 크기 등 불규칙성을 제거하고 모사하기 쉬운 도형들을 개발하여 방법을 적용시켜 검사를 실시하였는데 이를 HABGT(Hutt Adaptation of the Bender-Gestalt Test)라 한다.

BGT는 원래 기질적 뇌장애를 측정하기 위해서 개발되어 사용되었지만 오늘날에는 인성, 학습장애, 지능 등 그 사용범위가 아주 광범위하다. BGT는 투사법이지만 검사 자체가 간편하고 그 실시와 채점 및 해석이 비교적 쉬워 다요인적 해석이 가능하기 때문에 단일요인들을 측정하고 있는 다른 검사들에 비해 경제적 효과가 크다. 그러므로 정신의학 및 임상심리 분야에서는 물론 교육적 장면에서도 활용되고 있는 것이다.

2) 검사도구의 구성 및 실시

(1) 검사도구의 구성

BGT 검사도구는 9개로 도형 A와 도형 1에서 8까지의 명칭이 붙어 있는데, 9개 도형 가운데 도형 4와 도형 5를 제외하고는 모두 베르트하이머(Wertheimer, 1923)가 지각에 대한 형태심리학적 법칙을 예시하기 위해 고안한 도형에서 채용되었다.

벤더(1963)는 도형 A, 3, 7, 8을 베르트하이머의 도형과 아주 닮게 만들었고, 나머지는 어떤 기본적인 형태의 특징을 단순화시켰거나 보다 강조해서 변형시켰다고 하였다. 이들 도형을 11.1×10.4cm 크기의 카드에 각각 1개씩 그린 9매의 카드가 1조의 BGT를 이루고 있다. 도형 A는 원과 장방향, 도형 1은 12개의 점, 도형 2는 3개의 원이 11개 열로 되어있고, 도형 4는 장방향에 종 모양의 곡선이 결합되어 있다. 그리고 도형 5는 19개의 점으로 된 곡선에 7개의 점으로 된 선이 달려있고, 도형 7은 2개의 6각형 모양으로 되어 있으며, 도형 8은 긴육각형 안에 작은 마름모꼴이 들어 있는 모양으로 구성되어 있다.

(2) BGT검사 실시의 유의사항 및 지침

BGT검사를 수행하기 위해서는 우선적으로 BGT카드, 모사할 용지(A4) 여러 장, 지우개, 연필(중간정도심), 도형모사에 지장을 주지 않을 책상, 의자 등의 준비물이 필요하다.

검사를 실시하기 앞서서 유의해야 할 점은 검사자체가 피검자에게 도움을 주는 것이라는 인식을 심어주면서 심리적 안정을 취할 수 있도록 해 주고 최선을 다할 수 있도록 하여야 한다.

실시과정에 대한 지침으로는 먼저 자극카드가 보이지 않게 두고 도형 A부터 도형 8까지 차례로 제시하며 피검자의 왼쪽에 놓아둔다. 모사용지는 여러 장을 준비해 피검자가 요구하면 더 사용할 수 있게 하고 모사용지는 세로로 놓아둔다. 모사할 때 자 등 보조도구를 사용하게 해서는 안 된다. 제시내용 이외의 질문에 대해 보통 "좋을 대로 하십시오" 혹은 "마음대로 해도 됩니다"라고 답한다. 진행시 스케치하듯 그리는 것, 용지나 도형을 회전하는 것, 도형을 구성하는 점을 세는 것 등의 행동에 대해서 1회는 제지하는 것을 원칙으로 하고, 2회부터는 행동관찰에 기록하여 해석에 참고한다. 아울러 피검자의 검사태도, 검사행동을 잘 관찰하여 해석에 참고한다.

(3) BGT검사의 실시 방법

① 모사(copy Phase)

피검자에게 모사할 용지, 연필, 지우개를 주고 9매의 BGT카드를 책상 위에 엎어둔 뒤 지시의 말을 한다. 검사자는 기본적 지시 후에 어떤 질문이 나오든 지시 범위 내에서 답변하고 검사방법에 대한 어떤 시사도 주어서는 안 된다. 질문이 나오면 "좋을 대로 하십시오"라고 답한다. 검사 시 피검자의 검사행동은 상당히 중요한 정보이다. 피검자의 검사행동을 주의 깊게 관찰하여 잘 기록해 놓고 검사 해석 시에 적용하여야 한다.

② 변용모사(elaboration phase)

이 단계의 주된 목적은 투사적 반응을 극대화시켜 피검자의 독특한 심리적 특징이 드러나게 하려는데 있다. 모사단계 후 새 용지를 주고 각 도형을 다시 제시하면서 "이것을 당신 마음에 들도록 고쳐 그려보세요"라고 한다. 피검자가 그대로가 좋다고 하면 "좋습니다. 그대로 다시 한 번 그려보세요"한다.

③ 연상(association phase)

변용 모사단계에서 그린 그림에 대해 연상해 보도록 한다. "당신이 그린 도형을 보십시오. 무엇같이 보입니까?"라고 묻는다. 이 변용모사 단계와 연상단계에서 피검자의 성격적 특성과 역동적인 면에 대해 많은 정보를 얻을 수 있다.

④ 순간노출 단계(tachistoscope phase)

뇌기능장애가 의심될 때 사용된다. 자극도형을 노출하는데 시간차를 두는 것이다. 도형을 5초 간격으로 보여준다.

⑤ 한계 음미(testing the limits phase)

모사단계에서 얻어진 정보가 모호할 때 재 모사하도록 하여 정확한 정보를 얻으려는데 있다. 이 과정으로 기질적장애가 있는 경우는 도형의 일탈을 수정하지 못하며, 정서장애를 가지고 있는 경우는 약간의 주의를 두면 수정이 가능하다.

⑥ 회상(recall phase)

주로 기질적 손상이 있는 환자와 그렇지 않은 환자를 변별하는데 유용하다.

3) 평가 항목해석

각 항목에 대한 해석은 실험적 근거를 토대로 이루어졌으나 어떤 것은 경험적 근거가 부족한 것도 있음을 감안해야 한다. 이 해석은 성인을 대상으로 한 임상적 실험적 근거에서 도출한 것이다.

(1) 조직화방식(organization)

① 배열순서(sequence)

9개 도형을 용지에 배열하는 순서의 규칙성을 말한다. 예상순서는 왼쪽에서 오른쪽 또는 위에서 아래로 배열하는데 오른쪽에서 왼쪽으로, 아래에서 위로 그릴 때 하나의 일탈로 간주한다.

- **해석** : 종이에 도형 배치하는 방식은 조직적이고 계획적인 태도를 반영한다. 매우 강박적인 사람은 정확하고 일관되게 도형을 배치한다. 흥분된 정신분열증 환자, 조증, 경조증의 경우 중독적인 정신병에서는 혼란된 순서를 보이는데 심한 장애를 나타내므로 진단하는데 중요하다. 오른쪽에서 왼쪽으로의 도형배치(문화적 요인 제외)는 반대적인 행동특성, 부정적인 태도를 반영한다. 2장 이상의 용지사용자는 드문 일인데 자기중심적인 사람이거나 조증환자, 과대망상을 수반한 정신분열증 환자에게 나타난다.

② 첫 도형의 위치

도형 A를 어느 곳에 그리는가에 대해서 평가하는 것이다.

- **해석** : 주어진 용지에 첫 도형을 어떻게 배치하는지는 개인의 세상에 대한 방향성을 반영한다. 종이의 중앙에 가깝게 배치시킨다면 이는 자기도취, 자기중심성, 수동적인 반향과 같은 성격경향이다. 헛(Hutt)의 임상적 경험에 비추어 용지의 좌, 우측 하부의 모서리에 그리면 예외 없이 고도로 비정상적인 인성을 나타낸다고 발견하였다고 한다.

③ 공간사용

연속적으로 그린 도형들 간의 공간이나 크기에 대해서 평가한다.

- **해석** : 공간의 사용이 과도하게 넓어진 경우는 적대적이고 행동화 경향 및 주장적인 특성과 관련이 있는 반면, 지나치게 좁아진 공간은 수동성, 위축된 행동특성, 정신분열적인 경향, 혹은 억압된 적대감과 피학적인 경향과 연관되는 것으로 본다.

④ 그림의 중첩

한 도형을 다른 도형과 겹쳐서 그리거나 거의 겹쳐진 형태로 그리는 것을 말한다. 한 도형의 점선이나 원이 근접한 도형의 열려진 공간으로 들어가기는 하지만 실제로 접해 있거나 겹쳐있지 않은 경우는 중첩으로 간주하지 않는다.

- **해석** : 중첩현상은 '자아기능의 현저한 장애'를 나타내며 고려할 사항 두 가지가 있다. 첫째, 중첩경향은 7세 이하의 아동이나 정상적인 사람에게도 나타나는 현상이기 때문에 자료해석에 조심한다. 둘째, 운동의 통제에 영향을 주는 신경학적인 손상을 지닌 환자의 경우 뇌손상과 함께 자아 통제의 장애가 수반될 때 중첩이나 중첩경향이 발생할 수 있다. 뇌손상 없이 일어나는 중첩은 심리적 장애와 관련된 자아기능의 심각한 저하를 생각해야 한다.

⑤ 가장 자리의 사용

도형을 용지의 가장자리에서 2cm이내에 배치하는 것, 7개 이상의 도형에서 나타날 때 유의미하다(정신병리 척도 항목이 아님).

- **해석** : 심한 불안, 어떤 편집증적 상태에서는 모든 그림을 가장 자리에 꼭 붙여 그린다. 또한 뇌장애가 있는 환자에게서 나타날 수 있는데 이 경우 자아통제를 유지하고 무기력감을 감소하려는 보상적 도식이다.

⑥ 용지의 회전

수직 위치에서 수평위치로 용지를 회전시킨다.

- **해석** : 임상적인 경험에 비추어 볼 때 피검자가 종이의 위치를 바꿀 때 이는 수동적인 반대행동 경향을 시사하는 지표이거나 억제된 공격성의 지표로 보아

왔다. 편집형 정신분열, 심한 성격장애, 사회병질적인 환자군에서 관찰된 바 있다.

(2) 크기의 일탈

① 전체적으로 크거나 작은 그림

자극도형의 수직, 수평축의 크기보다 이상 크거나 작게 그린이 5개 이상일 때 유의미하다.

- **해석** : 전체적으로 크거나 작은 것은 검사장면에서 불안표출의 결과일 수가 많다. 그림의 크기가 매우 작으면 퇴행, 불안, 두려움, 내면의 적대감과 관련 있으며 크기가 매우 크면 독단적, 반항적, 자기중심적인 경향을 반영한다.

② 점진적으로 커지는 그림과 작아지는 그림

6개 이상의 도형이 점점 커지거나 반대로 작아지는 것을 말하며 유의미한 것으로 평가한다.

- **해석** : 자아통제가 빈약하고 욕구좌절에 견디는 힘이 부족한 경우에 나타나는데 크기가 커지는 것은 충동성으로, 크기가 작아지는 것은 에너지 수준의 저하로 인해 나타나는 것으로 해석된다.

③ 고립된 큰 그림과 작은 그림

한 도형의 일부가 상대적으로 아주 크거나 작은 것, 또는 어느 한도형이 다른 도형에 비해 아주 크거나 작은 것을 말한다. 도형의 한 부분의 유의미성 준거는 해당부분이 다른 부분보다 1/3 정도 크거나 작은 것, 전체도형과 비교할 때 한 도형이 1/4이상 크거나 작은 것을 말한다.

- **해석** : 도형 A의 경우 각 부분의 크기가 변하는 것은 여성상(원), 남성상(장방형)에 대한 상대적인 태도를 반영한다.

(3) 형태의 일탈

① 폐쇄곤란

한 도형 내에서 하나의 도형, 두 개의 도형이 맞닿는 부분을 제대로 완성하지 못하거나 부분들을 접촉시키는데 어려움이 있는 것, 폐쇄곤란이 일어나는 도형은 A, 2, 4, 7, 8 이다.
- **해석** : 폐쇄곤란의 주요한 가설은 시각-운동 수준에서 적절한 대인관계를 유지하는데 어려움을 나타낸다. 심한 정신병리나 대인관계의 문제와 관계있는 어떤 정서적 문제를 밝혀주는 중요한 지표가 된다.

② 교차곤란

도형 6, 7에 해당하는 항목으로 다각형들의 교차곤란을 말한다. 선이 서로 교차되는 지점에서 지우고 다시 그린다거나 스케치하는 경우, 선을 지나치게 강하게 나타날 경우 채점한다. 도형 6의 두 곡선이 접하지 않게 그렸을 때는 교차곤란으로 계산하지 않는다. 원점수는 곤란이 발생하는 횟수이다.
- **해석** : 이 현상은 심리적 단절의 지표가 될 수 있으며 강박증과 공포증 환자, 대인관계의 곤란을 겪는 사람들에게서 나타난다.

③ 곡선 묘사 곤란

도형 4, 5, 6에 있어서 곡선의 성질이 명백히 변화된 것. 도형 4, 6곡선의 진폭이 증가(감소)할 때, 곡선이 직선이나 뾰족 뾰족한 선으로 그려질 때, 곡선이 평평해질 때나 불규칙할 때. 원점수는 변화가 일어난 도형의 총수이다.
- **해석** : 임상적인 관점이나 연구 결과 모두에서 정서적 장애에 매우 민감한 지표이다. 정서적으로 고양되어 있는 환자들은 곡선의 수가 증가되는 경향이 있으며, 우울한 환자들은 반대로 감소한다. 곡선의 불규칙성은 정서적인 불규칙성이나 공격적인 행동화 경향과 관련된다.

④ 각의변화

도형 2, 3, 4, 5, 6, 7에서 각도가 15도 이상 커지거나 작아진 것을 말한다.
- **해석** : 각의 변화는 감정적 자극을 다루는데 있어서 어려움을 반영하는 것으로 감정의 통제와 충동통제의 문제와 관련 있다. 각이 증가하는 것은 둔화된 감정을, 각이 감소하는 것은 예민한 감정을 나타낸다.

(4) 형태의 왜곡(심한 정신병리의 지표)

① 지각적 회전

자극도형과 용지는 정상적인 표준위치를 유지하는데 모사도형은 그 주된 축이 회전된 것을 말한다.

- **해석** : 심한 회전은 자아기능수행에 심한 장애를 시사하고 이러한 현상은 뇌기능 장애, 정신지체, 정신증 환자들에서 흔히 볼 수 있다. 시계방향으로의 경미한 회전은 우울증과 관련이 깊고, 역시 시계방향으로의 회전은 반항적 경향과 관련이 있다. 자극도형을 회전시킨 것이 기질적인 문제나 심각한 정신병리와 관련되는지, 아니면 부주의나 반대적인 행동경향과 관련이 있는지를 알아보기 위해 한계음미 단계를 실시한다.

② 퇴영

자극도형을 아주 유치한 형태로 묘사하는 것이다. 도형 2에서 원을 고리로 그리는 것, 도형 1, 3, 5에서 점대신 ( )로 그리는 것, 도형 2에서 원대신 점으로 찍어버리는 경우이다.

- **해석** : 퇴영은 심리적 외상에 대한 비교적 심하고 만성적인 방어 상태에서 일어나며, 자아통합과 자아기능수행의 실패를 나타내 주는 것으로 해석된다. 정신분열증 환자나 방어기제가 약화된 심한 신경증 환자에게서 나타난다.

③ 단순화

도형 A에서 두 부분을 접촉시키지 않는 경우, 단순화는 단편화나 퇴영과 함께 나타날 때에는 채점하지 않고 단독으로 나타날 때만 채점한다.

- **해석** : 과제에 대한 집중력의 감소를 나타내고 행동의 통제나 자아를 실행하는 기능의 장애와 관련된다.

④ 단편화

자극도형의 형태가 파괴된 것이다. 도형모사를 분명히 완성하지 못하는 경우, 형태가 결합되지 않고 부분이 각각 떨어져 있어 전체적인 형태가 상실된 경우이다.

- **해석** : 지각-운동 기능 수행에 심한 장애를 반영하며 추상적 사고능력과 통합능

력의 저하와도 관련이 있다. 특히 뇌 손상환자에서 두드러져 나타남으로 기질적인 장애와 비기질적 장애를 변별해 주는데 기여한다.

⑤ 중복곤란

도형 A와 4에는 존재하지 않는 중복을 크게 겹쳐 그리는 것이다.

- **해석** : 단편화, 단순화보다도 뇌 손상과 가장 관련이 높고 민감하다. 연구결과 기질적인 장애환자에는 45%, 성격장애환자 26%, 정신분열증환자 26%가 보여 기질적 장애집단에서 많이 나타난다.

⑥ 정교화, 조잡

원래 도형의 형태를 바꾸어 그리는 것. 예를 들어 원을 고리나 소용돌이로 그리는 것, 원래 도형은 원인데 꽃 모양으로 그리는 것 등이다.

- **해석** : 초조한 환자들 가운데 나타나는 현상, 이는 과도한 불안이나 충동조절의 어려움과 관련이 있다.

⑦ 보속성

a유형-전 도형의 그림을 다른 카드가 제시되었는데도 계속 그리는 것.

b유형-주어진 도형의 개수 이상으로 계속 그리는 것.

- **해석** : 장면을 변화시킬 능력의 부족이나 이미 설정된 장면을 유지하려는 완고성을 나타내는 것이다. a, b 두 유형 모두 기질적 장애의 유의미한 지표로 볼 수 있다.

⑧ 도형의 재묘사

첫 번째 그린 도형을 완전히 지우지 않은 채로 놔두거나 줄을 그어 지운 뒤 도형을 그리는 것을 말한다.

- **해석** : 사전 계획력의 부족, 과도하게 자기 비판적인 태도를 반영한다. 기질적인 환자는 도형을 지각하고 그리는 과정에서 무능력감을 느끼고 도형 3과 7에서 어려움을 많이 보인다. 이런 경우 두정엽-측두엽의 손상이 있을 수 있다.

(5) 그려나가는 방식

① 그려나가는 방향에서의 일탈

처음에 피검자가 정하고 시작한 방향으로부터의 일탈이 일어난 것을 말한다. 통상적인 운동방향은 역시계방향, 위에서 아래, 도형의 내부에서 외부이다.
- **해석** : 시계방향의 운동은 수동-공격적인 경향과 자기중심성을 시사한다.

② 그려나가는 방향의 비일관성

그려나가는 방향이 일관되지 않게 변하는 경우이다.
- **해석** : 현재의 어떤 심리적 갈등을 시사한다.

③ 선의 질

지나치게 굵은 선, 지나치게 가는 선, 스케치한 선.
- **해석** : 뇌기능장애, 강렬한 불안을 나타낸다.

6. HTP(집-나무-사람 그림검사)

1) HTP검사의 개념

HTP란 집-나무-사람을 그리는 투사법적 검사로써 사고하는 내용을 읽어내고 내면세계를 볼 수 있는 심리검사 도구 중 하나이다. 사람들을 이해하기 위해 그림을 이용한 것은 비교적 최근의 19세기말부터 시작되었다. 그림을 심리학적 평가의 도구로 사용한 사람은 굿인어프(Florance Goodenoungh, 1926)인데, 그는 그림의 특정한 측면들이 아동의 정신연령과 높은 상관관계를 보이기 때문에 지능측정의 도구로 쓰일 수 있다는 가정하에 그림 검사를 개발하였다. 그리고 1940년 이후에는 그림이 개인의 정신적 측면과 성격을 평가하는 도구로 사용될 수 있다는 주장이 대두되면서 투사적 그림이란 용어가 등장하였고 투사적 그림 검사가 본격적으로 등장하게 되었다.

1948년에 정신분석가인 벅(Buck)은 단일과제의 그림보다는 집-나무-사람을 그리게 하는 것이 피검자의 성격 이해에 보다 효과적이라는 생각을 하면서 HTP(House-Tree-

Person) 그림을 발달적 투사적 측면에서 연구하게 되었다. 벅이 집-나무-사람의 3가지 과제를 사용한 것은 첫째, 집-나무-사람은 누구에게나 친밀감을 주는 것이며 둘째, 모든 연령의 피험자가 그림대상으로 받아드려지고 셋째, 다른 과제보다는 솔직하고 자유스러운 언어표현을 시킬 수 있는 자극으로써 이용할 수 있기 때문이었다고 하였다(김동현, 공마리아, 최외선, 2002).

HTP의 장점은 첫째, 실시가 용이하며 단시간에 검사가 가능하다. 둘째, 그림을 보고 직접 해석할 수 있고 피검자의 투사를 직접 목격하게 된다. 셋째, 누구에게나 적용할 수 있다. 넷째, 검사와 동시에 치료적 효과를 가져오기도 한다.

단점으로는 첫째, 타당성에 있어 문제점이 제시되고 있고, 둘째, 진단의 근거가 될 수 있는 이론적 배경이 결여되어 있다는 점을 들 수 있다.

그럼에도 불구하고 HTP가 인기를 얻고 있는 것은 그림이 내담자나 환자들의 내적 경험을 개인적으로 표현하는 출중한 자료가 될 수 있으며, 그로 인해 진단적으로 뿐만 아니라 치료적 적용을 위해서 높은 가치를 지닌 자료를 제시한다는 것을 많은 임상가들이 증명하고 있다.

2) HTP검사의 실시

(1) 그림 단계

준비할 도구는 A4용지 4장, HB연필, 지우개, 초시계이며 검사에 대한 지시는 다음과 같다.

"지금부터 집 그림을 그려봅시다. 잘 그리고 못 그리는 것과는 상관없으니 자유롭게 그려보세요. 여기에 집을 그려보세요"

① 시간을 재고 끝나면 나무와 사람도 그리게 한다.

② 나무는 종이를 세워서 그리도록 한다.

③ 사람을 그릴 때 전신을 그리도록 하고 사람의 성별을 확인한 후, 나머지 성을 그리도록 한다.

④ 검사 수행시 피검자의 말과 행동을 관찰, 기록해 둔다. 이는 모호한 상황에서 피검자가 어떻게 대처하는지에 대한 단서를 제공한다.

(2) 질문단계

"이 그림에 대한 당신의 느낌을 자유롭게 말씀해 보세요. 그림에 대한 이야기를 만들어 보세요"

■ **집 그림을 보면서**

① 이 집에는 누가 살고 있나요?

② 사는 사람은 어떤 사람들인가요?

③ 이 집안의 분위기는 어떻지요?

④ 당신이라면 이 집에서 살고 싶을 것 같습니까?

⑤ 이 그림에 첨가해서 그리고 싶은 것이 있나요?

⑥ 그리고 싶은대로 잘 그려졌나요? 그리기 어렵거나 잘 안 그려진 부분은 무엇인지요?

⑦ (이해하기 힘든 부분에 대해) 이건 뭐지요? 왜 그린 것인지요?

■ **나무 그림을 보면서**

① 이 나무는 어떤 나무일까요?

② 몇 살 정도 된 나무일까요?

③ 지금 계절은 언제일까요

④ 이 나무의 건강은 어떤가요?

⑤ 나무는 어디에 있는 거지요?

⑥ 나무 주변에는 무엇이 있는 걸까요?

⑦ 만약 나무가 사람처럼 감정이 있다면 지금 이 나무의 기분이 어떨까요?

⑧ 나무에게 소원이 있다면 뭘까요?

⑨ 앞으로 이 나무는 어떻게 될 것 같습니까?

⑩ 이 그림에 더 첨가해서 그리고 싶은 것이 있나요?

⑪ 당신이 그리고 싶은 대로 잘 그려졌나요? 그리기 어렵거나 잘 안 그려진 부분은 없나요?

⑫ (이해하기 힘든 부분에 대해) 이건 뭐지요? 왜 그린 것인지요?

■ 사람 그림을 보면서

① 이 사람은 무엇을 하고 있는 것이지요?

② 이 사람 나이는 얼마나 될까요?

③ 이 사람의 직업은 뭐지요?

④ 지금 기분이 어떤 것 같아요?

⑤ 무슨 생각을 하고 있는 것 같아요?

⑥ 이 사람의 일생에서 가장 좋았던 일은 무엇이었을 것 같습니까? 가장 힘 들었던 일은 뭘까요?

⑦ 이 사람의 성격은 어떤 것 같아요? 장점은 뭐고 단점은 뭘까요?

⑧ 당신은 이 사람이 좋으세요? 아니면 싫으세요?

⑨ 그럼 이런 사람이 되고 싶으세요?

⑩ 이런 사람과 친구로 같이 친하게 지내고 싶은 마음은 있나요?

⑪ 누군가를 생각하며 그린 사람이 있나요?

⑫ 당신은 이 사람을 닮았나요?

⑬ 이 그림에 추가로 더 그리고 싶은 것이 있나요?

⑭ 당신이 그리고 싶은 대로 잘 그려졌나요? 그리기 어렵거나 잘 안 그려진 부분은 없나요?

⑮ (이해하기 힘든 부분에 대해) 이건 뭐지요? 왜 그린 것이지요?

3) HTP검사의 해석

(1) 구조적 · 표현적 요소

구조적 · 표현적 요소를 통해 해석의 기준을 삼을 수 있다. 검사를 진행하면서 보여준 피검자의 모든 상황들을 통해 해석에 활용될 수 있다. 해석의 기준들로는 검사시의 태도와 소요시간, 순서, 지우개의 사용, 위치, 선의 강도, 크기, 그림의 선, 선의 질, 세부묘사, 왜곡, 대칭, 투명화, 동작의 묘사, 기타 여러 가지의 투사적 요소 등이 있으며 정신증적 지표도 확인할 수 있다.

(2) 전반적인 해석에 반영되는 내용

① 집: 가정생활과 가족관계에 대한 인상(시간개념, 母상징), 누가 사는가, 분위기, 사람들 성격

② 나무: 자기노출을 꺼리는 피검자에게 금지된 감정을 투사하기 용이(종류, 나이. 계절, 위치)

③ 사람: 자기개념. 신체 심상표현, 정서(직업, 나이, 기분, 생각, 힘든 일, 기쁜 일, 성격, 유사성)

7. Rorschach(로샤)검사

1) Rorschach검사의 개념

로샤검사는 1921년 스위스 정신과 의사인 로샤(Herman Rorschach, 로르샤흐를 로샤로 지칭함)에 의해 처음 개발되었는데, 열 장의 카드 속에 담긴 잉크반점을 통해 인간의 심리를 알아보는 투사적 성격검사이다.

로샤는 1911년 문스터린젠(Munsterlingen) 병원 정신과에서 수련을 받던 중에 브로토(Blotto) 놀이에서 정상인이 보이는 반응과 정신과 환자들이 보이는 반응 양상에 차이가 있다는 사실에 흥미를 가지기 시작하였다. 1917년에서 1918년 사이에는 본격적인 연구에 착수하였으며, 1921년에는 그간의 자료들을 분석하여 「정신질환 진단(Psychodiagnostik)」이라는 논문과 함께 10개의 카드로 구성된 검사 도구를 출판하였다. 로샤는 이 논문에서 잉크 반점 검사법이 진단적으로 유용하며 특히 정신분열증 환자를 확인하는데 유용하다는 사실과 함께 이 검사법이 진단의 도구로써 뿐 아니라 개인의 기질, 습관, 반응양식 등을 알려주는 도구로써도 쓰일 수 있을 것으로 생각된다는 연구결과를 제시하였다. 이 검사법을 형태해석검사(form interpretation test)라 명명하고 자신의 연구는 아직 예비적인 것이며 이후 계속적이며 체계적인 연구가 필요하다는 것을 분명히 하였다. 그러나 1922년 4월에 37세 나이로 갑작스럽게 병사하면서 이 검사법에 대한 체계적인 연구는 공백기를 맞게 되었다. 이후 이 검사법의 불완전함을 보완하기 위하여 동료들이 반응 내용면에서의 해석적 측면을 확장하고자 노력하였으며 빈더(H. Binder)는 채점을 위한 상세한 도식을

만들기도 하였다.

로샤검사에 대한 본격적인 관심은 벡(Samuel J. Beck)과 허츠(Marguerite Hertz), 크로퍼(Bruno Klopfer) 등 당대 학자들의 노력에 의해서 1930년대 중반 무렵부터 고조되기 시작하였고 각자 자신의 학문적 배경에 따라 독자적인 로샤 체계를 발전시켜 나갔다. 크로퍼는 현상주의와 정신분석적 훈련배경에 따라 검사채점 방식의 확립, 양적 채점 및 질적 채점을 제시하였고, 논리적이며 임상적인 근거에 따른 해석을 시도하였다. 벡은 엄격한 경험주의적 훈련방식에 따라 체계적 연구의 필요성을 강조하고 원래의 로샤 채점 방식의 수용, 채점과 해석의 표준화, 규준의 설정, 양적 분석의 중요성을 강조하였다. 그리고 헛(Hutt)은 처음에는 벡과 같은 입장에서 출발하였으나 로샤 반응의 질적 분석을 위한 반응 빈도표를 정교화하는 독자적인 작업을 진행하였다. 로샤검사가 이와 같이 서로 다른 체계를 가지고 발달해 오다가 1961년부터는 엑스너(Exner)에 의해서 로샤의 발전을 위한 종합 체계방식으로 제안되었다. 그리하여 1970년대부터는 어느 정도 통합된 로샤 검사의 채점과 활용 방안이 활용되고 있다.

로샤검사의 장점은 반응이 매우 독특하고 다양하게 표현되어 개인의 독특한 심리적 특성을 이해하는데 유용하게 이용된다. 그리고 반응 과정에서 객관식 검사와는 다르게 자극의 내용이 불분명하기 때문에 피검자가 방어적으로 반응하는 것이 어려우며, 피검자의 전의식적이거나 무의식적인 심리적 특성이 반영될 수 있다. 하지만 로샤검사는 신뢰도나 타당도 검증이 매우 빈약하고 그 결과도 매우 부정적이며, 여러 상황적 요인에 의해 강하게 영향을 받는다는 단점을 가지고 있다.

2) Rorschach검사도구의 구성과 대상

(1) 검사도구의 구성

도구는 데칼코마니 양식에 의한 10매의 대칭형 잉크블롯 카드로 구성되어 있다. Ⅰ, Ⅳ, Ⅴ, Ⅵ, Ⅶ 카드는 무채색 카드이며 Ⅱ, Ⅲ 카드는 검정색과 붉은색이 혼합되어 있고, Ⅷ, Ⅸ, Ⅹ은 여러 가지 색으로 구성되어 있다. 각 카드의 특징은 체계화되어 있지 않으며 불분명하고 정형화된 의미가 없는 것이 특징이다.

(2) 검사 대상과 목적

검사를 실시할 수 있는 대상은 초등학생 이상으로 그림을 보고 자유로운 표현을 할 수 있는 자이며, 자신의 성격에 대한 정밀한 분석을 원하는 사람이어야 한다. 또한 자신의 심리적 문제에 대한 포괄적이고 심층적인 진단을 받고자 하는 사람을 그 대상으로 할 수 있다.

목적은 정신건강진단, 인지/사고기능 검사 그리고 정서 상태, 대인관계, 자아상, 기본 성격 등을 파악하고자 하는데 있다.

3) Rorschach검사의 실시

(1) 준비물

Rorschach Test 카드 10매 1조, 반응기록 용지, 스톱워치 또는 3침의 팔목시계, 필기도구(볼펜 또는 연필), 로케이션차트 등을 준비한다.

- **주의** : 색채 효과에 영향을 줄 수 있는지 여부에 따라 형광등 사용이 검토되어야 한다. 그리고 앉는 문제에 있어서 여러 책들이 검사자와 피검자가 나란히 앉거나 90도 각도의 측면에 앉을 것을 주장하고 있으나 『심리검사의 이론과 기법』 책에서 강봉규 저자는 책상을 사이에 두고 마주보고 앉는 것을 권한다. 이 위치는 테스트 중의 피검자의 행동을 관찰하기에 편리하기 때문이다. 마주 보고 앉는 것이 피검자의 신경을 자극하게 된다고 느껴질 때에는 물론 이 위치를 고집할 필요는 없다.

(2) 검사의 시행

피검자를 자연스럽게 테스트의 사태에 임하게 하는 일이 첫 단계의 주요과제이며 다음과 같이 지시하도록 한다.

"지금부터 당신에게 10매의 카드를 보여드리겠습니다. 이것은 잉크를 떨어뜨려 우연히 이루어진 모양이기 때문에 무엇으로 보여도 관계없습니다. 이것이 당신에게 무엇으로 보이는지 무엇과 같이 생각되는지를 말씀해 주십시오. 그러면 지금부터 한 장씩 드리겠습니다. 될 수 있는 한, 두 손으로 잡고 자유로이 봐 주십시오. 무엇으로 보여도 괜찮으니 무엇이 보이게 되면 주저 없이 그대로 말씀해 주십시오."

이와 같은 지시를 줌과 동시에 카드 1매를 건네주는데, 이때는 카드의 머리쪽(상부)을 위로 하여 건네주어야 한다. 시간의 제한도 주지 않고 자극도형만을 일정한 것으로 하고 나머지는 피검자의 자유에 맡기는 것이 이 테스트의 특징이며 강점이다. 이와 같은 상황에 있게 됨으로써 비로소 피검자는 그 성격(Personality)의 모든 특성을 노출시켜 주게 되는 것이다. 지시에 있어서는 피검자의 행동을 제한하기 쉬운 말씨나 과제 해결의 방향을 암시해 주는 말씨는 될 수 있는 대로 피해야 한다.

테스트가 완료될 때까지는 자유반응단계, 질문단계, 한계음미단계의 3단계가 있다. 첫 번째, 자유반응단계에서는 피검자에게서 자유롭고 자발적인 응답을 얻는다. 두 번째, 질문단계에서는 앞 단계의 반응에 대해서 몇 개의 관점에서 피검자에게 질문을 하는 것이다. 세 번째, 한계음미단계에서는 생략이 가능하고 유도적, 강제적, 암시적이라고 할 수 있다.

4) Rorschach검사의 채점과 해석

(1) 검사 채점 및 분석기준

① 위치 또는 영역(location)

반응이 카드의 어느 부분에서 지각된 것인가, 반응 위치는 카드 전체(W)인지, 비교적 큰 부분(D)인지, 작은 부분(D)인지 또는 그림보다 여백(S)에서 지각된 것인지 등으로 분류된다.

② 결정요인(Determinants)

반응을 결정하게 한 잉크 반점의 성질에 따라 분석한다. 흔히 형태(form)는 지각의 명료성, 지적통제 등 지적 활동과 관련되며, 색채(color)는 외적 자극에 대한 정서적 반응을 나타낸다. 음영(shading)에 의한 반응은 애정이나 소속감, 접촉 요구와 관련되며 운동(movement)반응은 환상, 창의성 등과 관련 지어 분석된다.

③ 반응내용(content)

반응 내용은 사람, 동물, 의류, 건물, 물건, 식물, 곤충, 지도, 풍경 등 거의 제한이 없으며 대체로 피험자가 가진 흥미의 폭을 반영하는 것으로 해석된다.

④ 반응의 독창성(originality) 또는 보편성(popularity)

각 카드의 반응이 문화나 연령에 관계없이 보편적인 평범한 반응인가, 혹은 100명 중 한 사람 정도가 반응하는 독창적인 것인가에 따른다. 평범한 반응은 피험자가 타인과 유사한 방법으로 세계를 볼 수 있는 정도를, 독창적인 반응은 창의성이나 생산성을 반영한다.

⑤ 형태 수준에 대한 평가

잉크 반점의 영역이나 형태가 피험자가 반응한 개념에 얼마나 적합한지의 정도를 평가하는 것이다. 대체로 정확성, 명세성, 결합성을 기초로 하여 평가한다. 평가는 −2에서 +5까지 이루어지며, 단순히 − 또는 +로만 표시하는 경우도 있다. 이 밖에도 반응 총수, 반응 시간 등이 분석된다.

- **주의** : 로샤검사 결과는 어떤 분석 체계를 적용하든지 채점이 어렵고 해석하는데 상당한 임상적 훈련과 경험을 필요로 한다. 따라서 검사자는 어느 한 가지 분석 체계에 충분히 숙달되어야 한다. 대체로 각 카드별 채점에 기초하여 반응간의 관계와 상대적 비율, 반응 순서, 반응 형태의 질적 수준, 총 반응수 등 여러 가지를 종합적으로 분석하여 해석한다.

⑥ 구조적 요약

각 반응을 정확하게 기호화하는 궁극적인 목적은 구조적 요약을 완성하기 위한 것이다. 요약에는 채점기호의 빈도와 비율, 백분율과 같은 수치들을 기록한다. 이러한 자료들을 근거로 수검자의 심리적 특성과 기능에 대한 중요한 여러 가지 가정을 상정할 수 있다. 구조적 요약지는 첫 페이지에 수검자의 신상자료를 기록하고, 두 번째 페이지의 점수계열에는 반응들을 채점한 결과를 기록한다. 세 번째 페이지는 구조적 요약이고 네 번째 페이지는 6가지 중요한 지표들을 기록한다. 다섯 번째 페이지에는 여러 가지 계산한 수치와 Z점수표 및 추정한 Z점수를 기록하고 마지막 페이지는 수검자가 선택한 반점영역을 나타내기 위해 사용하는 반응위치 기록지가 첨가된다. 구조적 요약은 세 단계를 거쳐 완성되는데 각 반응의 기호나 점수계열 기록하는 것과 각 변인의 빈도 기록하는 것, 여러 가지 비율, 백분율, 산출한 점수 등을 기록하는 것이다.

(2) 채점시 고려사항

채점전략에 있어서 일부 로샤검사자들은 각각의 주요 채점요소들을 분리해서 검토하는 채점절차를 사용한다. 즉, 최초 반응과 질문을 통해 파악한 반응영역을 먼저 고려한 후 반응 결정인과 반응 내용을 검토한다.

① 9가지 질문

수검자가 반응할 당시의 인지적 조작을 정확하게 기호로 나타내기 위해 다음과 같은 질문을 항상 유념해야 한다.

　　　　a. 반응영역은? b. 발달질은? c. 반응결절인은? d. 형태질은? e. 쌍 반응인가?
　　　　f. 반응내용은? g. 평범 반응인가? h. Z점수를 채점해야하는가? i. 특수점수는?

② 핵심단어 표시

채점과 관련이 있는 단어들에 밑줄을 긋거나 서로 연결시키면 유용하다.

③ 기본반응부터 채점

기호화가 가능한 기본 반응들부터 먼저 검토해야 한다.

(3) 검사결과의 해석

로샤검사의 해석을 위해서는 로샤검사 자체에 대한 지식뿐 아니라 검사자의 기본지식이 요구된다. 검사자는 로샤검사 자료에서 제시되는 가설의 타당성을 검토해 나가는 과정에서 기본적으로 지니고 있는 다각적 지식을 근거로 하여 당면한 사례를 검토하고 종합하는 과정을 거치게 된다. 이러한 해석의 가정을 세우고 이를 수용하거나 배제함에 있어서 판단의 근거가 되는 것은 규준 자료이다. 검사자는 로샤검사를 통해 한 개인의 반응 형태를 전체적으로 파악하여 개인내적 특징을 해석하고자 시도하는 한편, 규준 자료를 근거로 하여 개인 간 비교를 통하여 개인의 특징을 해석하여야 한다. 그리고 해석과정에는 가설설정 단계와 통합 단계가 있다.

① 가설 설정 단계

이 단계에서는 로샤 반응을 채점하여 그 결과를 정리한 구조적 요약 – 반응의 빈도, 비율, 백분율, 반응의 특수 점수 – 을 통하여 가설이 설정되고 반응 계열 분석, 자유 연상과 질문 단계에서의 언어 표현이 분석되면서 가설이 검토된다. 해석과정은 구조적 요약, 반응 계열, 자유 연상 내용, 질문 단계 내용의 순서로 검토되고 이러한 과정에서 전문가의 경험과 기술에 따라 풍부한 가설이 제기될 수 있다.

② 통합 단계

앞에서 제시된 다양한 가설적 내용을 논리적 연결에 따라 통합해야 하는데 이 단계는 단순하게 가설들을 함께 나열하는 것이 아니라 가설을 기각, 변형, 명료화하고 검사자의 경험에 따라 이러한 통합된 내용을 근거로 하여 행동과 정신병리에 대한 지식을 추가하면서 개인행동을 깊이 이해하는 과정을 진행시켜 나가야 한다.

8. SCT(문장완성검사)

1) SCT검사의 개념이해

문장완성검사(Sentence Completion Test: SCT)는 다수의 미완성 문장을 피검자가 자기 생각대로 완성하도록 하는 검사로, 단어연상검사(word association test)의 응용으로 발전된 것이다. 처음에 갈톤(Galton)에 의해 자유연상법(free association test)이 연구되고, 분트(W. Wundt)와 캇텔(J. M. Cattell)에 의해 다시 단어연상법(word association test)으로 발전하였으며, 크레펠린(Kraepelin)과 융(Jung)의 임상적 연구에 이어 라파포트(D. Rapaport)와 그의 동료들의 연구에 의해서 단어연상법이 투사법으로서의 성격진단의 유효한 방법으로 확립되었다. 그 후 단어연상법은 다시 문장완성법으로 더욱 발전하게 되었다. 많이 알려진 문장완성검사로는 워싱톤 대학 문장완성검사(Washington University Sentence Completion Test: WUSCT)가 있다. 이 검사는 미완성의 비교적 짧은 문장을 제시하되 공백부분을 연상하여 자기 자신의 이야기로 자유롭게 써넣게 함으로써 하나의 문장으로 완성시키는 검사법이다. 그리고 현재 임상현장에서 가장 널리 사용되고 있는 문장완성검사로는 색스(Joseph M. Sacks)에 의해서 개발된 색스 문장완성검사(Sacks Sentence Completion Test: SSCT)이다. 색스는 20명의 심리치료사들이 가족, 성, 자기개념, 대인관계라는 네 가지 영역에서 중요한 태도를 이끌어 낼 수 있는 미완성 문장을 3개씩 만들도록 하고, 여기에 기존의 문헌에서 얻어진 문항들을 추가시켰다. 본래는 이 문장완성검사는 60문항으로 개발되었으나 반복되는 것을 제외하고 50문항이 현재 가장 많이 사용되고 있다.

문장완성검사의 장점으로는 첫째, 반응의 자유가 있어서 피검자가 '네' '아니오' '모릅니다' 식의 단정적인 답이 아니라 자기가 원하는 대로 답할 수 있으며 둘째, 검사의 목적을 피검사자가 뚜렷하게 의식하기 어려움으로 비교적 솔직한 답을 얻을 수 있다. 셋째, 다른 투사법 검사보다 비교적 특별한 훈련이 필요하지 않지만 검사 후의 해석에 있어서 임상심리학의 경험이 필요하다. 넷째, 집단적으로 검사를 실시할 수 있어 경제적이며 다른 투사법에 비해 시행하고, 채점하고, 해석에 소요되는 시간이 적다.

단점은 첫째, 결과를 어느 정도 객관적으로 채점할 수 있지만, 표준화 성격검사에서와 같이 완전히 객관적으로 채점할 수 없고 그 결과를 토대로 성격을 임상적으로 분석하려면 충분한 지식과 훈련이 필요하다. 둘째, 검사의 목적이 완전히 은폐되어 있지 않으므로 피검사자가 검사의 목적을 알아채서 자신에게 불리한 답을 안 할 수도 있다. 셋째, 피검사자의 언어 표현력이 부족하거나 검사에 협조적이 아니면 그 결과가 만족할 만한 것이 못될 우려점이 있다. 따라서 문장표현력이 부족한 초등학생에게는 적당하지 못하다.

2) SCT검사의 구성

SSCT(Sacks Sentence Completion Test)의 50문항을 중심으로 검사 구성을 살펴보면 크게 4개 영역으로 가족영역, 성적 영역, 대인관계 영역, 자기개념 영역으로 구분된다. 가족영역에는 어머니(문항 13, 26, 39, 49), 아버지(문항 2, 19, 29, 50) 및 가족(문항 12, 24, 35, 48)에 대한 태도 측정(자신의 태도 표현)이 있고, 성적 영역에는 이성 관계에 대한 태도(자신의 생각 표현)로 여성에 대한 태도(문항 9, 25), 남성에 대한 태도(문항 8, 20)가 있다. 그리고 대인관계 영역으로 친구나 친지(문항 6, 22, 32, 44), 권위자에 대한 태도(문항 3, 31)가 있고 자기개념 영역으로 자신의 능력(문항 1, 15, 34, 38), 과거(문항 7, 33, 45), 미래(문항 4, 11, 16, 18), 두려움(문항 5, 21, 40, 43), 죄책감(문항 14, 17, 27, 46), 목표(문항 30, 41, 42)에 대한 태도가 있다. SSCT의 50문항을 구체적으로 살펴보면 표 8-4와 같다.

이름 :   성별 :   연령(만   세)

＊ 다음의 기술된 문장은 뒷부분이 빠져 있습니다. 각 문장을 읽으면서 제일 먼저 떠오르는 생각을 뒷부분에 이어 문장이 완성되도록 하면 됩니다. 시간의 제한은 없으나 빨리 하십시오.

1. 나에게 이상한 일이 생겼을 때 _____

2. 내 생각에 가끔 아버지는 _____

3. 우리 윗사람들은 _____

4. 나의 장래는 _____

5. 어리석게도 내가 두려운 것은 _____

6. 내 생각에 참다운 친구는 _____

7. 내가 어렸을 때는 _____

8. 남자에 대해서 무엇보다도 좋지 않게 생각하는 것은 _____

9. 내가 바라는 여인상은 _____

10. 남녀가 같이 있는 것을 볼 때 _____

11. 내가 늘 원하기는 _____

12. 다른 가정과 비교해서 우리 가정은 _____

13. 나의 어머니는 _____

14. 무슨 일을 해서라도 잊고 싶은 것은 _____

15. 내가 믿고 있는 내 능력은 _____

16. 내가 정말 행복할 수 있으려면 _____

17. 어렸을 때 잘못했다고 느끼는 것은 _____

18. 내가 보는 나의 앞날은 _____

19. 대개 아버지들이란 _____

20. 내 생각에 남자들이란 _____

21. 다른 친구들이 모르는 나만의 두려움은 _____

22. 내가 싫어하는 사람은 _____

23. 결혼에 대한 나의 생각은 _____

24. 우리 가족이 나에 대해서 _____

25. 내 생각에 여자들이란 _____

26. 어머니와 나는 _____

27. 내가 저지른 가장 큰 잘못은 _____

28. 언젠가 나는 _____

29. 내가 바라기에 아버지는 _____

30. 나의 야망은 _____

31. 윗사람이 오는 것을 보면 나는 _____

32. 내가 제일 좋아하는 사람은 _____

33. 내가 다시 젊어진다면 _____

34. 나의 가장 큰 결점은 _____

35. 내가 아는 대부분의 집안은 _____

36. 완전한 남성상은 _____

37. 내가 성교를 했다면 _____

38. 행운이 나를 외면했을 때 _____

39. 대개 어머니들이란 _____

40. 내가 잊고 싶은 두려움은 _____

41. 나의 평생에 하고 싶은 말은 _____

42. 내가 늙으면 _____

43. 때때로 두려운 생각이 나를 휩쌀 때 _____

44. 내가 없을 때 친구들은 _____

45. 생생한 어린 시절 기억은 _____

46. 무엇보다도 좋지 않게 여기는 것은 _____

47. 나의 성생활은 _____

48. 내가 어렸을 때 우리 가족은 _____

49. 나는 어머니를 좋아했지만 _____

50. 아버지와 나는 _____

표 8-4 성인용 문장 완성 검사(SSCT)

3) SCT검사의 실시

(1) 도구

SCT검사 도구는 SCT검사지와 연필 또는 볼펜이 필요하며 지우개는 사용하지 않는 편이 좋다. 검사에 소요되는 시간은 피검사자의 연령, 지능, 성격 등에 의하여 상이하겠지만 대략 40~60분이 소요된다. 본 검사를 다른 검사와 같이 실시할 경우 다른 검사를 먼저 실시하고 약 10분가량 휴식을 취한 후 최후에 하는 것이 바람직하다.

(2) 실시

SCT는 개인과 집단 모두에게 실시될 수 있다. 검사지를 주면서 피검자에게 지시문을 읽어보도록 하고 질문이 있으면 하도록 한다. 지시문은 다음과 같다.

"다음에 기술된 문항들은 뒷부분이 빠져 있습니다. 각 문장을 읽으면서 맨 먼저 떠오르는 생각을 뒷부분에 기록하여 문장이 되도록 완성하여 주십시오. 시간제한은 없으나 가능한 한 빨리 하여 주십시오. 만약 문장을 완성할 수 없으면 표시를 해두었다가 나중에 완성하도록 하십시오." 이를 읽어보게 한 후 더불어 다음과 같은 사항들을 일러준다.

① 답에는 정답, 오답이 없으며 생각나는 것을 쓰도록 할 것.
② 글짓기 시험이 아니므로 글씨나 문장의 좋고 나쁨을 걱정하지 말 것.
③ 주어진 어구를 보고 제일 먼저 생각나는 것을 쓸 것.
④ 시간에 제한은 없으나 너무 오래 생각지 말고 빨리 쓰도록 할 것.

(3) 실시 중 유의사항

① 지우개는 쓰지 않으므로 고쳐 쓸 경우에는 가로줄 두 개를 그 위에 긋고 위의 빈 곳에 쓰도록 강조한다.
② 피검자가 검사를 시작한 시간과 끝낸 시간을 기록해 두도록 한다.
③ 피검자가 검사를 완성한 후 가능하면 질문단계를 실시하도록 한다. 즉, 피검자의 반응에서 중요하거나 숨겨진 의도가 있다고 보여지는 문항들에 대해서 "이것에 대해 좀 더 이야기 해 주십시오"라고 부탁한다. 이런 단계를 통해서 피검자들은 말하기 힘든 문제에 대해서 치료자에게 이야기 할 수 있는 계기를 제공받게 되기도 한다.

④ 표준적인 실시 방법은 피검자가 직접 문장을 읽고 반응을 써야 하지만, 심하게 불안한 피검자에게는 문항을 읽어주고 피검자가 대답한 것을 검사자가 받아 적는 것이 도움이 되기도 한다. 이러한 구술 시행은 반응시간, 얼굴 붉어짐, 표정 변화, 목소리 변화, 전반적인 행동 등을 관찰함으로써 피검자가 어떤 문항들에서 막히는지를 구체적으로 알 수 있게 해준다. 또한 이러한 피검자들은 종종 문장완성 검사의 문항들을 감정을 정화시키는 자극으로써 사용하며 "기분이 더 나아졌다"라고 말하기도 한다. 즉, 감정적 해소의 기회가 될 수도 있는 것이다.

⑤ 피검자에 따라서는 아주 빨리 끝내는 사람도 있다. 검사자는 실내를 돌아보아 이러한 피검자가 있는 경우에는 검사지를 빨리 보고 간단하게 '있다', '없다', '좋다', '나쁘다', '기쁘다', '싫다'와 같은 말로 표현하고 있는 경우에는 좀 더 자세하게 쓰라고 강조하여 보충하게 한다. 물론 최초의 단 반응에 의미가 있으므로 이것을 별도로 잘 챙겨둔다.

⑥ 빨리 마친 피검자가 있는 경우에는 검사자는 이를 확인하고 다른 피검자들에게 영향을 미치지 않도록 검사지의 뒷면에 낙서를 하게 하거나 그림을 그리게 하면서 다른 피검사자가 끝날 때까지 조용히 기다리게 한다.

⑦ 검사의 진행과정을 보아 "나머지 10분"을 알려 주의를 환기시키는 것이 좋다.

⑧ '일하다', '선생님' 등에 대하여 질문을 하는 경우에는 피검자의 생각대로 쓰도록 막연하게 답하고 구체적인 언급을 해서는 안 된다.

⑨ 피검자에 따라서는 반응을 거부 또는 회피하는 항목이 생길 수 있다. 이러한 경우에는 무반응 자체도 의의가 있을 수 있으므로 답을 강요해서는 안 된다.

4) 검사의 분석 및 해석

(1) SCT검사의 반응유형에 따른 분석

① **고집형** : 내용의 변화가 적으며 특정 대상이나 욕구를 고집하고 반복이 많은 유형이다(인성의 경직성, 흥미의 단조성을 나타낸다).

② **감정단(短)반응형** : '좋다', '싫다', '나쁘다', '있다', '없다' 등 주로 짤막한 감정적 어휘로 반응하는 유형(저지능 혹 감정을 통제하지 못하는 사람에게 많다)이다.

③ **장황형** : 번거롭고 지루하며 가득 기입하는 유형(신경증적이거나 강박경향이 있다)이다.

④ **자기중심형** : 다른 사람들이 자신과 관련시켜 대답하지 않는 항목에서까지도 자기를 주제로 말하는 것으로 흥미가 자기에게서 벗어나지 않는 미성숙한 사람의 유형이다.

⑤ **허위반응형** : 범죄, 비행소년들에게 잘 생기는 반응형으로 남에게 자기를 고의로 좋게 보이려고 꾸미는 것이다.

⑥ **공상반응형** : 비현실적인 생각이나 공상을 말하는 유형(도피적인 인성이거나 검사에 대한 방어적 태도)이다.

⑦ **모순형** : 각 항목에 대한 반응으로서가 아니라 전 후 항목의 반응내용을 대조하면 모순이 나타나는 것(무의식 중의 갈등)이다.

⑧ **반문(反問)형** : 자극문에 대하여 대답하지 않고 오히려 반문하는 유형이다.

⑨ **은닉형** : "말할 수 없다"며 자기의 본 모습을 나타내지 않으려고 자극문에 대하여 반응 내용을 구체적으로 표현하지 않는 유형이다.

⑩ **거부형** : 보통이상의 지능을 갖고 있으면서도 '없다' '모른다' 하든지, 전혀 반응하지 아니한 항목이 많은 유형이다.

⑪ **병적 반응형** : 반응내용이 비정상적인 것으로 정신장애가 의심되는 유형이다.

(2) SCT검사의 형식 및 내용 분석

형식적인 특성으로써 반응시간, 단어 수, 표현의 정확성, 질, 수식어구, 단순성, 강박성, 장황성이 있고 내용상의 특성으로 정서, 강도, 소극성, 상징성 등을 분석할 수 있다.

(3) SCT검사의 해석

해석 시 주의할 점으로는 첫째, 내적인 충동에 주로 반응하는가 또는 외부환경 자극에 주로 반응하는가의 여부와, 둘째, 스트레스 상황에서 정서적 반응이 충동적인가 아니면 잘 통제되는가, 셋째, 자신의 책임이나 타인의 관심을 적절히 고려하는 등 사고가 성숙된 편인가 아니면 미성숙하고 자기중심적인가, 끝으로 사고가 현실적인가 아니면 자폐적이고 공상적인가 이다.

검사자는 피검자 태도에 대한 임상적인 인상을 구체화시켜 해석적 요약을 하고 해당영역에서의 손상 정도에 따라, 영역의 정서적 갈등을 다루기 위해서 치료적 도움이 필요하다고 보일 때는 2점으로(심한 손상) 처리하고, 정서적 갈등이 있는 것으로 보이나 치료적 도움 없이 다룰 수 있을 것으로 보일 때는 1점(경미한 손상)으로 처리한다. 그리고 영역에서 유의한 손상이 발견되지 않을 경우에는 0점으로 하며 확인 불능, 충분한 증거가 부족 할 때는 ×로 한다.

9. TAT(주제통각검사)

1) TAT검사의 개념

주제통각검사(Thematic Apperception Test: TAT))는 1935년 하바드(Harvard) 대학의 머레이 (Murray)와 모건(Morgan)에 의해 소개 된 검사방법인데, 이 검사는 개인과 환경과의 관계 즉, 개인의 성격과 환경의 상호 관계에 대해 알려주는 검사로써 피검사자의 주된 동기와 선입관, 방어기제, 갈등내용, 세상을 이해하는 방식 등을 알아내어 그의 기본적 심리상태를 파악하는데 목적을 두고 있다.

주제통각검사는 기본적으로 정신 분석적 입장을 따르고 있고 특히 자아와 대상과의 관계를 다루는 자아 심리학과 가장 밀접한 관계가 있는 심리검사 도구이다. 일반적으로 주제통각검사는 심리 평가에서 보조적인 검사로 사용되는 경향이 있다.

이 검사의 장점으로 꼽을 수 있는 것은 피검자의 성격, 내적 욕구 및 동기, 환경과의 갈등에 대한 정보를 빠른 시간 내에 제공해 줄 수 있다는 점이다. 특히 짧은 시간동안 내담자나 환자의 심리적 갈등, 내적이거나 환경과의 갈등을 파악하고자 하는 경우 주제통각검사가 도움이 된다. 이에 따라 이 검사는 정신 치료나 치료적 면담 이전에 시행함으로써 유용한 정보를 미리 얻게 된다. 그리고 로샤검사와 상호 보완적인 기능을 하기 때문에 두 검사를 동시에 시행하는 것이 추천되기도 한다(Murray, 1963).

우리나라에서는 이 검사가 활발하게 사용되고 있지 않으며, 특히 연구 도구로써는 거의 활용되고 있지 않은 실정이다. 그러나 아동용 주제통각검사(Children Apperception Test: CAT)는 1976년 김태련, 서봉연, 이은화, 홍숙기에 의해 한국판으로 개정되어 임상 장면에서 유용하게 사용되고 있음을 본다.

2) TAT검사의 구성과 기능

TAT는 1943년까지 3회 개정되면서 머레이에 의해 31장(10장 공통, 성별, 연령에 따라 10장씩)으로 표준화된 카드로 구성되어 있다. 그 중 성별과 연령에 따라 20장만 실시하는데, 피검자는 각각의 그림이 어떤 상황을 묘사하고 있으며, 어떻게 하여 그런 상황이 되었고, 또 앞으로의 결과는 어떻게 될 것인가를 이야기로 꾸미어 반응하게 되어 있다.

TAT의 카드에 어떤 것은 번호만 적혀 있고 어떤 것은 번호 뒤에 알파벳이 적혀 있는 것도 있다. 알파벳은 모두 4개 G(girl), F(female), B(boy), M(male)으로 이것은 실시대상을 알려준다. 즉, 각 카드에 관련된 주제들이 해당되는 대상(남자, 여자, 성인, 아이)을 알려주는 것이다. 그러므로 알파벳이 없는 것은 모두에게 실시해도 된다.

보통 20개의 카드 중에 8~10개 정도 선정하여 실시하는데, 무작위로 8가지 카드를 선택하여 그 기능을 살펴보면 다음과 같다. 1번 카드는 아이가 바이올린을 앞에 두고 있는 그림으로 성취동기와 관련된 것들이 많이 나온다. 2번 카드는 어떤 여성이 밭을 갈고 있는 앞에 서 있다. 이 그림에는 세 명이 나오는데 주로 가족과 관련된 느낌과 갈등을 많이 한다. 세 명의 가족 중에 두드러져 보이는 것이 책을 들고 있는 여자인데, 여성들은 주로 이 여성에 자신을 투사한다. 6BM 카드는 모자간의 갈등을 묘사하고 있다. 그림의 옷차림이 서구적이기 때문에 가끔은 하녀와 주인집 아들로 보기도 한다. 7BM 카드는 남자 둘이 얼굴을 맞대고 있다. 아버지와 아들 혹은 비밀리에 무엇인가를 모의하는 사람들로 지각할 수도 있다. 망상을 보이는 환자들이 주로 이런 반응을 한다. 8BM 카드는 두 사람이 칼을 들고 누워있는 사람에게 칼을 향하고 있으며 그 앞에는 소년이 서 있다. 공격적 욕구와 관련된 것들이 많이 표출한다. 공격적 욕구를 불러일으킨다. 혹은 "아이의 장래 꿈이 외과의사로 미래를 꿈꾸는 모습이다."라고 반응하기도 하고, "아이가 누군가를 찔렀는데 이 사람이 생사를 왔다 갔다 할 정도로 생명이 위급한 상황이다."라고 하기도 한다. 12F 카드는 여자로 보기도 하고 남자로 보기도 하는 사람이 있는데 그 뒤에 늙은 사람이 있다. 13MF 카드는 여자가 누워있고 남자가 일어나서 눈을 가리고 있다. 일반적으로 성적인 주제가 많이 나온다. 16카드는 백지인데 검사자는 피검자에게 "떠오르는 대로 자유롭게 이미지를 만들어 보십시오"라고 한다. 자연스러운 연상과정을 통해서 이야기를 만들어 가게끔 한다. 16번 카드는 맨 마지막에 실시한다.

TAT를 10장 정도하면 전반적인 이야기의 흐름과 논리적인 흐름이 드러나고 주된 갈등이 드러나며 전반적으로 어떻게 마무리가 되는지 공통되는 점이 나온다. 행복한 결말 (happy ending)인지 혹은 불행한 결말인지, 이런 것을 통하여 주된 심리적 특성을 파악할 수 있다.

3) TAT검사의 실시

31장의 카드 중 성, 연령을 고려하여 선정된 20개 카드를 2회에 걸쳐서 한 차례에 10개씩 사용하여 검사한다. 피검자가 검사를 실시하는 동안 자유롭게 상상하고 언어로 표현할 수 있도록 동기 부여를 시키는 것이 중요한데, 이는 개인의 의사 표현 방식이 억제적이고 자유롭지 않은 경우 이러한 검사에서 반응이 매우 제한적일 것이기 때문이다. 예를 들어, 검사자가 피검자에게 다음과 같이 지시하는 것은 매우 유용하다.

(1) 1회 검사 때 지시 내용의 실례

"이 검사는 상상력의 검사이고 일종의 지능 검사입니다. 지금부터 당신에게 몇 장의 그림을 한 번에 한 장씩 보여주겠습니다. 그림을 보면서 극적인 이야기를 만들어 보십시오. 그림에 나타난 장면이 있기까지 어떤 일이 있었는지, 현재 무슨 일이 일어나고 있는지, 사람들은 무엇을 느끼고 있고 무엇을 생각하고 있는지를 이야기해 주십시오. 그리고 그 결과에 대해서도 이야기하시기 바랍니다. 생각이 떠오르는 대로 이야기해 주십시오. 자, 어떻게 하는 것인지 이해가 갑니까? 지금부터 10장의 그림을 보는데 50분 정도의 시간이 있으니 한 장에 약 5분 정도 이야기할 수 있습니다. 자, 여기 첫 번째 그림이 있습니다."

(2) 2회 검사 때 지시 내용의 실례

"오늘 검사 시행 방법은 상상을 좀 더 자유롭게 한다는 점 외에는 지난번 방법과 동일합니다. 첫 번째 10개 이야기들은 매우 훌륭하였습니다. 그러나 그 이야기들은 일상적인 사실에 국한되는 것이었습니다. 이제 상식적인 현실을 무시할 때 이 그림에서 무엇을 볼 수 있는지를 알아보기로 합시다. 신화나 동화, 우화에서처럼 상상력을 마음껏 발휘해 보시기 바랍니다. 자 여기에 첫 번째 카드가 있습니다."

(3) 카드 16번 백지 카드 지시 내용의 실례

"이 백지 카드에 대해 당신이 무엇을 볼 수 있는지를 알아봅시다. 이 백지에서 어떤 그림을 상상해 보고 그것을 자세하게 말해 보십시오."

피검자는 그림을 보고 이야기를 만들어야 한다. 현재 어떤 일이 일어나고 있으며 과거에는 어떤 일이 있었으며 인물들이 어떻게 생각하고 느끼고 있는지 그리고 어떻게 결말이 날지를 포함하여 이야기해야 한다. 검사자는 "마음대로 생각해서 이야기하세요. 그래서 어떻게 되었나요? 좀 더 구체적으로 이야기해 보세요. 그 때 그는 어떤 느낌을 가졌을까요?" 등으로 피검자를 격려해야 한다.

4) TAT검사의 해석

TAT 반응을 해석하기 전에 피검자에 관한 기본정보(성, 결혼상태, 직업, 연령, 부친의 사망이나 이별여부, 형제들의 연령과 성 등)는 검사자가 필수적으로 갖고 있어야 한다. 해석의 타당성은 임상가의 훈련과 경험 그리고 역동심리학에 대한 이해에 의존한다. 검사자가 TAT기록을 분석, 해석하는데 있어 흔히 범하기 쉬운 오류 가운데는 해석과정에서 자신의 욕구와 성격을 투사하기 쉽고, 이야기 내용을 문자 그대로만 해석하려는 성향이다.

욕구-압력 분석법(개인의 욕구와 환경 압력 사이의 상호작용 결과를 분석)의 개략적 해석 과정은 다음과 같다.

첫째, 주인공을 찾는다(대체로 주인공은 제일먼저 이야기에 등장한 인물, 중요 행동을 주동하는 인물, 이야기를 전환시키는 역할을 한 인물, 이야기 전체에서 피검사자가 관심을 집중하는 인물, 다른 사람으로부터 행동을 강요받는 인물, 연령, 성, 기타 심리적 특징이 피검자와 유사한 인물).

둘째, 환경의 압력을 분석한다(환경 자극의 압력에는 주변 인물이 주인공에게 가하는 압력, 주변 환경이 주인공에게 가하는 압력, 주인공 자신이 스스로에게 가하는 내적 압력이 있다).

셋째, 주인공의 반응과 욕구를 분석한다(사물이나 상황에게로 향하는 주인공의 활동에서 드러나는 욕구, 다른 사람에게로 향하는 주인공의 활동에서 드러나는 주인공의 욕구, 다른 사람에 의해 야기된 활동에 대한 주인공의 반응에서 드러나는 주인공의 욕구).

넷째, 주인공이 애착을 표현하고 있는 대상을 분석한다(반응 내용 가운데 주인공에게 긍정적, 부정적 감정을 일으키는 사물, 활동, 사람, 관념을 찾아본다).

다섯째, 주인공의 내적인 심리상태를 분석한다(주인공의 내적인 심리상태 분석: 흥분, 회의, 비탄, 기쁨, 실의, 의기양양, 염세, 행복, 갈등).

여섯째, 주인공의 행동이 표현되는 방식을 분석한다(주인공이 환경적 힘에 자극되었거나 자극되고 있을때 반응하는 행동 방식을 검토).

일곱째, 일의 결말을 분석한다(욕구와 압력 관계에 의해 상환의 결말이 행복한가, 불행한가, 성공인가, 실패인가, 문제가 해결이 됐는가, 욕구가 충족됐는가에 중점을 둠).

Introduction to Psychology

상담심리와 심리치료에 대한 이해

1. 상담 및 심리치료의 기초이해
2. 상담심리의 유형
3. 상담 및 심리치료의 주요이론

CHAPTER 9

상담심리와 심리치료에 대한 이해

1. 상담 및 심리치료의 기초이해

1) 상담의 정의

상담이란 용어는 영어의 counseling에 대한 번역으로써 라틴어의 'consulere'에서 유래되었으며 고려하다(to consider), 조언을 받다(to ask counsel), 조언을 구하다(to ask counsel of) 등의 의미를 가진다. 오늘날 우리가 사용하는 상담이란 말은 윌리엄슨(E. G. Williamson)의 저서인 『학생상담의 기법(How to Counsel Students)』(1939)에서 처음으로 사용되었고, 그 이전에는 치료, 처치(treatment) 등의 용어를 사용한 것으로 알려져 있다(민영순, 1994). 이 상담이 전문화되면서 다양한 기능을 많이 가지게 되었는데 현대적 의미의 상담은 조언 외에도 심리치료, 태도변화, 행동수정, 의사결정, 문제해결, 정보 제공 등 전문적 기법에 의한 새로운 기능들을 보유하고 있다(김계현 외, 2000).

상담의 정의는 학자들에 따라 다소 차이가 있지만 대표적인 몇몇 학자들의 정의를 살펴보면 다음과 같다.

"상담자와의 안전한 관계에서 내담자가 과거에 부정했던 경험을 다시 통합하여 새로운 자기로 변화하는 과정"(Rogers, 1952)

"내담자의 자기이해, 의사결정 및 문제해결이 이루어지도록 상담자가 전문적으로 도와주는 과정"(Pietrofesa, Leonard & Van Hoose, 1969)

"도움을 필요로 하는 사람과 도움을 줄 수 있는 사람과의 개별적인 관계를 통하여 새

로운 학습이 이루어지는 과정"(정원식, 1988)

　"도움을 필요로 하는 사람(내담자)이 전문적 훈련을 받은 사람(상담자)과의 대면관계에서 생활과제의 해결과 사고 · 행동 및 감정 측면의 인간적 성장을 위해 노력하는 학습과정"(이장호, 1995)

　이상의 학자들이 제시한 상담의 정의를 볼 때 상담의 몇 가지 특징이 있는데 다음과 같다. 첫째, 상담이 성립되려면 도움을 필요로 하는 내담자와 도움을 주는 상담자가 있어야 한다. 둘째, 상담은 전문적으로 교육받고 훈련받은 상담자에 의해서 제공되는 전문활동이다. 셋째, 상담은 상담자와 내담자의 관계에 기초를 둔 과정이다. 넷째, 상담은 의사결정과 문제해결에 관여한다. 다섯째, 상담은 내담자로 하여금 새로운 행동을 학습하거나 새로운 태도를 형성하도록 하는 것이다. 여섯째, 상담은 내담자의 성장과 발전을 안내하고 조력한다. 이와 같은 맥락에서 상담을 종합적으로 정리하면 "상담이란, 도움을 필요로 하는 내담자가 전문적 훈련을 받은 상담자와의 안전한 대면관계 속에서 언어라는 매체를 통해 문제해결, 새로운 학습 그리고 인간적 성장을 경험하는 과정"이라고 정의할 수 있다.

2) 심리치료의 정의

　심리치료는 일상생활에서 겪는 정서장애나 정서문제 징후를 제거하기 위해 정신건강 전문가들에 의해 사용되는 심리적 기술이다. 이 기술은 단순히 조언을 해주는 것에서부터 개인의 감정이나 행동에 대해 정서적 지지를 해주거나 해석을 해주는 것까지 포함된다. 그러므로 심리치료의 목적은 도움이 필요한 사람에게 변화를 가져오도록 치료를 제공하는 것이다. 생활 속에서 스트레스를 받을 때 도움을 구하려는 사람과 사회에서 온전한 기능을 할 수 없는 사람들이 시설에 수용되어 심리치료를 받기도 한다. 그러므로 심리치료의 목적은 도움이 필요한 사람에게 변화를 가져오도록 치료를 제공하는 것이다. 개인의 심한 정서적 장애를 보이거나 그 장애로 인하여 정상적으로 기능을 발휘하지 못하는 경우, 이를 다루는 과정을 심리치료라고 하며, 개인을 정상으로 이끌어주는 치료과정인 것이다.

3) 상담과 생활지도 및 심리치료와의 비교

생활지도는 주로 학교에서 사용되는 '교육용어'이고, 심리치료는 주로 병원에서 사용되는 '치료용어'라고 볼 수 있을 것이다. 상담과 심리치료의 구별에 대해서는 의견이 분분한데 그 이유는, 첫째로 상담과 심리치료가 명확히 구분하기 힘들고, 둘째로 '상담자'가 상담이라고 하는 것을 심리치료에서 하고 있는 반면에, '심리치료자'가 심리치료라고 보는것을 상담자가 하고 있고, 셋째로 그럼에도 불구하고 둘은 의견이 같지 않다는 것이다.

상담은 이른바 '정상인'을, 심리치료는 '환자'를 각각 주 대상으로 한다. 그리고 상담은 대체로 교육적, 상황적 문제 해결과 의식 내용의 자각에 주력하는 반면, 심리치료는 '재구성적', '심층 분석적' 문제 해결과 무의식적 동기의 통찰에 역점을 두고 있다고 말할 수 있다.

2. 상담심리의 유형

상담 심리치료는 접근방식에 따라 대면상담과 PC 및 전화상담 그리고 상담형태에 따라서 개인상담 이외에도 집단상담, 가족상담, 놀이치료 등의 여러 가지 형태들이 있다.

1) 상담방식에 따른 분류

상담은 상담자와 내담자가 어떻게 만나느냐에 따라 대면상담과 통신상담으로 구분할수 있다. 대면상담은 상담자와 내담자가 직접 만나서 얼굴을 맞대고 내담자의 성장과 발달을 도와주는 과정이고, 통신상담은 상담자가 전화, 컴퓨터, 서신, 혹은 팩스 등의 매체를 통하여 내담자의 성장과 발달을 도와주는 과정이다.

(1) 대면상담

대면상담은 전통적으로 실시해오던 상담의 형태로써 상담자와 내담자가 직접 대면하여 심리적 문제를 다루어 나가는 것으로 개인상담, 집단상담, 청소년상담, 가족상담 등이 있다. 또한 놀이치료, 음악치료, 미술치료 등도 각각 놀이, 음악, 미술을 매개로 하는 대면상담 방법으로 볼 수 있다.

(2) 통신상담

현대는 정보화 시대로 모든 청소년이 인터넷을 이용하고 있다. 상대적으로 컴퓨터 이용률이 낮은 성인들에 비해 청소년들이 인터넷을 많이 이용한다는 사실은 인터넷 상담이 청소년들에게 특히 유용한 상담적 접근방법이 될 수 있는 가능성을 보여주는 것으로 볼수 있다.

① 통신상담의 형태

통신상담의 형태로는 내담자가 고민이나 상담 받고 싶은 내용을 편지 형식으로 보내면 상담자가 읽고서 여기에 답변을 해주는 전자우편(E-mail) 형식이 있고, 상담자가 내담자와 동일한 시간에 컴퓨터 화면을 통해 상담이 진행되는 대화식 온라인(on-line) 상담이 있다. 대화식 온라인 상담의 경우, 상담자와 내담자가 1 : 1관계로 진행하는 개인상담과 한 상담자가 여러 명의 내담자와 동시에 상담을 진행하는 집단상담이 있다.

현재 한국에서는 일부 상담기관에서 온라인(on-line) 상담이 이루어지고 있지만, 아직은 전자우편(E-mail) 형식으로 이루어지고 있는 경우가 더 많은 것으로 보인다.

② 통신상담의 이점

a. 시간/공간적 제약으로부터의 자유로움 : 전화상담과 마찬가지로 전자통신을 이용한 상담의 경우 언제, 어디서나 컴퓨터만 있다면 상담이 가능하다. 전화상담에 비해 한 가지 이점이 있다면 통신상담에서는 내담자와 상담자가 서로 다른 시간에도 PC를 통한 상담이 가능하다는 점이다. 내담자는 자신이 원하는 시간에 상담을 신청할 수 있고, 멀리 떨어진 지역에서도 자유롭게 상담을 신청할 수 있다. 상담자 역시 의뢰된 상담내용을 자신에게 편리한 시간에 확인하고 답변해 줄 수 있다.

b. 자신의 마음을 객관적으로 정리해 볼 수 있는 기회 제공 : PC상담에서는 호소내용을 문자로 정리해야 하기 때문에, 자신의 문제를 문자로 표현하는 과정에서 자신의 문제와 심정에 대해 객관적으로 정리해 볼 수 있는 기회를 가질 수 있다.

c. 익명성 : 전화상담의 경우처럼 자신에 대한 정보를 원하는 만큼만 드러낼 수 있고 익명성이 보장되기 때문에 두려워하거나 걱정하지 않고 자신을 공개할 수 있다. 하지만 상담 내용에 관련된 중요한 신상정보를 감추는 경우에는 효과적인 상담에 방해가 되기도 한다.

d. 평등성 : PC통신에서는 신체적 특징, 인상, 용모 등이 전혀 제시되지 않으며, 사회적 지위나 권위를 나타내는 사회적 단서 역시 제한되기 때문에 상대의 권위에 영향 받지 않고 이야기 내용에만 집중할 수 있다.

e. 친밀성과 협동성 : 던롭과 클링(Dunlop & Kling, 1991)은 의사소통을 지원하는 사회적 단서가 결핍되면 오히려 개인적 신뢰감이나 친근감 같은 특별한 느낌을 불러일으킨다고 하였다. PC통신에서도 사람들은 타인에게 우호적인 경향성을 보이는데 이는 개인의 사회적 조건들, 예를 들면 사회적 지위, 연령, 종교, 학벌, 재산 등에 대한 정보가 제한되어 있기 때문에 쉽게 친밀해지는 것으로 보인다.

f. 융통성 있는 대인관계 : 면접상담에 비해 상담의 신청과 종결이 쉽게 이루어진다. 관계에 대한 어떤 강제력이 없기 때문에 언제든지 쉽게 상담을 신청하고, 또한 그만두고 싶을 때 자유롭게 종결할 수 있는 것이다. 그러나 이러한 융통성은 효과적인 상담의 제한점이 될 수도 있다. 보다 깊이 있는 자기이해와 문제에 대한 정확한 통찰을 위해서는 내담자가 좌절과 저항을 극복해 가는 과정이 필요하기 때문이다.

g. 기록의 영구적 보존 : 필요한 경우 PC상담의 내용은 영구적으로 보존할 수 있다. 상담자는 보존된 자신의 상담내용을 재검토해 보며 보다 나은 대안을 찾아 볼 수도 있고, 동일한 정보가 필요한 다른 내담자들을 위해 활용할 수도 있다. 내담자 입장에서도 경우에 따라 자신이 상담 받은 내용을 보존해 두고 자신에 대해 새롭게 검토해 볼 수 있을 것이다.

③ PC상담의 제한점

a. 활용가능한 단서들의 제한 : 화상(畵像)을 이용한 PC상담을 제외한다면 면접상담과

달리 문자로만 의사소통이 가능하기 때문에 내담자의 특징적인 비언어적 단서들, 예를 들면 외모, 목소리, 행동, 몸짓, 자세 등 상담에서 중요시되는 정보들을 얻을 수 없다.

b. **부정확한 내용전달** : 면접상담에서 시간을 가지고 말로 이야기하는 것에 비해 도움 받고 싶은 사연을 충분히 전달하기에는 미흡한 감이 있다. 말로 표현하는 것에 비해 내담자가 원하는 내용을 분명하고 정확하게 표현해내지 못하는 경우가 많다.

c. **깊이의 한계** : 내담자가 문자로 표현할 수 없는 미묘한 심정을 전하기가 어려우며 상담자 입장에서도 깊은 정서적 체험을 이끌어 내기가 어렵고, 전자우편 상담의 경우 공감과 조언위주의 상담이 됨으로써 본래 상담의 깊이와 이점을 충분히 살릴 수 없다.

d. **컴퓨터 사용능력** : 컴퓨터를 익숙하게 다룰 수 없거나 컴퓨터를 사용 할 수 없는 경우에는 상담자체가 힘들다.

e. **1회성으로 끝나는 경향성** : 많은 내담자가 자신에게 필요한 간단한 정보나 조언만을 원하는 경우가 많은데, 이 경우 충분한 시간동안 진행되었을 때 얻을 수 있는 중요한 상담적 효과를 경험하지 못하고 종결할 수 있다.

④ PC상담시 상담자의 고려사항

요즘 활발하게 이루어지고 있는 전자우편 상담에서 상담자가 답변시 고려해야 할 점들은 다음과 같다.

a. 내담자가 글로 표현하고 있는 호소문제와 표현되지는 않았지만 실제로 원하는 내용
b. 글로 표현된 혹은 표현되지 않은 내담자의 주된 감정
c. 내담자 문제의 근본요인, 촉발요인 그리고 지속요인
d. 문제해결을 위한 내담자의 그간 노력
e. 자기문제에 대한 통찰 및 자각의 정도

f. 문제해결에 활용할 수 있는 내담자의 긍정적인 자원과 걸림돌이 되는 장애요소

g. 내담자의 상태를 고려하여 상담자가 답해줄 내용의 범위와 깊이 결정

(3) 전화상담

① 전화상담의 특성

a. 단회성 : 음성언어로만 진행되는 단회상담의 한 형태로써 연속상담으로 진행되는 면접상담과 달리 단회로 종결된다. 대부분 추후상담이 이루어지지 않는다.

b. 위기성 : 자살, 가출, 이혼 등 긴급한 문제들이 많다.

c. 응급성(신속성) : 물리적 거리를 초월해서 내담자가 원하는 것(want)을 신속하게 파악하고 개입할 수 있다.

d. 익명성 : 신분노출 없이 도움요청이 가능하다.

e. 편의성 : 전화만 있으면 24시간 언제 어디서나 누구나 상담이 가능하다. 여러 가지 사정으로 인해 직접 방문하기 힘든 경우에도 유용하다.

f. 선택성 : 맘에 드는 상담자를 선택하여 상담할 수 있다. 내담자가 상담의 지속여부를 결정할 수 있기 때문이다.

g. 시각적 단서의 배제 : 청각적(음성적, 언어적) 단서만 가지고 상담이 진행된다. 상담자는 음성에서 드러나는 분위기, 느낌, 어조, 톤, 침묵 그리고 이들의 변화에 주목해야 한다.

h. 당면문제에 초점 : 근본적인 성격문제보다는 지금 당장 다루어야 하는 당면문제 해결에 초점을 둔다. 즉, 문제해결 중심적 입장을 취한다.

② 전화상담시 상담자의 고려사항

PC상담의 경우처럼 단회상담인 전화상담에서도 상담자는 다음과 같은 요소들을 고려해야 한다.

a. 내담자가 직접적으로 호소하는 문제

b. 내담자가 상담에서 실제로 원하는 것(want)

c. 내담자의 근본 문제와 당면 문제

d. 내담자의 문제를 촉발시킨 요인과 지속시키는 요인

e. 문제 해결을 위한 그간의 내담자 노력

f. 이 상담에서 상담자가 다루고자 하는 문제 영역, 범위, 상담전략

g. 문제 해결에 활용할 수 있는 내담자의 긍정적인 자원과 장애물

h. 사용가능한 구체적인 상담기법

③ 전화상담의 진행과정은 다음과 같은 4단계로 구분해 볼 수 있다.

• **1단계 : 귀기울여 경청하기, 이해한 내용 확인하기**

내담자의 호소 문제를 경청, 공감함으로써 상담관계(rapport)를 형성하고 당면문제를 파악한다. 이때 상담자가 주의를 기울여 들어야 하는 내용은 호소내용, 내담자의 감정 그리고 내담자가 실제로 원하는 것들이다.

• **2단계 : 이 상담에서 다룰 내용 정하기**

문제를 정확히 파악하고 이 상담의 목표를 정하는 단계다. 이를 위해 상담자는 문제에 대한 내담자의 시각과 입장을 확인하고, 이 상담에서 함께 다룰 수 있는 구체적이고 현실적인 목표를 설정하게 된다.

• **3단계 : 문제 해결책의 계획**

내담자가 원하는 문제를 해결하기 위해 실천방법들을 모색하고 계획하는 단계이다. 이때 상담자는 다음과 같은 요소들을 정리해 본다.

첫째, 지금까지 내담자가 시도해 본 방법은?

둘째, 내담자가 현재 생각하고 있는 방법은?

셋째, 문제 해결에 도움이 되는 자원 및 장애는?

넷째, 가장 가능성 있고 현실적인 대안 선정은?

• **4단계 : 실천행동 연습하기 및 종결**

특히 인간관계 문제인 경우 상담자와 내담자가 구체적인 문제 상황에서의 실천행동을 역할극을 통해 연습해 보고 그 느낌을 나눌 수 있다. 종결은 상담 목표가 달성되었을 때와 내담자의 정서가 안정되었을 때에 주로 이루어진다. 내담자가 원하는 내용이 상담의 범위나 상담자의 능력을 벗어날 때에는 관련기관을 소개해줄 수 있다.

④ 전화상담시 상담자 개입의 특성

전화상담은 면접상담과 달리 다음과 같은 점에서 차이를 보인다.

a. 대화과정의 능동적이고 적극적인 조절 : 제한된 시간에 이루어지는 단회상담이기 때문에 상담자는 내담자 문제의 핵심적인 내용과 관련된 내용에 대해 초점을 유지한다.

b. 유연성과 단호함의 겸비 : 원활하고 효과적인 상담을 위해 상담자는 상담 목표를 갖고 상담의 방향을 결정한다.

c. 내담자의 긍정적, 희망적, 건설적 부분과의 작업동맹 맺기 : 내담자의 자원과 성장동기를 상담에 활용한다.

d. 조언이나 지시의 적절한 활용 : 상담자의 조언에는 문제해결/의사결정적인 조언과 충고/위로의 성질을 갖는 조언이 있을 수 있다.

e. 탈이론적인 유연성과 주체성 : 상담이론에 내담자를 맞추어서는 곤란하며, 구체적인 실제 내담자에게 맞추어 선택적으로 상담이론과 기법을 활용할 수 있어야 한다.

f. 그 회기에서 어떤 결론이나 성취획득 : 단회상담으로 이루어지기 쉽기 때문에 이번 상담의 결론이 최종적인 것은 아니라는 점과 필요시 차후에도 수시로 재 상담을 받을 수 있다는 점을 주지시킬 필요가 있다.

2) 상담형태에 따른 분류

상담은 그것이 이루어지는 형태에 따라서 몇 가지로 나누어 볼 수 있다. 도움을 받는 사람(내담자)이 한 명인가 혹은 여러 명인가에 의해서 개인상담과 집단상담으로 구분할 수 있다.

(1) 개인상담

개인상담이란 한 명의 상담자와 한 명의 내담자가 직접 대면하든지 혹은 매체를 통하여 간접적으로 만나서 상담관계를 형성하고, 내담자가 자기 자신과 환경에 대해 의미 있는 이해를 증진하도록 함으로써 내담자의 성장과 발전을 촉진하는 심리적인 조력의 과정을 말한다. 이 때 상담자는 내담자를 존중하고 수용하며, 상담자 자신의 생각과 감정에 솔직해야 한다. 이와 같은 상담의 촉진적인 관계 속에서 내담자는 스스로 효율적인 의사결정을 하고 여러 심리적인 특성들을 긍정적인 방향으로 변화시키도록 도움을 받게 된다. 그리하여 결과적으로 내담자의 성장과 발전을 촉진하게 된다.

개인상담은 일반적으로 상담자와 내담자가 각각 한 명인 것이 집단상담과 다르다. 따라서 개인상담은 내담자의 문제가 위급하며 원인과 해결이 복잡하고, 내담자 자신과 관련 인물들의 신상을 보호할 필요가 있는 경우, 그리고 집단에서 공개적으로 발언하는 것을 두려워하는 내담자에게 적당하다(이장호, 김정희, 1998).

(2) 집단상담(集團相談)

집단상담이란 한 사람의 상담자가 동시에 여러 명의 내담자를 대상으로 내담자 개개인의 문제해결과 인간적 성장을 촉진하는 상담적 접근방법이다. 집단상담에서는 개인상담과 달리 집단원들 간의 역동적인 상호작용을 치료적으로 활용할 수 있으며, 다른 참여자들로부터 도움을 받을 뿐만 아니라 도움을 제공하는 경험도 가능하다는 특징이 있다.

① 집단상담이 필요한 경우

집단상담은 특히 타인이해 능력이 부족하고 자신이 타인들에게 어떻게 보여지는지를 알아야 할 내담자, 다른 사람들에 대한 배려와 존중감이 필요한 내담자, 타인과의 대화를 포함한 사회적 기술의 습득이 필요한 내담자, 대인관계에서 자신감이 필요한 내담자나 자기 공개에 대해 지나친 위협을 느끼는 내담자 등에게 유용하게 사용될 수 있다. 내담자들은 타인을 대하는 바람직한 태도나 행동반응을 집단 내에서 즉각적으로 시도하고 그 결과를 확인해 볼 수 있다.

② 집단상담자의 역할

a. 집단과정에 대한 인식

집단상담자는 내담자의 감정이해와 자각촉진 외에도 개인의 발언이 집단 전체에 미치는 영향도 관찰해야 한다. 즉, 집단의 역동과 상호관계의 의미를 파악하고 있어야 한다. 상담자는 집단상담의 진행과정에 대한 이해와 식견을 가지고서 집단과정에 참여하면서 자연스럽게 진행과정을 관찰하고 진행시킨다.

b. '지금-여기' 상황에 대한 초점

상담자는 집단원들이 '지금-여기'의 상황에 초점을 맞추어 느끼고 생각하도록 한다.

과거의 이야기보다는 현재 의사소통 과정의 검토를 중요시한다. 중요하고 의미 있는 과거는 현재 속에 살아있기 때문이다. 즉, 현재 집단 내에서의 자신의 대인관계 방식을 살펴봄으로써 자기탐색과 자기이해가 보다 효과적으로 이루어질 수 있다.

c. 상담과정중의 언급

상담자는 내담자에게 적절하고 주의 깊게 개입을 한다. 즉, 내담자가 상담자의 반응을 수용할 수 있는 시점에서 소화할 수 있을 만큼 수용할 수 있는 방법으로 하는 것이다. 상담자가 집단원들에게 언급하는 내용들은 주로 행동관찰 자료, 감정의 반영, 직면, 행동의 동기나 의도, 저항, 행동의 의미, 밖에서의 행동과 집단 행동 간의 유사성과 차이점 등이 있다.

③ 집단상담의 효과

얄롬(Yalom, 1995)은 집단치료의 11개 효과요인을 주장하고 있는데, 여기에서 얄롬의 주장을 토대로 집단상담의 효과를 간략히 살펴보겠다.

- **희망의 고취**

  희망과 긍정적.5 기대를 심어주고 유지하는 일은 상담의 기본 요소이다. 내담자들은 상담을 시작하기 전 이미 상담에 대해 긍정적 기대를 갖게 되며, 이러한 기대는 집단상담의 효과에 기여할 수 있다. 또한 내담자들은 상담이 진행되는 과정에서 다른 내담자들이 긍정적으로 변화하고 호전되는 것을 관찰하게 됨으로써 희망을 갖게 된다.

- **보편성**

  많은 내담자들이 집단에 들어올 때는 자기만이 비참하다거나 이런 끔찍하고 용납하기 힘든 생각, 충동, 고민, 혹은 문제를 가지고 있는 것으로 생각하기 쉽다. 그러나 이런 생각은 대인관계에서의 사회적 고립감으로 인해 고조된 것이며, 일단 집단상담이 시작되면 대부분의 집단원들은 본인만 그런 것은 아니라는 위안과 안도감을 경험하게 된다. 다른 사람의 경험으로부터 완전히 동떨어진 인간의 행동과 사고는 없는 것이다.

- **정보전달**

  집단상담에서는 여러 가지 유용한 정보를 얻기도 한다. 집단 속에서 나오는 상담자나 집단원들의 조언이나 충고는 비난이나 평가가 아닌 충고에 담겨진 상호관심이나 배려로 인해 긍정적 영향을 줄 수 있다.

- **이타심**

  내담자들은 서로에게 지지, 위로, 격려, 제안 그리고 통찰을 서로에게 제공한다. 이러한 과정에서 자신이 다른 사람들에게 중요하고 뭔가 줄 수 있고 필요한 사람이라는 느낌을 갖게되며, 결국 생기와 자존감이 증가할 수 있다. 집단원들은 상담자를 직업인으로 간주 하지만 다른 집단원들의 반응에 대해서는 진실한 것으로 간주하는 경향이 있다.

- **어렸을 때의 가족갈등을 집단 내에서 재현**

  대부분의 내담자들은 집단 속에서 상담자나 다른 집단원에게 예전에 부모나 형제에게 했던 것처럼 행동하는 경향이 있다. 현재의 행동은 이전에 그리고 다른 장면에서도 반복되는 것이다. 여기서 중요한 점은 집단 속에서 초년기의 가족갈등이 다시 살아나지만 자신의 경직되고 완고한 역할을 끊임없이 탐색하고 도전함으로써 새로운 행동을 시험하게 되고, 결국은 먼 과거 이후 풀리지 않았던 문제를 해결하게 된다는 점이다.

- **사회적 기술의 발달**

  자신도 모르게 관계에 손상을 주었던 자신의 사회적 행동들을 자각할 수 있게 된다. 예를 들면, 상대방의 상태는 고려하지 않고 사소한 자기얘기만 일방적으로 늘어놓는 사람은 집단 속에서 이에 대한 집단원들의 반응을 직면하게 되고, 결국 새로운 사회적 기술을 습득하게 된다.

- **모방행동**

  상담자, 혹은 유사한 문제를 가진 다른 내담자에 대한 상담과정을 관찰하면서 자신도 간접적으로 유사한 도움을 받게 된다.

- **인간관계 학습**

  정도의 차이는 있지만 일반적으로 사람들은 타인의 실제모습을 보는 대신에 자신의 욕구나 상태에 따라 타인을 왜곡해서 지각하는 경향이 있다. 집단상담에서는 자신의 지각을 타인의 지각과 비교함으로써 대인관계의 왜곡을 수정할 수 있는 장이 될 수 있다. 즉, 집단상담에서는 일상생활과 달리 보다 안전한 분위기에서 이전의 왜곡된 경험을 수정하고 자신의 행동의 부적절성을 깨닫게 된다.

- **집단 응집력**

  응집력이란 집단원들이 집단과 다른 집단원들에게 갖는 매력을 말한다. 응집력이 증가하게 되면 솔직한 자기개방이 증가하고, 과거에 부정했던 자기의 일부를 자각하고 수용하게 되며 집단활동에 대한 참여수준이 증가하게 된다.

- **감정의 정화**

  감정의 정화는 상담의 중요한 필수적 요소이며, 집단상담은 정화가 없다면 메마른 학술적 연습으로 전락하고 말 것이다. 이때 주의 할 점은 감정의 표현에는 개인차가 있다는 것과 감정 정화는 인지적 학습에 의해 보완되어야 한다는 것이다.

- **실존적 요인들에 대한 자각**

  인간의 한계와 불완전함에 대해 인식하게 되고 이를 기꺼이 받아들이게 된다. 근본적으로 자신은 혼자이며 이 점은 피할 수 없다는 점을 자각하게 된다. 자신의 한계와 죽음에 솔직하고 용기있게 마주치게 되고, 자신의 한계에 진심으로 직면할 수 있게 되면 일상사의 하찮은 일을 사소한 것으로 볼 수 있게 되는 것이다.

④ 집단상담의 종류

현재 한국에서 청소년들을 대상으로 이루어지고 있는 집단상담은 주로 구조화된 집단상담이 많다. 구조화된 집단상담이란 어떤 특정한 목적을 위해 집단상담의 전체 진행과정의 내용과 형식을 사전에 계획해 놓은 집단상담의 유형이다. 반면에 비구조화된 집단상담은 사전에 계획된 아무런 형식 없이 그때그때 집단원들의 요구와 흐름에 따라 진행되는 상담으로써 집단치료나 감수성훈련 등이 여기에 속한다.

현재 각급 청소년상담기관과 학교 상담실에서 활발하게 활용되고 있는 구조화된 집단상담 프로그램들에서 특정문제에 대한 해결을 주목적으로 하는 집단으로는 학습습관 향상 집단, 스트레스대처 집단, 자기표현 집단, 갈등관리 집단, 진로탐색 집단, 비행청소년 집단, 분노조절 집단, 약물남용 청소년 집단, 청소년 시간 · 정신에너지 관리 집단, 심리극 집단 그리고 따돌림 받는 학생들의 집단 등이 있다. 한편 청소년 개인의 자기이해와 성장을 주목적으로 하는 집단으로는 또래상담자 집단, 잠재력개발 집단, 자기성장 집단, 감수성훈련 집단, 가치명료화 집단, 의사소통훈련 집단 등이 있다.

3. 상담 및 심리치료의 주요이론

1) 정신분석적 상담

(1) 정신분석적 상담의 이론적 배경

프로이드(Sigmund Freud, 1856~1939)에 의해 시작된 정신분석학은 많은 비판을 받고 있음에도 불구하고 이 이론만큼 전 인류 문명에 광범위하고 깊게 영향을 미친 이론은 거의 없다고 할 수 있다. 정신분석적 상담의 역사와 발전과정을 살펴보면 다음 3단계로 구분된다.

- **1단계** : 초창기로써 프로이드에 의해 무의식에 대한 심층적 인식과 함께 리비도와 심리성적 발달 단계, 오이디푸스 콤플렉스 등의 이론이 확립되고 유럽에 정신분석 운동이 일어나던 시기로 1차 세계대전까지로 볼 수 있다.

- **2단계** : 발전기로써 미국정신분석협회의 등장과 함께 세계 도처에 임상훈련센터가 설립되면서 전문적인 정신분석 심리치료가 자리를 잡게 되는 시기로 2차 세계대전까지의 기간이다. 이 시기에 프로이드는 삶의 추동에 대응하는 죽음의 추동에 대한 이론을 설정하고 원초아(Id), 자아(Ego), 초자아(Superego)로 구성된 인간의 심리구조에 대한 이론을 정립하였다.

- **3단계** : 2차 세계대전이후부터 오늘까지로써 정신분석이 세계적으로 확산되어 정착되는 시기이며 프로이드의 고전적 정신분석치료를 보완 또는 수정하는 지속적인 이론적 발전이 이루어지는 시기이다. 프로이드 이후 발전되어 온 정신분석학적 대표적인 이론들로는 자아심리학적 이론과 대상관계이론, 자기심리학적 이론을 들 수

있다(Capuzzi & Gross, 1995).

① 이론의 가정

정신분석 이론은 무의식의 존재와 결정론이라는 2가지 가정을 갖는다. 개인의 행동에 미치는 무의식적 힘의 중요성을 강조하는데, 인간의 행동은 억압된 무의식적 동기에 의해 결정되며 이러한 무의식적 동기와 힘을 자각함으로써 성격과 행동의 변화가 이루어질 수 있다고 본다. 또한 정신분석 이론은 결정론적인 입장을 취하는데 개인의 충동, 사고, 감정, 행동들은 개인이 과거 생활에서 겪었던 경험의 결과에 의해 결정되며, 마음속에 일어나는 여러 가지 생각이나 감정은 우발적이거나, 우연적이거나, 서로 무관한 것이 아니라고 본다. 즉, 인간의 성격은 생후 약 6년 간의 생활경험, 특히 양육자와의 관계 특성에 따라 형성되며 인간은 아동기의 경험을 뛰어넘지 못한다고 가정한다.

② 성격이론

프로이드는 성격을 원초아, 자아, 초자아의 가설적인 3가지 구조로 구분하였다. 원초아(Id)는 심리적 에너지의 원천으로써, '쾌락원칙'에 따라 본능적 욕구를 충족시키기 위하여 맹목적이고 충동적으로 작용하며 노골적이고 동물적이며 법도 규칙도 없다. 원초아는 단지 욕망의 충족을 위해서만 움직일 뿐이며 이러한 과정은 무의식적으로 이루어진다. 자아(Ego)는 외부의 현실과 초자아의 제한을 고려하여 원초아의 욕구를 표현하고 만족시키는 정신기제로써 '현실원칙'에 따라 외부 환경의 요구와 자신의 주관적 욕구를 구분하며, 그 개체의 자기보전과 안전을 확보한다. 자아는 배우고, 생각하고, 추리하고, 결정하며, 기억하는 등의 인지능력을 가지며 현실검증의 기능을 한다. 초자아(Superego)는 세 가지 성격구조 중 마지막에 발달하는 체계로써 사회규범과 행동기준이 내면화된 것이다. 아동이 부모, 선생님과 같은 기성세대와의 상호작용을 통해 옳고 그름, 선과 악, 도덕과 비도덕을 분별할 수 있게 될 때에 비로소 형성된다.

(2) 정신분석적 상담의 과정 및 주요 기법

① 상담의 목표

정신분석적 상담의 목표는 무의식적 갈등을 의식화시켜 개인의 성격구조를 재구성하는 것이다. 무의식적 갈등들은 심리적 긴장이나 여러 가지 증상을 초래하게 되는데, 이러한 무의식적인 갈등을 의식화시키면 긴장 때문에 묶여 있던 에너지가 자아기능에 활용됨으로써 개인의 적응적이고 문제해결적인 기능이 원활해질 수 있다. 이때 원초아의 압력을 약화시키고 자아의 힘을 강화시킴으로써, 원초아의 지배적 성격구조에서 자아 지배적 성격구조로 변화시킨다는 점에서 성격구조의 재구성이 이루어지는 것이다.

② 정신분석적 상담의 과정

정신분석적 상담은 초기단계, 전이의 발달, 훈습, 전이의 해결과 같은 4단계로 크게 구분해 볼 수 있다.

a. 초기단계

내담자가 지닌 문제의 성질을 확인하는 단계이다. 초기 상담의 두 가지 목표는 수집된 정보를 근거로 임상적, 역동적 진단을 내리고 내담자가 정신분석적 치료에 적합한 사람인지 그리고 어떻게 치료해 나갈 것인지를 결정하는 것이다. 이를 위해 내담자의 현재 생활과 곤란한 점, 그가 지금까지 성취한 것, 그의 대인관계 방식, 가족적 배경 그리고 아동기의 발달사 등을 알아본다. 화제의 우선순위는 내담자의 직관에 맡긴다. 내담자가 자신의 문제를 상담자에게 어떤 식으로 제시하는지도 많은 것을 시사할 수 있다. 즉, 초기단계에서는 내담자의 개인적 성장 및 발달사에 대해 알게 됨으로써 내담자가 갖는 무의식적 갈등에 대한 전반적 윤곽을 이해하게 된다.

b. 전이의 발달

전이와 다음 단계인 훈습은 실제로는 중첩되는데, 치료 작업의 주된 부분이자 동시에 정신분석적 치료의 핵심이다. 여기서 전이란 내담자가 과거의 중요한 인물에게 느꼈던 감정을 상담자에게 투사하는 현상으로써 내담자가 아동기의 중요인물 즉, 아버지, 어머니, 형제, 자매, 그 밖의 가족들에게 느끼고 행동하던 대로 상담자에게 느끼고 행동하는 것을 말한다. 내담자는 자신의 감정을 의식하지만 자신의 감정이 반복된다는 것을 깨닫지 못한다. 상담자는 내담자가 말하는 것을 들으면서 현재의 경험과 어렸을 때의 경험이 연결되어 있다는 것을 알 수 있다.

내담자가 상담자에 대해 행동하고 느끼는 방식들 중에서 부적절한 반응을 찾아보면, 내담자가 대인관계에서 맺는 정신역동을 직접 볼 수 있다. 상담 장면에서 내담자가 상담자에게 보여주는 행동패턴이 평소 내담자가 일상생활에서 나타내는 대인관계 행동의 한 단면인 것이다.

c. 훈습

훈습은 중심적 갈등을 내담자가 반복해서 이야기하고, 상담자가 이를 반복해서 해석하는 과정이다. 갈등의 본질에 대한 한두 번의 통찰경험으로 변화가 이루어지지는 않으며, 전이의 분석은 여러 번에 걸쳐 여러 가지 방식으로 지속되어야 하는데, 이러한 통찰이 계속적으로 반복되고 정교화 되며 확대되는 과정이 바로 훈습이다. 내담자는 자신의 방어와 동기가 무엇인가를 이 반복과정에서 의식하게 된다. 특히 주된 저항이나 방어는 한 번의 해석이나 한 번의 면접으로 해결되지 않으며 역동적 변화는 여러 주, 여러 달의 훈습과정을 거쳐 나타날 수 있다.

d. 전이의 해결

전이의 분석을 통해 내담자는 현실과 환상, 과거와 현재를 구분할 수 있게 되며 아동기의 환상적 소망이 얼마나 영속적인가를 깨닫게 된다. 결국 내담자는 자신의 무의식적 환상에 무의식적으로 반응하는 대신에 자신의 충동과 불안이 갖는 비현실적 특성을 평가하게 되고, 보다 성숙되고 현실적인 결정을 하게 된다. 일단 전이현상을 성공적으로 분석하고 나면 과거의 사건에 대한 기억이 촉진되며, 이러한 촉진된 기억으로 인해 전이의 본질을 더욱 분명히 알 수 있게 된다. 전이의 이해와 기억 간의 이러한 상호작용은 통찰을 더욱 공고히 하며 해석에 대한 확신을 강하게 해준다.

전이가 해결되면 종결단계가 시작된다. 종결단계의 목표는 상담자에 대한 내담자의 무의식적인 애착을 해결하는 것이다. 종결단계에서 나타나는 한 가지 현상은 내담자의 증상이 갑자기 악화되는 것이다. 이는 내담자가 무의식적으로 아직 상담을 마칠 준비가 되어있지 않아서 상담을 계속하고 싶다는 것을 나타낼 수도 있고, 다른 한편으로는 아동기 때부터 지녀온 수동적, 의존적 행동경향 때문일 수도 있다. 또 다른 현상은 이전 단계에서 이루어진 해석을 확인시켜 주거나 정교화시켜 주는 억압되었던 기억들이 나타나는 것이다. 이는 자신에게 새로운 삶을 가능하게 해 준 상담자에 대한 감사의 표시라는 의미를 가질 수 있다.

이 단계에서 상담자는 상담이 끝난 후에 앞으로 일어날 일에 대한 내담자의 환상을 분석해야 한다. 그러한 문제를 다루지 않을 경우 문제의 재발 가능성은 높아질 수 있다.

③ 정신분석적 상담의 주요 기법

a. 해석

해석이란 자유연상, 꿈, 저항, 전이 등을 분석하고 그 속에 담긴 행동상의 의미를 내담자에게 지적하고 설명하는 것이다. 해석은 전문적인 용어보다는 쉽고 비전문적인 일상용어를 사용한다. 가장 좋은 해석의 시기는 그네가 최고의 높이에 있을 때 살짝 밀어주는 것처럼 내담자의 의식이 해석할 내용에 가까이 와 있고, 그걸 알고 싶어 할 때 해석해 주는 것이다. 해석의 양은 내담자의 자존심이나 감정을 해치지 않을 만큼의 해석을 한다. 모든 내담자가 긴장을 견디어 내는 힘에 있어서 같을 수는 없다. 따라서 상담자는 내담자의 상태에 맞추어 해석의 양과 순서를 결정할 수 있다.

b. 자유연상

프로이드는 처음에 동료인 브루이어(Breuer)와 함께 최면을 사용하여 정서와 관련된 기억을 회복하려고 시도하였으나, 나중에는 자유연상을 통해서도 내담자들이 정상적인 각성상태에서 기억을 찾아낼 수 있음을 밝혀냈다. 자유연상은 어떤 주제와 관련하여 아무런 형식 없이 떠오르는 대로 자유롭게 보고하는 방법이다.

c. 꿈의 해석

꿈은 무의식에 이르는 왕도 또는 지름길이다. 꿈을 통해 억압되어온 정신내용, 즉 자아의 방어적 활동에 의해서 의식에서 제외되고 배출되지 못한 정신내용들을 이해할 수 있다. 꿈은 소원성취적인 공상으로써 당면한 일상생활상의 관심 및 흥미를 시각적이고 형태적인 이미지로 표현하는 것이다. 대부분의 꿈에는 그 개인의 무의식적인 생각, 감각, 소망이 강하게 응축되어 있다.

d. 저항의 해석

저항은 상담자의 치료노력을 방해하는 내담자의 방어이다. 저항의 원인은 상담과정에서 위협을 주는 불쾌한 감정 즉, 분노, 죄의식, 수치심, 모욕감, 격분, 두려움 등이다. 이때 상담자가 할 일은 내담자가 말하기 두려워하고 부끄러워하는 내용을 정확히 이해하는 것이다. 해석은 저항이 최소화되었을 때 해야 된다. 내담자의 말하는 속도가 변화하거나 이와는 반대로 갑자기 말이 많아질 때는 저항을 의심할 수 있다. 또한 반복적으로 상담시간에 늦게 오거나 예약 시간을 잊거나 약속시간 몇 분전에 불충분한 이유로 약속을 취소하거나 변경할 수도 있다. 상담자는 모든 저항의 동기를 생각할 때 항상 전이를 생각해야 한다. 어린이가 사랑을 잃거나 처벌을 받을까봐 충동이나 감정표현을 하지 않게 되는 것을 배우듯이, 내담자의 마음속에서는 상담자가 점차 부모상이 되어 가기 때문에 이 부모 대리자와의 관계에서 검열과 도피를 나타낼 수 있다. 따라서 상담자는 내담자가 저항하는 것을 알게 되면 내담자의 저항이 상담자 자신과 어떤 관계가 있는지 생각해 봐야 한다.

(3) 공헌 및 제한점

인간의 정신건강을 돕는 상담 및 심리치료에 있어서 대부분의 이론들은 프로이드의 이론에서 출발하여 확장되어지거나 프로이드의 이론을 반대하는 입장에서 인간에 대한 이해와 심리적 문제를 정립하였다.

정신분석은 상담의 심리학적 패러다임을 여는 서장과 같은 역할을 하였다. 특히 인간의 심리적 갈등과 문제에 대한 무의식의 역할을 정립하여 내담자가 가지고 있는 현재의 행동과 증상의 원인이 어떻게 과거와 연결되어 있는지를 이해하는 개념적인 틀을 제공해 주었다.

반면에 무의식을 의식화시켜 심리적 갈등을 해소시키고 인격의 변화를 이루고자 하는 정신분석 상담은 이론과 방법 면에서 많은 제한과 논란의 여지를 가지고 있다. 특히 오이디푸스 콤플렉스와 성욕에 바탕을 둔 이론정립은 지나치게 추론적이며 인간에 대한 전인적인 이해를 간과하고 있다고 할 수 있다. 또한 프로이드의 이론이 성적 억압이 심했던 19세기 말 유럽 상류층의 신경증 환자들의 경험에만 의존했기에 문화적 바탕을 간과한 채 일반적인 인간이해로 개념화시키기에는 많은 한계를 지니고 있다.

2) 인간중심 상담

(1) 인간중심 상담의 이론적 배경

인간중심 상담은 로저스(Carl Ransom Rogers, 1902~1987)에 의해 체계화 된 것으로 20세기 후반 이후 교육계와 상담계에 매우 강력한 영향을 미친 이론이다. 로저스는 그 당시 상담의 주된 세력이었던 정신분석의 매우 진단적이고 해석적인 면과 지시적인 면에 대한 입장을 반대하고 비지시적 상담을 표방하면서 새로운 상담의 원리를 제시하였다. 1942년에 저술한 『상담과 심리치료(Counseling and Psychotherapy)』가 그 첫 번째 시도이며, 이 책에서 그는 상담자와 내담자가 맺게 되는 관계의 질(quality)의 중요성을 강조하고 있다. 로저스는 또한 상담자는 내담자가 스스로 성장할 수 있도록 동기화할 수 있는 최적의 환경을 제공하는 사람이어야 한다고 역설하였다. 그의 『내담자중심 치료(Client-Centered Therapy)』(1951)와 『인간의 형성(On Becoming a Person)』(1961)은 상담의 고전으로 알려져 있다. 로저스의 비지시적 상담은 내담자의 긍정적인 성장 가능성을 중시한다는 면에서 내담자중심(client-centered)상담으로 그리고 후에 보다 많은 장면에서 활용되면서 인간중심(person-centered)상담으로 불리어지게 되었다.

① 로저스 이론의 4단계 형성 과정
a. 비지시적 단계(1940~1950)

1940년 12월 11일 비지시적 단계가 처음으로 시작되었다. 감정의 반영과 비지시적 기술들이 이 시기의 특징이며 상담자가 허용적이고 비간섭적인 분위기를 만들어야 한다고 강조하였다.

b. 내담자중심 단계(1950~1957)

1951년 『내담자중심 치료』의 출판을 계기로 비지시적 단계에서 내담자중심 단계로 변화하게 된다. 이 시기에 로저스는 도움을 구하는 사람은 의존적인 환자로 취급되기보다는 한 사람의 책임감 있는 내담자로서 취급되어야 한다는 점을 강조하면서 자신의 성격이론과 상담이론을 확립하기 시작한다.

c. 이론의 적용 단계(1957~1975)

이 시기에 로저스는 내담자의 행동뿐만 아니라 상담자의 유기체적 경험이 상담 과정에 중요한 요인임을 강조하였다. 상담자와 내담자의 상호보완적 관계에 대한 그의 이론은 다른 이론적 접근에도 널리 퍼져 상담의 공통적인 요인으로 인식하게 되었다.

d. 인간중심 단계(1975~1987)

사람들이 어떻게 힘을 얻고 소유하고 나누거나 혹은 굴복하며 타인과 자신을 통제하는 지에 대한 관심을 포함하여 로저스의 이론은 널리 퍼지게 되었다. 로저스 역시 내담자뿐만 아니라 사회의 전반적인 측면이나 교육, 정치에까지 자신의 관심을 확대하였다. 그는 개인의 성장을 발달시키는 데 앞장서 많은 사람들을 대상으로 한 참만남집단에 자신의 사상을 적용하였다.

② 인간관

내담자 중심 접근에서 가정하고 있는 인간관은 다음과 같다(Rogers, 1951).

a. 모든 인간은 자신이 중심이 되어 있는 끊임없이 변화하는 경험의 장에서 존재하고 있다. 이러한 개인의 세계는 유기체에 의해 경험되는 모든 것을 포함한다. 개인의 세계에서 중요한 진실은 개인 그 자신에게만 알려진다는 것이다.

b. 유기체는 경험되고 지각되는 장에 대하여 반응한다. 이러한 현상의 장은 개인에게는 '현실' 이다.

c. 유기체는 현상의 장에서 조직된 전체로써 반응한다. 유기체는 자기를 실현하고 경험하는 자기 자신을 고양하고 유지하려는 기본적인 욕구를 지니고 있다.

d. 인간의 행동은 현상의 장 속에서 경험되는 유기체의 욕구를 만족시키려는 목적 지향적인 것이다.

e. 이런 행동에는 정서가 수반되며 그 정서의 강도는 유기체를 유지하려는 행동의 지각된 중요성과 관련이 된다.

f. 인간의 행동을 이해하는 가장 중요한 수단은 그 개인 자체의 내적 참조의 틀을 이해하는 것이다.

g. 환경, 특히 타인과의 상호작용 속에서 개인의 자기 구조가 형성된다.

h. 유기체에 의해서 적용되는 행동의 대부분 방식은 자기의 개념과 일치한다.

i. 심리적 부적응이란 유기체가 중요한 자신의 감각적 경험들을 수용하지 못하고 결국 이를 자기 구조의 틀 속에 상징화, 조직화 할 수 없을 때 발생한다.

이와 같은 긍정적 인간관은 상담에 매우 중요한 의미를 갖는다. 사람은 부적응 상태에서 심리적으로 건강한 상태로 향할 수 있는 타고난 능력이 있다고 믿기 때문에 상담자는 내담자에게 우선적으로 책임을 지우게 된다. 즉, 전문가로서 권위자인 상담자와 단순히 상담자의 지시를 따르는 수동적인 내담자의 역할을 거부한다. 따라서 상담은 내담자의 결정 능력에 근거를 두게 된다. 이를 통하여 내담자가 다른 사람들과의 세계에서 어떻게 행동하는지, 어떻게 건설적인 방향으로 나아갈 수 있는지 그리고 성장을 방해하는 장애물들을 어떻게 성공적으로 대처하는지가 강조된다. 상담은 단순히 규준에 적응하는 것 이상이므로 단지 문제를 해결하는 것으로 끝나는 것은 아니다. 인본주의 경향의 상담자들은 내담자가 충분히 그리고 진정으로 살아가도록 변화하고, 이런 삶은 끊임없는 노력을 요구한다는 것을 깨달을 수 있도록 도전한다.

③ 성격에 대한 이해

a. 성격의 구조

로저스는 인간의 성격을 크게 세 가지 핵심적인 요소, 즉 유기체, 현상학적 장, 자기로 구분하였다. 유기체란 한 개인의 전체-신체, 지성, 정서-를 의미한다. 우리 인간은 경험에 대하여 유기체적으로 반응한다. 다시 말해서, 어떤 자극이 있을 때 그 자극에 대하여 우리의 전 존재가 반응을 한다.

현상학적 장이란 인간이 경험하는 모든 것을 말한다. 이것은 끊임없이 변화하는 경험의 세계이다. 그리고 경험은 개인의 외적인 세계뿐만 아니라 내적인 것까지 포함된다. 여기서 개인에게 중요한 것은 어떤 실제적인 사실이 아니라 현상학적 장 속에서 개인이 그것을 어떻게 지각하는가 하는 점이다.

로저스의 성격 이론에서 가장 중요한 것은 바로 자기에 대한 개념이다. 자기는 전체적인 현상학적 장 또는 지각적 장으로부터 분화된 부분으로 '나'에 대한 일련의 인식과 가치로 이루어진다. 자기는 성격 구조의 중심이며 성격이 발전하는 핵심이다. 그리고 자기는 유기체 행동의 일관성을 유지하는 데 중요한 역할을 한다. 자기개념과 일치되는 경험들은 통합되며, 불일치되는 경험들은 위협으로 지각된다. 자기개념은 언제나 과정 중에 있다. 즉, 현상학적 장과의 계속되는 상호작용 속에서 성장하고 변화되어진다.

b. 성격의 발달

로저스의 이론에서 성격 발달은 그다지 중요한 이슈는 아니다. 반대로 인생에 대한 로저스의 학문적 관심과 실존주의적 철학이 성격 이론을 만드는 원동력이 되기는 하였다. 그의 성격 이론은 프로이드의 유전적 성격 이론과는 달리 현상 이론에 가깝다. 개인의 발달에 영향을 미치는 힘들은 개인을 둘러싼 환경 즉, 개인의 내부 역동보다는 대인 간의 관계 속에 있다고 보았다.

(2) 인간중심 상담의 과정 및 주요기법

① 상담의 목표

인간중심 상담의 목표는 내담자의 자아개념과 유기체적 경험 간의 불일치를 제거하고 그가 느끼는 자아에 대한 위협과 그것을 방어하려는 방어기제를 해체함으로써 충분히 기능하는 사람이 되도록 돕는 것이다. 이러한 목표를 위해 먼저 내담자들은 사회화 과정을 통해 내담자 자신의 가면을 벗어야 한다. 이러한 자아실현은 경험에의 개방, 자신에 대한 신뢰, 내적 평가, 계속되는 성장에의 의지로 나타난다.

인간중심 상담의 핵심은 촉진적 역할을 하는 치료자와의 관계에서 내담자들은 그들 자신의 목표를 정의하고 명료화하는 능력을 가지고 있다는 것이다. 또한 상담자는 상호 신뢰적인 분위기를 조성하여 내담자가 거리낌 없이 자기를 개방하도록 함으로써 내담자 자신의 내면세계(감정, 욕망 및 가치판단 등)를 이해하고, 자신의 문제를 파악할 수 있도록 돕는다. 이런 관계 속에서 내담자는 자신의 환경에 대한 왜곡된 지각을 수정하고 현실적 경험과 자아 개념 간의 조화를 이루며, 그 다음으로 능력과 개성을 최대한 발휘하는 자아실현을 촉진하게 된다. 이런 자아실현을 이룬 사람의 특징은 첫째, 자기방어를 위해 현실을 왜곡하지 않으며 둘째, 자기 자신에 대한 올바른 이해에 바탕을 둔 신뢰감과 융통성 있는 마음의 자세를 갖고 있고 셋째, 실존문제에 대한 해답을 자신의 내부에서 찾으려 하며, 인간적인 성숙이 지속적인 과정임을 아는 사람이다.

② 인간중심 상담의 과정

인간중심 상담과정의 특징은 상담과정이나 문제해결에 대한 내담자의 책임과 구체성을 강조하며, 수용적인 분위기에 내담자가 자신을 자유롭게 표현할 수 있게 하고 그러한 과정에서 내담자는 자신의 해결책을 스스로 찾을 수 있게 한다.

a. 상담과정의 조건
- 내담자가 불일치 상태, 취약한 상태, 불안정한 상태에 있음을 인식해야 한다.
- 상담자는 관계에 있어서 균형과 일치상태에 있어야 한다.
- 상담자는 내담자에게 무조건적인 긍정적 지각을 하여야 한다.

- 상담자는 내담자의 내적준거에 대하여 공감적 이해를 경험하여야 한다.
- 내담자도 최소한의 긍정적 지각과 공감적 이해의 상태를 갖추어야 한다.

b. 상담과정

상담조건이 갖추어지면 실제 상담이 이루어진다. 인간중심 상담에서 '무엇이 어떻게 진행되는가'의 특징적 과정을 중심으로 상담기술과 절차를 살펴보면 다음의 열두 단계가 된다.

- **1단계** : 내담자가 도움을 받기 위해 온다. 내담자가 자발적으로 온다는 것은 이미 문제해결에 책임 있는 제 일보를 내디딘 것으로 간주된다. 이러한 자의가 심리치료에서는 매우 중요하다. 개인의 결정에 의하여 오게 된 것이 아닌 경우 타의결정을 자의결정으로 변화시키는 것이 우선되어야한다. 첫 단계에서는 스스로 상담을 받겠다는 결정이 필요하기 때문이다.
- **2단계** : 상담이라는 상황을 정의한다. 양자 간의 상담관계, 즉 도와주는 장면과 절차 등이 정의된다. 상담은 내담자에게 스스로 문제를 해결하도록 도와주는 과정이지 문제를 대신 해결해 주는 과정이 아니라는 것을 인식시킨다. 상담시간을 계획하고 약속하는 것도 내담자의 책임이라는 것을 명백하게 깨닫게 해야 한다.
- **3단계** : 상담자가 내담자의 정서반응을 반영하고 명료화하여, 내담자가 자신의 문제에 관한 감정을 자유롭게 표현되도록 북돋우어 준다. 내담자가 상담시간에 적개심, 불안, 죄책감 등의 감정을 쏟아 놓는 것을 막지 말고 그대로 내버려 둠으로써, 내담자로 하여금 상담시간이야 말로 진실로 자기의 시간이요, 그것을 어떻게 활용하느냐에 따라 성과가 생긴다는 것을 알게 한다.
- **4단계** : 상담자는 내담자가 표출하는 부정적 감정을 수용하고 알아주며 정리해 주어야 한다. 상담자는 내담자가 표출하는 적개심, 증오, 질투 등의 부정적 감정을 단순히 이지적으로 이해하는 것이 아니라, 그 감정을 진정으로 받아들여서 내담자가 그것을 자신의 것으로 인정하고 보다 자유롭게 표출하도록 격려하여 준다. 즉, 상담자는 상담과정에서 내담자가 표출하는 감정을 인정, 수용, 명료화하여 주는 것이다.
- **5단계** : 부정적인 감정을 완전히 표현할 수 있게 된 후에는 미약하고 잠정적이기는

하지만 성격 성장에 보탬이 되는 긍정적 감정과 충동이 나타나게 된다. 이 단계에서 내담자는 성장에의 디딤돌로써 긍정적 감정을 표출하게 되는 것이다.

- **6단계** : 상담자는 내담자의 부정적 감정을 받아들임과 동시에 긍정적인 감정을 인정하고 받아들인다. 내담자 쪽에서는 자기평가와 정서반응 간의 일치 및 조화를 탐색하고 정리한다. 긍정적 감정을 받아들인다는 것은 찬성을 한다든지 칭찬을 한다는 뜻과는 다른 것이다. 즉, 찬성과 수용은 다른 것이다. 그저 고개만 끄덕거려 찬성을 표시하면 되는 것이 아니라 진실로 내담자의 마음과 감정을 이해하고 공감하고 받아들여야 하는 것이다.

- **7단계** : 부정적 감정과 긍정적 감정을 모두 경험하면 자기이해, 자기수용, 자기통찰이 나타난다. 내담자는 문제행동에 대한 대안적 선택과정을 탐색한다. 긍정, 부정 모두 자신의 감정세계의 부분이라는 것을 자각할 때 비로소 진정한 자기이해의 토대가 마련되며, 자기통찰이 샘물이 솟듯 자연적으로 솟아나게 된다. 이 같은 통찰이 토대가 되어 내담자는 새로운 차원의 통합을 하게 된다.

- **8단계** : 통찰과 함께 여러 가지 의사결정을 할 수 있는 길이 선명하게 보이게 된다. 내담자는 긍정적 사고를 하기 시작한다. 상담자는 내담자로 하여금 여러 가지 길을 보다 선명하게 내다보도록 도와주어 앞으로의 진전에 대하여 느끼게 되는 공포나 주저함이 당연한 것으로 인정하여 주어야 한다.

- **9단계** : 내담자는 긍정적 행동을 취하게 되며 생활 장면에 대해 더욱 정확하고 완전한 분별을 하게 된다. 처음에는 부분적이나마 긍정적 행동을 하다가 시간이 흐름에 따라 보다 적극적인 행동을 하게 된다. 예컨대, 처음에는 비사교적이고 폐쇄적이던 학생이 나중에는 친구를 사귀고 싶어 하고 친구들에게 접근하게 된다.

- **10단계** : 더욱 성장을 한다. 긍정적인 행동을 취하게 되면 점차로 통찰이 확대 심화되어 정확한 자기이해를 할 수 있게 된다.

- **11단계** : 내담자는 보다 잘 통제된 긍정적 행동을 점점 더 많이 하게 된다. 내담자의 문제증상이 감소되고 덜 불편해진다. 의사결정을 하는 과정에서 두려움은 점점 적어지며 자기가 시작한 행동에 대해서는 자신을 가지게 된다. 상담자와 내담자 사이의 유대는 더욱 강화된다.

- **12단계** : 내담자는 이제 도움을 받을 필요를 덜 느끼게 되고, 치료관계를 종결해야겠

다는 생각을 하기에 이른다. 즉, 지각된 자아와 이상적 자아 사이의 조화를 얻는다. 이 단계는 상담의 종결이 다가온 것을 알리는 때로써 내담자는 보다 성숙되고 건강한 분위기 속에서 상담을 끝맺게 된다.

c. 상담의 결과

- 내담자는 불일치의 경험이 감소되고 자신의 경험에 개방적이며 방어도 덜 하게 된다.
- 내담자는 현실적이 되고 객관적이며 자기지각을 형성하는데 외부 중심적으로 변한다. 내담자는 문제해결에 있어서 보다 더 능률적이 된다.
- 심리적 적응에 있어서 이전보다 훨씬 적절한 반응을 보이게 되며 최선의 상태를 지향한다.
- 불일치 상태가 제거됨에 따라 내담자는 위협이나 취약성이 현저하게 감소된다.
- 내담자가 매우 현실적이 되었기 때문에 이상적 자아개념이 좀 더 현실적인 것이 되고, 따라서 상담 목표의 성취가능성이 농후해진다.
- 내담자가 심리적 적응을 잘하게 되고 위협이 감소되었기 때문에 자아는 그의 이상적 자아와 좀 더 일치감이 더해질 수 있다.
- 이상적 자아에 근접함과 더불어 위협의 제거로 모든 종류의 긴장이 감소될 수 있다.
- 내담자는 근본적 자아지각의 정도가 높아진다.
- 내담자는 이 모든 절차의 결과로 상담 중 행해지는 평가의 핵심이 무엇인지를 파악하게 되고, 자기 스스로를 관리하는 데 보다 자신감이 생기고, 가치체계도 전체적인 면에서 검토하는 태도로 변화한다.
- 내담자가 불일치를 극복하고, 보다 더 현실적으로 되기 때문에 타인을 좀 더 현실적으로 보게되며, 정확하게 파악할 수 있게 된다.
- 타인을 좀 더 잘 수용할 수 있게 된다.
- 타인도 내담자의 행동이 이전보다 훨씬 사회성이 높아지고, 성숙했다고 보게 된다.
- 이런 과정을 통하여 내담자의 행동이 이전보다 창조적이며, 독특하게 적응하며, 자기 자신의 목적과 가치를 유지하면서도 자기주장을 평탄하게 펴나갈 수 있게 된다.

③ 상담자의 기능과 역할

인간중심 상담자의 역할은 내담자를 위해 계획된 기법보다는 그들의 존재 방식과 삶에 뿌리를 두고 있다. 상담자의 이론이나 기법보다는 상담자의 태도가 내담자의 성격 변화를 촉진시킨다. 근본적으로 상담자는 자기 자신을 변화의 도구로 사용한다. 그들이 인간 대 인간의 수준으로 내담자를 대면할 때 그들의 역할은 역할 없이 존재하는 것이다. 그들의 기능은 과정이 계속됨에 따라 내담자가 성장하도록 도울 수 있는 상담 분위기를 형성하는 것이다. 그래서 내담자들이 지금까지 거부하거나 왜곡한 그들의 생활 영역을 탐색하는 데 필요한 자유를 경험하게 하는 조력관계를 창출하게 되는 것이다.

④ 상담에서의 내담자의 경험

상담적 변화는 내담자 자신의 상담에서의 경험과 상담자의 기본적인 태도에 대한 내담자의 지각에 의해 좌우된다. 상담자가 자기 탐색에 대하여 도움이 되는 분위기를 창출하면 내담자들은 많은 감정들을 경험하고 탐색하게 된다. 내담자들은 진솔하지 않은 상태에서 상담을 시작한다. 상담자는 내담자가 자신에게 문제가 있다는 사실을 자각하고 인간중심의 틀에서 관계성에 대해 자기 자신이 책임을 져야만 한다는 것과 자신에 대한 더 많은 이해를 얻기 위해 관계를 사용함으로써 더 자유로워질 수 있다는 것을 배워야 한다. 상담이 진행됨에 따라 내담자들은 자신의 감정을 더 잘 탐색할 수 있게 되고, 그들은 부정적이든 긍정적이든 자신이 이때까지 숨겨 왔던 측면들을 발견하게 된다. 이런 문제에 대한 답은 외부에서 구하지 않고 자기 스스로의 힘으로 선택하는 것이 좋다. 이와 같이 인간 중심적 접근은 내담자의 주관적 세계를 이해하는 것을 가장 중요시한다.

⑤ 인간중심 상담의 주요기법

a. 공감

상담자의 주요 과제 중의 하나는, 상담시간에 순간순간의 상호작용에서 나타내는 내담자의 경험과 감정들을 민감하고 정확하게 이해하는 것이다. 상담자는 내담자의 주관적인 경험, 특히 지금 여기의 경험을 감지하려고 노력한다. 이렇게 하는 이유는 자기 자신과 친밀하도록 하고 감정을 더 깊고 강하게 경험하게 하며 그들 내부에 존재하는 불일치를 인식하고 해결하도록 내담자를 격려하는 것이다.

공감적 이해란, 상담자가 내담자의 감정에 빠져들지 않으면서 내담자의 감정을 자신의 감정인 것처럼 느끼는 것을 의미한다. 내담자의 경험세계로 자유롭게 여행함으로써 상담자는 이미 내담자들도 인식하고 있는 것에 대해 자신이 이해한 것을 내담자들에게 전달할 뿐만 아니라, 그들이 거의 인식하지 못하고 있는 경험의 의미들을 말해 줄 수도 있다. 높은 수준의 정확한 공감이란 내담자들이 덜 분명하고 덜 명확하게 경험한 감정들에 대해서 분명한 느낌을 인식하도록 하는 것 이상의 의미를 가진다는 사실을 이해하는 것이 중요하다. 공감은 내용을 내담자에게 반영하는 것 이상의 것이며, 상담자가 일상적으로 사용하는 인위적인 기법 이상의 것이다. 그것은 단순히 외부에서 하는 내담자에 대한 평가적인 이해인 객관적인 지식—나는 당신의 문제가 무엇인지 이해한다—은 아니다. 공감은 "내담자의 내담자에 대한" 깊고 주관적인 이해이다. 그것은 내담자에 대한 인간적인 동일시이다. 상담자들은 내담자의 감정과 비슷하게 느낌으로써 내담자의 주관적인 세계를 공유할 수 있게 된다. 그러나 상담자들은 그들 자신의 주체성을 잃어버리지는 않아야 한다. 로저스는 상담자들이 자신의 주체성을 잃지 않고 내담자가 보고 느끼는 사적세계에서 현재 경험하고 있는 것을 경험할 수 있을 때 건설적인 변화가 일어날 것이라고 믿고 있다.

b. 무조건적 긍정적 관심(배려)

상담자가 내담자에게 전달해야 하는 두 번째 태도는 내담자를 한 인간으로서 깊고 순수한 관심으로 대하는 것이다. 내담자의 감정, 사고, 행동에 대한 좋다거나 혹은 나쁘다는 평가나 판단에 의해 오염되지 않았다는 점에서 무조건적 관심이다. 상담자는 내담자를 존중하며 조건을 달지 않고 따뜻하게 수용한다. 이것은 "나는 할 때에만 당신을 수용하겠다"라는 태도가 아니라 "나는 있는 그대로의 당신을 수용하겠소"라는 태도이다. 상담자는 있는 그대로의 내담자를 존중하며, 내담자들이 자유로이 감정이나 경험을 할 수 있으며 그것 때문에 상담자의 수용을 잃게 되지는 않을 것이라는 점을 행동을 통하여 전달한다. 수용은 내담자가 감정을 가질 권리를 승인하는 것이다. 그렇다고 모든 행동을 승인하는 것은 아니다. 모든 외현적 행동들이 승인되거나 수용될 필요는 없다. 상담자의 관심이 비소유적이어야 한다는 것도 중요하다. 내담자가 자신을 좋아하고 존경하게 할 목적에서 관심이 나왔다면, 내담자에 있어서 건설적인 변화는 제약을 받게 될 것이다. 로저스에 따르면, 비소유적인 방식으로 관심을 가지고 칭찬하고, 수용하고, 존중하는 정도가 클수록 치료가 성공적일 가능성이 더 크다. 로저스도 상담자자들이 항상 순수하게 수용과 무조건적인 관심을 느낀다는 것은 불가능하다는 점을 분명히 말했다. 내담자에 대한 수용을 강조한 의미는 내담자를 존경하지 않거나 싫어하고 증오도 하는 상담자들은 상담에서 실효를 거두지 못할 것이라는 점이다. 그런 상담자들의 상담에서 내담자들은 관심 부족을 느낄 것이고 그래서 점점 방어적으로 될 것이다.

c. 진실성

일치성은 상담자가 내담자와의 관계에서 나타나는 반응이 순간순간 그가 내적으로 경험하고 느끼는 바와 합치되는 상태를 말한다. 로저스(1951)는 세 가지 특성 중에 일치성이 가장 중요하다고 한다. 일치성이라는 것은 상담자가 진실하다는 것이다. 즉, 상담 시간에 순수하고 통합되어 있고 진솔하다는 것을 의미한다. 상담자들은 기만적인 겉치레가 없고 내적 경험과 외적인 표현이 일치되고 내담자와의 관계에서 느껴지는 감정과 태도를 개방적으로 표현할 수 있다. 진실한 상담자는 그들에게서 흐르는 부정적이든 긍정적이든, 느껴지는 감정과 태도를 즉각적으로 그리고 개방적으로 경험한다. 그들은 모든 부정적 감정을 다 표현하고 수용함으로써 내담자와의 진솔한 의사소통을 촉진시킬 수 있다. 진솔성을 통해 상담자는 진실을 향해 노력하는 인간의 모델이 된다. 일치한다는 것은 관계에서 느끼는 분노, 좌절, 좋아함, 매력, 관심, 권태, 귀찮음 등의 감정들을 표현한다는 뜻이다. 표현에 있어서 상담자의 자기노출은 적절해야 하지만 모든 감정들을 충동적으로 표현해야 한다는 의미는 아니다. 내담자가 상담자의 권태나 분노의 원인이라는 뜻도 아니다. 상담자가 진솔해지려고 너무 열심히 노력하면 함정에 빠진다. 개인적인 것이라고 여겨지는 것을 진솔하게 표현하는 것이 아니라 상담자가 그것이 내담자에게 유익할 것이라고 생각하기 때문에 표현하는 것은 불일치가 될 수 있다. 그렇지만 상담자는 자신의 감정에 대한 책임을 져야하며, 현재 내담자와 충분히 함께 있어야 할 그들의 능력을 방해하는 지속적 감정을 내담자와 함께 탐색할 수 있어야 한다. 일치에 대한 로저스의 개념이 오직 완전하게 자기 실현된 상담자만이 상담에서 효과적일 수 있다는 의미는 아니다. 상담자도 인간이기 때문에 상담자가 완전히 솔직해지기를 기대할 수는 없다. 인간중심 모델은 단지 상담자들이 내담자와의 관계에서 일치한다면 상담과정은 더 잘 진행될 것이라고 가정하는 것이다.

(3) 공헌 및 제한점

로저스의 인간중심 상담의 중요한 공헌점은 첫째, 인도주의적 입장에 근거한 로저스의 신념은 인간을 보다 긍정적으로 바라볼 수 있는 여유를 갖게 했으며 특히 물질문명의 비인간화 사회에 인간의 존재가치에 대한 긍정적인 안목을 주었다. 둘째, 상담의 대중성에 긍정적인 공헌을 하였다. 즉, 인간중심 상담방법은 깊이 있는 수준의 심리학을 공부하지 않은 사람도 관계의 친밀성을 강조함으로써 충분히 활용할 수 있는 상담방법이라는 점에서 많은 기여를 하였다. 셋째, 다른 상담방법에 비해 상담자들이 스스로 상담의 개인적 스타일을 개발해 나갈 수 있는 융통성을 주고 있다. 넷째, 상담자와 내담자와의 관계의 친밀성을 강조함으로써 상담자 자신이 치료적 도구가 될 뿐만 아니라 상담관계 자체가 치료의 수단이 될 수 있다는 안목을 제시하고 있다. 다섯째, 로저스는 상담자와 내담자 간의 상담관계 안에서 동등한 위치를 강조하였으며 내담자 자신의 문제를 스스로 해결해 나가도록 자기 결정권이 내담자에게 있도록 하였다. 여섯째, 상담자의 태도와 자질 그리고 상담관계의 기본적 기법(basic-skill)의 중요성을 일깨워주고 있다. 일곱째, 상담자와 내담자 사이에 일어난 기분이나 반응 또는 대화를 상담 대화록에 재생시킴으로써 상담의 결정적인 공헌을 하였다.

반면에 인간중심 상담이론의 제한점으로는 첫째, 지나치게 현상학에 근거하고 있다는 것이다. 예를 들어 어떤 사람이 자신에 대해 말을 할 때 상황에 따라 거짓이나 방어적인 속임수를 사용함으로 그 내용이 왜곡될 수도 있다. 둘째, 내담자의 내면세계 중 정서적인 요인을 지나치게 강조한 반면에 지적이고 인지적인 요인을 터부시하는 경향이 있다는 것이다. 셋째, 인간중심 상담은 내담자를 무조건 지지하는 내담자 중심의 상담이기에 때때로 상담자로 하여금 자신의 정체성과 독특성을 상실하게 할 수도 있다는 것이다.

3) 행동치료

(1) 행동치료의 이론적 배경

행동치료란 인간의 행동을 보다 바람직한 방향으로 조성하거나 바람직하지 못한 행동을 치료적으로 변화시키기 위한 특수한 절차와 기법을 의미한다. 다시말해서 행동치료란 개인의 행동적 성장과 발달을 촉진시키고 부적응적 행동 자체의 치료적 변화를 추구한다고 볼 수 있다. 행동적 접근은 행동 자체의 변화에 초점을 두고 있다.

행동치료의 기본이론은 고전적 조건화와 조작적 조건화 이론이다. 고전적 조건화는 파블로프(Pavlov)의 체계적 실험 연구에서 비롯되었다. 개는 먹이를 보면 타액을 자동으로 분비한다. 그런데 먹이를 보여주기 전에 종소리를 들려주면 나중에는 종소리만 들어도 타액을 분비하게 된다. 즉, 종소리는 원래 타액을 분비하는 자극이 아니었지만 먹이와 짝지어 제시됨으로써 그러한 속성을 갖게 된 것이다. 이러한 고전적 조건화는 인간의 공포증을 비롯한 많은 심리적, 행동적 병리를 설명하는 기제로 사용된다.

조작적 조건화는 손다이크(Thorndike)와 스키너(Skinner)의 연구에 의해 체계화된 학습기제이다. 우리에 갇힌 배고픈 비둘기가 우리 안에서 여러 가지 행동을 하다가 우연히 원판을 쪼게 되는데, 이렇게 원판 쪼는 행동을 할 때마다 먹이를 공급하게 되면 비둘기는 원판 쪼기 행동을 학습하게 된다. 즉, 유기체가 특정 행동을 할 때마다 선택적으로 그 행동에 대해 보상을 제공함으로써 그 행동을 강화시키는 것이다. 이러한 조작적 조건 형성은 행동수정의 이론적 근거가 된다.

(2) 행동치료의 과정 및 주요기법

① 치료 목표

학습된 구체적인 부적응 행동을 소거시키고 보다 효과적이고 바람직한 행동을 새롭게 학습시키는 것이 행동수정의 주요 목표이다. 행동수정에서 흔히 달성되는 주요 목표는 첫째, 자신의 감정이나 생각 및 희망을 관련된 일상 장면에서 자유로이 표현할 수 있도록 훈련하는 것이다. 둘째, 사회적인 활동을 저해하는 비현실적인 공포를 제거하는 일이다. 셋째, 내담자가 인생에 있어서 중요한 결정을 내리는 데 방해가 되는 내면의 갈등을 해소하도록 도와주는 것이다.

② 치료자의 기능과 역할

행동치료 또는 행동수정은 과학적 연구 결과를 심리학에 응용한 것이다. 따라서 치료자는 적극적이고 지시적인 역할을 한다.

③ 치료자와 내담자와의 관계

어떤 치료법이든 치료자와 내담자 간의 상호 신뢰적인 관계가 치료의 기초가 된다. 이러한 관계를 형성하려면 치료자는 내담자를 이해하고 수용해 주어야 한다. 그리고 행동수정에서도 치료 관계가 서로 협력하는 관계이며, 치료자가 내담자에게 유익한 수단을 제공해 주는 존재임을 주지시킨다.

④ 행동치료의 주요기법

a. 체계적 둔감법(단계적 둔화)

체계적 둔감법은 공포 및 불안을 제거하는 데 쓰인다. 불안과 양립할 수 없는 이완반응을 끌어 낸 다음, 불안을 유발시키는 경험을 상상하게 함으로써 불안 유발 자극의 영향을 약화시키는 방법이다. 구체적인 절차는 첫째, 불안을 유발하는 자극을 분석하여 불안의 정도에 따라 불안위계 목록을 만들고, 두번째는 근육이완 훈련을 시킨 다음 마지막으로 내담자가 눈을 감고 이완 상태에 도달하면 불안위계 목록 중 가장 적게 불안을 일으키는 장면부터 상상시킨다. 이런 상상 장면에 대해 내담자가 심히 불안을 일으키면 치료자는 다시 이완 상태로 유도하여 불안을 느끼지 않게 될 때까지 이완시키는 과정을 되풀이 한다. 이런 식으로 불안위계 목록에서 가장 밑에 있는 자극에서부터 가장 위에 있는 자극에 이르기까지 단계적으로 진행한다. 가장 불안이 심한 자극 장면을 상상할 때에도 내담자가 불안을 느끼지 않게 되면 이 치료 절차는 끝나게 된다. 이 방법은 대인관계공포, 시험공포, 신경증적 공포 등 여러 공포증을 제거하는데 효과적이다. 또한 성불능, 불감증 같은 성적 부적응 등을 치료하는 데도 활용된다.

b. 모델링

행동치료에서 모델링절차(modeling procedure)의 이용은 비교적 최근에 발달되었다. 모델링은 실제적 생활이든, 필름으로 보여주든 혹은 상상에 의해서 제시하든지 간에 모방하게 될 행동을 시범하는 사람에게 노출시키는 절차이다. 그래서 모델의 행동뿐만 아니라 적절한 자극과 행동 간의 상호관계가 밝혀지게 된다.

㉠ 모델링의 유형

일반적으로 볼 때 모든 모델링 절차들은 단순히 모델을 관찰하는 모델링, 모델링 동안에 어떤 표적행동을 수행하는 참여적 모델링, 순전히 상상적인 내현적 모델링으로 분류할 수 있다.

㉡ 모델링 절차

• 사회적 고립의 치료

오코너(O' Connor, 1969)는 아동의 심한 행동결함(behavier deficit)을 교정하기 위하여 상징적 모델링 절차를 이용하였다. 이 아동들은 성인과 동료들로부터 자신을 고립시키는 극단적인 사회적 철수가 있었다. 한 집단의 아동에 대해서는 아동과 다른 사람 간의 다양한 사회적 상호작용을 생생하게 묘사한 필름을 보여주었다. 사회적으로 고립된 다른 집단의 아동에 대해서는 사회적 상호작용을 포함하지 않는 통제필름으로 보여주었다. 연구자는 "정상적인" 사회활동을 측정하기 위하여 동일한 조건에서 비고립아동도 관찰하였다. 이러한 치료를 실시한 후에 아동에게 사회적 상호작용의 기회를 제공하고 참여하는 범위를 측정했다. 그 결과 사회적 상호작용을 묘사한 필름을 보지 않았던 아동은 사회적 기교가 향상되지 않았고 철수된 상태가 유지되고 있었다. 그러나 모델링필름을 본 아동은 사회적 행동의 수가 크게 향상되었고 고립되지 않은 통제집단의 사회적 상호작용 빈도보다 오히려 높았다.

• 등급모델링에 의한 공포와 불안의 치료

내담자가 보기에 점점 더 위협적인 행동을 수행하는 모델에 노출시키는 것이다. 반두라(Bandura)는 등급모델링을 평가하기 위하여 아무런 두려움 없이 점진적으로 개에게 접근하여 상호작용하는 동료를 모델로 사용하여 개를 극히 무서워하는 아동을 치료하였다. 4일 동안에 9회의 치료를 실시했는데, 각 치료시간은 10분이었다. 4명의 아동들은 각 치료시간에 3분 동안 모델의 행동을 관찰했다. 첫 치료시간에 아동들이 관찰한 모델의 행동은 우리 속에 가두어 둔 개를 가볍게 어루만지고 음식을 먹여주는 것이었다. 5회째 치료에서 모델의 행동은 개의 주위를 빙빙 도는 것이었다. 마지막 2회의 치료에서 모델은 개와 같이 개 우리를 기어오르고 친근하게 상호작용하는 장면이었다.

연구목적이 등급모델링의 효과를 평가하는 것이었으므로 연구자들은 두 모델링 절차와 두 통제조건을 사용하였다. 한 모델링 조건의 아동은 모델링 계열에 앞서 즐거운 놀이에 참여시켰다. 다른 모델링 조건에서의 아동들은 단순히 의자에 앉아서 모델의 행동을 관찰하였다. 두 통제조건에서는 파티와 같은 분위기를 만들어 주었으나 모델링 계열은 없었다. 즉, 한 통제조건에서는 단순히 우리에 매어 둔 개를 제시하였고 다른 통제조건에서는 개를 보여주지도 않았다. 개에 대한 공포의 평가는 개에게 접근하게 하고, 개에게 먹이를 먹이고, 방안에서 개와 함께 보내는 시간 등의 행동적 접근검사로 평가했다. 아동의 행동은 치료 전, 10회 치료한 직후 및 치료가 끝난 지 30일 후에 다시 평가했다. 추적평가에서는 치료에 이용한 개뿐만 아니라 아주 다른 개에게 노출시켰다. 결과는 모델링조건의 아동들은 통제조건의 아동들보다 혼자서 개와 함께 있는 극히 위험한 행동을 더 잘 수행하였다.

- **내현적 모델링**

내담자는 모델을 실제적으로 관찰하기보다는 오히려 표적행동을 수행하는 모델을 상상한다. 스타워(Stawar)는 내담자와 유사한 소년이 성냥을 가지고 있지만 방화하지 않고 성냥을 엄마에게 갖다 주어 칭찬을 받고 과자를 얻어먹는 장면을 반복해서 설명하여 치료하였다. 좋은 결과를 가져오는 치료자의 설명을 아동이 반복해서 상상하도록 하였다. 치료와 동시에 최소한의 수반관계 관리계획을 도입하였다. 즉, 아동이 어떤 성냥조각을 집에 가져오면 어머니가 아동을 칭찬하고 보상하도록 하였다. 단지 2회의 치료 후에 아동이 잘 볼 수 있는 곳에 성냥을 두었을 때, 23회 중 19회는 어머니에게 성냥을 가져다주었고, 나머지 4회는 성냥을 못 본 체하거나 무시하는 것으로 나타났다. 치료 전에는 3개월 동안에 4번이나 방화하였으나, 치료 후 7개월 간의 추적조사에서는 한 번도 방화한 적이 없었다.

c. 수반관계의 관리

수반관계(contingency)란 조작적 조건형성에서 조작적 행동과 강화인 간의 관계를 말한다. 수반관계의 관리는 행동적 접근에 있어서 핵심적 기법이다. 강화인이란 수반관계에 있는 행동이 일어날 가능성을 증가시키는 사상, 행동, 특전 및 물질을 의미한다. 수반관계적 강화란 빈도를 증가시키려는 행동이 일어난 후에 강화인을 제공하고 기대한 행동에 대해서만 강화인을 제시하는 것을 말한다. 그러므로 수반관계에 있는 강화인은 어떤 행동의 빈도를 증가시킨다. 정적 강화인은 수반관계적으로 제시할 때 어떤 행동이 일어날 비율을 증가시키는 사상이다. 부적 강화인이란 수반관계적으로 철회할 때 어떤 반응이 일어날 비율을 증가시키는 사상이다.

㉠ 강화인의 유형
- **물질강화인**

제한된 시간 내에 부여된 과제를 정확히 수행한 아동에게 사탕, 장난감, 음식 등이 자주 강화인으로 분배된다. 성인의 경우 상여금, 진급, 휴가 여행 등이다.

- **사회적 강화인**

인간행동에 영향을 미치는 대부분의 강화사상은 친근감, 미소, 칭찬 또는 다른 사람과의 신체적 접촉을 포함하는 사회적 사상이라는 것은 분명하다. 사람에 따라 칭찬, 표정, 친근감 및 신체적 접촉과 같은 사회적 강화인에 대해서도 반응하는 정도에는 다소 차이가 있다고 하더라도 이러한 사상들이 모든 사람에게 공통적인 강화인임은 부인할 수 없다.

- **활동강화인**

어떤 좋아하는 활동을 수행할 수 있는 기회나 특전을 부여하는 것은 덜 좋아하는 활동이나 행동의 강화에 이용할 수 있다. 예컨대, "일을 끝내고 나서 놀아라" 또는 "네가 하고 싶은 것을 하기 전에 먼저 내가 네게 원하는 것부터 하여라."라고 말하는 것이다.

- **토큰강화인**

성인과 청소년들에게 가장 많이 사용되는 토큰강화인은 곧 돈이다. 치료자가 토큰을 분배하거나 토큰과의 교환을 통제하거나 혹은 가정과 같은 장면에서도 개인이나 내담자를 치료할 수 있다. 토큰체계를 시행하기는 어렵지만 토큰보상체계의 설정은 많은 이점이 있다. 먼저 치료를 받고 있는 사람은 자신에게 가치가 있다고 생각하는 특수한 지원강화인을 선택할 수 있다. 인간은 근본적으로 많은 강화사상과 더불어 존재하고 있다. 그리고 항상 자신이 선택한 강화인을 얻기 위해 노력하고 있다. 그래서 치료를 받고 있는 모든 사람에게 가치가 있는 하나의 강화인을 결정할 필요도 없고 혹은 각 개인에게 상이한 강화인을 지루하게 밝힐 필요도 없다. 또한 쉽게 관리할 수 있는 토큰의 사용은 부피가 크거나, 번거롭거나 혹은 관리하기 어려운 강화사상의 수반관계적 분배보다 편리하다. 그러나 근본적인 이점은 교환 비율을 조작함으로써 장기간 동안 하나의 강화인을 추구하도록 할 수 있다는 데 있다.

- **내현적 강화인**

자신의 행동에 대한 생각이나 평가 자체가 행동변화에 영향을 미친다는 것이다. 내현적 강화란 자신의 행동을 바람직한 것으로 평가하면 그러한 행동의 빈도는 증가할 것이고 자신의 문제적 행동을 바람직하지 못한 것으로 평가하게 되면 그러한 행동의 빈도는 감소할 것이라는 것이다.

ⓒ **수반관계적 소거절차**

전형적인 소거는 습득된 행동의 학습해소와 비강화의 기능으로써 그 행동의 빈도를 감소시키는 기법이다. 예컨대, 공포를 일으키는 맥락이나 자극을 성공적으로 피하게 되면 회피행동은 공포의 중단에 의해 지속적으로 강화된다. 이 경우에 회피행동은 공포라는 혐오상태의 종료에 의해 항상 부적으로 강화될 수 있다. 고전적 조건형성에 있어서 조건자극과 무조건자극을 짝짓는 것은 강화를 구성한다. 그래서 조건자극과 동시에 무조건자극을 짝지워 주지 않고 학습된 조건자극으로 학습된 조건반응의 수행을 유도할 때 소거가 일어날 수 있다. 이렇게 되면 조건자극이 무조건적이 되어 조건반응을 유발할 수 있는 힘을 잃게 된다. 예컨대, 개에게 물린 후 개를 볼 때마다 일어나는 공포가 그런 것일 수 있다. 한 번 개에게 물렸을 때에도 공포증은 일어날 수 있다. 개를 피해서 도망가거나 혹은 조심스럽게 개를 피하는 것은 공포를 감소시키기 때문에 도피행동은 강화될 것이다. 만약 개 가까이 있도록 강요되었으나 개에게 물리지 않게 되면, 무조건자극이 일어나지 않기 때문에 그 공포는 틀림없이 소거될 것이다.

• **변별강화**

변별강화는 두 행동 중에서 한 행동을 제거하고 다른 행동으로 대치시키기 위하여, 두 행동에 대하여 분명히 상이한 정도의 정적 강화를 시행하는 것을 말한다. 아동이 큰소리를 지르거나 강요할 때에는 무시하고 점잖고 예의바른 요청에는 빨리 반응하는 어머니는 반응빈도가 낮은 행동에 대해 변별강화를 시행한다고 볼 수 있다. 변별강화는 특정한 문제행동을 제거하고 대안적인 바람직한 행동을 강화하려는 경우가 많다.

• **자극 포만기법**

행동의 동인이론과 관련 지워 볼 때 포만기법은 정적 유인가를 지닌 자극을 관찰하거나 만져보거나 냄새를 맡거나 혹은 소유하도록 동기화시켜 주는 자극의 매력을 감소시키기 위한 기법이다. 포만절차는 자극의 매력이 감소할 때까지 그러한 자극을 반복적으로 제시하는 것을 포함한다.

포만기법을 이용한 가장 유명한 보고는 병원에 입원해 있는 9년 동안 계속해서 수건을 저장하는 한 정신병자에 대한 치료이다. 직원이 그녀의 방에 저장해 둔 수건을 계속해서 빼앗아 버렸지만 이 환자는 용케도 항상 12~29개의 수건을 저장하고 있었다. 포만계획은 그녀가 방에 수건을 저장하도록 허용하고 수건을 계속해서 주도록 하는 것이었다. 수건을 줄 때 아무런 말도 없이 넘겨주었다. 처음에 그녀는 하루에 7장의 수건을 받아갔으나 3주 내에 그 숫자는 하루에 60장으로 증가하였다. 첫 주 동안에 환자는 수건을 가져갈 때마다 "수건을 주어서 고맙습니다"하고 말했다. 2주 후에 그녀는 더 이상 수건이 필요하지 않다고 말했고, 3주 후에는 저장된 수건을 가져가라고 하였다. 그럼에도 불구하고 포만계획은 계속되었다. 6주 후에는 자신의 방에 저장해 둔 수건을 버리기 시작했다.

d. 자기표현 훈련

주로 대인 관계의 문제를 해결하는데 쓰인다. 불쾌한 감정이나 분노를 제대로 표현하지 못하는 사람, 거절을 잘 하지 못하는 사람, 혹은 애정이나 호감을 잘 표현하지 못하는 사람들에게 아주 효과가 있다. 이 훈련은 특히 치료자와 내담자가 문제된 대인 관계 상황을 놓고 서로 역할을 바꾸어 가며 자유로이 자신의 감정과 의사를 표현하는 역할 행동의 연습을 통해 이루어질 수 있다. 상대방의 입장에서 느낀 바를 서로 이야기하면서 치료자는 내담자가 보다 효과적으로 자기표현을 할 수 있도록 지도해 준다. 이 훈련은 집단적인 훈련방법(프로그램)으로 많이 실시되고 있다.

⑤ 행동치료의 과정

행동치료의 과정도 다루어야 할 내담자의 문제와 상담자의 접근방법에 따라 다양하기 마련이다. 여기서는 주로 단계적 둔화를 사용하는 경우의 과정을 요약해 보았다.

    a. 상담자는 내담자의 문제, 증상 및 그의 선행 조건(환경)에 관한 자세한 배경을 알아본다.

    b. 상담자는 내담자의 대표적 생활 장면에서의 습관적 반응, 특히 정서적 반응을 자세히 조사한다.

    c. 상담자는 때때로 심리측정 도구(검사, 질문지)를 사용하면서 진단적 정보를 더 구한다.

    d. 상담자는 내담자에게 문제의 성질을 알려주고, 문제가 치료 중에 어떻게 극복될 수 있는지 설명한다.

    e. 상담자는 치료 계획을 세우고, 실행과 관련해서 내담자의 이해와 협조를 구한다.

    f. 상담자는 내담자와 함께 불안 반응을 억제하기 위한 적절한 반응(이완 반응)을 생

각해 보고 단계적 둔화를 위해 불안위계 목록을 작성한다.

g. 내담자는 근육이완 기법의 훈련을 받는다.

h. 내담자는 불안위계 목록의 장면을 차례로 상상하는 연습을 한다.

i. 내담자는 이완 반응과 동시에 과거의 불안 유발 장면을 반복적으로 상상한다.

j. 내담자의 다른 불안 및 공포에 관해서도 상기 절차를 반복한다.

(3) 공헌 및 제한점

행동치료는 다른 어떤 상담이론과 접근법보다도 경험적 연구를 통한 치료 성과와 평가를 강조하고 있다. 이와 같이 책임성 있는 상담을 위한 기초자료와 정확한 측정을 근거로 하는 상담기법은 행동치료가 기여하는 가장 큰 공헌이라 할 수 있다.

하지만 행동치료 역시 다른 상담방법과 마찬가지로 나름대로의 한계점과 비판을 지니고 있다. 행동치료에 대한 가장 일반적인 비판은 인간의 행동을 너무 기계적인 방식으로 볼 수 있다는 점이다. 행동주의에서는 기본적으로 인간을 외부적 요인에 의해 조형되는 존재로 인식되기 때문에 인간의 주관적인 경험과 내면의 심리적 과정을 도외시하는 비인간화된 상담방법이 될 수도 있다는 지적이다. 따라서 상담 장면에 있어서도 상담자가 내담자의 가치와 행동을 지나치게 조형하고 지시하며 통제한다는 비판의 소리가 자주 일어난다. 이러한 비판의 문제제기로 인하여 오늘날 현대 행동주의 상담에서는 내담자의 문제해결에만 몰두하는 것이 아니라 내담자의 인지적 요소와 상담관계를 고려하여 상담효과를 높이려는 시도와 노력이 일어나고 있다.

4) 형태치료

(1) 형태치료의 이론적 배경

펄스(Frederick S. Fritz Perls, 1893~1970)에 의해 발달된 형태치료(Gestalt)는 개인이 성숙하기를 바란다면 자신의 길을 스스로 찾아야 하며 개인적인 책임을 수용해야 한다는 전제에 바탕을 둔 실존치료의 한 형태이다. 형태치료는 내담자가 자신이 행동하고 경험하는 것에 대한 자각을 얻어서 자신이 느끼고 생각하고 행하는 것에 대한 책임성을 학습하도록 하게 하는 것이다. 이 접근법은 '여기'와 '지금'에 바탕을 둔다는 점에서 실존적이다. 현 순간에서의 존재는 과거와 미래사이의 변화를 포함한다. 그래서 내담자는 과거에 가졌던 관심사나 현재의 관심사 그리고 이들 관심사에 대한 직접적인 경험에 대해 질문을 받는다. 이런 식으로 형태치료에서는 어떤 상황에 대한 추상적인 이야기보다 직접적인 경험을 생생하게 드러내게 한다. 이 접근법은 내담자가 다른 사람이나 치료자와 상호작용하는 데서 생기는 느낌, 생각, 행동을 파악하는 면에서 경험적이다. 형태치료에서는 치료적 만남에서 제공되는 치료자의 자발성을 장려한다. 성장은 치료자의 기법선정이나 치료자가 하는 해석에서 오는 것이 아니라 두 사람 사이의 진실한 접촉에서 촉진된다. 원래 펄스는 내담자가 직접적인 경험을 내면적으로 성찰함으로써 발달시키는 자각과 책임성에 중점을 두었다. 치료자의 역할의 하나는 내담자의 자기자각을 증진시킬 수 있는 실험을 고안하는 것이다. 내담자는 수동적으로 치료자가 주는 통찰과 답변을 기다리는 존재가 아니라 스스로 보고, 느끼고, 지각하고, 해석하는 존재이다.

(2) 형태치료의 과정 및 주요기법

① 형태치료의 목표

형태치료의 기본적인 목표는 사람으로 하여금 자신의 삶에 책임을 질 수 있는 성숙된 모습이 될 수 있도록 도와주는데 있다. 즉, 내담자로 하여금 외부에 투사되거나 자신 속의 내부에서 격리되어 자신의 것으로 인식되지 못한 에너지나 감정을 자각하고 이들을 통합함으로써 성숙된 삶으로 나아가도록 하는 것이다. 더 나아가서, 형태치료는 내담자로 하여금 삶의 자연적인 한 부분으로써의 현실적 고뇌를 수용하고 극복할 수 있도록 도와주는데 그 목적이 있다(Peterson & Nisenholz, 1995).

② 치료자의 역할

형태치료자는 무엇보다도 내담자의 내면에서 자각 또는 알아차림을 방해하는 장애물을 극복할 수 있도록 도와주는 역할을 한다. 이를 위해 상담자는 내담자로 하여금 자신의 본성에 따라 자신의 존재를 실현해 가도록 허용해 주며 스스로 문제를 발견할 수 있도록 안내하는 역할을 한다. 이런 의미에서 치료자의 역할은 교사나 지도자로서의 입장이 아닌 하나의 거울과 같은 역할을 한다고 볼 수 있다.

③ 형태치료의 진행과정

형태치료는 내담자가 '지금' '여기' 에서의 경험을 통하여 자기를 충분히 각성하고 자신의 부적응 행동의 본질과 그것이 어떻게 자기 삶을 방해하여 왔는지를 알 수 있도록 돕는 과정이다. 따라서 형태치료의 발달단계는 지속적이고 종단적인 행동의 분석으로 이루어지는 것이 아닌 각 상담 장면 내에 발달단계가 포함되어 있는 것으로 본다. 일반적으로 내담자는 심리적 형편이 깨진 상태로 치료자의 도움을 요청하게 되는데, 상담 장면을 통해 자각을 증진시키기 위한 여러 가지 기법과 치료 및 제시되어지고 이를 통해 내담자의 차단된 욕구와 감정이 다루어지며 훈습(working through)을 거쳐 종결에 이르게 된다. 이와 같은 과정을 코리(Corey, 1996)는 오리엔테이션과 탐색, 변화기(transition)작업, 정리 및 종결의 단계로 구별하고 있다. 또한 펄스(Perls)는 부정적인 미해결 감정들에 대한 회피와 저항을 직면하여 변화하는 과정을 피상층, 연기층, 교착층, 내파층, 폭발층의 다섯 단계 층(five layers)으로 구분하여 설명하고 있다(Perls, 1969).

④ 형태치료의 기법

형태치료 기법은 내담자가 보다 완벽하게 자신을 자각하고 내적갈등을 경험하며 불일치와 양면적 감정을 해결하고 미결과제의 완성을 방해하는 곤경을 이겨내도록 돕는 유용한 도구이다.

레비스키와 펄스(Levitsky & Perls, 1970)는 몇 가지 기법을 간략하게 기술하여 제공했는데 대화실험, 둘러보기, 나는~에 대해 책임을 지겠다, 투사놀이, 역전기법, 행동연습의 실험, 과장실험, 느낌을 지속하기, 꿈의 작업에 대한 형태적 접근 등을 포함하고 있다.

a. 대화실험

대화실험은 내담자의 인격에서 분열된 부분을 찾아내어 그것들 간의 서로 대화를 시킴으로 분열된 자기 부분들을 통합시키는 것이다. 내담자의 대표적인 내적분열은 '우월한 자(topdog)'와 '열등한 자(underdog)'의 대립으로써 대화실험에서는 마음속에 있는 갈등하는 마음을 우월한 자와 열등한 자 입장에서 대화하도록 하므로 자신이 내면을 통합할 수 있도록 도와주는 기법이다.

b. 둘러보기

둘러보기란 집단의 한 사람이 다른 사람들을 둘러보고 집단의 개개인과 말을 하거나 무언가를 하도록 하는 형태치료 기법의 하나이다. 이 기법의 목표는 대면하고 모험하며 자아를 개방하고 새로운 행동을 실험하며 성장하고 변화하는데 있다. 예를 들면, 집단의 어느 구성원이 "난 이 집단에 참가하고 싶어서 여기 앉아 있었어요. 그러나 여기 있는 사람들을 믿지 못하기 때문에 뒤로 물러서 있어요. 그런데 이 집단원들과 시간을 보낼 가치가 없는 것 같아요."라고 말한다면 나는 그에게 "당신이 이 모임에 더 깊이 참여하도록 지금 당장 무엇이든 해 보시지요? 이 집단에 대해 신뢰감과 자신감을 갖도록 노력해 보시겠어요?"라고 권할 것이다. 만약 그 사람이 그렇게 해보겠다고 확실히 대답한다면 나는 "각 사람 사이를 두루 돌면서 이 문장('나는 당신을 믿을 수 없어요. 왜냐하면~')을 모든 사람에게 전달해 보세요."라는 제안을 그에게 할 것이다. 그 외에 다른 여러 가지 훈련을 창안해서 그가 다른 사람들과 관계를 갖도록 도울 수 있으며, 내담자가 두려움으로 떠는 일들을 잘 해결해 나갈 수 있도록 도울 수 있다.

c. 나는 ~에 대해 책임을 지겠다.

치료자는 내담자에게 어떤 진술을 하게하고 그런 다음 "나는 그것에 대해 책임을 지겠다"라고 덧붙이도록 요구할 수 있다. 예로써 "난 싫증이 났어요. 그리고 나의 싫증에 대해 책임을 지겠어요"라든가 "난 소외되고 외로운 기분이예요. 그리고 나의 소외감에 대해 책임을 지겠어요" 또는 "난 지금 무슨 말을 해야 할지 모르겠어요. 그리고 그것에 대해 책임을 지겠어요." 등을 들 수 있다. 이 기법은 자각의 연속선을 확장시켜 주며 자신의 감정을 다른 사람에게 투사시키는 대신에 그 감정을 인식하고 받아들이는 것을 돕도록 고안되었다. 비록 이 기법이 매우 기계적으로 보일지 모르지만 매우 의미있는 기법일 수도 있다.

d. 투사놀이

투사의 역동성은 개인이 자신에게서 보고 받아들이고 싶지 않은 그것들을 다른 사람에게서 명확히 보는 것이다. 어떤 사람은 자신의 감정을 부정하고 동기를 다른 사람에게 돌리는데 너무 많은 에너지를 투자한다. 특히 집단에서는 가끔 한 개인이 자신에게 또는 다른 사람에게 하는 말들이 사실은 자신이 갖고 있는 어떤 속성의 투사인 경우가 있다.

투사게임을 통해 치료자는 "난 당신을 믿을 수 없어요."라고 말하는 사람에게 믿을 수 없는 사람의 배역을 하도록 한다. 즉, 상대방이 되어 보도록 요구하여 불신감이 어느 정도로 내적 갈등을 일으키는가 알아보게 할 수 있다. 달리 표현하면 치료자는 어떤 사람에게 그가 집단의 다른 사람들에게 하는 말들을 "시험적으로 해보도록" 요구할 수 있다.

e. 역전기법

어떤 증후와 행동은 종종 그 바탕이 되는 잠재적인 충동의 역전의 형태로 나타난다. 그래서 치료자는 심한 억제와 소심증으로 고통 받는 사람에게 집단에서 노출증 환자의 배역을 맡도록 요구한다. 이 역전기법을 뒷받침하는 이론은 내담자로 하여금 불안으로 가득 찬 바로 그것에 뛰어들게 함으로써 침전되고 부정된 자신의 부분들과 직면하게 하는 것이다. 그래서 이 기법은 내담자가 부정하려고 노력해 온 자신의 속성을 받아들이도록 도울 수 있다.

f. 행동연습의 실험

펄스에 의하면, 우리 사고의 대부분은 행동연습이라고 한다. 우리는 사회에서 기대한다고 생각되는 배역을 상상 속에서 연습한다. 그것을 실제로 연기하게 될 때 우리는 무대공포증이나 불안을 경험하는데 이것은 우리가 자신의 배역을 잘 연기하지 못할까봐 두려워하기 때문에 생기는 것이다. 내적인 연습은 너무 많은 에너지를 소모시키고 때로는 새로운 행동을 실험해 보려는 의욕과 자발성을 억제시킨다.

치료집단의 구성원들은 그들의 사회적 역할 수행을 지원하는데 효과가 있는 수단들을 좀 더 잘 자각하기 위해 서로가 이런 행동연습 실험에 참가한다. 그들은 점차로 다른 사람의 기대에 부응하는 것, 인정받고 수용되고 사랑받으려는 정도 그리고 인정받으려고 스스로 노력하는 범위 등에 대해 자각하게 된다.

g. 과장실험

형태치료 목표의 하나는 내담자로 하여금 그가 신체언어를 통해 보내는 미묘한 신호와 단서를 보다 잘 깨닫게 하려는 것이다. 움직임, 자세, 몸짓은 중요한 의미를 전달하기도 하지만 이런 단서들은 불완전할지도 모른다. 그래서 치료자는 어떤 행동에 따르는 감정을 강렬하게 하고 내적 의미를 더 분명히 하도록 하기 위해 행동이나 몸짓을 과장하도록 요구한다.

과장기법으로 이끄는 행동의 예로서는 고통스럽거나 부정적인 것을 말하면서 습관적으로 미소를 짓는 행위, 벌벌 떠는 행동(손이나 발을 떨면서), 축 늘어진 몸짓과 구부러진 어깨, 꽉 쥔 주먹, 이맛살 찌푸리기, 찡그린 얼굴표정, 팔짱끼는 행동 등을 들 수 있다. 예를 들어 내담자가 다리가 떨린다고 말하면 치료자는 그에게 일어나서 더 크게 다리를 떨어보라고 요구한다. 그런 후에 내담자에게 떨고 있는 다리에게 무슨 말이든지 건네 보라고 요구한다.

신체언어의 한 변형으로써 언어적 행동이 과장게임에 적합하다. 치료자는 내담자에게 그가 교묘하게 핑계 삼은 말들을 반복하여 말하게 한다. 반복하되 할 때마다 더 크게 반복하도록 요구한다. 이것은 내담자로 하여금 자신의 말에 진정으로 귀를 기울여 듣게 하는 효과를 가져다준다.

h. 느낌을 지속하기

이 기법은 내담자가 불쾌한 감정이나 기분에 대해 이야기하고 거기서부터 도망치고 싶은 욕구를 강하게 느끼는 순간에 사용할 수 있는 것으로써 치료자는 내담자에게 자신의 감정을 지속하거나 갖고 있도록 요구한다. 대부분의 내담자는 두려운 자극에서 벗어나기를 원하고 불쾌한 감정에서 회피하고 싶어 한다. 치료자는 내담자가 현재 어떤 두려움을 경험하든지 간에 그 감정들을 지속하도록 권장하며 피하고 싶어하는 감정이나 행동을 더 깊이 들어가도록 요구한다. 감정에 직면하고 대면하며 경험하는 것은 내담자의 용기만 나타내주는 것이 아니라 장애물을 제거하고 성장의 새로운 단계에 이르는데 필요한 고통을 견디려는 의욕을 나타내주는 것이기도 하다.

i. 꿈의 작업에 대한 형태적 접근

정신분석적 접근에서는 꿈을 해석하고 지적 통찰을 강조하며 자유연상법을 사용하여 꿈의 무의식적 의미를 탐색한다. 형태적 접근법에서는 꿈을 해석하거나 분석하지 않는다. 그 대신에 꿈을 현실화하고 재현시켜서 지금 일어나고 있는 것처럼 재생시키려고 한다. 꿈이 과거의 사건으로써 이야기되는 것이 아니라, 꿈을 꾼 사람에 의해 재연됨으로써 꿈을 꾼 사람은 그 꿈의 일부가 된다.

펄스에 의하면 꿈은 인간실존의 가장 자발적인 표현이라고 한다. 꿈은 미결과제를 나타내지만 미결된 상황이나 성취되지 못한 염원 그 이상이다. 모든 꿈은 자신의 실존적인 메시지와 현실투쟁을 내포하고 있다. 꿈의 모든 부분들이 이해되고 소화된다면 모든 것이 꿈을 통해 발견될 수 있다. 꿈에 대한 작업들은 그 하나하나가 꿈을 이해하도록 도와준다. 그는 꿈은 만약 적절히 해석된다면 그 실존적 의미가 더욱 명확해진다고 본다. 그에 의하면 꿈은 내담자의 성격의 결여된 부분과 그가 회피하는 방법을 나타내주므로 성격의 결함을 발견하는 좋은 재료가 된다. 만약 어떤 사람이 자신의 꿈을 기억하지 못한다면 그는 자신의 생에서 잘못된 것에 직면하기를 거부하고 있다는 증거이다.

(3) 공헌 및 제한점

일반적으로 형태치료는 인간의 본성에 대한 숨겨진 갈등을 가진 사람들에게 통찰을 제공할 수 있도록 돕는데 매우 유용한 기법으로 여겨지고 있다.

형태치료는 매우 다양한 기법을 갖고 있는 만큼 적용가능 분야가 매우 넓으며 다른 상담이론들과의 적극적인 교류를 통해 여러 인접 분야에 활용되어지고 있다. 또한 단순한 과거적 사건이 아닌 지금 여기에서 과거에 대한 재 경험을 통해 자신의 심리적 기능을 방해하는 미해결과제를 자각하고 처리하도록 하는 원리는 상담과 심리치료 분야에 매우 유익한 공헌을 하였다.

하지만 형태치료는 몇 가지의 한계점을 가지고 있다. 첫째, 형태치료는 이론적 기초 특히 인간의 성격발달에 대한 이론이 약하다는 비판을 받고 있다(Peterson & Nisenholz, 1995). 둘째, 형태치료는 인간 감정에 대한 강조로 인하여 감정 못지않게 중요한 인간의 인지적 사고를 무시했다는 지적을 받고 있다. 셋째, 형태치료는 과도한 주관적 개인주의에 기초하고 있기에 좀 더 넓은 공동체적 영향을 등한시하고 있다. 넷째, 형태치료는 상담과정에서 감정적 접촉을 위한 많은 기법을 사용하는데 때로는 치료자가 많은 기법을 현란하게 기계적으로 구사함으로써 오히려 인간으로서의 치료자의 모습이 숨겨질 위험성을 내포하고 있다.

5) 합리적 · 정서적 상담

(1) 합리적 · 정서적 상담의 이론적 배경

합리적 · 정서적 상담(Rational-Emotive Therapy: RET)은 엘리스(Albert Ellis)에 의해 창시되었다. 어떤 사실에 접하여 우리가 경험하게 되는 정서는 우리가 경험한 어떤 사실 그 자체에 의해서라기보다도 그 사실에 대하여 우리가 어떻게 생각하느냐에 따라 달라진다고 보고 있다. 엘리스는 이론을 정립해 감에 따라 처음에는 합리적 치료 (rational therapy, 1955)라고 명명한 후에 합리적 · 정서적 상담(rational-emotive therapy: RET, 1962)이라고 개칭하였다. 그러다가 최근에는 정서 못지않게 행동을 중시하여 이를 다시 합리적 · 정서적 · 행동적 치료라는 뜻으로써 REBT로 개칭하였다. 엘리스는 1959년에 설립된 비영리교육, 과학연구소인"합리적 삶 연구소(Institute for Rational Living, Inc)"와 1968년에 설립된 훈련기관인 "합리적 정서치료 연구소(Institute for Rational-Emotive Therapy)" 두 연구기관을 운영하면서 RET 발전에 크게 기여하였다.

① 인간관

인간은 동시에 사고하고 느끼고 행동하며 이들은 서로 중대한 영향을 주고받는다. 인간은 합리적이고 올바른 사고를 할 수도 있고 비합리적이고 왜곡된 사고를 할 수도 있다. 인간은 제한된 범위에서나마 자신의 미래를 변화시키고 통제할 수 있는 능력을 가진다.

② 성격이론

합리적 · 정서적 상담은 성격의 발달 중 이상성격의 발달에 보다 관심이 많다. 이상성격은 타고난 경향성으로 생득적인 면, 사회적인 면 그리고 심리적인 면에 기초한다. 특히 비합리적인 사고와 신념체계가 자신을 계속 재교화시켜서 자기 파괴적이 되도록 한다.

(2) 합리적 · 정서적 상담의 과정 및 주요기법

① 상담의 목표

RET의 상담목표는 내담자가 보이는 문제행동의 제거에 두기보다는 문제행동의 배후에 있는 핵심적인 자기 패배적 신념과 비합리적 사고를 극소화시키고 삶에 대하여 보다 현실적이고 합리적인 가치관을 갖게 하는 데에 있다. RET상담자가 내담자와 함께 추구해야 할 구체적인 상담목표는 다음과 같다.

 a. 자기에 대한 관심(self-interest) : 자기 자신에게 완전히 빠져 버리지 않으면서도 정서적으로 건강한 사람은 자신에게 관심을 가질 수 있다.

 b. 사회에 대한 관심(social-interest) : 건강한 사람은 소외된 실존을 택하지 않고 사회집단에서 다른 사람과 효과적으로 사는데 관심을 갖는다.

 c. 자기지시(self-direction) : 정서적으로 건강한 사람은 다른 사람과의 행동이나 지지를 좋아할지도 모르지만 그런 지지를 요구하는 것은 아니다. 그들은 자신의 삶에 책임을 느낄 수 있으며 혼자서 자신의 문제를 독립적으로 해결할 수 있다.

d. 관용(tolerance) : 성숙한 개인은 다른 사람이 실수하거나 잘못하는 것을 수용하며 그런 행동을 경멸하지 않는다.

e. 유연성(flexibility) : 건강한 사람은 사고가 유연하며, 변화에 개방적이고 다른 사람들에 대해 고집스럽지 않은 관점을 갖고 있다.

f. 불확실성의 수용(acceptance of uncertainty) : 성숙한 개인은 자신이 불확실한 세상에 살고 있음을 인식한다. 비록 질서정연함을 좋아하지만 이런 질서나 확실성에 대한 감각을 투덜대며 요구하는 것은 아니다.

g. 이행(commitment) : 건강한 개인은 자기 외부의 어떤 일에 적극적인 관심을 갖는다.

h. 과학적 사고(scientific) : 성숙한 개인은 깊이 느끼고 확실하게 행동한다. 그러나 또한 자신과 결과에 대해 반성함으로써 그런 감정과 행동들을 조절해간다.

i. 자기수용(self-acceptance) : 건강한 개인은 그가 살아 있다는 것만으로도 자신을 수용하며 자신의 가치를 외적 성취나 남과의 비교로 평가하지 않는다.

j. 모험실행(risk taking) : 정서적으로 건강한 개인은 어리석게 빠져들지는 않지만 모험적인 경향을 지닌다.

k. 반유토피아주의(nonutopianism) : 성숙하고 정서적으로 건강한 사람은 자신이 유토피아적인 실존을 할 수 없다는 사실을 받아들인다. 그는 자신이 얻고자 하는 모든 것들을 다 얻을 수는 없으며 원하지 않는 모든 것들을 다 회피할 수 없다는 것을 인식한다.

② 이론의 특징

엘리스(Ellis, 1998)는 부적응으로 이끄는 일반적인 비합리적 신념이나 철학의 체계를 가정 했다. 한 가지 이상의 비합리적 철학에 의해 매일의 사건을 해석할 때, 개인은 다른 사람들에 대한 분노, 적개심, 불안, 죄책감, 혹은 우울을 초래하게 됨으로써 이러한 감정들은 내면화하게 되는 것 같다. 본질적으로 RET이론은 사람들이 기본적으로 그들 자신, 다른 사람들 그리고 환경에 관한 그들의 감정에 책임이 있다는 입장을 가진다.

엘리스와 하퍼(Ellis & R. A. Harper, 1975)는 그들의 '합리적 생활에 대한 새로운 안내(A New guide to rational living)'에서 사람들은 선천적으로 그리고 쉽게 비뚤어지게 사고하며 부적절하게 정서를 표현하고, 자기 파괴적으로 행동하기 때문에 그렇게 하지 않도록 극적이고 강력하게 그리고 지속적으로 모든 가능한 교육적 양식을 사용하는 것이 최선인 것 같다고 진술했다.

합리적 신념과 비합리적 신념을 구분하는 기준은 첫째 융통성이다. 어떤 예외도 인정하지 않고 융통성이 결여된 생각은 비합리적이다. 예외적 경험들을 자신의 생각과 기대에 부합되지 않는다고 받아들이지 않게 되면 정서적 혼란은 피할 수 없게 된다. 둘째 기준은 현실성이다. 사람들 개개인의 인간적인 가치는 현실 속에서 달성 가능한 목표를 향해 노력을 기울이는 데서 찾을 수 있는 것이지 완전과 완벽에서 찾아지는 것은 아니다. 현실성이 없는 생각들은 비합리적이다. 비합리적 신념을 교정하여 정서적으로 건강하기 위해서는 합리적 신념들로 대체해야 한다는 것이 엘리스의 생각이다. 요컨대, 현실적으로 달성하기 불가능한 당위적 생각들을 많이 가질수록 정서적 문제를 더 많이 그리고 더 심각하게 경험하게 되며, 반대로 현실적으로 달성 가능한 융통성 있는 선호나 소망 또는 기대들을 가지고 있으면 정서적 문제로부터 상당부분 자유로워질 수 있다.

③ 합리적·정서적 상담의 과정 및 기법

RET의 상담과정은 내담자가 가지고 있는 비합리적 생각과 그 생각에 근거한 자기 언어를 찾아서 이의 비합리성을 확인하고 논박하며 합리적 생각과 자기언어로 바꾸고 이를 토대로 적절한 정서와 행동을 할 수 있도록 하는 것이다.

요약하면, 상담의 과정은 첫째, 내담자에게 비합리적인 신념을 보여주고 둘째, 비합리적인 신념은 자신의 재교육에 의한 것임을 자각하게 하며 셋째, 내담자의 비합리적인 신념을 바꾸도록 하고 넷째, 합리적이고 능률적인 인생관을 갖게 한다. 이 과정을 구체적으로 살펴보면 다음과 같다.

a. 기본절차

RET의 기본절차는 'ABCDE 모형'으로도 설명된다. A는 내담자가 노출되었던 문제 장면 또는 선행사건(Antecedents), B는 문제 장면에 대한 내담자의 관점 또는 신념(Belief), C는 선행사건 A때문에 생겨났다고 내담자가 보고하는 정서적·행동적 결과(Consequences), D는 비합리적 신념을 직면 또는 논박(Dispute)한 효과(Effect)이다. 이 모형에서 핵심은 내담자를 정서적으로 곤란하게 하는 것(C)은 선행사건(A)이 아니고 말로 표현되는 내담자의 신념(B)이라는 것이다.

b. 구체적인 과정

- **1단계 : 상담자는 내담자에게 문제점을 질문한다.**

    RET를 사용하는 상담자는 적극적인 자세로 임함으로써 내담자의 문제를 곧바로 해결하는 치료방식을 사용한다. 그리하여 "무슨 문제로 오셨지요?"와 같이 질문한다. 내담자의 문제점이 정확하지 않을 경우에는 상담을 통하여 얻고자 하는 것이 무엇인가를 알아본다. 1단계에서 상담자는 내담자가 자유롭게 이야기할 수 있는 분위기를 마련해 주어야 한다. 내담자의 문제를 정확히 알아야 상담목표를 설정할 수 있는데, 그러기 위해서는 내담자가 자신의 문제를 부담 없이 이야기할 수 있게 해야 한다. 물론 RET상담에서는 상담자와 내담자 사이의 온정적 관계를 필요조건이나 필요충분 조건으로 보지는 않는다. 그렇다고 내담자가 자신의 문제와 관련하여 부담 없이 말할 수 있는 분위기를 조성하는 것 자체가 무의미하다는 것을 의미하지는 않는다.

- **2단계 : 문제점을 규명한다.**

    내담자가 자신의 문제와 관련하여 자유롭게 이야기하는 가운데 상담자는 내담자와 함께 내담자의 문제를 분명히 밝힌다. 특히, 그 문제와 관련하여 내담자가 현재 경험하는 정서와 구체적인 행동을 밝힌다.

- **3단계 : 부적절한 부정적 감정을 알아본다.**

    이 단계에서는 A로 인하여 야기된 C(부적절한 부정적 감정)가 무엇인가 알아본다. 그리고 그것을 견딜 수 있는가? 또 그러한 감정을 갖게 됨으로 어떤 소득이 있는가를 평가해 보도록 한다.

- **4단계 : 선행사건(A)을 찾아내고 평가한다.**

    구체적으로 내담자에게 어떤 사건이 있었는가를 간단하게 집약적으로 알아보도록 한다. 그리고 한 번에 한 가지 사건씩만 다루도록 한다.

- **5단계 : 이차적 정서문제를 규명한다.**

    때로는 내담자가 안고 있는 일차적 정서 문제에 대해서 이차적 정서 문제를 가질 수 있다. 예를 들어, 대중 앞에서 실수한 이후로 매우 불안한 감정을 경험하였다고 하자 이것은 일차적인 정서의 문제다. 그런데 내담자는 발표를 하려고만 하면 또다시 불안해질까봐 걱정하여 만성적인 불안감에 시달리고 있다. 이때의 불안감은 이차적인 정서 문제가 된다. 이와 같은 경우에는 이차적인 정서 문제부터 다루어 준다.

- **6단계 : B-C의 연관성을 가르쳐준다.**
  상담자는 교육자로서 A-B-C의 사상을 적극적으로 내담자에게 가르쳐준다.

- **7단계 : 비합리적 신념(B)을 평가 확인한다.**
  기본적인 비합리적 신념 중에 구체적으로 어떠한 것을 내담자가 가지고 있는가를 알아본다. 예컨대 "키가 작고 얼굴이 못생겨서 친구 사귀는데 소극적으로 임할 때마다 너는 무슨 생각을 하느냐?" 등의 질문을 내담자에게 던진다.

- **8단계 : 비합리적인 신념체제(B)와 결과(C)를 연관시켜 비합리적 신념을 확인시킨다.**
  상담자는 B-C(비합리적 신념으로 인한 부적절한 정서와 행동)의 연관을 내담자가 이해하도록 유도한다.

- **9단계 : 비합리적인 신념을 논박한다.**
  부적절한 정서와 관련된 생각이 아무런 합리적 근거가 없음을 밝히는 것을 말한다. 이 경우 비합리적 생각에 대해 의문문으로 진술한 그 근거를 찾아보려고 노력한다. 가령 "나는 기어코 성공해야만 한다."고 생각하고 괴로워하는 내담자가 있다고 할 때 비합리적인 신념을 논박하는 구체적인 방법은 다음과 같다.
  첫째, 반드시 성공해야 한다는 논리적 근거는 무엇인가?
  둘째, 세상의 모든 사람이 성공하고 있는 증거가 어디 있는가?
  셋째, 기어코 성공해야 한다는 생각을 고수함으로써 야기되는 결과(이득이나 손해)는 무엇인가?

- **10단계 : 합리적 신념체제를 내담자가 학습하고 심화하도록 한다.**
  미약한 신념은 변화를 촉진시켜 주지 못하므로 합리적인 신념을 더욱 강화시켜 주도록 한다.

- **11단계 : 새로 학습된 신념체제를 실천에 옮기도록 내담자를 격려하고 연습시킨다.**

  내담자에게 부적절한 정서와 행동을 경험하게 하는 비합리적 생각과 대치되는 합리적 생각과 이러한 합리적 생각에 근거한 합리적 자기언어를 짧은 문장으로 구성하여 진술해 보도록 한다. 이때 합리적 생각과 자기 언어의 합리성을 내담자가 자신의 논리로 상담자에게 설명해 보도록 한다. 즉, 내담자의 자기언어가 그 나름의 논리성을 갖추어야 하며 그렇게 할 수 있도록 상담자가 내담자를 도와주어야 한다. 상담자가 일방적으로 내담자에게 강요한 합리적 생각이나 자기언어는 내담자가 수용하기 어렵기 때문에 그 효과가 적을 가능성이 크다. 비합리적 생각과 대치된 합리적 생각과 그러한 합리적 생각에 근거한 합리적인 자기언어를 자기논리로 진술할 수 있게 되면 부적절한 정서나 행동을 유발하는 상황에서 이러한 자기언어를 적용할 수 있도록 한다. 즉, 하고자 하는 행동을 하기 전이나 도중에 합리적 생각이나 자기언어를 진술하면서 행동한다. 처음에는 큰 소리로 하고 차차 마음속으로만 한다.

- **12단계 : 합리적 인생관을 확립하게 한다.**

  상담자는 내담자가 제기한 정서나 문제행동과 관련된 합리적 생각이나 자기언어를 합리적인 생각과 자기언어로 바꾸는데 그치지 말고, 이를 보다 일반화할 수 있도록 도와야 한다. 그래서 결국은 내담자가 합리적인 생각과 자기언어에 근거해서 자신의 삶도 살아갈 수 있도록 돕는다.

c. RET의 기법을 적용시키기 좋은 영역

RET는 불안, 적개심, 성격장애, 정신장애, 우울증 등의 처지에 폭넓게 적용되며 또한 성(性), 사랑, 결혼, 육아, 청소년, 자기관리 등에도 적용된다. 구체적으로 이 기법을 적용하기 좋은 영역으로는 다음과 같은 것이 있다.

㉠ 개인치료에의 적용

일 대 일의 작업에서 RET는 특별한 문제에 초점을 두고 비교적 짧은 상담 기간을 잡는다. 엘리스는 대부분의 내담자들은 일주일에 한번씩 5~20회의 치료기간을 갖는다고 한다. 내담자는 가장 자신을 억압하는 문제를 논의하고 혼란된 감정을 기술하는 것에서부터 치료를 받기 시작한다. 그 후 치료자는 혼란된 감정을 이끄는 비합리적 신념을 발견한다. 치료자는 또한 내담자로 하여금 사건과 결합된 비합리적 신념을 보도록 하며 내담자가 비합리적 사고를 그만두도록 하고, 보다 합리적인 존재양식을 배우도록 돕기 위해 과제를 주며 비합리적 신념들을 논박한다. 각 주마다 치료자는 내담자의 진전을 점검하고 내담자는 자신의 증상을 소거시키는 것 이상으로 다시 말해서, 보다 너그럽고 합리적인 생활방식을 배울 때까지 자신의 비합리적 사고를 어떻게 논박하는지를 배운다.

엘리스는 극심한 정서장애를 가진 내담자에게는 그가 배운 것을 실천할 수 있게 하기 위해 1년 정도까지 개인 및 집단치료를 계속해야 한다고 주장한다.

ⓛ 집단치료에의 적용

RET는 집단치료에 적합하다고 할 수 있다. 그 이유는 집단원 모두가 집단 장면에서 서로서로 RET원리를 적용하는 법을 배우기 때문이다. 그들은 모험심을 포함하여 새로운 행동을 실행할 기회를 가지면 과제를 행할 풍부한 기회를 갖게 된다. 집단상황에서 집단원들은 주장훈련, 역할연기, 다양한 모험 활동을 할 수 있다. 그들은 또한 사회적 기술과 집단치료기간 후의 인간관계에 대한 기술도 배운다. 다른 집단원들과 지도자는 피드백을 제공하지만 치료 중에 변화를 촉진시키기 위해 상호작용적으로 접촉하기도 한다. 엘리스는 어떤 점에서는 대부분의 RET내담자들은 개인치료뿐만 아니라 집단치료도 경험해야 한다고 권고한다.

ⓒ 간이치료와 위기치료

RET는 간이치료(brief therapy)에 적절하다. 비교적 짧은 시간에 치료받고자 하는 내담자에게 A-B-C 접근법을 이해시키고 이를 통해 장애행동을 변화시키는 데에는 1~10회 정도의 기간이 걸린다. 특수한 문제 즉, 직장을 잃거나 은퇴문제를 다룰 때는 RET가 짧은 기간에 유용하게 적용될 수 있다. 이런 경우 내담자는 RET의 원리들을 자신에게 어떻게 적용시키며 보충 교재들을 어떻게 이용하는지 배운다. 내담자에게 그들의 치료기간 동안에 녹음한 것들을 가끔 듣게 하는 것도 유용한 방법이다. 이런 과정에 참가함으로써 그들은 문제의 본질을 더욱 잘 파악할 수 있으며 그 문제들을 대처하는 방법을 알게 된다.

ⓔ 가족치료의 적용

가족치료에서 RET의 목표는 기본적으로 개인치료와 같다. 필수적으로 가족 구성원들은 다른 가족들의 행동을 지나치게 심각하게 다룸으로써 스스로 장애를 일으킨데 대해 책임을 느끼는 것임을 알도록 격려된다. 그들은 가족 구성원들이 자신들이 원하는 방식으로 행동하기를 바라고 있음을 보도록 격려 받는다. RET에서는 가족 구성원에게 자신들의 행동에 책임이 있으며 가족에 대한 반응을 변화시킬 책임이 있다고 가르친다. 합리적-정서적 관점에서는 어떤 한 사람이 가족 구성원의 행동을 변화시킬 능력은 아주 적다고 본다. 가족의 한 사람으로서 각자는 사고와 감정의 유형을 바꿀 능력을 갖고 있다. 그래서 각자 자기의 행동을 조형함으로써 결국 한 단위로서의 가족에게 직접적인 영향을 미칠 수 있다. 엘리스(1989)에 의하면 합리적-정서적 가족치료는 인지적, 정서적, 행동적인 여러 기법들을 사용하는 인지적-행동적 치료이다. 이것은 증상 제거를 위해 기법들을 사용한다기보다는 오리려 지속적인 변화로 이끄는 깊이 있는 성격의 재구성을 위해 이런 기법들을 사용하는 것이다.

④ 상담 기법

RET의 12단계 과정은 비합리적 생각을 합리적 생각으로 대치하여 정서와 행동을 변화시키는데 중점을 둔 상담과정이며, 인지적-설명기법, 정서적-환기기법, 행동적-적극적-지시적 기법이라는 세 가지 광범하고 일반적인 영역으로 구분될 수 있는 방법들이 포함된 종합적인 상담치료 체제이다.

합리적 · 정서적 상담기술로는 인지적 · 환기적 · 행동적 기술로 대별되며 구체적인 것으로는 논박, 과제제시, 독서법, 자기진술 그리고 수용이 있으며 행동주의적 접근의 많은 기술을 그대로 사용한다. 이 접근의 기술은 다른 접근에 비하여 더욱 설득적, 지시적, 교수적인 것이 특징이다.

a. 인지적-설명기법

RET의 가장 일반적이며 핵심적인 인지적 방법은 상담자가 적극적으로 내담자의 비합리적 신념을 논박하는 것이다. 몇 가지 보다 구체적인 기법들을 제시하면 다음과 같다.

㉠ 암시

내담자는 종종 자신, 타인 혹은 세계에 관하여 많은 자기 패배적인 진술을 스스로에게 말하고 있는 심각한 부정적 사고형일 수 있다. RET에서는 상담자가 내담자에게 부정적인 사고를 긍정적인 사고로 대체시키는 방법을 보여줌으로써 내담자가 개선될 수 있다는 것을 암시한다.

ⓒ 자기방어의 최소화

내담자가 비록 여러 가지 잘못을 저질렀다 하더라도 이것 때문에 내담자가 경멸당하거나 저주받을 이유는 결코 없다는 것을 보여주어야 한다. 이러한 자기수용은 내담자의 방어욕구를 최소화시켜준다.

ⓒ 대안의 제시

내담자들에게는 자신이 가지고 있다고 생각하는 것보다 더 많은 선택들이 가능한 경우가 종종 있다. 따라서 합리적 정서상담가들은 내담자에게 모든 가능한 대안들을 볼 수 있도록 돕는 일이 종종 있다. 이상적으로는 내담자가 이러한 대안들을 스스로 찾아내도록 격려하는 것이 될 것이다.

ⓔ 기분전환 시키기

RET에서는 이완훈련, 요가 혹은 운동 같은 신체적 기법도 내담자로 하여금 자기 패배적인 생각이나 행동 대신 이러한 활동들에 집중하도록 해주기 때문에 인지적인 것이 될 수 있다고 주장한다. 합리적 정서담당자는 내담자로 하여금 진정으로 몰두할 관심거리 특히 장기적이고 건설적인 목적에 관심을 가지도록 격려한다.

ⓜ 인지적 과제수행

내담자에게 과제가 주어지는데 이것은 그들의 내면화된 자기메시지의 일부인 추상적인 "should나 must"를 제거시키려는 방법이다. 예를 들면, 연기에 재능을 가진 어떤 사람이 청중 앞에서 실수하지 않을까 하는 두려움 때문에 불안해 할 경우 그에게 연극에서 사소한 배역을 하도록 요구한다. 그는 "나는 실패할 거야, 나는 바보같이 보일 것이고 아무도 나를 좋아하지 않을 거야"라는 부정적인 자기진술을 "나는 연기할 수 있어. 할 수 있는 한 최선을 다하겠어. 근사하게 보일 거야. 그러나 모든 사람이 다 나를 좋아하지는 않겠지, 그러나 그렇다고 끝장은 아니잖아"라는 보다 긍정적인 메시지도 바꾸도록 요구받을 것이다.

이 이론과 이런 과제의 배후에 있는 가정은 인간은 가끔 부정적이고 자기 충족적인 예언을 만들며 자신이 그렇게 될 것이라고 스스로에게 말하기 때문에 실패하는 것이다. 내담자는 상담치료기간 동안에 어떤 책을 읽게 한다든가 등의 특수한 과제를 이행하도록 격려되는데, 특히 치료기간 중 매일 매일의 생활 속에서 이행하도록 격려한다. 이런 방법을 통해 내담자는 점차 불안을 다루게 되며 기본적인 비합리적 신념에 도전하게 된다.

㉿ 정확한 언어 사용

RET는 명백하지 않은 언어를 사고과정의 장애의 표현이라고 주장한다. 치료자는 내담자의 언어유형에 특히 주의를 기울이는데 이는 언어가 사고를 조형하고 사고가 언어를 조형한다는 근거에서 이다. 내담자는 "해야 한다(must, ought, should)"를 "하고 싶은 (perferable)"으로 대치하는 법을 배운다. "만약 ~한다면 정말 두려울 거야"라고 말하는 대신에 "만약 ~한다면 좀 불편할 거야"로 말할 수 있게 된다. 무기력하고 자기경멸적인 특성으로 말하던 내담자는 새롭게 자기 진술하는 법을 배울 수 있다. 내담자는 절대적인 "해야 한다"를 절대적이 아닌 "하고 싶다"로 대치함으로써 개인적인 힘을 얻을 수 있다.

㉾ 유추의 기법

항상 미루는 습관이 있다거나 지각하는 습관이 있는 사람은 그러한 행동이 자신의 어떤 행동 특성 때문에 나타나는지 유추해 보도록 내담자에게 촉구한다. 이 기법을 사용하는 목적은 내담자로 하여금 자신의 특성을 이해하여 유해한 습관의 단점을 확실히 깨닫도록 해주는 데 있다.

◎ 유머의 사용

엘리스는 내담자를 문제 상황으로 이끄는 과장된 사고와 싸우는 수단으로 유머 사용을 강조하고 있다. RET는 사람들이 너무 진지하게 생각하거나 생활 사상들에 대한 개인의 과도하게 심각한 측면을 반격하고 법칙적 생활 철학을 논박하도록 조언하는데 유머를 사용한다. 워크숍이나 상담 시간에 엘리스는 대개 합리적이고 유머러스한 노래를 이용하고(우울하거나 불안할 때) 사람들로 하여금 혼자서 혹은 집단에서 노래를 부르도록 격려한다. 그는 유머가 내담자가 고집스럽게 유지하고 있는 불합리한 어떤 생각들을 보여준다고 믿는다. 그것은 내담자로 하여금 그들 자신을 덜 진지하게 생각하도록 할 수 있는 방법이다.

b. 정서적 환기기법

㉠ 합리적 정서 상상

합리적 정서상담자들은 두 가지 방법으로 합리적 정서 상상(rational emotive imagery: REI)을 사용한다. 하나는 엘리스가 선호했던 부정적 상상이며, 다른 하나는 마울츠비(Max C. Maultsby)가 선호했던 긍정적 상상이다. 부정적 상상을 사용하는 경우 내담자에게 특정 상황에 대하여 전형적인 부적절한 정서를 느끼고 있는 자기 자신을 열심히 상상하도록 한 다음, 후회나 행동을 변화시키려는 결단 같은 적절한 정서로써 부적절한 정서를 대체시키고 있는 자신을 생생하게 떠올리도록 한다. 반대로 긍정적 상상에서 내담자는 불쾌한 장면을 상상하고 자기감정의 기초가 된 신념들에 집중한다. 그런 다음 내담자는 이러한 비합리적 신념을 포기하고 합리적 신념을 대체했을 때, 자신에게 어떤 느낌이 드는지에 초점을 맞춘다.

㉡ 부끄러움 제거연습(shame attacking exercises)

이 기법에는 정서적이며 행동적인 요소 두 가지가 모두 포함된다. 엘리스는 정서장애의 중요한 핵심 중 하나는 부끄러움 혹은 자기비난이라고 주장한다. 따라서 합리적 · 정서적 상담자는 때때로 내담자에게 그들이 창피하거나 부끄럽게 느끼는 방식으로 행동해 보도록 과제를 부과한다. 이러한 과제를 행해봄으로써 내담자는 다른 사람들은 자신이 생각했던 것만큼 타인에 대하여 관심이 없으며, 다른 사람의 비난에 대해 과도하게 영향받을 필요가 없다는 것을 종종 발견하게 된다. 물론 내담자들이 기존 법질서에 대해 말썽을 일으킬 수 있는 행동을 하도록 격려하지 않도록 한다.

㉢ 역할연기

행동적 요소와 함께 극적인 정서적(dramatic-emotive) 요소도 가지고 있는 기법이 역할연기이다. 합리적 정서상담자들은 내담자가 자신의 정서를 이끌어 내기 위해 타인과의 상호작용을 행동화(행동적 재연)할 때 역할연기 기법을 사용한다. 그런 다음 상담자는 나타난 감정을 이용하여 내담자로 하여금 기초가 되고 있는 비합리적 신념을 극복하도록 돕는다.

㉣ 감정적 언어(emotionally charged language) 사용

합리적 정서상담자는 종종 감정적인 색채를 띤 단어, 구절 및 문장을 구사하여 다음에 내담자들이 이것을 자기 자신에게 사용할 수 있도록 한다. 엘리스는 내담자로 하여금 자신의 비합리적 신념을 변화시키도록 유도하는 데 있어 강한 언어가 훨씬 많은 영향력을 가지게 되는 경우가 종종 있다고 주장한다.

c. 행동적 · 적극적 지시기법

㉠ 보상기법

바람직한 행동의 빈도를 증가시키는 자극(보상)은 바람직한 행동을 수반하게 될 것이다. 이 보상원리는 텔레비전 보기, 수영하기 등과 같이 일어날 확률이 높은 행동은 공부하기, 논문쓰기 등과 같이 일어날 확률이 낮은 행동의 발생 가능성을 증가시키기 위한 보상 또는 강화로써 사용될 수 있다는 것이다.

㉡ 과제부과

RET의 중심기법 중 하나는 행동지향적인 과제를 부과하는 것이다. 보통, 내담자가 하기 어려워하거나 두려워하는 일을 시킨다. 이러한 과제에는 일반적으로 난이도가 서서히 높아지는 일련의 점진적인 과제들이 포함되어 있다.

㉢ 자극통제

합리적 정서상담자들은 때때로 내담자에게 특정 종류의 자극을 어떻게 통제하는가를 보여줌으로써 내담자가 역기능적으로 행동할 가능성을 줄이도록 할 수 있다. 그러므로 자극통제의 목적은 환경을 재구성하여 내담자로 하여금 역기능적 행동을 하도록 유인하는 자극들에 노출되지 않도록 하는 것이다. 예를 들면, 비만증 내담자에게 직장에서 휴식시간에 과자 자동판매기를 피하도록 학습시키는 것이다.

(3) 공헌 및 제한점

합리적 · 정서적 상담은 짧은 시간에 큰 효과를 낼 수 있었던 것으로 인해 많은 사람들로부터 지지를 받았다. 또한 사고나 신념을 경험이나 느낀 만큼 가치 있게 보았다는 것, 인간의 정서적 부적응에는 비합리적인 신념체계나 사고방식이 깔려 있다는 것을 체계화하여 제시하였다는 것, 또한 인지적 통찰을 행동화 시켜야 되는 것을 강조하고 있는 것, 행동주의와 결합하여 활용범위를 확대시키고 있는 것, 그리고 내담자로 하여금 스스로 자기변화를 일으키도록 하는 것 등등 상담과 심리치료의 분야에 많은 공헌을 하였다.

반면에 합리적 · 정서적 상담은 낮은 인지적 수준으로 인하여 논리적 분석을 할 수 없는 내담자에게는 효과가 없다는 것, 지시적이고 교훈적인 상담으로 인하여 상담자의 가치관이 강요될 수 있다는 것, 인간 경험의 복잡성을 너무 단순화시키고 있다는 것, 내담자와의 관계형성과 내담자의 아픔에 대한 공감적 반응을 무시한다는 것 등 여러 가지 한계점으로 인하여 비판을 받기도 한다.

6) 의미치료

(1) 의미치료의 이론적 배경

의미치료는 프랭클(Victor Flankl, 1905~1997)에 의해서 만들어진 치료기법이다. 프랭클의 "철학과 심리치료"라는 논문을 통해 정신과 의사는 환자의 생물학적 측면에만 치우치지 말고 신체와 정신은 물론 삶의 의미를 탐구해야 한다고 강조하였다. 이것을 가리켜 '의료적 사역(medical ministry)'이라는 말로써 표현하였고, 이것이 바로 그가 새로이 구축하는 정신의학의 실존주의적 학파를 뜻하는 의미치료의 기초가 된다.

프랭클은 제2차 세계대전 때 유태인 10만 명과 함께 죽음의 수용소로 끌려가게 되어 인간이 겪을 수 있는 가장 처절한 시련을 체험하였다. 그는 수용소에 끌려가면서 의미치료의 구상을 담은 첫 원고를 모조리 상실하였다. 하지만 그가 수용소에서 겪었던 생생한 체험은 그의 이론을 뒷받침해 주었다. 수용소에서 해방된 후 그는 의미치료의 골격이 되는 『의사와 영혼』을 처음으로 출판하였다. 그리고 『삶의 의미를 찾아서(Man's Search for Meaning)』를 엮어냈다. 마침내 그 책이 나오는 것을 계기로 하여 그는 다시 대학 강단에 서게 되었다.

프랭클의 '의미중심' 치료법은 삶의 의미를 찾기 위한 독특한 치료기법일뿐 아니라 실존의 의미와 의미를 찾고자 하는 인간의 욕구를 다루는 이론인 것이다.

의미치료는 기본적으로 의미가 결여된 채 세상을 살아가는 사람을 다루는 심리치료 방법으로 다음과 같은 세 가지 기본원리를 가지고 있다.

첫째, 어떤 조건 하에서도 우리의 삶은 의미를 지니고 있다.

둘째, 사람에게는 의미를 찾는 의지가 있으며 행복은 그것의 성취를 통하여 오는 것이다.

셋째, 한정된 상황 속에서도 우리의 삶은 의미를 구현하는 자유가 있다.

① 인간 실존의 필수조건

프랭클(1960)은 인간 실존의 필수조건으로써 정신, 자유, 책임을 말하였다. 이 세 가지가 없으면 삶의 의미와 목적을 찾는 것이 불가능 하다고 보았다.

a. 정신

정신은 인간과 동물들을 구별하는 인간 존재의 세 가지 특징 중의 첫 번째이다. 정신은 직접적인 자기의식에서 현상학적으로 나타나며, 정신의 무의식에서 유래된다. 무의식적 정신은 모든 의식의 기원이며 근원이다. 다시 말하면, 우리는 본능적 무의식뿐만 아니라 정신적 무의식을 알고 인정하며, 이것에서 우리는 모든 의식적 정신을 지지하는 기반을 볼 수 있다. 자아는 원초아(Id)의 통제를 받지 않지만 정신은 무의식으로 지탱된다. 정신은 인간의 주요한 속성이며 그것에서 양심, 사랑 및 미적 양심이 유래된다.

b. 자유

'그러나 인간은 무엇인가? 그는 항상 결정하는 본질이다. 따라서 그는 다음 순간에는 그가 무엇이 될 것인지를 연속해서 결정한다.' 자유는 세 가지 면에서 자유를 의미한다. 첫째는 본능, 둘째는 유전된 소인, 셋째는 환경이다. 비록 인간은 모든 이런 것들에서 영향을 받지만 결정, 허용, 거부하는 자유가 있다. 인간은 조건에서 자유롭지 못한 반면, 이런 조건에 대하여 어떤 입장을 취하는데 자유롭다. 그러므로 인간은 단순히 존재하지 않는다. 인간은 인간의 존재가 무엇이 될는지를 결정한다. 인간은 예언이 바탕을 이룰 수 있는 생물학적, 심리학적, 사회학적 조건을 초월할 수 있기 때문에 개별적으로는 예언될 수가 없다. 인간의 자유라고 하는 것은 인간이 처한 생물학적, 심리학적 혹은 사회적 상황으로부터의 자유 즉, 상황으로부터의 자유가 아니라, 무엇인가로 향하는 자유, 다시 말해서 '상황에 맞서는 자유' 이다.

c. 책임감

인간의 자유는 어떤 것에서부터의 자유뿐만 아니라 어떤 것에게로의 자유도 있는데 프랭클(1961)에 의하면, 이런 것은 책임감을 수반한다는 것이다. 인간은 자신의 양심, 또는 그 자신의 신에게 책임이 있다. 의미치료는 내담자가 충분히 자신의 책임을 자각하도록 힘쓰기 때문에 치료 과정에서 내담자에게 어떤 것, 누구에게 책임이 있는지 내담자가 이해하는 것을 선택하도록 해야 된다.

② 인간 본성 이론

의미치료에서 추론한 인간 본성 이론은 의지의 자유(freedom of will), 의미에의 의지(will to meaning), 삶의 의미(meaning of life) 세 기둥위에 세워져 있다.

a. 의지의 자유(freedom of will)

프랭클(1962)은 인간의 상태가 생물학적 본능이나 아동기 때의 갈등, 혹은 다른 어떤 외부적 힘에 의해 결정된다는 심리학이나 정신의학의 입장에 반대되는 입장을 갖고 있다. 그는 외부 조건에 의해 삶이 영향을 받지 않는 것은 아니지만 그럼에도 불구하고 그 조건에 대응할 반응은 우리가 자유롭게 취한다고 주장한다. 우리는 외부 세력에 무감각하지 않지만 그 힘을 다룰 입장을 정하는 것은 우리의 자유의지이다.

b. 의미에의 의지(will to meaning)

인간존재의 정신적 차원 깊은 곳에 삶의 의미를 찾는 소리가 있으며, 이 소리는 우리에게 인간존재의 차원을 제시해 주는 길잡이가 된다고 본다. 삶의 의미를 찾는 이 소리가 의미에의 의지이다. 이것은 각 개인 특유의 독자적인 특성에서 나온다. 그래서 사람은 저마다 삶의 의미를 찾는데서 오는 만족과 성취를 얻게 된다. 의미를 찾는 데에는 개인적 책임(personal responsibility)이 따른다. 개인적 책임 외에 어느 누구도 우리에게 삶의 의미와 목표 의식을 채워줄 수 없다.

c. 삶의 의미(meaning of life)

프랭클은 삶에 의미가 결여되어 있는 상태를 일종의 신경증이라고 보고 노에제닉 신경증이라 불렀다. 이 상태는 무의미, 무의도, 무목적, 공허감이 특징이다. 프랭클은 노에제닉 신경증의 원인을 인간 본성과 전통의 상실에서 오는 것이라고 한다. 프랭클은 동료 포로에 대해서 이렇게 썼다. "슬프게도 그에게는 삶에 대해 아무 감각이나 목표나 의지가 없으므로 추구해 나갈 궁극점이 없었다. 결국 곧 파멸해 버리고 말았다." 그런 사람은 삶의 설레는 충만감 대신 프랭클이 현대 만연해 있다고 믿는 실존적 진공(existential vacuum)상태 속에서 살아간다.

노에제닉 신경증을 해결하기 위하여 프랭클(1967)이 삶의 의미와 목표감 회복을 위해 제시한 세 가지 방법은 첫째, 창조적 작업, 둘째, 세상살이에서 얻은 경험, 셋째, 고통에 대해 취하는 태도이다.

③ 가치(value)

프랭클은 삶의 의미와 마찬가지로 각 개인이나 상황마다 가치는 다르다고 보았다. 우리가 처한 각양각색의 환경에 적응하기 위해 가치문제를 끊임없이 염두에 두고 상황마다 삶에 의미를 주는 어떤 것을 찾아야 한다는 것이다. 가치에도 삶에 주는 의미와 마찬가지로 세 가지 근본 가설인 창조적 가치, 경험적 가치, 태도적 가치가 있다.

a. 창조적 가치(creative values)

창조적이고 생산적인 활동 속에서 인식되는 것이다. 이 창조적 가치는 생활 영역 전반에서 표현될 수 있지만 대체로 어떤 작업과 관계가 있다. 자기를 표현하는 실제적 작품이나 상상을 고안해냄으로써, 혹은 다른 이에게 봉사함으로써 삶에 의미를 주는 것이다.

b. 경험적 가치(experiential values)

세상으로부터 받아들이는 데서 생긴다. 경험적 가치는 자연이나 예술 세계에 몰입함으로써 느껴진다. 프랭클은 사람이 적극적으로 하는 행동과는 별개로 삶의 어떤 양상은 강도 있게 경험함으로써 삶의 의미를 이룰 수 있다고 주장한다.

c. 태도적 가치(attitudinal values)

객관적 운명보다는 운명에 대한 우리의 태도가 우리를 낙심시키고 파괴적이 되게 한다. 가장 우울하고 낙심천만하며 절망적인 상황을 통하여 우리는 의미를 발견할 많은 기회를 갖게 된다고 프랭클은 주장한다. 그리고 그런 때야말로 가장 열심히 의미를 찾아야할 상황이기도 하다.

④ 자아초월

프랭클의 견해를 따르면, 인간이 살아가는 주된 동기는 자아(self)를 찾는 것이 아니라 의미를 찾는 것이다. 어떤 의미에서 이것은 자아를 "잊는 것(forgetting)"이다. 완전한 인간이란 자신을 뛰어넘어 다른 사람 혹은 일과 관계를 맺는 것이다.

심리적으로 건강하다는 것은 자신(self)으로부터 초점을 옮겨 자신을 초월하고 의미와 목적을 찾는 데 몰두하는 것이다. 그러는 동안 자신은 자발적으로 자연스럽게 수반되어 실현된다.

프랭클은 건강한 성격이 갖는 일련의 특징을 제시하지는 않았지만 대개 다음과 같은 사람임을 알 수 있다.

 a. 자기 행동 과정을 자유롭게 선택한다.

 b. 자기가 살아가며 행하는 행위와 운명을 보는 태도에 개인적 책임 의식이 있다.

 c. 자기 외부의 힘에 의해 제한 받지 않는다.

 d. 자기에게 적합한 삶의 의미를 갖고 있다.

 e. 자기 생활에 의식적 통제력이 있다.

 f. 창조적, 경험적, 태도적 가치를 표현할 수 있다.

 g. 자신으로 향하는 관심을 초월한다.

 h. 미래의 목표와 임무를 추구하는 미래 성향이다.

 i. 일에 열중한다.

 j. 사랑을 주고받을 수 있다.

(2) 의미치료의 과정 및 주요기법

① 치료의 목표

a. 내담자와 그 증상을 구분

내담자 자신의 정신력과 그 자원을 자각함으로써 공포, 강박관념, 열등 감정이나 우울증과 같은 증상으로부터 자기거리를 두면서 능히 이를 이겨내게 한다.

b. 태도수정

일단 내담자가 증상에서 물러서는 자기거리를 취할 줄 알게 되면 그는 개방적인 자기수용 태도를 배우게 된다.

c. 의미치료의 철저한 개입

새로운 태도와 함께 이상증상이 해소되는 과정을 통하여 내담자가 능히 그 상황을 이겨내게 한다. 이와 같은 적극적인 피드백의 경험을 배우면서 의미를 찾는 새로운 방향성이 열린다.

d. 장래의 정신건강을 위한 예방치료

모든 증상을 물리치고 난 이 단계에서는 내담자의 삶과 그의 생활상황의 의미를 탐색하는데 역점을 둔다.

② 치료의 과정

의미치료에서는 자유, 선택, 책임성 그리고 자기초월과 같은 내담자의 인간적 자질에 호소해야 하는 반면에 비인간적이고 조작적인 방법은 배제하여야 한다.

- **1단계 : 내담자로 하여금 증상과 거리를 유지하게 하는 것.**
  치료자는 내담자와의 신뢰관계를 형성하고 난 후 내담자가 자신의 증상과 동일하게 여기지 않게 하고, 자신들의 잘못된 가설을 믿지 않도록 해야 한다.

- **2단계 : 태도의 수정으로 삶에 대한 그릇된 태도를 긍정적인 태도로 변화시키는 것.**
  1단계에서 내담자가 증상으로부터 거리를 유지하게 되면, 그들은 자신이나 자신의 삶에 대한 새로운 태도를 가지게 된다. 치료자는 객관적이고 무비판적으로 내담자의 태도가 건강하지 못한 것인지 또는 심리적으로 어려움을 느끼는 것인지를 결정하고, 이러한 것이 내담자의 삶이나 생존에 긍정적인 영향을 주는 것으로 바라보도록 한다. 물론 그러한 태도가 좋은 것인지 나쁜 것인지에 대한 인식은 치료자의 몫이 아니라 내담자의 것이다.

- **3단계 : 내담자로 하여금 증상을 약화시키거나 증상 자체를 통제할 수 있다는 사실을 받아들이도록 도와주는 것.**
  내담자의 증상이 감소하거나 사라지면 통제할 수 없는 상황에 의한 우울증에 대해 새로운 태도를 형성하게 된다. 이 새로운 태도는 내담자로 하여금 자신의 운명을 받아들이고 그것을 참아낼 수 있게 한다. 또한 증상의 제거가 성공적이며, 내담자는 의미를 향한 새로운 태도에서 적극적인 피드백 과정을 경험하게 된다.

- **4단계** : 미래를 향한 정신 건강의 예방적 측면에서 내담자로 하여금 의미 있는 활동과 경험을 하도록 도와주는 것.

　치료자는 내담자의 현재 생활에 대한 새롭고 긍정적인 요인을 찾아내도록 하고, 미래의 정신 건강을 위한 긍정적인 태도를 갖도록 한다.

③ 의미치료의 기법

　의미치료는 결코 만능의 심리치료기법을 주장하는 입장이 아니다. 삶의 의미탐구를 일차적으로 강조하는 이 치료는 임기응변의 적응보다는 개인의 책임을 강조하며, 과거의 심리적 외상보다는 미래의 도전을 중시한다. 그러므로 현대인의 생활에서 겪는 스트레스를 능히 이겨내는 정신력을 함양하는데 주력한다. 그 대표적 기법으로써 흔히 거론되는 것이 반성제거법, 소크라테스 대화법(자아발견법), 태도수정기법, 역설적의도법이 있는데 그 내용은 다음과 같다.

a. 반성 제거법(dereflection)

　지나치게 걱정하는 나머지 어떤 문제에 사로잡혀서 헤어나지 못하는 상황에서 의미를 찾을 수 있게 해주는 기법이다. 문제라고 함은 신체적, 심리적 또는 실존적인 현실생활에서 겪는 문제를 말하는데 그렇다고 하여 신경통, 관절염을 고친다는 뜻이 아니다. 그러한 신체 질병을 지나치게 걱정하여 일부러 사서 고생하는 일이 생기지 않도록 한다는 말이다. 그러나 신체적 원인에서 오는 문제라면 반드시 의료적 또는 약물적 치료를 받아야 한다. 반성 제거법은 어디까지나 보완적 계책이 되어야 한다. 모름지기 의학적 진단을 받고 나서 이 치료법을 적용하여야 한다.

b. 소크라테스 대화법(Socratic dialogue - 자아발견법)

　내담자로 하여금 자기보호를 위하여 쓰고 있는 탈 속에 있는 자아의 참모습을 발견하는데 있다. 사람이 의미 충만한 삶을 지향하는 순수성과 직면하는 때에 가면제거 작업은 사실상 필요 없게 된다. 소크라테스 대화법에서는 내담자로 하여금 자신의 정신적 자원을 차근차근 찾아 들어가도록 돕는 것이다.

⑤ 대화의 기법

소크라테스 대화법에서는 즉흥적이고 직관적인 솜씨가 많이 필요하다. 개인의 무의식과 의미 속에 가려진 지식을 알아보기 위한 많은 수법이 필요하게 마련이다 소크라테스 대화법에서 쓰는 몇 가지 방법을 아래와 같이 들어본다.

- 억압된 심리적 외상이 아니라 무의식의 희망과 바람에 초점을 두는 꿈의 해석
- 상담자가 의미 있다고 보는 상상의 의도적 또는 무의도적 도출
- 상담자가 보기에 역할모형이 되는 사람들과 겪은 큰 의미가 담긴 경험의 회상
- 상담자가 감지하게 되는 순간적으로 나타나는 정상경험의 회상

삶을 부정적으로 바라보는 사람에게 삶의 경험을 충실하게 가져본 적이 언제였냐고 물어본다고 할 때 성의 있는 대답을 기대하기는 어렵다. 오히려 어느 때가 가장 만족스러웠냐고 묻는 편이 한결 더 나을 수 있다. 왜냐하면 그래도 추상적인 것보다는 구체적인 생활경험을 회상하는 계기를 주기 때문이다.

거의 독신으로 은거 생활을 하고 있는 내담자인 H가 상담자와 나눈 이야기의 일부를 아래에 옮기면 다음과 같다.

> 내담자: 나는 어머니가 아버지에게 대하는 것을 보고 결혼을 아예 단념하고 말았습니다. 아버지는 알코올 중독자가 되어 어머니를 몹시 학대하였지요. 나는 학교에서 성적이 아주 나빴고 운동이라고는 아무것도 못하였기 때문에 항상 아이들의 놀림감이 되었습니다. 그때 T가 아니었더라면 나는 도저히 학교에 계속 다닐 수 없었어요.
>
> 상담자: T의 이야기를 좀 더 할까요?
>
> 내담자: T는 우리 이웃에 살았는데 나보다 두 살 위였어요. 둘이서는 우표 모으기도 하고 같이 들판에 나가 놀기도 하였지요. 내가 집에서 부모님 때문에 무슨 일을 당할 때마다 그가 나를 도와주었습니다.

상담자는 내담자와의 대화에서 그가 T와 함께 이런 활동을 하였다는 의미암시를 받은 바 있기 때문에 차분하게 수집을 계속하며 또한 이웃에 사는 소년의 우표수집 시작을 도와주라는 주문도 하였다. 이것은 H의 사회생활 복귀를 위하여 작은 출발이 된다.

과거의 경험을 장래활동의 발판으로 삼는 일은 부정적인 생각을 가지고 공허감, 우울감, 소외감에 시달리고 있거나 풍요 때문에 삶에 대한 권태감을 느끼고 있는 사람들에게 도움이 된다.

ⓛ 의미암시

의미암시는 상담자에게 유용하다고 인정되는 낱말이거나 흥분된 어조와 같은 비언어적 표시 또는 종교적 신조를 통하여 나타나는 극히 존중하는 가치, 결혼서약, 직업이나 취미를 말한다. 이와 같은 의미 가치의 선호는 무의식 속에 저장되어 있으므로 상담자는 예민한 귀를 가지고 내담자의 들을 줄 알아야 한다. 말하자면 의미암시는 표출된 의미방향을 지지하는 권리를 상담자에게 제공한다.

ⓒ 타인의 경험

우리는 살아가는 동안 여러 사람의 역할모형을 본받게 된다. 특히 삶의 큰 손실을 입었거나 헤쳐 나오기 어려운 삶의 함정에 빠진 사람과 소크라테스 대화법을 진행하는데 있어서 이런 모형인물의 경험은 아주 유익하게 활용된다, 또한 극심한 신체장애를 이겨낸 헬렌켈러나 프랭클린 루즈벨트의 일화는 많은 사람에게 큰 감동을 주고 있다.

미국에서 태평양철도를 건설한 캘리포니아의 리랜드 스탠포드는 바로 대학입학 시험을 앞둔 아들을 불의의 사고로 잃게 되었다. 그러자 그는 아들 나이 또래의 젊은이가 진학할 수 있는 대학을 세웠다. 근래에 어떤 부인이 대학에 진학할 만한 나이의 아들을 잃고 슬픔에 잠겼다. 소크라테스식 대화 과정에서 스탠포드의 일화를 듣게 된 이 부인은 대학을 세울 수 있는 재력이 없는 처지여서 학생 한 사람을 선정하여 대학의 수학기간 동안 장학금을 지급하기로 결심하였다. 그녀는 이 장학금 관리를 통하여 위로를 받았다.

c. 태도수정기법(modification of attitudes)

사람은 저마다의 문제를 안고 살아가면서 고통을 겪으며 난관을 극복한다. 나에게는 난관이지만 다른 사람에게는 아무렇지도 않은 일일 수 있으며 또 다른 제 삼자는 이것을 도전으로 받아들이기도 한다. 태도의 수정 여하가 사람으로 하여금 "나는 사회(또는 유전자, 환경, 과거)의 무기력한 희생자이다"라는 패배의식을 극복하게 함으로써 응분의 자제력을 가질 수 있게 해준다. 태도수정기법은 내담자로 하여금 새로운 사고와 통찰력 그리고 적극적이며 심리적으로 건전한 태도에 관심을 재집중시키게 하는 것이다.

d. 호소기법(appealing technique)

호소기법은 태도의 수정, 역설적 의도, 반성제거에 반응할 수 없을 정도로 의지가 너무

약한 내담자를 위해 고안된 것이다. 이 기법은 약물남용 치료집단이나 내담자가 불안정하고 불확실하며 의존적이고 나이가 어린 경우에 특히 잘 적용된다. 왜냐하면 그들은 치료자의 제안을 받아들일 가능성이 많지만, 제시된 것을 받아들여 수행하는 의지가 약해 그것을 강화해야 할 필요가 있기 때문이다. 이 기법의 과정에서 특히 약물남용 집단의 의미치료에서 이완훈련, 호소기법(의지의 암시훈련과 자율훈련), 소크라테스식 대화가 구체적으로 사용된다.

㉠ 이완훈련

생리적 수준 및 심리적 수준을 낮추기 위해 녹음테이프를 통한 이완훈련, 가령 자율훈련, 명상 등을 실시한다.

㉡ 암시훈련

"당신은 지금 완전한 이완상태에 있습니다. 당신은 점점 더 이완되면서 내적인 평화와 편안함을 느낄 것입니다. 당신은 오직 나의 목소리만 들을 것입니다. 어떤 소리도 들리지 않을 것입니다. 외부에서 소리는 들릴지 모르지만 당신에게 전혀 신경 쓰이지 않게 될 것입니다. 당신은 완전히 이완되었으며 모든 긴장은 사라지고 어떤 불안도 없습니다. 약간의 소리는 들릴지 모르지만 당신을 방해하지는 않습니다. 당신은 오직 자신의 의지만 생각합니다. 당신의 모든 사고는 의지에만 집중되어 있습니다." "당신은 지금 완전히 평온하고 이완되어 있습니다. 당신 신체의 편안함과 따뜻함을 느껴보십시오. 내가 '지금'이라고 말했을 때 당신의 의식은 다시 되돌아옵니다. 그러나 당신은 강한 힘과 내적인 의지, 내적 평화를 가지게 됩니다."

내담자의 의지를 강화하기 위한 의지의 암시훈련에서는 의지의 힘과 자유를 제시한다. 그리고 의지를 확실히 갖게 하고 난 후 위와 같이 원래의 의식 상태로 되돌려 놓는다.

㉢ 자율훈련

자율훈련은 내담자의 의지를 강화하기 위한 방법이다. 내담자가 자율훈련을 경험하면 의지가 강화되거나 생에 대한 긍정적인 태도를 갖게 된다.

(3) 공헌 및 제한점

프랭클의 인간에 대한 이해는 자유와 책임을 가지고 있으며 삶의 의미와 보람을 추구하는, 즉 가치를 창조하는 존재로서의 인간관을 제시하여 상담과 심리치료 분야에서 새로운 관점과 기술을 태동시키는데 상당한 영향을 미쳤다.

의미치료는 다른 실존치료와 마찬가지로 심리 치료적 개입기술보다 인간 대 인간의 관계, 즉 상담자와 내담자의 관계적 질을 다른 어떤 상담적 접근법보다도 가장 강조한다. 이러한 점은 상담시 상담자가 기계적으로 접근할 때 야기될 수 있는 비인간적 요인들에 대한 가능성을 줄여줄 수 있다. 또한 의미치료가 비록 관계적 질을 강조한다 할지라도 다른 실존치료와는 달리 나름대로의 체계적인 기법이 정립되어 있다는 점에서 큰 기여를 하고 있다.

반면에 이 상담은 과학적 검증의 대상이 되기 어려운 철학적인 측면에 치중하고 있으며, 많은 개념들이 추상적이라는 점에서 비판의 대상이 되고 있다.

7) 현실치료

(1) 현실치료의 이론적 배경

현실치료는 글래서(William Glasser)에 의해 발전된 상담기법으로, 도움을 필요로 하는 사람이 진정으로 원하는 욕구를 깨닫고 그것을 효율적으로 충족시키는 방법을 모색하는 것이다. 즉, 인간의 행동은 스스로 선택한 결과이며, 인간은 자신이 선택한 세계에 책임이 있고 이를 통해 보다 나은 삶을 살 수 있다는 것이다.

현실치료라는 용어는 1964년 4월에 그의 논문인 「Realty Therapy: A Realistic Approach to the Young Offender」에서 처음 사용되었으며, 1965년 『Realty Therapy: A New Approach to Psychiatry』를 저술하면서 현실치료 관련 개념들을 발전시켰다. 현실치료가 이론적으로 정립되어진 발전과정을 살펴보면 다음과 같다.

글래서는 정신과 의사로서 1950~1960년대의 전통적인 정신분석치료와 약물치료의 비효율성으로 인한 회의를 느끼며 새로운 상담방법을 위해 노력하였다. 그 당시 그의 스승인 해링턴(Harrington)의 지도를 받으면서 그와 함께 공동연구를 통해 소위 현실치료라 불리는 상담기법을 적용하여 사용하기 시작하였다. 그의 이론적 핵심은 전통적인 정신병에 대한 견해를 부정하고 정신병적 행동은 외부세계를 조정하기 위해 자신이 선택한 행동으로 보는 입장이었다.

글래서는 캘리포니아에 있는 10대 비행소녀들을 위한 '벤추라 학교'에 현실치료를 처음으로 적용하였으며, 1962년 미국 청소년훈련기관협의회의 연차대회에서 현실정신의학(reality psychiatry)이라는 이름으로 현실치료의 실용성을 소개하였다. 그 후 글래서는 현실치료 효과를 뒷받침해 줄 수 있는 이론적 근거를 찾느라 고심하다가 윌리엄 파워즈(William Powers)라는 생리학자를 만나게 되어 뇌의 통제 체계설을 근거로 통제이론을 발전시켰다. 또한 글래서는 에드워드 데밍(Edward Demming)의 생산물 관리 이론을 도입해 요즈음의 현실치료 단계에 이르렀다. 데밍은 1980년대에서 1990년대까지 일본에서 통계적 품질관리체계(quality circle)를 연구하고 보급하여 오늘의 경제부국 일본을 만드는데 크게 공헌한 인물이었다. 품질관리체계는 종업원 각자의 자기평가를 통한 품질관리와 생산성 향상을 도모하는 경영방침이다. 글래서는 데밍의 경영방식을 현실치료와 접목시켜서 '질적인 학교'와 '질적인 관리자'가 되는 길을 제시하였다. 이와 같이 이론적 체계를 세운 글래서는 LA에 현실치료를 위한 연구소를 개소하여 연구소 소장과 재단운영위원회 회장직을 맡아 열정적으로 현실치료를 보급했다.

현실치료는 과거의 경험을 중시하는 전통적인 상담치료와는 달리 현재와 미래를 중시하며, 전이 및 역전이의 필요성을 인정하지 않는다. 현실치료는 내담자의 무의식과 꿈의 해석 보다는 의식세계에서의 현실지각을 중시하며, 내담자로 하여금 자기욕구 충족을 위한 행동의 효과성을 통해 자기평가를 할 수 있도록 교육적인 도움을 주는 과정이다.

① 인간관

현실치료는 기존의 심리학인 행동주의적 접근과 인본주의적 접근에서 벗어나서 인간을 바라보는 새로운 시각을 제시해 준다. 인간은 내면의 심리적 욕구에 의해 동기가 유발되는 자율적이고 창조적인 존재이며 우리들 각자가 성장과 변화의 잠재력을 가지고 있다는 입장을 취하고 있다.

현실치료를 뒷받침하는 이론 체계인 선택이론(choice theory)에서는 인간의 모든 행동이 기본적으로 외부 작용이 아닌 내부 작용에 의해 행해지고 있다고 가정한다. 우리가 어떻게 느끼고 생각하고 행동하는가 하는 것은 타인이나 외부 상황에 의해서 좌우되는 것이 아니라 스스로가 선택한다는 것이 선택이론의 요점이다(Glasser, 1981).

현실치료의 가르침은 자신이 원하는 삶을 살도록 조력하는 것이며 자신의 욕구를 충족하는데 있어 중요한 것은 타인의 욕구를 침해하지 않는 인간존중과 상호배려 측면이 강조된다는 것이다. 현실치료의 가장 기본이 되는 핵심 개념은 책임감(responsibility)인데, 글래서는 책임감이란 다른 사람의 욕구 충족의 능력을 박탈하지 않는 한계 내에서 자신의 욕구를 충족시킬 수 있는 능력이라고 정의하고 있다.

글래서에 의하면 인간은 누구나 자신이 삶의 주인이 되어 자신의 인생을 선택할 수 있을 때 행복을 느낀다고 보았다. 자신의 삶에서 중요한 선택을 스스로 할 수 있고, 선택한 것에 책임질 줄 아는 사람이 행복한 사람이라는 것이다. 따라서 누구든지 선택이론과 현실치료를 이해함으로써 우리의 욕구를 충족시키는 한편 다른 사람들의 욕구를 방해하지 않을 때, 우리들은 행복하고 건강하게 삶을 효과적으로 통제할 수 있다고 주장한다. 인간은 누구나 의식이 있는 한 책임 있는 인간이 될 수 있고 자기 운명의 주인이 되고 자기 삶을 바꿀 수 있는 힘을 가지고 있다는 것이다(김인자, 1995).

바람직한 인간관계는 좋은 관계를 맺기 위한 행동 선택을 하고 각자 자신의 선택에 책임지는 관계이다. 현실치료와 선택이론에 대한 이해를 바탕으로 효과적인 행동 선택을 위한 구체적인 방법을 모색하고 상담자로서의 역할을 배울 때 자기 치료와 서로 도움이 되고 함께 성장하는 인간관계가 유지될 수 있을 것이다.

② 현실치료의 특성

a. 실존적 현상학적 경향

인간은 자신이 창조한 세계에 대해 책임이 있으며 무력한 희생자가 아니고 보다 나은 삶을 만들 수 있다고 보았다. 그는 불행을 우연히 일어난 어떤 것이라고 보지 않는다. 따라서 그는 '우울하게 된'이나 '화가 나게 된' 대신에 '우울한'이나 '화난 사람'이라는 표현을 쓴다. 우리의 행동은 우리가 선택한 결과라는 현실을 인식하고 그것에 입각해 행동할 때 변화가 일어난다.

b. 선택이론

현실치료에서는 치료를 위한 이론적 기초로 '선택이론'을 사용한다. 선택이론이란 모든 살아있는 유기체는 끊임없이 자신의 목적에 따라 외부세계를 통제하기 위해 행동을 선택한다는 것이다. 이 주제를 발전시키면서 그는 외부세계를 가능한 한 내부세계에 밀접히 접근시키기 위해 현실세계를 다루는 통제체제로써 두뇌가 어떻게 작용하는가에 대해 자세히 논의하고 있다.

c. 의학적 모델의 거부

신경증과 정신장애를 포함한 정신적인 병의 개념에 대한 전통적인 견해를 부정하는 것이 처음부터 현실치료를 이끌어준 힘이 되었다. "정신병적 행동"은 단지 우리에게 일어난 어떤 것이 아니고 오히려 우리가 외부의 세계를 조정하려는 방식으로 선택한 행동이라는 것이다(Corey, 1993). 글래서는 어떤 만성질환에 대해 신체적 원인이나 특별한 의료적 치료방법이 알려지지 않고 있다면, 그 질환은 우리의 몸이 어떤 욕구를 충족시키기 위한 싸움에 창조적으로 개입하고 있다는 것이다. 이러한 부류에는 심장의 관상동맥, 류마티즘성 관절염, 습진, 회장염, 대장염, 소화성 궤양 등과 고치기 힘든 불치병이 있다. 결핵이나 당뇨병과 같이 병의 신체적인 원인이 밝혀진 것으로 치료가 가능한 질환, 소아마비와 같이 예방이 가능한 질환과는 달리 위에서 언급한 질환들은 우리가 외부환경을 통제할 수 없을 때 생기는 부산물이라고 보았다(Glasser, 1990).

d. 성공적 정체감과 긍정적 탐닉

성공적 정체감이라는 개념은 현실치료를 이해하는데 있어 핵심이다. 성공적인 정체감을 가진 사람은 자신의 존재를 중요하게 여기며 다른 사람의 비싼 대가를 요구하지 않고 자신의 욕구를 충족시킨다. 글래서는 또한 삶의 심리적인 힘의 자원으로써 긍정적 탐닉의 개념을 발전시키고 있다. 긍정적인 탐닉을 얻는 두 가지 방법은 달리기와 명상이다. 그러나 어떤 활동이든 가능한 한 다음 여섯 가지 기준을 만족시켜야 한다.

첫째, 비경쟁적이고 개인이 선택해야 하며 하루에 한 시간 정도 수행할 수 있어야 한다.

둘째, 너무 과도한 정신적 수고 없이 수월하게 할 수 있어야 한다.

셋째, 혼자서도 할 수 있어야 한다.

넷째, 개인은 그것에서 어떠한 가치를 인식할 수 있어야 한다.

다섯째, 개인이 그것을 지속적으로 개선될 것이라고 믿을 수 있어야 한다.

여섯째, 개인은 자기비판 없이 그 활동을 이행할 수 있어야 한다.

e. 책임에 대한 강조

현실치료는 책임을 매우 강조하는데 글래서는 이것을 다른 사람의 목표달성을 방해하지 않는 방식으로 자신의 욕구를 만족시키는 행동이라고 정의하고 있다. 즉, 책임성은 개인이 그의 삶을 효과적으로 통제하는 것을 배운다는 의미이다. 자신을 수동적으로 보기보다는 만약 현재 행동이 자신이 원하는 것이 아니라면 자신을 변화시킬 수 있다고 본다(Corey, 1993).

f. 과거탐색의 가치에 대한 과소평가

과거의 외상이나 실패 또는 내담자의 현재 문제에 영향을 주는 외부조건을 탐색하는 이론과는 달리 현실치료는 지금 여기에 초점을 둔다(Corey, 1993). 이 접근에서는 책임과 현실이 대단히 관계가 깊다. 책임이 현실의 직면과 직결된다는 것은 현실세계를 정확하게 받아들여야만 한다는 점과 현실세계가 정해주는 어떠한 범위 내에서만이 자신의 욕구 충족이 가능하다는 점을 분명히 이해해야 함을 의미한다. 현재의 행동은 관찰되어질 수 있는 것 중의 하나이고 현실의 세계에서 엄연한 사실이기 때문에 현실의 한 부분으로서 강조되어진다. 감정은 행동보다 덜 확실하기 때문에 글래서는 감정보다도 행동이 상담에서 강조되어야 한다는 점을 지적하고 있다.

심리학에서 오랜 기간 동안 '계란과 닭의 논쟁이라고 할 수 있는 행동과 감정의 문제에 대해 그는 감정이 변하기 전에 행동이 변해야 함을 강조한다. 즉, 행동의 변화가 감정을 변화시킬 수 있음을 지지하는 견해이다(Glasser, 1990).

g. 전이의 가치에 대한 과소평가

전이의 개념을 그릇되고 왜곡된 개념으로 거부하면서 글래서는 인습적인 치료자들이 내담자의 머리 속에 전이의 개념을 주입시킨다고 주장한다. 현실치료에서는 초기에서부터 내담자 자신이 실패한 사건을 되풀이하는 것이 아니라 오히려 현 실존에서 인간적인 만족을 추구한다고 가르쳤다. 현실치료에서는 내담자가 현재 갖고 있는 지각을 다루며 내담자에게 그의 반응과 관점이 과거에는 어떠했는가를 탐색하려 하지 않는다(Corey, 1993).

(2) 현실치료의 과정 및 주요기법

① 치료목표

현실치료의 주요 목표는 개인을 정서적으로 강하고 합리적이 되도록 돕는 것이다. 즉, 현실치료는 개인이 자율성을 이루도록 돕는 치료인데, 자율성이란 본질적으로 인간이 환경적인 지원을 거부하고 내적 지원으로 대치하는 성숙의 상태이다. 성숙이란 개인이 그가 되려고 하는 것에 책임을 지는 것이며 삶의 목표를 발전시키는 것이다.

현실치료의 궁극적 목적은 내담자가 성취하려고 노력하는 바를 성취할 수 있도록 상담자가 내담자를 돕는 것이다. 이러한 궁극적 목적 달성을 위한 구체적 목표를 종합해보면 다음과 같다.

    a. 개인적 자율성을 갖도록 한다.
    b. 자기결정(self-determining)을 할 수 있도록 한다.
    c. 장·단기간에 걸쳐 내담자가 자신의 인생목표를 설정할 수 있도록 한다.
    d. 내담자가 성공적 정체감을 가지도록 한다.
    e. 내담자가 책임감을 갖도록 한다.
    f. 내담자가 자신의 주위 환경을 통제할 수 있도록 한다.
    g. 내담자가 현실적 맥락에서 판단할 수 있도록 한다.
    h. 자신의 각성수준을 높이도록 한다.
    i. 내담자가 긍정적으로 행동하고(doing), 느끼고(feeling), 생각하고(thinking), 신체적 활동(physical activity)을 할 수 있도록 한다.
    j. 내담자가 자신의 욕구를 충족시킬 수 있도록 한다.

② 치료자의 기능과 역할

치료자의 역할은 치료기간 중에 보다 적극적으로 내담자가 특수한 계획을 짜도록 돕고 행동적 선택의 대안을 제공하며, 내담자가 바라는 것을 얻도록 보다 효율적인 길을 안내하는 것이다. 글래서는 치료자의 수용적인 태도를 강조하며 내담자는 당연히 무비판적인 치료환경을 필요로 한다는 것을 강조한다. 치료자는 내담자가 성공적인 자아정체감을 형성하고 유지할 수 있도록 확인하고 질문한다. 자기의 문제를 인식하고 변화를 계획하며 그 계획을 수행해 나가도록 지원하는 것이다. 단, 그 계획은 자기의 동기와 능력의 한계 안에서 현실적으로 가능한 것이어야 하기 때문에 처음에는 아주 간단하고 쉬운 것부터 시작하여 성취만족과 성공쾌감을 경험케 하는 것이 좋다.

치료자의 기능으로는 첫째, 개인의 강점, 태도 그리고 성공으로 이끌 수 있는 가능성에 초점을 두는 것이고, 둘째, 치료기간의 한계를 설정하고 삶은 개인에게 달려 있다는 것을 내담자에게 인식시키는 것이며, 셋째, 내담자가 원한다고 말하는 변화를 어떻게 이룰 수 있는가에 대해 특수한 방법을 알도록 내담자에게 "꼬집어 지적해 주는 것"이고, 넷째, 내담자가 그의 계획을 완수하지 못할 때 늘어놓는 변명을 받아들이지 않으며 만약 필요 하다면 계획을 수정하도록 도움으로써 내담자를 직면시키는 것이다.

③ 치료에서의 내담자의 경험

내담자는 자신의 기본 욕구와 자기 존중감을 이루려 수없이 많은 시도를 한다. 그러한 시도들이 실패로 끝날지라도 결과는 마찬가지이다. 따라서 아직 그런 능력을 학습하지 못했거나 상실한 내담자에게 정서적 안정감과 성공적인 정체감을 갖게 하기 위해 치료가 요구된다. 치료자는 내담자의 감정이나 태도 대신에 행동에 초점을 맞추어야 하며 내담자가 자신의 삶에 대해 직접 판단하도록 요구한다. 치료자는 자신을 비난하거나 설명하거나 변명함으로써 의무를 벗어날 수는 없으며 책임감을 갖고 치료계약을 적극적으로 수행해야 한다.

④ 치료자와 내담자 간의 관계

효율적인 치료가 이루어지려면 내담자와 치료자 사이의 관계 형성이 가장 중요하다. 현실치료는 따뜻하고 이해적이며 지원적인 관계를 강조하는데 이런 기본적인 우정과 돌봄이 없으면 조력관계는 효율적으로 이루어지기 어렵다. 그러나 현실치료가 내담자에게 치료자나 치료에 의존하는 것을 길러준다는 의미는 아니다. 비록 처음에는 치료자에게 의존하지만 과정이 진행됨에 따라 내담자는 세상에 대처할 수 있는 심리적인 힘과 행동을 발달시킬 수 있게 된다. 글래서는 "치료자는 잠시 내담자를 돕는다. 그러나 이것은 치료의 시작에 한해서이고 결국 개인 각자는 한정된 치료세계보다 훨씬 큰 현실세계와 자신의 삶에 책임을 져야 한다."고 말하고 있다.

⑤ 치료기법과 절차
a. 현실치료의 8단계
현실치료의 기법과 절차는 다음 8단계로 제시된다.

- **1단계 : 관계를 형성하는 단계(create a relationship)**
  이 단계는 현실치료의 첫 번째 단계로 치료자와 내담자가 마음을 열고 친구가 되는 것을 의미한다. 글래서는 이러한 우정이 끝까지 이루어지지 않는다면 효율적인 조력관계는 어렵다고 보았다. 이러한 관계를 형성하는데 도움이 되는 기술은 아래와 같다.

- 내담자에게 관심을 기울인다(Use attending behavior).
- 내담자가 하는 말에 대해 치료자는 판단을 연기한다(Suspend judgement).
- 유머를 사용한다(Use humor).
- 치료자 자신이 된다(Be yourself).
- 치료자의 경험을 내담자와 나눈다(Share yourself).
- 은유적인 것을 들으려고 귀를 기울인다(Listen for metaphor).
- 주제를 들으려고 귀를 기울인다(Listen for theme).
- 요약하고 요점을 강조한다(Summarize and focus).
- 윤리적인 면에 관심을 가진다(Be ethical, refer to ethical code).
- 내담자가 무엇을 원하는지 혹은 다른 사람은 내담자에게 무엇을 원하는지 등에 관하여 자세하게 물어보고 요청하며 내담자의 질문에 답하도록 한다.

- **2단계 : 현재행동에 초점을 맞추는 단계(focus on current behavior)**

  현재행동에 초점을 맞추는 것은 내담자가 그의 욕구 충족을 위해 현재 어떤 행동을 하고 있는지를 알아보기 위한 것이다. 현실치료에서는 과거를 중요하게 다루지 않는다. 내담자의 과거는 고정되어 있고 변화가 가능한 것은 현재와 미래뿐이기 때문이다. 그래서 글래서는 상담과정에서 과거를 다루는 것을 피해야 한다고 주장하였다.

- **3단계 : 자기행동을 평가하도록 내담자를 초청하는 단계(invite client to evaluate his/her behavior)**

  내담자의 행동평가는 현재의 내담자 행동이 그의 욕구충족에 긍정적인지 부정적인지를 포함하여 내담자가 자신의 행동을 평가하도록 치료자가 내담자를 도와주는 과정을 말한다. 현실치료자의 주요 임무는 내담자로 하여금 그의 행동이 자신에게 도움이 되는지를 스스로 평가하게 하는 것이다. 치료자는 내담자에게 자신의 행동이 도움이 되는지 자신의 욕구 충족을 위해 어떤 노력을 하고 있는지에 대하여 질문함으로써, 내담자가 자신의 행동에서 얻을 것이 없다는 것을 자각하게 하여 긍정적 변화가 일어날 수 있도록 해야 한다.

- **4단계 : 내담자가 행동 계획을 발달시키는 것을 돕는 단계(make a plan of action)**

이 단계는 욕구충족과 관련된 내담자의 현재행동 중에서 비효과적이고 부정적인 것들을 찾아 이를 효과적이고 긍정적인 것으로 고치기 위해 계획을 짜는 것이다. 현실치료에서는 계획 짜기를 매우 중요하게 여기며 일단 계획이 수립되면 내담자가 실천하는 것을 원칙으로 한다. 계획의 목적은 성공적인 경험을 정리하는 것이므로 계획이 너무 야심적이거나 비현실적이어서는 안 된다.

- **5단계 : 의무를 수행하게 하는 단계(get commitment)**

이 단계는 내담자에게 그가 계획한 활동을 일상생활에서 그대로 실천하겠다는 다짐을 받아내는 단계이다. 계획한 활동을 실천하겠다는 의지를 치료자를 포함한 여러 사람에게 내담자가 다짐하지 않으면 그것을 실천할 가능성이 그만큼 줄어들거나 계획 자체가 무의미해질 가능성이 크다. 이러한 다짐은 내담자가 의미 있는 타인에 대한 책임감을 가지게 함과 동시에 내담자가 혼자가 아님을 각성토록 하는 것이기도 하다.

- **6단계 : 변명을 받아들이지 않는 단계(refuse to accept excuse)**

치료자와 내담자가 함께 활동계획을 수립하고 치료자가 내담자로부터 다짐을 받아낸 것에 대해 내담자가 실행을 하지 못했을 경우, 치료자는 내담자의 어떠한 변명도 받아들여서는 안 된다. 글래서는 치료자가 내담자의 변명을 받아들인다는 것은 내담자가 바라는 변화가 그에게 적절하지 않고 불가능하다는 점을 치료자가 받아들이는 것이라고 했다. 내담자가 계획에 실패했을 경우 치료자는 계획을 실행하지 않은 것에 따른 내담자의 잘못을 지적하고 4단계나 5단계로 돌아가 새로운 활동계획을 다시 수립하고 실행하도록 내담자와 함께 노력한다.

- **7단계 : 벌을 사용하지 않는 단계(refuse to use punishment)**

현실치료에서는 처벌을 배제하고 있다. 내담자의 행동을 변화시키기 위해 처벌을 사용하게 되면 내담자가 더욱 더 패배적 정체감을 가지게 되고 치료자와 내담자의 관계가 악화된다고 본다. 벌을 사용하지 않는 대신 치료자는 내담자의 행동 결과에 대한 책임을 알고 이를 받아들이도록 한다. 또한 치료자는 내담자의 행동에 대해 비난하지 않고 변명을 받아들이지 않으며 판단하지 않아야 한다.

- **8단계 : 포기하는 것을 거절하는 단계(refuse to give up)**

  현실치료자는 집요해야 한다. 현실치료에서는 치료자가 내담자의 변화 가능성에 대해 희망을 버리거나 그 가능성을 완전히 포기하는 것은 내담자가 자신에 대해 책임을 지도록 하는데 도움이 되지 않는다고 본다. 내담자가 어떤 말이나 행동을 하더라도 치료자는 내담자의 변화가능성을 끝까지 믿어야 하며 둘 사이의 이러한 믿음을 기초로 소속감이 생겨 계획을 실행하고 상담의 효과를 높이는데 더욱 효율적이라고 보는 것이다.

이상에서 살펴본 여덟 단계는 내담자가 자신의 삶에 책임을 지고 주변 세계를 통제하고, 긍정적이고 낙관적인 삶을 향해 적응하고 기능하기 위해 자신의 두뇌를 사용하는 것을 돕도록 고안되어 있다. 글래서는 현실치료는 추상적이 아니며 일단 치료자가 이 여덟 단계의 원리와 기본 단계의 통제 원리를 적용할 수 있게 되면 매우 효율적이고 빠르게 작업할 수 있게 된다고 주장하였다.

b. 현실치료의 적용

현실치료는 치료, 교육 및 교시, 위기치료, 교정의 목적을 가진 상담, 조직관리, 사회발달 등에 적용할 수 있는 단기간의 중재전략이다. 이 치료법은 학교, 교정기관, 종합병원, 시립병원, 도움의 집, 약물남용을 방지하는 기관에서 널리 사용된다. 또 군대에서는 약물남용과 알코올 중독자를 위해 현실치료를 가장 많이 선호하고 있다.

글래서는 현실치료를 약한 정서장애에서부터 격리환자에 이르기까지 널리 사용할 수 있고 집단상담이나 결혼상담 등에 매우 효과적인 치료법이며 다양한 문제점을 가진 환자들에게 적용하여 사용할 수 있는 치료법이라고 하였다.

(3) 공헌 및 제한점

현실치료가 현대사회와 상담학 분야에 공헌한 점을 간추려보면 다음과 같다. 첫째, 현실치료는 과거나 어린 시절의 경험을 중시하지 않고 '여기와 현재'에 중점을 두고 상담을 시작하기 때문에 문제해결의 시작이 용이하다. 둘째, 현실치료는 행동의 변화를 위해 내담자로 하여금 자신의 활동을 계획하게 함으로써 내담자의 통제 능력을 향상시키는데 용이하다. 셋째, 현실치료는 내담자들로 하여금 스스로 자신들의 행동을 평가하고 가치판단을 해보도록 함으로써 자신의 행동에 책임을 질 수 있도록 하는데 실제적으로 도움이 된다.

하지만 현실치료는 상담이론과 상담실제가 일관적인 체계를 갖추지 못하고 있다는 비판을 받고 있다. 비록 현실치료가 이론적 근거로 통제이론을 제시하고 있기는 하지만 통제이론 자체도 보다 실증적으로 검증되어야 할 필요성이 제기되고 있다. 또한 현실치료에서는 인간 내면의 정신역동과 개인의 과거가 거의 무시될 뿐만 아니라 정신병의 개념을 거부하기에 큰 논란의 여지를 안고 있다. 그리고 현실치료에서는 내담자의 내면에 잠재해 있는 감정은 검토되지 않은 채 단지 상담자의 가치개념이 지나치게 내담자에게 강요될 수 있는 위험을 안고 있다.

Introduction to Psychology

10 사회심리학의 이해

CHAPTER 10

사회심리학의 이해

1. 사회심리학의 개념이해

인간은 사회적 동물이라고 한다. 즉, 인간은 타인과 더불어 살아가면서 타인의 영향을 받고 그들에게 영향을 주며 그들과 상호작용하면서 살아가고 있다는 말이다. 사회심리학은 이러한 대인관계와 깊은 관련을 가지고 있는 심리학의 한 부분이다. 프리드먼(J. L. Freedman, 1981)은 "사회심리학이란 상호적 행동의 체계적 연구"라고 하였고, 크레치(Krech, 1962)는 "사회심리학은 사회 내에 존재하는 개인의 행동에 관한 과학"이라고 하였으며, 세코드와 백맨(Secord & Backman, 1974)은 "사회심리학이란 사회적 맥락(social contexts) 속에서의 개인의 행동을 연구한다"고 규정하였다.

요컨대, 사회심리학은 인간의 사회적 행동을 대상으로 연구하는 과학이라 할 수 있겠다. 즉, 우리가 어떻게 다른 사람들을 알게 되고 그들에게 어떻게 반응하며 다른 사람들은 어떻게 우리에게 반응하는가 그리고 우리를 둘러싸고 있는 사회적 상황 속에 존재하는 것들에 의하여 어떻게 영향을 받는가? 등의 문제를 체계적으로 연구하고 과학적으로 해명하려고 하는 것이다.

사회심리학은 이러한 사회적 존재로써의 인간이 사회적 맥락 속에서 타인들과 어떻게 상호작용하며 집단, 조직 또는 제도로부터 어떻게 영향을 받고 있고 또 개인과 사회와의 관계는 어떠한가? 등을 체계적으로 이해하고 설명하려고 하는 학문이다.

사회심리학의 골격을 갖추고자 하는 시도는 1908년 우연히 "사회 심리학"이라는 용어를 붙인 두 개의 저서가 발간된 이후에 이루어졌다. 그 하나는 미국의 사회학자 로스(E.

A. Ross)에 의하여 다른 하나는 영국의 심리학자 맥두걸(W. McDougall)에 의하여 출간되었다.

2. 사회적 관계

1) 인간관계

우리가 의식하든 의식하지 못하든 혹은 원하든 원하지 않든 그리고 좋아하든 싫어하든 간에 우리의 삶은 여러 가지 형태의 끊임없는 대인관계로 이루어지고 있다. 즉, 인간관계란 대인들 간의 상호작용하는 과정이다. 그러므로 인간은 혼자서는 살 수 없고 가족, 연인, 동료 등 어떤 타인이든지 서로 상호작용하면서 살아가는 사회적 존재인 것이다. 우리는 두 사람 이상 모인 것을 사회라 한다. 사회화란 사회구성원이 되어 가는 과정을 의미하며 인간관계는 이 수많은 사회구성원이 되어 가는 과정 속에서 이루어지고 사회화 역시 인간관계의 성숙에 의하여 이루어져 간다고 볼 수 있다.

(1) 인간관계의 정의

인간관계라는 말은 광의로는 대인관계이고 협의로는 인간과 관련된 제문제를 의미하는 것이다. 즉, 인간과 인간 사이의 존재 상태를 말하는 것이며, 다른 사람과의 화합을 원만하게 하는 것을 의미한다. 그리고 다른 사람과의 더욱 좋은 상태를 유지하기 위한 모든 내용이라고 할 수 있는데, 이것은 소극적인 의미이다. 좀 더 적극적인 의미는 일정한 집단 내에서 진실한 휴머니즘에 기초를 두고 집단의 협동관계를 구축하는 방법, 기술, 관점이라고 할 수 있다.

(2) 인간관계와 개인

인간은 태아 때에는 어머니 태내에서 10개월을 살고 세상에 태어나면서부터는 부모와 더불어 살게 된다. 아동기에는 또래들과 만나고 그리고 청소년기에는 친구와 만나며 성인이 되면 배우자와 직장동료를 만난다. 그리고 퇴직 후에는 노후의 만남 등이 이어진다. 인간은 사람과 사람들 사이에 더불어 상호작용하면서 살아가는 것이 인간관계의 과정이다. 상호 간의 인간관계에서 서로 수용하며 성장을 촉진하고 성숙, 발전하는 것이다.

우리 사회는 내가 있고 네가 있으며 아울러 우리가 있다. 즉, 내가 존재함으로 네가 존재하고 우리가 존재할 수 있다는 말이다. 그리고 그 속에서 너와 나 이렇게 우리는 상호 더불어 존재하며 살아갈 수 있는 것이다. 인간관계에서 자신의 자아에 대하여 더 많은 관심과 이해를 갖는 것은 타인과 더 좋은 관계를 맺는데 있어서 가장 먼저 필요로 하는 것이다. 긍정적으로 자기존재와 타인과의 상호작용 모두를 강조하는 상호의존성은 건전하고 자신감에 넘치는 긍정적인 자아개념으로부터 출발한다.

(3) 인생관

우리가 살아가면서 어떠한 인생관을 갖느냐는 인간관계에서 대단히 중요하다. 인생관이란 인생을 보는 눈이며 인생의 나침반이요 삶의 길잡이며 정신적 지주이다. 올바른 인생관의 선택은 올바른 인간관계와 연결될 수 있는 중요한 문제인 것이다.

해리스는 자신과 타인에 관련해서 가질 수 있는 네 가지 기본적인 입장을 다음과 같이 설명하고 있다.

첫째, 자기부정-타인긍정 : 타인에게 의존적이며 타인에게서 인정과 승인을 필요로 한다.

둘째, 자기부정-타인부정 : 생활을 무의미한 것으로 생각하고 위축되어 어쩔 수 없이 산다고 생각하며 의미 없이 시간을 보낸다.

셋째, 자기긍정-타인부정 : 어린이가 부모들의 차가운 태도로 인해서 호전적으로 바뀌는 상황이다.

넷째, 자기긍정-타인긍정 : 가장 바람직한 입장이며 위의 세 가지 관점은 감정에 기초하고, 네번째 관점은 생각과 신념과 자신감 있는 행동에 기초한다.

2) 인간관계의 유형

(1) 가정에서의 인간관계

① 부부 간의 인간관계

현대사회의 부부관계란 남녀평등 사상, 개인주의 사상과 같은 여러 상황을 주축으로 서로가 성숙해지고 행복한 인간관계를 이루도록 노력하는 관계이다.

② 부모-자녀 간의 인간관계

원만한 결혼 생활에 있어서 자녀는 중요한 부분을 차지한다. 자녀 없는 결혼생활은 행복하게 평가되지 않으며, 부부 자신들도 역시 불행으로 생각하기도 한다. 개인주의 사상이 강해질수록 부부들 가운데는 여러 가지 이유로 자녀 없는 생활을 원하는 경우도 있으나 부부생활은 자녀가 있음으로 완성되며, 부모-자녀관계가 성립됨으로써 가정으로서의 의의를 지닌다. 가정에서 자녀와의 인간관계에 있어서 협조와 협력을 구한다면 가족전체가 협력적인 가정 분위기가 될 것이며 인간관계에 있어서 자녀에게도 교육적이 될 것이다.

(2) 직장에서의 인간관계

직장에서의 인간관계는 개인의 행복 및 작업의 능률성과 직결된다. 직장집단의 규범이 내면화되어 집단은 응집력이 강화되고 모두 우리의식을 갖고 행복한 직업생활을 통해 자기실현을 구현하게 되는 것이다.

3) 건강한 인간관계

(1) 건강한 성격과 인간관계

건강한 인간관계를 위해서는 개개인의 건강한 성격이 선행조건이 되어야 한다. 개인의 성격은 타고난 기질(성격의 내적요소)과 환경(성격의 외적요소)을 통하여 형성된다. 인간의 기질은 유전자 코드와 같이 길들여지지 않는 천성이기에 건전하게 변화시켜야 할 부분은 성격의 외적요소라 할 수 있다. 성격의 외적요소는 고정 불변하는 것이 아니라 사회와 인간관계 속에서 변화되고 다듬어지기에 성숙할 수도 있고 퇴행할 수도 있다. 성격은 혼자 수정하고 다듬을 수 있는 것이 아니라 상대가 존재해야 가능한 것이다. 성격이 좋은지 나쁜지 무엇을 어떻게 수정해야 하는지는 인간관계 속에서 비교하고 제언 받고 평가받으며 알아갈 수 있는 것이다. 결국 성격과 인간관계는 매우 긴밀한 유기적 관계라고 할 수 있다.

(2) 효과적 인간관계

우리들이 경험하게 되는 인간관계의 질과 양에 따라 우리는 독특한 자아를 형성, 발달시킬 뿐 아니라 개인의 정체와 건전한 인격발달에도 지대한 영향을 받게 된다. 효과적이고 생산적인 인간관계는 개인의 생존과 발달뿐 아니라 결혼과 가정생활에서도 매우 중요한 역할을 한다.

사랑, 친근감, 안정감 그리고 자기존중감 등과 같은 정서적 욕구를 불만감, 무능감, 적개심, 긴장감 등을 경험할 수밖에 없는 바깥세상에서 충족시킬 수 없기 때문에, 이러한 욕구들은 외부 세계와는 격리된 따뜻하고 안정된 가정에서나마 충족시키기를 갈망하게 된다. 따라서 가족 상호 간의 효과적 인간관계의 경험을 필요로 한다.

효과적인 인간관계를 위한 특성은 다음과 같다. 첫째, 확실하게 서로를 알고 있다. 둘째, 서로의 특성을 싫어하기보다는 좋아한다. 셋째, 서로 상대의 행복과 성장에 관심을 갖는다. 넷째, 서로 상대의 행복이나 성장을 증진시키려는 생각을 가지고 행동하고 노력한다. 다섯째, 서로 효과적으로 의사를 전달할 수 있으며 상대에게 자기 자신을 알게 하고 이해시킨다. 여섯째, 상대에게 분수에 맞는 요구를 한다. 일곱째, 서로의 자주성과 개성을 인정하며 존중한다.

4) 타인에 대한 지각

(1) 투사와 타인에 대한 지각

사람들은 누구나 자기 나름대로의 심상을 비롯하여 독특한 성격구조와 동기, 가치, 태도, 목적과 과거 경험을 가지고 그것을 근거로 하여 타인에 대한 관찰결과를 평가하게 된다. 가령 어떤 사람이 부잣집 맏며느리, 깍쟁이, 학자에 대한 심상이나 태도를 근거로 남을 보게 되는 것은 우리 모두가 경험하는 바에서 생긴 것인데 이를 동화적 투사라 불렀으며, 소수집단이나 외국인 혹은 반대 종교에 대해 가지고 있는 편견과 같이 미묘한 입장과 인상을 가지려는 것을 부인적 투사라고 하였다.

(2) 속성과 타인에 대한 지각

사람마다 나름대로의 속성을 가지고 있다. 속성이라 함은 흔히 그가 가지고 있는 특성을 지칭하는 것으로 사람들은 일반적으로 사람의 속성과 관련하여 판에 박은 듯한 고정관념을 갖고 있는 것이다.

(3) 욕구와 타인에 대한 생각

개인의 욕구와 동기는 인간의 지각과 인지에 영향을 준다. 또 정서와 죄의식도 마찬가지로 타아개념에 영향을 준다. 죄의식에 사로잡힌 사람들은 남들이 자기를 미워한다고 믿고 싶어 한다. 결국 이러한 것들은 상대방에 대한 인상을 결정하는데 상당히 깊게 작용한다.

(4) 타인에의 동조

우리들이 남을 지각할 때 대부분이 직접 관찰에 의해 형성되는 것이지만 때로는 타인에 의하여, 즉, 사회적 압력이나 동조에 기인된 것이다.

5) 만남의 관계와 스침의 관계

우리들이 경험하는 모든 인간관계를 크게 둘로 구분해보면 만남의 관계와 스침의 관계로 나눌 수 있을 것이다. 우리는 여기서 만남의 관계를 효과적이고 건전한 인간관계로 보고 이와 같은 관계의 발달을 장려하려 한다.

우리가 말하는 만남의 관계는 있는 그대로의 나와 있는 그대로의 네가 서로 만나서 상호작용을 하는 관계를 말하고, 스침의 관계란 나 자신의 가면과 너의 가면이 만나서 무의미하게 시간과 정력을 낭비하는 피상적인 관계를 말하는 것이다. 파웰(Powell, 1974)에 의하면 실존주의 심리학에서 사용하는 만남이란 말은 두 사람 사이의 특별한 관계를 뜻하는 것이다. 이것은 있는 그대로의 한 인간실존이 있는 그대로의 다른 인간실존과 만나서 사적으로 의미 있는 의사소통을 하는 일종의 본체론적 친교, 두 인간실존 간의 참된 융합을 나타내는 말이다. 만남의 인간관계를 우리는 효과적이고 생산적인 인간관계라고 부르는 것이며, 이러한 관계의 경험을 통하여 우리들은 보다 자기실현을 할 수 있는 인간으로 변화해 가는 것이다.

6) 인간관계와 정신위생

(1) 가정에서의 인간관계와 정신위생

가정은 가족과 더불어 생활하는 곳이며 작은 단위의 사회생활 기관이다. 가정 안에서 어린이들은 가족들과 가족관계를 이루고 사회생활이 시작된다. 가족관계에서 가족들은 서로 조정하고 규제하고 조화를 얻으려고 인간관계를 맺는다. 가정에서의 인간관계는 가장 작은 단위의 관계이며 어린이는 가정 안의 인간관계에서 사람을 대하는 방법을 배우게 된다. 즉, 내 욕구만을 고집해서는 안 되며 남의 욕구도 받아들이고 서로 양보하고 이해하여 충돌하지 않는 관계를 학습하게 된다. 그러는 동안 사회성이 발달되고 성장해 사회생활을 할 때에 조화를 이루는 건전한 성격으로 자랄 수 있다. 따라서 가정은 하나의 정신 사회적인 기본 단위로써의 기능을 가지고 있다고 볼 수 있다.

(2) 학교에서의 인간관계와 정신위생

① 교사와 학생의 관계

교사의 지도력은 학생의 행동특성이나 학급 분위기에 직접 영향을 주며 이러한 지도기술은 학생들로 하여금 학교생활을 안정되고 즐겁게 해주기도 하고 한편으로는 정서적 불안이나 부적응 또는 욕구좌절 등의 문제를 가져오는 원동력이 되기도 한다. 그러므로 교사와 학생 간의 인간관계가 건전하고 바람직할 때 학생들에게 만족스러운 학과 공부와 바람직한 태도, 즐거운 학교생활을 제공해 줄 수 있다. 또한 인격도야에 도움을 주는 교사를 학생들은 존경한다. 교사는 바로 이러한 자질을 소유하고 있을 때 학생들의 정신건강과 아울러 교육효과도 기대할 수 있다.

② 학교에서의 문제행동

학생은 가정에서 형성된 기초적 성격을 갖고 취학하여 학교생활을 시작함으로써 학교에서의 규율과 제도에 적응하여야 할 생활태도를 습득해 간다. 학교에서 습득하고 형성된 적응양식과 기초적 성격은 점점 강화되어 학생들의 심신발달과 장래 사회생활에 크나큰 영향력을 미치는 작용을 하게 된다.

학생이 학교생활에 있어서 비행의 위험을 암시하는 신호로써 취하는 일반적인 행동은 대개 결석, 학과에서의 실패, 문제행동 등을 들 수 있다. 학교에서의 문제 학생은 대개 학교생활에 재미를 못 느낀다. 학습의욕이 저하되어 공부보다는 다른 놀이에 흥미가 있으므로 수업중의 권태는 대단히 심하다. 또한 학교에서 친구도 없고 급우들에게 인정도 받지 못한다. 따라서 서로 어울리지 못하고 반항적이어서 부적응을 초래하게 된다. 이러한 학생들은 대개의 경우 가정에서의 문제가 원인이 되어 학교에서 반항과 거부적 태도로 연장되어 학급사회에서 부적응을 일으키게 되며 더 나아가서는 사회의 비행현상까지 자아내게 될 수도 있다.

(3) 인간관계와 자기표현

효과적인 의사소통이 인간관계에서 성공하기 위한 필수적인 것이라고 볼 수 있다. 따라서 보다 건전하고 효과적인 인간관계에 도움을 줄 수 있는 자기표현과 관련된 몇 가지 의사소통 기법들을 알아보기로 한다.

① 감정의 표현

감정을 경험하고 이를 표현하는 것은 심리적인 건강을 이루며 친밀한 관계의 형성을 돕는다. 그러나 대인관계에서 감정을 표현하는 데에는 어려움이 따른다. 관계를 형성하는데 일반적인 어려움은 감정을 다루는 데 있다. 특히 깊은 개인적인 관계에서 생기는 감정을 처리하는 것이 문제가 된다. 문제는 감정이 현재 있기 때문에 생기는 것이 아니고 이를 잘 다루지 못하기 때문에 생겨난다.

a. 감정을 표현하는 것이 어려운 이유

감정을 표현하는 것이 어려운 이유는 자신의 감정과 다른 사람이 표현한 감정을 보통 무시하거나 부정하기 때문이다. 감정을 다루는 데 있어 흔히 경험하는 또 다른 어려움은 문제에 대한 감정으로부터 멀어질수록 그 문제들을 마음 편하게 논의할 수 있다는 점이다.

b. 자신과 다른 사람에 대한 현재의 감정을 다루는 것이 어려운 이유

첫째, 자기 개방은 상대로부터 배척당할지 모르는 위험을 지니고 있기 때문이다.

둘째, 일단 감정을 표현하면 상대가 어떻게 반응하게 될지 자신이 예측하고 통제할 수 없기 때문이다.

셋째, 감정의 표현이 종종 요구를 포함하기 때문이다. "당신이 나를 화나게 한다."고 말하면 이는 마음속에서 "당신이 하고 있는 일을 멈추어라"고 말할 지도 모른다. "나는 너에게 매력을 느낀다."고 말하면 이는 마음속에서 "나를 좋아해라"고 말하고 있을지도 모른다. 감정에 표현된 이러한 요구는 두 사람 사이의 통제에 대한 갈등을 일으킬 수 있다.

넷째, 많은 사람들이 자신의 감정을 인식하지 못하기 때문이다. 자신의 감정을 인식하지 않고는 이를 건설적으로 표현하지 못한다.

② 감정 억제의 결과

첫째, 해결되지 않은 감정은 편협된 판단과 행동을 초래한다. 만약 감정을 개방적으로 표현하고 해결했다면 이러한 것들은 생기지 않을 것이다.

둘째, 해결되지 않은 감정은 지각에 영향을 주게 된다. 감정이 해결되지 않으면 선택적인 지각이 일어난다. 이로 인해 불유쾌하거나 위협적인 사실은 부정, 무시, 왜곡하게 된다.

셋째, 감정을 억제하면 서로 간에 벽이 생기고 관계를 회피하게 된다.

③ 감정을 기술함으로써 나타나는 효과

첫째, 자신이 어떻게 느끼고 있는지 더욱 분명히 인식하게 된다. 다른 사람에게 감정을 기술하려고 노력함으로써 자신과 상대에게 감정을 명료화 해준다.

둘째, 관계를 개선시킬 수 있는 대화를 마련해 준다. 상대가 당신의 감정에 반응하려면 당신의 감정을 알아야 한다. 또한 부정적인 감정을 표현하는 것은 관계에서 무언가 잘못되고 있다는 것을 말해주는 것인데, 인간관계를 다시 생각해 보는 계기를 만들어 준다.

(4) 성공적 인간관계

① 성공적인 인간관계를 위한 사고방식

인간은 누구나 성공을 원한다. 자기가 세운 뜻이나 추구하는 목적이 이루어지고 성취되었을 때 얻는 기쁨이란 참으로 큰 것이요 생의 희열이다. 더구나 현대사회에서는 복잡한 대인 관계를 형성하고 그 관계에서 성공해야 비로소 성공했다고 볼 수 있기에 오늘날 인간관계는 더욱 중요하다.

학교 학습에서 3R(읽기, 쓰기, 셈하기)로 표시되는 것에 최근 인본주의 학자들은 하나 더 추가하여 4R(읽기, 쓰기, 셈하기, 인간관계)을 주장하고 있다. 이는 인간관계의 중요성이 고조되고 있으며, 미래사회에서는 더욱 중요하게 대두될 것이다. 그렇다면 성공적인 인간관계를 위해서는 그에 합당한 사고방식이 있어야 할 것이다. 즉, 성공적인 사고, 성공적인 행동, 성공적인 습관, 성공적인 성격이 되어 성공적인 운명이 이루어질 수 있다.

성공적인 인간관계를 위하여 다음과 같은 사고방식은 필수적으로 필요하다.

첫째, 나 자신에게 진실하고 상대방에게 진실하라.

둘째, 매사에 성실하라.

셋째, 무슨 일이든 성공하고 싶으면 근면하라.

넷째, 꿈과 포부를 가져라(희망적인 사고방식).

다섯째, 자기 극복의 사고방식을 가져라.

여섯째, 자기 자신을 사랑하는 사고방식을 가져라.

일곱째, 감사정신을 갖는 사고방식을 가져라.

여덟째, 자기 창조의 정신을 가져라.

아홉째, 자기 자신의 이미지(개성)를 상대방에게 심어라.

열째, 시간을 부리는(시간의 주인이 되는) 사고방식을 가져라.

이런 모든 사고방식은 적극적인 사고방식의 기초가 되며 성공적인 인간관계에 있어서 필수적인 사고방식인 것이다.

② 가정에서의 성공적인 인간관계

가정에서 가족이 함께 생활하면서 사람들은 여러 가지 감정을 갖게 된다. 그리고 사랑, 성냄, 공포, 분노, 안도감, 실망, 기쁨, 후회 등의 전반적인 감정은 순간적으로 또한 개인적으로 경험하게 된다.

성공적인 가족관계(특히 부부중심으로)를 이끌어 나가기 위한 부부 간의 효과적인 의사소통과 서로에 대한 이해 및 수용에 대하여 알아보기로 한다.

a. 부부 간의 성공적인 인간관계

첫째, 공통된 신앙과 가치관 : 부부는 반드시 같은 신앙을 가져야 마음이 하나가 되고 정신이 하나가 될 수 있어 가족 관리에 바람직하게 되는 것이다.

둘째, 변함없는 사랑 : 진정으로 둘이 사랑한다면 인생을 걸어가면서 웬만한 역경은 극복할 수 있는 것이다. 부부 간의 인간관계에서 가장 기본이요, 핵이 될 수 있는 사랑을 위해 부부가 서로 자신을 점검해 볼 필요가 있다.

셋째, 원만한 인격 성숙의 촉진자 : 서로의 인격성숙을 위해 자기 수양, 자기성찰이 필요하며 서로의 인격성장을 촉진시켜 주는 동반자로서 인간관계를 맺어가야 할 것이다.

넷째, 최선을 다하는 남편 : 남편은 아내를 신께서 주신 선물로 생각하며 사랑하고 존중하며, 그녀의 재능을 인정하고 능력을 키워주며 그녀의 수고를 인정하고 칭찬과 격려를 해줄 도량이 있어야 하는 것이다.

다섯째, 최선을 다하는 아내 : 무엇보다도 아내는 여성으로서 자부심과 긍지를 가져야 한다. 여성으로서의 자부심이 가장 훌륭한 여성과 어머니와 아내를 만드는 원동력이 되기 때문이다.

여섯째, 친구가 될 수 있는 공감대의 부부 : 남편은 아내와 최선의 공감대를 형성할 줄 알아야 한다. 공감대가 잘 형성된다는 것은 서로의 감정이입의 효과를 가져오기 때문에 서로 성장하고 성숙시켜주는 아름다운 요인인 것이다.

b. 부부 간의 갈등 해소 방안

부부 사이에 과거의 고통이나 불만 등이 제기되면서 깨끗이 해결되지 못한 감정들이 원인이 되어 갈등이 심화되는 경우가 있다. 지성적이고 객관적이며 서로 사랑하는 부부는 서로의 관점을 이해하고 자신들의 문제를 합리적으로 논의할 수 있다. 그러나 이들도 때로는 자신들의 문제가 정서와 관련되기 때문에 때에 따라서 합리성과 객관성을 잃고 자신의 감정을 표현하기도 한다.

부부 간의 갈등을 깨끗이 해결할 수 있는 방안으로는 첫째, 당사자들은 공정하고 서로 동의할만한 규칙을 정하고 시기, 외부인, 신체적 조건 등의 상식을 사용한다. 둘째, 훌륭한 의사소통을 위해 서로 충분히 표현하도록 이해하고 자신이 이해한 대로 상대방의 관점을 다시 진술해 주어야 한다. 셋째, 문제를 설정해서 상대방의 관점에서 재 진술함으로써 당사자들의 정직과 사랑과 이해를 갖는 태도도 중요하다. 상대방의 약점을 공격하지 말아야 하고 서로 자발적인 태도를 갖고 타협을 해야 할 것이다. 넷째, 좀 더 참겠다는 각오를 해야 한다. 부부가 서로 참겠다는 각오를 했을 경우, 거기에는 자신들의 결혼관계를 최고의 행복한 수준으로 높여주는 공동의 삶이 있을 뿐이다.

③ 직장에서의 성공적인 인간관계

가정이 휴식처이며 안락함을 느낄 수 있는 곳이라면, 직장은 자기실현의 장치인 동시에 경제적인 터전을 마련해 주는 곳이라고 볼 수 있다. 더 나아가서는 한 개인의 능력발휘 및 행복감도 관련된다고 볼 수 있다.

a. 직장에서의 기대요건

기업은 대체로 자기 자신을 원만하고 적응력 있는 사람이라고 생각하는 사람을 원한다. 그러므로 학교성적도 중요하지만 직장에서의 인간관계 기술은 더욱 중요하다. 학교성적이 아무리 우수하다 하더라도 직장 동료들과 더불어 존재할 수 없는 인간관계상 문제가 있다면 이는 성공적인 인간관계를 맺을 수 없어 원만한 직장생활을 할 수 없다. 왜냐하면 학교성적이 직장의 모든것을 대변해 줄 수 없기 때문이다. 그러나 대부분 학교생활에 성실했던 학생들은 직장에서도 성실하며 인간을 대하는 기술도 성실하게 표현된다. 그러므로 인간관계 기술도 성공적이다.

b. 직장에서의 효과적인 의사소통

- 어떤 감정이든 그것은 수용될 수 있다는 사실을 깨닫는다.
- 신뢰 한다–판단하기를 늦추려고 의식적으로 노력한다.
- 경청 한다–상대방의 감정을 듣고자 노력한다.
- 명료화 한다–사실 그 자체를 논하기 전에 상대방의 감정에 대해 명료화 함으로써 듣고자 노력하고 있다는 것을 보여준다.
- 명시–자신의 감정을 알려 줌으로써 자신의 감정 영역을 명료화한다.
- 선택할 대안의 추구–자아 존중으로 해결점을 검토해 나간다.

(5) 창조적인 인간관계

창조란 "존재하도록 하는 것"을 의미하며, 창조적 관계란 각자의 독특함이 상대방 안에 존재하도록 하여 서로를 풍성하게 하는 인간관계를 말한다. 그러므로 창조적 인간관계란 힘으로 겨루는 관계를 넘어서 창조적인 관계를 이룩할 수 있는 것이다.

우리는 새로운 가치관을 정립하고 밝은 미래를 창조해야 하는 시점에서 무엇을 생각해야 하나? 그것은 바로 인간관계로부터 출발해야 하며 많은 모순을 극복하고 성숙한 인간관계 정립이 필요하며 너와 나의 만남이 기존의 타성에서 벗어나 창조적이어야 한다. 자기 자신을 통제할 수 있는 힘이 자랐을 때 다른 사람과의 의사사통을 원만히 할 수 있으며, 다른 사람들을 통제할 수 있는 리더십도 생길 수 있는 것이다.

3. 사랑

1) 사랑의 의미

사랑은 정의하기 어렵다. 국어사전에 의하면, 사랑은 '아끼고 위하는 따뜻한 인정을 베푸는 일 또는 그 마음', '마음에 드는 이성을 몹시 따르고 그리워하는 일 또는 그러한 마음'이라고 정의되어 있다. 사랑은 얻는 것이 아니라 가꾸어 가는 것이다.

사랑은 범문화적으로 인간의 삶에 있어서 중요한 주제이다. 사랑은 사람사이 즉, 인간관계에서 경험할 수 있는 가장 행복하고 오묘한 감정이다. 사랑의 출현이 생물학적인 것인지 문화적으로 창조된 것인지에 대한 논란이 많으나 이러한 논란은 타당하지 못하다. 왜냐하면, 두 가지 모두를 포함하고 있기 때문이다. 사랑의 감정은 대상이나 문화적인 면에서도 많은 차이가 난다. 같은 문화권 안에서도 시간의 흐름에 따라 사랑을 느끼고 표현하는 방식이 다를 수 있다.

루소(Rousseau, J. J.)는 사랑을 이렇게 말했다. '산다는 것은 곧 사랑한다는 것이고 사랑하지 않는다는 것은 살지 않는다는 것과 같다.' 인생에는 사랑이 있기 때문에 기쁨이 있고 향기가 있으며 보람이 있고 행복이 있다. 인생에서 사랑을 제거한다면 사람의 의미가 없어지고 삭막해질 것이며 정신적인 건강은 황폐해질 것이다. 이러한 사실은 사랑의 진실을 호소한 시나 노래가 시대나 국적을 초월하여 언제나 감동적인 것으로 나타나고 있음을 통해 알 수 있다.

2) 사랑의 요소

스턴버그(Sternberg)는 사랑의 심리에서 사랑의 구성요소를 다음과 같이 구분했다.

(1) 친밀감

친밀감은 사랑하는 사람과 가깝고 서로 연관이 있고, 서로 맺어져 있다고 느끼는 상태를 말한다. 흔히 사랑할 때 느끼는 따뜻한 감정의 체험이다. 친밀감(intimacy)의 10가지 요소는 다음과 같다

① 사랑하는 사람의 복지를 증진시키기 바라는 것.

② 사랑하는 사람과 함께 있을 때 행복을 느끼는 것.

③ 사랑하는 사람에 대해 높은 존중심을 갖는 것.

④ 필요할 때 사랑하는 사람에게 의지할 수 있는 것.

⑤ 사랑하는 사람을 서로 이해하는 것.

⑥ 사랑하는 사람과 자신의 소유물을 의지할 수 있는 것.

⑦ 사랑하는 사람에게 정서적 지원을 받는 것.

⑧ 사랑하는 사람에게 정서적 지원을 제공하는 것.

⑨ 사랑하는 사람과 친밀한 의사교류를 하는 것.

⑩ 자신의 인생에서 사랑하는 사람에게 높은 가치를 부여하는 것.

서로가 상대를 잘 모르는 불확실성으로 인해 상대방에게 새로운 호기심을 느끼고 새로운 수준의 정서적 관계와 친밀감을 형성하는데 장차 상대방에 대한 새로운 호기심과 경험이 꾸준히 증가하다가 어느 정도 상대방을 잘 알고 그의 행동을 예측할 수 있게 되면 점차 친밀감을 덜 느끼며 그 표현도 줄어들게 된다.

(2) 열정

열정은 로맨틱한 감정이 일어나거나 낭만, 신체적 매력을 느끼게 하거나 성적 매력을 이끄는 욕망(동기적 속성)이다. 성적욕구가 대부분의 주된 역할을 하지만 다른 욕구들 가령, 자기 존중욕구, 다른 사람과의 친애욕구, 다른 사람들에 대한 지배욕구, 다른 사람과의 복종욕구, 자기실현욕구 등이 있다. 열정은 매우 빠른 속도로 생겨나 금방 뜨겁게 달아오르지만 얼마 못가서 그 열기는 식어버리고 사람은 곧 그것에 익숙해지고 습관화되어 버리는 중독과 같은 것이기도 하다.

(3) 결심과 헌신

결심은 단기적으로 어떤 사람에게 헌신하기로 하고 사랑하는 것이고, 헌신은 장기적으로 그 사랑을 지속시키려는 것을 의미한다. 상대를 사랑한다고 인정하지 않는 많은 상태에서 그 사람과의 사랑에 헌신하기도 하지만 헌신 이전에 사랑에 대한 결심이 선행된다.

프롬(E, Fromm)은 사랑의 대상이 다르고 사랑의 깊이와 질이 다를지라도 사랑의 기본요소는 동일하다고 보았으며, 사랑의 기본적인 요소는 관심, 책임감, 존경, 지식이라고 하였다.

관심(care)은 상대방이 처한 어떠한 상황에도 자신이 참여하는 것이며 즐거운 상황이나 고통스러운 상황에도 기꺼이 접하도록 하는 것이다.

책임(responsibility)은 상대에게 반응할 준비가 되어 있는 상태로 대답하는 것을 의미하는 뜻에서 온 것이다. 사랑함은 상대의 지속적인 성장과 발달에 관심을 가지고 책임을 느끼는 것이므로 스스로 자신의 일이라 느끼는 자신에 대한 반응이다.

존경(respect)은 상대가 있는 그대로 성장, 발전해야 한다는 것을 인식하는 관심이다. 사랑하는 사람이 나에게 봉사해 줄 것을 바라지 않으며 상대가 성장하고 발전하길 원하며 상대의 개성과 독특성을 인정하는 것이다.

지식(knowledge)은 상대의 성장을 도와줄 수 있는 개인의 능력이다. 상대에 대한 존경과 지식이 없다면 사랑은 불가능한 것이다.

3) 사랑의 유형

(1) 동료적 사랑

동료적 사랑은 같이 지내다보니 자연스럽게 친근감, 편안함을 느끼고 이것이 연장되어 서로 도움을 주고받기도 하고 상대의 약점과 장점도 있는 그대로 받아들이는 것을 말한다. 못보면 살 수 없을 정도의 열정은 없다 해도 아주 오래된 친구처럼 상호 깊게 신뢰하고 상대방에 대한 요구도 과도하지 않다. 친구로서의 사랑이 주로 아동기 때에 가족 간의 유대관계가 돈독하고 서로 신뢰하며 사랑과 지지가 많았던 이들에게서 많이 발견된다는 사실은 가족 간의 깊은 사랑이 타인 사랑의 초석이 된다.

(2) 열정적인 사랑

열정적인 사랑은 삶이 새로워지고 희망을 느끼는 것처럼 첫눈에 좋아지는 사랑, 독특하고 특별하며 심리적으로 각성시키고, 성적인 충동을 유발하며 상대에 대해서 관여적이고 떨어져 있는 동안 상대방을 그리워하며 잘 지내기를 바라는 등 상대에 대한 이상화를 포함한다.

열정적인 사랑의 특성은 첫째, 사랑하는 속도가 매우 빠르며 상대방에 대한 감정이 강렬하고 그러한 감정들이 자신의 전체 생활을 지배한다. 둘째, 이성보다는 감정이 앞서고 다른 사람에 대해서 배타성이 강하다. 셋째, 상대방에게 모든 것을 요구하고 기대하고 숙명적 · 운명적인 만남임을 굳게 믿는다. 넷째, 대부분의 많은 젊은이들은 이같은 열정적 사랑을 바라지만 결혼까지 이어지기가 쉽지 않다. 그 대상을 있는 그대로의 모습으로 수용하지 못한 채 맺어지는 결혼은 많은 위험요소를 지니고 있기 때문이다.

(3) 논리적 사랑

논리적 사랑을 하는 사람은 상대에게 원하는 특성들을 목록으로 작성하여 잘 어울리는 상대를 찾는다. 자신들의 배경과 취미, 가치, 개성을 따지게 되고 어느 정도 이러한 전제들이 합당할 때 더욱 사랑을 느끼고 가깝게 다가간다. 사랑을 하는 방식이 사려 깊고, 어느 정도 자신들의 사랑이 이루어지기 위한 상황이나 조건이 전제되지 않는다면 사랑의 진전을 참고 견디는 입장에 있다. 자기의 판단이나 선택이 옳은지의 여부를 부모나 친구에게 상의하며 이성적 결정에 따른다.

(4) 소유적인 사랑

소유적인 사랑은 상대에게 사로잡혀 소유욕에 불타는 사랑이다. 상대를 완전히 소유했다고 여기면 흥분과 환희로 잠 못 이루게 되는 반면, 상대를 소유하는 것에 실패했다고 여기면 극단적인 분노, 절망감으로 심적인 고통을 받게 된다. 자기 확신이 부족하며 사랑하는 사람과의 갈등상황을 극복하기가 쉽지 않다. 극단적인 감정을 극복하기 어렵고 상대방에게 많은 정서적인 부담과 압박감을 느끼게 하며 서로의 속박으로 각자의 성장이 어렵다. 즉, 중독적 사랑이라 할 수도 있다.

(5) 이타적인 사랑

이타적인 사랑은 헌신적이고 무조건적인 수용과 배려를 아끼지 않는 타인을 위한 사랑이며 나를 희생하는 사랑이다. 사랑하는 것을 의무로써 하는 사랑이다. 마음보다는 머리로 감정보다는 의지로 사랑하며, 하나님의 완전한 의지에 복종함으로써 완전한 사랑의 대상과 결합하려 한다. 의무적이며 베푸는 사랑은 이웃을 사랑하고 봉사자로서 헌신적인 친구로 행동한다. 상대가 고통을 안겨 준다 해도 상대의 입장을 이해하며 용서하는 사랑이다.

(6) 유희적인 사랑

유희적인 사랑을 하는 사람은 정서적인 관계에서 승리하는 것, 시합하는 것으로 여긴다. 그리고 즉흥적, 찰나적 사랑을 추구하며 자기만족을 중요시 여긴다. 지속적인 사랑이란 구속이라고 느끼며 새로운 대상을 찾는다. 동시에 여러 대상의 만남과 사랑을 사랑하고 지속적 관계를 원하지 않으며 결혼까지 가는 것을 고려하지 않는다.

4. 가족심리

1) 가족관계의 이해

가족이란 주로 부부를 중심으로 하여 혈연관계에 있는 사람들이 모여 살면서 가족의식을 갖고 가계를 공동으로 운영해 가는 집단이다. 가족을 구성원 측면에서 살펴보면 부부관계를 기초로 하여 부모와 자녀, 형제자매 등 소수의 근친자를 주요한 구성원으로 하는 제1차적 복지 추구의 집단이라는 특징이 있다. 가족은 인간의 가장 기본적인 성격이 형성되게 하며, 인간의 가장 기본적인 욕구를 충족시켜주는 강력한 정서적 자원이다. 그리고 가족은 혈연을 매개로 하여 맺어진 인간관계 영역이며 공동 운명체이기에 지속적이고 역동적 체계라는 특징을 가지고 있다.

(1) 가족역할

가족은 생활공동체로써 가족구성원의 역할이 분화되어 분담되고 있다. 첫째, 가족의 역할은 사회의 변화에 커다란 영향을 받는다. 즉, 여성인권운동의 확산으로 가정과 사회생활에서의 남녀평등에 대한 인식이 현저하게 변화되었다. 따라서 사회적 활동의 기회가 남녀 모두에게 공평하게 부여되어야 할 뿐만 아니라 가정 내의 역할수행에서도 남녀평등이 이루어져야 한다. 둘째, 가족역할은 크게 부부역할과 부모역할로 나누어질 수 있다. 즉, 부부관계는 상대방의 기대를 고려하면서 자기의 행동을 조정해 나가는 역할취득과정이며 부부는 자녀의 출산과 동시에 부모가 되어 아버지 또는 어머니로서의 역할을 수행해야 한다. 셋째, 가족역할은 가족관계에 중요한 영향을 미친다. 즉, 가족역할의 분담과정이 가족관계에 영향을 미치며 가족 내에서 구성원 모두가 자신의 역할을 잘 수행할 때 가족이 원활하게 기능할 수 있고 화목한 가정이 이루어진다.

(2) 가족 의사소통

가족구성원 간에는 서로 의견과 감정을 교환하는 의사소통이 일어난다. 의사소통은 전달되는 내용에 따라 크게 기능적 의사소통과 정서적 의사소통으로 나눌 수 있다. 기능적 의사소통은 가족 내의 여러 가지 문제를 해결하기 위해 상의하고 요청하고 지시하는 전달내용으로 이루어지는 반면, 정서적 의사소통은 가족구성원에 대한 호감, 애정, 분노 적개심과 같은 감정을 표현하는 전달내용으로 이루어진다.

(3) 가정의 심리적 환경

가정의 심리적 환경은 가정 내의 부모와 자녀 간의 상호작용의 질이 개인에게 영향을 미치는 환경으로써 다음과 같은 것들이 있다.

① 가정의 성취압력

성취란 월등하게 높은 포부수준을 설정하고 이를 달성하도록 격려, 요구하며 항상 활동하기를 권장하고 박력과 끈기, 주의력을 집중시켜 활동하기를 기대하는 경향을 말한다. 압력이란 환경 내에 있는 사물이나 인간의 구성요소로써 개인으로 하여금 주어진 목적을 달성하는 데 촉진적이거나 장애적인 작용을 하는 환경적 압력을 뜻한다. 가정에서의 성취압력은 가정내에 존재하는 심리적인 힘으로 개인의 행동방향을 결정하거나 행동특성을 이루는데 작용하게 된다.

② 가정의 친애성

가족 친애성은 가족구성원이 서로 접촉하기를 원하며 가족 상호 간에 애정과 신뢰를 보여주고 감정의 제약 없이 자유롭게 표현되도록 허용해 준다. 또한 가족 개인의 의견을 존중하는 분위기로 자기행동에 대한 책임을 강조하며, 현재의 상태에 만족하지 않고 가족의 발전을 위해 노력하는 경향을 말한다. 이와 같은 친애적인 가정 분위기에서 자란 개인은 능동적, 외향적, 독립적이며, 사회적응을 자신 있게 할 뿐만 아니라 사교적인 특성을 갖는다.

③ 가정의 면학습관

학습행위의 단순한 반복 형태를 의미하는 습관뿐만 아니라 학습행위에 대한 동기, 태도, 기술 등을 종합한 개념이다. 습관은 환경을 반영할 뿐만 아니라 환경의 요구의 결과로써 길러지는 것이다. 여기서 개인은 부모를 자극의 원천으로 보며 부모를 통해 환경에 대처하게 된다. 그러므로 가정에서의 면학분위기와 면학활동은 개인의 학습 특성을 형성하는데 있어서 중요한 작용을 한다는 상정이 가능하다.

(4) 가족의 권력

권력의 주요한 원천은 경제적 자원, 기본적 자원(문화적 전통), 감정적 자원(정서적 유대와 지지), 개인적 자원(신체적 매력, 역할 능력, 성격)이다. 가족은 하나의 작은 권력기반이라 할 수 있는데, 가족구성원은 권력의 주요한 원천인 자원을 근거하여 주장, 토의, 논쟁, 설득, 강요, 협박 등을 통해서 가정 내에서 권력을 행사하게 된다. 여기서 민주적인 가정은 가족 구성원이 균등한 권력을 가지고 있으나 그렇지 못한 가정은 일방적이고 강요적인 권력과정이 일어난다. 권력의 결과는 구성원 각자의 의견이 최종적인 의사 결정 내에서 얼마나 반영 되는가의 정도를 뜻한다. 그러므로 가정에서 권력 구조와 권력과정은 가족 관계와 구성원들의 사회성에도 지대한 영향을 미친다고 할 수 있을 것이다.

2) 부모자녀 관계

부모는 새로운 개체를 창조해내는 전 과정을 맡은 사람으로, 부모의 역할은 한 생명의 창조에서부터 신체적인 성장과 정신적인 성장을 돕는 책임, 즉 양육하고 보호할 뿐 아니라 한 개인이 새로운 삶을 스스로 책임지며 살 수 있도록 이끌어 주고 지지해 주는 일을 맡고 있다.

부모역할은 자녀와 부모의 계속적인 상호작용으로써 자녀들이 건강하고 독립심이 강한 책임감 있는 어른으로 성장할 수 있도록 도와주는 것이다. 즉, 부모의 임무는 부모와 따뜻한 정서적인 관계를 확립하여 자녀가 안정감을 느끼고 좀 더 자율적인 자세로 세상을 대하도록 하는 것이며, 자녀가 자신들의 능력을 개발하고 확장해 나감과 동시에 자신들의 한계도 이해하고 자신이 누릴 수 있는 지위를 받아들일 수 있도록 도와주는 것이다.

부모역할과 우리가 일반적으로 문제를 해결하는 방식은 다르다. 일반적으로 어떤 문제가 발생했을 때, 우리는 다음과 같은 문제해결 방식을 주로 사용한다. 우선 문제가 무엇인가를 파악하여 대응방안을 세우고 행동을 취하며 결과를 평가한 다음, 필요하다면 다시 처음부터 새로 시작해 보는 방법을 취한다. 그러나 부모역할은 자녀양육에 있어서는 가능한 한 시행착오를 범하지 않도록 부모가 노력해야 하고 부모 편에 서서 자녀를 어떻게 만들어가려고 하기보다는 자녀들이 가진 재능과 능력, 무한한 가능성을 개발하도록 도와주어야 한다.

브라운(Brown)은 이러한 부모역할을 네 가지로 구분한 바 있다.

첫째, 자녀를 포함한 가족에게 기본적으로 헌신하겠다는 결단이 있어야 한다.

둘째, 가족을 따뜻하게 보살피는 역할을 한다.

셋째, 가족 개개인의 발달을 촉진하고 성장의 기회를 넓히도록 돕는다.

넷째, 자아완성을 향해가고 자신감을 갖게 하는 것이다. 이와 같이 부모는 바람직한 부모역할을 수행하기 위해 본보기, 신뢰, 존중, 사랑과 훈육, 대화, 솔직성, 수치심과 원망, 시간과 관심 등에 관심을 기울여야 할 것이다(Brooks, 1981).

(1) 부모 역할

① 아버지의 역할

아버지는 도구적 · 수단적 역할을 담당하고 가정의 경제적 담당자로서 생활비를 조달하며 자녀들의 사회적 지위의 표본이 된다. 그리고 자녀의 좋은 동료역할과 이성적이고 공정한 판단자의 역할을 한다. 뿐만 아니라 아버지는 자녀와 자신의 개체성을 인정하고 이해하기 위한 노력을 하며 자녀의 자율적인 행동을 중요시하고 자녀가 성숙할 수 있도록 배려해야 한다.

② 어머니의 역할

어머니는 자녀의 사회화 과정에 있어서 최초로 가장 장기간의 대행자 역할을 담당하며 자녀에 대하여 표현적, 정서적 역할(emotional role)을 담당한다. 뿐만 아니라 자녀의 건강을 책임지며 도덕 및 교육 담당자이다.

3) 형제자매 관계

가족관계를 구성하는 세 번째 하위영역이 형제자매 관계이다. 같은 부모로부터 태어난 자녀들로 구성되는 형제자매 관계는 가족마다 자녀의 수나 성에 따라 구성이 다르다. 먼저 태어난 형, 오빠, 누나, 언니와 나중에 태어난 동생으로 구성된다. 이러한 형제자매 관계는 인생에 있어서 매우 중요한 인간관계 영역의 하나이다.

형제자매 관계의 갈등요인을 보면 형제 간 경쟁, 자녀에 대한 부모의 차별적 애정, 성격 및 능력의 차이, 역할기대의 차이(형제 간 서열에 따라 가족 내에서 기대되는 역할도 달라진다), 경제적 이해관계(부모로부터 용돈이나 학비를 받게 될 때 형제 자매 간에는 차이가 있다), 부모 간 갈등 및 가족 간 불화(부모의 불화는 형제자매의 불화로 확산 될 수 있다) 등으로 볼 수 있다.

5. 한국인의 사회심리

1) 한국인의 고유적 교류현상

한국인의 고유적 교류 현상 중에서 대표적인 관계적 정서인 정은 역사성, 동거성, 다정성, 허물없음의 특징을 지니고 있다. 이 특징은 정의 형성조건이기도 하다. 한국인은 대인교류 가정관계를 지향하는 특성을 지니고 있어, 정이 많은 사람과 무정한 사람의 구분이 가능하다. 정이 많은 사람은 개인적이거나 능률적인 것과는 거리가 멀다.

정은 사람들을 편안하게 하며 상대방에 대한 배려적인 마음으로 주고받음에 의해서 쌓아가는데, 우리성 관계의 사람들을 접합시키는 심적 질료이다. 반면, 한은 자신의 불행에 대한 자책과 부당함의 복합성이며 좌절의 경험과 수용, 억울한 정서의 경험과정을 통해서 결정화된다. 심정은 상대방에 대하여 발동한 마음의 상태를 말하는데, 한국인들은 자연발생적으로 생긴다는 심정순수관을 지니고 있다. 그래서 대인교류는 심정을 주고받는 과정으로 여겨진다.

사람들 간의 소통은 사리소통과 심정소통으로 구분할 수 있다. 사리소통은 드러난 행위의 상호작용이고, 이해관계의 교환이며 이성의 논리가 작용하는 반면, 심정소통은 우리 안의 소통이고 마음의 교류이며 정의 논리가 작용한다.

한국인은 내세우는 체면행위를 많이 보이는데 남의 눈에 부끄러운 창피성이 체면으로 작용하며, 체면손상을 피하기 위하여 겉과 속이 다른 행동을 한다. 이는 허세의 방어기제를 반영한다고 하겠다.

2) 한국인의 집단주의

한국인의 집단주의는 가족주의, 연고주의, 인정주의의 특징으로 분석될 수 있다. 가족주의는 유학사상의 지원을 받으며, 남과 우리를 구분 짓는 경향성으로 자리 잡았고 우리성 심리와 연고주의를 발전시켰다. 한국인의 우리성 심리는 남과 구분된 우리의 결속을 강화하며, 자타미분화의 심리적 연대감을 반영하는 확대된 가족의식의 심리이다. 우리성은 가족처럼 가깝게 지내는 활동에 의하여 강화된다.

연고주의는 남을 우리로 변환시켜 사회적 관계망을 확대하여 가는 기제이다. 연(緣)이라는 운명론적인 색채가 가미되어 상대와의 교환적, 역할적 관계를 정의 관계로 전환시키는 기능을 수행하고 있으며 신뢰라는 사회적 자본의 획득기제가 된다.

인정주의는 우리성 관계에서 사람들을 대하는 양상이다. 상대방에 대한 배려심리가 깔려 있으며 촉발되는 경우에 공적인 관계에서도 영향을 준다. 그래서 한국인은 공사갈등을 심하게 겪는다.

한국인에게 효는 가족주의의 서열관계를 뒷받침하는 강력한 규범의식이다. 효는 권위적 도덕성과 인지적 보수성의 심리로 분석된다. 효는 동기로써 작용하며 부모가 행사하는 영향력의 근거이나 사회가 근대화됨에 따라서 효의 생활상이 변하며 약화되고 있다.

한국사회의 집단주의적 특성은 한국사회가 관계주의 사회라는 결론을 유도하며, 관계주의 문화에서는 사적인 관계망을 유지하고 확대하기 위하여 노력하게 한다. 그리고 개인의 정체성은 개인의 특성 못지않게 자신이 형성하고 있는 관계망과 그 위치에 의해서 정의된다고 하겠다.

3) 한국사회의 가치관 변화

한국사회 가치관의 변화 양상을 보면, 집단주의 가치가 쇠퇴하며 개인주의 가치가 증가하고 있다. 그러나 이 개인주의 가치는 이기주의와 혼동되어 나타나고 있다. 수직적 사회에서 수평적 사회로의 전환이 빨리 진행되고 있으며 근대화와 더불어 물질주의적 가치가 증가하였으나, 1990년대 이후에는 탈근대화적 가치가 확산되고 있다.

이상적인 인간형의 모습은 자기수양, 절제, 인격을 갖춘, 성실함을 지닌 사람으로 나타나고 있어 전래 문화의 특성이 계승되고 있음을 볼 수 있다.

가치의 혼재양상은 가치 측정의 방식이나 가치 측정의 차원이 달라서 나타날 수 있다. 리커트 유형의 설문조사에서는 가치의 변화가 포착되지만, 상황각본을 이용한 설문 혹은 간접적인 측정에서는 전통적인 가치가 많이 나타난다.

가치 측정의 차원을 단일의 양극차원으로 하는 경우에 가치의 변화는 쉽게 포착이 되지만, 다차원으로 하는 경우에 생활의 다양한 면을 보다 잘 반영할 수 있다. 단일차원적으로 접근할 때 한국인은 집단주의 문화로 분류되지만, 다차원적인 접근을 할 경우에 개인주의적 속성도 강하게 지닌 것으로 나타난다.

문화권 내에서도 개인차가 크기 때문에 표본의 특성에 따라 포착되는 가치의 양상이 변한다는 것을 유념해야 한다.

Introduction to Psychology

참고문헌 & 찾아보기

참고문헌

강봉규(2001). 심리학의 이론과 기법. 서울: 동문사.

강진령(2005). 집단상담의 실제. 서울: 학지사.

권석만(2003). 현대 이상심리학. 서울: 학지사.

권석만(2004). 젊은이를 위한 인간관계의 심리학. 서울: 학지사.

김계현(2000). 상담심리학. 서울: 학지사.

김계현 외(2004). 상담과 심리검사. 서울: 학지사.

김남순(2001). 상담심리학의 이해. 서울: 교육과학사.

김성일(2006). 뇌기반 학습과학: 뇌과학이 교육에 대해 말해 주는 것은 무엇인가? 인지과학, 17(4), 375-398.

김순혜외(2007). 심리학의 이해. 서울: 문음사.

김영채(1997). 학습과 사고의 전략. 서울: 교육과학사.

김영환 외(2002). 로르샤하 워크북. 서울: 학지사.

김용래(1992). 교육심리학. 서울: 문음사.

김재은(1982). 창의성의 심리ㆍ창의성을 높이는 교육. 서울: 대한교육연합회.

김정택, 심혜숙(1990). 성격유형검사의 한국표준화에 관한 연구. 한국심리학회지: 상담과 심리치료, 3, 44-72.

김제한(1993). 아동의 심리치료. 서울: 배영사.

김중술(2003). 다면적 인성검사. 서울: 서울대학교 출판부.

김충기(1996). 생활지도와 상담. 서울: 교육과학사.

김현오(1997). 현대인의 인성. 서울: 홍익제.

김현택 외(2003). 현대심리학의 이해. 서울: 학지사.

김형태(1999). 교육심리학의 이해. 서울: 동문사.

나동진(1999). 교육심리학. 서울: 학지사.

노안영(2000). 학교상담. 서울: 학지사.

노안영(2005). 상담심리학의 이론과 실제. 서울: 학지사.

문용린(1997). E.Q가 높으면 성공이 보인다. 서울: 글이랑.

민영순(1983). 발달심리학. 서울: 교육출판사.

박병양(1992). 성격심리학. 서울: 교육과학사.

박성희(2004). 상담학 연구방법론. 서울: 학지사.

박현준(2002). 한국의 기업윤리. 서울: 박영사.

송인섭(2002). 한국표준화 검사의 문제와 발전방향. 200년도 춘계학술세미나 발표논문집. 한국교육평가회.

안동현 외(2005). 아동 및 청소년 정신병리의 진단 평가. 서울: 학지사 .

오세진 외(1995). 심리학이란 무엇인가?. 서울: 학지사.

오세진 외(1999). 인간행동과 심리학. 서울: 학지사.

오윤선(2000). 교육의 심리학적 이해. 서울: 다락방

오윤선(2007). 청소년의 이해와 상담. 서울: 예영 B&P.

오윤선(2008). 청소년 이젠 이해할 수 있다. 서울: 예영 B&P.

윤가현 외(2005). 심리학의 이해. 서울: 학지사.

이달석(1997). 교육심리학. 서울: 학지사.

이장호(1995). 상담심리학. 서울: 박영사.

이장호 외(2005). 상담심리학의 기초. 서울: 학지사.

이재창 외(2004). 인간이해를 위한 심리학. 서울: 학지사.

이정모(1994). 심리학의 개념적 기초의 재구성(1): 과학 이론의 재구성과 인지심리학 연구의 의의 한국 심리학회지 13(1), 21-60.

이한검(1994). 인간행동론. 서울: 형설출판사.

임선하(1998). 창의력을 증진시키는 교육방안. 대전: 충남교육청.

임창재(1999). 심리학의 이해. 서울: 형설출판사.

장병림(1977). 학습심리학. 서울: 박영사.

장휘숙(2000). 전생애 발달심리학. 서울: 박영사.

정옥분(2005). 청년심리학. 서울: 학지사.

정종진(1991). 동기와 학습. 서울: 성원사.

정종진(2003). BGT 심리진단법. 서울: 학지사.

최정윤(2002). 심리검사의 이해. 서울: 시그마프레스

최정윤 외(2000). 이상심리학. 서울: 학지사.

탁진국(2007). 심리검사. 서울: 학지사.

한규석(2002). 사회심리학의 이해. 서울: 학지사.

한재희(2002). 상담패러다임의 이론과 실제. 서울: 교육아카데미.

Abouserie, R. (1994). Sources and Levels of Stress in Relation to Locus of Control and Self-esteem in University Students. *Educational Psychology*, 14(3): 323-331.

Abraham Maslow. H. (1968). *Toward a Psychology of Being*, New York: Van Nostrand.

Adams, L. T., Kasserman, J. E., Yearwood, A. A., Perfetto, G. A., Bransford, J. D., & Franks, J. J. (1988). Memory access: The effects of fact-oriented versus problem-oriented acquisition. *Memory & Cognition, 16*, 167-175.

Adler, K. Deutsch, D. (1953). *Essays in Individual Psychology Centemeporary Application of A. Adler's Theories*, New York: Grove.

Ainsworth, M. D. S. (1973). *The Development of Infant and Mother Attachment*, Chicago University Press.

Alexander K. C. (1990). Communicating with potential adolescent suicides through poetry. *The Arts in Psychotherapy 17*, 125–130.

Alfred Adler. (1927). *Understanding Human Nature*, New York: Norton, W. W. and Co, Inc.

AliPirt, C. W. (1935). *Social psychology*, A handbook of Cark University Press.

Allen, S. R., & Thondike, R. M. (1995). Stability of the WAIS-R and the WISC-Ⅲ factor structure using cross-validation of covariance structures. *Journal of Clinical Psychology, 51*, 645-657.

Allport, F. H. (1924). *Social Psychology*, Boston: Houghton and Mifflin Co.

Allport, G. W. (1960). *Personality and Social Encounter*, Beacon Press.

Alterman, E. (1997). Sex in the '90s. *Elle*, November, 128-134.

American Psychiatric Association(1994). *Diagnostic and statistical manual of mental disorders*(4th ed.). Washington, D. C.: Author.

Andenson, C. A., & Dill, K. E. (2000). VIdeo Game and aggressive thoughts, Feelings, and behavior in laboratory and in life *Journal of Personality and Social Psychology, 78*, 772-790.

Anderson, J. E. (1970). *Method of Psychology*, New York: Macgrow-Hill.

Anderson, J. R. Reder, L. M., & Simon, H. A. (1970). Situative versus Cognitive Perspectives. Form versus Substance. *Educational Researcher, 26*, 18-21.

Antebi, E. (1986). Poetry therapy: A means of increasing wholeness. *The Arts in Psychotherapy 13*, 235–240.

Anyon. J. (1980). Social Class and the Hidden Curriculum of Work, *Journal of Edcuation*.

Archer, S. L.(Ed.). (1994). *Intervention for adolescent identity development*. Newbury Pack, California: Sage.

Aschoff, J. (1981) Freerunning and entrained circadian rhythms. *In Handbook of Behavioral Neurobiology: Biological Rhythms, Aschoff J* (ed.) 81-93. N. Y.: Plenum Press.

Attie, I. Brooks-Gunn, J. & Petersen, A. C. (1990). A Developmental perspective oneating disorders and eating problems. In M. Lewis & S. Miller, *Handbook of developmental Psychopathology*. 409-420.

Badcock, C. (2000). *Evolutionary Psychology: A Critical Introduction*. Combride, U. k.:Polity Press.

Baker, R. W. & Siryk, B. (1984). Measuring adjustment to college. *Journal of Counseling Psychology, 31(1)* : 179-189.

Baker, R. W. McNeil, O.V., & Siryk, B. (1985). Expectation and reality in freshman adjustment to college to college, *Journal of Counseling Psychology, 32(1)* : 94-103.

Balinshy, B. I. (1970). *An Introduction to Embrology*, Phila.: Sannders.

Bandura, A. (1973). *Aggression: A Social Learning Analysis*, Englewood Cliffs.

Bean, M. (1992). Poetry of the counter transference. *The Arts in Psychotherapy 19*, 347–358.

Bechtel, W., Abrahamsen, A., & Graham, G. (1998). The life of cognitive science. In Bechtel, Abrahamsen, & G. Graham (Eds.), *A companion to cognitive science*, 1-104. Oxford: Blackwell.

Beck, A. T. Kovas, M. & Weissman. (1979). *Assesment of Suicidal Intention: The Scale for Suicide Ideation. 47(2):* 343-344.

Beck, A. T. Rush, J. Shaw. & Emery. (1979). *Cognitive Therapy of Depression*, New York: Guilford Press.

Beck, A. T. (1994). *Cognitive therapy: basics Therapy, 25*, 581-611. New York: Guilford Press.

Beck, R. C. (1978). *Motivation: Theories and Principles*, Englewood Cliffs: New York: Prentice-Hall.

Bennet, M. R., & Hacker, P. M. S. (2003). Philosophical foundations of neuroscience. Oxford: Blackwell.

Bergin, A. E. Garfield(Eds.). (1971). *Hand book of Psychotherapy and Behavior Change*, New York: John Wiley.

Berlyne, D. E. (1971). *Aesthetics and psychobiology*.

N. Y.: Appletion-Century-Crofts.

Bernard Berelson & Gray A. Steiner. (1964). *Human Behavior*, Harcourt: Brace and World Inc.

Betterncourt, B. A., Charlton, K., Eubanks, J., & Kernahan, C. (1999). Development of Collective Self-esteem among Students : predicting Adjustment to College. *Basic and Applied Social psychology, 2(13)* : 213-222.

Beutler, L. E. (1995). Integrating and communicating findings. in L. E. Beutler & M. R. Berren(Eds.), *Integrative assessment of adult personality*(25-64). New York: Guilford.

Biggee, M. L. (1964). *Learning Theory Joy Teachers*, New York: Harper & Row.

Binet, A. (1909). *Intelligence des Imbeciles*, Annee Psychologie.

Binet, A., Simon, T. (1916). *The development of intelligence in children*(E. S. Kit, Trans.). Baltmore: Williams & Wilkins.

Book, W. F. & Novell, L. (1929). *The Will to Learn*, Pedagogic Seminer.

Boring, E. G. Langfeld, H. S. Weld, H. P. (1969). *Foundations of Psychology*, New York: John Wiley and Sons, Inc.

Borng, E. G. (1969). *foundation of Psychology*, New York: John Wily & Sons Inc.

Bowlby, J. (1969). *Attachment and Loss(Vol. 1)*, New York: Basic Books.

Bowman D. O., Halfacre D. L. (1994) Poetry therapy with the sexually abused adolescent. *The Arts in Psychotherapy 21*, 11–16.

Bradfild, J. M. (1973). *Measurement and Evaluation in Education*, New York: Mcgraw HillBook Co.

Brazelton, T. B. (1969). *Infants and Mothers: Differences in development*, New York: Dell Publishing Co.

Breuer, J., Freud, S. (1955). Studies on hysteria. In: J. Strachey, Editor, *The standard edition of* the complete psychological works of Sigmund Freud Vol. 2, Hogarth Press, London(1955) (Original work published 1895).

Brooks, R. A. (1991). Intelligence without representation. *Artificial Intelligence, 47*, 139-159.

Brooks-Gunn, J. & Warren, M. P. (1989). Biological and social contributions to negative affect in young adolescent girls. *Child Development, 60*, 40-55.

Brown, J. A. C. (1954). *The Social Psychology of Industry*, Baltimore: Penguin Books, Inc.

Brownell, W. S. (1946). *Problem-Solving-The Psychology of Learning*, N. S. S. E, 41st years book, Part II .

Bruscia, K. (1988). Perspective: Standards for clinical assessment in the arts therapies. *The Arts in Psychotherapy 15*, 5–10.

Bruscia, K. (1991). Editor, *Case studies in music therapy*, P.A.: Barcelona Publishers, Phoenixville.

Burge, D. & Hammen, C. (1991). Maternal communication: Predictors of outcome at follow-up in a sample of children at high and low risk for depression, *journal of Abnormal Psychology. 100*, 174-180.

Buss, D. M. (1999). *Evolutionary psychology.* Boston: Allyn & Bacon.

Cacioppo, J. T., Berntson, G. G. (Eds.) (2004). *Essays in social neuroscience.* Cambridge.

Camarena, P. Sarigaani, P. & Petersen, A. C. (1990), Gender specific pathways to intimacy in early adolescence, *Journal of Youth and Adolescence. 19*, 19-32. *Cambridge*, M. A.: MIT Press.

Camel, J. E., Withers,G.S., & Greenough, W. T. (1986). Persistence of visual cortex dendritic alterations induced by postwearing exposure to a 'superenriched' in rats. *Bebavioral Neuroscience, 100*, 810-813.

Campbell, D. P. (1966). *Manual for the Strong Vocational Interest Blank*. Stanford, CA: Stanford University Press.

Campbell, J. (1990). Modeling the performance prediction problem in industrial and organizational psychology. In M. Dunnette and L. Hough(Eds.), *Handbook of industrial and organizational psychology*(2nd ed., 687-732). Palo Alto, C. A.: Consulting Psychologist Press.

Capraro, R. M., & Capraro, M. M. (2002). Myers-Briggs Type Indicator score reliability across studies: A meta-analytic reliability generalization study, *Educational and Psychological Measurement*, *62*, 590-602.

Capuzzi, D., & Gross, D. R. (1995). *Counseling and psychology: Theories and intervention*, New York: Englewood Cliffs.

Carlson & Cantwall. (1982). Suicidal Behavior and Depression in Children and Chares, J. W. (1956). *The Nature of Educational Psychology*, Elementary Educational Psychology.

Chavis, G. G. (1986). The use of poetry for clients dealing with family issues. *The Arts in Psychotherapy 13*, 121–128.

Clancy, W. J. (1997). *Situated cognition: On human knowledge and computer representations.* Cambridge: Cambridge University Press.

Clark, A. & Chalmers, D. (1998). *The Extended Mind. Analysis, 58*, 10-23.

Clark, A. (1997). *Being there: Putting brain, body, and world together again.* Cambridge, M. A.: MIT Press.

Clark, A. (2001). *Reasons, Robots and The Extended Mind. Mind And Language, 16(2)*: 121-145.

Cliford Morgan, T. (1961). *Introduction to Psychology*, New York: Mcgraw-Hill Book Co.

Clyde Narramore, M. (1976). *Encyclopedia of Psychology*, Grand Rapids, Michigan: Baker Book House.

Coleman, J. C. Hammen, C. L. (1974). *Contemporary Psychology and Effective Behavior, Glenview, Ill*: Scott and Foresman Press.

Coleman, J. C. (1955). *Abnormal Psychology and Modern Life*, Chicago, Scott: Foresman and Co.

Coleman, J. S. (1974). *Youth: Transition to Adulthood, Chicago*: University of Chicago Press.

Compas, B. E. (1987). Coping with stress during childhood and adolescence. *Psychological Bulletin, 101*, 310-357.

Corey, G. (1982). *Theory and Practice of Counseling and Psychotherapies*(2nd ed.), Montery, California: Brooks. Cole Publishing Company.

Corey, G. (1996). *Theory and Practice of Counseling and Psychotherapies 5th*. Pacific Grove, C. A.: Brooks/ Cole Publishing Company.

Corey, G. (2005). *Theory and Practice of Counseling and Psychotherapies 7th*. Belmont, C.A.: Brooks/ Cole Publishing Company.

Corsini, R. J. (1979). *Current Psychotherapies (2nd ed.)*, Itasca, Ill.: F. E. Peacock. Cosmides L., & Tooby, J. (1992). *Cognitive adaptations for social exchange*. In J. Barkow, L. Cosmides, & J. Tooby (Eds.), The adapted minds, 163-228. New York: Oxford University Press.

Craik, K. (1943). *The nature of explanation*. Cambridge: Cambridge University Press.

Crain, W. C. (1980). *Theories of Development*, N. J.: Prentice-Hall.

Cronbach, L. J. (1954). *Educational Psychology*, New York: Harcourt Brace, Co.

Crow, L. D. & Grow, A. (1948). *A Educational Psychology*, American Book Co.

Crow L. D. & Crow, A. (1953). *Child Psychology*, New York: Barnes & Noble.

Crusio, Wim E. (1997). Neuropsychological inference using a microphrenological approach does not need a locality assumption. *Behavioral and Brain Sciences. 17*, 43-104.

Czeisler C. A. Coleman, R. M. &. Spielman, A. J. (1981). Delayed Sleep Phase Syndrome: A Chronobiological Disorder With Sleep-Onset Insomnia. *Arch Gen Psychiatry 38*, 737-746.

Dacey, J. & Kenny, M. (1997). *Adolescent Development*(2nd ed.), Brown & Benchmark.

Dahl, R. E., Ryan, N. D., Puig-Antich, J., Nguyen, N. A., Al-Shabbout, M., Meyer, V. A., & Perel, J. (1991). 24-hour cortisol measures in adolescents with major depression: A controlled study. *Biological Psychiatry, 30*, 25-36.

Damasio, A. R. (1994). *Descartes' error*. New York: Putnam.

Daniel L. Schacter., Daniel M. (2007) Psychology, W H Freeman & Co.

Daniels J. D. (1995), Father and son: Using the poetic to enhance communication. *Journal of Poetry Therapy 8(4)*: 195–208.

David Elkind. (1990). *The Facts About Teen Suicide*, Parents magazine. 11.

Davis, R. A. (1935). *The Learning Process Acquisition and Reteution*, Educational Psychology by B. F. Skinner.

Deci, E. L., & Ryan, R. M. (2002). The paradox of achievement: The harder you push, the worse it gets. In J. Aronson(Ed.), Improving academic achievement: *Impact of psychological factors on education*(59-85). New York: Academic Press.

Delgado, J. M. R. (1969). *Physcal Control of the Mind: Toward a Psycho-Civilized Societ*. New York: Harper and Row Publisher. dendritic alterations induced by postweaning exposure to a 'superenriched' environment in rats. *Behavioral Neuroscience, 100*, 810-813.

Don Baker and Emery Nester. (1983). *Depression: Finding Hope and Meaning in Life's Darkest Shadow*. Portland Oreg: Multnomah, 147-48.

Dorn, L. D. & Lucas, F. L. (1995). Do hormone-behavior relations vary depending upon the endocrine and psychological status of the adolescent. *Paper presented at the meeting of the society for Research in Child Development*, Indianapolis, IN.

Dourish, P. (2001). *Where the action is: The foundations of embodied interaction.* MIT Press.

Dreyfss, H. L. (1991). *Being-in-the world: A commentary on Heidegger's Being.* Cambridge, M. A.: MIT Press.

Dreyfus. H. L. (2006). Why Heideggerian AI failed and how fixing it would require making it more Heideggerian(with the help of Merleau-Ponty). Special Address, 2006 American Philosophical Association Conference.

Duncan, P., Ritter, P., Dornbusch, S., Gross, R. & Carlsmith, J. M. (1985). The effects of pubertal timing on body image, school behavior, and deviance. *Journal of Youth and Adolescence, 14*, 227-235.

Dunlop & Kling. (1991). *Computerization and Controversy*, Boston: Academic Press.

Durkheim. E. S. (1951). *Glencoe, 111*; Free press, 117-202.

Eckardt, M. H. (1991). The ambivalent relationship of psychoanalysis and creativity: The contributions of Suzanne Langer to the formative process of our psyche. *Journal of the American Academy of Psychoanalysis 19.* 620–629.

Elkind, D. Cognitive Development in Adolescence in Adams(Ed.), J. F. (1968). *Understanding Adolescenec*, Boston: Allyn and Bacon Co.

Ellis, A. (1962). *Reason and emotion in psychotherapy.* New York: Lyle Stuant.

Ellis, A. (1973). Humanistic psychotherapy: the rational-emotive approach. New York:Julian.

Ellis, A. (1979). The rational-emotive approach to counseling. In H. M. Burks & B.Steffler(Eds.), *Theories of counseling*(3rd ed.)(172-219). New York: Mcgraw-Hill.

Ellis, A. (1989). Rational-Emotive therapy. In R. J. Corsini & D. Wedding(Eds.), *Current Psychotherapies*(4th ed.) 197-238. Itasca, IL: Peacock.

Ellis. A. (1977). The basic clinical theory of rational-emotive therapy. In A. Ellis & R. Grieger(Eds.), *Handbook of rational-emotive therapy(vol.1)* 185-202. New York: Springer.

Ellis. A. (1995). *Better, deper. and more enduring brief therapy*(Rev. ed). New York: Brunner/Mazel.

Ellis. A. (1998). REBT diminishes much of the human ego. New York: Institute for Rational-Emotive Therapy.

Ellis, A, & Harper, R. A. (1997). *A new guide to rational living(3rd ed.).* Hollywood, C.A.: Brooks/Cole.

Erich Fromm. (1949). *Man For Himself, London*, Kegan Paul and Co.

Erik Erikson. (1968). *Identity: Youth in Crisis*, New York: Norton and Co.

Erikson, E. H. (1963). *Childhood and Society, 2nd Ed*, New York: Norton, W. W. & Co. Inc.

Ernst R. (1962). *Hilgard, Introduction to Psychology*, Calif: Stanford University Press.

Farah, M. J. (1994). Neuropsychological inference with an interactive brain: A critique of the "locality" assumption. *Behavioral and Brain Sciences, 17*, 43-104.

Floyd Ruch, L. (1958). *Psychology and Life*, N. J.: Scott, Foresman and Co.

Forrest, D. V. (1983). With two heads you can think twice: Relations in the language of madness. *Journal of the American Academy of Psychoanalysis 11*, 113–132.

Frank, C. M. (1969). *Behavior Therapy*, New York: Mcgrow-Hill.

Frankl, V. E. (1958). On logotherapy and existential analysis, *American Journal of Psychoanalysis, Vol. 18*, 28-37.

Frankl, V. E. (1959). The Spiritual dimension in existential analysis and logotherapy, *Journal of Individual Psychology, Vol. 15*, 157-165.

Frankl, V. E. (1960). Paradoxical intention: A logotherapeutic technique, *American Journal of Psychotherapy, Vol. 14*, 520-535

Frankl, V. E. (1961). Religion and existential psychotherapy, *Gordon Review, Vol. 6*, 2-10.

Frankl, V. E. (1962). Logotherapy and the challenge of suffering, *Pastoral Psychology*, Frankl, V. E. (1966). Logotherapy and existential analysis: A Review, *American Journal of Psychotherapy, Vol. 20*, 252-260.

Frankl, V. E. (1967). *Psychotherapy and existentialism: Selected papers on logotherapy*, New York: Washington Square Press.

Frazien G. W. & Armentrout, W. D. (1927). *An Introduction to Education*, New York: Scott, Foresman.

Frederic, W., & Ilfeld, J. R. (1980). "Coping Styles of Chicago Adult : *Effectiveness. Achieves of General Psychiatry, 37*, 1239-1243.

Freud, S. (1927). The Ego and Id, London: Hogarth Press. *New Introductory Lectures on Psychoanalysis*, New York: Norton, W. W. & Co.

Freud, S. (1928). *The Basic Writings of Sigmund Freud, Brill*, A. A. trans ed. New York: Random House.

Freud, S. (1949). *An Outline of Psychoanalysis*, New York: Norton and Co.

Freud, S. (1953). The interpretation of dreams. In: J. Stachey, Editor, *The standard edition of the complete psychological works of Sigmund Freud Vol. 4*, Hogarth Press, London(1953) (Original work published 1900).

Freud, S. (1960). The psychopathology of everyday life. In: J. Strachey, Editor, *The standard edition of the complete psychological works of Sigmund Freud Vol. 6*, Hogarth Press, London(1960) (Original work published 1901).

Freud, S. (1965). *A General Introduction to Psychoanalysis, J. Rixiere trans*, N.Y.: Washington Square Press.

Freud, S. (1975). *Three Contribution to the Theory of Sex, the Basic Writings of Sigmund Freud, A. A. Brill trans*, New York: The Modern Library. Co.

Friedrich, W. R. Reams, R. & Jacobs, J. (1982). 'Depression and suicidal ideation in early adolescents', Journal of Youth and Adolescence, *11*, 402-407.

Fromm Reichmann, F. (1990). The assets of the mentally handicapped: The interplay of mental illness and creativity. *Journal of the American Academy of Psychoanalysis 18*, 42–72 (Original work published 1950).

Fryer, D. (1931). *The Measurement of interest*, New York: Henry Holt and Co. Inc.

Gallagher, S. (2005). *How the body shapes the mind*. Oxford: Oxford University press.

Garmezy, N. (1985). Stress-resistant children: The search for protective factors. *Journal of Child Psychology and Psychiatry, 4*, 213-233.

Garmezy, N. (1994). Reflections and commentary on risk, resilience, and development, In R. J. Haggerty, L. R. Sherrod, N. Garmezy & M. rutter, (eds.), *Stress, Risk and Resilience in Children and Adolescents*. N. Y.: Cambridge university Press.

Gates, A. I. (1942). *'Connectionism'-present concepts and Interpre-tation* N. S. S. E. 41st year boot.

Gates, A. L. (1950). *Educational Psychology*, New

York: Harper and Row Publisher.

Gayne, R. M. (1970). *Psychology and Human Performance*, N. Y. Holt Rinehart & Winston, Inc.

Gesell, A. (1945). *The Embryology of Behavior*, New York: Harper & Row.

Gesell, A. (1972). *Infant Development, Westport*, Conn.: Greenwood Press.

Gibson, J. J. (1929). The Reproduction of Visual Perceived Forms, *Journal of Psychology*.

Gibson, J. J. (1979). *Ecological approach to visual perception*. Boston: Houghton Mifflin.

Gigerenzer, G. (2000). *Adaptive thinking. Rationality in the Real World*. Oxford: Oxford University Press.

Gilligan, C. (1990). Teaching Shakespeare's sister. In C. Gilligan, N. Lyons, and T. Hanmer(Eds.), *Makeing connections: The relational worlds of adolescent girls at Emma Willard School*. Cambridge, Massachusetts: Harvard University Press.

Ginsburg, H. & Opper, S. (1969). *Piaget's Theory of Intellectual Development*, Elglewood Cliffs, N. J.: Prentice-Hall.

Glasser, W. (1965). *Reality therapy: A new approach to psychiatry*. New york: Harper & Row.

Glasser, W. (1976). *Positive addiction*. New york: Harper & Row.

Glasser, W. (1981). *Stations of the mind: New directions for reality therapy*. New York: Harper & Row.

Glasser, W. (1990). *The quality school*. New York: Harper collins.

Gleitman, H. Forgetting of Long-Term Memories in Animals, Honig, W. K. and James(Eds.), P. H. R. (1971). Animal Memory, New York: Academic Press.

Goldenberg, I., & Goldenberg, H. (2000). *Family therapy: An overview(5th ed.)*. Pacific Grove, CA: Brooks/Cole.

Goldman, C. S. & Wong, E. H. (1997). Stress and the college student. *Education, 117(4)*: 578-604.

Good, D. V. (1959). *Dictionary of Education*, Mcgraw-Hill Co.

Goodenough, F. L. (1945). *Developmental Psychology*. New York: Appleton Century Co.

Gordon. Allport, W. (1939). *Personality: A Psychological Interprestation*, New York: Holt and Reinhart Co.

Gotterer, S. M. (1989). Gotterer, Storytelling: A valuable supplement to poetry writing with the elderly. *The Arts in Psychotherapy 16*, 127–132.

Gray, J. S. (1947). Problem-Solving-C. Skinner, *E. Educational Psychology*.

Green, T. S. (1974). *Greek English lexicon*, Harper & Brothers.

Gregory, J. M. (1954). *Seven Laws of Teaching*, Grand rapid, Michi: Baker Book House.

Griffiths, M. Netties. anonymous. (1985). *The Times Higher Education Supplement*. 81-82.

Guilford, J. P. (1954). *Psychometric Method*, New York: Mcgraw-Hill.

Guilford, J. P. (1959). *Personality*, New York: Mcgraw-Hill.

Guthrie E. R. at Powers, F. F. (1950). *Educational Psychology*, New York: Ronald Press.

Guthrie, E. R. (1952). *Educational Psychology*, New York: Macmillan.

Gutteridge, M. V. (1939). *Studv of motor Achievements of Young children Arch Psychology*, New York: John & Wiley.

Hall, C. S. & Lindzey, G. (1940). *Theories of Persanality*(2nd ed.). N. Y.: Appleton Century-Crofts.

Hall, C. S. (1970). *Lindzey, Theories of Personality*, New York: John Wiley and Sons, Inc.

Hallowell, E. M. Smith, H. F. (1983). Communication through poetry in the therapy of a schizophrenic patient. *Journal of the American Academy of Psychoanalysis 11*. 133–158.

Hammen. (1991). *Depression runs in families*, New York: Springer-Verlag.

Harré, R. (1993). *Social being*(2nd. ed.). Oxford: Blackwell.

Harré, R., & Gillett, G. (1994). The discursive mind. London: Sage.

Hendrickson, G., Schroeder, W. H. (1941). Transfer of Training in Learning to hit a Submerged Target, *Journal of Educational Psychology*.

Herbart, J. F. (1917). *The Application Psychology to The Science of education*, New York: N. Y.: Mcgaw Hill.

Herbart, J. F. (1957). *The Application Psychology to the science of Education*, New York: Mcgraw Hill.

Hilgard, E. R. & Bower, G. H. (1966). *Theories of Learning. 3rd ed.* New York: Appleton Century Crofts.

Hilgard, E. R. Marquis, D. M. (1966). *Conditioning and Learning*, New York: Appleton Century Crofts.

Hilgard, E. R. (1962). *Introduction to Psychology*, Califonia: Stanford University Press.

Hollingworth, H. C. (1956). *Dictionary of Psychology*, New York: Macmillan, Co.

House, R. J. (1967). *Implementation and Evaluation*, Grand Rapids, Michigan: University of Michigan Press.

Hovland, C. L. (1968). 'The Generaligation of Educational Response, The Effects of Varying Amount of Reinforcement Upon the Degreeof Conditioned Response', *Journal of Experimental Psychology*.

Hull, C. L. (1949). *Behavior Postulates and Corollaries*, psychological Review.

Hurlock, E. B. (1925). 'An Evaluation of Certain Incentives used in School work', *Journal of Educational Psychology:*

Hurlock, E. B. (1953). *Development Psychology*, New York: Mcgraw-Hill. Books Co. Inc.

Hurlock, E. B. (1955). *Adolescent Development*, New York: Mcgraw-Hill Books Co. Inc.

Hurlock, E. B. (1956). *Child Development*, New York: Mcgraw-Hill. Books Co. Inc.

Hurlock, E. B. (1969). *Child Development*, Mcgraw-Hill, Book, Co. Inc.

Hutchins, E. (1995). *Cognition in the wild*. Cambridge, M. A.: MIT Press.

Inoff-Germain, G., Arnold, G. S., Nottelmann, E. D., Susman E. J., Cutler, G. B., & Chrousos, G. P. (1988). Relations between hormone levels and observational measures of aggressive behavior of young adolescents in family interactions. *Developmental Psychology*, *24*, 124-139.

Ivey, A. E. Downing, L. S. (1980). *Counseling and Psychotherapy-Skills*, Theories, and Practice. N.J.: Prentice-Holl

James, S. (1902). *Principles of Psychology*. New York: Holt.

Jean Piaget. (1932). *The Moral Development of the Child*, New York: Harcourt Brace.

Jean Piaget. (1973). Stages of Cognitive Development in Evans, R. L.(Ed.). *Jean Piaget: The Man and His Ideas*, New York: Dutton, E. P. and Co.

Jersild, A. T. (1960). *Child Psychology*, New York: Prentice-Hall.

Johnson, D. M., & Erneling, C. E. (Eds.). (1997). *The future of the cognitive revolution*. Oxford: Oxford University Press.

Johnson, M. H. (1999). *Developmental Cognitive Neuroscience: An Introduction*. Oxford: Blackwell.

Jordan, A. M. (1942). *Educational Psychology*, Holtand Co.

Joseph Tiffin & Ernest Mccormick, J. (1965).

Industrial Psychology, Englewood Cliffs, N.J.: Prentice-Hall, Inc.

Judd, C. H. (1939). Educational Psychology, N.Y.: Mcgraw-Hill.

Kahneman, D., Slovic, P., & Tversky, A. (Eds.). (1982). Judgment under uncertainty: Heuristics and biases. New York: Cambridge University.

Kanfer, F. H. Phillips, J. S.(1970). Learning Foundations of Behavior Therapy, New York: John Wiley & Sons.

Keele, S. W. (1973). Attention and Human Performance, santa Monica, Calif: Good Year Press.

Kelso, J. A. S. (1995). Dynamic patterns: The self-organization of brain and behavior. Cambridge, M. A.: MIT Press.

Kimble, G. A. Garmezy, N. Zigler, E. (1980). Principles of General Psychology, New York: John Wiley and Sons, Inc.

Kimmel, D. C., & Weiner, I. B. (1995). Adolescence: A developmental Transition. New York: Wilet & Sons, Inc.

Klatzky, R. L. (1975). Human Memory: Structures and Processes, San Francis co: Freeman Press.

Klausmeier, H. J. (1961). Learning and Human Abilities, New York: Harper & Row.

Klein, G. S. The Personal World through Perception, In Blake, R. R. and Ramsey(Eds.), G. V. (1951). perception: An Approach to personality, New York: Ronald press.

Koffka, K. (1945). Die Grundlagen der Psychische Entwichlung, prentice-Hall, Inc.

Kohlberg, L. & Elfenbein, D. (1975). The Development of Moral Judge ments Concernin Capital Punishment, American Journal of Ortho Psychiatry.

Kohlberg, L. (1958). Global Rating Guide with New Materials, School of Education, Harvard University.

Kohlberg, L. (1976). Moral Stages and Moralization: The Cognitive Developmental Approach. In Lichona(Ed.), T. Moral Development and Behavior, New York: Holt Rinehart and Winston.

Kohler, W. (1925). The Mentality of Apes, N. Y.: Harcourt Publishing Co.

Kuhn, D., Ho, V. & Adams, C. (1979), 'Formal Reasoning Among Pre-Late Adolescents', Child Development, Vol. 50. 1128-1135.

Kurzweil, Raymond. (2005). The Singularity Is Near. New York: Viking.

Lakoff, G. (1987). Women, fire, and dangerous things. Chicago: University of Chicago Press.

Lararus, R. S. (1969). Patterns of Adjustment and Human Effectiveness, New York: Mcgraw-Hill, Co.

Lattimore, R. R., & Borgen, F. H. (1999). Validity of the 1994 Strong Interest Inventory with racial and ethnic groups in the United States. Journal of Counseling Psychology, 46, 185-195.

Lazarus, A. A. (1971), Behavior Therapy and Beyond, New York: Mcgraw- Hill.

Lazarus, R. S. & Folkman S. (1985). If it change it must be a process. Study of emotion and coping during three stages of a college examination. Journal of Personality and Social Psychology, 48, 150-170.

Leahey, J. H. (2000). A history of psychology: Main currents in psychological thought. Upper N.J.: Saddle River.

Leon, Festinger. (1957). Theory of Cognitive Dissonance, Stanford, Calfornia: Stanford University Press.

Leon, G. R., Perry, C. L., Mangelsdorf, C. & Tell, G. J. (1989). Adolescent nutritional and psychological patterns and risk for the development of an eating disorder. Journal of Youth and Adolescence, 18, 273-282.

Lerner, R. M. & Korn, S. (1972). The development of body-build stereotypes in males. *Child Development, 43*, 908-920.

Lerner, R. M. (1972). Richness analysis of body build stereotypes development. *Developmental Psychology, 7*, 219.

Leuba, L. (1932). The Measurement of Incentives and Their effect; -A contribution to methodology and orientation-*Journal of Social Psychology.*

Levitsky, A. & Perls, F. S. (1970). *The rules and games of Gestalt therapy.* In J. Fagan & I. Sheperd(Eds.), Gestalt Therapy now (140-149). Palo Alto, C.A.: Science & Behavior Books.

Lewin, K. Cippitt, R. White, R. K. (1939). 'Patterns of Aggressive Be-havior in Experimentally Created Social Climates', *Journal of Social Psychology.*

Lewin, K. (1957). *Dynamic Theory of Personality,* Murchieson ed.

Lewin, L. (1946). *Field Theory and Learning-The Psychology of Learning* N. S. S. E. 41st Year Book, Part Ⅱ.

Lewinsohn, P. M. Rohde, P. Klein, D. N. & Seeley, J. B. (1999). Natural course of adolescent major depressive disorder I: Continuity into young adulthood, *Journal American Academy Child Adolescen Psychiatry. 38*, 56-63.

Lieberman, M. D. (2006). *Editorial: Social Cognitive and Affective Neuroscience: When opposites attract. Social,* Cognitive, & Affective Neuroscience, *1,* 1-2.

Lloyd, M. A. (1985). *Adolescence.* New York: Harper & Row.

Loeb, R. & Magee, P. (1992). Changes in attitudes and self-perceptions during the first two years of college, *Journal of College Students Development, 33,* 348-355.

Lohman, B. l., & Jarvis, P. A. (2000). Adolescent stressors, coping strategies, and psychological health studied in the family context. *Journal of Youth and Adolescence, 29(1)* : 15-43.

Luchins, A. S. Luchins, E. H. (1959). *Rigidity of Behavior,* Eugene: University of Oregon Press.

MacDonald, A. P. (1973). *Internal-External Locus of Control Measures of Social Psychological Attitudes,* Survey Research Center Institute for Social Research.

Maddi, S. R. (1996). *Personality theories: A compararative analysis.* Homewood. I. L.: Dorsey.

Maller, J. B. (1929). *Cooperation and Competition-An experimental study in motivation contribution to education-No. 384,* Tencher's College, Columbia University, Press.

Martire, J. G. (1953). *Relationship between the Self concept and Difference in the Strength and Generality of Achievement,* Motivation, Article.

Maslow, A. H. (1970). *Motivation and personality,* 2nd ed. New York: Harper & Row.

Maturana, H. R., & Varela, F. J. (1988). *The Tree of Knowledge: The Biological Roots of Human Understanding.* Boston: Shambhala.

Mayer, D. G. (2002). *Exploring Psychology.* New York: Worth Publishers.

Mcccornell, J. A. (1948). *Principles of Guidance in Learning in Gates, A. I.,* Educational Psychology 3rd ed.

McClland, D. C. Atkinson, J. W. Clark, R. A. Lowell, E. L. (1953). *The Achievement Motive,* N. Y.: Appleton-Century Crots.

Mccornell, T. R. (1956). *The General Nature of Growth and Develop-ment,* Educational Psychology-edited by Skinner, C. E. Mcgraw-Hill, Book, Co.

Mcgeoch, J. A. & Iron, A. L. (1952). *The Psychology of Hnman Learning,* New York:

Macmillan.

Mcgeoch, J. A. (1942). *The Psychology of Human Learning*, New York: Macmillan.

Mcquigan, F. J. (1971). *Experimental Psychology A Methodological Approach*. N. J.: Prentice-Hall.

Mead, M. Woltenstein, M. (1955). *Childhood in Contemporary Culture*, Chicago University Press.

Mead, M. (1937). *Cooperation and Competition among Primitive Societies*, New York: Mcgraw Hill Book Co.

Melzack, R. (1993). Pain: Past, present, and future. *Canadian Journal of Experimental Psychology, 47(4)*: 615-629.

Michael, R. T. Gagnoon, J. H. Laumann, E. O. & Kolata, G.(1994) *Sex in America*. Boston: Little, Brown.

Millard, C. V. (1951). *Child Growth & Development in the Elementary School Years*, Boston: Heath, D. C.

Miller, C. A. (1956). *Human Memory and the Storage of Information, Information Theory*. New York: Mcgraw-Hill, Co.

Miller, G. A. (1969). Psychology as a means of promoting human. welfare. *American Psychologist, 24,* 1063–1075.

Mischel, W. (1976). The interaction of person and situation. In D. Magnusson & N. S. Endler(Eds), *Personality at the crossroads: Current issues in interactional psychology*. Hillsdale. N.J.: Erlbaum.

Mischel, W. (1990). Personality dispositions revisited: a view after three decades. In L. A. Pervin(Ed.). *Handbook of personality: Theory and research*(111-134). New York: Guilford.

Moos, R. H., & Billings, A. G. (1982). Conceptualizing and Measuring Coping Resources and processes. *Handbook of Stress : Theoretical & Clinical Aspects*, Goldberger, L., & Breznitz, S. eds., N.

Y.: The Free Press.

Moreno, J. L. (1953). *Who Shall Service Foundation of Sociometry G-roup Psychotherapy and Sociodrama*, New York: Mcgraw-Hill Co.

Morgan, C. T. King, R. A. (1981). *Introductien to Psychology*, New York: Mcgrow-Hill.

Mueller, E. Lucas, T. A. (1975). *A Developmental Analysis of Peer Interaction among Toddlers*. In Lowis, M. and Rosenblum(Eds), L. Peer Relation and Friendship, New York: Wiley and Sons Co.

Munn, N. L. (1962). *Introduction to Psychology*, Boston: Houghton Mifflin Co.

Munn, N. L. (1974). *The Growth of Human Behavior*, Boston: Houghton Mifflin. Murchison, C. ed, A Handbook of Chiid Psychology.

Murray, H. A. (1938). *Explorations in Persinality*, New York: Oxford University Press.

Mussel, P. H. (1963). *Development Psychology*, N. J.: Prentice-Hall.

Mussen, P. H. Conger, J. J. Kagan, J. (1974). *Child Development and Personality*, New York: Prentice-Hall.

Mussen, P. H. (1963). *Chiid Development and Personality*, H. Y.: Harper & Row.

Myers D. G. (2009) *Psychology*, N. Y.: Worth Publishers.

Myers, I. B., & McCaulley, M. H. (1985). *Manual: A guide to the development and use of the Myers-Briggs Type Indicator*(2nd ed.). Palo Alto, CA: Consulting Psychologists Press. N. J.: MIT Press.

Newman B. M. & Newman, P. R. (1983). *Development Through Life -A Psychological Approach*. New Jersey: Prentice Hall.

Nielsen, L. (1991). *Adolescence, A Contemporary View*(2nd ed), Florida: Harcourt Brace Jovanovich, Inc.

Noe, A. (2004). Experience without head. In T. Szabo & J. Hawthorne (Eds.). *Perceptual experience*. Oxford: Oxford University Press.

Norman Maier, R. F. (1961). *Frustration, Grand Rapids*, Michigan: Michigan University Press.

Norman, W. T. (1963). Toward an adequate taxonomy of personality attributes: Replicated factor structure in peer nomination personality rationgs. *Journal of Abnormal and Social Psychology*, 66, 574-583.

Nottleman, E. D., Susman E. J., Blue, J. H., Inoff-Germain, G., Dorn, L. D., Loriaus, D. L., Cutler, G. B., & Chrousos, G. P. (1987). Gonadal and adrenal hormone correlates of adjustment in early adolescence. In R. M. Lerner & T. T. Foch(Eds.), *Biological-psychological interactionsin early adolescence*. Hillsdale, N. J.: Erlbaum.

Nunnally, J. G. (1978). *Psychometric theory* (2nd ed.). New York: McGraw-Hill.

Olsen, W. C. (1963). *Child Development*, Boston, D. C. Heath.

Offer, D., Ostrove, E. & Howard, K. I. (1981). *The adolescent: A Psychological self-portrait*. New York: Basic Books.

Oh, Chi-Sun (1992). *Youth Education and Leadership*, Seoul: Ji-Young Books.

Olsen, W. C.(1949). *Child Development*, Heath.

Paikoff, R. L., Buchanan, C. M., & Brooks-Gunn, J. (1991). In R. M. Lerner, A. C. Petersen, & J. Brooks-Gunn(Eds.), *Encyclopedia of adolescence (Vol.1)*. N. Y.: Garland.

Park, R. E. Burgess, E. W. (1921). *Introduction to the Science of Sociology*, Chicago: University of Chicago Press.

Patterson, C. H. (1966). *Theories of Counseling and Psychotherapy*, N. Y.: Harper & Row.

Paul Horsey & Kenneth Blanchard, H. (1972). *Management of Organization Behavior, Pavlov, I. P. Lectures on Conditional Reflexes*, L. Gandt, W. H. trans, New York: International Publisher.

Pavlov, I. P. (1927). *Conditioned Reflexes, Trons*, Anrep: London, G. V.: Oxford University Press.

Paykel, E. S. (1974). 'Suicidal Feeling in the General Population', *British Journal of Psychiatry, 124*, 460-469.

Pearlin, l. I. & Schooler, C. (1978). The Structure of Coping. *Journal of Health & Social Behavior, 19*, 2-21.

Perls, F. (1969). *Gestalt therapy verbatim. Lafayette*, C. A.: Real Person Press.

Perls, F. (1972). *Gestalt approach. Ben Lomand*, C. A.: Science & Behavior Books.

Perls, F. (1973). *Gestalt approach and eyewitness to therapy*. New York: Bantam.

Peterson, J. V. & Nisenhol Z. B. (1995). *Orientation to counseling*. Needham Heights. Massachusctts: Allyn and Bacon.

Pew Internet & American Life Project. (2005). *www.pewinternet.org,. 9.* 22

Piaget J. and Szeminska, A. (1941). *The Chiid's Conception of Numbers*, Cattegno, C. and Hodgson, F. trans, M. N. Y.: Norton & Co. Inc.

Piaget, J. and inhelder, B. (1969). *The Psychology of child*, H. weaver trans, New York: Bnsic Books.

Piaget, J. (1929). *The Child's Conception of the World*, N. Y.: Harcourt.

Piaget, J. (1968). *Six Psychological Studies*, Tenzer, A. and Elkind, trans, N. Y.: Vintage Books.

Piaget, J. (1974). *The Origins of Intelligence in Children*, Cooktrans, N. Y.: International University Press.

Pietrofesa, J. J. Leonard, G. E. & van Hoose, W. (1969) *The Authentic Counselor*(2nd ed), Chicago: Rand Mcnully College Publishing Co.

Pintner, R. (1959). *Education Psychology*, New York: John Wiley.

Plomin, R. (1975). *A temperament theory of personality development: Parent-child interactions*. Unpublished doctoral dissertation,

University of Texas at Austin.

Plomin, R. (1997). *Behavioral Genetics*. New York: Freeman.

Port, R. F., & van Gelder, T. (Eds.). (1995). *Mind as motion: Exploration in the dynamics of cognition*. Cambridge, M. A.: MIT Press.

Portmann, A. (1951). *Biologische Fragmente zueimer Lebre Vommensche menschen, 2*, Anf, Bnsel

Quenk, N. L. (2000). Essentials of Myers-Briggs Type Indicator Assessment. New York, N. Y.: John Wiley & Sons, Inc.

Rabin, D. S. & Chrousos, G. P. (1991). *Androgens, gonadal*. In R. M. Lemer, A. C. Petersen, & J. Brooks-Gunn(Eds.), Encyclopedia of adolescence (Vol.1). N. U.: Garland.

Rachman, S. J. Wilson, G. T. (1980). *The Effects of Psychological Therapy*, 2nd ed. Oxford: Pergamon Press.

Rauschenberger. (1995). *Self-esteem as an antidote to crime and violence*. Document Rduvall and Miller, Marriage and Family Development by Evelyn Mills, 6th ed.

Rebecca Stefoff. (1978). *Adolescence*, N.Y: Chelsea House Publishers.

Resnick, L., Levine, J. M, & Teasley, S. D. (Eds.) (1996). *Perspectives on Socially Shared Cognition*. Washington, DC: American Psychological Association.

Rizzolatti, G., & Craighero, L. (2004). The mirror-neuron system. *Annual Review of Neuroscience*. *27*, 169-92.

Robbins, D. R. & Alessi, N. E. (1988). Depressive Symptoms and suicidal behavior in adolecents, *American journal of Psychology*. *16*, 392-402.

Roche, A. F. (1979). Secualar trends in stature, weight, and maturation. *Monographs of the Society for research on Child Development,*

44(4): 179.

Rockwell, T. (2005). *Neither Brain nor Ghost: A nondualist alternative to the mind-brain identity theory*. Cambridge, M.A.: MIT Press.

Rogers, C. R. (1951). *Client Centered Therapy*, N. Y.: Houston Mifflin Co.

Rogers, C. R. (1952). *Client-centered Psychotherapy*, Scientific American.

Rousseau, J. J. (1962). The Social Contract-G. Hopkins, trans, London Oxford University Press.

Sarason, I. G. Sarason, B. R. (1980). *Abnormal Psychology: The Problem of Maladaptiv Behavior*, Englewood Cliffs, N. J.: Prentice Hall.

Sargent, S. S. (1959). *Great Psychologists*, New York: Barnes and Noble, Inc.

Scammon, R. E. (1948). *The Measurement of the Body in Childhood*, Ed. by Scorenson. H. Psychelegy in Education.

Schachter, R., Panel, E., Glassman, G. & Zewibelson, I. (1971). Acne vulgaris and phychologic impact on high school student. *New York State Journal of Medicine, 71*, 2886-2890.

Schachter, S. (1959). *The Psychology of Affiliation: Experimental Studies of the Sources of Gregariousness*, Calif: Stanford University Press.

Schmidt, H. G., Peeck, V. H., Paas, F., & van Breukelen, G. J. P. (2000). Memory distortions develop over time: Recollections of the O. J. simpson trial verdict after 15 and 32 months. *Psychological Science, 11*, 39-45.

Searle, J. (1992). *The Rediscovery of the Mind*. Cambridge, M.A.: MIT Press.

Sebald, H. (1968), *Adolescence: A Sociological Anaysis*, New York: Appletion-Century Crofts.

Shannon, B. (1990). Non-representational framework for psychology: A typology. *European*

Journal of Cognitive Psychology. 2(1): 1-22.

Sheriff, M. (1936). *The Psychology of Social Norms*, New York: Harper and Row Publisher.

Shirley, M. M. (1933). *The First two Years-A Study of Twenty Five Babies-Vol. II*, University of Minenesota Press.

Simon, H. (1957). 'A Behavioral Model of Rational Choice', in H. Simon (Ed). *Models of Man, Social and Rational: Mathematical Essays on Rational Human Behavior in a Social Setting*. New York: Wiley.

Skinner, C. E. (1959). *Educational Psychology*, New York: John Wiley.

Skinner, W. E. (1947). *Educational Psychology*, Rev. Ed, New York: Ronald Press.

Solso, R. L. (1997). *Mind and brain sciences in the 21st Century*. Cambridge: M. A.: MIT Press.

Sorenson, H. (1948). *Psychology in Education*, New York: Mcgraw-Hill, Co.

Spences, K. W. & Spence, J. T. (1965). *The Psychology in Learning and Motivation, Vol. II*, N. Y.: Academy Press.

Spinner, B. F. (1956). *A case History in Scientific Met hod*, American Psychologist.

Spivey, M. & Dale, R. (2004). On the continuity of mind: Toward a dynamical account of cognition. In B. Ross (Ed.), *The Psychology of Learning and Motivation. Vol. 45*, 87-142. Amsterdam: Elsevier.

Spivey, M. (2006). *The continuity of mind*. N. Y.: Oxford University Press.

Stansfeld Sargent, S. (1959). *Great Psychologists*, New York: Barnes and Nobel Inc.

Sternberg, Robert J. (2006). *The New Psychology of Love*, Yale University Press.

Tanner, J. M. (1970). Physical growth. In P. H. Mussen(Ed.), *Carmichael's manual of child psychology, Vol. 2*, 3rd ed. New York: Wiley.

Tanner, J. M. (1974). Sequence and tempo in the somatic changes in puberty. In M. M. Grumbach, G. D. Grave, and F. E. Mayer(Eds.), *Control of the onset of puberty*. New York : Wiley.

Tanner, J. M. (1991). Growth spurt. adlescent. I. In R. M. Lerner, A. C. Petersen, & J. Brooks-Gunn(Eds.). *Encyclopedia of adolescence*. New York: Garland.

Thelen, E. & Smith, L. (1994) *A dynamic systems approach to the development of cognition and action*. Cambridge: MIT Press.

Thompson, G. G. (1952). *Child Psychology*, Boston: Houghton.

Thompson, H. (1954) *Physical Growth in L. Carmchael-Manual of Child Psychology*, New York: John wiley.

Thompson, N. K. (1945). *Motivation and Learning*, Educational psychology, edited by B. F. Skinner.

Thorndike, E. L. (1906). *The Principies of Teachining*, New York: Columbia University Press.

Thorndike, E. L. (1911). *Animal Intelligence: Experimental Studies*, New York: Macmillan Publishing Co.

Tolman, E. C. (1945, 55). *Cognitive Maps in Rats and Men*, pychological Review.

Trow, W. C. (1950). *Educational Psychology*, Houghton Mifflin Co.

Underwood, B. J. (1957). *Interference and Forgetting*, Psychology Review.

Uttal, W. R. (2001). *New phrenology: The Limits of localizing cognitive processes in the brain.*

Uttal, W. R. (2005). *Neural Theories of Mind: Why the Mind-Brain Problem May Never be Solved*. Hillsdale, N. J.: Lawrence Erlbaum Associates.

Varela, F. J., Thompson, E., & Rosch, E. (1991). *The embodied mind: Cognitive science and human experience*. Cambridge, M. A.: MIT Press.

Vernberg, E. M. (1999). Psychological adjustment and experiences with peers during early adolescence: Reciprocal, incidental, or unidirectional relationship? *Journal of Abnornal of Family Issues. 20(3)*: 328-349.

Vygotsky, L. S. (1978). *Mind in Society: The Development of higher psychological processes. Cambridge*, M. A.: Harvard University Press.

Walther, J. B. (2000). Impression development in computer mediated interaction. *Western Journal of Communication. 57*, 381-398.

Warren, H. C. (1956). *Dictionary of Psychology*, New York: Mscmillan, Co.

Watson, J. B. Raynor, R. (1920). Conditioned Emotional Reaction, *Journal of Experimental Psychology*.

Watson, J. B. (1928). *Psychological of Infant and Child*, New York: W. W. Norton & Co. Inc.

Watson, W. I. (1959). *Psychology of the Child*, New York: Wiley.

Weissman, M. M. Leaf, P. J. Holzer, C. E. Ⅲ, Myers, J. K. & Tischler, G. L. (1984). The epidemiology of depression: An updata on sex differences in rates. *Journal of Affective Disorder. 7*, 179-188.

Weiten, W., & Lloyd, M. (2003). *Psychology Applied to Modern Life: Adjustment in the 21st Century*. Thomson Learning.

Wertsch, J. V. (1998). *Mind as Action*. New York: Oxford University Press.

Wheeler, M. (2005). *Reconstructing the cognitive world: The next step*. MIT Press.

Wheelr, R. H. (1957). *The Principle of Mental Development*, New York: Wiley.

William, C. Crain. (1980). *Theories of Development*, N. J.: Prentice-Hall.

Williamson, E. G. (1939). *How to counsel students*, New York.: McGraw-Hill Book Co.

Wilson, J. F. (2003). *Biological Foundations of Human Behavior*. Belmont, C.A: Wadsworth.

Wilson, M. (2002). Six views of embodied cognition. *Psychonomic Bulletin & Review, 9*, 625-636.

Witkin, H. A. Dyk, S. B. Fatherson, H. F. Goodenough, D. R. Karp, S. A. (1962). *Psychological Differentiation*, N. Y.: Wiley Book House.

Wodarski, J. S. & Harris, P. (1987). Adolescent suicide: A review of influences and the means for prevention, *National Association of social Workers: 32(6)*: 447-485.

Woodworth, R. S. (1938). *Experimentai Psychology*, N. J.: Prentice-Hall.

Wortmann, C. B., & Loftus, E. F. (1981). *Psychology*. New York: Alfred A. Knopf Inc.

Yalom, I. (1995). *The theory and practice of group psychotherapy*(4th ed.) New York: Basic Books.

Young, K. S. (1999). Internet addiction: Evaluation and treatment, *Student BMJ, 99*, 351-353.

Young, K. (1930). *Social Psychology*, New York: Appleton-Century Crofts.

Zakin, D. F., Blyth, D. A. & Simmons, R. G. (1984). Physical attractiveness as a mediator of the impact of early pubertal changes for girls. *Journal of Youth and Adolescence*, *13*, 439-450.

Zwaan, R. A. (2004). The immersed experiencer: Toward an embodied theory of language comprehension. In B.H. Ross (Ed.) *The Psychology of Learning and Motivation, Vol. 44*. New York: Academic Press.

Zwaan, R. A., & Madden, C. J. (2005). Embodied sentence comprehension. In D. Pecher & R. A. Zwaan (Eds.) (2005). *Grounding cognition: The role of perception and action in memory, language, and thinking*. N. Y.: Cambridge University Press.

Zwaan, R. A., & Taylor, L. J. (2006). Seeing, acting, understanding: Motor Resonance in Language Comprehension. *Journal of Experimental Psychology: General, 135(1)*: 1–11.

찾아보기

내 용

인간의 심리학적 이해

저자 · 오윤선

초판 1쇄 펴낸날 · 2009년 3월 10일
초판 2쇄 펴낸날 · 2013년 3월 5일

펴낸이 · 조석행
디자인 / 편집 · 차순주, 최지희
펴낸곳 · 예영 B&P
등록번호 · 가제 제 17-217호(1998. 9. 24)
주소 · 131-230 서울시 중랑구 용마산로 122길 12(망우동 354-43) 2층
T.02)2249-2506 F.02)2249-2508

총판 · 예영커뮤니케이션
T.02)766-7912 F.02)766-8934

ISBN 978-89-90397-37-9   93180

값 20,000원